首都师范大学数学教育丛书

数学家讲解小学数学

〔美〕伍鸿熙（Hung-Hsi Wu）著　赵洁　林开亮　译

北京大学出版社
PEKING UNIVERSITY PRESS

著作权合同登记号　图字：01-2013-7047

图书在版编目(CIP)数据

数学家讲解小学数学/(美)伍鸿熙著；赵洁,林开亮译. —北京：北京大学出版社,2016.4
ISBN 978-7-301-26616-8

Ⅰ.①数… Ⅱ.①伍… ②赵… ③林… Ⅲ.①小学数学课–教学参考资料 Ⅳ.①G624.503

中国版本图书馆 CIP 数据核字（2015）第 292095 号

This work was originally published in English by the American Mathematical Society under the title *Understanding Numbers in Elementary School Mathematics*；Copyright ©2011 by the author, Hung-Hsi Wu. The present translation was created for Peking University Press under authority of the author and the American Mathematical Society and is published by permission.

本书的英文原版由 American Mathematical Society 于 2011 年出版，书名为 *Understanding Numbers in Elementary School Mathematics*，版权由作者 Hung-Hsi Wu（伍鸿熙）所有。本书的中文译本经作者和美国数学学会授权由北京大学出版社翻译出版并发行。

书　　　名：	数学家讲解小学数学
	SHUXUEJIA JIANGJIE XIAOXUE SHUXUE
著作责任者：	[美]伍鸿熙(Hung-Hsi Wu) 著
	赵洁　林开亮　译
责 任 编 辑：	潘丽娜
标 准 书 号：	ISBN 978-7-301-26616-8
出 版 发 行：	北京大学出版社
地　　　址：	北京市海淀区成府路 205 号　100871
网　　　址：	http://www.pup.cn　新浪官方微博：@北京大学出版社
电 子 信 箱：	zpup@pup.cn
电　　　话：	邮购部 62752015　发行部 62750672　编辑部 62752021
印 刷 者：	北京市科星印刷有限责任公司
经 销 者：	新华书店
	787 毫米×960 毫米　16 开本　31.75 印张　660 千字
	2016 年 4 月第 1 版　2020 年 7 月第 7 次印刷
定　　　价：	78.00 元

未经许可，不得以任何方式复制或抄袭本书之部分或全部内容。
版权所有，侵权必究
举报电话：010-62752024　电子信箱：fd@pup.pku.edu.cn
图书如有印装质量问题，请与出版部联系，电话：010-62756370

"首都师范大学数学教育丛书"
编委会

主　编：李庆忠

编　委：（按姓氏笔画排序）

　　　　于祖焕　王尚志　朱一心　刘兆理

　　　　李克正　连四清　何书元　崔恒建

秘　书：朱　梅

序　言

首都师范大学数学学科自1954年建立以来，始终把培养优秀中学数学教师、提高在职中学数学教师水平作为人才培养的核心工作之一. 在六十多年的办学历程中，不仅培养了近万名优秀中学数学教师，还培养了一批优秀的数学教育学科带头人，并拥有一批活跃在中国数学教育研究领域的知名专家学者，如，梅向明、周春荔、李建才、王尚志、李克正等. 尤其难能可贵的是有一批知名的专家学者不仅在自己研究的数学领域里成果丰富，同时还积极从事数学教育的研究与人才培养工作，为提高北京市以及全国的数学教育水平作出了重要贡献.

随着我国社会文化与科技水平的不断提高，对人才的培养也提出了多元化的要求，与之伴随的是数学教育的教学内容与体系的逐步改进与调整. 因此，提高基础教育办学水平，培养优秀中小学数学教师，全面提高在职教师的水平，已经成为基础教育面临的严峻挑战. 为了适应新形势、新需求，首师大数学学院在加强数学教育学科建设与人才培养的同时，积极提升数学理论与应用研究水平，以高水平数学研究为基础，推动数学教育的发展. 2006年，经教育部备案，数学学院建成了我国第一个数学教育二级学科博士点，为培养数学教育高层次人才奠定了坚实基础. 近十年来，学院还聘请了一批学术水平高、有丰富教学经验的国内外知名专家为本科生与研究生讲授基础课程，开办各种讲座. 在长期的教学实践中，积累了多部具有较高学术水平和使用价值的讲义. 为了将这些宝贵的资源以及国际上先进的数学教育教材或专著介绍给我国读者，服务于我国的数学教育人才培养，数学学院决定组织编译、编著这套"首都师范大学数学教育丛书".

希望这套书的出版不仅是对首都师范大学多年来致力于数学教育人才培养与中小学数学教师培训工作的一个总结与回顾，并且能为全国数学教育研究与人才培养水平的提高有所帮助. 同时，也借此机会感谢多年来支持与帮助首都师范大学数学学院建设与发展的前辈与同行们；希望更多的数学家积极参与数学教育的研究与人才培养工作，为提高我国数学教育的水平积极努力，作出新贡献.

李庆忠

2015年6月28日于首都师范大学

内 容 简 介

本书面向小学数学教育，强调准确的数学知识与恰当的讲授方法. 本书思路清晰、由浅入深、循序渐进，全面深入地讨论了小学数学课程中关于数的各个主题：自然数、整数、分数、有理数和实数，及其运算法则.

作者以数学家的视野，揭示了小学生数学学习中遇到的诸多疑问（比如"为什么负负得正"）的本质，并对容易混淆的概念都以易理解的方式给予解释. 这本书解决的一个重要的根本问题：怎样有效地教授小学数学.

本书将是每位小学数学教师不可或缺的良师益友，同时也是小学生家长辅导孩子们的好帮手.

作者简介

伍鸿熙教授1963年获美国麻省理工学院博士学位，是国际著名微分几何学家，美国加州大学伯克利分校数学教授，美国国家数学教育专家咨询组成员.伍鸿熙教授1992年开始关注中小学数学教育，1998年至今一直致力于美国中小学数学教师的培训与数学教育的改革工作.

作为数学家，伍鸿熙教授不仅深入到中小学实地调研美国数学教育中存在的诸多问题，而且身体力行努力去解决.他发现目前许多中小学数学教师的师资培训很不理想，于是他花了大量的精力和时间，为中小学数学教师编写了一套从小学、初中直到高中的师资培训教材.

伍鸿熙教授一直注重基础课程的讲授和教材的编写.三十年前，他在一本写给中国学生的数学教材的序言中曾引用唐朝魏征的话"求木之长者，必固其根本；欲流之远者，必浚其泉源"，以此来强调奠定好基础的重要性.

伍鸿熙教授一直关心、支持祖国的数学发展与数学教育工作，积极推动中美两国数学与数学教育的交流.他自1975年以来，多次回国访问与讲学，出版了多本中文版的微分几何著作，并积极支持将他编著的中小学数学教师培训教材翻译成中文出版.

译者简介

赵洁：首都师范大学数学科学学院博士研究生，从事中小学数学教育研究，在《数学通报》《数学传播》《内蒙古师范大学学报》等核心期刊上发表论文数篇，担任《小学数学研究》(教育科学出版社，2013)副主编，并参与编写教师培训教材《小学数学课程与教学》.

林开亮：先后就读于天津大学和首都师范大学数学院，现任教于西北农林科技大学.爱好数学教育与数学史，曾主持翻译《当代大数学家画传》和《数学与人类思维》.

前　言

……没有什么音乐是粗俗的，除非演奏者的演奏方式使它听起来粗俗.

——Herbert von Karajan

(【Mat82，第 226 页】)

本书是关于小学数学课程的教科书，读者对象是小学数学教师. 特别的，它强调课程中最重要的部分 —— 数和运算.

这本书与写给小学生的学生用书有什么区别呢？最明显的不同之处是本书讲解得比较简洁，这是因为成人的注意力时间更长，并且熟练程度更高. 同时本书也强调前后一致、合乎逻辑的论证，而不是简单地空喊逻辑性的口号. 此外，在适当的时候本书会毫不犹豫地利用符号语言来增强数学解释的清晰性，但同时必须说明一点，引进符号要非常小心，并且要做到循序渐进. 由于目前一致认为，数学教师所知道的知识应该超过他所教课程的水平 (【NMP08a，建议 19，第 xix 页】)，所以本书也讨论一些更适合初一、初二年级的课题，例如有理数 (正、负分数)、欧几里得算法、正整数素分解的唯一性，以及分数转化为小数 (可能有限，可能无限) 等.[1] 教师们需要解答来自学生的一些问题，而有的问题可能非常艰深，所以他们对于自己所教课程的知识不能仅停留在最低水平. 最理想的情况是，教师对数学的"理解"应该与数学家们所指的"理解"要意义相同：理解一个概念，意味着要理解它的准确定义、直观内容，以及为何需要这个概念、在什么背景下它会发挥作用；理解一个技巧，意味着清楚地理解它的操作方法、使用背景、证明方法和发现动机，并会在不同情况下正确使用它. 出于这个原因，本书试图提供一些必要的信息，以便教师们在课堂上可以游刃有余.

自然数、分数和有理数是中小学数学课程的基础. 本书与学生用书的最重要的区别是，它全面、系统地展示了自然数、分数和有理数的数学发展过程. 由于近年来在讨论数学教育时强调数学的连贯性，因此这样的数学发展过程具有重大的意义. 数学的连贯性并不像蒙娜

---

[1] 目前美国的政策要求所有的小学教师都是通才. 读者可能会产生疑问，期望所有的小学教师都拥有这么多的数学知识是否现实. 出于这个原因，小学里要有专门的数学教师这一想法正在讨论和审查中 (例如，参见【NMP08a，建议 20，第 xx 页】以及【Wu09b】).

丽莎的微笑那样不可形容. 它是构成数学的一种品质, 它的具体表现影响到数学的每一个方面. 如果我们想要呈现一门连贯的课程, 就必须至少用一种不违背学生学习规律的、符合逻辑的、连贯的方法来展示中小学数学. 不幸的是, 长期以来, 很少见到这样的展示方法. 这是因为数学界完全忽视了这一社会责任.

忽视导致的结果众所周知：数学教科书和中小学数学课程中充满了离谱的语言. 例如, 我们经常见到利用分数乘法"解释"为什么对于任何分数 $\frac{m}{n}$ 以及非零整数 c, 有 $\frac{m}{n} = \frac{cm}{cn}$. (见第 13.1 节和第 17.2 节中对这一推理的讨论). 再如分数四则运算的教学中, 似乎"分数是另外一种不同类型的数", 并且分数的四则运算与自然数的四则运算毫无关系. 再如, 十进制小数的教学既相似于又区别于分数的教学, 而不是正确地把小数展示为分数的一部分.

这本书本身并没有故意"标榜"连贯性, 而是要处处用"实际行动"来体现连贯性. 书中系统的数学发展过程, 能够指出一系列逻辑严密的概念及其与技巧之间的各种关系.[①] 例如, 本书指出, 如果做法正确, 那么通过长除法把分数转化为小数的一般计算方法事实上就是分数乘积公式 $\frac{m}{n} \times \frac{k}{l} = \frac{mk}{nl}$ 的推论. 本书还指出等价分数定理 $\left(\text{即 } \frac{m}{n} = \frac{cm}{cn}\right)$ 对于理解分数的每个方面都起到了巨大的重要作用. 从整部书来看, 读者在系统的数学发展过程中可以感受到, 加、减、乘、除等概念从自然数到分数、有理数, 最后到实数的演化过程是连续的 (这里的"实数"是中小学数学背景下的实数[②]). 尽管每种运算在不同的上下文中表面上看起来不同, 但是本书解释了为什么它自始至终其实是同一个概念. 因此, 有了系统的数学发展过程, 读者可以返回来从整体的观点看待数, 并由此获得一种新的视角, 即如何将各种不同的片段形成一个整体结构. 简而言之, 这样的发展过程体现了连贯性的本质.

现在的师范大学和教育学院[③] 在很长时间以来教给教师们的都是不连贯的数学. 事实上, 在训练数学教师的过程中, 数学内容的重要性只在最近几年才 (或多或少地) 被教育界所承认. 到目前为止, 我们还是没有很好地为教师提供最基本的数学知识 (例如, 参见【Wu11】中的讨论). 同时我们要指出, 虽然目前有越来越多的人已经开始认识到这个问题, 但还需要认识中小学数学的众多缺点. 不管是传统的中小学数学, 还是最近所谓"改革"后的中小学数学, 都确实存在着一定的缺点. 这些缺点的出现是数学界与教育界长期分离导致的不可避免的结果. 例如, 像"$27 \div 6 = 4 \cdots 3$"这样荒谬的东西, 早应该在几十年前就能被有能力的数学家矫正了. 因为许多这样的错误在正文中都会提到, 所以没有必要在此重复. 这种分离是怎样发生的呢？我不能为教育界说话, 但敢很自信地说, 数学家一般避免卷入教育界, 有两

[①] 读者不要把这句话理解为, 本书中展示的系统的发展过程是唯一的办法. 本书沿用最普遍的教学模型, 从自然数到分数, 再到有理数. 换一种模式, 比如从自然数到整数, 然后到有理数, 也是符合逻辑的.

[②] 参见第 21 章中小学数学的基本假设.

[③] 它们分别负责对教师进行职前和在职的师资培训.

个原因：一方面，他们认为教育是个无底洞，在这个无底洞里很多工作都会付之东流；另一方面，他们还认为中小学数学是微不足道的．对于前者，我没什么可说的，但后者是错误的．中小学数学可能是初等的，但并非微不足道，除非写书的方式使得它看起来微不足道．① 然而，已经有不计其数的书和文章把中小学数学描述得微不足道．实际上，这一现状对于一些优秀的数学家来说应该是个强有力的号召，号召他们进入教育界来阻止糟糕的事情发生．由这两个学界的分离而导致了灾难，现在是该让他们弥补过错的时候了．

这本书是一个数学家尝试对六年级以前的数学进行的系统性展示．接下来为初中教师和高中教师所写的几册书将完成其余年级的课程．我热切地希望，更多的人能继续坚持下去，使得我们能全面地改造对教师的数学教育．我们的教师应该受到更好的教育，而孩子们更应该受到更好的教育．

我也希望这本书与它的姐妹篇高年级册能够达到另外两个目的．一个是为数学教学工作者的研究提供一个更扎实的起点．在错误数学的基础上做教育研究，无异于试图在错误实验数据的基础上建立物理学理论．但是非常遗憾，目前错误的数学在教育工作者中用得最多②，现在是时候做一些改变了．第二个目的是为教科书出版社提供一点资源．教科书的质量必须提高，③ 但是出版社有一个正当的借口，那就是没有文献资料可以帮助他们做得更好些．这本书以及接下来的几册书可能会为他们提供所需的帮助．

这本书是我十多年来试验为中小学教师讲授数学的产物．起点是我在 1998 年 3 月组织的关于分数的讨论班（【Wu98】）．本书最重要的第二部分正是对【Wu98】的一个扩展．④ 这些年来，我已经面向在职教师讲授了这本书的不同部分，但是在一门常规的大学课程上，这本书对于一个学期来说内容太多了．建议第一学期的教学大纲如下：第 1–9 章，第 12–22 章，第 32 章．第二学期则可以讲解：第 10–11 章，第 25–42 章．此外，小学教师也应该知道一些几何；我将在网页 www.ams.org/bookpages/mbk-79 上挂一份关于几何的文件，可以下载下来作为一份附加的教材来使用．

本书中"动动手"和练习的解答只提供给讲课的教师使用，有需要的教师请将可证明其员工身份的学校网页发送至本书责任编辑潘丽娜的邮箱 (panlina_nana@163.com)，即可收到解答．

伍鸿熙

于加州伯克利

2010 年 12 月 1 日

---

① 参见前言最开始 Karajan 的话．
② 可以参见，比如【Wu08】中第 33 – 38 页中的讨论．
③ 要大致了解世界上科技最发达国家的中小学数学教科书的质量，请读者参见【NMP08b】的附录 B．
④ 读者可能会惊讶地发现，这与我的最初的想法几乎没有改变．

致 谢

很多书的致谢都长达好几页. 每当看到这样的致谢时, 我的心情就开始低落, 觉得这个作者在滥用纸张, 说来说去大不了是一些粗俗伪善的话. 但是当我准备向那些在我需要时帮助我的人们表示感谢时, 我才开始理解这些作者的做法.

一名做研究工作的数学家要转向培训中小学教师, 这中间必定要经历一条很长的曲折的学习道路. 但我比其他人犯了更多新手要犯的错误, 所以我的学习道路比一般人还要长. 我第一次对教师开展师资培训工作是在 2000 年, 当时历时三个星期, 每天八课时, 而且讨论的话题是基于数学内容的. 但是加利福尼亚的教师对课程的强度和重点都不适应, 因此火药味几乎从第一天就开始迸发. 多亏了我当时的三个助手 Bev Braxton, Ada Wada 和 Mary Burmester[1] 超乎寻常的理解和支持, 否则我恐怕完不成那段经历. 当时我对教师提出了可能不太合理的要求, 而且我这么做的时候就像一个暴君. 不管怎样, Bev, Ada 和 Mary 都认识到, 尽管存在很多问题, 但是我所尝试去做的事情具有某些价值而且最终会对教师有益. 所以, 他们力所能及地维护我, 并在我和教师之间进行调解. 回想起来, 正是在他们的帮助下, 我开启了数学教育生涯. 当我想尽力表达对他们每个人的感谢时, 我发现几乎无法用言语来表达.

从 2000 年开始的每个夏天, 我开始组织为期三周的数学师资培训学院, 这样的培训需要花费大量的资金. 前四年我受到资助, 是因为 Elizabeth Stage[2] 当时刚好就任于加州大学校长办公室. 她委派我参与设计委员会, 为资助加利福尼亚的数学师资培训制定政策. 委员会最后宣布, 被资助的项目要具备很强的数学内容性. 基于那一点, 我的数学师资培训学院才得到了资助. 感谢你, Elizabeth.

2002 年的高科技破产中断了加利福尼亚州对师资培训的资助. 从那以后, 我的工作得不到联邦和本州的资助. 我能够继续做教师的数学教育, 并顺带完成这本书的写作, 还得感谢三位有远见的人. 2004 年, Henry Mothner 和 Tim Murphy 邀请我到洛杉矶市教育办公室培

---

[1] Bev Braxton 提议称之为 "A 队".
[2] 译者注: Elizabeth K. Stage, 加州大学伯克利分校劳伦斯科学中心 (Lawrence Hall of Science) 主任. 获哈佛大学博士学位后, 在劳伦斯科学中心主要从事研究和项目评价以及师资培训项目工作.

训他们的数学教师. 在接下来的三年 (2004—2006) 里我都在做这个事情. 从一开始我就知道, 这个邀请是一项有胆识的活动. 这是因为在教育中, 特别是在州或联邦的教育组织中, "数学内容" 本身并不是一个流行的词语. 2006 年, Stephen D. Bechtel. Jr. 先生在旧金山湾区个人资助了一个为期三周的数学教师的培训, 培训的地点是 Mathematical Sciences Research Institute (以下简称 MSRI). 这个举动十分慷慨. 接下来, 从 2007 年开始, 每个夏天 S. D. Bechtel.Jr. 基金会都资助我在 MSRI 举办为期三周的培训. 对他们三位, Henry, Tim, Bechtel 先生以及 Bechtel 基金会, 我要衷心地表达我的感谢. 同时, 我还要感谢 MSRI 的支持, 当然, 还有它所提供的优雅舒适的学习环境.

在这些年里, 我还收到了其他单位让我宣讲我对师资培训的想法的邀请. 我想对以下单位和个人的慷慨和友好表示感谢:

2004 年: 澳大利亚数学科学研究所, Garth Gaudry, Tony Guttmann, Jan Thomas.

2006—2007 年: 密歇根州立大学 PROM/SE 项目, Joan Ferrini-Mundy, Bill Schmidt.

2007 年: 加利福尼亚州哈岗联合校区, Judy Carlton.

2009 年: 密歇根数学教师理事会, Ruth Anne Hodges.

2010 年: 明尼苏达州圣保罗市中学数学研究所, Allison Coates.

在每一个我所组建的培训学院中, 如果没有在行的助手, 是无法完成培训的. 我很幸运地得到了一群专业的教师、同事和行政管理人员的帮忙. 没有他们, 我关于师资培训的想法不可能实现. 我要感谢他们所有人, 包括: Hana Huang, Kay Kirman, Jaine Kopp, Devi Mattai, Bruce Simon, Paul Toft 以及三个还在和我一起工作的人, Winnie Gilbert, Stefanie Hassan, Sunil Koswatta (还有 Bev Braxton, AdaWada, Mary Burmester).

2004—2006 年期间, 在洛杉矶市教育办公室, Yvonne Koga 了不起的管理技巧让我受益良多. 而近几年, MSRI 的 Jim Sotiros 则以一切可能想到的方式支持了在 MSRI 开设的师资培训学院. 我要对他们的帮助和友好表示最诚挚的感谢.

这本书的书稿经历了不计其数的修订. 每一次的修订稿都至少作为一次培训的讲义使用过, 下一次的修订就改正了上一次培训中教师指出的错误. 我要感谢教师团队的批评指正. Larry Francis 不止一次对我的讲义逐行进行了修订, 他还和 Betty Lewis 一起帮忙为这本书的校样做校对, 我要特别感谢他们.

还有许多人对书稿早期的版本做出了有益的评论, 这其中我要单独地提到 Ralph Raimi 和 Ken Ross. 除了做出非常详尽的评论之外, 他们对这本书的最后成果也有重要的影响. Ralph 向我指出我所采用的语言不够清晰. 现在我也不敢向他展示我的最后稿子, 但是, 我希望能够得到他的赞许. Ken 直爽地告诉我, 与其将小数的处理作为单独一章 (现在的第五部分的前身), 不如直接将小数的材料尽可能多地整合到第二部分. 此后, 我就按照他说的做了.

这些都是决定性的贡献，而且我认为，读者要比我更有理由去感谢他们.

我的许多亲朋好友也以各种不同的方式帮助我完成这本书的写作. 我要感谢 Richard Askey 和 Stevens Carey 对我的工作的兴趣；我要感谢 Madge Goldman 自愿地帮我修改语言方面的错误；我要感谢 Scott Baldridge, 他根据自己师资培训的经验做出了一些关键的批评, 使我免于犯一些尴尬的错误；我从前的一个学生, 现在是我的朋友, Andrew Fire, 使我确信我所做的工作是有价值的. 当一位职业数学家涉足教育领域时, 不可避免地存在怀疑和焦虑, 因此, 非数学专业的这些人的鼓励对我非常重要.

最后, 我要特别感谢本书的编辑 David Collins. 在准备手稿的最后一段时间, 他不只是作为一个编辑对段落做了必要的组织, 并且逐字阅读了整本书. 这种贡献只能来自于他对同一个梦想的热忱. David, 非常感谢!

致 读 者

文史学家 Douglas Bush【Bus59,115 页】曾说过:"在所有的课程中, 现代教育的一个主要 '罪行' 是不要求学生们付出艰辛的努力."

有句话必须说在前面, 读这本书就是要付出艰辛的努力. 但我向你们保证, 只要努力基本上就能掌握本书的一切知识. 严格地说, 开始阅读的时候不要求你们具有任何的数学基础. 毕竟, 如果一本书花力气去解释 "273 表示两个一百、七个十和三个一的和", 然后进一步解释两个自然数求和的算法和理由, 那么它对读者的水平不可能有太高的要求. 同时, 另一方面, 如果你对小学数学中的运算操作一无所知的话, 那么阅读这本书对你可能是一个极大的挑战. 虽然我们将复习所有标准的运算技巧, 但还是要假定你已经对常规的运算非常熟悉.

对于那些声称自己有数学恐惧症的人, 我要特别强调一点. 产生数学恐惧症的原因可能是, 在你还没有充分准备好或理解好数学的情况下, (教师) 就多次要求你做数学题, 并且只要按照规定好的步骤去做即可, 之后就任由你自生自灭. 我向你保证, 本书不会纵容上述不合理行为. 在要求你做任何事情之前, 本书都会提供你需要的全部信息并且解释你要做的步骤为什么正确. 那么何不尝试着读读这本书呢, 它将会给你一个全新的开始![1]

从这本书里你可以期望学到些什么呢? 下面我来做一个概述.

你将体会到数学内在的精确性. 一般的数学教育著作通常避免直白的语言, 而且倾向于用近乎诗意的语言来讨论数学. 与之相反, 本书则尽量避免抒情性的字句, 而是选择无浪漫色彩的、语言准确的散文形式. 例如, 一篇要帮助中学数学老师理解分数乘法的数学教育的文章, 可以将分数乘法说成是 "寻求乘法结构中的乘法关系". 如此诱人魅力的写作, 使得本书的一些相关内容的语句相形见绌. 但是为了更有效地将数学讲清楚, 本书首先给出 $\frac{a}{b} \times \frac{c}{d}$ 的精确含义, 进而用这个精确含义连同逻辑推理一起解释乘法运算步骤的正确性, 并说明为什么这样做会有助于解决问题. 事实上, 本书的其中一个目的, 就是强调用精确的语言和精确的推理来得到逻辑严密的结论并解决具体问题.[2]

---

[1] 打个比方, 假如你所看的第一部电影是怪兽片, 而且把你吓坏了, 但这并不代表世界上所有的电影都会使你害怕.
[2] 或许, 数学家更喜欢说, 证明定理. 求解问题与证明定理不存在逻辑上的差别.

到目前为止，你的学习经验可能与这种精确性不太符合．普通的教科书和师资培训教材在引进技巧或概念时一般不给出定义，而是致力于通过在各种背景下给出各式各样的例子来做示范．但是，这种教法只是一厢情愿的想法，以为学数学也能像小孩子学说话，没有理解句中的单个词语就可以学会说整个句子．当然，除了极小部分小学数学以外，这种教法是无效的．这一点从目前学校数学教育的危机中就可以一目了然．但是因为你可能已经习惯了不精确的数学，本书强调对精确思维和严密逻辑的要求，或许会使你感觉这是学习数学的一个负担而不是帮助．不过你很快会看到，精确性对数学教学不但是必须的，而且有利无害．

伴随着对精确性的高度要求，本书还强调精确定义的重要性．多年来，大部分学校的教科书和中小学数学师资培训教材中长期忽略定义，这必然导致了如今在中小学数学教学中人们对定义的厌恶．例如，把有理数 $\frac{a}{b}$ 纯粹形式化地定义为方程 $bx=a$ 的解[1]，但接下来继续讲解有理数、讨论等值分数时却完全忽略了定义，尽管定义对于解释这些问题最为恰如其分．这种教育的必然结果，就是使学生和老师们感觉定义是多余的．

本书把定义放到它们在数学中应有的位置，即作为所有推理和讨论的基础．例如，有的数学教育工作者认为，分数的概念太复杂了，它的意思不应该简单地给出，而是应该在后续的讨论过程中详细地阐述，从而它的不同"性质"[2] 可以不紧不慢地一个接一个地展现出来．我们可以肯定地说，以这样的方法来定义分数，对五六年级的学生是绝对不合适的．这是一种糟糕的教法，因为它让学生永久停留在不知道自己学的是什么东西的可怕状态．如果他们知道自己所学的东西会在几天或者几周以后被修正，那怎么能指望他们掌握分数的概念呢？

相反，本书在一开始就定义了分数：它是数轴上一个确定集合里的点．以后的每一个有关分数的阐述都使用了定义．换句话说，所有关于分数的结论都可以用书中的定义来说明．书中引进的其他所有概念都与此类似，例如自然数的带余除法、十进制小数、有理数等．定义完全决定了每个概念都有些什么性质．在这样的数学环境中教学的深远意义是，不管讨论什么问题，学生都能明确地知道自己的立足点所在，他所要学会的知识完全包含在定义中．同时，由于信息不完全而导致的数学恐惧症将一去不复返了．在这种方法的帮助下，任何人都有同等的机会来学习数学，因为所有要学的知识全部一览无余，再没有不易发现的险滩了．

有句话讲得很贴切：数学不是一项观赏性的运动，想学会数学就必须自己动手、亲历亲为．那么，定义的重要性在具体实践时对学习数学如何产生影响呢？它要求你在掌握了已知概念的定义之后，将与此概念相关的所有事实，按照推理的程序重新编排起来，并追溯到你的出发点，即定义．在重新编排的同时，你必须把定义烂熟于心．做好这些工作并非易事，但

---

[1] 有理数的这样一个完全依赖于代数推理的形式定义，并不适用于中小学数学，原因在于，基于这个定义的数学讨论要求学生具有较高的抽象能力，这超出了中小学生的理解水平．当然，高等数学中通常采用这个定义．

[2] 这不是我专门捏造的术语，而是教育研究文献中的一个标准词汇．译者注：不同"性质"，原文 different "personalities"．

此书会尽力将你的旧知识平稳过渡为新知识. 当然, 成功的过渡离不开你下功夫记住定义并重新定位思维导向. 这样你才能接受和理解之前学过的一些结论是如何由定义经逻辑推理而来的. 虽然这是项艰苦的工作, 但也值得一做.

如果你认为这种学习数的方法看起来太过于冷冰冰、不能理解、限制太多、用处不大, 不要担心, 关于数的每一个标准事实都能在本书中找到. 此外, 由于已有精确的定义, 许多严格的推理也变得可以理解了.

于是, 接下来我们讨论本书另一个重要特色 —— 不厌其烦地强调推理证明. 做分数除法时, 为什么除以一个分数等于乘以它的倒数? 为什么两个负数之积是一个正数? 为什么一个分数 $\frac{a}{b}$ 可以理解为 $a \div b$? 为什么每个分数有且只有一个既约分数? ……诸如此类的问题本书均会一一给出证明.

刚开始阅读的时候, 你可能会被众多的"为什么"搞得头昏脑胀[①]. 但是只要努力, 你就会习惯并开始赞叹, 把推理作为你的一项基本技能是多么珍贵的宝藏! 这是可以理解的. 要知道, 数学老师必须一直想方设法赢得学生的信任. 因为数学从根本上讲是抽象的无形的概念, 学生则需要有个可信的人来引导他们拨开抽象的迷雾. 当学生看到老师能够脚踏实地地明确给出每一步推导的理由时, 他们就会毫不犹豫地信任他(她). 这样, 学生便有可能将数学学习下去.

一些学生认为, 学习数学只是在玩游戏, 即使他们对游戏规则一无所知. 推理证明可以改变这种不正确的思想.

最后, 本书还有一个特色值得一提, 那就是强调数学结构. 因为结构对于读者来说可能是个全新的概念, 所以我来打个比方. 设想, 一位教师在给母语非英语的学生上英语课, 一个学生问到"huge"是什么意思, 教师回答: "enormous"[②]. 你认为他是否解释清楚了呢? 当然没有! 一个母语非英语的小孩, 如果第一次学习"huge"这个简单的单词, 那么他认识长单词"enormous"的几率是很小很小的, 这是常识. 教师的解释可能对学生起不到任何作用. 注意, 这时你的评价是基于学习语言的正常轨迹 —— 由易到难.

现在来考虑数学中一个类似的情形. 等价分数的基本事实是: 对任意整数 k, m, n 且 $k, n \neq 0$, 有 $\frac{m}{n} = \frac{km}{kn}$. 对这个基本事实, 目前流行的解释如下:

$$\frac{m}{n} = 1 \times \frac{m}{n} = \frac{k}{k} \times \frac{m}{n} = \frac{km}{kn}.$$

[①] 洛杉矶的一位跟我工作了多年的老师 Winnie Gilbert 最近告诉我, 她的学生对她的教学风格评论道: "在生活中, 我们从来没有被问到如此多的'为什么'!"

[②] 译者注: huge 与 enormous 在英语中是近义词, 都有"巨大, 庞大"的意思.

身为一名教师, 你认为这样解释恰当吗? 因为这是一个数学解释, 所以不能再仅仅使用普通常识, 而是需要回顾你的知识框架, 想想学习分数的正常次序. 这样做, 你便会发现:

一方面, 因为等价分数是最基础的知识, 所以等价分数的基本事实会在一开始讨论分数时就出现;

另一方面, 分数乘法的概念需要详细地阐述, 并且不可能在一开始就讲[①].

由此可见, 上述例子就是用 "神秘的" 还未定义的概念 (分数乘法) 去解释更初等的结论 (等价分数的基本事实), 显然不符合逻辑. 因此, 这样的解释是无效的.

上述例子体现了数学结构的重要性. 数学语言是有一定等级的, 并非随机放在一起的. 一旦选定某个课题的某个特定阶段, 学习数学的顺序便具有一定的刚性, 不可改变: 某些概念和技巧必须出现在其他概念和技巧之前, 因为逻辑推理要求这么做. 正如刚才的例子, 因为学习分数的正常顺序必然要求等价分数放在分数乘法之前, 所以用分数乘法来解释等价分数的基本事实无异于用 "enormous" 来解释 "huge". 可见, 数学结构的这一特殊性深深地影响了分数的教学.

一般说来, 数学课程中对数的认识一般从自然数开始, 然后是分数, 最后是有理数[②]. 在学生还没有扎实地掌握自然数之前, 试图教会他分数是没有意义的. 同样, 必须先教加法后教减法, 先教乘法后教除法, 先教除法后教百分比. 出于这些原因, 在讲授分数乘法之前就讲授除法, 或还没讲除法就先讲百分比, 都达不到成功的目的. 作为教师, 在给出任何解释的时候都不能乱来. 所有数学解释都必须遵循数学结构, 并使用与此结构相符合的数学事实.

我希望读者开始认识到, 阅读这本书确实需要下大功夫, 这样才能保证学到并讲授正确的数学. 正确的数学比不正确的要好教, 正如一篇好文章比一篇差文章要容易读. 你所下的功夫最终将有助于你成为一个更出色的数学教师. 这便是本书要讲的全部内容.

[①] 其原因可以用一个问题来说明: "两片披萨如何相乘?" (我从英国教育专家 Kathleen Hart 那里借用了这个问题, 见【Har00】)

[②] 当然, 这些课题的排列次序可以不同, 例如: 自然数、整数、分数、有理数.

记号约定

每一章分为若干节. 每一节的标题将在每一章的开头给出.

当一个新的概念第一次定义时, 它以这种**粗体**出现, 但是通常不会单独作为一个段落列出. 读者将在书中看到许多定义.

等式用带括号的数字标记, 例如,

$$m+n = n+m. \tag{2.3}$$

书中经常用一个等式的标号来代表这个等式, 例如, "加法的交换律由 (2.3) 给出."

我们用一个小方框 □ 表示一个证明的结束.

"动动手"穿插在全书中. 这些都是简单的练习, 用于在课堂上检验学生对一个新技巧或新概念的学习情况. 这些动动手的解答见网页 www.ams.org/bookpages/mbk-79.

本书中自始至终使用了以下一些记号约定.

第 1.1 节: 对大数, 我们将各个数位从右到左三个一组用逗号分开. 例如 "100,000".

第 1.4 节: 数轴是水平放置的, 而自然数在 0 点的右侧标记.

第 1.6 节: 3×5 的意思是 $5+5+5$, 而不是 $3+3+3+3+3$.

第 2.4 节: 在一个表达式中, 先算乘法后算加法. 因此, 表达式 $(mn)+(ml)$ 中的括号可以去掉, 从而可以写成 $mn+ml$.

第 10.1 节: 将一个自然数 n 取整到十位时, 如果存在 10 的两个倍数, 且它们到 n 的距离同时达到最小, 那我们总是选择较大的那一个, 即四舍五入.

第 10.1 节: 与上面类似, 将一个自然数 n 取整到百位 (或千位) 时, 如果存在 100 (或 1000) 的两个倍数, 且它们到 n 的距离同时达到最小, 那我们总是选择较大的那一个.

第 11.1 节: 为了使记号简洁, 有时候我们用一个居中的点 · 代替乘法符号 ×.

第 12.1 节: 当我们讨论的分数的分母固定为某个特定数, 比如 3 时, 我们可以将 0 写成 $\frac{0}{3}$, 将 1 写成 $\frac{3}{3}$.

第 12.2 节: 分数的记号 $\dfrac{m}{n}$ 或 m/n 总是自动假定 $n>0$.

第 12.3 节: 例如, 为了记录 $\dfrac{24}{10^5}$ 中的幂次 5, 我们在 24 的左边添上三个 0, 以确保 0.00024 有 5 个小数位. 小数点前面的 0 只是为了清晰起见, 可写可不写.

第 15.1 节: 在数轴的讨论中, 相等的部分是指相等长度的线段.

第 29.3 节: 表达式 $-xy$ 表示 $-(xy)$.

第 34 章: 写出一个素数也相当于将它自己分解为"素数的乘积".

第 39 章: 如果一个小数的分母是 10^n, 那么它的小数点放在该小数分数的分母从末位往右数的第 n 位, 不足的数位补 0.

第 41.3 节: 在无限循环小数的记号中, 例如 $0.5\overline{23}$, 横杠下的数字至少有一个不是零.

目 录

第一部分 自然数
第 1 章 位值制 ··· 3
  1.1 怎样记数 ··· 3
  1.2 位值制 ··· 16
  1.3 符号语言的使用 ··· 18
  1.4 数轴 ·· 19
  1.5 比较数的大小 (初步) ·· 21
  1.6 乘法和数的展开式 ·· 23
  1.7 关于 0 ··· 28
  1.8 阿拉伯记数法 ·· 29
  练习 ·· 29
第 2 章 基本运算定律 ·· 32
  2.1 等于号 ··· 32
  2.2 加法的交换律和结合律 ·· 33
  2.3 乘法的交换律和结合律 ·· 36
  2.4 分配律 ··· 37
  2.5 比较数的大小 (结论) ·· 40
  2.6 加法的交换律和结合律的应用 ··· 43
  练习 ·· 43
第 3 章 标准的运算法则 ··· 46
第 4 章 加法的运算法则 ··· 49
  4.1 加法运算法则的基本思想 ··· 49
  4.2 加法运算法则及其解释 ·· 50
  4.3 关于加法运算法则的几点重要的注记 ······································ 53

　　　　练习 ·· 55
第 5 章　减法的运算法则 ··· 57
　　5.1　减法的定义 ·· 57
　　5.2　减法的运算法则 ··· 59
　　5.3　对减法运算法则的解释 ··· 61
　　5.4　如何使用数轴介绍减法 ··· 65
　　5.5　一种特殊的计算方法 ·· 67
　　5.6　减法的性质 ·· 68
　　　　练习 ·· 68
第 6 章　乘法的运算法则 ··· 71
　　6.1　乘法的运算法则 ··· 71
　　6.2　对乘法运算法则的解释 ··· 73
　　　　练习 ·· 77
第 7 章　长除法的运算法则 ··· 79
　　7.1　从乘法的角度看待除法 ··· 80
　　7.2　带余除法 ·· 85
　　7.3　长除法的运算法则 ··· 89
　　7.4　对长除法运算法则的数学解释 (初步) ·················· 91
　　7.5　对长除法运算法则的最终数学解释 ······················· 98
　　7.6　关于长除法的一些重要注记 ································· 100
　　　　练习 ·· 102
第 8 章　再谈数轴和四则运算 ·· 105
　　8.1　再谈数轴、加法和减法 ······································· 105
　　8.2　单位的重要性 ·· 106
　　8.3　乘法 ·· 108
　　8.4　除法 ·· 109
　　8.5　乘法概念的简史 ··· 110
第 9 章　数是什么? ·· 112
第 10 章　对于估计的评论 ··· 115
　　10.1　四舍五入 ·· 116
　　10.2　绝对误差和相对误差 ··· 119
　　10.3　为什么要做估计? ·· 122
　　10.4　单位"米"的简史 ··· 125

练习 ·· 125
第 11 章　任意进制数 ··· 127
　11.1　基本定义 ··· 127
　11.2　展开式法则 ··· 129
　11.3　七进制数的计算 ·· 133
　11.4　二进制数的计算 ·· 137
　　　练习 ·· 140

第二部分　分数

第 12 章　分数和十进制小数的定义 ····································· 147
　12.1　引言 ·· 148
　12.2　基本定义 ··· 152
　12.3　十进制小数 ··· 156
　12.4　单位的重要性 ··· 157
　12.5　面积模型 ··· 159
　12.6　分数在数轴上的位置 ·· 163
　12.7　需要思考的问题 ·· 164
　　　练习 ·· 166

第 13 章　等价分数与分数对的基本事实 ······························ 170
　13.1　等价分数定理 (约分法则) ·· 171
　13.2　等价分数定理在小数中的应用 ···································· 174
　13.3　定理 13.1 的证明 ·· 175
　13.4　分数对的基本事实 ··· 179
　13.5　交叉相乘法则 ··· 181
　13.6　分数对的基本事实的背景 ·· 182
　　　练习 ·· 184

第 14 章　分数加法与小数加法 ·· 186
　14.1　分数加法的定义以及一些直接推论 ······························ 186
　14.2　小数加法 ··· 189
　14.3　带分数 ·· 190
　14.4　对加法公式的改进 ··· 192
　14.5　对使用计算器的一点评论 ·· 194
　14.6　分数加法的一个重要例子 ·· 195
　　　练习 ·· 197

第 15 章 等价分数的进一步应用 ·········· 199
15.1 分数的另一种观点 ·········· 199
15.2 自然数除法的另一种观点 ·········· 201
15.3 比较分数的大小 ·········· 203
15.4 "$\frac{k}{l}$ 的 $\frac{m}{n}$" 的概念 ·········· 209
练习 ·········· 213

第 16 章 分数减法和小数减法 ·········· 216
16.1 分数减法和小数减法 ·········· 216
16.2 不等式 ·········· 219
练习 ·········· 220

第 17 章 分数乘法与小数乘法 ·········· 222
17.1 分数乘法的定义以及乘积公式 ·········· 223
17.2 乘积公式的直接应用 ·········· 230
17.3 分数乘法的第二种解释 ·········· 233
17.4 不等式 ·········· 239
17.5 文字问题与数字问题 ·········· 240
练习 ·········· 241

第 18 章 分数除法 ·········· 244
18.1 分数除法概述 ·········· 244
18.2 分数除法的定义和运算法则 ·········· 247
18.3 分数除法的应用 ·········· 253
18.4 小数除法 ·········· 258
18.5 不等式 ·········· 264
18.6 错误的学说 ·········· 265
练习 ·········· 267

第 19 章 繁分数 ·········· 270
19.1 繁分数计算的基本技巧 ·········· 270
19.2 繁分数为什么重要？ ·········· 276
练习 ·········· 277

第 20 章 百分数 ·········· 279
20.1 百分数 ·········· 279
20.2 相对误差 ·········· 285

练习 ·· 287
第 21 章　中小学数学基本假设 ·· 289
第 22 章　比例与比率 ·· 291
　　22.1　比例 ·· 292
　　22.2　为何要讨论比例？ ·· 299
　　22.3　比率 ·· 300
　　22.4　单位 ·· 303
　　22.5　分工合作问题 ·· 304
　　　练习 ·· 309
第 23 章　一些有趣的应用题 ·· 312
　　　练习 ·· 318
第 24 章　小学数学中分数的教学 ·· 320
第三部分　有理数
第 25 章　有理数 ·· 327
第 26 章　有理数的另外一种观点 ·· 329
第 27 章　有理数的加减法 ·· 331
　　27.1　向量的定义 ·· 331
　　27.2　特殊向量的加法 ·· 333
　　27.3　有理数的加法 ·· 335
　　27.4　具体计算 ·· 337
　　27.5　以加为减 ·· 339
　　　练习 ·· 343
第 28 章　再谈有理数的加减法 ·· 345
　　28.1　关于加法的假设 ·· 346
　　28.2　基本事实 ·· 347
　　28.3　具体计算 ·· 348
　　28.4　基本假设和基本事实的复习 ···································· 350
　　　练习 ·· 350
第 29 章　有理数的乘法 ·· 352
　　29.1　关于乘法的假设 ·· 352
　　29.2　正整数情况下的负负得正 ·· 353
　　29.3　具体计算 ·· 356
　　29.4　一些观察 ·· 359

练习 ·· 360

第 30 章　有理数的除法 ·· 362
　30.1　除法的定义和结论 ··· 362
　30.2　有理商 ·· 365
　　练习 ·· 368

第 31 章　有理数的排序 ·· 369
　31.1　基本不等式 ·· 369
　31.2　有理数的幂 ·· 372
　31.3　绝对值 ·· 374
　　练习 ·· 376

第四部分　初等数论

第 32 章　整除性规律 ··· 379
　32.1　带余除法的复习 ··· 379
　32.2　整除的一般结论 ··· 380
　32.3　整除性规律 ·· 383
　　练习 ·· 387

第 33 章　素数和因子 ··· 388
　33.1　素数和因子的定义 ··· 388
　33.2　埃拉脱色尼筛法 ··· 391
　33.3　关于素数的一些定理和猜想 ·· 393
　　练习 ·· 396

第 34 章　算术基本定理 ·· 397
　　练习 ·· 402

第 35 章　欧几里得算法 ·· 403
　35.1　公因子和最大公因子 ··· 403
　35.2　作为整系数线性组合的最大公因子 ·································· 406
　　练习 ·· 412

第 36 章　应用 ·· 413
　36.1　最大公因子和最小公倍数 ··· 413
　36.2　分数和小数 ·· 418
　36.3　无理数 ·· 420
　36.4　素数的无限性 ··· 423
　　练习 ·· 423

第 37 章　毕达哥拉斯三元组 ·· 425
　　练习 ··· 426
第五部分　小数
第 38 章　有限小数为什么重要? ·· 431
第 39 章　有限小数的复习 ·· 433
　　练习 ··· 438
第 40 章　科学记数法 ·· 440
　　40.1　有限小数的比较 ·· 440
　　40.2　科学记数法 ·· 442
　　练习 ··· 444
第 41 章　小数 ··· 445
　　41.1　带余除法的复习 ·· 445
　　41.2　小数和无限小数 ·· 446
　　41.3　循环小数 ··· 451
　　练习 ··· 455
第 42 章　分数的小数展开 ·· 457
　　42.1　主要定理 ··· 457
　　42.2　有限小数情形的证明 ·· 459
　　42.3　无限循环小数情形的证明 ······································ 461
　　练习 ··· 470
参考文献 ·· 472
译后记 ··· 475

第一部分

自然数

为了给这本书后面将要讨论的主要内容 (即根式、小数和有理数) 建立坚实的基础, 这一部分先讨论**自然数**

$$0, 1, 2, 3, 4, \cdots.$$

注意, 我们所讨论的自然数中包括 0. 我们将学会怎样使用它们进行精确的计算和估算, 也就是要学会怎样使用运算法则和在需要的时候进行估算. 因为我们使用的是阿拉伯记数法, 所以这一部分最重要的思想是解释在这个记数法下我们是怎样记数的 (参见第 1.1 节). 准确的记数方法是标准运算法则的基础, 也是进行估算的工具.

这一部分的主要内容是为了理解小学数学最基础的内容: **标准的运算法则**. 与现存的文献相比较, 本书将更准确地深入研究这些运算法则. 我们的重点不再是法则本身, 而是隐藏在这些法则背后的逻辑推理. 当你对学生讲授这些运算法则时, 学生希望知道为什么你让他们以这种看似并不自然的方式计算这些数. 这时, 你作为一名教师的职责就是给他们一个合理的解释, 并且还得保证数学意义上的正确性. 这一部分内容会帮助你做到这一点. 即使你已经知道了隐藏在这些运算法则背后的一般推理过程, 我也希望这一部分有一些使你感兴趣的新解释, 例如, 对带余除法在长除法运算法则中的作用的解释 (参见第 7 章).

关于估算的一章 (参见第 10 章) 是值得注意的, 因为这一章强调了为什么估算很重要以及什么时候估算比较合适. 这种解释应该出现在每一本小学数学教科书中, 但是目前尚且没有.

最后一章讨论如何在任意进制下表示一个数 (参见第 11 章). 它通过显示一个数的展开式怎样表达成一个不等于 10 的自然数的各次幂的和, 给第一部分对十进制系统的讨论画上了圆满的句号.

第 1 章
位 值 制

这一章主要讨论常用的阿拉伯记数法中位值制的概念. 在我们常见的表述中, 位值制被认为是自然数计算中最重要的一个思想, 也是每个小学生从上学一开始就必须掌握的内容. 位值制的重要性是毫无疑问的, 但是目前还没有很好地让每一个孩子都认识到它的重要性. 这就引发了一个问题, 即让孩子们把位值制作为一种个人的信仰是不是一种明智的教育决策? 我们暂且不考虑教育, 关键是要让教师首先知道, 位值制不是要作为某种信仰, 而是我们在记数体系中为了把 (自然) 数继续数下去而得到的必然结果. 为了使教师认识到这个事实, 我们希望在这本书中提供一些在课堂上怎样讲解位值制的建议. 正是因为这样, 我们将以很大的篇幅来讲解怎样记数以及为什么透彻地理解了记数法就能顺其自然地理解与自然数相关的其他基本概念, 比如 "较大" 和 "较小", $53 \times 100 = 5300$, 或者一个 (自然) 数的展开式.

本章各节安排如下:

怎样记数

位值制

符号语言的使用

数轴

比较数的大小 (初步)

乘法和数的展开式

关于 0

阿拉伯记数法

1.1 怎样记数

记数是数学的基础. 记较小的数 (比如 2 或者 3) 是轻而易举可以做到的, 实际上这在最原始的部落时代已经可以做到了. 记较大的数, 比如一支军队里士兵的数目或者一个相当大的羊圈里羊的数目, 就不是一件简单的事情了, 它需要在一个庞大的数系下完成. 大约距今四百年前, **阿拉伯记数法** (详细内容参见第 1.8 节) 就在西方被用来记数, 后来被推广到全世界. 在本节, 我们将深入讲解记数过程的细节, 因为它解释了位值制以及隐藏在自然数计算背后的基本概念.

在构建阿拉伯记数法时有两个最基本的原则, 即

(1) 仅仅使用这十个符号, 即 0, 1, 2, 3, 4, 5, 6, 7, 8, 9, 而不允许使用其他符号;

(2) 通过把这十个符号放在不同的**数位**或**位置**上, 写下所有可能数出的数.

因为 (1), 阿拉伯记数法也被称为**十进制记数法**. 通常在把一个数的某个具体位置上出现的这十个符号之一称为**某个数位上的数字**. 比如, 4723 中**从左边数起第三个数字**是 2, 也就是说, 4723 中**从左边数起第三个数位上的数字**是 2.

比如, 数

$$11,732,976,646,254$$

使用了 14 个数位, 它是格林尼治时间 2009 年 9 月 1 日下午 2 点美国国债的数目 (以美元计)[①]. 这个 14 位数从右边数起第 4 位、第 6 位和第 7 位数字都是 6. 第 4 个数位的 6 代表六千, 第 6 个数位的 6 代表六十万, 第 7 个数位的 6 代表六百万. 用通常的术语说就是从右边数起由第一个 6 所占位置的**位值**是一千, 第二个 6 所占位置的**位值**是十万, 最后一个 6 所占位置的**位值**是百万. 那么这三个数就分别代表六千, 六十万和六百万. 同一个数字 6 为什么代表三个不同的意思, 这就是我们下面将要讨论的内容.

我们来讨论如何从头开始记数. 考虑如果只允许使用一个数位, 我们怎样有条理地写出所有可能的数. 类似考虑如果给定两个数位、三个数位、四个数位等. 随着位数不断增加, 通过观察数字变化的方式, 我们来理解位值制的意义.

假设只有一个数位. 我们就以给定的 0, 1, 2, 3, 4, 5, 6, 7, 8, 9 这样的顺序写下最开始的十个数. 这个数位通常被称为**个位**, 仅仅使用个位而得到的数字称为**一位数**. 因此只有十个一位数. 这个时候, 我们有必要讲清楚**记数**的概念. **从 0 开始数一步**的意思是从 0 到 1, **从 0 开始数两步**的意思是从 0 到 1 再到 2, 等等, **从 0 开始数九步**就得到 9. 如下所示:

$$0 \to 1 \to 2 \to 3 \to 4 \to 5 \to 6 \to 7 \to 8 \to 9.$$

因为我们是从 0 开始数起, 所以称 1 是**从 0 开始数起的第一个数**, 9 是**从 0 开始数起的第九个数**, 等等.

记到 9 以后, 我们就不能接着记数了. 因为如果仅限于使用一个位置并且不允许使用更多的符号, 那么就无法再记下去. 当然, 我们可以通过人为地反复使用这十个数 0, 1, 2, 3, 4,

---

[①] 准确地说, "11,732,976,646,254" 是在阿拉伯记数法的意义下表示 2009 年 9 月 1 日美国国债的数目 (以美元计), 但是除非特殊要求, 否则我们不拘泥于这种枯燥的形式.

5, 6, 7, 8, 9 来继续记数, 并把它们以一行接一行的方式放置, 如下所示:

$$
\begin{array}{cccccccccc}
0 & 1 & 2 & 3 & 4 & 5 & 6 & 7 & 8 & 9 \\
0 & 1 & 2 & 3 & 4 & 5 & 6 & 7 & 8 & 9 \\
0 & 1 & 2 & 3 & 4 & 5 & 6 & 7 & 8 & 9 \\
\vdots & & \vdots & & & \vdots & & & \vdots &
\end{array}
$$

这样一来, 从 0 开始数九步我们到达第一行的数字 9, 再多数一步到达第二行的数字 0. 继续以这种方式数下去, 再多数一步到达第二行的数字 1, 再接着多数一步到达了第二行的数字 2, 等等. 最终, 我们到达第二行的数字 9. 接下来再数一步就到达第三行的数字 0, 等等. 这样肯定可以无限制地数下去, 但是一个显然的问题是我们没有办法来区别不同的行. 比如说, 从 0 开始数三步和从 0 开始数十三步都将使我们到达数字 3 处 (虽然它们分别是第一行的 3 和第二行的 3).

阿拉伯记数法的关键性突破就是认识到, 如果允许使用两个数位而不是一个数位, 那么我们就可以以 0, 1, 2 等十个符号陆续放在十行中每一个数字的左边来对这十行数字进行区分.① 这个新的数位被称为**十位**. 准确地说, 在第一行 0, 1, 2, 3, 4, 5, 6, 7, 8, 9, 我们把 0 放在每一个数的十位来得到了 00, 01, 02, 03, 04, 05, 06, 07, 08, 09. 对于下一行数, 我们通过把 1 放置在每一个数的十位来表明这是新的一行, 因此得到了 10, 11, 12, 13, 14, 15, 16, 17, 18, 19. 然后下一行我们得到了 20, 21, 22, 23, 24, 25, 26, 27, 28, 29. 接下来的一行得到 30, 31, 32, 33, 34, 35, 36, 37, 38, 39, 等等. 当到达第十行的时候, 我们把 9 放在每一个数的十位. 这样我们就在新的数位上也用尽了这十个符号, 并得到了下面的长方形阵列:

$$
\begin{array}{cccccccccc}
00 & 01 & 02 & 03 & 04 & 05 & 06 & 07 & 08 & 09 \\
10 & 11 & 12 & 13 & 14 & 15 & 16 & 17 & 18 & 19 \\
20 & 21 & 22 & 23 & 24 & 25 & 26 & 27 & 28 & 29 \\
\vdots & & \vdots & & & \vdots & & & \vdots & \\
90 & 91 & 92 & 93 & 94 & 95 & 96 & 97 & 98 & 99
\end{array}
$$

因此, 通过使用两个数位, 我们现在可以把这十个数字所在的十行区分开来. 这样就能清楚地从 0 数到 99.

如果仅限于使用两个数位的话, 那么从 00 到 99 的这些数字就是所有可以写出的数. 我们称这些数为**至多两位数**, 之所以这样说是因为第一行的数字

00, 01, 02, 03, 04, 05, 06, 07, 08, 09

---

① 注意, 把一个新的数位放置在个位的左边, 这纯粹是约定俗成的事情, 没有别的特殊含义. 它本来也可以放在个位的右边.

不是别的, 它们正是在原来的一位数左边添加了一个 0 以表明我们用的是两个数位. 正是因为这样, 我们通常仍把它们简单地写做 0, 1, 2, 3, 4, 5, 6, 7, 8, 9. 因此在这些至多两位数中, 只有在 09 后面的那些数, 即 10, 11, 12, ···, 19, 20, ···, 97, 98, 99 被称为**两位数**. 因此, 我们通常用以下方式记所有的至多两位数:

0	1	2	3	4	5	6	7	8	9
10	11	12	13	14	15	16	17	18	19
20	21	22	23	24	25	26	27	28	29
⋮			⋮			⋮			⋮
90	91	92	93	94	95	96	97	98	99

如果我们仅限于使用两个位置, 我们最多只能记到 99. 但是注意到 9 后面是 10, 因此 10 是第一个两位数. 同时我们也注意到, 以这种方式记前 100 个数时, 第二行每个数左边的数字 1 代表 0, 1, 2, ···, 9 这十个符号第一次重复, 第三行每个数左边的数字 2 代表 0, 1, 2, ···, 9 这十个符号第二次重复 ······ 第六行每个数左边的数字 5 代表 0, 1, 2, ···, 9 这十个符号第五次重复, 以此类推.

这个长方形阵列很清楚地告诉我们, 为什么从 0 到 10, 10 到 20, 20 到 30 等都需要数十步. 事实上, 这些数都在最左边的一列. 比如, 我们要沿竖直方向从 10 数到 20, 就必须从左往右地穿越整个第二行, 因为每一行有十个数, 所以这需要数九步. 从 19 出发再数一步我们就到了 20. 这个长方形阵列也解释了两位数中左边数字的意义. 比如, 38 中的 3 代表的是 30 而不是 3, 这是因为:

38 中的 3 表明 38 在长方形阵列的第四行, 在我们到达 30 时必须穿越三行数, 而每一行又分别有十个数.

现在我们停下来, 反思一下记前 100 个数的过程. 位值制的主要意思是, 在像 38 这样的数中, 3 代表的是 30 而不是 3, 而 8 代表的就是 8. 我们希望小学生能心悦诚服地接受这个观点. 前面的内容是为了说明一个事实: 如果学生们接受了仅限于使用十个符号来记数, 并理解了按照所描述的方式写出前 100 个数的原因, 那么他们自己就可以理解 3 代表 30 的意思, 而不需要把它作为一个既成事实强行记住. 他们可以看到, 把 3 放在 0, 1, 2, ···, 9 的左边意味着这是我们第三次重复使用这十个符号. 因此, 这里的 3 与 53 中的 3 代表着不同的意思. 孩子们很有可能更想知道做某一件事的原因, 而不喜欢被迫接受. 用这种方式学习如何记数, 他们就能更好地理解位值制的意义.

一旦学生掌握了两位数中每个数字的意思, 再把这种理解数的方式推广到三位数或者更多位的数上就不会太困难了.

因此, 为了继续记数但又不引入更多的符号, 我们将采用之前增加数位的方法, 也就是继续在十位的左边再增加一位. 说得具体一些, 我们把从 00 到 99 的数写成一行, 并反复写出多行, 然后把它们一行一行地连续放置. 像以前一样, 我们可以先沿着每一行从左往右数, 然后再接着数下一行的最左边数字, 这样我们就可以一直数下去了. 因为每一行都一样, 所以我们意识到, 这种记数方式的一大缺陷是含糊不清. 现在我们把 0, 1, 2, 3, 4, 5, 6, 7, 8, 9 依次放在十行中每个数的十位的左边, 用来区分这十个不同的行, 或者说是记录下这十至多两位数 00, 01, ⋯, 99 出现的顺序. 因此, 在第一行中所谓的**百位**上写下 0, 即 000, 001, 002, 003, ⋯, 009, 010, 011, ⋯, 098, 099. 我们在第二行的百位用 1 代替 0, 也即 100, 101, 102, 103, ⋯, 109, 110, 111, ⋯, 198, 199. 同样的, 第三行写成 200, 201, 202, 203, ⋯, 209, 210, 211, ⋯, 298, 299. 以此类推, 直到第十行变成 900, 901, 902, 903, ⋯, 909, 910, 911, ⋯, 998, 999. 这时因为我们已经在新的位置用尽了十个符号, 所以这是我们能写出的最多的数. 用符号表示, 我们就有下面的长方形阵列:

000	001	002	⋯	009	010	011	⋯	019	020	021	⋯	098	099
100	101	102	⋯	109	110	111	⋯	119	120	121	⋯	198	199
200	201	202	⋯	209	210	211	⋯	219	220	221	⋯	298	299
⋮				⋮				⋮					
800	801	802	⋯	809	810	811	⋯	819	820	821	⋯	898	899
900	901	902	⋯	909	910	911	⋯	919	920	921	⋯	998	999

这个新的数位 (从右边数起第三位) 被称为**百位**.

如果仅限于使用十个符号和三个数位, 我们就最多只能数到 999. 这些数就是所有的**至多三位数**. 像以前一样, 第一行的数, 即

$$000 \quad 001 \quad 002 \quad \cdots \quad 009 \quad 010 \quad 011 \quad \cdots \quad 019 \quad 020 \quad 021 \quad \cdots \quad 097 \quad 098 \quad 099,$$

它们不是别的, 正是之前列出的所有的至多两位数, 即一位数和两位数. 出于这个原因, 它们通常简写为

$$0 \quad 1 \quad 2 \quad \cdots \quad 9 \quad 10 \quad 11 \quad \cdots \quad 19 \quad 20 \quad 21 \quad \cdots \quad 97 \quad 98 \quad 99.$$

我们仅把 099 后面的数称为**三位数**. 像以前一样, 我们注意到 99 后面是 100, 因此 100 是第一个三位数.

在此处我们提出两点看法. 第一点:

从 0 到 100, 100 到 200, 200 到 300, 等等都需要数 100 步.

这是因为 0, 100, 200, ⋯, 都是每一行数的第一个数 (它们都位于长方形阵列中最左边的一列). 比如, 400 是第五行的第一个数, 500 是第六行的第一个数. 因为从 400 到 499 需要数

99 步 (每一行有 100 个数), 从 499 到 500 是第一百步, 所以如前所述, 从 400 到 500 需要数一百步. 第二点: 这个记数过程解释了以下现象: 比如, 为什么 819 中的 8 代表的不是 8 也不是 80, 而是 800, 这是因为

819 中的 8 表明 819 是在第九行, 因此我们为了记到 800, 必须从 0 到 100, 100 到 200, ⋯, 700 到 800, 因为每一行数有 100 个, 所以必须数 8 次一百步.

为了能继续记数, 我们需要第四个数位, 即在百位的左边再增加一个数位. 因此, 我们使用到现在为止已经很熟悉的方式, 把所有的至多三位数都写在一行, 从 000 到 999, 然后把它们重复写十次, 再一行一行地连续放置. 为了区分这些行, 或者说是为了记录这些数出现的次序, 我们取出 0, 1, 2, 3, 4, 5, 6, 7, 8, 9 中的一个, 把它放在同一行中每个数的新数位上. 比如, 第一行, 我们在每一个数的左边添加 0 来表明这是第一行:

0000, 0001, ⋯, 0009, 0010, 0011, ⋯, 0099, 0100, 0101, ⋯, 0997, 0998, 0999;

对下一行, 我们在新的数位上放置 1:

1000, 1001, ⋯, 1009, 1010, 1011, ⋯, 1099, 1100, 1101, ⋯, 1997, 1998, 1999,

依此类推. 这个长方形阵列以

9000, 9001, ⋯, 9009, 9010, 9011, ⋯, 9099, 9100, 9101, ⋯, 9997, 9998, 9999

结束. 这个新的数位被称为**千位**.

下面的长方形阵列包括了所有的**至多四位数**:

0000	0001	0002	⋯	0009	0010	⋯	0099	0100	⋯	0998	0999
1000	1001	1002	⋯	1009	1010	⋯	1099	1100	⋯	1998	1999
⋮		⋮		⋮			⋮				
9000	9001	9002	⋯	9009	9010	⋯	9099	9100	⋯	9998	9999

注意, 按以前的习惯, 我们通常把第一行数用所有的至多三位数来代替:

0 1 2 ⋯ 9 10 11 ⋯ 98 99 100 ⋯ 998 999.

换句话说, 当 0 在左边连续出现时我们就省略掉. 像以前一样, 我们注意到 999 后面是 1000, 因此 1000 是第一个**四位数**.

我们再次提出两点看法. 第一点:

从 0 到 1000, 1000 到 2000 等, 我们恰好需要数 1000 步.

这是因为 0, 1000, 2000, 3000, ⋯ 是长方形阵列的最左边一列, 因此从其中一个数到下一个数 (比如从 2000 到 3000), 我们需要先数 999 步走完一整行, 再多数 1 步就可以从 2999 到 3000. 第二点: 这种记数的方法也解释了为什么千位上的数, 比如 9502 中的 9, 它代表的是 9000, 而不是 9, 90 或 900. 这是因为

> 9502 中的 9 表明 9502 在长方形阵列中的第十行, 因此我们从 0 到 9000 必须数 9 次 1000 步.

假如我们从 0 开始, 每步跳过 10 个数. 我们已经知道从 0 到 10, 10 到 20 等, 需要走十步. 所以每步跳过 10 个数字的前九步如下:

$$0 \to 10 \to 20 \to 30 \to 40 \to 50 \to 60 \to 70 \to 80 \to 90.$$

因为 100 是 99 后的第一个三位数, 所以从 90 开始再数十个数字我们将到达 100. 因此, 如果我们从 0 开始, 每步跳过 10 个数字, 那么第十步我们就到达 100. 如果我们沿着长方形阵列最左边一列向下数九步, 就能更清楚地看到这种每步跳着数十个数的过程:

0	1	2	3	4	5	6	7	8	9
10	11	12	13	14	15	16	17	18	19
20	21	22	23	24	25	26	27	28	29
⋮			⋮			⋮			⋮
90	91	92	93	94	95	96	97	98	99

如果我们仍每步跳过 10 个数, 但是这次从 100 开始, 那么同理可知, 经过十步后我们将到达 200, 因为我们有

$$100 \to 110 \to 120 \to 130 \to 140 \to 150 \to 160 \to 170 \to 180 \to 190 \to 200.$$

假如我们从 0 开始, 每步跳过 100 个数, 根据以前的记数方法, 可以推知我们有下面的数列, 每个数与它相邻的下一个数之间需要数 100 步:

$$0, 100, 200, 300, 400, 500, 600, 700, 800, 900, 1000, 1100, \cdots.$$

因此, 如果每步跳过一百个数, 那么经过十步我们可以从 0 到达 1000:

$$0 \to 100 \to 200 \to 300 \to 400 \to 500 \to 600 \to 700 \to 800 \to 900 \to 1000.$$

此时，如何记到五位数，六位数，$\cdots$，或者 n 位数 (其中 n 是任意自然数)，用这种方法就都清楚了. 比如，如果我们从 0 开始，每步跳过 1000 个数，那么经过十步后可以到达 10000：

$0 \to 1000 \to 2000 \to 3000 \to 4000 \to 5000 \to 6000 \to 7000 \to 8000 \to 9000 \to 10000.$

> **? 动动手**　按照通常的术语：100 读做"一百"，1000 读做"一千"，等等.
>
> (a) 设想你在向一个三年级的学生解释，为什么 352 中的 3 代表 300, 5 代表 50, 2 代表 2.
>
> (b) 同样试着向这个三年级学生解释如果每步跳过 100 个数，经过十步以后就可以从 1000 到达 2000. (本书中所有动动手的答案都可以在以下网站查到：www.ams.org/bookpages/mbk-79.)

阿拉伯记数法使用了十个符号. 因为 0, 1, 2, $\cdots$, 8, 9 这个数组包含了相当多的符号，所以我们前面的讨论不够具体不够实际. 比如说，我们要写出所有的至多三位数就不太现实. 出于这个原因，我们下面将讨论更简单的情形，例如，我们不再使用十个符号，而仅仅使用三个符号 0, 1, 2 来写出所有数. 同样的，我们要遵循下面的两条基本原则：

(1) 仅仅使用三个符号 0, 1, 2，而不允许使用其他符号；

(2) 通过把这三个符号放在不同的数位或位置上，写下所有可能数出的数.

这个平行的讨论能使我们更好地理解阿拉伯记数法的精髓.

像以前一样，在这个记数法中，我们将把任意一个数的某个具体位置上出现的这三个符号之一称为一个**数字**. 如果我们被限制只使用三个符号，就只能得到三个一位数. 下面来研究如果允许使用两个数位，我们能 (在这个记数法下) 写出哪些数. 首先把这三个符号 0, 1, 2 放在一行，然后再重复写下两行. 每次我们分别在不同行中的所有一位数的左边放上 0, 1, 2 之一以做区分. 因此，第一行就写成 00, 01, 02. 接下来的数就连续写成 10, 11, 12, 20, 21, 22，由此我们就得到了下面包含所有**至多两位数**的长方形阵列：

00	01	02
10	11	12
20	21	22

注意到最初的三个数 00, 01, 02 不是别的，恰好是原来的一位数 0, 1, 2 换了一种写法. 在列出全部的至多两位数时，我们通常用后面的写法代替前面的写法. 因此，通常可以用下面

的长方形阵列写出所有的至多两位数：

$$
\begin{array}{ccc}
0 & 1 & 2 \\
10 & 11 & 12 \\
20 & 21 & 22
\end{array}
$$

2 后面的数, 即 10, 11, 12, 20, 21, 22, 被称为**两位数**.

如果从 0 开始数起, 我们数三步就到达了 10 (00 → 01 → 02 → 10), 因此在这个记数法中第三个数是 10. 同样的, 第六个数是 20, 第八个数是 22.

如果我们熟悉普通的算术, 那么在这个记数法下恰有 3×3 个至多两位数, 因为我们把 0, 1, 2 三个符号重复使用了三次.

下面我们在允许使用三个位置的情况下列出所有的数. 与以前的做法一样, 我们将所有的至多两位数 (00, 01, 02, 10, 11, 12, 20, 21, 22) 放在一行, 然后把这行重复写三次, 为标记它们出现的先后次序, 我们在从右数起的第三位上依次放上符号 0, 1, 2. 同样的, 我们将这些数写成长方形阵列的形式：

$$
\begin{array}{ccccccccc}
000 & 001 & 002 & 010 & 011 & 012 & 020 & 021 & 022 \\
100 & 101 & 102 & 110 & 111 & 112 & 120 & 121 & 122 \\
200 & 201 & 202 & 210 & 211 & 212 & 220 & 221 & 222
\end{array}
$$

这些数就是所有的**至多三位数**. 同样的, 我们注意到第一行的数只不过是原来的至多两位数, 因此通常把它们写做 0, 1, 2, 10, 11, 12, 20, 21, 22, 然后继续数下去就是 100, 101, 102, · · ·, 221, 222. 因此, 有长方形阵列：

$$
\begin{array}{ccccccccc}
0 & 1 & 2 & 10 & 11 & 12 & 20 & 21 & 22 \\
100 & 101 & 102 & 110 & 111 & 112 & 120 & 121 & 122 \\
200 & 201 & 202 & 210 & 211 & 212 & 220 & 221 & 222
\end{array}
$$

在这个长方形阵列中第二行和第三行的数被称为**三位数**.

如果我们熟悉普通的算术, 那么恰好有 3×3×3 个至多三位数, 因为这些数是把 3×3 个至多两位数重复写了三次得到的.

正如以下简单的记数过程所示, 我们可以看出, 从 0 开始数八步到达 22, 因此第九步到达 100.

$$0 \to 1 \to 2 \to 10 \to 11 \to 12 \to 20 \to 21 \to 22 \to 100.$$

因此, 如果 1 是第 1 个数, 那么 100 是第 9 个数. 同样的, 我们可以知道 200 是这个记数法中的第 18 个数. 这是因为我们已经知道从 0 到 100 需要数九步, 因此从 100 到 200 需要再数九步. 依照这样的推理可知,如果 1 是第 1 个数, 那么 211 将是第 22 个数.
这是因为我们从 00 到 11 需要数 4 步 (00 → 01 → 02 → 10 → 11), 因此从 200 到 211 也必须数 4 步 (200 → 201 → 202 → 210 → 211). 当 1 是第 1 个数时, 我们已经知道 200 是第 18 个数, 211 是 200 之后的第 4 个数, 由于 $18+4=22$(这里的加法是在通常的十进制记数法下进行的), 所以 211 是第 22 个数.

换句话说, 1, 2, 10, 11, ⋯, 22, 100, ⋯, 210, 211, 共有 22 个数.

到目前为止, 我们记到四位数的过程也应该很清楚了. 如果允许使用四个数位, 那么我们可以列出所有可能的**至多四位数**, 方法如下: 将所有的至多三位数放在一行, 然后把这行重复写三次, 为标记它们出现的先后次序, 我们在从右数起的第四位上依次放上符号 0, 1, 2. 因此在

0000, 0001, 0002, 0010, 0011, 0012, ⋯, 0212, 0220, 0221, 0222

之后, 我们将得到

1000, 1001, 1002, 1010, 1011, 1012, ⋯, 1212, 1220, 1221, 1222.

接下来是

2000, 2001, 2002, 2010, 2011, 2012, ⋯, 2212, 2220, 2221, 2222.

像以前一样, 我们把第一行的数通常写做

0, 1, 2, 10, 11, 12, ⋯, 212, 220, 221, 222.

我们仅把这些数之后的数, 即 1000, 1001, 1002, ⋯, 2220, 2221, 2222 称为**四位数**.

如果我们熟悉普通的算术, 那么恰好有 $3×3×3×3=81$ 个至多四位数, 因为正如前面所看到的, 这些数是把 $3×3×3$ 个至多三位数重复写了三次得到的.

我们也把这 81 个数以普通的长方形阵列的方式放置:

0	1	2	10	11	12	20	21	⋯	221	222
1000	1001	1002	1010	1011	1012	1020	1021	⋯	1221	1222
2000	2001	2002	2010	2011	2012	2020	2021	⋯	2221	2222

我们可以看出: 如果从 0 开始数起, 数一步到达 1, 数 27 步就到达 1000. 换句话说, 如果 1 是第一个数, 那么 1000 就是第 27 个数. 这是因为我们需要数 26 步来穿越每一行的 $27=3×3×3$ 个数, 然后从在每行的最后一个数到下一行的第一个数需要再数一步. 同样的, 我们有

在这个记数法下，如果 1 是第 1 个数，那么 1211 将是第 49 个数.
理由如下：我们把从 1 到 1211 的记数过程分解成两个步骤进行：$1 \to 1000 \to 1211$. 我们从前面的内容已经知道从 0 开始数起，1000 是第 27 个数，我们也知道了从 000(= 0) 开始到 211 需要数 22 步，因此从 1000 到 1211 也需要数 22 步. 这样如果我们从 0 开始数起，第 27 个数是 1000，然后再数 22 步我们就到达了 1211. 因为按照阿拉伯十进制记数法中普通的加法：$27 + 22 = 49$，所以 1211 是从 0 开始数起的第 49 个数.

> **? 动动手** 仅使用四个符号 0, 1, 2, 3 来记数，方法同样是使用不同的数位.
>
> (a) 在这个记数法下，如果从 0 开始数，写下前 48 个数.
>
> (b) 如果从 0 开始数，第 35 个数是什么？如果不参照 (a) 中列出的数，你能给出答案吗？
>
> (c) 如果从 0 开始数，第 51 个数是什么？第 70 个数呢？

现在回顾阿拉伯记数法中跳跃记数的过程. 先做一个一般性的观察. 我们已经看到，如果从 0 开始，每步跳过 10 个数，那么在十步以后就到达 100：

$$0 \to 10 \to 20 \to 30 \to 40 \to 50 \to 60 \to 70 \to 80 \to 90 \to 100.$$

如果从 0 开始，每步跳过 100 个数，那么十步以后就到达 1000：

$$0 \to 100 \to 200 \to 300 \to 400 \to 500 \to 600 \to 700 \to 800 \to 900 \to 1000.$$

如果从 0 开始，每步跳过 1000 个数，那么十步以后就到达 10000：

$$0 \to 1000 \to 2000 \to 3000 \to 4000 \to 5000 \to 6000 \to 7000 \to 8000 \to 9000 \to 10000.$$

因此从 0 开始，如果每步跳过 10 个、100 个、1000 个数，经过十步以后就分别得到 100, 1000, 10000. 注意到，在每种情况下，最终的结果都是在跳过数字的右边添加一个 0，而且以 10, 100, 1000 为例的推理过程似乎与 10, 100, 1000 并没有关系. 因此，不论我们每步跳过 10,000 还是 100,000 等，形式都不会发生变化.[①] 在本章结尾我们会看到，这种形式很重要，所以我们需要找到一个一般的方式来表达这件事. 为了更好地掌握这种形式，我们再用它两次：

[①] 当一个数的位数很多时，我们通常会采取这样的习惯：把这个数从右到左每隔三位用逗号分开. 另外，注意这是美国的习惯，在欧洲就不是这样.

从 0 开始，每步跳过 10,000 个数，经过 10 次后可以到达 100,000；

从 0 开始，每步跳过 100,000 个数，经过 10 次后可以到达 1,000,000.

比如第二个断言，它可以根据

$$0 \to 100,000 \to 200,000 \to 300,000 \to 400,000 \to 500,000$$
$$\to 600,000 \to 700,000 \to 800,000 \to 900,000 \to 1,000,000$$

得到. 其中，关键的最后一步是从 900,000 到 1,000,000. 这是因为最后一个六位数是 999,999，它的下一个数一定是 1,000,000. 从 900,000 过渡到 1,000,000 (与从 800,000 到 900,000 一样) 穿越了恰好 100,000 个至多六位数，再多加上一步.

显然，我们有必要把所有关于跳跃记数的事实用统一的语言做个总结. 为了做到这一点，我们需要借助于下述符号：

设 n 是不等于 0 的自然数. 如果我们从 0 开始，每步跳过 $1\underbrace{00\cdots 0}_{n}$ 个数 (这个符号表示 1 后面有 n 个 0)，那么经过十步之后我们可以到达 $1\underbrace{00\cdots 0}_{n+1}$ (1 后面有 $n+1$ 个 0).

写得详细些就是：

$$0 \to 1\underbrace{00\cdots 0}_{n} \to 2\underbrace{00\cdots 0}_{n} \to \cdots \to 9\underbrace{00\cdots 0}_{n} \to 1\underbrace{000\cdots 0}_{n+1}.$$

用语言可以描述为：如果从 0 开始，每步跳过一个以 1 开头后面有 n 个 0 的数 (n 是非零自然数)，那么经过十步之后，我们将到达以 1 开头后面有 $n+1$ 个 0 的数.

为了说明这个结论，令 $n=5$. 如果这个结论对于任意的 n 都成立，那么对于 n 的某个值，如 5 也应成立. 每步跳过的数是 1 后面有 5 个 0，且 $n+1=6$. 因此结论变为：如果从 0 开始，每步跳过 100,000 个数，那么经过 10 次后可以到达 1,000,000. 注意，这正是我们之前观察过的一个例子.

最后，我们利用记数来介绍**加法**的概念. 你可能会认为加法太简单了，没必要知道更多的东西. 但是，如果加法很简单，那么就必须能够对它简单地进行解释，即使是一个小孩子也能理解. 这就是我们现在要做的事情.[①] 4 与 5 的**加法**，写做 $4+5$，它表示从 4 开始数 5 步所得的数. 我们可以把这一过程简单地看成是**连续记数**的过程. 现在，如果我们从 4 出发，数 5 步，得到

$$4 \to 5 \to 6 \to 7 \to 8 \to 9,$$

最后得到数字 9 (仔细检查，确保数了 5 步). 因此根据这个定义，$4+5$ 就等于数字 9.

[①] 随后要讲的加法的明确定义对于理解第 4 章中的加法非常重要.

我们提醒大家注意，加法定义中所用语言的不可靠性．我们使用"步"来避免可能的误解：从 4 开始数 5 步，清楚地说明是这样的五步：$4 \to 5, 5 \to 6, 6 \to 7, 7 \to 8, 8 \to 9$，所以最后得到的数字一定是 9．如果我们说"$4+5$ 的意思是 4 后面的第 5 个数"，或者说"$4+5$ 是从 4 开始数 5 个数所得到的数"，那么人们可能会认为它的意思是 $4, 5, 6, 7, 8$．于是我们似乎把 $4+5$ 定义成了 8．在课堂上，请教师注意避免这样的混淆．

通常我们会使用**等于号**"＝"来表示"$4+5$ 就等于数字 9"：

$$4 + 5 = 9.$$

换句话说，两个数 $4+5$ 和 9 是同一个数．同样的，$172+39$ 表示从 172 出发数 39 步所得的数，即 $172 \to 173 \to 174 \to 175 \to \cdots \to 210 \to 211$．（通过记数直接检验这个结论！）因此，

$$172 + 39 = 211.$$

a 与 b 的**加法**，写做 $a+b$，它表示从 a 开始数 b 步所得的数．数字 $a+b$ 也称为 a 与 b 的**和**．

若我们现在有三个自然数 a, b 和 c，则定义变为

和 $a+b+c$ 是由**连续记数**所得，即从 a 出发数 b 步到达 $a+b$，再从 $a+b$ 出发数 c 步到达 $a+b+c$．

类似的，对于任意多个自然数的和 $a+b+\cdots+z$，也能用**连续记数**给出定义．

之前，我们从 0 开始，每步跳过 10 个数，经过 10 步可以到达 100．这当然与从 10 开始，每步跳过 10 个数，经过 9 步到达 100 是一样的．因此，用加法的语言和等于号来表示，我们就有

$$100 = 10 + \underbrace{10 + 10 + \cdots + 10}_{9} = \underbrace{10 + 10 + \cdots + 10}_{10}.$$

用同样的方法，我们可知

$$100 = \underbrace{10 + 10 + \cdots + 10}_{10},$$

$$1000 = \underbrace{100 + 100 + \cdots + 100}_{10},$$

$$10000 = \underbrace{1000 + 1000 + \cdots + 1000}_{10},$$

......

一般的, 如果使用符号, 那么我们可以把这些结论总结如下: 设 n 是任意非零自然数, 则

$$1\underbrace{000\cdots 0}_{n} = 1\underbrace{00\cdots 0}_{n-1} + \cdots + 1\underbrace{00\cdots 0}_{n-1} \quad (10 \text{ 次}). \tag{1.1}$$

例如, 如果 $n = 5$,

$$100000 = \underbrace{10000 + 10000 + \cdots + 10000}_{10}.$$

> **❓动动手** 如果你用通常的方法记数, 请问 6,490,721 之后第 200 个数是什么? 第 230 个数是什么? 第 236 个数又是多少? 第 5164 个数呢?

总结 位值制的概念对于理解自然数是非常重要的, 但是, 教师讲授它的通常的方法是命令学生记住:"一个数从右边数起第一位是个位, 个位的左边是十位, 接着是百位……". 但是通过学习如何记数, 学生开始了解这个概念的起源, 并且因此发现这个概念很容易. 此外, 从下一节将可以看出, 一旦学会了如何记数, 学生就不需要用直觉去掌握"大于"和"加法"这些概念, 更不会觉得它们很神秘了, 他们将可以根据更基础的记数的概念来解释以上两个概念.

1.2 位值制

现在我们知道了阿拉伯记数法如何记数, 那么解释任意一个数的每个数位的**位值**就相对简单一些了. 比方说 28. 其中的 2 和 8 分别代表什么? 从所有至多两位数列成的长方形阵列可以看出, 以 2 为十位的数都位于第三行, 如下表所示:

00	01	02	03	04	05	06	07	08	09
10	11	12	13	14	15	16	17	18	19
20	21	22	23	24	25	26	27	28	29
30	31	32	33	34	35	36	37	38	39

根据记数的方法, 28 是由 20 出发再多数 8 步得到的. 从而 28 中的 2 表示 20, 8 就表示 8 本身. 所以 28 意味着我们从 20 出发再数 8 步. 在这个例子中, 我们称 28 中 2 的位值是 20, 8 的位值就是 8.

728 中的数字分别代表什么意思？同样的，我们回忆由所有至多三位数列成的长方形阵列，以 7 为百位的数位于这个阵列的第八行，为了数到 728, 必须先数到 700, 再多数 28 步. 下面是第八行的一个略表：

$$700\ 701\ 702\ \cdots\ 709\ 710\ 711\ \cdots\ 719\ 720\ 721\ \cdots\ 798\ 799.$$

结合对 28 的讨论，我们看到，如果从 700 开始，数 20 步到达 720, 然后再数 8 步就能到达 728. 因此，728 中 7 的位值是 700, 2 的位值是 20, 8 的位值就是 8 本身.

再来考虑 3728 中每一位数字代表的意思：与前面一样，在所有至多四位数组成的长方形阵列中，以 3 为千位的数位于这个阵列的第四行. 这一行中第一个数是 3000, 从 3000 出发再走 728 步就得到 3728. 如下表是第四行：

$$3000\ 3001\ 3002\ \cdots\ 3009\ 3010\ \cdots\ 3099\ 3100\ \cdots\ 3998\ 3999.$$

结合对 728 的讨论，我们看到，为了得到 3728, 从 3000 开始，先数 700 步，再数 20 步，最后数 8 步. 由此可以得出结论，3728 中 3 代表 3000, 7 代表 700, 2 代表 20, 8 就代表 8.

我们对记数过程的浓墨重彩现在体现出了额外的优势. 回忆我们用连续记数来对自然数加法进行定义. 前面对 3728 中的每个数字的位值的结论现在可以看成是连续记数的一个结论：从 3000 开始，先数 700 步，再数 20 步，最后数 8 步. 用加法的语言就是说：

$$3728 = 3000 + 700 + 20 + 8.$$

这个和，表示出了 3728 的每个数位的位值，我们把它称为 3728 的**展开式**.

> **? 动动手** 从 516234 出发再数 500 步得到什么数？再数 50000 步呢？

3728 的结论可以立即推广到任意自然数，不管这个自然数有多少位. 例如，52746 是从 50000 开始，数 2000 步，再数 700 步，然后数 40 步，最后数 6 步得到的. 进一步讲，加法的定义使得前面的结论可以写成 52746 的展开式：

$$52746 = 50000 + 2000 + 700 + 40 + 6.$$

为防止读者由于太熟悉位值制的思想而忽视它的重要性，我们来看另一个不同的记数法以做比较：在罗马记数法中 [1]，数字 33 用 XXXIII 来表示. 注意到三个 X 在不同的位置上,

---

[1] 应当指出，即使在罗马记数法中，位值制有时也在发挥作用. 例如 "VI 表示 6, 而 IV 表示 4". 要了解对罗马记数法的简单介绍，参见网站 http://www.novaroma.org/via_romana/numbers.html.

但是每一个都表示 10，而不是 100 或 1000. 类似的，三个 I 也占据不同的位置，但是每一个都表示 1. 因此 XXXIII 表示 $10+10+10+1+1+1$. 对比阿拉伯记数法中的 111：左边第一个 1 表示 100，第二个 1 表示 10，第三个 1 才表示 1 自身. 看到区别了吧.

> **? 动动手** 用罗马记数法写出 88 和 99，并对比这个例子中罗马记数法与阿拉伯记数法的区别. 同样的，考虑 420 和 920.

可观察到，阿拉伯记数法中，即使一个人并不熟悉记数过程，他也会 (至少在直觉上) 知道 "101 大于 88"，因为 "101 中的数位比 88 多". 而在罗马记数法中，没有看起来得这么简单：CI(等于 101) 看上去显然 "小于" LXXXV(等于 85). 在接下来的几节中，我们将在阿拉伯记数法中根据数的位数精确地比较大小.

1.3 符号语言的使用

你可能已经注意到，在怎样记数的讨论中，我们已经开始使用符号语言. 比方说等式 (1.1)，

$$1\underbrace{00\cdots0}_{n} = 1\underbrace{00\cdots0}_{n-1} + \cdots + 1\underbrace{00\cdots0}_{n-1} \quad (10\text{ 次}).$$

这句符号语言通过引入抽象的符号 n，并允许 n 相继等于 $1,2,3,4,5,\cdots$，把无穷多句陈述压缩为一句简短的陈述. 我们已经看到，十个 1 的和是 $10(n=1$ 的情形)，十个 10 的和是 $100(n=2$ 的情形)，十个 100 的和是 $1000(n=3$ 的情形)，等等. 并且我们想明确一个事实，即对于 n 的所有其他取值，模式都是一样的：十个相同的数相加，如果每个数都是以 1 开头后面有固定数目个 0，那么得到的结果仍是以 1 开头后面有一些 0，但这些 0 的个数比前面的固定数目大 1. 描述这一串笨重语言的一个简单的方法是使用符号，这就是上述等式 (1.1).

因此，符号语言的使用正是实现了人们想达到语言简练的愿望. 比方说，人们毫不犹豫地接受了 "FBI" 的意思是 "Federal Bureau of Investigation(联邦调查局)"，即 FBI 是表示这三个英文单词的一个符号. 因为习惯于使用抽象的符号对于数学教师以及数学学习者来说都很重要，所以随着讨论的进行，我们将不断地增加符号的使用. 事实上，说得明确一点，小学生必须开始学会使用符号.

目前，人们很关心给小学生引入符号语言是否合适. 人们常常出于 "发展适应性" 的考虑，不给孩子们讲解认知上太复杂的知识. 但是近来认知心理学家所做的研究已经对这个观

点进行了修改 (参见【Bru02】;【Gea06】;【GW00】;【NMP08c, 第 4 – 6 页】). 孩子们的抽象能力超越了大多数人的想像, 这一事实已经被俄罗斯等一些发达国家的课程所证实. 我们刚刚注意到, 数学中的符号类似于日常用语中的缩写, 没有人提倡要在小学中避免使用缩写. 孩子们轻松自如地谈论 "MTV", 就像他们适应了用 "St." 代替 "Street(街道)", 用 "U.S." 代替 "United States(美国)", 用 "CA" 代替 "California(加利福尼亚州)", 用 "NBA" 代替 "National Basketball Association(美国篮球协会)" 等, 没有一点儿困难.[①] 这些词中的每一个都是某个较长的词或短语的符号表示. 显然人们不应该在幼儿园里用 n 表示一个自然数, 也不应该在幼儿园儿童学习拼写 "S-t-r-e-e-t" 之前讲授 "St." 的使用. 但是, 可以很有把握地说, 如果一个学生到六年级末对于使用符号还不熟练, 那么这个学生在八年级学习代数的时候一定会感到困难. 我们认为, 在数学教学中引入适量的符号语言不能晚于四年级.

本书虽然强烈提倡使用符号语言, 但是也尽量不要用得太过头. 例如, 第 1.5 节比较数的大小 (初步) 中末尾处的结论 (ii), 可以通过使用更多的符号来有效地表达, 但是我们克制住而没有那样做. 读者可以把用符号重新表述这个结论作为一个有趣的练习.

1.4 数轴

在本书中, 关于数的讨论离不开所谓的数轴. 它是一条直线, 其上的每个点唯一地等同于一个 (实) 数. 我们现在把注意力转向它的定义.

到目前为止, 自然数的概念是从记数发展而来的. 但是从数学学习的观点来看, 对这些数有一个几何的认识是很有价值的. 这样, 抽象的记数过程就能转化为空间中可以直观看到的过程. 最近, 认知心理学家也从认知的角度阐明了数轴的重要性 (【NMP08c, 第 4 – 8 页】). 用空间的直观对照物来帮助学生学习数, 其优点已经是显而易见. 在本节中, 我们将把自然数 0, 1, 2, ⋯ 等同于这条轴上的一些**等距点**(即连续的点之间的距离是相等的). 第二部分将在这条轴上找出分数, 第三部分找出有理数.

固定一条水平的直线, 并在其上定义一点为 0. 在本章和下一章, 我们将主要关注 0 点的右侧. 在 0 点的右侧, 像尺子一样, 标记出等距的一些点, 记为 1, 2, 3, 4, ⋯. 因此, 自然数就被等同于直线上 0 点右侧的这些等距点. 一条标有自然数的直线称为**数轴**.

[①] 有的人认为, 使用缩写与使用符号是不相同的, 因为像 "U.S." 这样的缩写只能表示一个对象, 而一般的符号 x 可以表示多个对象. 这样的断言有一部分的确是真的, 但是从根本上讲是不成立的. 例如, 在最近的 (2008 年) NBA 冠军联赛上, 篮球球迷都知道 LBJ 的意思不是 President Lyndon B. Johnson(林登·约翰逊总统), 而是 LeBron James(勒布朗·詹姆斯). 年龄较大一些的人们 (自 2009 年起) 对用缩写 IRA 表示 "Irish Republican Army(爱尔兰共和军)" 的意思感到不舒服, 因为他们已经习惯于接受它表示 "Individual Retirement Account(个人退休金账户)". 此外, 阅读学界的一些人认为 IRA 表示 "International Reading Association(国际阅读学会)". 尽管 "LOL" 特指 "little old lady(矮小的老太太)", 但是现在它也同样经常表示 "laughing out loud(大声笑出来)", 等等.

我们明确提醒读者注意：数自然数的过程对应于在数轴上标记点的过程. 标记点的时候, 我们使用一条水平的直线而不是随便一条倾斜的直线, 在 0 点的右侧标记自然数而不是左侧, 这些事实都完全是约定俗成的. 在第三部分以前, 我们都不需要数轴上 0 点左侧的那一部分.

从 0 到 1 的线段记做 $[0,1]$, 称做**单位线段**, 数 1 称做数轴的**单位**. 注意:

一旦给定某条直线上的单位线段, 这条直线上的所有自然数也都能确定下来.

选择不同的直线和不同的单位线段会得到不同的数轴. 但是, 相关的数学讨论目前只涉及自然数, 不会因改变直线位置或直线上 0 和 1 的选择而受到影响. 这就是为什么我们能够没有拘束地使用并讨论数轴.

给定数轴上两个点 a 和 b, 其中 a 在 b 的左边, 我们用 $[a,b]$ 来表示 a 与 b 之间的线段. a 和 b 是 $[a,b]$ 的**端点**. 观察线段 $[0,12]$, 我们发现这条线段类似于一把 1 英尺[①]长的尺子.

因此, 在给学生讲数轴时, 教师可以把它展示为一把尺子. 自然的, 我们称 12 是线段 $[0,12]$ 的**长度**. 一般来说, 我们称 n 是线段 $[0,n]$ 的**长度**. 特别的, 单位线段 $[0,1]$ 的长度是 1. 当把数轴看成一条无限长的尺子时, 我们便可以定义任意线段 $[a,b]$ 的长度: 把线段 $[a,b]$ 沿着数轴向左滑动, 直到左端点落在 0 上. 如果它的右端点落在 n, 则称线段 $[a,b]$ 的长度是自然数 n. 当不容易引起混淆时, 我们一般把一条长度为 n 的线段等同于线段 $[0,n]$.

自然数的加法是根据连续记数来定义的. 我们现在来说明, 如何把加法解释成**拼接而成的线段**(即同一直线上头尾相接的线段) 的长度. 例如, 为求 $4+7$, 我们从 4 开始, 数 7 步直到到达 11, 这就是所要求的和. 对应的几何表示是从 4 开始, 向右走 7 步, 每一步的长度是 1. 因此, 加法在数轴上的表示如图:

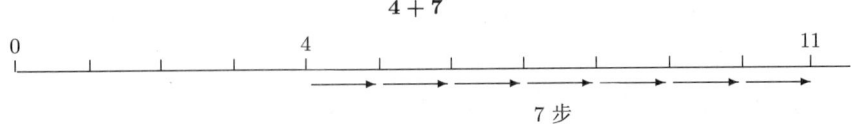

注意到, "从 4 开始数 7 步" 相当于把线段 $[0,7]$ 的左端点与线段 $[0,4]$ 的右端点拼接起来, 然后看线段 $[0,7]$ 的右端点落在什么地方. 于是, 我们可以使用长度的记法, 把 $4+7$ 解释

[①] 译者注: 1 英尺 $=30.48$ 厘米.

成长度分别为 4 和 7 的两条线段拼接而成的线段的长度:

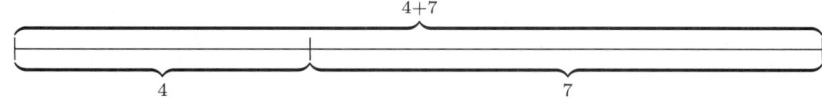

对于任意自然数 m 和 n, 当把 $4+7$ 换成 $m+n$ 时, 上述解释仍然有意义. $m+n$ 表示长度分别为 m 和 n 的两条线段拼接而成的线段的长度:

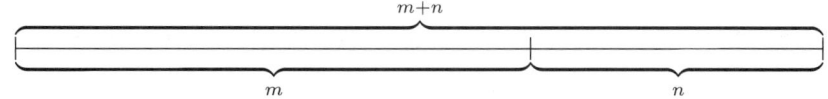

用几何方法来表示, 加法就变得很简单了: 把线段拼接起来, 然后求长度.

在接下来的两节中, 我们将接触一些如何使用数轴的例子.

1.5 比较数的大小 (初步)[①]

我们将讨论如何对两个自然数进行**比较**或**排序**, 即给定两个数, 哪个数比另一个 "更大一些". 例如, 你可能会认为 1058 "显然" 比 874 大, 因为 "一千比几百要大", 或者是因为类似这个意思的一些理由. 但是一千比九百大, 到底是什么意思? 又是为什么? 为了教好数学, 我们必须尽可能地把信息表达得既清楚又准确. 依赖于学生的直觉 "1058 比 874 大" 并要学生自己弄明白如何比较两个数的大小, 并不是良好的教育方式. 这是因为, 一旦习惯了依赖于学生的直觉来教数学, 我们将在更多较难的课程中 (如分数课) 也依赖于学生的直觉. 不幸的是, 许多人已经走了这样的路子, 但是结果并不乐观. 我们试着通过更详细的解释来做得更好一些.

在继续往下读之前, 如果你对第 1.1 节怎样记数还有不理解的地方, 请返回 1.1 节进行复习.

给定两个自然数 a 和 b, 按照怎样记数那一节中描述的记数方法, 如果 a 出现在 b 前面, 那么我们称 b 大于 a(或换种说法, a 小于 b), 用符号表示就是:

$$a < b \text{ 或 } b > a.$$

因此 $2 > 1$, $47 < 51$, $672 < 678$, $\cdots$. 特别的, 总有下面的事实成立:

如果 n 是一个非零自然数, 那么 $n > 0$.

诸如 $a < b$ 这样的表达式一般称为**不等式**.

[①]比较数的大小 (结论) 一节见第 2.5 节.

如果细细回味一下, 你会承认, "大于"的定义正是精确地表述了日常生活中"……比……多"的概念.

我们立即可以发现, 对于自然数 a, b, c,

$$\text{如果 } a < b \text{ 且 } b < c, \quad \text{那么 } a < c.$$

我们把这个事实称为"<"的**传递性**.

一个自然数 a, 如果满足 $a > 0$(即 a 是非零的), 则称 a 是正数. 对于正数这个概念的更全面的讨论, 请参见第三部分.

给定两个数, 如果它们不相同, 那么在记数的过程中, 必有其中一个出现在另一个的前面. 因此我们有:

三分律 给定两个自然数 a 和 b, 下面三种情况有且仅有一个成立:

$$a = b, \quad a < b, \quad a > b.$$

下面我们用数轴来解释前面的讨论. 回忆前面所讲, 记数对应于在数轴上向右标记自然数点. 因此, 对于自然数 a 和 b, $a < b$ 的意思是, 在数轴上点 a 位于点 b 的左侧.

至于"<"的传递性, 如果 $a < b$ 且 $b < c$, 那么从几何直观上可以很清晰地看出为什么 $a < c$:

最后, 三分律恰恰说明: 两条线段要么长度相等, 要么一条比另一条长. 没有其他的可能性.

对于两个自然数比较大小, 我们现在来做两点很简单但却很基本的评注:

(i) 整个讨论过程假设你知道如何记数, 所以在此几乎不明确提到记数法;

(ii) 所有的数在写的时候前面都不加 0, 如 000218 写做一个三位数 218.

先来看一些例子. 我们断言 $687 < 1124$. 这是因为 999 是最后一个三位数, 从而 $687 < 999$. 999 之后是第一个四位数 1000, 并且有 $1000 < 1124$. 根据 < 的传递性, 我们有 $687 < 1124$. 同理, 我们有 $9823 < 25706$, 因为 $9823 < 9999 < 10000 < 20000 < 25706$. 同样的, 一个七位数 $8,158,022$ 小于一个九位数 $104,057,923$, 原因是

$$8,158,022 < 9,999,999 < 10,000,000 < 100,000,000 < 104,057,923.$$

类似的推理可以证明下面的一般情况:

(i) 如果 a 和 b 都是自然数, 且 b 的位数多于 a, 那么 $a < b$.

某地的专业篮球队①在比赛时有这样的规则：如果主场球队得分超过"三位数"，那么每一位球迷就可以在当晚获得一张免费的披萨饼. 这是上述评论的一个很好的例子：得分不超过 99 分, 你就不能得到披萨. 找找你的生活中是否有其他日常用语可以作为上述评论的例子.

接下来, 如果两个自然数具有相同的位数, 如何比较它们的大小? 考虑 7541 和 7622. 因为

$$7541 < 7599 < 7600 < 7622,$$

所以我们有 7541 < 7622. 同样的, 因为

$$28,123,475 < 28,123,499 < 28,123,500 < 28,123,600 < 28,123,601,$$

所以 28,123,475 < 28,123,601. 在最后一个例子中, 28,123,475 与 28,123,601, 从左到右, 前面每一位的数字都相同 (相同的 2, 相同的 8, 相同的 1, 相同的 2, 相同的 3), 直到从左数起第六位上, 28,123,475 出现了一个 4, 而 28,123,601 出现了一个 6. 如果回顾前面的推理过程, 我们发现, 不等式 4 < 6 为得出 28,123,475 < 28,123,601 起到了举足轻重的作用, 因为 476 < 601. 类似的推理可以得出下面的一般结论:

(ii) 给定两个自然数 p 和 q, 它们具有相同的位数, 如果从左到右, 前面每一位的数字都相同, 直到某一位上出现不相同的数字. 若 p 的这一位上的数字小于 q 的这一位上的数字, 则有 $p < q$.

? 动动手 你能否给一名三年级学生解释 7001 大于 5897? 切记, 不可以使用减法或任何一种运算. 你必须首先解释"大于"是什么意思, 然后用它来说明 7001 > 5897.

1.6 乘法和数的展开式

下面我们把注意力转移到"一个数中出现很多 0"的现象. 这个问题引发我们要更好地去理解位值制, 可以用一个例子来说明.

2006 年 4 月 17 日美国人口数是 298,534,453. 这个数的展开式是

$$200,000,000 + 90,000,000 + 8,000,000 + \cdots.$$

---
① 这里指 the Golden State Warriors. (译者注: the Golden State Warriors 即金州勇士队, 美国西部加利福尼亚州奥克兰市的一支专业球队, 是最早加盟 NBA 的 11 支球队之一.)

如果你觉得这些 0 的个数已经让你觉得头晕眼花，先别急，有时你还不得不面对诸如 2006 年 4 月 17 日美国国债的数字 8,420,415,609,294 美元. 它的展开式为

$$8,000,000,000,000 + 400,000,000,000 + \cdots.$$

要把和的剩余部分都写出来真的是太乏味了，我们必须找到另一种切实可行的写法.

为了实现这个目的，我们引入乘法的概念，乘法可以作为反复做加法的一个简短的缩写. 说得准确些，我们定义：

$$3 \times 5 \stackrel{\text{定义}}{=} 5 + 5 + 5,$$

$$7 \times 4 \stackrel{\text{定义}}{=} 4 + 4 + 4 + 4 + 4 + 4 + 4,$$

其中符号 "$\stackrel{\text{定义}}{=}$" 表示 "……的定义是……".

一般的，如果 m, k 是自然数，那么 mk (这是公认的 $m \times k$ 的简单记法)[①] 的定义是：

$$mk = \begin{cases} 0, & \text{如果 } m = 0, \\ \underbrace{k + k + \cdots + k}_{m}, & \text{如果 } m \neq 0. \end{cases} \quad (1.2)$$

有时我们称 mk 为 m 与 k 的**乘积**，m 和 k 是 mk 的**因子**. 我们强调这样的事实：用 m 乘以 k 不是每个小孩子生来就会的，而是教师必须清楚解释的概念. 若 $m \neq 0$，这个定义清楚地把乘法 mk 规定为 m 个 k 的和的缩写；另外，任一数与 0 相乘都是 0. 一定要让你的学生对这个定义印象深刻. (参见本章练习 9)[②]

注意，我们已经默认地建立了一个关于乘法定义的约定. 乘积 3×5 也可以等价地定义为 $3+3+3+3+3$，即 3 自加五次. 但是我们已经选择了使用另一种约定：5 自加三次. 重要的是，一旦接受了这种约定，为了避免引起混淆，在全书中都将使用这个约定. 教师在课堂上教学时同样应当注意这一点.

因为加法是连续记数，所以两个正 (自然) 数的和仍然为正. 而我们已经知道，两个自然数的乘积是反复做加法，因此得出结论：

两个正数相乘，结果仍然是正数.

对于三个或更多数的乘积，如 $3 \times 5 \times 8$，除非用相反的语言描述，否则我们通常认为乘法是从左到右计算的. 因此 $3 \times 5 \times 8$ 的意思是：先计算 3×5 得到 15，然后计算 15×8 得到 120；对于 $3 \times 5 \times 8 \times 27$ 也是用同样的方法：它的意思是先求出 $3 \times 5 \times 8$，再乘以 27；等等.

[①] 在这种情况下，人们采用简单的记法，以避免将 "×" 与字母 "x" 混淆. 然而，也有一些情况下会故意使用 "×".

[②] 从长远角度考虑，值得指出，一旦我们不讨论自然数，那么乘法作为反复做加法的这个意思就必须加以修正. 目前，把分数乘法误认为是反复做加法，导致了对分数除法的错误印象. 鉴于这一点，这个注记是很有必要的. 参见第 17 章.

> **? 动动手** 下面一则关于乘法的介绍, 选自一本三年级教科书 (该书的目的是要让学生在三年级结束时完全掌握 10 以内的乘法表):
>
> 请看右图中的三组标签 (书上印着一幅图片, 上面有三组标签), 每组有五张标签. 请问总共有多少张标签?
>
> 你可以用两种不同的方法计算总数.
>
> | 你可以用加法表示: | 你可以用乘法表示: |
> |---|---|
> | $5+5+5=15.$ | $3 \times 5 = 15.$ |
> | 思考: 3 个 5 等于 15. | 读做: 5 的 3 倍等于 15. |
>
> 答案: 一共有 15 个标签.
>
> 你认为这样给三年级学生解释乘法是不是一种理想的方式? 为什么?

乘法是反复做加法, 理解了这一点之后, 我们现在可以把第 1.1 节怎样记数中的等式 (1.1) 重新写成

$$10 \times 1\underbrace{00\cdots 0}_{n-1} = 1\underbrace{000\cdots 0}_{n}, \tag{1.3}$$

对于任意正自然数 $n = 1, 2, 3, \cdots$ 都成立. 因此, 将 $n=2$ 代入等式 (1.3), 有 $10 \times 10 = 100$, $n=3$ 时, 有 $10 \times 100 = 1000$, 等等. 把第一个等式重新写做 $100 = 10 \times 10$, 并代入第二个等式左边, 我们得到

$$1000 = 10 \times 10 \times 10.$$

$n=4$ 时, 由等式 (1.3) 得 $10 \times 1000 = 10000$. 根据前面 1000 的结论, 我们可知

$$10000 = 10 \times 10 \times 10 \times 10.$$

用同样的方法讨论 $n = 5, 6, 7, \cdots$, 一直继续下去, 我们很容易得出结论: 一个以 1 开头, 后面有 n 个 0 的数等于 n 个 10 的乘积. 即, 对于任意的 $n = 1, 2, 3, \cdots$, 有

$$\underbrace{100\cdots 0}_{n} = \underbrace{10 \times 10 \times \cdots \times 10}_{n}.$$

在数学的标准记法下, 我们通常会把 10×10 缩写成 10^2, $10 \times 10 \times 10$ 缩写成 10^3. 一般的, $10 \times 10 \times \cdots \times 10$($n$ 次, $n > 0$) 就缩写成 10^n. 换句话说, 对于 $n = 1, 2, 3, \cdots$, 我们定义

$$10^n \stackrel{\text{定义}}{=} \underbrace{10 \times 10 \times \cdots \times 10}_{n}.$$

因此, 我们可以把等式

$$\underbrace{100\cdots0}_{n} = \underbrace{10\times10\times\cdots\times10}_{n}$$

重新写成

$$\underbrace{100\cdots0}_{n} = 10^n.$$

到目前为止, 只有 n 是正数时, 记号 10^n 才有意义. 如果 $n = 0$, 我们也可以记做

$$10^0 \stackrel{\text{定义}}{=} 1.$$

另外, 大家一致认为, 10^1 中的 1 可以省略掉, 简写成 10 即可.

符号 10^n 可以节省大量的人力, 是应运而生的. 当我们不得不像本节开始描述的那样需要写出很多 0 时, 这个符号能帮我们转危为安.

10^n 中的数字 n 称为 10 的 **幂** 或 **指数**, 10^n 读做 "10 的 n 次幂". 因此指数 n 表示我们所乘的 10 的数目. 于是立即有

$$10^{m+n} = 10^m \times 10^n, \tag{1.4}$$

对于任意自然数 m 和 n 都成立.

作为解决大数的展开式问题的最后准备工作, 我们考虑下面的事实: 比方说, $3\times 1000 = 3000$ 且 $7 \times 10000 = 70000$. 这很容易验证, 因为

$$3 \times 1000 = 1000 + 1000 + 1000 = 3000,$$

最后一个等式是从加法作为连续记数的定义得来的. 同样的道理, 对于任意正自然数 n,

$$\underbrace{400\cdots0}_{n} = 4 \times \underbrace{100\cdots0}_{n} = 4 \times 10^n.$$

此外, 如果把 4 替换成任意一个一位数, 结论依然成立. 我们将在下一节的结尾证明这一点.

利用最后一个事实, 现在来重新考虑诸如本节开始时讲到的美国人口这样大的数字的展开式问题. 我们有 $298,534,453$ 的如下指数形式的展开式 (即利用了指数):

$$298,534,453 = (2\times 10^8) + (9\times 10^7) + (8\times 10^6) + (5\times 10^5) + (3\times 10^4)$$
$$+ (4\times 10^3) + (4\times 10^2) + (5\times 10^1) + (3\times 10^0),$$

其中, 我们用 **括号** 来提醒读者, 括号内的运算优先.

在数学上, 写出一个自然数的展开式, 人们更喜欢利用上述指数表示. 原因是, 不管这个数有多少数位, 这种表示法都能以 10 的幂的形式清晰地给出了每个数位上的位值. 例如, 2

实际上表示 2×10^8, 9 表示 9×10^7, 而右边的 3 表示 3×10^0, 等等. 但是很显然, 这种清晰是付出了一定代价的: 不得不说指数表示有时看起来很笨拙. 例如, 一个比较小的数, 如 832, 它的一般展开式

$$832 = 800 + 30 + 2,$$

一定比含指数的展开式

$$832 = (8 \times 10^2) + (3 \times 10^1) + (2 \times 10^0)$$

要简单一些. 总的说来, 当我们希望最大程度地达到概念上的清晰时, 我们就把一个数的展开式写成指数形式; 当不容易引起混淆的时候, 写成一般展开式我们就很满足了.

我们称一个数中每一位上的数字为它的指数展开式中 10 的幂的对应**系数**, 例如, 9 是 10^7 的系数, 8 是 10^6 的系数.

把一个数写成指数形式的展开式的一大优点是阐明了下述事实: 一个自然数中每一位的位值是它右边一位的位值的 10 倍. 例如, 298,534,453 中的 9 表示 9×10^7, 8 表示 8×10^6, 并且

$$9 \times 10^7 = 9 \times \underbrace{10 \times 10 \times \cdots \times 10}_{7} = (9 \times \underbrace{10 \times \cdots \times 10}_{6}) \times 10 = (9 \times 10^6) \times 10,$$

其中, 若把 9 置于 8 现在的地位上, 则它的位值是 9×10^6.

当一个数中间有 0 时, 如 830,059, 让初学者写出这样的数的指数形式展开式, 有助于他们理解位值制:

$$830,059 = (8 \times 10^5) + (3 \times 10^4) + (0 \times 10^3) + (0 \times 10^2) + (5 \times 10^1) + (9 \times 10^0),$$

或者可以不用写得那么正式, 略去含 0 的项:

$$830,059 = (8 \times 10^5) + (3 \times 10^4) + (5 \times 10) + 9.$$

在此, 我们需要提一下, 在前面 830,059 的展开式中, 有时 5×10^1 和 9×10^0 这样笨重的记号会比不正式的符号 5×10 和 9 更受欢迎, 特别是在要求符号绝对清晰的情况下.

? 动动手

为了练习使用指数符号, 请读者写出以下几个数的展开式:
(a) 14,600,418;   (b) 500,007,009;   (c) 94,009,400,940,094.

> **? 动动手** 在一个数的展开式中, 10 的最高次幂项称为**首项**. (因此, 在 7,002,401 的展开式 $(7\times 10^6)+(2\times 10^3)+(4\times 10^2)+(1\times 10^0)$ 中, 7×10^6 是首项.) 请解释为什么任意一个数的展开式的首项总大于展开式中所有其他项的和.

1.7 关于 0

一个数乘以 10 的幂所得的结果, 大多数学生都认为是理所当然的, 但是他们只是觉得可能是这样, 不能给出解释. 例如, 为什么 $37\times 1000 = 37000$? 事实上, 不需要费太多的力气就能说明它的原因: 37×1000 表示 37 个 1000, 因为我们知道 10 个 1000 是 10000(等式 (1.3)), 所以可以看出 30 个 1000 是 30000, 再加上 7 个 1000, 即 7000, 我们得到的结果是 37000. 但是当我们试图证明 $375386\times 10000 = 3,753,860,000$ 时, 整个过程就变得索然无味了. 我们需要一个一般形式的正确结论, 如下:

$$n\times 10^k = \text{以 } n \text{ 开头, 在 } n \text{ 的末位的右边后接 } k \text{ 个 0 的自然数}$$
$$= n\underbrace{0\cdots 0}_{k}.$$

对这个事实的完整的解释需要使用到分配律, 本来现在就可以解决, 但是为了连贯, 我们推迟到下一章. 同时, 我们在需要的时候, 可以灵活使用 $n\times 10^k$ 的这一结论.

最后, 我们以一个轻松的话题来结尾. 当我们在第 1.1 节怎样记数中进行记数的时候, 曾经解释过为什么要省略掉一个数左边的 0, 比如 00075 就简写成 75. 下面我们从一个数的展开式的角度来给出另外一种解释, 为什么在一个数的左边添加任意多个 0 不改变这个数的大小. 例如, 830159 与 0830159 是同一个数, 与 000830159 也是同一个数, 等等. 这一点很容易看出, 因为根据一个数的展开式,

$$\begin{aligned}000830159 &= (0\times 10^8)+(0\times 10^7)+(0\times 10^6)+(8\times 10^5)+(3\times 10^4)+\\ &\quad (0\times 10^3)+(1\times 10^2)+(5\times 10^1)+(9\times 10^0)\\ &= 830159,\end{aligned}$$

其中, 我们用到了一个事实: 根据定义, 0 乘以任何数仍等于 0. 这一点观察对于理解第 $4-8$ 章中的各种运算法则非常重要.

1.8 阿拉伯记数法

前面已经提到过, 现在常用的记数法的名称是阿拉伯记数法. 关于这一名称的由来, 有这样一种普遍的观点: 阿拉伯人在公元 800 年之前向印度人学习了这种记数法, 在 12 世纪时一些阿拉伯文献被翻译成拉丁文, 从而将印度的这种记数法引入了欧洲. 大约在 1600 年, 这一记数法最终赢得了普遍的认同, 并因此而得名. 然而, 最新的历史研究表明, 这一名称可能命名不当.

因为语言交流上有困难, 并且中国早期的资料少有英译本, 所以直到最近, 中国的数学历史才开始为西方所知. 例如, 许多数学史的教科书没有提到, 至少早在公元前 1000 年有了第一笔可考证的文字记录时, 中国就有了十进制记数法. 这可能是因为人们没有意识到中国的记数法, 即**火柴棒记数法** (也称为**算筹记数法**), 与阿拉伯记数法 $0, 1, 2, \cdots, 9$ 是一致的. 算筹记数法的地位最晚在公元 200 年时就已经稳固下来, 但也很可能追溯到更早的年代. 除了没有具体地出现十个符号 $0, 1, 2, \cdots, 9$ 以外, 它与阿拉伯记数法的每一个方面都是完全相同的. 此外, 负数 (见第三部分) 和十进制分数 (通常被称为小数 (见第 2 章)) 从一开始就是算筹记数法的一部分. 这种记数法在过去的两千年间一直都在中国沿用. 由于印度与中国有着源远流长的关系, 所以很难区分开在印度记数法中, 哪些是中国式的, 哪些是印度式的. 最近几年来, 印度和中国的情况开始引起中国学者的关注 (参见【LA92】), 对上述观点的论证开始浮出水面, 但是还有许多证据有待发现.

应该指出, 在人类历史上还有其他一些记数法也用到了位值制, 但是它们使用了多于十个符号. 比方说, 古巴比伦人用了 60 个符号,[①] 这种记数法至少可以追溯到公元前 2000 年 (参见【Bur07, 第 1 章】). 这 60 个符号是基于两种基本符号并利用局部位值构造而成的, 使用起来非常笨重. 玛雅人曾使用一种位值制记数法, 借助了 (大约) 20 个符号,[②] 这种记数法的起源非常悠久, 并且说法不一 (同样参见【Bur07, 第 1 章】). 此外, 这些符号也很笨重. 比较起来, 阿拉伯记数法只简单地使用十个手写的符号, 且与大多数人的手指数目暗合. 因此, 如今它成为最为广泛接受的记数法也不是一种偶然.

练习

在做本书的练习时有两条规则:
(i) 除非特别说明, 否则只能运用你到目前为止在本书中所学到的知识解题.
(ii) 你给出的每一个答案都要有理有据. 可以运用计算, 也可以直接运用书中的一些结

[①] 说得更准确一些, 巴比伦记数法是 60 进制的位值制记数法. (见第 11 章)
[②] 玛雅记数法的第三个数位的位值不是 20^2, 而是 20×18.

论来说明. 有时为了强调, 我会指明要求你给出解释. 无论如何, 你要逐渐习惯于不说没有根据的话.

1. 设想你需要给一个四年级学生解释 $43 \times 100 = 4300$, 你会如何解释?
2. 设想你需要给一个五年级学生解释 $48 \times 500,000 = 24,000,000$, 你会如何解释?
3. 什么数加上 $946,722$ 等于 $986,722$? 什么数加上 $68,214,953$ 等于 $88,214,953$?
4. 什么数加上 58×10^4 等于 63×10^4? 从 52×10^5 拿去多少等于 48×10^5?
5. 对下面几组数比较大小, 并解释你的答案:

    (a) 4873 与 12001;　(b) 4×10^5 与 3×10^6;　(c) 8×10^{32} 与 2×10^{33};

    (d) 4289×10^7 与 10^{11};　(e) $765,019,833$ 与 $764,927,919$.

6. 写出下面几个数的展开式:

    (a) $60,100,900,730$;

    (b) $2,300,000,001$;

    (c) $72,000,000,659$.

7. 直接解释为什么:

    (a) $872 < 1,304$;　(b) $100,002 > 99,817$;

    (c) $803,429 < 804,021$;　(d) $541,962,208 > 541,961,765$.

(不要使用第 1.5 节比较数的大小 (初步) 中提到的两个结论.)

8. 解释为什么对于任意非零自然数 k 和任意一位数 m 有, $10^k > m \times 10^{k-1}$.
9. 下面是一则关于乘法概念的介绍, 来自一本三年级教科书. 该页的一侧印有一张日历表:

    乘法: 至少运用两个数得到另一个数的运算, 称为乘积.

    乘积: 乘法的运算结果.

然后在书中, 我们发现下面的段落:

　　4 个 6 是多少? 你可以用乘法做这个题.

　　使用表格来描述这个问题, 并记录问题的答案:

分组数	每组中物体个数	乘积
6 ×	4 =	24

继续往下:

　　如果琳娜在一个星期内每天练习唱歌 3 小时, 请问她一共练唱多少小时?

　　答案是: 3×7.

　　不只有一种做法!

方法 1: 你可以使用反复做加法来解决这个问题:

$$3+3+3+3+3+3+3=21;$$

方法 2: 当相加的每一项相等时, 你也可以写出一个乘法式子:

$$7 \times 3 = 21.$$

你认为这样介绍乘法是否合适? 写下你的看法. 把你的观点与班里其他同学的观点相比较.

10. 在第 1.1 节怎样记数中, 我们已经学习过只使用三个符号 0,1,2 的记数法以及每个数位上的位值. 在这种记数法中, 从 1 到 2211 之间有多少个数? 从 1 到 12121 之间呢? (用阿拉伯数字写出你的答案.)

11. 用与阿拉伯记数法同样的思想来记数, 但是只允许使用四个符号 0, 1, 2, 3.

(a) 在这个记数法中, (如果我们从 0 数起) 第 121 个数是多少? 第 195 个数是多少? 第 254 和第 259 个数又分别是多少?

(b) 从 1 到 321 之间有多少个数? 从 1 到 12321 之间呢?

12. 用与阿拉伯记数法同样的思想来记数, 但是只允许使用七个符号 0, 1, 2, 3, 4, 5, 6. 在这种记数法中, 分别写出对应于阿拉伯记数法中 7, 15, 47, 339, 352 和 1111 的数.

13. 用与阿拉伯记数法同样的思想来记数, 但是只允许使用十二个符号 0, 1, 2, 3, 4, 5, 6, 7, 8, 9, ♡, ◇.

(a) 在这个记数法中, 分别写出对应于阿拉伯记数法中 11, 15, 22, 47, 121, 145 的数.

(b) 在这个记数法中, 分别写出对应于阿拉伯记数法中 142, 1720, 1733, 8650 的数.

(c) 从 1 到 ♡◇2 之间有多少个数?

14. 用与阿拉伯记数法同样的思想来记数, 但是只允许使用两个符号 0,1.

(a) 在这种记数法中, 分别写出对应于阿拉伯记数法中 5, 14, 35, 59, 511, 517, 1122, 4028 的数.

(b) 从 1 到 1010 之间有多少个数? 从 1 到 11101110 之间呢?

第 2 章 基本运算定律

第一部分的一个主要内容是解释为什么自然数的四则运算是正确的. 我们发现, 这是因为加法和乘法分别满足结合律、交换律以及二者共同满足分配律.[①] 正是出于这个原因, 我们将在本章花一些时间来讨论这些看起来老套的定律.

本章各节安排如下:

等于号

加法的交换律和结合律

乘法的交换律和结合律

分配律

比较数的大小 (结论)

加法的交换律和结合律的应用

2.1 等于号

上述基本定律的关键在于, 两族数, 分别用一些代数运算联结起来, 表面上看起来不同, 但事实上是相等的. 这些等式用由第 1.1 节首次引入的等于号 "=" 来表示. 因为等于号在小学数学中是容易造成困惑的来源之一, 所以我们首先来详细说明这个符号.

有一件事情极其重要并且需要铭记在心. 虽然随着数学学习越来越深入, 等于号的使用也要求越来越高的数学水平 (从本书后面的章节中可以发现), 但是对自然数来说, 等于号是非常简单的. 如果可以用数数的方法证明两个自然数 a 和 b 是同一个数, 那么我们称这两个自然数**相等**, 记做 $a = b$. 例如, $4 + 5 = 2 + 7$, 因为我们先数到 4, 再数 5 步, 可以到达 9, 而先数到 2, 再数 7 步, 也可以到达 9, 这就是 $4 + 5 = 2 + 7$ 的意思. 或者我们可以用数轴来解释两个自然数 a 和 b 相等. 因为每个自然数对应于数轴上的一个点, 所以 $a = b$ 的意思是 这两个点在数轴上**重合**.

[①] 这些 "定律" 在教科书上常常被称为 "性质", 但在数学中, 公认的术语应该是 "定律".

不论用什么方法，请多花点儿时间给你的学生解释，两个自然数之间的等于号并不表示"经过运算得到一个答案"。如果需要的话，请反复地多讲几遍。此时等于号的意思仅仅是：

用数数的方法检验等于号的左右两边是否为同一个数，或者把等于号两边的数置于数轴上检验结果是否为同一个点。

为了成功地实现这样的课堂教学，教师必须做一些恰当的准备工作。比方说，如果学生不知道什么是自然数，那么你就不能让学生"用数数的方法检验等号的左右两边是否为同一个数"，否则无异于让学生去数教学楼三楼东北角上有几只幽灵。这就是为什么我们要用数数的方法尽力把什么是自然数定义清楚，并在后来把自然数定义成数轴上的一些点。这两种定义都足够具体和明确，当给定两个自然数时，学生能够去验证它们是否为同一个数。

如果教师有时在不经意间给学生留下了这样的印象：等于号是进行计算的命令，例如"$4+7=?$"那么也会引起学生对等于号的困惑。教师必须尽量避免无意识地传递这种信息，以防导致学生的误解。

当 (第二部分) 处理分数和小数时，就字面意义而言不能再反复做加法，所以应当更细致地解释两个分数相等与两个小数相等。然而，我们将证明，在分数与小数的情形下，等式也将最终化归为反复做加法 (参见第 12 章和第 39 章)。

2.2　加法的交换律和结合律

在收银台上，加法的交换律和结合律的重要应用随处可见，不论是用计算器还是人工计算，也不论计算巧妙还是笨拙。换句话说，商品的总价钱与先计算哪个商品无关！[1] 假如有一名顾客拿了两本价格分别为 32 美元和 25 美元的书，一件 28 美元的衬衣，一双 55 美元的鞋子到收银台付钱，设想下面三种可能的情景：

(1) 收银员用收银机先连续刷了两本书，又接着刷了 28 美元的衬衣和 55 美元的鞋子。根据加法的定义，我们用连续记数来计算，答案是 $((32+25)+28)+55$。其中，我们加了括号以强调计算顺序。

(2) 收银员先刷了 25 美元的书、55 美元的鞋子、28 美元的衬衣，最后刷了 32 美元的书。这时答案是 $((25+55)+28)+32$。

(3) 收银员看了一眼商品，注意到，25 美元的书与 55 美元的鞋子加起来正好是 80 美元，而 28 美元的衬衣与 32 美元的书加起来正好是 60 美元。所以她先输入 80，再输入 60。精确地说，答案是 $(25+55)+(28+32)$。

当然，在每种情景下，合计都是 140 美元。

---

[1] 作者的这一观点来自于【Wil02, 32 页】。

从加法的观点来看，上述事实是说：

$$((32+25)+28)+55=((25+55)+28)+32=(25+55)+(28+32). \tag{2.1}$$

通过直接计算可以验证，等式 (2.1) 显然是正确的. (请读者自己验证！) 这提示我们，把四个数以任何顺序相加，所得结果都一样. 事实上，我们有更一般的结论：

定理 2.1 对于任意一族数，以任何顺序把所有的数相加，所得的和都一样.

因为加法可以用拼接而成的线段的长度来解释，所以，定理 2.1 的内容是说，如果给定有限多条线段，那么它们拼接而成的线段的长度与它们拼接的顺序无关. 我们很快就会看到这一事实的直接应用.

下面将直接使用这个定理，不再特别注明. 那么为什么不简单地把这个定理看成一个公理？原因是数学要求尽量简洁，但这个命题并不够简洁. 它是关于 n 个数的加法的一个断言，其中 n 是任意正的自然数，而加的顺序究竟有多少种可能性还是个疑问. 如果可以选择的话，我们更愿意选择一个较为简单的前提. 出于这个原因，数学家们寻找到了更简单的方法并提出如下两个可以消除人们疑惑的断言：对于任意三个自然数 l, m 和 n，总有

$$(l+m)+n=l+(m+n), \tag{2.2}$$

$$m+n=n+m. \tag{2.3}$$

众所周知，等式 (2.2) 称为加法的**结合律**，等式 (2.3) 称为加法的**交换律**. 需要强调的是，这两条定律对任意的自然数 l, m 和 n 都成立. 这是因为等式 (2.2) 和 (2.3) 中用到了符号 l, m 和 n. 这两条定律很容易让人相信，并且对于任意确定的 l, m, n 的值也很容易验证. 但是我们需要知道：不管 l, m 和 n 分别取什么值，等式 (2.2) 和 (2.3) 都成立.

出于当前讨论的需要，现在的关键是，我们要从这两个简单的定律来证明定理 2.1，即 n 个数的加法可以不考虑顺序.

❓动动手 用拼接线段的方法解释等式 (2.2) 和 (2.3).

不幸的是，由等式 (2.2) 和 (2.3) 推导定理 2.1 的证明虽然不难，但是却无聊透顶，完成整个证明过程没有什么特别的启发性. 介于这个原因，我们把注意力集中在讨论定理 2.1 在课堂上的重要作用，而把从等式 (2.2) 和 (2.3) 推导定理 2.1 的过程推迟到本章的最后一节再讲. 定理 2.1 的一个有用的推论是：任意给定一族数，记做 $a, b, c, \cdots, k$，我们可以不用任何括号写出

$$a+b+c+\cdots+k,$$

而不用担心它们的顺序, 也不会引起混淆, 因为所有这些和都相等. 例如,
$$a+b+c+\cdots+k=k+a+\cdots+c+b.$$

可能你现在仍然觉得定理 2.1 没那么有价值, 所以我们来做一个简单的计算: 26 + 38. 别忘了, 我们只知道加法是连续记数的过程 —— 加法运算法则还没学呢. 因此, 计算 26 + 38 的唯一方法就是从 26 开始数起数 38 个数. 这是一件很单调的事. 然而, 我们可以通过小心但灵活地应用定理 2.1 来设法回避这件单调乏味的事:

$$\begin{aligned}26+38&=(10+10+6)+(10+10+10+8)\\&=(10+10+10+10+10)+(6+8)\quad\text{(定理 2.1)}\\&=(10+10+10+10+10)+(10+4)\\&=(10+10+10+10+10+10)+4\quad\text{(定理 2.1)}\\&=60+4=64.\end{aligned}$$

如果这提醒你想起加法的运算法则 (我们将在第 4 章进行讨论), 那就太正确了. 我们也可以用拼接线段的方法几何地演示加法:

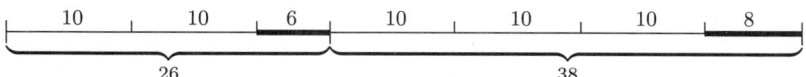

定理 2.1 说明, 我们可以重新排列这些相互独立的线段, 它们拼接而成的线段的总长度不发生变化:

上图中的右侧, 长度分别为 6 和 8 的线段拼接而成的新线段与长度分别为 10 和 4 的线段拼接而成的新线段, 二者长度相等. 因此,

现在我们可以读出总长度为 64, 即 26 + 38 = 64.

 计算: (a) $37+189+163$; (b) $275+892+225+4211+108$.

 计算: $666,666,667 + 788,646,851,086 + 333,333,333$.

2.3 乘法的交换律和结合律

现在我们转而讨论自然数的乘法,其中乘法已由等式 (1.2) 定义. 因为乘法与加法非常相似,所以我们对乘法的讨论可以从简. **乘法的结合律**(等式 (2.4)) 和**交换律**(等式 (2.5)) 与加法的结合律和交换律是完全类似的. 对于任意的自然数 l, m 和 n,下面的等式成立:

$$(lm)n = l(mn), \tag{2.4}$$

$$mn = nm. \tag{2.5}$$

在此,我们已经利用了乘法的定义 (1.2) 中提到的习惯记法: 当用字母来表示数字时,乘号 $\times$ 可以省去,用 mn 表示 $m \times n$. 与前面一样,对等式 (2.2) 和 (2.3) 中使用符号所做的评论,同样适用于等式 (2.4) 和 (2.5).

等式 (2.4) 和 (2.5) 也将为大家所接受. 当然, 正是因为等式 (2.5), 孩子们就只需要记住九九乘法表中 81 个式子的一半就可以了 (确切地说是 45 个). 与上一节一样, 这两条定律可以推出下面的结论:

定理 2.2 对于任意一族数, 以任何顺序把所有的数相乘, 所得的乘积都一样.

例如, 对于任意自然数 a, b, c, d, e, f, 总有

$$\Big(\big(e(fa)\big)d\Big)(cb) = \Big(\big((ad)(bf)\big)c\Big)e.$$

定理 2.2 有两个简单的应用. 首先, $(87169 \times 5) \times 2$ 等于 $87169 \times (5 \times 2)$. 根据 1.7 节, "关于 0" 一节中描述的与 10 的幂的乘积的事实, 对于任意自然数 N, $N \times 10^k$ 等于在自然数 N 末位右边接 k 个 0 所得的自然数 (这个事实将在下一节得到证明), 从而结果等于 871690. 其次, $10^7 \times 6572 = 6572 \times 10^7$, 根据同一个事实, 可知结果等于 $65,720,000,000$.

注意到, 如果没有交换律, $10^7 \times 6572 = 65,720,000,000$ 这个事实并不显然, 毕竟, 根据定义, $10^7 \times 6572$ 表示把 6572 自加 10^7 次!

到目前为止, 我们已经使用了两次这个事实: $N \times 10^k$ 等于在自然数 N 末位右边接 k 个 0 所得的自然数. 我们现在可以归纳一下这个事实. 设想要计算 6572×38000, 于是

$$6572 \times 38000 = (6572 \times 38) \times 10^3,$$

因为 $6572 \times 38 = 249,736$, 所以我们看到 $6572 \times 38000 = 249,736,000$. 运用同样的推理过程, 人们可以证明下面的一般情形:

$n \times (m \times 10^k)$ 等于在自然数 nm 末位右边接 k 个 0 所得的自然数.

2.4 分配律

分配律把加法和乘法联系起来, 它描述了这样的事实: 对于任意自然数 m, n 和 l, 有下述事实成立:
$$m(n+l) = (mn) + (ml).$$
数学家们都喜欢简练 (使用记号本身就是追求简练的一个反映), 所以他们发明了一个传统, 省略掉了乘法外面的括号:

在诸如 $mn + ml$ 这样的表达式中, 我们通常在做加法之前先做乘法 mn 和 ml.

理解了这一点, 我们可以重写上述等式. 对于任意自然数 l, m 和 n,
$$m(n+l) = mn + ml. \tag{2.6}$$
又因为乘法满足交换律, 所以这个等式又可以写做
$$(n+l)m = nm + lm.$$

我们说明一点: 省略括号的这个习惯记法仅仅是一种约定, 在本质上不包含数学知识. 在中小学数学中, 这一约定是以**运算顺序**的名义出现的, 但不幸的是, 在整个课程中, 它似乎占据了核心的位置. 这样做是不正确的, 因为尽管孩子们需要学会遵循约定, 但是没有哪种约定可以提升到一门课程的主要位置的高度上去, 在数学中尤其不行.

当遇到分数的时候, 对于分配律需要引入一个几何模型, 所以我们从自然数就开始讨论这个模型. 我们需要讨论乘法的**面积模型**. 出于讨论的需要, 我们先引入面积的定义. 如果正方形的边长为 1, 就称之为**单位正方形**. 我们定义, 单位正方形的面积就等于 1. 如果把一族小矩形 $\mathcal{R}_j$ 拼接起来可以得到整个矩形 $\mathcal{R}$, 并且小矩形之间至多相交于边界, 那么称这族小矩形 $\mathcal{R}_j$ **铺满**给定的矩形 $\mathcal{R}$. 定义好了以上术语, 任意一个**矩形的面积**就定义为要铺满它所需的单位正方形的个数. (切记, 在此我们只讨论自然数, 因此所有矩形的面积都是自然数.) 例如, 如果每行有 5 个单位正方形, 那么 3 行这样的单位正方形可以铺满竖直边为 3、水平边为 5 的矩形. 从而这个矩形的面积等于 $5 + 5 + 5$(单位正方形), 即 3×5.

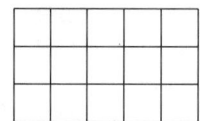

用类似的推理可以证明:

乘积 mn(其中 m 和 n 是自然数) 表示竖直边为 m、水平边为 n 的矩形的面积.

有的书上可能会提到, 乘法的面积模型事实上是操作十进制积木[①]的基础.

我们现在利用乘法的面积模型来解释分配律. 最好用一个具体的例子来说明. 在 $m(n+l) = mn + ml$ 中, 如果取 $m = 3, n = 2, l = 4$, 那么 $3(2+4)$ 表示下面竖直边为 3、水平边为 6 的矩形的面积:

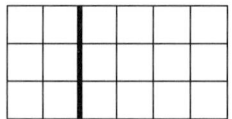

另一方面, 3×2 表示"左边"矩形的面积, 3×4 表示"右边"矩形的面积. 因此, $3 \times (2+4) = (3 \times 2) + (3 \times 4)$. 此外, 用其他三个数代替 3, 2, 4, 图形的本质不发生改变.

分配律可以推广到多于三个数的一般情形. 例如,

$$m(a+b+c+d) = ma + mb + mc + md$$

对于任意自然数 m, a, b, c, d 都成立. 重复应用两次分配律 (等式 (2.6)) 并灵活应用定理 2.1 便可以证明这一点, 如下所示:

$$\begin{aligned} m(a+b+c+d) &= m((a+b)+(c+d)) \\ &= m(a+b) + m(c+d) \\ &= (ma+mb) + (mc+md) \\ &= ma + mb + mc + md. \end{aligned}$$

? 动动手 读者可以利用分配律去心算两位数与一位数的乘法. 例如, 计算 43×6, 我们可以把 43 分解成 $40+3$, 所以 $43 \times 6 = (40+3) \times 6 = (40 \times 6) + (3 \times 6)$, 最后结果就是 $240 + 18 = 258$.

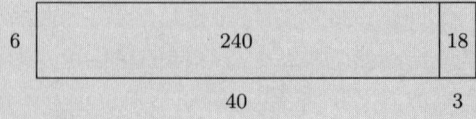

[①] 译者注: 十进制积木, 原文 base ten blocks, 是一种益智类积木教具, 由一些大正方形、长矩形、小正方形组成. 一个长矩形的面积等于 10 个小正方形的面积, 一个大正方形的面积等于 100 个小正方形的面积. 由于其面积之间的关系, 所以小正方形的个数可以代表一个数的个位, 长矩形的个数可以代表一个数的十位, 大正方形的个数可以代表一个数的百位. 这种教具常被教师用来教学生认识数, 有时也常用做加减乘除计算.

因此, $43 \times 6 = 258$. 仿照这个例子, 请读者心算以下题目:

(a) 24×8;　(b) 53×7;　(c) 39×6;　(d) 79×5;　(e) 94×9;　(f) 47×8.

为了结束 1.7 节, 关于 0 的讨论, 我们现在来解释以下事实, 并把它作为分配律的一个典型的应用: 对于任意正的自然数 N,

$N \times 10^k$ 等于在自然数 N 末位右边接 k 个 0 所得的自然数.

为了简化这一事实, 我们可以考虑 $N = 372$, $k = 4$ 的情形, 它的推理过程可以一般化:

$$\begin{aligned}
372 \times 10^4 &= ((3 \times 10^2) + (7 \times 10^1) + 2) \times 10^4 \\
&= ((3 \times 10^2) \times 10^4) + ((7 \times 10^1) \times 10^4) + (2 \times 10^4) \quad \text{(分配律)} \\
&= (3 \times 10^6) + (7 \times 10^5) + (2 \times 10^4) \quad \text{(定理 2.2 和等式 (1.4))} \\
&= 3720000.
\end{aligned}$$

现在我们已经正式接触了五条运算定律. 但是, 你们有没有注意到, 除了分配律以外, 另外四条都是关于其中某一个运算, 要么是 +, 要么是 ×. 分配律是唯一一条同时涉及 + 和 × 的定律:

分配律是把加法 + 与乘法 × 联系起来的纽带.

假如你忘记了乘法的定义, 分配律可以提醒你, 乘法就是反复做加法. 例如, $3 \times 7 = (1 + 1 + 1) \times 7 = 7 + 7 + 7$. 尽管分配律很重要, 但它仍然是五条定律中, 学生掌握情况最差的一条. 造成这个现象的一部分原因可能是教师没有坚持要求学生学会分配律. 因此, 我们先来说服你, 让你相信分配律非常重要, 然后再提出一个更好的方法让你的学生学习分配律.

分配律 (等式 (2.6)) 不仅说明 "(等式 (2.6)) 左边等于右边" (即 $m(n+l)$ 等于 $mn + ml$), 而且说明 "(等式 (2.6)) 右边等于左边" (即 $mn + ml$ 等于 $m(n+l)$). 换句话说, $35 \times (74 + 29)$ 等于 $35 \times 74 + 35 \times 29$ 这个事实是正确的, 而 $(35 \times 74) + (35 \times 29)$ 等于 $35 \times (74 + 29)$ 这一事实即使不比前一事实重要, 也与它同样重要. 为了简单起见, 考虑直接计算

$$(35 \times 74) + (35 \times 29) = 2590 + 1015 = 3605.$$

然而, 如果使用分配律, 我们事实上可以做如下心算: $(35 \times 74) + (35 \times 29) = 35 \times (74 + 29)$, 而 $74 + 29 = 103 = (100 + 3)$, 所以我们得到, $35 \times (100 + 3) = 3500 + 105 = 3605$.

但是这段话的要点在于, 是否知道 $mn + ml$ 等于 $m(n+l)$ 是逻辑推理成败的关键. 例如, 读者可以参见我们在第 6 章对乘法运算法则的讨论, 以及第 29 章对有理数乘法的讨论. 顺便提一下, 这种使用分配律的技巧在代数中被称为 "合并同类项".

教学反思 请确信自己掌握了 $mn+ml$ 等于 $m(n+l)$.

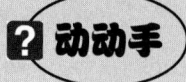 如果 a,b,c,d 是自然数, 满足 $a+c=b+d=11$, 求 $ba+bc+da+dc$.

2.5 比较数的大小 (结论)

我们已经在第 1 章中引入了自然数排序的概念 (两个数哪个更大一些?). 现在把排序与加法和乘法联系起来, 以此来结束这个讨论.

给定两个自然数 a 和 b, 回忆不等式 $a<b$ 的定义: 在数自然数 $0,1,2,\cdots$ 的过程中, a 出现在 b 的前面. 为了在逻辑推理中方便起见, 我们用加法来重新定义这一概念:

给定两个自然数 a 和 b, $a<b$ 等价于存在某个正的自然数 c, 使得 $b=a+c$.

有了这一断言, 我们便可能在与诸如不等式 (2.7) 有关的逻辑推理中达到精确的程度. 在证明这一断言之前, 我们来解释 "$a<b$" 和 "存在某个正的自然数 c, 使得 $b=a+c$" 这两个表述**等价**是什么意思. 它的意思是说, 包含这两个表述的下面两条结论都成立:

若 $a<b$, 则存在某个非零的自然数 c, 使得 $b=a+c$.

反之, 若存在某个非零的自然数 c, 使得 $b=a+c$, 则 $a<b$.

例如, $7<12$ 意味着, 要从 7 到达 12, 需要再多数几步, 并且因此 $12=7+5$. 反之, 如果已知 $12=7+5$, 那么从 7 到达 12, 我们需要再多数 5 步, 所以 $7<12$. 一般的推理也没什么区别. 给定 $a<b$, 根据定义我们知道 a 在 b 的前面. 所以在我们数自然数时, 当我们到达 a 之后, 我们需要再多走 c 步到达 b, 其中 c 是非零的. 根据加法的连续记数的定义, 这意味着 $b=a+c$. 反之, 假设 $b=a+c$, 其中 $c>0$, 那么数了 a 步之后再数 c 步可以到达 b. 所以根据"小于"的定义可知 "$a<b$".

总结一下: 如果已知 $a<b$, 那么我们可以得出, 存在某个正的自然数 c, 使得 $b=a+c$. 同时, 如果已知存在某个正的自然数 c, 使得 $b=a+c$, 那么我们可以得出结论: $a<b$.

用数轴表示, $a<b$ 意味着线段 $[0,b]$ 比线段 $[0,a]$ 长 (如下图所示). 由于我们已经知道, 数的加法对应于线段的拼接, 所以毫无疑问, 线段 $[a,b]$ 的长度就是我们要找的数 c.

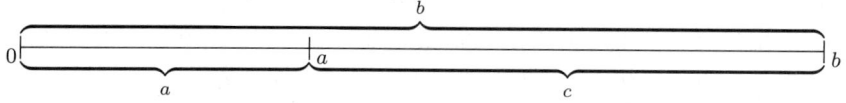

在数学语言中,如果 A 和 B 是两个数学命题,那么 "A 等价于 B" 的另外几种表示方法有:

A 当且仅当 B,

A 的充分必要条件是 B,

$A \iff B$.

每当你看到这些表达时,为了证明结论,切记你需要验证两个隐含的命题成立.

最后进入本节的主题:一组描述自然数简单性质的不等式. 我们来举例说明. 已知 $22 < 29$, 那么 $22 + 38 < 29 + 38$, 而且 $22 + 412 < 29 + 412$. 这很简单, 因为分别有 $60 < 67$ 和 $434 < 441$. 那么无论 n 是多大的自然数,是否总有 $22 + n < 29 + n$ 成立? 更进一步, 如果我们用 k 和 l 分别代替 22 和 29, 其中 $k < l$, 是否总有 $k + n < l + n$? 要在一般情况下证明这样的简单命题是成立的, 就要求用符号来准确地表示命题的思想. 换句话说, 对于任意的自然数 a, b, c, 由 $b < c$ 是否总能够导出 $a + b < a + c$? 同样的, 对于任意自然数 n, 由 $22 < 29$ 能否推出 $n \times 22 < n \times 29$? 此外, 如果用任意自然数 k 和 l 分别代替 22 和 29 会怎样呢? 等等. 我们迫切地需要得到这些一般的结论: 因为即使随便翻翻第 7.4 节, 对长除法运算法则的数学解释 (初步) (特别是第 7.4 节中的脚注) 就需要证明这些结论. 因此, 设 a, b, c, d 是自然数, 那么我们断言:

$$\begin{aligned} &b < c \text{ 等价于 } a + b < a + c, \\ &\text{如果 } a > 0, \text{那么 } b < c \text{ 等价于 } ab < ac; \\ &a < b \text{ 且 } c < d \text{ 蕴涵着 } a + c < b + d, \\ &a < b \text{ 且 } c < d \text{ 蕴涵着 } ac < bd. \end{aligned} \quad (2.7)$$

对于第二个事实做一点评注是有意义的. 读者不应该忽略这个事实: 乘以一个正的自然数不改变不等式的方向. 如果 $b < c$, 只要 $a > 0$, 在不等式两边同时乘以 a 可以得到一个 "类似的" 不等式, 即 $ab < ac$. 作为一名教师, 在讲授这个事实时, 最好提醒学生, 不要盲目地认为乘法不改变不等式的方向. 要给学生指出, 即使对自然数而言, 该事实也只在 $a > 0$ 的时候成立. 因为如果 $a = 0$, 用 0 同时乘以不等式 $b < c$ 可得 $0 \times b = 0 \times c (= 0)$. 另外, 也要告诉你的学生, 当 a 是负数时, 这条事实也不成立, 在第 31 章将会学到这一点.

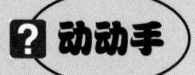 如果 (2.7) 中的不等式都成立, 请比较下面两个数, 哪个更大一些: $86,427,895 \times 172,945,678$ 还是 $86,427,963 \times 173,000,001$?

> **动动手** 不要使用 (2.7) 中的不等式，请用数轴证明 $2a < 2b$ 等价于 $a < b$。

我们只证明不等式 (2.7) 中的第二个事实，因为它是四个事实中最难的一个。其他三个的 (直接) 证明留做练习。我们把这个证明印刷成较小的字体，因为你可以稍后再返回来学习它。

于是，给定 $a > 0$。首先，我们来证明

$$b < c \quad 蕴涵着 \quad ab < ac.$$

对于某些具体的数，例如 $a = 11, b = 7, c = 9$，我们知道 $7 < 9$ 能推出 $11 \times 7 < 11 \times 9$，因为 $77 < 99$。但是，如果不知道 a, b, c 的具体的值，只知道 $b < c$，我们如何得出结论 $ab < ac$？于是我们不得不把注意力集中在 $b < c$ 和 $ab < ac$ 的准确意思 (即定义) 上。我们知道，ab 表示竖直边为 a、水平边为 b 的矩形 $\mathcal{R}$ 的面积，同样的，ac 表示竖直边为 a、水平边为 c 的矩形 $\mathcal{S}$ 的面积。我们看到矩形 $\mathcal{R}$ 和 $\mathcal{S}$ 的竖直边相等 (都等于 a)，因为根据假设 $b < c$，所以 $\mathcal{R}$ 的水平边小于 $\mathcal{S}$ 的水平边。从而 $\mathcal{R}$ 的面积比 $\mathcal{S}$ 的面积要小，因此 $ab < ac$。

接下来，我们证明反向的命题，即

$$ab < ac \quad 蕴涵着 \quad b < c.$$

上一段的证明过程是相对直接的，但是后面的推理可能就不太容易发现。我的意思是说，你现在有机会学一点新东西了。b 和 c 的关系只可能有三种：$b < c, b = c, b > c$ (第 1.5 节中的三分律)。如果我们要证明 $b < c$，我们只需在 $ab < ac$ 的条件下排除 $b = c$ 和 $b > c$ 两种情况。$b = c$ 的情形较为简单：假设 $b = c$，那么当然有 $ab = ac$。(你可以这样想：两个矩形如果竖直边和水平边分别相等，那么它们的面积必然相等。) 因为我们已知 $ab < ac$，所以排除了 $b = c$。那么假设 $b > c$ 呢？我们把它重写成 $c < b$。根据上一段可知，$ac < ab$，或者说 $ab > ac$，这又一次与我们的假设 $ab < ac$ 相矛盾。所以只剩下一种可能：$b < c$。证明完毕。

> **动动手** 回顾一个数的**平方**的记法：$9^2 = 9 \times 9, 4^2 = 4 \times 4, \cdots$ (当然，把 9^2 读做 "9 的平方" 的原因是，它表示边长为 9 的正方形的面积①。比较 9^2 和 $4^2 + 5^2$，哪个更大一些？同样的，比较：(a) 12^2 和 $5^2 + 7^2$；(b) 18^2 和 $12^2 + 6^2$；(c) 23^2 和 $15^2 + 8^2$。现在设 a 和 b 是任意两个正的自然数，比较 $(a+b)^2$ 和 $a^2 + b^2$，并解释你对 (a) – (c) 的作答。

对 (2.7) 中不等式的其他应用将贯穿于全书。

---

① 译者注：在英文中，"平方" 和 "正方形" 都是 square.

2.6 加法的交换律和结合律的应用

现在, 对于任意自然数 l, m, n, 我们来正式地证明: 用恒等式 (2.2) 和 (2.3) 可以逻辑推导出等式 (2.1). 事实上, 我们将证明更一般的结论, 即: 对于任意四个自然数 k, l, m, n, 下述事实成立:

$$((k+l)+m)+n = ((l+n)+m)+k = (l+n)+(m+k). \tag{2.8}$$

如果令 $k=32, l=25, m=28, n=55$, 等式 (2.8) 就变成了等式 (2.1).

为证明等式 (2.8), 我们先来回顾一下等式 (2.2) 和 (2.3):

$$(l+m)+n = l+(m+n),$$
$$m+n = n+m.$$

把等式 (2.2) 应用于三个数: $l+n, m$ 和 k, 我们得到

$$((l+n)+m)+k = (l+n)+(m+k),$$

这恰好是 (2.8) 中的第二个等式. 为证明第一个等式, 我们用下面的方法:

$$\begin{aligned}
((k+l)+m)+n &= (k+l)+(m+n) &&\text{(把等式 (2.2) 应用于 } k+l, m \text{ 和 } n\text{)} \\
&= (k+l)+(n+m) &&\text{(把等式 (2.3) 应用于 } m \text{ 和 } n\text{)} \\
&= k+(l+(n+m)) &&\text{(把等式 (2.2) 应用于 } k, l \text{ 和 } n+m\text{)} \\
&= k+((l+n)+m) &&\text{(把等式 (2.2) 应用于 } l, n \text{ 和 } m\text{)} \\
&= ((l+n)+m)+k. &&\text{(把等式 (2.3) 应用于 } k \text{ 和 } ((l+n)+m)\text{)}
\end{aligned}$$

这就证明了 (2.8) 中的第一个等式, 因此也就证明了 (2.8).

用初等的方法给出这种正式的讨论, 对教师或未来的教师大有益处, 但并不意味着全部都要讲给学生. 比方说,《哈姆雷特》的确是优秀的文学作品, 但是最好不要在婴儿睡觉前读给他听. 在学生五六年级的时候, 就可以在适当的时机用委婉的方式引入这类推理. 但是作为一名教师, 必须练就超强的判断力, 做任何事情都不要过火.

练习

1. 艾伦有 11 个瓶子, 每个瓶中放有 16 个乒乓球. 一天, 她决定把这些乒乓球重新平均放置在 16 个瓶子里, 请问每个瓶中放多少个乒乓球? 并解释你的答案.

2. 趁你还没有轻易认为世界上所有事物都满足交换律之前, 考虑下面的问题:

(a) 设 A_1 表示"穿袜子"，A_2 表示"穿鞋"，$A_1 \circ A_2$ 表示"先执行 A_2 再执行 A_1"，同样的，$A_2 \circ A_1$ 表示"先执行 A_1 再执行 A_2"。[①] 请证明：$A_1 \circ A_2$ 与 $A_2 \circ A_1$ 作用的结果不同。

(b) 对任意自然数 k，引入记号 $B_1(k)$，它表示由 k 加上 2 所得的数. 因此 $B_1(7) = 7+2$, $B_1(726) = 726 + 2$. 类似的，记号 $B_2(k)$ 表示由 k 乘以 5 所得的数，如 $B_2(3) = 3 \times 5$，而 $B_2(79) = 79 \times 5$. 请证明：对于任意自然数 n, $B_1(B_2(n)) \neq B_2(B_1(n))$.

3. 用简便方法做下面的计算，并给出每一步的理由 (加法的结合律、乘法的交换律等):

(a) $833 + (5167 + 8499)$;

(b) $(54 + 69978) + 46$;

(c) $(25 \times 7687) \times 80$;

(d) $(58679 \times 762) + (58679 \times 238)$;

(e) $(4 \times 4 \times 4 \times 4 \times 4) \times (5 \times 5 \times 5 \times 5 \times 5)$;

(f) 64×125;

(g) $(69 \times 127) + (873 \times 69)$;

(h) $((125 \times 24) \times 674) + ((24 \times 125) \times 326)$.

上题的目的不是为了让你痴迷于计算的技巧. 有技巧固然很好，但不是数学教育的主要目的，这可能与你曾经所受到的教育背道而驰. 这个练习的目的是要你意识到，本章中讨论的运算基本定律不是空洞的、抽象的符号表示，它们有具体的实际应用.

4. 证明第 2.5 节的 (2.7) 中其他三个断言.

5. 下面我们引入符号"$\leqslant$"表示两个数之间的关系: 对任意两个数 a 和 b, 如果 $a < b$ 或 $a = b$, 我们就称 $a \leqslant b$. (这一记法有时被称做**弱不等号**.) 请证明, 如果把 (2.7) 中的严格不等号 $<$ 替换成弱不等号 $\leqslant$, 结论仍然成立.

6. 判断下面的命题是真是假，并说明原因：对于任意自然数 a 和 b, $a \leqslant b$ 等价于存在某个自然数 l, 使得 $b = a + l$.

7. 一个矩形的长和宽都是自然数，长与宽之和是 24, 请问这样的矩形面积最小是多少？最大是多少？

8. 设 x 和 y 是两个自然数.

(a) 解释为什么 $(x+y)(x+y) = x(x+y) + y(x+y)$;

(b) 解释为什么 $(x+y)(x+y) = xx + xy + yx + yy$;

(c) 解释为什么 $(x+y)^2 = x^2 + 2xy + y^2$;

(d) 设 x 和 y 不等于零, 用两种方法 (直接计算法和图画法) 比较 $(x+y)^2$ 与 $x^2 + y^2$ 的大小, 并说明为什么其中一个数总比另一个数大. (参见第 2.5 节的"动动手")

[①] 你也可以认为 $A_1 \circ A_2$ 表示"先执行 A_1 再执行 A_2". 但是, 在数学中与复合函数的理论相联系, 有充分的理由表明, 解释为"先执行 A_2 再执行 A_1"更加自然.

9. 下面介绍了一本四年级教科书中如何引入乘法结合律:

雷蒙从两家商店里购买悠悠球. 他在两店中各买了六种不同类型的悠悠球, 每种类型各买了四种不同的颜色. 他一共买了多少个悠悠球?

我们得到解是 $2 \times 6 \times 4$. 你可以用乘法的结合律来求这三个因子的乘积. 如何结合三个因子不影响最后的答案.

第一步: 使用括号来对三个因子分组:

$$2 \times 6 \times 4 = (2 \times 6) \times 4.$$

第二步: 寻找一个已知的乘法结果:

$$2 \times 4 \text{ 是已知的乘法结果}.$$

第三步: 如果需要的话, 用交换律来变换乘法的次序:

$$(2 \times 6) \times 4 = (6 \times 2) \times 4$$
$$= 6 \times (2 \times 4)$$
$$= 6 \times 8 = 48.$$

对于这样引入乘法结合律, 你有什么看法? 请写出来, 并与你的同学的看法进行比较.

10. 只运用乘法的运算定律 (等式 (2.4) 和 (2.5)) 来解释, 对于任意四个自然数 l, m, n, p, 我们有 $l(m(np)) = (pl)(nm)$.

11. 只运用加法的运算定律 (等式 (2.2) 和 (2.3)) 来直接证明, 对于任意四个自然数 l, m, n, p, 我们有 $(l+m) + (n+p) = (p + (l+n)) + m$.

12. 设 m 是三位数, n 是两位数. 请问 mn 能否是四位数? 五位数? 六位数? 七位数? 解释你的回答.

13. 设 m 是 k 位数, n 是 l 位数, 其中 k 和 l 是正的自然数. 请问 mn 有多少个数位? 列举所有可能的情况, 并解释原因.

14. 用心算的方法判断下面哪个数较大:

(a) 648×427 还是 649×426?

(b) 207×816 还是 206×819?

15. 设想你的计算器只显示 8 位数字 (即使你有一个高档的计算器, 这里也只允许使用 8 位数字!), 但是你需要计算 $856,164,298 \times 65$. 请读者提供一种有效的方法协助计算器进行计算, 并解释原因. 用同样的方法计算 $376,241,048 \times 872$.

16. 如果计算器只显示 12 位数字, 请问你如何计算 $9,458,647,683$ 的平方?

第 3 章
标准的运算法则

在中小学数学的背景下，**运算法则**是指经过一系列明确定义的、按部就班的运算过程，最后得到一个明确的结果. 本章的目的是对自然数四则运算的所谓**标准的运算法则**进行一个概述，在随后的几章中我们将对这些法则做出数学解释.

在开始的时候，我们应该先弄清楚：对于四则运算 $+,-,\times,\div$ 来说，没有什么是唯一标准的运算法则，因为不同的国家和民族在引入算法时会有少许的差异. 顺便提一下，计算机的程序通常利用各种各样的算法，这些算法也是全世界各国纸笔算法的产物.[①] 尽管存在这样的差异，但是潜在的数学思想是不变的. 我们关注的焦点是潜在的数学思想而不是具体的运算过程，在这个意义上讲，"标准的运算法则"的命名还是非常合理的. 现在，我们强调关注潜在的数学思想，并不是说关注运算法则本身 (计算过程) 没有意义，相反的，算法本身是很有意义的，因为计算技巧是数学的组成部分. 此外，这些算法 (特别是乘法和长除法) 的简洁性是人类创造的一大奇迹，本章的主要目的之一就是让你用全新的视角来看待它们. 在第 11.3 节，七进制算术中我们将从另一个略微不同的角度来讨论标准的运算法则.

关于算术运算法则的一个基本的问题是，为什么我们要特意学习运算法则？举一个简单的例子：17×12 等于多少？根据定义，它等于把 12 自加 17 次. 在 20 世纪 90 年代，有一种数学课会让你去数 17 堆鸟食，每堆有 12 粒，用这样的方法得到答案. 事实上，如果只需要计算这么简单的问题，那么可能不用学任何运算法则就够了. 但是我们关心的是任意自然数的计算，不管这个数有多大. 例如，$34,609 \times 549,728$ 怎样做？你难道要让学生去数 34,609 堆鸟食，每堆有 549,728 粒吗？所以，在这样的例子中可以看到，我们需要一个简单的方法. 这正是运算法则应当出现的地方：它们提供了捷径来代替直接计算. 为找到这些捷径，需要从数学的观点领悟阿拉伯记数法. 学习运算法则就是要学会这样的领悟.

前面的讨论也解释了为什么我们对运算法则的有效性非常感兴趣，即如何能尽可能简单快捷地得到答案. 在此处，你可能会问，如果在计算器上按键是计算 $34,609 \times 549,728$ 的一种非常有效的方法，那么为什么还要担心算法的有效性呢？从数学教育的观点来看，至少有两

[①] 我非常感激 Ken Ross 注意到这一点.

个原因使我们不能让学生完全依赖于计算器进行自然数计算. 首先, 如果对记数法的位值制和算法的逻辑基础掌握得不好, 那么学生几乎不可能检查出用计算器时由于按错键导致的错误.[①] 另一个更重要的原因是, 在学习数学时, 知其然就要知其所以然. 学习这些运算法则背后的推理过程是掌握基本数学技能的绝佳方法, 这些基本技能包括用第 2 章中的运算基本定律进行抽象推理, 以及从精确的定义进行推理的能力. 这些技能对于在接下来的章节中理解分数和小数非常重要, 而且对于在中学中理解代数也非常重要. 我们可以肯定地说, 如果学生对证明标准运算法则的数学推理过程感觉不舒服, 那么他们在代数学上成功的几率是很小的.

沿着这个话题还可以再补充一点. 如果我们想让学生早点儿接触到数学推理, 那么让他们学习这些运算法则的本质将是一个不错的开始. 贯穿这些运算法则的中心思想是: 把一个复杂的问题分解成一个个简单的子问题. 这也是研究数学的基本工具. 具体地说, 我们指出标准运算法则的核心思想:

 进行多位数计算时, 把计算过程分解成许多步, 使得每一步 (解释合理的话) 都只涉及一位数的计算.

因此, 合理地操作标准运算法则的优点在于, 这些运算法则允许学生只关心一位数的计算, 而不用管那些参与计算的数有多大. 这是抽象思维的一个极好的例子, 而抽象思维是学习数学成功的关键. 如果学生能从运算法则的上述核心思想中学会怎样把复杂的问题分解为简单的问题, 那么他们就能很好地掌握代数和高等数学.

然而, 令人哭笑不得的是, 正是可以通过忽略位值来进行自然数计算的这一优点, 却引发了数学教育界的一场争论. 第一个反对的理由是, 每一步只关心一位数, 这样教运算法则会让学生失去位值制的整体观念, 最终导致容易出错. 另一个理由是, 一位数计算的单调乏味, 会推迟学生思维的发展, 如果不用思考可以做一些事情, 那么这种事情一定不应在数学课堂里出现. 只要作为一名数学教师, 你就必须面对这两种错误的思想.

关于讲授标准运算法则会使学生失去位值制的观念, 这种危险只存在于传统的教学中, 在这种传统教学中, 讲授标准的运算法则时不讲运算法则背后的推理过程. 众所周知, 这种有害的教学非常普遍. 但鲜为人知的是, 大学里并没有为未来的教师提供他们所需的数学课程, 以帮助他们跳出这种有害的教学实践 (要看更详细的讨论, 参见【Wu99b】). 事实上, 我撰写本书的一个主要原因正是想强调, 需要给教师们提供这样的数学课程. 此外, 当教育家们对运算法则的单调和不用思考这些特点表示鄙夷时, 有一个事实却雷打不动: 运算法则正是因为单调才非常有用. 讲授运算法则时不强调这种单调, 反倒丢失了它们的本质, 更不用说是篡改数学了.

另一个反对的理由是基于下面的观点: 如果不用思考可以做一些事情, 那么这种事情一

---

① 我相信在这里没有必要再去详细讲述那些因为按错计算器上的一个键而导致的骇人的故事了吧.

定不应在数学课堂里出现. 这是错误的. 在研究数学时, 如果数学家们不得不每一步都要思考, 那么很少能做出有价值的数学研究来, 并且所有的数学研究所都该关门大吉了. 而事实往往是, 对一个课题深刻理解后, 就可以将许多复杂的过程分解成一些简单的、机械的过程. 这些机械的过程简单易行, 为我们节省了不少能量, 使得人们能够通过想象和数学推理征服新的数学课题. 进而, 许多新的数学课题也将 (最终) 自动分解成单调的或几近单调的过程, 并且这样的过程会自动重复. 除非你在完成某个数学操作的过程中没有完全理解为什么操作过程是正确的, 你才会担心自己是否有能力完成这样的操作. 因此, 教师在课堂上的职责不仅是提高学生操作的能力, 还要提高学生推理的能力. 讲授运算法则时, 必须同时强调它们的单调、不用思考的特点以及它们背后的逻辑推理.

前面讨论了作为一名数学老师, 要讲授标准运算法则时必须理解哪些数学知识. 教育界关于如何对低年级学生引入这些运算法则的争论不在本书讨论的范围之内, 需要另做研究. 但是, 要用数学的观点来讨论与加法和乘法运算法则有关的问题, 请参见【Wu99a】.

第 4 章
加法的运算法则

本章各节安排如下:
加法运算法则的基本思想
加法运算法则及其解释
关于加法运算法则的几点重要的注记

4.1　加法运算法则的基本思想

考虑 $263 + 4502$. 根据加法的定义, 我们从 263 出发数 4502 步才能得到答案. 这将令人非常厌烦. 但是, 阿拉伯记数法的一大特点是, 对于一个数的每一位上的数字来说, "它的位值是与生俱来的". 有了这个特点, 之前那种令人厌烦的做法就没什么必要了. 我们用一个更简单的例子来解释前面引号里的话. 假设有两袋土豆, 一袋中有 34 个, 另一袋中有 25 个, 我们想知道一共有多少个土豆. 一种方法是把两袋土豆都倒在地上数. 但是, 设想打开袋子以后发现, 所有土豆以 10 个为一个小包装, 不够 10 个的零散放置. 例如, 34 个土豆的袋中有 3 个小包装, 每包 10 个, 另外有 4 个零散的; 25 个土豆的袋中有 2 个小包装, 每包 10 个, 外加 5 个零散的. 因此, 数土豆的一个好方法是, 先数 10 个一包的小包装的总数 ($3 + 2 = 5$, 因此有 5 包土豆, 每包 10 个), 再数零散的土豆有几个 ($4 + 5 = 9$, 所以有 9 个). 因此小包装的土豆有 5 包, 每包 10 个, 零散的土豆有 9 个, 一共是 59 个. 这正是加法运算法则的内涵, 因为 34 中的 3 —— 在十位上 —— 表示 3 个 10, 25 中的 2 表示 2 个 10. 2 加上 3 等于 5, 可知, 一共有 5 个 10. 而 4 加上 5 等于 9, 于是我们就结束了求和的过程, 并且 $34 + 25 = 59$.

还有一种方法可以描述阿拉伯记数法中的加法 $34 + 25 = 59$: 数钱. 设想一位同学有两摞钱, 其中一摞是 34 张 1 美元, 另一摞是 25 张 1 美元. 为了知道两摞一共有多少钱, 她只好一张一张地数. 不过, 34 美元通常以下述形式出现:

3 张 10 美元,
4 张 1 美元.

25 美元通常以下述形式出现:
$$2 \text{ 张 } 10 \text{ 美元,}$$
$$5 \text{ 张 } 1 \text{ 美元.}$$

(这正好说明了 34 和 25 中的数字 3,4,2,5, "其位值与生俱来" 是什么意思.) 为了求出她一共有多少钱, 只需把所有的 10 美元放在一起, 把所有的 1 美元放在一起. 她发现现在有

$$5 = (3+2) \text{ 张 } 10 \text{ 美元,}$$
$$9 = (5+4) \text{ 张 } 1 \text{ 美元.}$$

所以她一共有 59 美元, 与前面的结果一样.

4.2 加法运算法则及其解释

两个数的**标准的加法运算法则**其实正是对上一节中的简单思想的一个具体阐述. 正式强调一点, 我们假定两个一位数的加法是已知的.[①] 为了求出任意两个数的和, 加法运算法则规定: 把它们个位上的数字相加, 十位上的数字相加, 百位上的数字相加, 等等. 把计算的结果分别放在对应数位上, 所得的数就是两个数的和.[②]

在通常用竖式做加法时, 具有相同位值的数位对齐, 加法运算法则可以重新描述为:

  两个数相加, 先把它们从个位起自右向左对齐, 然后按列对应求和.

我们举个例子来说明这个大家很熟悉的加法. 例如, $865+32$. 根据运算法则, 我们如下做加法:

$$\begin{array}{r} 865 \\ +32 \\ \hline 897 \end{array} \qquad (4.1)$$

注意, 我们把 32 当做 032 来处理. 所以加式中的最左边一列实际上是 $8+0$.

我们现在通过 865 和 32 的展开式来解释为什么由 (4.1) 中演示的过程能够得出正确答案:

$$865 = 800 + 60 + 5,$$
$$32 = 0 + 30 + 2.$$

因此, $865+32$ 等于右边两式之和:

$$(800+60+5)+(0+30+2).$$

[①] 这就是孩子们不得不学习如何计算两个一位数的加法的原因.
[②] 你会发现, 在这个过程中, 要经常用到第 2 章中的定理 2.1.

根据第 2 章定理 2.1, 我们可以把上述和写成

$$865 + 32 = (800 + 0) + (60 + 30) + (5 + 2).$$

而这恰恰就把 $865 + 32$ 表示成 (4.1) 中按列对应求和的形式.

 用加法运算法则计算 $4502 + 273$, 并给你的同桌解释你的做法为什么正确?

当然, 在例子 (4.1) 中, 每一列中的数相加仍得到一位数, 所以 (正如我们刚刚看到的) 根据运算法则可以得出正确答案. 但是有时, 同一列的数字相加所得的数大于一位数, 例如, $765 + 892$, 其中 $7 + 8 > 9, 6 + 9 > 9$. 针对这个例子, 我们需要对加法运算法则做一点补充. 对于两个数求和, 加法运算法则规定:

从右向左进行按列求和, 如果某一列的和大于或等于 10, 如 17, 那么在这一列写下 7, 但是在计算下一列 (该列的左边一列) 的和时要加上 1.

例如, 要计算 $765 + 892$, 根据运算法则可得:

$$\begin{array}{r} 765 \\ 892 \\ +_{1\,1} \\ \hline 1657 \end{array} \qquad (4.2)$$

如果能回想起 $765 = 0765, 892 = 0892$, 那么 1657 中的 1 是如何得到的就更加显然了. 所以事实上, 最左边一列做了加法 $0 + 0 + 1$, 如下所示:

$$\begin{array}{r} 0765 \\ 0892 \\ +_{1\,1} \\ \hline 1657 \end{array}$$

顺便提一句, 把进位的 1 用小号的字体标记在下一列 (左边一列) 下方的这种方法受到强烈推荐; 它可以提醒幼小的孩子们不要忘记加上这个额外的 1.

(4.2) 中的**进位**现象是指在左边一列写上 1. 对这个现象的解释与前面没有什么特别大的区别. 同样的, 765 与 892 的展开式是:

$$765 = 700 + 60 + 5,$$

$$892 = 800 + 90 + 2.$$

因此, 和 $765 + 892$ 等于右边两式之和. 同前面一样, 根据定理 2.1, 我们可以看到, 右边求和得到

$$(700 + 800) + (60 + 90) + (5 + 2).$$

最右边的和 $5+2$, 恰恰是 (4.2) 式中最右边一列的和, 它等于 7. 中间括号里的和 $60+90$, 正是 (4.2) 式中 (从右数起) 第二列数字的和, 它等于

$$60 + 90 = 100 + 50.$$

因此, $765 + 892$ 等于

$$(700 + 800) + (100 + 50) + (5 + 2).$$

我们再用一次定理 2.1, 把上式重新写成

$$(700 + 800 + 100) + 50 + 7.$$

第一个括号内的和, $700 + 800 + 100$, 正是 (4.2) 式中 (从右数起) 第三列数字的和, 包括进位得来的 1, 它等于

$$700 + 800 + 100 = 1000 + 600.$$

和 $1000 + 600$ 中的 1000 表示在 (4.2) 式中最左边一列进位 1. 因此我们有

$$765 + 892 = 1000 + 600 + 50 + 7.$$

当然, 上式右边的和就是 1657 的展开式, 这恰好是 (4.2) 式中最后一行的结果.

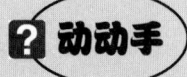 请给你的同桌解释, 加法运算法则如何运用于 $95 + 46$?

我们已经用两个具体的例子解释了两个数的加法运算法则背后的推理过程 (多于两个数的加法将在下一节讨论). 现在只需要注意, 这两个简单例子背后的推理过程完全可以一般化. 例子 (4.1) 和 (4.2) 中每个数位上的具体数值不发挥任何作用. 事实上, 对加法和接下来其他运算法则的数学解释可以说明一点, 即抽象的数学符号有时也有局限性: 如果我们用字母来代替表示一般的数字 865, 32, 765 和 892, 那么对加法的解释将不堪设想.

我们通过联系第 3 章中的运算法则的核心思想来结束本节的讨论. 也就是说, 两个数的加法可以化归为一系列一位数的加法. 因为前面为了简洁, 在讨论的时候选择采用数的一般

展开式而不是指数展开式,所以对于加法运算法则的解释并没有清晰地体现这种化归的思想. 我们在此做一补充. 考虑第一个例子, $865 + 32$. 我们看到

$$865 + 32 = (800 + 0) + (60 + 30) + (5 + 2).$$

使用指数表示法, 我们有 $865 = (8\times 10^2)+(6\times 10^1)+(5\times 10^0)$, $32 = (0\times 10^2)+(3\times 10^1)+(2\times 10^0)$, 所以上述等式可以写成

$$\begin{aligned}865 + 32 &= \left((8 \times 10^2) + (0 \times 10^2)\right) + \left((6 \times 10^1) + (3 \times 10^1)\right) + \\ &\quad \left((5 \times 10^0) + (2 \times 10^0)\right) \qquad\qquad\qquad \text{(定理 (2.1))}\\ &= (8+0) \times 10^2 + (6+3) \times 10^1 + (5+2) \times 10^0. \qquad \text{(分配律)}\end{aligned}$$

现在, 最后一步中的和清楚地把 $865 + 32$ 用三个相互独立的一位数之和表示出来:

$$8+0, \quad 6+3, \quad 5+2.$$

对于 $765 + 892$ 也是同样的道理, 尽管在这个加法中出现了两次进位现象.

4.3　关于加法运算法则的几点重要的注记

(i) 第一条注记很显然: 学会两个一位数加法是学会两个自然数加法的前提. 这正是对第 3 章中运算法则的核心思想的巩固.

(ii) 我们也看到, 没有位值制就不可能解释加法运算法则, 因为运算法则本身就建立在位值制这个概念的基础上. 但是, 能认识到运算法则的另一个看起来相反的特征, 也同样重要. 也就是说, 加法的每一步都严格地限制在只考虑一位数的加法, 而不考虑它们的位值. (在此, 可以回到第 3 章重新阅读一下运算法则的核心思想.) 为了说明这一点, 请读者考虑下面两道加法题:

$$\begin{array}{r}4502\\+263\\\hline 4765\end{array}\qquad\qquad\begin{array}{r}865\\+32\\\hline 897\end{array}$$

注意到, 左式中从右数第三列, 与右式中最右边一列是完全相同的:

$$\begin{array}{r}5\\+\,2\\\hline 7\end{array} \qquad (4.3)$$

但是, 根据位值制, 我们知道, 在 4502 + 263 这道题目中, 因为 4502 中的 5 表示 500, 而 263 中的 2 表示 200, 所以加法式子 (4.3) 事实上表示的是

$$\begin{array}{r} 500 \\ +\ 200 \\ \hline 700 \end{array}$$

相比之下, 在 865 + 32 一题中, 同样的加法式子 (4.3) 则与其字面意思相同: 就是 5 + 2 = 7. 然而, 从运算法则的角度来看, 在 4502 + 263 和 865 + 32 两道题目中, (4.3) 式是以完全相同的方式进行计算的, 看不出有上述区别. 计算加法 (4.3) 时不用考虑 5 和 2 的位值, 这种操作上的简单性, 正是该运算法则非常有用的原因之一.

(iii) 回顾对加法运算法则的解释, 我们看到, 按列对应求和, 实际上就是把具有相同位值的数字相加. 于是, 我们显然可以在此处把加法运算法则归纳如下:

两个数相加, 就是把具有相同位值的对应数字求和. 从右向左求和, 如果两个对应数字的和是一位数, 那么就把这个和记录在对应位置上. 如果和等于 $10 + k$, 其中 k 是某个一位数, 那么把 k 作为和记录在对应位置上, 并在左边一位求和时加上 1.

(iv) 到目前为止, 我们只考虑了两个数的加法. 那么, 多于两个的数的加法有什么本质上的区别吗? 回答是, 没有区别. 下面我们来陈述至多十个数的加法的运算法则.[①]

n 个数相加 ($n \leqslant 10$), 就是把具有相同位值的对应数字求和. 从右向左求和, 如果具有某个相同位值的所有数字的和是一位数, 那么就把这个和记录在对应位置上. 但是, 如果和大于或等于 10, 比方说等于 57, 那么把 7 作为对应于这个位值的和, 并在左边一位求和时加上 5.

我们以 165 + 27 + 83 + 829 为例. 下式体现了如何利用运算法则进行计算:

$$\begin{array}{r} 165 \\ 27 \\ 83 \\ 829 \\ +\ {}_{1\,2\,2} \\ \hline 1104 \end{array}$$

我们从右边开始计算, $5 + 7 + 3 + 9 = 24$ 意味着个位上所得的和是 4, 并且要把 2 写在十位上.

[①] 限制求和个数 $\leqslant 10$ 的原因是为了避免向左进位时超过一列. 即为了确保每一列中的和 < 100, 这样可以简化运算法则的描述. 当然, 对于任意一族数, 求和的原理都是相同的.

第 4 章 加法的运算法则

> **? 动动手** 验证上面的计算,并仿照例子 (4.1) 和 (4.2) 给出解释.

最后,我们讨论一个对于加法以及其他运算法则都很重要的问题. 法则要求计算从右向左进行, 这对于小孩子学习运算会造成困难吗? 回答是, 如果给他们解释清楚为什么要从右向左计算, 就不会造成困难了. 设想我们对四个数进行求和的时候, 改成从左向右计算. 你将注意到, "返工" 的次数之多会让你忍无可忍. 我们首先得到 $1 + 8 = 9$. 接下来, 在它右边一列中, 我们有 $6 + 2 + 8 + 2 = 18$. 这个结果说明, 我们应该回到左边一列, 把结果 9 改成 $9 + 1 = 10$. 这又进而表明了, 百位上应该改成 0, 千位上改成 1. 到目前为止, 我们得到 108, 只剩下右边的最后一列还没加上. 然而, 结果表明 $5 + 7 + 3 + 9 = 24$, 这意味着, 个位上的最终答案是 4, 但是由于 24 中的 2, 所以十位上需要改成 $(6 + 2 + 8 + 2) + 2 = 20$. 它的意思是, 十位上的最终答案是 0(由于 20) 而不是 8, 并且我们也必须修改百位上的数字, 因为这一列的和现在是 $1 + 8 + 2 = 11$. 所以百位上的最终答案是 1 而不是 0, 千位上的数字仍然是 1. 经过所有的反反复复之后, 我们最终得到 1104, 与前面的结果一样.

这个例子以及一些其他的例子, 比如下面的练习 3, 都足以让你的学生认识到, 计算时顺序最好是从右向左.

教学评论 从对加法例子 (4.1) 和 (4.2) 的解释中可以明显看出, 解释加法运算法则的要点在于第 2 章定理 2.1. 换句话说, 加法的结合律和交换律是加法运算法则成立的基础. 那么, 教师在讲解加法运算法则时需要大量提到这些定律吗? 尽管在教学中, 很多问题没有绝对肯定或绝对否定的答案, 但是这里至少有两个原因可以表明, 在小学五年级之前详细讨论这些定律可能会扰乱良好的数学教学秩序. 首先, 这些解释的过程有些枯燥乏味, 低年级学生可能会对此失去兴趣. 其次, 太过细节化可能会掩盖运算法则本身的重点, 即, 自然数加法的本质是一位数加法. 然而, 作为一名教师, 你有责任使自己和学生都了解这些定律的重要性. 这是因为, 一方面它们是智力发展的需要, 另一方面, 也以防万一某些智力超常的孩子要求你做出完整的解释.

练习

1. 请给一个四年级学生解释为什么加法运算法则可以正确地运用于 $7023 + 845$. 首先, 可以使用加法例子 (4.1) 中的解释; 其次, 可以借助数钱. (参见第 4.1 节加法运算法则的基本思想.)

2. 先使用数轴和线段的拼接来证明 $37+128=165$, 然后再使用第 2 章定理 2.1 解释为什么这是正确的.

3. 分别用从左到右和从右到左两种方法求和 $67579+84937$, 并比较这两种方法所需的工作量.

4. 三个数字 A,B,C, 其中 A 是 31986, B 比 A 大 2308, C 比 B 大 8205, 求 $B+(A+C)$.

5. 用加法运算法则计算 $123+69+528+4$, 并解释你的计算过程为什么正确.

6. 用加法运算法则计算 $7826+7826+7826+7826+7826$, 并解释你的计算过程为什么正确. (这个练习应该会使你对第 6 章乘法更感兴趣.)

7. 用加法运算法则计算 $172,993+90,008$, 并解释你的计算过程为什么正确.

8. 用加法运算法则计算 $270,010,060,001+80,930,040$, 并给出数学解释. (提示：请你慎重地考虑使用指数表示法.) 请读者讨论, 在这个例子中用数钱的方法解释加法的计算过程将会多复杂. (参见第 4.1 节, 加法运算法则的基本思想.)

9. (a) 从 1 到 28 之间所有自然数的和等于多少? 即求 $1+2+3+\cdots+27+28$.

(b) 从 1 到 33 之间所有自然数的和等于多少?

(c) 若一个自然数等于另一个自然数的 2 倍, 则称这个自然数是**偶数**.① 若一个自然数等于一个偶数加 1, 则称这个自然数是**奇数**. 如果 n 是一个奇数, 用 n 如何表示从 1 到 n 之间所有自然数的和?

(d) 如果 n 是一个偶数, 用 n 如何表示从 1 到 n 之间所有自然数的和?

10. (接练习 9)(a) 前 9 个偶数是 $2,4,6,8,10,12,14,16,18$, 求它们的和.

(b) 用 n 如何表示前 n 个偶数的和?

(c) 前 12 个奇数是 $1,3,5,7,9,11,13,15,17,19,21,23$, 求它们的和.

(d) 用 n 表示前 n 个奇数的和.

---

① 我们将在第四部分中定义 "奇数" 和 "偶数".

第5章
减法的运算法则

到目前为止, 还没有给出减法的准确含义, 在本章我们来做这件事情. 尽管在本质上, 减法无异于加法的另一种不同的形式 (见 (5.1) 式), 但还是有一点微小的差别. 在自然数的前提下, 我们可以把任意两个数相加, 但是不能把任意两个数相减, 因为不存在像 3 − 7 这样的自然数. 只有当我们把自然数扩充为整数时, 两个自然数才可以自由地做减法 (参见第 27 章). 意识到自然数减法的这一点局限性, 对你将来理解自然数除法的概念是很有帮助的 (参见第 7 章).

本章各节安排如下:
减法的定义
减法的运算法则
对减法运算法则的解释
如何使用数轴介绍减法
一种特殊的计算方法
减法的性质

5.1 减法的定义

我们先来简单地谈谈减法. 37 减去 15, 37 − 15, 是从 15 数到 37 需要经过的步骤数. 用数轴表示, 自然数之间的每走一步都是单位长度. 因此, 这意味着, 37 − 15 表示线段 [15, 37] 的长度.

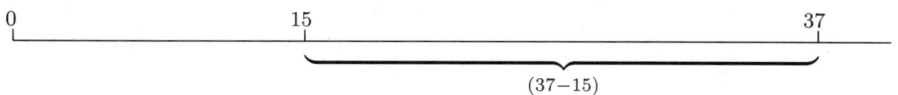

从上图可以看出, [0, 15] 与一条长度为 37 − 15 的线段拼接而成的线段长度为 37. 回顾前面, 加法的定义是拼接而成的线段的长度. 我们可以得出, 37 − 15 是满足 37 = 15 + (37 − 15)

的数. 或者, 因为加法满足交换律, 所以 37 − 15 是满足 37 = (37 − 15) + 15 的数. 后一种意思的几何解释如下图:

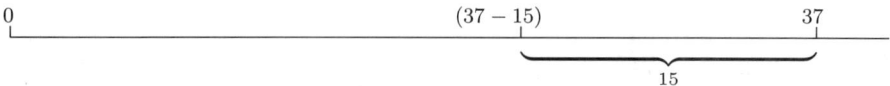

总结这两幅图可以看出, (37 − 15) 表示从 [0, 37] 的任意一端截去一条长度为 15 的线段后所得的线段长度.

有了上述讨论, 我们就不难给出减法的正式的定义. 首先, 我们承认记号 $m \geq n$ 表示 "$m > n$ 或 $m = n$". (类似地, 记号 $m \leq n$ 表示 "$m < n$ 或 $m = n$", 参见本章练习 5.) 现在, 设 m, n 是自然数, 且 $m \geq n$. 我们把 m **减去** n 定义为一个自然数, 使得 n 加上它等于 m, 记做 $m - n$. 用符号表示, 对于任意自然数 m, n, 且 $m \geq n$, 如果用 k 表示 $m - n$, 那么根据定义,

$$n + k = m.$$

因为加法满足交换律, 所以减法的正式定义可以等价地描述为

$$m - n \text{ 表示满足 } m = k + n \text{ 的自然数 } k. \tag{5.1}$$

通常我们把 $m − n$ 称为 m **与** n **的差**.

减法的正式定义 (5.1) 把减法看成是加法的另一种等价的表示方法. 即, 如果 $m \geq n$, 那么我们可以把 $m = k + n$ 写成是 $m − n = k$. 反之亦然.

> **? 动动手** 用减法的正式定义计算并解释:
>
> (a) $1200 − 500$;
>
> (b) $580,000,000 − 500,000,000$;
>
> (c) $580,000,000 − 20,000,000$;
>
> (d) $15 \times 10^6 − 7 \times 10^6$.

根据定义, $m = (m − n) + n$. 所以, 用数轴表示 $m − n$ 的几何意义如下图所示:

因为它等价于 $m = n + (m - n)$, 所以我们也有下图成立:

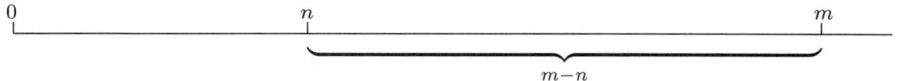

因此, 对于任意自然数 m, n, 其中 $m \geq n$, $m - n$ 的一个等价定义是, $m - n$ 表示从 $[0, m]$ 的任意一端截去一条长度为 n 的线段后所得的线段长度.

在第 2 章中, 我们讨论过分配律. 值得一提的是, 分配律对减法也成立: 对于任意自然数 k, m, n, 其中 $m \geq n$,

$$k(m - n) = km - kn.$$

如果 $k = 3, m = 6, n = 2$, 那么这条定律说明 $3 \times (6 - 2) = (3 \times 6) - (3 \times 2)$. 如下图所示, 用面积模型立即可以证明这个结论是正确的:

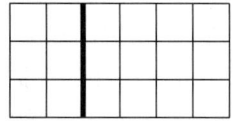

用面积模型推理分配律的一般情形, 过程也是相同的 (参见本章的练习 15.)

我们需要在这里补充说明, 减法的分配律不是一条新的运算定律. 在第三部分中引入负数后, 我们会证明, 减法的分配律包含在通常意义下的分配律中 (参见第 29.4 节).

5.2 减法的运算法则

根据上一节中减法的定义, 两个数的差, 比如 $1658 - 257$, 是通过数从 257 到 1658 要经过多少步得到的. 与加法的情形一样, 标准的减法运算法则的目的就是通过提供一条捷径来排解数数的烦闷. 减法运算法则的数学内涵 (即将介绍) 与加法是类似的.

首先, 假设我们已经知道如何做一位数减法(参见第 3 章中运算法则的核心思想). 现设 m, n 是任意自然数, 其中 $m > n$. 我们要计算 $m - n$. 把数 m 写在 n 的上方, 并对齐数位, 使得同一列的数字具有相同的位值. 例如, $1658 - 257$ 将写成如下形式:

$$\begin{array}{r} 1658 \\ -257 \\ \hline ???? \end{array}$$

同加法一样, 我们从最简单的情形开始讨论. 设 m 中每一个数字都至少要比 n 中同一列的数字大. 我们知道, 前面的例子 $1658 - 257$, 等同于 $1658 - 0257$, 正是这种简单情形的一个例子，原因是 $1 \geqslant 0, 6 \geqslant 2, 5 \geqslant 5, 8 \geqslant 7$. 在这种简单的情形下，**减法运算法则**指出：$m-n$ 中的每一位数字是由对应列做一位数减法得到.[①] 因此，根据四个一位数减法 $8-7=1, 5-5=0, 6-2=4$ 以及 $1-0=1$，我们得到 $1658-257=1401$. 写成竖式就是：

$$\begin{array}{r} 1658 \\ -257 \\ \hline 1401 \end{array} \qquad (5.2)$$

? 动动手 请心算下面两式：(a) $493,625-273,514$; (b) $57,328,694-4,017,382$.

然而一般情况下，m 中会有一些列上的数字比 n 中对应的数字要小. 例如，计算 $756-389$ 时，个位上的数字 $6<9$，十位上的数字 $5<8$. 于是在同一列内的减法 $6-9, 5-8$ 将不能在自然数之间进行了. 此时，减法运算法则就需要引入**借位**的思想. 借位的含义如下（为了写起来简单，我们针对具体的减法 $756-389$ 来描述它）：

　　从最右边的个位开始：把 $6-9$ 变成 $16-9$，同时把它左边一位（即十位）上的 5 减小为 $4(=5-1)$. 此时，十位上的 $4-8$ 也用同样的方式处理[②]：把 $4-8$ 变成 $14-8$，同时再把十位左边一位（即百位）上的 7 减小为 $6(=7-1)$. 最后，百位上的减法变成 $6-3=3$，从而 $756-389=367$.

写成竖式就是：

$$\begin{array}{r} {\scriptstyle 6\ 14\ 16} \\ \not{7}\,\not{5}\,\not{6} \\ -3\,8\,9 \\ \hline 3\,6\,7 \end{array} \qquad (5.3)$$

 使用减法运算法则计算 $2345-687$.

　　在给定的减法 $m-n$ 中，上述借位现象是否可能发生，取决于 m 中紧挨着需要借位那一列的左边一列是否有一个非零的数字. 有时并没有这样的非零数字，例如 $50003-465$. 个

[①] 回忆第 3 章中运算法则的核心思想.
[②] 十位上的减法本应是 $5-8$，而现在变成 $4-8$ 是因为十位上的数字已从 5 减小到 4.

位上的减法是 3 − 5, 但是 50003 中紧挨着 3 的左边一位是 0. 减法运算法则用下面的方法处理这种情形 (再一次, 为了写起来简单, 我们针对具体的减法 50003 − 465 来描述它):

像往常一样, 我们从最右边一列开始计算. 把个位上的减法 3 − 5 变成 13 − 5, 同时把 50003 中紧挨着 3 左边的所有 0 都变成 9, 并把 3 左边第一位不是 0 的数字 5 减小为 4(= 5 − 1), 然后像前面一样做减法即可.

用上述运算法则计算 50003 − 465, 我们得到如下竖式:

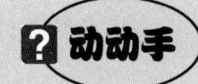

$$\begin{array}{r} {\scriptstyle 4\,9\,9\,9\,13} \\ \cancel{5\,0\,0\,0\,3} \\ -4\,6\,5 \\ \hline 4\,9\,5\,3\,8 \end{array} \qquad (5.4)$$

? 动动手 用上述运算法则计算: 300,207 − 14,629.

5.3 对减法运算法则的解释

为了解释 (5.2) − (5.4) 中所列的减法运算法则, 我们需要下面有关减法的事实. 在具体的问题中, 这一事实以下述形式呈现: 如果你有三个袋子, 里面分别装有 7, 8, 9 个橘子, 那么从这三袋橘子中一共拿走 3 + 4 + 5 个橘子后剩下的橘子数等于分别从装有 7 个橘子的袋子中拿走 3 个, 从装有 8 个的袋子中拿走 4 个, 从装有 9 个的袋子中拿走 5 个后剩下的橘子总数. 换句话说,

$$(7 + 8 + 9) − (3 + 4 + 5) = (7 − 3) + (8 − 4) + (9 − 5).$$

一般的, 设 l, m, n, a, b, c 是任意自然数, 其中 $l \geqslant a, m \geqslant b, n \geqslant c$. 那么, 我们断言下述事实成立:

$$(l + m + n) − (a + b + c) = (l − a) + (m − b) + (n − c). \qquad (5.5)$$

用减法的定义可以对等式 (5.5) 做出一个正式的数学解释 (参见第 5.6 节). 但是, 要对等式 (5.5) 有一个完整的理解, 需要等到第三部分介绍负数之后, 我们将在第 27.5 节再来重新认识这个等式.

需要注意的是, 等式 (5.5) 对于任意多个数对都成立. 例如, 对于 5 个数对, 等式 (5.5) 有类似的结论: 如果 $l \geqslant a, m \geqslant b, n \geqslant c, p \geqslant d, q \geqslant e$, 那么

$$(l+m+n+p+q)-(a+b+c+d+e)=(l-a)+(m-b)+(n-c)+(p-d)+(q-e).$$

这个更一般情形的证明当然与三个数对的情形完全类似.

既然等式 (5.5) 成立, 那么我们可以借助它来解释减法的最简单的形式 (5.2). 先用竖式来解释 (注意: 以下出现的双箭头 $\Longleftrightarrow$ 表示"等价于"):

$$\begin{array}{r}1658\\-257\\\hline ????\end{array} \Longleftrightarrow \begin{array}{r}1000+600+50+8\\-0+200+50+7\\\hline ?\end{array}$$

$$\stackrel{(5.5)}{\Longleftrightarrow} \begin{array}{r}1000+600+50+8\\-0+200+50+7\\\hline 1000+400+0+1\end{array} \Longleftrightarrow \begin{array}{r}1658\\-257\\\hline 1401\end{array}.$$

注意, 中间的 $\Longleftrightarrow$ 用到了等式 (5.5).

现在我们用一种更习惯的方式来写上面的推导过程. 根据等式 (5.5) 在四个数对的情形:

$$\begin{aligned}1658-257 &= (1000+600+50+8)-(0+200+50+7)\\&=(1000-0)+(600-200)+(50-50)+(8-7) \quad (根据 (5.5))\\&=1000+400+0+1\\&=1401,\end{aligned}$$

其中, 上式的第二行正是对应于 (5.2) 中逐列做减法.

对 (5.3) 的解释, 将重复第 4 章加法运算法则中解释进位现象时的步骤. 我们仍然先用竖式来解释:

$$\begin{array}{r}756\\-389\\\hline ???\end{array} \Longleftrightarrow \begin{array}{r}700+50+6\\-300+80+9\\\hline ?\end{array}$$

$$\Longleftrightarrow \begin{array}{r}700+40+16\\-300+80+9\\\hline ?\end{array} \Longleftrightarrow \begin{array}{r}600+140+16\\-300+80+9\\\hline ?\end{array}$$

$$\stackrel{(5.5)}{\Longleftrightarrow} \begin{array}{r}600+140+16\\-300+80+9\\\hline 300+60+7\end{array} \Longleftrightarrow \begin{array}{r}756\\-389\\\hline 367\end{array}$$

用习惯的方式, 上面的推导过程可以写成:

第 5 章 减法的运算法则

$$756 = 700 + 50 + 6$$
$$= (600 + 100) + 50 + 6$$
$$= 600 + (100 + 50) + 6 \quad (\text{定理}2.1)$$
$$= 600 + 150 + 6$$
$$= 600 + (140 + 10) + 6$$
$$= 600 + 140 + (10 + 6) \quad (\text{定理}2.1)$$
$$= 600 + 140 + 16,$$

所以

$$756 - 389 = (600 + 140 + 16) - (300 + 80 + 9)$$
$$= (600 - 300) + (140 - 80) + (16 - 9) \quad (\text{根据}(5.5))$$
$$= 300 + 60 + 7$$
$$= 367.$$

注意到, 在上面的计算过程中, 第二行 $(600-300)+(140-80)+(16-9)$ 正是对应于 (5.3) 中逐列做减法. 同时注意到, 我们在写 756 和 389 的展开式时避免使用指数形式, 而是使用一般形式, 其原因是, 较为复杂的符号可能会掩盖推理过程.

尽管我们不想过分强调第 2 章中讨论过的运算定律的形式, 但是值得指出的是, 加法结合律以定理 2.1 的形式出现. 有了它, 我们便可以在减法运算中进行 "借位". 它起到了非常重要的作用.

 解释减法运算法则如何运用于 $315-82$? 先用竖式, 再用 (5.5) 写成习惯的形式.

最后, 我们解释减法运算法则的第三部分, 即为什么减法运算法则对 $50003-465$ 这样的情况也适用 (见 (5.4)). 这是对结合律的又一个推广, 其中的关键点在于一系列加法事实, 它们是记数的直接结果:

$$50000 = 49000 + 1000,$$
$$1000 = 900 + 100,$$
$$100 = 90 + 10,$$

所以
$$50000 = 49000 + 900 + 90 + 10.$$

根据定理 2.1, 我们得到

$$\begin{aligned} 50003 &= 50000 + 3 \\ &= (49000 + 900 + 90 + 10) + 3 \\ &= 49000 + 900 + 90 + 13. \quad (\text{定理 2.1}) \end{aligned}$$

所以, 根据等式 (5.5) 在四个数对的情形, 我们有

$$\begin{aligned} 50003 - 465 &= (49000 + 900 + 90 + 13) - (0 + 400 + 60 + 5) \\ &= (49000 - 0) + (900 - 400) + (90 - 60) + (13 - 5) \\ &= 49000 + 500 + 30 + 8 \\ &= 49538. \end{aligned}$$

上式的第二行对应于 (5.4) 中逐列做减法.

我们注意到, 减法又是一个从右向左进行运算的法则. 与加法的情形一样, 你也可以从左向右进行计算, 但是为了修正答案所需的"返工"次数比在加法中还多. 你不妨经过下面的练习亲身体会一下.

 计算前面做过的减法 $50003 - 465$, 但是要从左向右进行, 并与从右向左计算进行比较.

有必要重复一下, 教孩子们从右向左进行计算, 是完全自然的一件事情.

最后, 与加法一样, 我们再来注意一下第 3 章中运算法则的核心思想. 它的意思是说, 减法可以化归为两个一位数之间的减法. 正如前面所讲, 在这里提到它的原因是, 从字面上看它是不对的. 当借位发生时, 不仅需要知道两个一位数之间的减法, 还需要知道一个 $\leqslant 18$ 的数减去一个一位数如何计算. 特别的, 在操作减法运算法则之前, 以下减法必须会算:

$$18 - 9$$
$$17 - 9 \quad 17 - 8$$
$$16 - 9 \quad 16 - 8 \quad 16 - 7$$
$$15 - 9 \quad 15 - 8 \quad 15 - 7 \quad 15 - 6$$

第 5 章 减法的运算法则

$$14-9 \quad 14-8 \quad 14-7 \quad 14-6 \quad 14-5$$
$$13-9 \quad 13-8 \quad 13-7 \quad 13-6 \quad 13-5 \quad 13-4$$
$$12-9 \quad 12-8 \quad 12-7 \quad 12-6 \quad 12-5 \quad 12-4 \quad 12-3$$
$$11-9 \quad 11-8 \quad 11-7 \quad 11-6 \quad 11-5 \quad 11-4 \quad 11-3 \quad 11-2$$
$$10-9 \quad 10-8 \quad 10-7 \quad 10-6 \quad 10-5 \quad 10-4 \quad 10-3 \quad 10-2 \quad 10-1$$

如果这动摇了你对运算法则核心思想的信念, 那么后面的内容将打消你的顾虑. 核心思想仍然是正确的, 但只能用负整数来描述 (我们将在第三部分提到) (参见本章的练习 17 以及第 28 章的练习 3).

5.4 如何使用数轴介绍减法

在本节, 我们举两个例子说明, 如何在课堂上用数轴介绍减法.

恒等式 (5.5) 在两个数对的情形下可以描述为: 对于任意自然数 l, m, a 和 b, 我们有 $(l+m) - (a+b) = (l-a) + (m-b)$. 它的几何解释是, 如果一条线段 s 由两条长为 l 和 m 的线段拼接而成, 如下图所示:

并且如果从线段 s 上截去一条长为 $a+b$ 的线段, 那么剩余线段的长度等于由以下两条线段拼接而成的新线段的长度:

- 从长度为 l 的线段上截去长度为 a 的线段后剩余的线段,
- 从长度为 m 的线段上截去长度为 b 的线段后剩余的线段.

如下图所示:

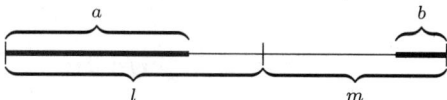

因此, $(l+m) - (a+b)$ 正是剩余线段的长度:

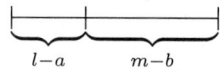

如果三年级学生熟悉数轴的话, 不需要任何详细的说明, 他们就很容易接受这一几何事实. 我们现在用这个简单的事实来解释减法 $35-19$. 这个减法可以写成 $(20+15) - (10+9)$. 我们把 $20+15$ 表示成下面两条线段拼接而成的新线段的长度:

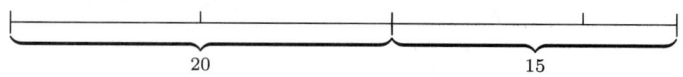

现在从左边的线段左端截去一条长度为 10 的线段,从右边线段的右端截去一条长度为 9 的线段,那么剩余的线段 (位于中间) 是由两条长度分别为 10 和 6 的线段拼接而成,如下图所示:

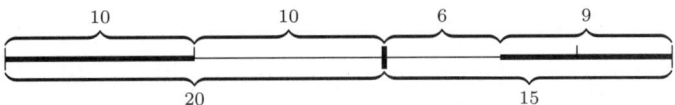

因此,我们从上图中可以看出, 35 − 19 = 16. 如果把上图用数字来描述就是:

$$35 - 19 = (20 + 15) - (10 + 9) = (20 - 10) + (15 - 9) = 10 + 6 = 16,$$

那么我们可以看出, 这正是将减法运算法则运用于 35 − 19 的过程, 其中体现了从十位上借位的现象.

作为数轴的第二个应用, 请读者考虑下面关于减法的典型问题.

例 卡尔的钱比琳达少 15 美元, 两人共有 61 美元. 请问两人各有多少钱?

我们将利用数轴来给出一个非常简单的解. 设卡尔有 s 美元, 琳达有 l 美元. 注意到, s 和 l 是自然数, 根据已知,

$$l + s = 61, \quad l - s = 15.$$

因为从文字语言翻译成符号语言是这个解法的关键步骤, 所以请读者确保自己适应这样的符号语言. 现在, 加法式子 $l + s = 61$ 可以解释为线段的拼接, 如下图所示:

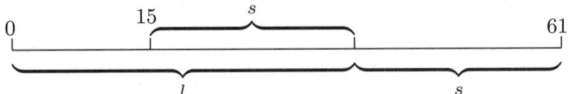

而 $l - s = 15$ 等价于 $l = 15 + s$. 这又意味着, 长度为 l 的线段是由长度分别为 15 和 s 的线段拼接而成, 如下图所示:

这个图清楚地表明, 线段 $[15, 61]$ 由两条线段拼接而成, 每一条的长度都是 s. 而 $[15, 61]$ 的长度为 $61 - 15 = 46$, 所以 s 是它的一半, 即 23. 因此, 卡尔有 23 美元, 琳达有 38 美元. (经检验, $38 + 23 = 61$.)

当然, 这里假设你知道如何求出一个偶数的一半, 本例中是求 46 的一半. 在三年级的课堂上, 教师应当提前给学生讲解这一点作为准备工作.

5.5 一种特殊的计算方法

对于一些特殊的数, 我们通常更喜欢用技巧来做计算. 特别的, 在计算减法时更常用. 来举一个这样的例子: 做减法 $50003 - 465$ 时, 通过把 50003 写成 $49999 + 4$ 的形式, 可以非常简单地进行计算. 根据 (5.5),

$$50003 - 465 = (49999 + 4) - (465 + 0)$$
$$= (49999 - 465) + (4 - 0)$$
$$= 49534 + 4$$
$$= 49538.$$

一旦掌握了其中蕴涵的思想, 读者可以把前面的计算过程写得更自然一些, 即

$$50003 - 465 = 4 + 49999 - 465 = 4 + 49534 = 49538.$$

类似的, 再次运用 (5.5), 我们得到

$$30024 - 8697 = (29999 + 25) - (8697 + 0)$$
$$= (29999 - 8697) + (25 - 0)$$
$$= 21302 + 25$$
$$= 21327.$$

也可以简单地写成

$$30024 - 8697 = 25 + 29999 - 8697 = 25 + 21302 = 21327.$$

这里的关键在于, 如果被减数中有一排 9, 那么做减法时就不需要借位, 因此通过心算可以很容易得到答案. 当被减数比某个 10^n 的 k 倍只大一个很小的数时, 上述技巧就可以使用, 其中 n 是任意自然数, k 是任意一位数. 准确地说,

把被减数写成一个很小的数与一个有一排 9 的数的和.

于是, 减法问题就被极大地简化了.

 请心算 $1004 - 758$ 和 $60005 - 12348$.

5.6 减法的性质

回忆 (5.5):

$$(l+m+n) - (a+b+c) = (l-a) + (m-b) + (n-c), \quad \text{其中 } l \geqslant a, m \geqslant b, n \geqslant c,$$

我们用减法的定义来正式给出它的一个直接证明. 首先注意到, (5.5) 有意义, 即事实上我们有 $(l+m+n) \geqslant (a+b+c)$, 所以 (5.5) 左边的减法才能实施. 为证明这一点, 我们反复使用 (2.7) 中的第三个断言 (由 $A \geqslant B$ 和 $C \geqslant D$ 可以推出 $A+C \geqslant B+D$), 又根据已知 $l \geqslant a, m \geqslant b, n \geqslant c$, 就得到结论 $(l+m+n) \geqslant (a+b+c)$. 下面证明 (5.5). 设 $x = l-a, y = m-b, z = n-c$, 则等式右边变成 $x+y+z$, 故我们要证

$$(l+m+n) - (a+b+c) = x+y+z.$$

根据定义 (5.1), 这等价于证明

$$(l+m+n) = (a+b+c) + (x+y+z). \tag{5.6}$$

根据定理 2.1, 等式 (5.6) 右边等于 $(x+a) + (y+b) + (z+c)$. 由 x, y, z 的定义, 我们有

$$x + a = (l-a) + a = l,$$
$$y + b = (m-b) + b = m,$$
$$z + c = (n-c) + c = n.$$

因此, 等式 (5.6) 右边等于 $l+m+n$, 于是就证明了 (5.6), 从而 (5.5) 也得到证明.

练习

1. 用数钱的方法解释 (5.2), (5.3), (5.4).

2. (a) 用两种方式对一个四年级学生解释为什么减法运算法则可以正确地运用于 $563 - 241$: (1) 借助数钱, (2) 不借助数钱.

   (b) 同样的, 解释 $627 - 488$.

3. 本杰明比艾伦多 11 美元, 比卡尔少 28 美元. 如果他们三人共有 95 美元, 请问他们三人各有多少钱?

4. 思考下面的问题: "艾伦要把一包玻璃球分给自己和本杰明, 分完后本杰明有 29 颗玻璃球, 艾伦比本杰明多 17 颗, 请问原来一共有多少颗玻璃球?" 如果你在一个三年级的班里上课, 如何利用数轴给学生讲解?

5. 莫林的钱是琳达的两倍, 里昂比莫林多 5 美元, 琳达和莫林的钱一共比里昂多 2 美元. 请问他们三人各有多少钱?

6. (a) 用减法运算法则计算 $2403 - 876$, 并解释原因.

(b) 同样的, 处理 $76431 - 58914$.

7. 里昂有一个瓶子, 瓶子里有 95 颗玻璃球. 他从中拿出一些玻璃球, 又放回其中的 48 颗, 最后瓶中还剩 57 颗. 请问他当时拿出了多少颗玻璃球? 解释你的回答.

8. (a) 用两种方法计算 $60,013 - 58,325$, 再用心算的方法计算.

(b) 同样, 计算 $800,400 - 770,992$.

9. 设 a, b, c 是自然数. 证明:

(a) 若 $a < b, c \leqslant a$, 则 $a - c < b - c$.

(b) $a + b < c$ 等价于 $a < c - b$.

(c) 如果 $a \geqslant b$, 那么 $a < b + c$ 等价于 $a - b < c$.

10. 用简便方法计算:

(a) 8×875; (b) 9996×25; (c) 103×97; (d) 86×94.

11. 设 x, y 是自然数, 其中 $x > y$.

(a) 解释为什么 $(x-y)(x+y) = (x-y)x + (x-y)y$.

(b) 通过化简上式右侧 $(x-y)x + (x-y)y$, 为 $(x-y)(x+y)$ 找出一个简单的公式.

12.(a) 计算 $1^2 - 0^2, 2^2 - 1^2, 3^2 - 2^2, 4^2 - 3^2, 5^2 - 4^2, 6^2 - 5^2$.

(b) 计算 $12^2 - 11^2, 13^2 - 12^2, 14^2 - 13^2$.

(c) 设 a 是一个自然数, 用两种不同的方法计算 $(a+1)^2 - a^2$:

(1) 直接计算; (2) 利用第 11 题进行计算.

13. (与第 4 章的练习 10 相比较) (a) 计算:

$1+3$, $1+3+5$, $1+3+5+7$, $1+3+5+7+9$, $1+3+5+7+9+11$.

(b) 利用上面的 12 题 (a) 来求前 n 个奇数 $1, 3, 5, 7, \cdots, (2n-1)$ 的和.

14. 在第 2 章的练习 7 中, 我们讨论了一个长宽之和为 24 的矩形, 现在请利用 11 题解释为什么这个矩形的最大面积是 144, 最小面积是 23.

15. 根据通常意义下的分配律, 证明减法的分配律也成立.(提示: 根据减法的定义, $km - kn = k(m - n)$ 意味着 $km = kn + k(m - n)$, 现在证明后一个式子即可.)

16. 下面是两个三位数做减法, 请填空:

$$\begin{array}{r} 8\square\square \\ -\square 85 \\ \hline 419 \end{array}$$

17. 本题假设你知道负整数：减法运算法则有另一个用负整数来叙述的版本.

(a) 思考 $658-379$, 对具有相同位值的两个数字做减法：$6-3=3, 5-7=-2, 8-9=-1$. 请证明：下面这个 (一般) 展开式 $3\times 10^2+(-2)\times 10^1+(-1)\times 10^0$ 就等于 $658-379$.

(b) 用同样的方法计算 $3104-1657$, 并解释为什么?

(c) 用两种方法计算 $61234-29876$.

第 6 章
乘法的运算法则

根据第 1.6 节中乘法的定义 (1.2), 852×73 等于 $73 + 73 + \cdots + 73$(852 次). 现在我们来解决一个问题: 要计算 852×73, 如何避免把 73 自加 852 次这种单调乏味的事情呢? 回想起第 3 章中运算法则的核心思想, 于是我们将根据分配律 (参见第 2.4 节中的等式 (2.6)) 把计算分解成一系列一位数乘法, 也就是要利用九九乘法表. 所以, 要学习一般的乘法, 必须先熟练地掌握九九乘法表.

本章各节安排如下:

乘法的运算法则

对乘法运算法则的解释

6.1 乘法的运算法则

对于任意两个自然数, 乘法运算法则分为三个部分:

(i) 两个一位数的乘法;

(ii) 任意一个数与一个一位数的乘法;

(iii) 任意两个数的乘法.

第 (i) 部分正是九九乘法表[1] 的内容, 学生必须熟记在心. 这里我们重点关注第 (ii) 和第 (iii) 部分.

我们将用前面提到的具体例子 852×73 来描述乘法运算法则. 我们先不直接计算 852×73, 而是分别计算 852 与两个一位数 7 和 3 的乘法 (见上面的 (ii)). **乘法运算法则的第一部分**就是解决这个问题的, 即如何计算任意一个数与一个一位数的乘法? 我们借助 852×3 来清晰地描述这一法则. 观察此时乘法如何分解为一系列一位数乘法 (可以再参看第 3 章中的运算法则的核心思想).

---

[1] 只有在乘法运算法则的背景下, 我们才能理解这种记忆九九乘法表的数学需要. 也是在同样的背景下, 我们看到, 要求学生记忆 12×12 乘法表是多么无聊的事情. 不幸的是, 一些州立的数学标准 (自 2009 年起) 的确提出了这样无聊的要求.

从右向左开始计算, 用 852 的每一位数字都乘以 3:

$2 \times 3 = 6$, 在个位上写 6.

$5 \times 3 = 15$, 在十位上写 5, 在百位上进 1.

$8 \times 3 = 24$, 在百位上得到 4 再加上之前进上来的 1, 所以最终在百位上写 5, 在千位上写数字 2.

用竖式表示, 我们有

$$\begin{array}{r} 852 \\ \times\phantom{_{2}}3 \\ \hline 2556 \end{array} \quad (6.1)$$

将同样的运算法则运用于 852×7, 我们可以得到:

$$\begin{array}{r} 852 \\ \times\phantom{_{5}}7 \\ \hline 5964 \end{array} \quad (6.2)$$

? 动动手 回顾第 4 章的练习 6, 比较用加法运算法则计算 $7826 + 7826 + 7826 + 7826 + 7826$ 所得的结果与用乘法运算法则计算 7826×5 所得的结果.

为了计算 852×73, 我们把两个相互独立的计算 852×7 和 852×3 放在一起. 这就是**乘法运算法则第二部分**的内容, 如何用任意一个自然数乘以一个多位数 (见上面的 (iii)):

为了得到 852×73, 从 73 的个位数字 3 开始: 首先写出 852×3 的结果, 然后在它的下方写出 852×7 的结果, 但是所有的数字比 852×3 的数字整体向左侧移动一位, 然后按列对应求和即可:

$$\begin{array}{r} 852 \\ \times73 \\ \hline 2556 \\ +5964 \\ \hline 62196 \end{array} \quad (6.3)$$

第 6 章　乘法的运算法则

为防止读者对这个运算法则有什么不清楚的地方, 我们在此举一个更深刻的例子来说明. 设想现在不计算 852×73, 而是计算 852×473, 那么算法要求我们计算三个结果: 852×3, 852×7, 852×4, 并把它们写成连续的三行, 并以下面的方式按列对齐:

852×7 的结果的所有数字比 852×3 的数字整体向左侧移动一位,

852×4 的结果的所有数字比 852×3 的数字整体向左侧移动两位.

然后用加法运算法则按列对应相加:

$$
\begin{array}{r}
852 \\
\times\ 473 \\
\hline
2556 \\
5964 \\
+\ 3408 \\
\hline
402996
\end{array}
\tag{6.4}
$$

 使用乘法运算法则做下面的计算:

$$
\begin{array}{r}
527 \\
\times\ 364 \\
\hline
?
\end{array}
$$

6.2　对乘法运算法则的解释

到目前为止, 我们在写一个自然数的展开式时基本上一直都避免写成指数形式. 但是, 在对乘法运算法则做解释时, 为了使讨论看起来概念清晰, 我们将大量使用指数形式. 使用指数记法只是带来了很小的不方便, 但从宏观上考虑, 付出这点小的代价是值得的.

我们先来应用分配律解释 (6.1):

$$
\begin{aligned}
852 \times 3 &= \big((8 \times 10^2) + (5 \times 10) + 2\big) \times 3 \\
&= \big(\underline{(8 \times 3)} \times 10^2\big) + \big(\underline{(5 \times 3)} \times 10\big) + \underline{(2 \times 3)} \\
&= (24 \times 10^2) + (15 \times 10) + 6.
\end{aligned}
$$

在第二行得出 $(8 \times 10^2) \times 3 = (8 \times 3) \times 10^2$ 等结果的过程中, 我们使用了第 2.3 节中的定理 2.2. 其中, 划线部分对应于乘法运算法则第 (i) 部分中描述的一位数的计算, 并解释了把 852×3 化归为一系列一位数乘法 $(8 \times 3, 5 \times 3$ 和 $2 \times 3)$ 的过程.

经过对加法和减法的学习, 我们认识到, 计算应该从右向左进行. 从 $(24 \times 10^2) + (15 \times 10) + 6$ 中的 6 开始: 首先, 这里的 6 对应于 (6.1) 式中个位上的 6; 接下来, 我们有

$$15 \times 10 = (10 + 5) \times 10 = 10^2 + (5 \times 10).$$

所以

$$852 \times 3 = (24 \times 10^2) + (10^2 + (5 \times 10)) + 6$$
$$= ((24 \times 10^2) + 10^2) + (5 \times 10) + 6 \quad (\text{定理 2.1})$$
$$= \{(24 \times 10^2) + (1 \times 10^2)\} + (5 \times 10) + 6,$$

其中最后一个式子既解释了 (6.1) 式中十位上的 5, 也解释了进到百位上的 1. 现在, 根据分配律, 最后一行大括号 { } 中的和式等于

$$(24 \times 10^2) + (1 \times 10^2) = (24 + 1) \times 10^2 = (20 + 5) \times 10^2 = (20 \times 10^2) + (5 \times 10^2).$$

因为 $20 \times 10^2 = 2 \times 10^3$(根据定理 2.2), 所以我们有

$$852 \times 3 = (2 \times 10^3) + (5 \times 10^2) + (5 \times 10) + 6.$$

这就验证了 (6.1) 式中百位上的 5 和进到千位上的 2. 至此, 我们就完整地解释了 (6.1) 中的计算过程.

? 动动手 请模仿上面的过程, 解释 (6.2).

现在, 我们把 (6.1) 和 (6.2) 与最初要计算的 852×73 联系起来. 在这个过程中, 我们将解释在 (6.3) 中所体现的乘法运算法则的第二部分. 利用分配律和定理 2.2:

$$852 \times 73 = 852 \times (70 + 3)$$
$$= (852 \times 70) + (852 \times 3) \qquad (6.5)$$
$$= (\underline{852 \times 7}) \times 10 + (\underline{852 \times 3}).$$

划线的部分清楚地解释了, 为什么一旦会算 852 与一位数的乘法, 就一定会算 852 与多位数的乘法. 现在, 根据 (6.1),(6.2) 和 (6.5), 我们可以得到

$$852 \times 73 = (5964 \times 10) + 2556$$
$$= 2556 + 59640.$$

根据加法运算法则, 我们可以写出下面的竖式:

$$
\begin{array}{r}
852 \\
\times 73 \\
\hline
2556 \\
+\,59640 \\
\hline
62196
\end{array}
\tag{6.6}
$$

因为已经习惯于把空的位置看成是 0 (参见第 4.2 节中紧随 (4.1) 之后关于加法运算法则的讨论), 所以我们通常省略掉 59640 末尾的 0. 做完这一步, (6.6) 刚好就是 (6.3) 式了. 852×7 的结果的所有数字整体向左侧移动一位, 原因是 7 的位值是 70, 所以 852×7 实际上意味着 852×70.

 用下面的方式计算 73×852:

$$
\begin{array}{r}
73 \\
\times\,852 \\
\hline
?
\end{array}
$$

并做出解释. (注意: 根据乘法交换律, 你预先就能知道, 答案是 $62196 (= 852 \times 73)$. 此题的目的在于让读者看到, 由乘法运算法则能够得出唯一的答案.)

最后, 我们来解释 (6.4) 式, 将乘法运算法则应用于 852×473. 省去在解释 (6.2) 和 (6.3) 时已经提到的一些细节, 我们有

$$852 \times 3 = 2556,$$
$$852 \times 7 = 5964,$$
$$852 \times 4 = 3408,$$

所以根据分配律,

$$852 \times 473 = 852 \times ((4 \times 10^2) + (7 \times 10) + 3)$$
$$= ((\underline{852 \times 4}) \times 10^2) + ((\underline{852 \times 7}) \times 10) + (\underline{852 \times 3})$$
$$= 340800 + 59640 + 2556.$$

因此, 由加法运算法则, 我们可以得出下面的竖式:

$$\begin{array}{r} 852 \\ \times\ 473 \\ \hline 2556 \\ 59640 \\ +\ 340800 \\ \hline 402996 \end{array} \qquad (6.7)$$

可以看出, 由 (6.7) 式省略一些 0 后正是 (6.4) 式.

 设想你看到下面的计算过程:

$$\begin{array}{r} 527 \\ \times\ 3004 \\ \hline 2108 \\ +\ 1581 \\ \hline 160208 \end{array}$$

请问这个计算正确吗? 为什么?

我们在第 3 章的讨论中提到过, 标准运算法则有很多种写法. 下面给出乘法运算法则的另一种写法:

$$\begin{array}{r} 852 \\ \times\ 73 \\ \hline 5964 \\ +\ 2556 \\ \hline 62196 \end{array}$$

从运算步骤而言, 这意味着我们是从左到右进行运算的, 先乘以 7, 再乘以 3. 但是从数学角度而言, 我们根本不认为这有什么区别. 值得注意的是, 就连任意一个数与一个一位数的乘

法运算也可以从左到右进行. 例如, 6718×5 可以用下面的方法做:

$$\begin{array}{r} 6718 \\ \times5 \\ \hline 30 \\ 35 \\ 5 \\ +40 \\ \hline 33590 \end{array}$$

 模仿前面给出的运算法则, 准确地描述这种从左到右进行运算的运算法则.

教学评论 在课堂上, 乘法运算法则最重要的特征可能就是 (6.3) 式中 5964 向左移一位的现象, 或 (6.4) 式中 3408 向左移两位的现象. 教师必须根据位值制, 用 (6.6) 的方式, 向学生仔细地解释这种向左移位的现象. 也就是说, 我们实际上看到的是 $852×70$ 和 $852×400$, 而不是 $852×7$ 和 $852×4$. 所以, 移位的发生是因为出现了一些 0.

练习

1. 对一个四年级学生解释为什么乘法运算法则可以正确运用于 $86×37$.
2. 如何利用一个 12 位计算器计算 $32,897,546,126,349×87$? 写出一种可以操作的方法.
3. 使用乘法运算法则计算下题:

$$\begin{array}{r} 18 \\ \times\, 500009 \\ \hline ? \end{array}$$

现在运用同样的法则计算下题:

$$\begin{array}{r} 500009 \\ \times18 \\ \hline ? \end{array}$$

讨论用这两种方法计算 $500009×18$ 的利弊.

4. 利用 500009 和 18 的展开式来解释上面练习 3 中的两种计算方法. (注意：对于 500009 这样的数字来说, 用指数形式写出其展开式是非常必要的.)

5. 利用乘法运算法则计算 4208×87, 并解释为什么正确.

6. 心算下面各题：(a)12×45; (b)43×22; (c) 设想你要买面值 39 美分, 24 美分, 63 美分和 84 美分的邮票 [①] 各 35 张, 请问一共需要多少钱？

7. 一位老师带领她的五个班的学生去参观博物馆, 每个学生的火车票价是 1.85 美元 (如果你想避开小数, 你可以用 185 美分来计算), 她的五个班分别有 28, 24, 25, 22, 26 个学生. 请问王老师为她的学生买火车票一共需要花多少钱？

8. (a) 一个两位数, 乘以 89, 可以得到一个个位和千位都等于 6 的四位数, 请问这个两位数是多少？

(b) 列出所有满足下列性质的三位数：它的个位、十位和百位上的数字之和等于 12, 并且这个数乘以 15 可以得到一个个位上等于 5 的五位数. (显然, 这道题目可以通过猜想和验证来做. 但是, 本书要求读者通过推理, 缩小选择范围, 快速得到答案.)

9. 设 a, b, m, n 是自然数, 其中 $a < m, b < n$. 请证明：$ab < mn$.

10. 下面是利用乘法运算法则计算一个三位数乘以一个两位数的式子, 请读者填空：

$$\begin{array}{r} \square\,8\,7 \\ \times\quad\ 5\,\square \\ \hline 2\,\square\,\square\,\square \\ +\,\square\,\square\,3\,5 \\ \hline \square\,\square\,2\,\square\,2 \end{array}$$

[①] 这些是 2006 年 6 月最常见的邮票面值.

第7章
长除法的运算法则

要理解长除法运算法则，需要先理解两个自然数的"除法"概念. 而要想理解两个自然数的"除法"，我们就应该先对算术运算的一般概念做一点思考.

算术运算在高等数学中是一个很精确的概念 ①，但对于自然数来说，我们可以认为算术运算是为一对自然数 m 和 n 指定一个自然数，其中 m 和 n 的顺序不可改变. 在自然数的前提下，算术运算的结果是一个单独的数，这个事实在我们的讨论中是至关重要的. 如果考虑的运算是加法或乘法，那么得到的结果就是 $m+n$ 或 mn，视具体情况而定. 但是当考虑减法或除法时，情况就要复杂一些. 主要的困难 ② 在于，没有哪个自然数等于 $3-7$ 或 $23 \div 7$. 然而，当我们所做的减法或除法有意义时，比如 $7-5$ 或 $28 \div 7$，此时结果就会与预期的一样，是一个自然数.

讨论自然数除法时，容易让人混淆的是另一个与除法相关的概念，即一个自然数与另一个非零自然数的带余除法. 带余除法为两个有序的自然数 m 和 $n(n \neq 0)$ 规定了一对自然数与之对应，这对自然数就是 m 与 n 做带余除法所得的所谓商和余数. 这样，27 与 4 做带余除法，商是 6 余数是 3. 带余除法为任意一对自然数 m 和 $n(n \neq 0)$ 规定了两个而不是一个自然数与之对应，这一事实使得它不够资格成为上一段中定义的算术运算. 特别的，它与除法的概念是不同的. 很多教科书上没有指出带余除法的这一特点，这应该是造成除法概念模糊不清的一个原因. 另一个原因是，当 m 是 n 的倍数时，$m \div n$ 的概念恰好就对应于忽略余数时 m 与 n 的带余除法 (此时余数等于 0). 但是很不巧，这一对应恰恰成为了我们区分这两个一般概念的原因. 除法作为一个算术运算，它的概念是带余除法概念的一个特殊情况.

在本章中，只有当我们预先知道自然数 m 是 n 的倍数时，才使用 $m \div n$ 这个符号. 自然数除法 $m \div n$ 的概念，只有当一对自然数 m 和 n 满足条件 m 是 n 的倍数时才有意义. 否则，在遇到计算 "m 中有多少个 n" 的问题时，我们就必须使用 m 与 n 做带余除法的概

---

① 一般的，算术运算是指作用于代数对象上的一种二元运算.
② 减法 $m-n$ 和除法 $m \div n$ 对于许多对自然数 m 和 n 都没有定义. 对于这个事实，我们一带而过.

念. 我们举个例子来说明. 设想我们面临一个问题: 要运送 1295 名乘客, 已知每辆大巴最多可承载 35 名乘客, 请问一共需要多少辆大巴? 于是, 在预先不知道 1295 是不是 35 的倍数的情况下, 我们要求出 1295 中有多少个 35. 这时, 带余除法就要发挥作用了. 解决这个问题的一种方法是耐心地一步一步地验证所有可能的自然数 $k = 1, 2, 3, \cdots$, 看哪个自然数 k 能使 $35k$ 接近 1295. 结果证明, 35 的 37 倍恰好是 1295.

显然, 如果每遇到此类题目, 我们都要经历计算倍数这样复杂的过程, 那么有限的人生将显得更加短暂. 设想你现在需要对一个 20 位数与一个 3 位数做带余除法, 会有怎样的结果! 所以这时我们就得引入长除法运算法则了. 我们本应该用它来求出商 37 和余数 0 的, 因为

长除法运算法则是带余除法求商和余数的一个有效的方法. 每一步可以得到商的一个数字 (参见第 3 章中运算法则的核心思想 "每一步只涉及一位数的计算").

因此, 我们发现一个反常的现象: 其他三种运算法则都是直接解决对应算术运算的方法, 而长除法却是解决带余除法的方法, 但带余除法与除法不同, 不是算术运算. 长除法运算法则只是偶尔才解决除法, 因为除法恰是带余除法中余数为 0 时的情形. 当我们着手处理长除法运算法则时, 应该把上述事实牢记在心.

值得指出的是, 要把分数定位于数轴上, 长除法是非常有用的 (参见第 12.6 节). 而且长除法是把分数转化为小数的重要法则 (参见第 18.4 节中的定理 18.1 以及第 42 章小数).

本章各节安排如下:

从乘法的角度看待除法

带余除法

长除法的运算法则

对长除法运算法则的数学解释 (初步)

对长除法运算法则的最终数学解释

关于长除法的一些重要注记

7.1 从乘法的角度看待除法

除法是乘法的另一种等价的表达方式[①]. 例如, 对除法的直觉理解告诉我们 $24 \div 3 = 8$, 因为如果把 24 个苹果分堆, 每堆 3 个, 那么可以分为 8 堆. 这样 $24 = 3 + 3 + \cdots + 3(8 \text{ 次})$. 根据乘法的定义 (第 1.6 节等式 (1.2)), $3 + 3 + \cdots + 3(8 \text{ 次})$ 正好是 8×3. 因此, $24 \div 3 = 8$ 与 $24 = 8 \times 3$ 正是表达了相同的意思.

[①] 与中小学数学通常的教法不同, 这句话不作为除法的定义, 只作为引入除法概念时的一些观点.

第 7 章 长除法的运算法则

注意到, 在讲授自然数时, 我们要求计算除法 $24 \div 8$, 只是因为预先知道 24 是 3 的**倍数**, 即存在一个自然数 k, 使得 $24 = 3k$ (当然, 在这个例子中 $k = 8$). [①] 掌握了这一点, 我们下面正式给出自然数除法的定义: 设自然数 m 是另一个非零自然数 n 的倍数, 令 $m = kn$, 其中 k 是某个自然数. 于是就有定义:

$$m \text{ 除以 } n, \text{ 记做 } m \div n, \text{ 它是满足式子 } m = kn \text{ 的自然数 } k. \tag{7.1}$$

数 k 称为除法 $m \div n$ 的**商**, n 称为**除数**, m 称为**被除数**. 此外, 如果自然数 m 是自然数 n 的倍数, 即存在一个自然数 k, 使得 $m = kn$, 我们也称 n **整除** m 或 m **被** n **整除**. 我们将在第四部分更深入地讨论整除性质.

在此时, 我们希望引起读者注意, 除法的定义与第 5.2 节中的减法的定义 (5.1) 有相似之处. 回忆减法的定义: 如果 m 和 n 是自然数, $m \geqslant n$, 那么

$$m - n \text{ 是满足式子 } m = k + n \text{ 的自然数 } k.$$

我们看到, 如果在 (7.1) 中, 用 $-$ 代替 $\div$, 用 $+$ 代替 $\times$, 那么立即可以得到减法的定义. 并且, 两个数的 "商" 自然是两个数的 "差" 的平行概念. 请读者在学习除法时牢记这一相似之处, 因为它有助于提醒你, 除法不比减法难学.

因为 $m = kn = n + n + \cdots + n (k \text{ 次})$, 所以对除法 $m \div n = k$ 有如下解释:

> 如果要把 m 个物体分组, 每组包含 n 个物体, 那么可以分为 $m \div n$ 组.

上述解释称为自然数除法 $m \div n$ 的 "**包含除**" 解释. 从下面的问题可以清楚地看出这个术语的来由. 设想有一瓶果汁, 48 液体盎司 [②], 若每杯可以盛放 8 液体盎司, 我们想看看这个瓶子里能放多少杯果汁. 这个问题等价于问: 48 盎司里包含多少个 8 盎司. 根据除法的定义, 得出答案的办法就是做除法 $48 \div 8$.

利用数轴可以对 $48 \div 8$ 的 "包含除" 解释做一个很好的几何表示. 首先, 我们来详细叙述前面关于 "倍数" 的定义. 任意给定数轴上一个点, 如 4. 于是, 在 0 的右侧存在一个等间距点列, 0 和 4 是这个等间距点列中从左往右数的前两个点. (这样的点列很容易构造: 把线段 [0,4] 向右滑动, 直到线段的左端点 0 落到 4 上, 此时线段右端点 4 的新位置落在点 8, 就是这个点列的第三个点; 接着向右滑动 [0,4], 直到左端点 0 落到 8 上, 此时右端点 4 的新位置就是这个点列中 8 之后的那个点; 等等.) 我们把这个点列中的点称为 4 **的倍数**. 其中, 0 右边第一个点 (即 4) 称为 4 **的第一个倍数**, 第二个点称为 4 **的第二个倍数**, 第三个点称为 4

[①] 我们稍后即将定义一般的 "倍数".

[②] 译者注: 盎司 (ounce) 是国际计量单位, 可分为常衡盎司 (avoirdupois ounce)、金衡盎司 (troy ounce)、药衡盎司 (apothecaries' ounce) 和液体盎司 (fluid ounce). 其中, 液体盎司是容积计量单位, 1 英制液体盎司 $=28.41$ 毫升, 1 美制液体盎司 $=29.57$ 毫升.

的第三个倍数······ 一般的, 对于任意自然数 k, 0 右边第 k 个点称为 4 的第 k 个倍数. 很容易验证, 4 的第 k 个倍数就是自然数 $4k$. 为了方便, 我们把 0 称为 4 **的第 0 个倍数** (这是合理的, 因为 $0 = 0 \times 4$).

一般的, 假设给定数轴上 0 右侧一点 P. 与前面一样, 存在一个等间距点列, 0 和 P 是这个等间距点列中从左往右数的前两个点. 我们把这个点列中的点称为 P **的倍数**, 0 称为 P **的第 0 个倍数**, P 称为 P **的第一个倍数**, 下一个点称为 P **的第二个倍数**······ 一般的, 若 k 是正的自然数, 0 右边第 k 个点称为 P **的第 k 个倍数**. 如果 P 是一个自然数, 那么经过构造它的倍数点列后, 从 0 到它的第二个倍数之间的线段是由两条长度为 P 的线段拼接而成的, 从而长度等于 $P + P = 2P$. 于是, 根据定义, P 的第二个倍数就是点 $2P$. 类似的, P 的第 k 个倍数就是点 kP.

特别的, 如果从 $P = 1$ 开始, 那么 1 的所有倍数正是我们所谓的自然数.

现在我们回到 $48 \div 8$ 的 "包含除" 解释: 通过观察 8 的倍数, 很容易验证, 8 的第六个倍数恰好等于 48. 于是 $[0, 48]$ 是由六条长度为 8 的线段拼接而成, 因此, $48 \div 8 = 6$.

因为乘法满足交换律, 所以对除法 $m \div n$ 还有第二种解释. 设存在某个自然数 k, 使得 $m \div n = k$. 根据 (7.1), $m = kn$, 而 $kn = nk$, 且 $nk = k + k + \cdots + k (n 次)$, 所以除法 $m \div n$ 也意味着

$$m = \underbrace{k + k + \cdots + k}_{n}.$$

因此, $k = m \div n$ 可以解释为

如果要把 m 个物体分成 n 个组, 每组中物体个数相等, 那么每组有 $m \div n$ 个物体.

上述解释称为除法 $m \div n$ 的 "平均分" 解释. 比方说, 有一瓶果汁, 48 液体盎司, 平均分给 8 位客人, 要知道每位客人可以喝到多少果汁. 根据 $48 \div 8$ 的 "平均分" 解释可知, 正确答案就是 $48 \div 8$. 用数轴可以表示出 $48 \div 8$ 的 "平均分" 解释: 若把 $[0, 48]$ 平均分成 8 条长度相等的线段, 那么每条这样的线段长度为 6, 所以 $48 \div 8 = 6$.

对除法的这两种解释在解决实际问题时都用得到,并且不论你有没有意识到,二者在日常生活中都很普遍 (参见本章练习 6 和练习 9). 此外, 在前面已经看到, 除法有这样两种对偶的解释, 原因是乘法满足交换律.

> **? 动动手** 一本三年级教科书用如下方式引入除法:
>
> 你可以借助棋子从两种角度考虑除法:
>
> (A) 如果你有 18 个棋子, 要把它们分成 6 组个数相等的棋子. 可以用除法来求出, 每组有多少个棋子.
>
> (B) 如果你有 18 个棋子, 要把它们分组, 每组有 6 个棋子. 可以用除法来求出, 一共能分成多少个组.
>
> 在这个例子中, 很容易可以看到两题的答案都是 3, 请你判断哪个用到了"包含除"解释? 哪个用到了"平均分"解释? 用圆圈模仿棋子排列成矩阵来解释你的答案.

再强调一点, 只要是在自然数的前提下讨论, 除法的定义就表明: 只有当 m 是 n 的倍数时, 符号 $m \div n$ 才有意义(当然 $n > 0$). 例如, $25 \div 6$ 就没有意义, 因为不存在自然数 k, 使得 $25 = 6k$. 等到我们在第二部分引入分数并把除法的意义扩展到分数的背景下时, 就会有 $25 \div 6 = \frac{25}{6}$, 原因是 $25 = \frac{25}{6} \times 6$.

下面两个除法的例子在本书后面的章节中将不止一次出现.

例 1 要熟悉对除法的两个解释, 用**运动**作为例子再合适不过了. 为实现这个目的, 我们先来简单地讨论恒定速度的概念 (有时称为**匀速运动**). 这个概念适合给低年级学生讲, 甚至四年级就可以. 与当下流行的观点相反, 本书认为恒定速度是一个不易掌握的概念. 但是, 因为在整个讨论过程中只用到自然数, 所以我们用如下方式可以简单地引入恒定速度的概念.[①] 给定一段单位时间, 如一小时, 并给定一段单位路程, 如 1 千米. 若在任意一段长度为 1 小时的时间内 (例如, 从第三个小时末到第四个小时末, 或从第七个小时末到第八个小时末), 物体或人走过的路程均为 v 千米, 其中 v 是自然数, 则称物体或人以 v 千米每小时的恒定速度运动 (或称以 v 千米每小时的速度匀速运动).

提醒读者 涉及匀速运动的问题在中小学数学中很常见. 尽管这种问题为学习除法提供了很好的例子, 但是它们事实上并没有提供"现实"的背景. 它们把实际情况过分简单化了. 比方说, 人们很少能在现实生活中保持以恒定速度开车行驶超过几秒钟, 除非是在某一段笔直的高速公路上, 前后都没有其他车辆, 并且车上有良好的车速控制装置(而这几乎不可能

[①] 我们将在第 18.3 节中继续讨论这个问题.

发生).

设物体以恒定的速度 v 运动,那么在任意一段长度为 t 小时的时间内,物体运动过的路程都相等,都是 tv 千米,不管这个 t 是在运动的开始、中间还是结尾.① 这是因为,在 t 小时内,运动过的总路程为 $v+v+\cdots+v(t\text{ 次})$,从而根据乘法的定义,结果等于 tv(见第 1.6 节等式 (1.2)). 同样的道理,如果单位时间为 1 分钟,单位路程为 1 米,那么以 v 米/秒为恒定速度的运动,经过 t 秒后,总路程为 tv 米.

于是有如下典型的问题:设想 A 地与 B 地相距 264 千米,一辆汽车以 v 千米每小时的速度从 A 地开往 B 地,需要 4 个小时,请问速度 v 是多少?汽车每小时行驶 v 千米,那么 4 个小时的总路程为 $v+v+v+v=4v$ 千米. 已知 $4v=264$,所以用数轴表示,如下图:

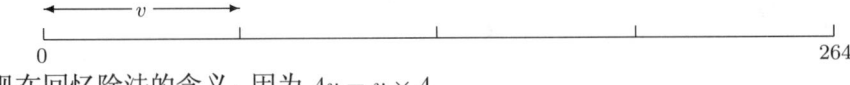

现在回忆除法的含义:因为 $4v=v\times 4$,

$$v\times 4=264 \text{ 意味着 } v \text{ 满足 } v=264\div 4,$$

所以速度为 $264\div 4$,结果是 66 千米/小时.②

从前面的推理过程可以看出明确定义除法和匀速运动的优点. 学生中长期存在的一个问题是,计算速度时为什么要用路程除以时间?我们的推理过程说明,使用除法 (而不用加减乘) 是由定义决定的.

要想习惯于使用精确的定义,你可能会需要一小段时间. 但是从长远的角度来看,这是很值得的.

另一个典型的问题如下:设一辆车以 58 千米/小时的速度匀速行驶,A 地到 B 地的距离是 522 千米,请问从 A 地到 B 需要多少小时?这一次,我们知道,如果从 A 地到 B 地需要 t 小时,那么 t 小时行驶过的路程为 $t\times 58$ 千米. 但是已知 $t\times 58=522$,所以 $t=522\div 58$ 小时,结果等于 9 小时.

注意到,这个讨论的范围很有限:数 v 和 t 都必须是自然数 (因此不考虑像半个小时这样的时长),并且运动的总路程必须是所用 v 和 t 的倍数. 因为到此刻为止,自然数之间的除法只在一个数是另一个数的倍数时才有意义. 同时,注意到,与平时不经任何解释就让学生死记硬背公式"速度 = 路程 ÷ 时间"和"时间 = 路程 ÷ 速度"不同,我们已经清楚地解释了,为什么这些公式是正确的并且可以使用.

例 2 下面我们给出除法的几何解释. 在第 2 章中,我们介绍了乘法的面积模型. 例如

---

① 此处有一点很巧妙,我们将在第 17 章中进行讲解,即把两个单位等同起来:单位 1 可以是 1 小时,也可以是 1 千米. 用数轴解释,这就是说,表示小时的那条数轴与表示千米的那条数轴完全相同.

② 即将讨论的长除法就是得出答案 66 的方法之一.

2×3，根据面积模型可知，它等于竖直边为 2、水平边为 3 的矩形的面积：

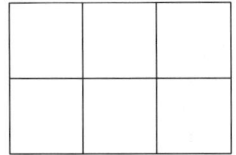

现在假设要求出 $6 \div 3$。从面积模型的观点来看，它的意思是，有一个矩形，面积等于 6 个单位，水平边等于 3 个单位，我们想知道竖直边的长度是多少：

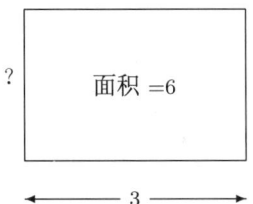

对于自然数，除法的几何解释无非是个小小的消遣。然而，当面临分数乘法时，我们对几何解释就必须引起足够的重视。

 一个矩形，若面积等于 84 平方厘米，竖直边等于 7 厘米，求水平边的长度。

7.2 带余除法

带余除法在中小学数学中已经成为一个老生常谈的话题，并且也通常会用老生常谈的手段处理。然而你会发现，带余除法对于理解自然数以及高等数学中与自然数类似的数学结构是很重要的课题 (参见第 11.2 节展开式法则，以及整个第四部分)。特别的，带余除法是建立长除法概念的基础，我们将在接下来的几节强调这一事实。

设 a 和 d 是自然数，其中 $d > 0$（d 表示 divisor，除数）。若 a 是 d 的倍数，则在上一节中已经定义了 $a \div d$ 的商 q 是满足 $a = qd$ 的自然数，并给出了 q 的几何解释，即 d 的某个倍数 qd 等于 a（即它们在数轴上是同一个点）。

回想一下，计算 a 是 d 的第几个倍数用到了 $a \div d$ 的"包含除"解释：即数出 a 中一共包含多少个 d 的倍数. 若 a 不是 d 的倍数，那么至少从字面上讲，$a \div d$ 的"包含除"解释失去了意义. 但是我们可以问另外一个问题：小于 a 的自然数中，可能取到 d 的最大倍数是多少？或者换成日常用语，a 中有多少个 d？这正是需要引入带余除法的地方. 我们先来思考几个例子. 设 $a = 25, d = 6$. 虽然 6 的倍数都不等于 25，但是 6 的第四个倍数和第五个倍数比较特殊，因为 4×6 与 5×6(分别等于 24 和 30) 把 25 "夹"在中间. 这意味着，6 的倍数 5×6 已经大于 25，所以 4×6 是小于 25 的 6 的最大倍数，并且 4 应该称为"这个有瑕疵的除法 $25 \div 6$ 的商".

从上图中 24 与 25 之间的加粗线段可以看出 4×6 与给定的 $a = 25$ 之间的距离. 这个距离 $25 - (4 \times 6)$ 称为"这个有瑕疵的除法的余数".

下一个例子，考虑 $a = 141, d = 17$. 17 的倍数有

$$17, 34, 51, 68, 85, 102, 119, 136, 153, \cdots.$$

与前面一样，我们发现 141 被"夹"在 17 的第八个倍数 $136 = 8 \times 17$ 和第九个倍数 $153 = 9 \times 17$ 之间. 从而，"141 除以 17 的商"应该等于 8，而这个"有瑕疵的除法的余数"应该等于 $5 (= 141 - (8 \times 17))$.

一般的，设 a 和 d 是自然数，其中 $d > 0$，且 a 不是 d 的倍数. 我们要问，在 d 的所有倍数

$$0, d, 2d, 3d, \cdots, (q-1)d, qd, (q+1)d, \cdots$$

中，哪一个是比 a 小的 d 的最大倍数？显然，总是存在**唯一的**(即有且仅有一个) 自然数 q 和倍数 qd(只要数数即可得到)，使得两个相继的倍数 qd 和 $(q+1)d$ 把 a "夹"在中间，即

$$qd < a < (q+1)d.$$

在这种情况下, a 不是 d 的某个倍数 qd. 此时, 线段 $[0,a]$ 把 d 的 q 倍包含在内, 但是却不包含 $q+1$ 倍. 于是, 线段 $[0,a]$ 是由线段 $[0,qd]$ 和 $[qd,a]$ 拼接而成. 由于加法的几何意义是线段拼接后的长度, 所以这意味着

$$a = qd + (a-qd), \quad \text{其中 } 0 < a - qd < d.$$

注意, 上面的**双向不等式** $0 < a - qd < d$ 用一种不同但等价的方式表达了事实 qd 和 $(q+1)d$ 把 a "夹" 在中间: 加粗线段 $[qd,a]$ 的长度是正数 (所以 $0 < a - qd$), 并且这条线段包含在长度为 d 的线段 $[qd,(q+1)d]$ 内 (所以 $a - qd < d$). 因此, 使用通常的记号 r 表示 $a - qd$, 我们就已经证明了如下事实: 对于自然数 a 和 d, 其中 $d > 0$, 存在唯一的自然数 q, 使得

$$a = qd + r, \quad \text{其中 } r \text{ 是自然数且 } 0 < r < d. \tag{7.2}$$

由于 q 是唯一的, 所以 $r = a - qd$ 也是唯一的.

下面我们对 (7.2) 做一个小小的修订. 从长远角度考虑, 这个讨论中 "a 不是 d 的倍数" 的要求看起来有些冗繁, 因为毕竟有些自然数可能会是 d 的倍数. 为了简化讨论, 我们为这种可能的情况做一个约定. 可观察到, 如果 a 是 d 的倍数, 那么 $a = qd$, 其中 q 是某个自然数, 余数是 0. 也就是说, $r = a - qd = 0$. 因此, 如果我们把 "$0 < r < d$" 改成 "$0 \leqslant r < d$", 那么 (7.2) 式将对任意自然数 a 都成立, 不管它是不是 $d(d > 0)$ 的倍数. 我们把以上讨论总结成如下定理:

定理 7.1 任意给定自然数 a 和 d, 其中 $d > 0$, 则存在唯一的自然数 q 和 r, 使得

$$a = qd + r \text{ 且 } 0 \leqslant r < d. \tag{7.3}$$

上述关于 a, d, q 的等式 (7.3) 称为 a 与 d **的带余除法**. 其中, q 称为带余除法的**商**, r 称为带余除法的**余数**. 与前面一样, a 称为**被除数**, d 称为**除数**. 请记住, 余数 r 的意思就是前面图中加粗线段的长度 (当然它可以为 0). 定理 7.1 通常称为**带余除法定理**.[①]

注意, 上一节中定义的两个自然数除法的计算结果是一个单独的数 (即除法所得的商). 同样的, 加法、减法和乘法也是由两个自然数计算得到一个单独的数. 但带余除法得到的不是一个数, 而是两个数: 商和余数. 因此, 带余除法与除法在本质上是不相同的.

有时, 我们通常会滥用词汇, 称 q 为 a **除以** d **余数为** r **时的商**. 但是只有清楚地知道带余除法与除法的区别时, 才允许这样使用.

当 $a < d$ 时, a 与 d 的带余除法的商和余数分别为 0 和 a. 这是因为, 如果画一条数轴, 那么可以清楚地看出, a 位于 $0(= 0 \times d)$ 和 $d(= (0+1) \times d)$ 之间.

[①] 在高等数学里, 这个定理 (不幸地) 被称为 "除法运算法则".

> **? 动动手** 不要看定理 7.1, 给你的同桌口头解释 "115 与 17 做带余除法" 是什么意思. 先用代数语言 (即把本题写成 (7.3) 的形式, 并解释每个数字的意思), 再用数轴分别描述商和余数.

> **? 动动手** (a) 116 除以 6, 118 除以 7, 余数分别是什么?
> (b) 通过观察 23 的倍数, 求出 577 除以 23 的商和余数.

我们做三点评论来结束本节. 第一, 有必要重复一点, 除了余数为 0 的情形以外, 带余除法不是上一节中定义的 "除法". 容易引起混淆的原因是, 这两个概念中都出现了 "除法" 二字. 这样的混淆有点儿类似于海狮不是狮子, 虾米不是米.

第二, 在中小学数学里, 25 与 6 做带余除法, 所得商为 4 余数为 1, 通常写做

$$25 \div 6 = 4 \cdots 1.$$

应当把这种记法清除出所有的教科书. 有很多原因, 其中一条是, 它没有任何意义. 从最基本的角度看, 如果允许写 $25 \div 6 = 4 \cdots 1$, 那么我们也不得不写出 $21 \div 5 = 4 \cdots 1$. 二者都等于 $4 \cdots 1$, 所以 $25 \div 6 = 21 \div 5$. 可是, "四组物体, 每组 5 个, 还余 1 个" 与 "四组物体, 每组 6 个, 还余 1 个", 怎么能一样呢? 此外, 我们还可以通过理解等于号的意思来更深入地讨论 "$4 \cdots 1$". 我们已经把两个自然数相等定义为数轴上的对应点重合. 但是, $25 \div 6$ 和 $4 \cdots 1$, 哪个都不是自然数, 所以它们之间的等号只是在拙劣地挪用记号. 即使我们承认一般的分数和实数 (见第二部分, 特别是第 12 章和第 21 章), 等式 $25 \div 6 = 4 \cdots 1$ 仍然不具有任何意义, 原因是 $4 \cdots 1$ 根本不代表任何数. 正确的表示带余除法的方式是 "$25 = (4 \times 6) + 1$", 这才是你真正应该带到课堂上的东西.

为防止你没有注意到, 最后再加一点评论, 即本节非常强调带余除法以及带余除法的商和余数的准确概念. 如果你不明白为什么要对这些概念如此重视, 请看看一般的教科书上是如何表述它们的:

- 除法: 一种两个数的运算, 用这种运算可以计算分多少组、每组有多少个.
- 商: 除法运算的结果.
- 余数: 计算除法后剩余的数.

第 7 章　长除法的运算法则

> **? 动动手**　你能从上一段中找出多少数学错误? (至少有三处)

我们需要带余除法以及带余除法的商和余数这些概念的准确定义. 原因是, 在数学中, **眼见为实**非常重要. 如果一条假设不明确不清晰, 那么任何人都不能随便使用, 包括老师和学生. 介于这个原因, 假如用像上一段那样模糊的语言来定义带余除法以及商和余数这些概念, 那么我们将不知道包含这三个名词的语句说的是什么意思, 更不能用这样模糊定义的概念来证明诸如定理 7.1 那样的定理.

7.3　长除法的运算法则

给定两个自然数 a 和 d, 其中 $d > 0$. 根据定理 7.1, 计算 a 与 d 做带余除法的商等价于计算自然数 q 和 r, 使得
$$a = qd + r \text{ 且 } 0 \leqslant r < d.$$

设想我们要对 586 与 3 做带余除法. 到目前为止, 求商的唯一办法就是观察 3 的所有倍数, 直到找到自然数 q 使得 3 的两个相继的倍数 $q \times 3$ 与 $(q+1) \times 3$ 把 586 夹在中间. 但是这个过程非常枯燥, 如果被除数和除数都比 3 大得多, 那就会更加乏味. 从长远角度考虑, 我们希望找到一种求商的方法, 能适用于任何情况, 并且比检验除数 (这个例子中是 3) 的所有倍数的方法更有效率. 这样一种方法叫做**长除法**.

长除法的目的是把求 $a = qd + r$ 中商 q 的过程分解为一系列简单的步骤, 依从左到右的次序, 每一步求出 q 的一位数字. 能够做到这样的分解是很了不起的. 在此也有必要回忆一下第 3 章中运算法则的核心思想: 每一个标准运算法则最终都是"每一步都只涉及一位数的计算".

对于 $a = 586$ 和 $d = 3$, 长除法的竖式可以如下写出:

$$\begin{array}{r} 195 \\ 3{\overline{\smash{\big)}\,586}} \\ \underline{3} \\ 28 \\ \underline{27} \\ 16 \\ \underline{15} \\ 1 \end{array} \qquad (7.4)$$

下面我们来准确地描述长除法运算法则在这个例子中如何体现. 运算法则的每一步都是带余除法. 其中, 除数总是 3, 被除数在每一步中具体指出:

第一步 被除数是 586 的 (左边) 第一位上的 5, 从而可得商是 <u>1</u>, 余数是 2.

第二步 被除数是用前一步带余除法中余数 2 的 10 倍再加上 586 第二位上的 8, 即 28, 从而可得商是 <u>9</u>, 余数是 1.

第三步 被除数是用前一步带余除法中余数 1 的 10 倍再加上 586 第三位上的 6, 即 16, 从而可得商是 <u>5</u>, 余数是 1.

第四步 586 除以 3 的商, 是由前面各步的商连在一起得到, 是 <u>195</u>. 它的余数就是上一步的余数 1.

事实上, 很容易验证, $586 = (195 \times 3) + 1$.

一般地, 对于自然数 a 与 $d(d > 0)$ 运用**长除法运算法则**, a 与 d 做带余除法就化为一系列带余除法. 其中, 除数总是 d, 被除数在下面每一步中具体指出:

第一步 被除数是 a 的 (最左边) 第一位上的数字, 设这样得到的一位数商是 A, 余数是 r.

第二步 被除数是 $10r + \{a\text{ 的第二位上的数字}\}$, 其中 r 是上一步中的余数. 设这样得到的一位数商是 B, 余数是 s.

第三步 被除数是 $10s + \{a\text{ 的第三位上的数字}\}$, 其中 s 是上一步中的余数. 设这样得到的一位数商是 C, 余数是 t.

重复前面的步骤……

最后一步 a 与 d 做带余除法的商, 是由前面所有步骤的商从左依次连在一起得到的数: $A, B, C, \cdots$. 它的余数就是上一步带余除法的余数.

在前面对长除法运算法则的准确描述中, 我们隐含地承认, 每一步的商 (A, B 等) 都是一位数. 我们将在最后一节证明这一点. 现在把关注的重心放在运算法则的步骤上. 为了确保把运算法则描述得足够清楚, 我们把它应用于第二个例子: 1295 除以 35.

$$\begin{array}{r} 0037 \\ 35{\overline{\smash{\big)}\,1295}} \\ \underline{0} \\ 12 \\ \underline{0} \\ 129 \\ \underline{105} \\ 245 \\ \underline{245} \\ 0 \end{array}$$

(7.5)

把长除法运算法则运用于这个例子, 可以写成下面的形式:

第一步 用 1 除以 35, 可得商是 <u>0</u>, 余数是 1.
第二步 用 12(= (10 × 1) + 2) 除以 35, 可得商是 <u>0</u>, 余数是 12.
第三步 用 129(= (10 × 12) + 9) 除以 35, 可得商是 <u>3</u>, 余数是 24.
第四步 用 245(= (10 × 24) + 5) 除以 35, 可得商是 <u>7</u>, 余数是 0.
第五步 因此 1295 除以 35 的商是 <u>0037</u>, 即 37 (见关于省略开头 0 的讨论), 余数是 0. 因此我们有 1295 ÷ 35 = 37.

注意 1295 等于 37 × 35.

在课堂上, 第一步和第二步通常略去, 所以确定商的第一位 (非零) 数的位置通常被归结为 "如何估计商的第一位数在什么地方" 的问题. 这意味着, 当除数很大时, 为了求出商, 长除法运算法则需要该法则以外其他知识的辅助. 假如情况真是这样, 那么这个运算法则是有缺陷的, 因为我们前面已经写过, 运算法则的一个主要特点就是, 不用借助任何其他知识就能进行计算. 但幸运的是, 正如前面所讲, 长除法运算法则本身就能决定商的每一个数字应该放在什么位置. 所以, 只要这个运算法则能够得以正确地阐述, 那它就是完全可靠的.

观察到, 用 1295 与 35 做长除法时, 做了两次除数大于被除数的带余除法 (第一步和第二步). 其实早在上一节定理 7.1 之后, 我们就已经考虑过了除数大于被除数的情形, 并做了讲解.

 请严格依照长除法运算法则, 求出 78645 除以 119 的商和余数.

7.4 对长除法运算法则的数学解释 (初步)

为了解释 (7.4) 式中 586 与 3 做带余除法所用的运算法则, 我们必须说明为什么用这个运算法则中描述的方法可以计算出带余除法 586 除以 3 的商 195 和余数 1. 换句话说, 根据定理 7.1, 我们必须证明由 (7.4) 式可以推出商为 195 余数为 1 的带余除法公式:

$$586 = (\boxed{195} \times 3) + \boxed{1}. \tag{7.6}$$

现在我们考虑一个比较微妙的问题. 任何一个看到等式 (7.6) 的读者一定都想知道, 这有什么可证的. 毕竟, 计算乘法 195 × 3 可以得到 585, 所以等式 (7.6) 的右端等于 585 + 1 = 586, 与等式左端相等. 看起来证明可以结束了. 但这并不是问题的关键! 这里的问题不是 (7.6) 式是否正确, 而是

(7.4) 式中一系列带余除法的被除数并不等于 586. 由这些带余除法得到的一系列一位数, 连起来是否恰为 (7.6) 中正确的商 195? 并且还能得出余数 1?
关键不仅仅在于结果要正确, 而且, 过程本身也要正确.

为了更好地理解这一点, 请读者思考下述化简分数 $\frac{16}{64}$ 的方法: 同时消去分子与分母中的 6, 就得到 $\frac{1}{4}$, 即

$$\frac{16}{64} = \frac{1\!\!\not6}{\not6 4} = \frac{1}{4}.$$

毫无疑问, 我们得到了问题的正确答案, 但这种化简分数的方法是否正确呢? 同样的道理, 尽管 (7.6) 是正确的, 但我们不知道得出 (7.6) 的方法 (7.4) 是否正确. 在 $\frac{16}{64}$ 这个例子中, 所用的方法对于 $\frac{35}{15}$ 就不适用, 所以我们知道它是错的. 然而, 用方法 (7.4) 做带余除法, 似乎看起来所用之处都能得出正确的商和余数. 但是否意味着这种方法永远正确? 为了给出肯定的回答, 唯一的办法是严格地利用 (7.4) 的准确描述(从第一步到第四步) 直接推导等式 (7.6).

在中小学数学和一些职前的师资培训教材上都不直接讨论前面的问题, 这使得很多人都认为长除法很难. 我们发现, 从 (7.4) 的准确描述来得出等式 (7.6) 的过程有一点复杂, 不太适合所有五、六年级的课堂. 介于这个原因, 我们下一节再来讲这个过程. 但同时, 这个数学推导应当能被大多数五、六年级的学生所接受. 作为一名教师, 你有责任让它成为自己和学生必备的知识.

我们在这里先给出两点解释, 这两点解释很容易被学生普遍接受, 并且从数学上讲都很严谨. 与 (7.4) 的准确描述不同, 它们从另一种角度揭示了 (7.4) 的内涵, 并说明了为什么 (7.6) 是正确的. 二者都包含了估计的思想, 我们将在第 10 章进行详细的讨论. 因此, 它们本身也是很有趣的.

我们仅从理解 (7.4) 的步骤开始讲起. 首先, 通过在空位上放回 0 的方法, 可以把乘法运算法则 (6.4)(见第 6.1 节) 重新写成 (6.7) (见第 6.2 节). 这个例子直接通过添加省略的数字来把正常的运算写成一个看起来有些奇怪的过程. 现在, 我们对 (7.4) 做同样的工作, 添加省略的数字, 并解释为什么要这样做. 来回忆 (7.4):

$$\begin{array}{r} 195 \\ 3{\overline{\smash{)}\,586}} \\ \underline{3} \\ 28 \\ \underline{27} \\ 16 \\ \underline{15} \\ 1 \end{array}$$

第 7 章 长除法的运算法则

通常用如下方式讲解长除法运算法则：做三次减法，但每次只在有数字的那些列做减法，每一步根据需要把 586 的各位数字"拉到下面"(8 被拉到第四行，6 被拉到第六行). 我们现在要做的就是把减法在每一步都扩展到所有的列，通过添加省略的数字来理解"扩展后的减法". 因此,

$$
\begin{array}{r}
195 \\
3\overline{)586} \\
300\,- \\
\overline{286} \\
270\,- \\
\overline{16} \\
15\,- \\
\overline{1}
\end{array}
\tag{7.7}
$$

右边的减号 "−" 清楚地表明，在每一步中都用到了减法运算法则. 很容易验证，添加进去几个 (斜体的)0 后，(7.7) 中所做的减法是正确的，并且与前面长除法 (7.4) 中所做的减法一致. 我们并没有改变长除法运算法则. 接下来，我们需要搞清楚，添加的数从何而来，以及第一行的 "195" 如何得到. 按照通常讲授运算法则的方式，195 百位上的 1 乘以 3 得到一个一位数 3. 但我们观察到，195 中的 1 事实上表示 100，所以不是 1×3，而是 100×3，这就解释了第三行中的 300. 同样的，195 中的 9 事实上表示 90，所以在第五行中不是 $9 \times 3 = 27$，而是 $90 \times 3 = 270$，这就解释了第五行中的 270. 又因为在 195 中，5 就是 5，所以长除法的剩余部分与其字面意思相同. 所以 (7.7) 至少能够说明，用 (7.4) 表示的长除法运算法则一点儿也不奇怪，它只是做了一系列普通的乘法和减法.

下面我们来解决更加本质的问题：为什么 (7.7) 中的 195 是 586 与 3 做带余除法的商？或者说得更确切一些，前面的那些步骤究竟是为什么？为回答这些问题，我们回到开始的地方：要找到自然数 q 和 r，使得

$$586 = (q \times 3) + r, \quad \text{其中 } 0 \leqslant r < 3$$

(参见第 7.2 节中的 (7.3)). 回顾前面的知识，q 是使得 $q \times 3$ 小于或等于 586 的最大自然数 (参见第 7.2 节，带余除法). 为便于找到 q，我们先来排除一些可能性. q 可能是四位数或者更大吗？最小的四位数是 1000，假设 $q \geqslant 1000$，那么 $q \times 3 \geqslant 3000$. 又因为 $r \geqslant 0$，所以肯定有 $(q \times 3) + r \geqslant 3000 > 586$，于是 $586 = (q \times 3) + r$ 不可能成立.[①] 因此 q 至多是一个三位数. 根据第 1.5 节 "比较数的大小 (初步)" 中的结论 (ii) 可知，要想明确 q 可能取到的最大值，我们应当首先确定百位的最大值，其次是十位，最后是个位. 分别令 q 的百位、十位、个位等于 a, b, c，则 $q = (a \times 100) + (b \times 10) + c$，从而

[①] 为了不打断讲解的思路，若无特别说明，我们一直使用的都是第 2.5 节中的不等式 (2.7).

$$586 = ((a \times 300) + (b \times 30) + (c \times 3)) + r, \quad \text{其中} 0 \leqslant r < 3. \tag{7.8}$$

我们首先来确定百位数字 a 可能的最大值. 现在 a 不能太大, 因为 $a \times 300$ 不能超过 586. 这时根据 (7.8), 586 等于 $a \times 300$ 与某个自然数的和, 从而至少要大于 $a \times 300$. 这就等价于说 $a \times 300 \leqslant 586$. 现在我们要用到这一点: 因为 $a \times 300$ 的值等于

$$0(a = 0), 300(a = 1), 600(a = 2), 900(a = 3), \cdots,$$

可以看出, a 不能等于 $2, 3, \cdots$, 它只能要么是 0, 要么是 1. 因此我们选择 $a = 1$, (7.8) 就可以写成

$$586 = 300 + ((b \times 30) + (c \times 3)) + r.$$

根据第 5.1 节中减法的定义 (5.1), 我们有

$$\underline{586 - 300} = ((b \times 30) + (c \times 3)) + r.$$

等式左边 (划线部分) 正是 (7.7) 式第二行与第三行所做的减法.

因为 $586 - 300 = 286$(见 (7.7) 式第四行), 所以我们就有

$$286 = ((b \times 30) + (c \times 3)) + r, \quad \text{其中} 0 \leqslant r < 3.$$

同样的推理可以用来确定 b 可能取到的最大值: 因为等式右边是 $b \times 30$ 与两个自然数求和, 所以显然有

$$b \times 30 \leqslant 286.$$

现在很容易看出, b 的所有取值 $(0, 1, \cdots, 8, 9)$ 都满足这个不等式. 因此我们选取可能的最大值 $b = 9$. 于是得到 $286 = (9 \times 30) + (c \times 3) + r$, 或者

$$286 = 270 + (c \times 3) + r.$$

再根据减法的定义 (5.1), 我们有

$$\underline{286 - 270} = (c \times 3) + r.$$

等式左边 (划线部分) 正是 (7.7) 式第四行与第五行所做的减法.

因为 $286 - 270 = 16$, 所以我们只需处理

$$16 = (c \times 3) + r, \quad \text{其中} 0 \leqslant r < 3.$$

而这正是 16 与 3 做标准的带余除法的过程. 所以我们很容易得到商 $c = 5$, 余数 $r = 1$. 换句话说, $16 = (5 \times 3) + 1$, 或者

$$\underline{16 - 15} = 1.$$

第 7 章 长除法的运算法则

左边划线部分正是 (7.7) 式第六行与第七行所做的最后一个减法.

到此为止, 我们已经解释了 (7.7) 式中出现的全部计算以及出现每一步计算的原因, 因为 $a=1, b=9, c=5, r=1$, 由 (7.8) 式可得

$$586 = ((100+90+5) \times 3) + 1 = (195 \times 3) + 1,$$

这正是 (7.6) 式. 于是到此就可以结束讨论了, 我们完成了对长除法运算法则 (7.4) 的解释.

前面的解释适用于任何带余除法, 并且我们稍后将把它应用于 1308 与 35 的带余除法. 但是我们想先借助数钱从另一种方式看待 586 与 3 的带余除法 (参见第 4.1 节, 运算法则的基本思想). 借助数钱方式的优点是, 它不用 (7.7) 就可以直接解释长除法运算法则 (7.4). 而这种方式的缺点是, 它把带余除法的含义变成了前面所看到的 "包含除" 解释和 "平均分" 解释. 此外, 这种方式至多只对解释四位数有效, 因为学生对 "一万美元" 以及更高价值的钞票反应不是很好. 但是在小学课堂上, 人们一般会认为, 至多四位的数字刚好合适.

假设我们有一摞钱, 一共 586 美元, 包括

5 张百元面值钞票,

8 张十元面值钞票,

6 张一元面值钞票.

不用多说, 这是 586 的展开式的另一种表达方式. 我们想找出 586 中有多少个 3(这是带余除法的含义). 设 586 中有 q 个 3, 只剩下 0 或 1 或 2. 同往常一样, 这等价于, 对自然数 q 和 r,

$$586 = (q \times 3) + r, \quad \text{其中 } 0 \leqslant r < 3.$$

因为乘法满足交换律, 所以可以把上式重新写成

$$586 = 3q + r, \quad \text{其中 } 0 \leqslant r < 3$$

(按照习惯, $3 \times q$ 通常写做 $3q$). 但是 $3q = q+q+q$ 可以解释成 3 摞钱, 每摞 q 美元. 因此, 我们可以如下重新叙述这个问题: 把 586 美元平均分成 3 摞, 每摞 q 美元, 所以 $3q$ 美元与剩余的 0, 1 或 2 美元加起来的和为 586 美元. 我们可以通过下述方式分出 3 摞价值相等的钱, 来计算 q. 在此之前, 为了方便, 我们先来回忆一下最初做过的长除法 (7.4):

$$\begin{array}{r} 195 \\ 3{\overline{\smash{\big)}\,586}} \\ \underline{3} \\ 28 \\ \underline{27} \\ 16 \\ \underline{15} \\ 1 \end{array}$$

首先, 把 5 张百元钞票平均分成三份, 于是每份放 1 张百元钞票, 还剩余 2 张. 这对应于 (7.4) 中的第一步:

$$
\begin{array}{r}
1 \\
3{\overline{\smash{\big)}\,586}} \\
\underline{3} \\
2
\end{array}
$$

然后, 把 2 张百元钞票换成 20 张十元钞票, 所以现在 (加上刚开始就有的 8 张十元钞票) 我们有 28 张十元钞票. 把它们平均分成 3 份后, 每份有 9 张, 还剩余 1 张. 这对应于 (7.4) 中的第二步:

$$
\begin{array}{r}
19 \\
3{\overline{\smash{\big)}\,586}} \\
\underline{3} \\
28 \\
\underline{27} \\
1
\end{array}
$$

最后, 我们把这 1 张 10 元换成 10 张 1 元, 于是现在有 16 张 1 元钞票. 我们再把这些钞票平均分成 3 份, 每份有 5 张, 还剩余 1 张. 这对应于 (7.4) 中的最后一步. 总的看来, 586 元已经被分成三份价值相等的钞票, 其中每份有 1 张百元钞票, 9 张十元钞票, 5 张一元钞票, 此外还剩余 1 元. 这就是 (7.4) 的全部过程.

 写出 235 与 4 做长除法的过程, 并借助数钱来解释这个过程.

最后, 我们来解释 1308 与 35 的带余除法. 用如下常规的方式来做长除法:

$$
\begin{array}{r}
37 \\
35{\overline{\smash{\big)}\,1308}} \\
\underline{105} \\
258 \\
\underline{245} \\
13
\end{array}
$$

添加上丢掉的 0:

第 7 章 长除法的运算法则

$$
\begin{array}{r}
3\ 7 \\
35{\overline{\smash{\big)}\,1\ 3\ 0\ 8}} \\
\underline{1\ 0\ 5\ 0}\ - \\
2\ 5\ 8 \\
\underline{2\ 4\ 5}\ - \\
1\ 3
\end{array}
$$
(7.9)

因为已经做过了 586 与 3 的带余除法,所以这次就尽量简洁一些. 我们的目的是找到自然数 q 和 r, 使得

$$1308 = (q \times 35) + r, \quad \text{其中 } 0 \leqslant r < 35.$$

回顾前面, q 是使得 $q \times 35$ 小于或等于 1308 的最大自然数. 我们来求出满足这样条件的最大的 q. 首先来看看 q 可能是几位数. 它可能是三位数吗? 最小的三位数是 100, 所以如果 q 有三位数, 那么

$$1308 \geqslant 100 \times 35 = 3500.$$

这是不可能的. 因此, 它至多是一个两位数. 设它的十位和个位分别为 a 和 b, 我们先来确定 a 可能取到的最大值, 再确定 b 可能取到的最大值. 于是 $q = (a \times 10) + b$, 从而 $1308 = ((a \times 10) \times 35) + (b \times 35) + r$, 所以

$$1308 = (a \times 350) + (b \times 35) + r, \quad \text{其中 } 0 \leqslant r < 35.$$

对于 $a = 3, 4$, $a \times 350$ 分别等于 1050, 1400. 因为 $1400 > 1308$, 所以 a 不可能是 4 或者更大的数. 于是 $a = 3$, 且有

$$1308 = (30 \times 35) + (b \times 35) + r.$$

所以

$$1308 - 1050 = (b \times 35) + r.$$

可以看出, 等式左边所做的减法就是 (7.9) 式中的第二行与第三行所做的减法. 由于 $1308 - 1050 = 258$, 所以我们有

$$258 = (b \times 35) + r, \quad \text{其中 } 0 \leqslant r < 35.$$

这正是 258 与 35 的标准的带余除法, 商是 7, 余数是 13. 于是 $258 = (7 \times 35) + 13$, 因此

$$258 - 245 = 13.$$

这正对应于 (7.9) 式中第四行与第五行所做的减法. 我们的解释到此结束.

7.5 对长除法运算法则的最终数学解释

现在我们来重新回顾 586 与 3 的带余除法，目的是仅以第 7.3 节中 (7.4) 式的准确描述为基础，推导等式 (7.6)。首先我们回顾 (7.6)：

$$586 = (\boxed{195} \times 3) + \boxed{1}.$$

为了给接下来的知识做准备，请回顾前面，我们期望借助长除法运算法则，每一步求出商 195 的一位数字 (参见第 3 章中运算法则的核心思想)。此外，前面还讲过，一个数的展开式可以分离它各个数位上的数字。结合这两点思想，我们可以用 195 的展开式重写 (7.6)：

$$586 = ((1 \times 10^2) + (9 \times 10) + 5) \times 3 + 1.$$

利用分配律就得到

$$586 = ((1 \times 10^2) \times 3) + ((9 \times 10) \times 3) + (5 \times 3) + 1.$$

下面我们将证明 (7.6) 的这种形式。

根据第一步，做带余除法，被除数是 5，除数是 3，

$$5 = (\boxed{1} \times 3) + \boxed{2}.$$

再由第二步，带余除法的被除数是 $20 + 8 = 28$，除数是 3，

$$28 = (\boxed{9} \times 3) + \boxed{1}.$$

接下来机械性地往下做：第三步是被除数为 $10 + 6 = 16$，除数为 3 的带余除法，所以

$$16 = (\boxed{5} \times 3) + \boxed{1}.$$

因此，根据长除法运算法则，586 除以 3 就可以用以下三个 (简单的) 带余除法来表示：

$$\begin{aligned}5 &= (\boxed{1} \times 3) + \boxed{2}, \\ 28 &= (\boxed{9} \times 3) + \boxed{1}, \\ 16 &= (\boxed{5} \times 3) + \boxed{1}.\end{aligned} \quad (7.10)$$

现在我们将只借助 (7.10) 这组等式来推导 (7.6)。利用第一个等式，我们得到

$$\begin{aligned}586 &= \quad (5 \times 10^2) \quad + (8 \times 10) + 6 \\ &= ((\boxed{1} \times 3 + 2) \times 10^2) + (8 \times 10) + 6.\end{aligned}$$

第 7 章 长除法的运算法则 · 99 ·

应用分配律, 可得 $(\boxed{1} \times 3 + 2) \times 10^2 = (\boxed{1} \times 3 \times 10^2) + (2 \times 10^2)$. 所以

$$586 = ((\boxed{1} \times 10^2) \times 3) + (2 \times 10^2) + (8 \times 10) + 6$$
$$= ((\boxed{1} \times 10^2) \times 3) + \qquad (28 \times 10) \qquad + 6.$$

根据 (7.10) 中第二个等式, 我们有

$$586 = ((\boxed{1} \times 10^2) \times 3) + ((\boxed{9} \times 3) + \boxed{1}) \times 10 + 6.$$

由分配律可得 $((9 \times 3) + 1) \times 10 = ((9 \times 3) \times 10) + (1 \times 10)$, 所以

$$586 = ((\boxed{1} \times 10^2) \times 3) + ((\boxed{9} \times 10) \times 3) + (10 + 6).$$

而 $10 + 6 = 16$, 应用 (7.10) 中最后一个等式, 可得

$$586 = ((\boxed{1} \times 10^2) \times 3) + ((\boxed{9} \times 10) \times 3) + (\boxed{5} \times 3) + 1,$$

这正是我们前面得到的等式 (7.6) 的另一种形式.

注意到, 586 除以 3 的商是由 (7.10) 中自上而下的每个等式右边的第一个数字排列而成, 余数就是 (7.10) 中最后一个等式中的余数.

为了进一步巩固这个思想, 我们来解释 (7.5) 中的除法 1295 除以 35. 因为这是第二次解释, 所以我们可以讲得尽量简单一些. 在这个例子中, 长除法运算法则可以写成下面一组带余除法式子:

$$\begin{aligned} 1 &= (\boxed{0} \times 35) + \boxed{1}, \\ 12 &= (\boxed{0} \times 35) + \boxed{12}, \\ 129 &= (\boxed{3} \times 35) + \boxed{24}, \\ 245 &= (\boxed{7} \times 35) + \boxed{0}. \end{aligned} \qquad (7.11)$$

与前面一样, 我们需要只借助 (7.11) 这组等式来证明

$$1295 = 37 \times 35.$$

同样的, 我们希望通过证明

$$1295 = ((3 \times 10) + 7) \times 35$$

来达到目的. 我们采用与上面一样的那种条理清晰的办法, 但是很容易看出, (7.11) 中的前两个等式没什么用, 可以忽略. 而第三个等式左边是 129, 并且显然 $1295 = (129 \times 10) + 5$, 因此,

$$1295 = (129 \times 10) + 5$$
$$= ((\boxed{3} \times 35 + \boxed{24}) \times 10) + 5.$$

利用分配律, 我们可以化简最后一个式子, 并且目的是为了使用 (7.11) 中第四个等式,

$$\begin{aligned}((\boxed{3}\times 35+\boxed{24})\times 10)+5&=(\boxed{3}\times 35\times 10)+(\boxed{24}\times 10)+5\\&=(\boxed{3}\times 10\times 35)+245\\&=(\boxed{3}\times 10\times 35)+(\boxed{7}\times 35),\end{aligned}$$

其中最后一步用到了 (7.11) 中第四个等式. 因此,

$$\begin{aligned}1295&=(\boxed{3}\times 10\times 35)+(\boxed{7}\times 35)\\&=(\boxed{3}\times 10+\boxed{7})\times 35.\end{aligned}$$

这就是所要证明的结果.

动动手 计算长除法 1162 除以 19, 并解释为什么正确? 可以仿照我们解释 (7.6) 的方法.

7.6　关于长除法的一些重要注记

到目前为止, 我们把主要精力放在了解释长除法运算法则中最令人关心的一个问题上, 即通过把原来的除法分解成一系列简单的带余除法, 人们可以简单甚至是机械地求出商和余数. 于是, 我们 (特意) 没有解释该运算法则的另一个重要特征:

运算法则中, 每一步带余除法的商都是一位数.

第一条注记就是解释这个结论为什么正确.

一旦我们在某个特殊的例子中证明了这个结论, 那么对整个结论的解释也就豁然开朗了. 例如 586 除以 3(见 (7.4)). 请读者思考由 (7.4) 改写后的形式 (7.10), 重点注意其中的某一步, 比方说第二个式子:

$$28=(9\times 3)+1.$$

这里被除数是 28, 商是 9. 那么此处商 9 是一个一位数, 这是个偶然现象吗? 回答是否定的. 商 q 的定义是使得除数的第 q 个倍数不超过被除数的最大自然数. 我们下面证明: 3 的第十个倍数 (即 10×3) 一定会超过被除数 28, 从而商只能小于 10, 即它是个一位数. 证明如下: 根据长除法运算法则的描述, 带余除法的被除数等于上一步中余数 (本例中是 2) 的 10 倍再加上一个一位数 (本例中是 8). 因为我们是用 3 做除数, 所以上一步中的余数必定 <3, 它要么是 0, 要么是 1, 要么是 2. 因此, 余数的 10 倍至多等于 20, 再加上一个一位数, 所以被除数至多是 29. 因此, 10×3 大于 29. 这就证明了我们要证的结论.

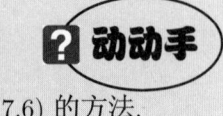

第 7 章 长除法的运算法则

为确保这个结论的一般情况也成立,我们再来看看 (7.5), 1295 除以 35. 考虑 (7.11), 即 (7.5) 的改写形式. 与前面一样,我们分离出其中的一步,比方说第三步:

$$129 = (3 \times 35) + 24.$$

上一步的余数是 12, 因此, 这一步的被除数是 $(10 \times 12) + 9 = 129$, 所以 129 除以 35 在这一步中的商又是一个一位数,即 3. 我们再一次来试着理解这个商为什么是一位数. 如果被除数不是 129, 结果会怎样呢? 根据长除法运算法则的描述,被除数等于上一步中余数的 10 倍再加上一个一位数. 因为除数是 35, 所以上一步中的余数至多是 34. 因此, 这一步中的被除数至多等于 340 加上一个一位数, 即至多等于 349. 由于带余除法的商 q 是使得 $q \times 35$ 不超过被除数的最大自然数, 从而不能大于 10, 所以只能是一个一位数, 又一次证明了我们所需的结论.

一般性的结论, 证明基本一样. 用 a 除以 d, 我们希望在长除法中分离出带余除法, 并证明商小于或等于 9. 根据运算法则, 被除数等于上一步的余数 r 的 10 倍加上 a 的某个数位上的数字. 回想起, 在带余除法中, 余数比除数 d 要小, 所以 r 至多等于 $d-1$. 由于 9 是最大的一位数, 因此, 被除数至多等于 $10(d-1) + 9 = 10d - 1$. 而 d 的 10 倍是 $10d$, 比 $10d - 1$ 要大. 因为商 q 是使得 qd 不超过被除数 $10d - 1$ 的最大自然数, 所以这个商 q 一定小于 10, 从而是一个一位数. 这就证明了一般情形.

第二条注记, 我们希望读者充分理解, 长除法运算法则严格说来就是逐位进行运算的过程, 不涉及任何数字的位值. 为证明这一点, 我们将比较 (7.4) 所示的 586 除以 3 与 58671 除以 3. 选择 58671 是因为它们左边三位数字是相同的, 都是 5, 8, 6. 通常用如下竖式进行长除法计算:

$$
\begin{array}{r}
19557 \\
3\overline{)58671} \\
\underline{3} \\
28 \\
\underline{27} \\
16 \\
\underline{15} \\
17 \\
\underline{15} \\
21 \\
\underline{21} \\
0
\end{array}
$$

于是, 运算法则可以准确地描述为

$$\begin{aligned} 5 &= (\boxed{1} \times 3) + \boxed{2}, \\ 28 &= (\boxed{9} \times 3) + \boxed{1}, \\ 16 &= (\boxed{5} \times 3) + \boxed{1}, \\ 17 &= (\boxed{5} \times 3) + \boxed{2}, \\ 21 &= (\boxed{7} \times 3) + \boxed{0}. \end{aligned} \qquad (7.12)$$

现在比较一下 (7.10) 与 (7.12) 的前三步. 可以发现, 二者完全一样. 为便于讨论, 我们主要关注它们的第三步. 在 586 中, 6 是个位, 而在 58671 中 6 是百位. 换句话说, (7.10) 的第三步的意思正如它本身所示, 就是 $16 = (5 \times 3) + 1$. 而如果考虑位值制, 那么 (7.12) 的第三步实际上是 1600 与 3 做带余除法, 即

$$1600 = (500 \times 3) + 100.$$

我们想要强调的一点是, 就长除法运算法则本身而言, 不考虑每一位数字的位值.

第三条注记, 也就是最后一条, 可以结束前面对于用数钱在课堂上解释长除法的讨论. 一方面, 这样的解释有它的价值, 因为它可以为五、六年级学生所接受. 另一方面, 在这个问题上了解一些观点很有必要. 有些人认为用数钱解释长除法简直是理解概念的典范. 但是, 看到了运算法则的数学解释之后, 我们就应该清楚, 这种初等的解释并没有抓住运算法则的本质.

首先, 用数钱进行解释并没有指出, 长除法是逐位进行运算的过程, 不涉及任何数字的位值. 反之, 这种解释的每一步都把数字的位值考虑在内. 其次, 用数钱解释问题并没有指出长除法运算法则的一个重要特点. 长除法运算法则是一系列带余除法的合成, 每一步带余除法的除数都相同, 被除数比原来的被除数要简单得多, 从而每个带余除法的商都是一位数, 因此更容易进行计算. 理解长除法运算法则的深层结构不但对它本身很重要, 而且对第 42 章中 (42.2) 和 (42.6) 分数化为小数以及代数中的多项式除法都很重要.

练习

1. 用 687 除以 27, 商是 24 吗? 用 944 除以 48, 商是 15 吗? 解释你的回答. (不允许使用计算器)

2. 用 124,968,752 除以 6843, 余数是 6977 吗? 为什么? (不允许使用计算器)

3. 不使用长除法, 求出下面几题的商和余数 (后两题可以使用计算器进行四则运算):

(a) $964 \div 31$;

(b) $517 \div 19$;

(c) $6854 \div 731$;

(d) $1234, 5497, 2086 \div 873$;

(e) $1234, 5497, 2086 \div 8026, 5937$.

教学评论 最后两题为小学课堂上使用计算器提供了两个很好的例子. 不过, 做这两个例子时, 让学生不用计算器先给出商的取值范围, 是很有启发性的. 这对于做估计来说是两个很好的练习 (见第 10 章). 另外, 还应该指出, 有一种可行的办法可以利用 (四则运算) 计算器无需反复摸索就能得到商和余数. 如何做到这一点, 这样做为什么是正确的, 可以引发一次非常有趣的课堂讨论 (这种使用计算器的办法需要一点十进制小数的知识, 参见第二和第五部分).

4. 物体在运动时, 对于某个固定的数字 v, 如果在任意时间段 t(单位为秒、分钟、小时等) 内, 物体运动过的路程为 tv(单位为英里、米、英尺等), 那么物体运动的速度恒为 v. 请解释为什么?

5. 对于自然数 a 和 d, 其中 $d \neq 0$, 设 a 除以 d 所得的余数为 r. 若存在自然数 m, A, B, 使得 $a = mA, d = mB$, 且 A 除以 B 所得的余数为 R. 请问, R 与 r 是什么关系?并详细解释你的答案. (注意: 本题可能会误导读者, 因为它看起来很简单, 但事实上解释很巧妙, 要用到第 7.2 节中的定理 7.1.)

6. 假设你给五年级学生出了这样一道题目:

用一个水龙头向桶里注水, 30 秒可以注满, 已知桶的容积是 12 加仑①. 假设每秒钟从水龙头里流出的水量是相等的. 如果用这个水龙头给一个容积为 66 加仑的大盆里注水, 那么需要多长时间?

你如何给学生解释你是怎样做这道题目的?

7. 考虑下面两个问题:

(a) 如果要把 234 加仑液体倒入 9 个容器中, 每个容器中的液体量要相等, 请问每个容器中要倒入多少液体?

(b) 如果要把 234 加仑液体倒入一些容积为 9 加仑的容器中, 请问至少需要多少个容器?

请分别求出两题的答案, 并说明你是否使用了除法的 "平均分" 解释或 "包含除" 解释.

8. 设想你有 176 颗玻璃球, 现在要把它们平均放到 11 个瓶子里, 每个瓶子中放多少颗玻璃球?若要把这些玻璃球分成颗数相等的几组, 每组 8 颗, 请问一共可分为几组? (与第 2 章的练习 1 相比较.)

---

① 译者注: 加仑 (gallon) 是一种容 (体) 积单位, 分为英制加仑和美制加仑. 1 英制加仑 $=4.546$ 升, 1 美制加仑 $=3.785$ 升.

9. 一位性格古怪的大富翁每天跑步 3 英里 (1 英里 =5280 英尺), 于是, 他想修建一个环形跑道, 使得他跑 16 圈刚好跑完 3 英里. 那么这个跑道的周长是多少? 做这道题是否使用了除法的"平均分"解释或"包含除"解释?

10. 若上题中的富翁每天跑 30 分钟, 并假设他是以恒定的速度跑步, 那么要跑 1056 英尺, 需要花多长时间?

11. 艾伦有一些橘子. 她把橘子放在几个塑料袋中, 每个袋中放 5 个橘子, 放好一些袋子后, 还剩两个橘子. 她又把这些橘子拿出来, 每个袋中放 8 个橘子, 又剩下 5 个. 已知她的橘子不超过 50 个, 请问她到底有多少个橘子?

12. 在一次宴会上, 如果客人们 12 个人坐一桌, 那么将有一桌只有 1 个客人; 如果 11 个人坐一桌, 那么将有一桌只有 8 个人. 已知客人总数不超过 100 个, 请问一共有多少个客人?

13. (a) 某跑道一圈 465 米, 一个人练习马拉松, 每天在这个跑道上跑 20,000 米, 那么他需要跑多少圈?

(b) 给一个六年级学生解释如何做这道题, 为什么这样做. (换句话说, 为什么长除法运算法则可以正确使用? 对于 (7.10), 长除法为什么正确?)

14. 给一个六年级学生解释为什么长除法运算法则可以正确运用于带余除法 652 除以 8?

15. 用长除法运算法则求 1850 与 43 做带余除法所得的商和余数. 仿照 (7.10) 或 (7.11), 对本题的长除法进行"步骤描述", 并用它证明你的结果是正确的.

16. 求 50050 与 65 做带余除法所得的商和余数. 仿照 (7.12), 用一系列带余除法表述这个运算法则, 并用它们解释为什么你所求的商和余数是正确的.

17. 567,104,982 除以 8759 所得的商有多少位? 计算这个商 (从左开始) 的前两位数字. (当然不能使用计算器)

18. 利用除法定义证明下面的除法的分配律: 设 k, m, n 是自然数, $n > 0$ 且 k, m 是 n 的倍数, 则

$$(m \div n) + (k \div n) = (m + k) \div n.$$

19. (a) 把彩虹的七色序列无限循环排列:

红橙黄绿青蓝紫红橙黄绿青蓝紫红橙黄绿青蓝紫红橙黄绿青蓝紫……

请问第 118 个颜色是什么?

(b) 一个无限小数, 起始三位是 175, 然后无限循环 841359 这几个数字:

0.175841359841359841359841359…

请问小数点右边第 116 位数是什么?

第8章
再谈数轴和四则运算

到目前为止, 我们的注意力一直都集中在自然数的计算方面. 现在是时候返回来从数轴的视角来审视一下四则运算了.

本章各节安排如下:

再谈数轴、加法和减法

单位的重要性

乘法

除法

乘法概念的简史

最后一节简要地讨论了数与数之间的乘法概念的演变过程.

8.1 再谈数轴、加法和减法

现在停下来盘点一下迄今为止我们都做了些什么. 我们从数数开始, 并采取了一个公认的记数法来记录自然数, 然后将自然数放在数轴上 (默认为是水平的), 并将自然数等同于数轴上位于某个标记为 0 的点右侧的一些等间距点. 做了以上工作后, 现在我们要改变一下观点. 以前, 我们是先认识自然数的概念, 再用直线上一些标记好的点来代表自然数; 现在我们反过来, 先从一条标记了一些等间距点的直线出发, 再定义一个自然数为直线上的这些等间距点之一. 改变这一观点的原因将在下一章和第 12 章给出. 现在, 我们重点来精确地阐述这个新观点.

取一条直线并将其上一点标记为 0(零). 在直线上以 0 为左端点固定一条线段并称之为 **单位线段**. 在直线上标记出这条线段的右端点, 这就生成了第一个标记点. 这个标记点的倍数 (在第 7.1 节中的倍数定义的意义下) 形成 0 右侧的一串等间距的点. 将这一串等间距的点关于 0 进行反射, 我们得到分布在 0 两侧的一串等间距点.

注意, 到目前为止还没有提到自然数. 下一步就是通过采取下述定义来正式引入自然数.

定义 一个**自然数**为直线上 0 右侧的一个标记点. 其中, 从第一个数 0 开始, 下一个数 (0 右边的第一个) 是 1, 接下来是 2, 如此等等. 我们继续沿用第 1 章中数自然数的方式来称呼各个标记点. 标有自然数的这条直线称为**数轴**. 一个**实数**, 定义为数轴上的任意一个点, 在不会混淆的情况下, 我们简单地称之为一个**数**.

就自然数而言, 上述定义与我们在第 1 章到第 7 章中所做的工作完全一致. 但是通过先从数轴上的点开始再将其命名为自然数, 我们已经将自然数变成一个非常具体和明显的东西:

一个自然数是数轴上 0 右侧的一个标记点.

如同第 1 章, 我们继续将数轴视为一把 "无限长的尺子". 不同的是, 现在我们认为这把尺子在两个方向上都是无限延伸的. 我们同时也将一个自然数 n 等同于连接 0 和 n 的线段 $[0, n]$ 的长度. 直到第二部分末尾, 我们都将只关心数轴在 0 右侧的部分.

此后我们会经常提到数轴, 而对数轴这一术语必须有如下理解: 选择不同的直线或不同的单位线段, 都会得到不同的数轴. 但是, 只要相关的数学讨论仅仅涉及自然数, 就不受直线位置或 0 和 1 位置改变的影响.①

四则运算已经通过数轴得到解释. 这里有关于加法和减法的一个简单图示:

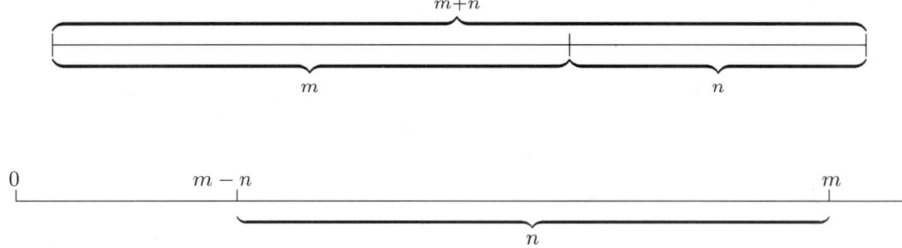

8.2 单位的重要性

我们想探究数轴的某些好处, 特别是关于自然数的加法和减法.

自然数在数轴上的位置依赖于 1 的选择 (前一节已经提到, 假定 0 是固定的). 这一事实意味着, 在给定的情形下, 每个自然数都是相对于同一个单位 1 而言的. 用日常经验来说, 例如, $3 + 4 = 7$ 的意思可以是 "3 个橘子和 4 个橘子放在一起是 7 个橘子" (这里, 1 是一个橘子), $3 + 4 = 7$ 的意思也可以是 "3 美元加 4 美元是 7 美元" (这里, 1 是一美元). 但是, $3 + 4 = 7$ 决不能解释为 "3 美元加 4 个橘子是 7 个橘子". 为使读者充分理解这一点, 考虑下面的情景:

---

① 用数学的术语来说, 这意味着我们将所有的完备有序域等同起来并称之为实数域.

假设你要调制苹果汁. 但是你担心是否有足够多的苹果, 同时也不知道几个苹果才能做成一杯 (容量为 8 盎司) 果汁. 如果你在一张纸上写下 13 + 15, 请问下面哪一个解释是合理的?

(i) 你在计算 13 个苹果加到 15 盎司液体中去;

(ii) 你在将 13 杯果汁加到 15 个苹果中去;

(iii) 你在数苹果: 13 个苹果 + 15 个苹果;

(iv) 你在计算做了多少容量的果汁: 13 盎司加上 15 盎司.

这个例子进一步解释了在做运算时 (此处特指加法运算) 使用同一单位的必要性. 在这个例子中, 仅有 (iii) 和 (iv) 是 13 + 15 可能的解释. 解释 (i), "13 个苹果 + 15 盎司液体", 这意味着 13 在一条以 "一个苹果" 为单位的数轴上, 而 15 在另一条以 "一盎司液体" 为单位的数轴上. 同样的, 解释 (ii), "13 杯果汁 + 15 个苹果" 也没有意义.

日常生活中有许多例子说明利用不同的单位相加减会引起混乱. 例如, 不注意单位的正确使用可以导致诸如 19 + 17 = 3 的断言, 因为表面上我们有 "19 个鸡蛋加 17 个鸡蛋是 3 打鸡蛋[①]". 第 1 章对加法的精确定义要求参与加法的所有自然数必须处在同一单位下, 消除了这种混乱.[②]

> **动动手** 下面的每一个加法或减法都是不合理的, 你能否给它们赋予意义? 9 − 2 = 1, 8 + 16 = 2. (提示: 将其中某些数的单位设想为 "周"、"打" 等.)

我们将通过一个重要的特殊例子来继续讨论参照同一个单位的必要性. 假定用 1 代表单位正方形的面积. 我们早在第 2.4 节就结合分配律定义过 "单位正方形" 的意义: 它是一个边长等于单位线段 [0,1] 长度的正方形. 于是数字 5 的含义是 "5 个单位正方形的面积". 为了方便, 我们可以将这些正方形堆在一起, 并将 5 视为一个矩形的面积, 其宽为单位线段, 其长为由 5 条单位线段拼接而成的线段的总长度. 因此, 这个特殊的矩形的面积对应着线段 [0,5]:

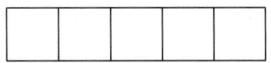

如果不至于引起混淆, 我们就简单地称之为一个宽为 1 长为 5 的矩形. 同样的, 数 n 就是一个宽为 1 长为 n 的矩形的面积.

---

① 译者注: 打 (dozen) 是数量单位, 1 打 =12 个.

② 用数学的术语来说, 我们所说的是: 假定 S 是一个同构于整数环 $\mathbb{Z}$ 的环, 而且假定在给定的同构下 $\bar{n} \in S$ 对应于 $n \in \mathbb{Z}$. 那么, 虽然 $\bar{2}+\bar{5}$ 和 $2+5$ 都有意义, 但是 $\bar{2}+5$ 或 $2+\bar{5}$ 没有意义.

我们仍然以 1 作为单位正方形的面积, 2 + 3 是什么呢? 它是 2 个单位正方形的面积加上 3 个单位正方形的面积, 因此与下面的矩形的面积一样:

(8.1)

我们有时候将这种组合矩形的方式称为**矩形的拼接**.

注意　在教材和教学文献中, 你通常会遇到下面的说法: "令单位 1 表示正方形", 或 "令单位 1 表示六边形"(这些说法可能出现在观察六形六色积木①的文章中). 这些看似与我们当前用做单位的二维图形类似, 但是事实上, 在我们的例子和上述说法之间存在着很大的分歧. 在我们的例子中, 用单位 1 表示单位正方形的面积. 因此, 为检验某个给定的几何图形代表哪一个自然数, 我们要做的工作非常明确: 测量其面积而忽略其形状. 另一方面, "令单位 1 表示正方形" 的说法常常让学生误以为单位 1 表示正方形的形状, 但是形状又不是一个可以测量的量. "令单位 1 表示正方形" 这种表述虽然简单但却含糊, 而且阻碍学生进一步探寻它的含义, 以至于含糊不清的数概念在他们脑子里从此永久地扎下了根. 虽然这种含糊不清在学生们学习自然数时不会造成很坏的影响, 但是当他们学习分数时这就是很大的障碍了. 在下一章和第二部分, 我们还会强调数概念的精确性很有必要.

8.3　乘法

乘法的概念要比我们之前讨论过的内容微妙得多. 现在是时候接触这些微妙之处了 (与本章最后一节比较). 在第 2 章, 我们曾把自然数乘法解释为面积, 并与分配律联系起来. 在数轴的背景下, 有必要对乘法的概念做一些澄清. 由于每个自然数 n 都是某条线段 (如 $[0,n]$) 的长度, 所以, 比如 $2 \times 3 = 6$ 中的 6 一定也可以表示一条线段的长度. 然而, 6 如何又能同时表示面积呢? (回忆 2.1 节中给出的等于号 "=" 的意义.)

固定一条数轴, 于是单位线段便已经选定. 有了单位线段就可以定义单位正方形. 现在**我们将原来的数轴上的单位 1 等同于单位正方形的面积**. 正是通过这一等同, 前面提出的那

---

① 译者注: 六形六色积木 (Pattern blocks) 是一种教具, 由六种几何形状的木块组成, 分别是正六边形 (黄色)、梯形 (红色)、平行四边形 (蓝色)、正方形 (橙色)、三角形 (绿色) 以及菱形 (白色). 由于每种形状都有相同的边长, 且角度设计时有倍数关系, 因此容易排列组合出美丽的图形.

个似非而是的问题得到了解决. 因此, 对 $2 \times 3 = 6$, 这个 6 显然是下述矩形的面积:

另一方面, 根据定义 $2 \times 3 = 3 + 3 = 6$. 因此, 6 也是由两条长度为 3 的线段拼接而成的线段的长度. 但是, 通过上述等同, 这两个 6 在数轴上是同一个点.

因此, 在对乘法的任何讨论中, 数轴都具有两个作用: 其单位 1 既是单位正方形的边长, 也是单位正方形的面积. 请读者牢记这一点.

为说明上述等同, 再看一个例子. 我们给出 $5 + (2 \times 3) = 11$ 的一个可能的解释: 它意味着合并矩形 (8.1) 和 (8.2) 得到的面积与一个长为 11 宽为 1 的矩形的面积相等. 我们将在第二部分中进一步讨论用面积来解释数.

8.4 除法

最后, 我们讨论除法. 对于自然数 a 和 d, 其中总是假定 d 不等于 0. 现在假定 a 是 d 的倍数, 则 $a = qd$, 其中 q 是自然数. 回忆 $a \div d$ 的定义:

$$a \div d \text{ 是满足 } a = qd \text{ 的自然数 } q. \tag{8.3}$$

现在可以回答第 7 章中提出的一个问题了: 为什么 0 不能做除数. 为了全面地理解这一问题, 最重要的是回忆第 7 章的知识: 除法只不过是乘法的另一种等价的表达方式. 假定某个非零自然数 n 除以 0 有意义, 比方说 $n \div 0 = 3$. 那么我们必须找出与这一除法表述等价的乘法表述. 它是什么呢? 根据 (8.3), 我们得到结论, $n = 3 \times 0$ 是 $n \div 0 = 3$ 的另一种表述方式. 但是 $n = 3 \times 0$ 意味着 $n = 0$, 这与我们一开头的假定 n 为非零自然数矛盾. 如果用任意的自然数代替 3, 这一结论仍然成立. 因此, 如果 $n \neq 0$, $n \div 0 = k$ 将不等价于任何一个有意义的乘法表述. 我们将这一事实表述为:

如果 n 是一个不等于零的自然数, 那么除法 $n \div 0$ 没有意义.

那么接下来我们要问, $0 \div 0$ 是什么呢? 假定 $0 \div 0$ 是一个合理的运算, 那么我们可以从一个关于 0 的乘法表述开始并将它用 $0 \div 0$ 的形式重新表述. 因为 $0 = 0 \times 1$, 所以我们根据 (8.3) 可以将它表述为一个除法 $0 \div 0 = 1$. 这就对我们的问题 "$0 \div 0 = ?$" 给出了一个答案. 但是 $0 = 0 \times 2$ 也成立, 所以 $0 \div 0 = 2$. 因此, 我们表明了, 如果除法 $0 \div 0$ 有意义, 那么将得到 $1 = 2$, 因为 1 和 2 都等于 $0 \div 0$. 这是荒谬的. 因此, $0 \div 0$ 不是一个合法的操作, 必须排除在我们的词汇之外. 总之, 我们已经证明了:

对于任意的自然数 n, 无法定义除法 $n \div 0$ 的意义.

在中小学课堂上, 也许给学生提供一个不那么形式化的论证会更有启发性. 下面这个论证利用了除法的 "平均分" 解释和 "包含除" 解释来说明, 为什么 $n \div 0$ 对任何非零自然数 n 没有意义. 根据除法的 "平均分" 解释, $n \div 0$ 意味着将 n 个物品分为 0 等份时每一份的个数 (见 7.1 节, 从乘法的角度看待除法). 因为我们无法将一个东西分为 0 等份, 所以这就没有意义. 现在假定 $n \div 0$ 在 "包含除" 解释下有意义. 那么 $n \div 0$ 就是 n 个物品分成的份数, 使得每一份都是 0 个物品. 但是如果每一份都没有物品, 那么不可能将 n 进行等分. 所以, 同样的, 这一解释也没有意义.

以乘法来定义除法 (通常在 (8.3) 的意义下) 可以得出除法的一个几何解释, 这在第 7 章已经提到过了. 假定 a 是 d 的一个倍数, 那么 $a \div d$ 表示的是一个面积为 a 一边长为 d 的矩形的另一条边的长度:

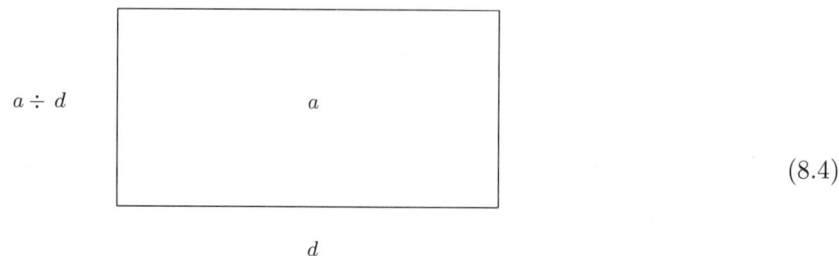

(8.4)

为结束本节, 我们做最后一点讨论. (8.4) 成立的前提是 "a 是 d 的倍数", 这个限制条件看似非常苛刻. 但当我们在第二部分第 18 章讨论分数除法时可以看到, 一旦拓展为分数, 不论 a 和 d 是什么数, 这个几何解释都可以一字不变地平移过去. 你将看到, 在 (8.3) 中描述的除法与乘法之间的等价性是理解除法的关键.

8.5 乘法概念的简史

将两个数的乘积解释为一个矩形的面积具有很悠久的历史. 直到笛卡儿 (Descartes, 1596—1650) 的时代, 这都是理解数的乘法的唯一方式. 在所有时代中最具影响的数学教材 —— 欧几里得的《几何原本》(公元前 300 年左右) 中, 甚至都没有提到两个数 m 和 n 的乘法 (见【Euc56】). 每一次欧几里得想表述那一想法时, 他都会说, "线段 m 和 n 围成的矩形" (在《几何原本》中, "矩形" 就是指 "矩形的面积", "围成" 就是指 "以之为边", "线段 m" 就是指 "长为 m 的线段".) 同样的理由, 三个数的乘积, 比方说 $12 \times 7 \times 9$ 需要解释为体积. 而四个数或更多个数的乘积则一直到公元 3 世纪才被考虑, 这主要是丢番图 (Diophantus) 的贡献. 在 1600 年左右, 笛卡儿提出乘法也可以作为一个独立于几何的抽象概念, 乘法才开始纯粹地作为数与数之间的一个运算被广泛接受. 现在, 一门 (出色的) 大学数论课程会在抽象代数的背景下详细阐述数的所有概念而不涉及几何. 然而, 对于本书而言, 乘法的几何解释不仅便于我们达到目的, 而且还有一个优点是, 它与通常的可操作的十进制积木极其类似, 从而使得初学者感觉容易理解. 关于乘法的纯代数的观点将在第 29 章中进行简要的讨论.

第9章
数是什么？

现在我们考虑一个问题，为什么要将一个自然数定义为数轴上的一个点.

思考下面的问题：数 5 是什么？这里我们并不是在描述对 5 的直观感觉，而是一个精确的定义，就像我们将一个**三角形**定义为三个不在同一直线上的点连同它们之间的三条线段. 我们也知道"五个指头""五本书""五天"，以及任何其他我们能看到或触摸到的五个东西，因为我们可以数数. 但是我们如何不借助任何具体对象来定义 5 呢？于是，你发现，这很困难. 不过不要灰心，因为数的一般概念使人类困惑了两千年之久，直到十九世纪末才作为数轴上的一个点最后定型下来. 幸运的是，初等数学不需要复杂的东西，需要的只是自然数、整数、分数、负分数，还有一些时而会遇到的无理数. 换言之，我们不会细查数轴上的每一个点，而只是仅仅考虑其中的一小部分. 将数作为数轴上的点这一定义并不理想，但是它容易理解而且引出了对有理数和小数的一个合理的处理办法，从而极好地满足了我们教学的需要. 见第二、三和第五部分.

如果我们对数学的讨论仅仅停留在自然数的领域内，那么我们并不需要自然数的一个精确定义. 这是因为，即便我们不能精确定义 5 是什么，也可以通过举起指头张开的一只手来表达出它的本质. 为满足概念理解的需要，用一只手表达任何一种"五个"就已经足够了. 这就是自然数的优点：每个自然数 (至少在原则上) 具有一个具体的表现形式，例如张开的手指，所以在小学数学中提出关于自然数的抽象考虑几乎是多余的. 但是，我们不能总是停留在自然数的范围内，因为下一个主题就是分数. 例如，对于分数 $\frac{13}{7}$ 或 $\frac{119}{872}$，我们能想象到什么具体形象呢？孩子们对此问题需要一个答案，而且最好是能够想象的答案，因为他们需要一些东西来定位与分数相关的许多概念，正如他们用手指头来引发关于 5 或者任意一个自然数的讨论一样. 奇怪的是，美国的中小学数学竟然设法回避了这一问题. 当成年人通过回避这一基本问题而逃避了他们应负的基本责任时，后果是不难预料的：孩子们成了受害者. 在孩子们中间，普遍缺乏对分数的学习，已经成为美国的民间风俗的一部分. 这个比例太大了，你甚至可以在史努比和 FoxTrot [1] 的连环漫画中找到许多佐证. 我们想通过直接回答这个直

---

[1] 译者注：FoxTrot，美国连环漫画. 作者 Bill Amend，美国著名的卡通漫画家，FoxTrot 是他的代表作，深受大众喜爱. 可见网页 http://www.foxtrot.com/.

接的问题来改变这一可怕的现状. 我们将定义分数、小数以及可能接触到的任何一个概念.

现在, 你或许会问, 如果我们不去管自然数这样简单的概念而只准确地定义分数, 为什么不行? 回答是, 为了让孩子们理解分数, 就不能很突然地将分数推给他们. 学习是一个循序渐进的过程, 每一步都应该牢固地植根于先前的经验. 如果我们能让孩子们相信分数只不过是自然数的一个自然扩充, 那么在进行分数教学时成功的机会就会增大很多. 这是因为, 如果这样的话, 孩子们就会感到, 在这个新的探险中他们有把握借助自然数的知识作为指导. 然而, 实际的情况是, 大多数 (几乎所有) 的中小学教材和师资培训的教材总是让你相信自然数是很简单的, 而分数则是一个完全不同的概念. 因此, 自然数以一种方式教, 而分数则以另一种方式教. 令人遗憾的是, 这歪曲了数学, 从而为学习制造了困难. 作为数学概念, 自然数和分数的立足点应该是一样的. 它们都是实数这个大家族的一部分, 而且数轴提供了同时展示它们的自然舞台. 在本书的下一部分, 我们将在数轴上标出分数, 并将学习自然数的方法应用于分数的学习: 我们将按照本质上与自然数同样的方法, 来展示两个分数的加、减、乘、除. 出于这个原因, 我们从定义自然数为数轴上的点开始, 为分数的讨论打下基础.

现在我们来考虑一个哲学问题, 为什么要把一个像自然数这样自然的东西说成是像"数轴上的一个点"这样一个既冷冰冰又形式化的东西. 此处最重要的事实在于, 我们必须将自然数放到一个足够灵活但又足够精确的框架内, 使得它同时可以将分数包括在内. 这是我们为了更深刻地理解数所必须付出的代价. 这与我们人类做事情在精神上是一致的: 我们总是试图在每一次努力中都追求卓越, 而这样的追求是不能单靠顺其自然的. 拿跑步来说. 这是我们习惯已久的一个活动. 事实上, 如果我们遥远的祖先不擅长跑步的话, 那么他们早就被非洲热带草原上的肉食动物捕食了, 而今天也根本不会有人类在此讨论分数. 所以, 跑步是相当自然的. 但是, 当你跟奥林匹克短跑选手交谈时, 他们关于跑步的高见必定会让你震惊. 在你听来, 这些高见即使不是非常奇怪, 那么至少也是极其不自然的.

如果你认为一个奥林匹克短跑选手所做的事情仅仅是"在起跑点下蹲、预备、起跑", 那么你最好再仔细想想. 首先, 每一个跑步者应该调整起跑器在跑道上的准确位置, 并让它处在一个正确的角度. 这是一件微妙的事情, 我们利用了电脑软件来设计、优化跑步者在这个阶段的表现. 然后, 选手应该通过核对清单上的近十项要求来调整自己什么时候应该处于什么阶段. 接着又有另外六七项指标要求选手在起跑前检查姿势是否正确. 此外, 选手起跑后还需要注意其他六七项要求. 例如, 呼吸的节奏、摆臂的幅度等. 而在所谓的加速阶段, 选手在直到"跨越终点"之前又有另外的十多项要求需要注意. 这就是我们通常称之为"跑步"的运动.

跑步的这个不自然、但有计划的方法, 有没有引发你联想到我们将自然数看成数轴上的一个点的方法呢?

现在返回我们的观点. 在比赛中奥林匹克短跑选手每一次简直都是在和飞机赛跑, 所以他们所做的绝对不可能是想着要"保持面部、嘴巴、脖子和肩放松". 同样的, 当你在超市数橘子的时候也并不需要每一次都固定在数轴上. 但是, 正如前面内容所表明的, 任何对小数、分数的彻底理解, 必定建立在流畅使用数轴的基础上. 所以, 当我们需要将自然数视为数轴上的点时, 请你试着去迎接这每一次的挑战, 也请你心悦诚服地与同事和学生一起在这个关键的概念上多下点儿功夫. 如果接受了这个现实, 那么你就已经离成功不远了.

第10章
对于估计的评论

博物馆的解说员告诉参观者说，某件艺术品已经有大约 500,013 年的历史了. 参观者问他这个数字何以确定得如此精准时，他回答说，"当我来这里工作的时候就被告知那些艺术品大约有 500,000 年的历史，而我在此已经工作 13 年了!"

学生在小学就学习了如何将一个数四舍五入到十位、百位或千位数字. 老师教会了他们四舍五入的步骤，但是却没有告诉他们四舍五入的意义，为什么要四舍五入，以及什么情况下应当四舍五入. 结果，学生对估计没有任何概念 (比如上面的博物馆解说员). 本章的目的就是对这些话题做一个简练的讨论. 我们由此可以得到一个基本的收获：数学是精确的，甚至在给出一些不精确的信息 (即估计) 时也是如此.

第一节我们将给出四舍五入的确切定义，接着将指出学校通常所讲授的四舍五入的步骤如何从定义导出. 现在我们发现，先给出一个概念的准确定义之后再导出与这一概念相关的各个操作，这在本书中自始至终都是一条反复出现的主线. 除了"四舍五入"以外，其他的例子还有带余除法、两个分数的和、两个分数的乘积、两个 (正或负) 有理数的和等等.

本章以前的所有章节的论述都是自给自足的，即我们在应用某个概念之前已经对它做出了解释，但是本章的阐述无法自给自足了. 考虑到做估计时要求我们用到百分数和小数的概念，这些概念我们要到第二部分才会开始学习. 如果仍然坚持要自给自足，那么我们就必须将这一讨论推延到第二部分之后. 但是，正如前面提到的，"估计"在小学数学里已经出现，而且它的很大一部分在引入自然数之后就有意义. 因此，我们这里展开这一话题，并且对读者提出一个折中的建议：如果有必要的话可以先跳过本章的某些部分，等到读完第二部分后再回头来读它.

本章各节安排如下：

四舍五入

绝对误差和相对误差

为什么要做估计?

单位"米"的简史

在最后一节，我们将追踪 1 米这个长度的历史，令人惊讶的是，它事实上与估计的话题有关．

10.1 四舍五入

我们从一个精确的定义开始．

定义 将一个自然数 n **四舍五入到十位**就是说将 n 替换为 10 的所有倍数中离 n 最近的那个倍数．如果 10 的离 n 最近的倍数有两个，我们约定选取其中较大的一个．

例如，为将 248 四舍五入到十位，我们考查在 248 附近的 10 的倍数，

$$\cdots, 210, 220, 230, 240, 250, 260, 270, \cdots,$$

容易看到 250 就是我们要找的数．如果要四舍五入到十位的数是 244，那么我们要找的数就是 240．对于 245，240 和 250 都是离它最近的 10 的倍数，按照约定，我们选取这两个数中较大的一个即 250，因此 245 四舍五入到十位就是 250．

在诸如 245 的情况下，四舍五入到较大的数这一约定是在美国采用的．某些国家采用另外的约定．

标准的教科书通常教导学生用下面的法则将一个数 n 四舍五入到十位：如果 n 的个位数字 $\leqslant 4$，那么将它替换为 0，其他数位保持不变；如果 n 的个位数字 $\geqslant 5$，那么将它替换为 0 并将十位数字加 1，其他数位保持不变．这在大多数情况下是对的，但是在某些情况比如说 $n = 12996$ 的情况下就完全错了．然而，根据上面的定义，不难求出这个四舍五入的结果：因为在 $\cdots, 12980, 12990, 13000, 13010, \cdots$ 中离 12996 最近的是 13000，所以 12996 四舍五入到十位是 13000．

不过，对四舍五入到十位的上述法则可以有一个正确的修订版．我们可以从一个例子，比方说 $n = 12996$ 中看出这一点．我们有 $12996 = 12990 + 6$，因此 12996 四舍五入到十位仅仅与 6 有关而与 12990 无关：因为 6 四舍五入到十位是 10，所以 12996 四舍五入到十位是 $12990 + 10 = 13000$，与前面按定义算出的结果相同．根据同样的推理可以得到下述一般的法则：

将 n 写成 $n = N + \bar{n}$，其中 $\bar{n}$ 是 n 的个位数字（N 是将 n 的个位数字替换为 0 得到的数）．如果 $\bar{n} \leqslant 4$，那么将 n 四舍五入到十位得到的数等于 N；如果 $\bar{n} \geqslant 5$，那么将 n 四舍五入到十位得到的数等于 $N + 10$．

第 10 章 对于估计的评论 · 117 ·

将一个自然数 n 四舍五入到百位 (或者千位、万位等) 可以类似地定义. 例如, **将一个自然数 n 四舍五入到千位**就是说将 n 替换为 1000 的所有倍数中离 n 最近的那个倍数. 如果离 n 最近的 1000 的倍数有两个, 我们约定选取其中较大的一个.

对应的法则是:

将 n 写成 $n = N + \bar{n}$, 其中 $\bar{n}$ 是 n 的最后三位数字 (N 是将 n 的最后三位数字都替换为 0 得到的数). 如果 $\bar{n}$ 最左边的数字 $\leqslant 4$, 那么将 n 四舍五入到千位得到的数等于 N; 如果 $\bar{n}$ 最左边的数字 $\geqslant 5$, 那么将 n 四舍五入到千位得到的数等于 $N + 1000$.

 对你的同桌解释为什么这一法则是正确的?

我们将举一些例子说明如何将一个数四舍五入到千位. 注意到上面的 N 是将 n 的最后三位数字都替换为 0 得到的数. 又注意到, $\bar{n}$ 的最左边一位数字是 n 的百位数字. 因此, 为将 $45,297$ 四舍五入到千位, 我们 (根据法则) 将它写成 $45,000 + 297$. 因为 297 最左边的数字是 $2 \leqslant 4$, 所以 $45,297$ 四舍五入到千位等于 45000. 另一方面, 如果要将 $49,501$ 四舍五入到千位, 我们 (根据算法) 将它写成 $49,000 + 501$. 因为 501 最左边的数字是 $5 \geqslant 5$, 所以 $49,501$ 四舍五入到千位等于 $49000 + 1000 = 50000$. 类似的, 将 $729,998$ 四舍五入到千位得到 $730,000$.

 将 $20,245,386$ 分别四舍五入到十位、百位、千位、万位和百万位. 对 $59,339,248$ 做同样的练习.

需要指出, 目前仅仅应用于自然数的四舍五入的概念, 也完全适用于小数. 我们回忆起第 7.1 节中的一个概念: 对于一个给定的数 n (不必是自然数), 数 kn (其中 k 是一个自然数) 称为 n 的一个**倍数**, 或者为了强调起见, 称之为 n 的一个**自然数倍数**. 现在, 如果给定了一个小数, 比如 26.8741, 那么**四舍五入到百分位 (0.01)** 就是说将它替换为 0.01 的所有倍数中离 26.8741 最近的那个自然数倍数.

为求出这个四舍五入之后得到的数, 我们来关注 0.01 在 26.8741 附近的自然数倍数:

$$\cdots, 26.85, 26.86, 26.87, 26.88, 26.89, \cdots,$$

观察得到, 答案是 26.87. 更确切的, $26.88 - 26.8741 = 0.0059$, 而 $26.8741 - 26.87 = 0.0041$. 因为 $0.0059 > 0.0041$, 所以四舍五入之后得到的数是 26.87.

我们也可以对此描述出一个精确的法则. 为此, 需要约定另一个术语. 给定一个小数, 如上面的 26.8741, 它的**第一个小数位**是 8, **第二个小数位**是 7, **第三个小数位**是 4, 如此等等. 这样的话, 就有

为将一个小数 m 四舍五入到百分位, 先将 m 写成 $m = M + \bar{m}$, 其中 M 是将 m (从左往右) 截断到第二个小数位得到的数). 如果 $\bar{m}$ 的第三个小数位 $\leqslant 4$, 那么将 m 四舍五入到百分位得到的数等于 M; 如果 $\bar{m}$ 的第三个数位 $\geqslant 5$, 那么将 m 四舍五入到百分位得到的数等于 $M + 0.01$.

其中, 小数 $\bar{m}$ 是将 m 的第三个小数位左边的数字全部替换为 0 得到的数.

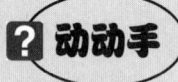 证明这一过程是正确的.

例如, 为将 26.8741 四舍五入到百分位, 我们将它写成 $26.87 + 0.0041$. 因为 0.0041 的第三个小数位是 $4 \leqslant 4$, 所以四舍五入到百分位得到的数是 26.87, 与前面的答案吻合. 作为另一个例子, 将 59.99725 四舍五入到百分位, 先将它写成 $59.99 + 0.00752$. 因为 0.00725 的第三个小数位是 $7 \geqslant 5$, 所以四舍五入到百分位以后得到 $59.99 + 0.01 = 60.00$.

将一个小数四舍五入到 $0.00\cdots01$ (其中 1 是第 k 个小数位) 这个概念的表述与自然数的情况类似, 我们留做练习.

 将 1.70995 四舍五入到 10^{-k}, 其中 $k = 1, 2, 3, 4$.

现在我们着手考虑人们为什么要对一个数四舍五入的原因. 我们来考查 (加利福尼亚州) 伯克利的人口数量. 根据城市的网站, 这个数据是 102,743(来自 2000 年人口普查). 我们可以提出一个合理的问题: 这样一个数字的意义是什么? 一个城市的人口随时都在变化 (不用说, 这个人口普查是在 2000 年之前完成的). 而且, 即便在人口普查正在进行的时候, 这样一个数字也注定是不精确的. 考虑到死亡的不可预计性、人口的流动性 (尤其是大量的学生人口), 以及无法确保所有的居民参与人口普查, 保守地估计, 至少后三位数字 743 是没有意义的. 避开这个数字的不确定性的一个方法是将 102,743 四舍五入到千位. 正如我们看到的, 这个四舍五入得到的数字是 103,000. 因此, 我们可以说伯克利的人口大约是 103,000, 而且这个数字的最后三个零通常被认为是四舍五入得到的. 根据常识, 我们应该认为, 说伯克利的 "人口大约是 103,000" 比说 "人口是 102,743" 更为合理. 这就是为什么人们想要将一个

数四舍五入的一个例子.

人们甚至可以提出理由论证, 即便 102,743 中的千位数字 (即 2) 也是有疑问的. 那样的话, 我们想通过四舍五入到万位以消除掉 2,743 这一不确定性成分. (在下一节 "绝对误差和相对误差" 的末尾, 我们将以一种定量的方式解释为什么我们可以用这种方式四舍五入.) 因此, 四舍五入到万位, 伯克利的人口数大约是 100,000. 在日常交谈中, 你更可能听到的是 "伯克利的人口大约是十万", 而不是 "伯克利的人口大约是十万零三千". 因此, 将这个数四舍五入到万位而不是到千位, 虽然得到的是一个更为粗略的数字, 但是在日常生活中能更好地达到 "给出一个大致准确的数字" 的目的.

我们来看另一个需要四舍五入的例子. 设想你是一个研究团队的领队, 对于某次测量, 你的团队得到一个结果是 58.41672 厘米. 但是你知道, 所用的测量工具只能准确到第二个小数位, 也就是说, 只有 58.41 是一个可以信赖的数字. 在这一情况下, 你别无选择, 只有将这个测量数据四舍五入到百分位, 以避免提供错误的信息. 因此, 在你的研究报告中, 你将以 58.42 作为测量结果. 而业内人士则明白, 按照约定, 最后一个数字 (即 2) 是经过四舍五入得到的. 这是另一个需要四舍五入的情形.

10.2 绝对误差和相对误差

四舍五入会导致误差. 因此, 你有必要知道伴随四舍五入 (到百位、千位) 而来的误差以及这个误差的大小是否让你可以接受.

下面的例子有力地说明了知道这一点的必要性. 一本四年级的教材通过考查加法问题 $127+284$ 来说明四舍五入的好处. 该教材先直接计算得出结果为 411, 接下来利用四舍五入来检验这一答案的准确性. 教材里说, 127 四舍五入到百位是 100, 而 284 四舍五入到百位是 300, 所以 $127+284$ 大约是 $100+300=400$. 因为 411 与 400 很接近, 所以根据这一教材的说法, 411 是一个合理的答案.

上面的数学解释是有很大缺陷的, 不应该以这样的方式讲授四舍五入的好处. 为说明这一点, 思考下面两个问题. 第一, 在说 "411 与 400 很接近" 的时候, "接近" 怎么理解? 第二, 学生在估计两个三位数的和时, 每一次都能期望实现类似的 "接近" 吗? 我们来看第二个问题.

假定我们要计算加法 $149+147$. 四舍五入到百位得到 $100+100=200$, 但是确切的答案是 296. 我们立即看到, 不论如何定义 "接近" 的概念, 200 都不可能如同 400 接近于 411 那样接近于 296. 因此, 四舍五入到百位并不是一种检验三位数加法的正确性的好方法.

其次, 为把 "接近" 定量化, 我们引入两个标准的概念. 真实值和估计值之间的差 (总是

取为一个正数) 称为**绝对误差**. 比例

$$\frac{绝对误差}{真实值},$$

通常表达为一个百分数, 称为这一估计的**相对误差**. 研究相对误差的目的就是为了正确地看待绝对误差. 让我们打个比方来解释上一句话. 假定你在两次考试中各答错了两个题目, 这两次考试分别共有三个题目和十五个题目. 那么, 数字 2 本身并不能完全说明你的表现, 你要考虑到, 在一次考试中你错了 $\frac{2}{3}$, 而在另一次考试中你只错了 $\frac{2}{15}$, 现在你看到其中的区别了. 将数字 2 置于一个合适的背景中的想法, 是引入相对误差这一概念的根本动机.

对于 $127 + 284$, 四舍五入到百位得到的绝对误差是 $411 - 400 = 11$, 因此相对误差为

$$\frac{11}{411} \approx 3\%,$$

其中 "$\approx$" 的含义是 "约等于", 表示我们已经将结果四舍五入到百分位. 另一方面, 将 $149+147$ 估计为 200 的绝对误差是 $296 - 200 = 96$, 因此相对误差为

$$\frac{96}{296} \approx 32\%.$$

关于 "接近" 的概念没有一个普遍接受的定义, 而且 "是否接近" 取决于具体情况, 但是如果相对误差大于 10%, 在一般情况下就不能称之为 "接近". 前面提到的教科书所犯的错误在于, 没有预先警示学生, 他们所提出的方法是有缺陷的. 所以, 关于估计的应用的这种讲法是不被认可的.

下面我们提出一种合理的方式来使用估计. 为此, 我们将证明, 通过四舍五入到百位是检验四位数加法的一种有效方法. 以 $4257+3461$ 为例, 四舍五入到百位得到估计 $4300+3500 = 7800$. 因为真实值是 7718, 所以绝对误差是 $7800 - 7818 = 82$, 从而相对误差为

$$\frac{82}{7718} \approx 1\%.$$

这表明这一估计接近于真实值, 在我们可以接受的 "接近" 定义范围内. 我们可以在一般情形下进行论证. 假定我们有两个四位数 m 和 n, 如果我们将这两个数都四舍五入到百位并求和, 那么得到的绝对误差至多是 100, 原因如下. 将 m 四舍五入到百位得到的绝对误差至多为 50, 因为我们是在 100 的倍数中寻找离 m 最近的一个 (见前一节关于四舍五入的定义), 100 的某个倍数离 m 必定不超过 50. 同理, 将 n 四舍五入到百位得到的绝对误差至多为 50. 因此, 求和得到的绝对误差不超过 $50 + 50 = 100$. 在 $4257+3461$ 的情形, 我们看到绝对误差是 82; 对于 $4250 + 3450$, 容易看到绝对误差恰好是 100. 现在我们回到要证明的任务, m 和

n 是四位数, m 和 n 的首位数字 (最左边的数位) 至少是 1, 所以 $m+n$ 的首位数字至少是 2. 现在一个四位数的首位是千位, 所以 $m+n$ 至少是 2000. 于是

$$(m+n) \geqslant 2000, \quad \text{从而} \quad \frac{1}{m+n} \leqslant \frac{1}{2000}.$$

(我们将在第 15 章证明, 如果两个自然数 a,b 满足 $a \geqslant b > 0$, 那么 $\frac{1}{a} \leqslant \frac{1}{b}$.) 因此, 通过将 m 和 n 四舍五入到百位估计 $m+n$ 得到的相对误差至多为

$$\frac{100}{m+n} \leqslant \frac{100}{2000} = 5\%. \tag{10.1}$$

结论是

> 如果我们通过将两个四位数分别四舍五入到百位来估计它们的和, 那么其相对误差至多为 5%.

正如前面说过的, 5% 的相对误差足以使我们相信这个估计是合理的.

在上述论证中, 我们看到了一个数的首位位值的重要性. 如果要求和的两个数 m 和 n 都是三位数, 那么我们只能说 $m+n \geqslant 200$, 而上面的 (10.1) 将变为

$$\frac{100}{m+n} \leqslant \frac{100}{200} = 50\%.$$

当然, 相对误差等于 50% 就没有什么讨论的必要了. 这与我们前面的评论一致, 即四舍五入到百位无法检验三位数的加法是否正确.

在做估计时, 特别重要的一点是知道每一次估计的相对误差是多少.

现在我们应该指出, 一个自然数的首位位值称为这个数的**数量级**. 回忆起如果一个自然数的数量级是 10^n, 那么这个数有 $n+1$ 个数位. 所以, 数量级可以认为是一个数的"数位个数"的另一个指标. 一个数的数量级是关于这个数大小的最基本的断言, 而且通常我们对一个数仅仅关心它的数量级. 例如, 2006 年 4 月 22 日美国的国债是 8,379,388,245,684.45 美元, 这当然是根据一个固定公式计算并保留到两位小数得到的.[①] 于是这个数字的数量级是 10^{12}, 即八万亿多. 对待保留两位小数这件事显然没有必要太认真: 这是一个时刻都在变化的数字, 而且作为一个国家我们并不关心它是否负债 45 美分. 对于一个关心这一数字的公民来说, "大约八万亿"就很清楚了.

让我们进一步考查国债的例子. 如果我们仅仅知道它"大约是八万亿", 那么我们将会损失多少信息呢? 因为"八万亿"意味着我们四舍五入到 10^{12}. 所以八万亿至多可以代表 8,499,999,999,999, 至少可以代表 7,500,000,000,000. 绝对误差至多是 5×10^{11}, 因而相对误

[①] 然而, 我们清醒地注意到, 2004 年 4 月 23 日美国的国债仅仅是 7,141,602,592,641.44 美元.

差至多是
$$\frac{5\times 10^{11}}{7.5\times 10^{12}}\approx 6.7\%.$$

因此, 如果坚持"国债为八万亿"这一简单化的观点, 等价于忽略一个十三位数字的后十二位的贡献, 我们由此所做估计的相对误差不超过 6.7%. 所以, 此处为了简洁而放弃精确是完全值得的.

? 动动手 美国的国土面积是 9,629,091 平方千米. 将这一数字四舍五入到千位、万位、十万位和百万位. 你认为在日常生活中, 哪一个四舍五入的数字最有用? 此时相对误差是多少?

最后, 我们回到最初的例子, 伯克利的人口数量为 102,743. 这个数字的最后四位 2743 之所以不可靠的原因我们前面已经解释过. 现在将这一数字四舍五入到万位, 即估计为 100,000. 我们来估算造成的相对误差. 现在, 虽然并没有伯克利人口数目的"真实值", 但是我们至少可以做一个尝试. 一旦认为 102,743 的后四位是不可靠的, 那么我们可以假定, 人口数可以相差 5000. 因而伯克利的真实人口数至少是 102743 − 5000 = 97,743, 至多是 102743 + 5000 = 107,743. 所以, 最大的绝对误差是 107743 − 100000 = 7743.[①] 因此, 将人口数估计为 100,000 的相对误差不超过

$$\frac{7743}{97743}\approx 8\%.$$

在日常生活中 8% 的相对误差完全可以接受.

10.3 为什么要做估计?

基于上一节给出的例子, 我们现在综合得到为什么要用估计值代替真实值的一些理由. 至少有三点.

(i) 真实值难以获得或者根本无法取得. 实际上科学中的所有测量都是近似的. 这是因为每个工具的精确性都有其固有的局限. 说明这一事实的一个最简单的例子是尝试用一根最小刻度为毫米的尺子测量你的课桌的长度. 因此, 你这次测量所用的工具仅仅精确到一毫米, 即 $\frac{1}{10^3}$ 米. 即使假定尺子 100% 精确[②], 你以米为单位的最后测量结果, 也将仅仅精确到第

[①] 译者注: 事实上, 绝对误差的最大值是在以下两个数中取较大的一个: 107743 − 100000 = 7743 和 100000 − 97743 = 2257, 从而得到结论.

[②] 当然这是不可能的.

三个小数位. 如果你给出一个具有四个小数位的数字, 那么第四个小数位只是一个估计并且应该四舍五入.

注意, 有趣的是, 确实存在一个可测量, 它是完全精确的, 但这是由于物理学中的一个**基本假定**: 光速①恰好是 299,792,458 米/秒, 而且它不是一个估计值. 这是因为在 1983 年关于度量衡的会议上, 人们决定把 1 米定义为光在 1 秒内走过的路程的 1/299,792,458 (见下一节: 单位 "米" 的简史).

另一类本身就具有不准确性的数的代表性例子是天文测量中星体之间的距离. 你或许已经读了太多诸如 "某星球距离我们 x 光年" 的语句, 而并没有意识到能对这样的天文距离作出估计是多么不可思议的事. 这里我们讨论的是除了太阳之外的其他星体, 最近的一个离我们大约 4.3 光年. 因此, 如果我们发射一个信号到这个星体, 要经过 4.3 年才能到达. 因此, 任何一个直接做测量的想法都是不切实际的. 我们所提出的估计距离必定是极其复杂的间接推断的结果. 因此, 天文学中的测量通常都是估计的而不是精确的.

人们需要用估计值代替真实值, 还源于对语言的不确切使用. 例如, 当上班的时候我们说 "路程"; 我们也说某天一个城市的 "温度". 为什么它们注定是不精确的概念? 这个问题留做练习 (见本章练习 13).

不能达到精确性的最后几个例子, 就是前面讲过的一个国家的国债或者一个城市、省份或国家的人口数量. 这些数字显然都是无法确定的.

(ii) 精确性是没有必要的. 设想你进入一个电梯, 看到标志上写着 "限载 x 磅". 这个 x 或许是 4000, 或许是 2500. 但是在前一种情况下, 几乎不可能当你一放下 4001 磅的负荷, 电梯就立即坠落到最底层. 因此, 数字 x 的主要作用只是警告负荷不要超过一个精确的数字, 更可能的是真实载重上限大概在 4500 磅, 4000 是为了安全起见.

现在来考虑天气预报的例子. 在寒冷的冬季有时人们会听到预报说 "天气很宜人, 气温约为华氏 60 度②". 如果从精确性的角度考虑, 那么这个天气预报并不够精确. 但在这时, 精确性几乎是不需要的, 因为人们最在乎的只是出门时是否应该套上一件西伯利亚棉袄, 而这个预报已经足够提示人们温度以及穿衣指数了.

接下来我们回到国债的例子. 考虑下面的数据:

2006 年 4 月 22 日, 国债是 8,379,388,245,684.45 美元;

1996 年 2 月 23 日, 国债是 5,017,056,630,040.53 美元.

以这些精确的数字为背景, 我们现在想把这些事实翻译为另一种不精确表述. 简单地说

---

① 严格地说, 是指光在真空中的速度.

② 译者注: 美国通常采用华氏温度, 用符号 F 表示. 华氏温度是由荷兰人华伦海特于 1724 年制定的, 他把一定浓度的盐水凝固时的温度定为 0°F, 把纯水凝固时的温度定为 32°F, 把标准大气压下水沸腾的温度定为 212°F, 中间分为 180 份, 每一等份代表 1 度, 这就是华氏温标. 华氏温度与摄氏温度的换算公式为: 摄氏度 =(华氏度 -32)/1.8.

就是"美国的国债在 1996 至 2006 这十年间从 5 万亿膨胀到 8 万亿". 有人会说, 后者所传达的信息与前一个给出了精确数字的陈述差不多. 同样的, 在日常生活中, 知道全世界的人口"在 2004 年大约是 60 亿"与知道 2006 年 4 月全世界人口普查的数字是 6,610,401,734 差不多.

所有这些例子的精髓在于, 有时简单即是美. 与完整的信息一样, 精确度低的信息也可以满足人的需要.

(iii) 估计可以帮助我们达到精确. 这里最明显的一个例子是带余除法 (见第 7 章), 它从一个估计开始: 给定两个自然数 a 和 b, 其中 $b > 0$, 我们要找到一个数 q, 使得 $qb \leqslant a$ 且 $(q+1)b > a$. 于是我们得到这一除法的余数的真实值为 $a - qb$. 我们注意到估计商 q 与将 a 四舍五入到百位或千位之间的相似性 (见第 7.4 节): 它们都需要在一个固定的数的相继倍数之间确定一个数, 在带余除法的情况下是 b 的倍数, 在四舍五入的情况下是 100 或 1000 的倍数. 接着, 由于长除法运算法则 (见第 7 章) 要求在法则的每一步都估计一个商的值, 使得这个估计过程更向前推进了一步.

在上一节, 我们看到应该如何恰当地用四舍五入的方法来部分地检验一个加法 (4257 + 3461 = 7718). 当然, 估计也可以用于检验其他的算术操作. 我们给出一个简单的例子: $78 \times 86 = 5608$ 是否正确? 不正确, 因为 $70 \times 80 = 5600$, 而 78×86 应该比 70×80 大得多. 估计对检验数量级的大小是最有用的. 例如, 285×461 不可能等于 87385, 因为将 285 变小为 250, 同时将 461 变小为 400 表明, $285 \times 461 > 250 \times 400 = 100,000$, 所以 285×461 至少是一个六位数.

在其他情况下也需要估计. 假定你在超市里, 购物筐中有 7 件物品, 但是你身上总共只带了 15 美元. 你身上带的钱是否够用? 这时必须很快地估计出这 7 件物品的总价是否超过 15 美元. 你既没有带笔也没有带纸, 更没有带计算器, 所以必须在头脑里完成计算. 7 件物品的标价分别是

$$1.25, \quad 3.25, \quad 1.39, \quad 0.99, \quad 1.49, \quad 2.42, \quad 2.79,$$

单位是美元. 你将每个标价四舍五入到美元并求和得到: $1+3+1+1+1+2+3 = 12$. 但是你知道, 每一次四舍五入都有 0.5 美元的误差, 所以, 如果所有的误差累积起来, 上述估计的总误差将是 $7 \times 0.5 = 3.5$ 美元. 在最糟糕的情况下, 这 7 件物品的总价将高达 $12 + 3.5 = 15.5$ 美元. 如果是这种情况, 你就麻烦了. 这就要求你做进一步的估计. 总误差达到 3.5 就要求每一次都是"四舍", 但是事实上我们有两次"五入": 0.99 和 2.79. 因此, 事实上总误差至多是 $5 \times 0.5 = 2.5$, 而且总价至多是 $12 + 2.5 = 14.5$ 美元. 因此你可以放心了. 收银员将检验你的估计是合理的: 总价是 13.58 美元.

前面的例子解释了上一节开头所做的陈述. 我们用它来结束关于估计的讨论:

你有必要知道伴随四舍五入而来的误差以及这个误差的大小是否让你可以接受.

10.4 单位"米"的简史

1795 年在拿破仑的授命下, 米被公布为长度的单位, 而且选取通过巴黎 (和北极) 的子午线进行测量, 将 1 米定义为地球上的子午线的四分之一周长的 1/10,000,000(一千万分之一). 这是一个毫无根据、大言不惭的定义. 因为, 考虑到地球表面的不平坦性, 以及这样一条子午线并不是一个真正的圆 (它差不多是一个椭圆, 见下面的练习 10), 这个周长的测量既不简单也不精确. 因此, 从一开始, 米的长度充其量就是一个虚构的绝对标准. 事实上, 现代测量得到这四分之一周长的值比之前认定的一千万米长大约 2000 米. 鉴于这一原因, 单位米的真实值在过去的二百年里修正了好几次.

与此同时, 光速在真空中的速度是否为常数这一问题在 19 世纪末争论得非常激烈. 在可以接受的精度范围内, 光速为常数的这一事实首先在 1887 年由迈克耳孙 - 莫雷实验[①]证明, 并且在 1905 年被爱因斯坦作为物理学的基本假定在他的狭义相对论中采用. 1975 年, 激光技术测得光速为 299,792,458 米/秒, 误差不超过 1.2 米/秒, 于是开始有了用光速来校准单位米的革命性想法. 十年之后在关于度量衡的会议上人们决定将 1 米定义为光在真空中 1 秒内走过路程的 1/299,792,458, 这就是最后的结果.

练习

1. 给出**将一个自然数 n 四舍五入到 10^k**(对某个自然数 k) 的一个准确定义, 并描述这一四舍五入的准确法则.

2. 利用**舍入到 50 的倍数**(即, 求 50 的倍数中离给定的数最近的一个) 来检验 $127+284 = 411$. 绝对误差和相对误差是多少? 一般的, 如果我们用舍入到 50 的倍数来检验三位数的加法, 绝对误差和相对误差是多少? 对于四位数的加法呢?

3. 利用四舍五入到十位检验 $127 + 284 = 411$. 绝对误差是多少? 相对误差是多少? 对三位数的加法考虑同样的问题.

4. 将 61,499,995 四舍五入到十位、十万位和百万位.

5. 将 950,249,936 四舍五入到 10^k, 其中 $k = 1, \cdots, 8$.

[①] 译者注: 迈克耳孙 - 莫雷实验 (Michelson-Morley experiment), 该实验是在 1887 年由阿尔伯特 · 迈克耳孙与爱德华 · 莫雷合作, 在美国的克利夫兰进行的. 当时人们认为光的传播介质是"以太", 该实验正是为了观测"以太"是否存在而做的一个实验.

6. 给出**将一个小数 m 四舍五入到** $\frac{1}{10^k} = 0.0\cdots01$ (小数点以后有 $k-1$ 个 0, k 是一个大于 0 的自然数) 的一个准确定义, 并给出这一四舍五入的准确法则.

7. 将 1.70995 四舍五入到 $\frac{1}{10^k}$, 其中 $k = 1, 2, 3, 4$. 对于 0.0028394 考虑同样的问题.

8. 一个学生想购买一套标价为 3285 美元的高保真立体音响设备. 他每周可攒 165 美元. 假定他为此可以省下每周的全部收入, 利用心算, 并舍入到 50 的倍数, 来估计他需要用多少周才能够攒下足够多的钱来购买音响. 将你的估计值与真实值做比较.

9. 地球 (与太阳系中的所有行星一样) 围绕太阳在一条椭圆轨道上运行. 它离太阳的最远距离和最近距离分别是 $152,007,016$ 千米和 $147,000,830$ 千米. 然而这条轨道在日常生活中和地图上通常被简单描述为一个圆.① 地球轨道的这一过分简单化的描述并不是完全没有道理, 你知道这是为什么吗? (提示: 考虑相对误差.)

10. 地球不是一个球, 而是一个椭球, 它是由椭圆绕极轴旋转得到的. 赤道的直径是 $12,756.8$ 千米, 而南北两极之间的距离是 $12,713.8$ 千米. 为了某些目的将地球用球来表示, 请问这是否合理?

11. 在旅游杂志中, 通常称澳大利亚与美国"差不多大". 澳大利亚的国土总面积是 $7,617,930$ 平方千米, 而美国国土连续总面积是 $9,158,960$ 平方千米. 说它们"差不多大"是否合理?

12. 根据 2000 年的人口普查, 美国的人口数是 $292,922,990$. 如果我们四舍五入到 10^7 是多少? 这一四舍五入的相对误差是多少? 如果我们四舍五入到 10^8 呢? 如果我们仅仅说人口大约是 3 亿是否合理?

13. 讨论一下为什么不可能在完全精确的程度上讨论 "从家到学校的距离" 和 "某天的温度" 这样的概念.

14. 2004 年 3 月, 媒体报导, 两枚火星探测器 Spirit 和 Opportunity 从 106 百万英里之外发回一张岩石照片, 从岩石表层的波纹可以看出几个世纪以前水的波动情况. 数字 "106 百万英里" 显然暗示着四舍五入到百万位 (10^6). 这一估计的相对误差的最大值是多少?

---

① 不幸的是, 某州的标准化数学测试中有一个乏味的题目是问地球轨道的半径是多少. 这就不是一个好题目了.

第 11 章
任意进制数

本章的目的是对任意 b 进制数进行简单的讨论,其中 b 是正的任意自然数,且 $b > 1$. 我们所熟悉的记数法是 $b = 10$ 的情况. 这次的讨论将对第 1.1 节怎样记数做个补充,但是我们在本章不再利用数数来认识一个 b 进制数,而是从一个数的展开式的角度来认识它. 希望这章中的讨论可以为 (阿拉伯) 记数法的算术性质开辟一个新的视野.

本章各节安排如下:

基本定义

展开式法则

七进制数的计算

二进制数的计算

11.1 基本定义

在第 1 章,我们介绍了数的展开式的概念. 举个例子来说,36402 等于

$$3 \cdot (10^4) + 6 \cdot (10^3) + 4 \cdot (10^2) + 0 \cdot (10^1) + 2 \cdot (10^0), \tag{11.1}$$

由于本节的特殊需要,我们采用一种代数约定,即用圆点 · 来代替乘号 ×. (11.1) 式是按 10 的降幂排列的倍数之和,并且与 10 的幂相乘的数必须是一位数. 这些与 10 的幂相乘的数,即 $\{3, 6, 4, 0, 2\}$,称为展开式中的系数.

我们从另一种角度来看 (11.1) 式. 首先推广一个数的 "幂" 和 "指数" 的概念,这个数可以是 10 也可以是其他数.

若 $n > 0$, 则 $b^n \stackrel{\text{定义}}{=} \underbrace{bb \cdots b}_{n}$;

若 $n = 0$, 则 $b^0 \stackrel{\text{定义}}{=} 1$.

因此 $1296^0 = 1$, $17^5 = 17 \times 17 \times 17 \times 17 \times 17$, $5^3 = 5 \times 5 \times 5$. 与前面一样, b^n 中的 n 叫做 b

的**幂**或者**指数**. 注意到, 在第 1.6 节等式 (1.4) 中, 对于任意自然数 m 和 n, 我们有

$$b^m b^n = b^{m+n},$$

这就是所谓的指数运算规律, 接下来我们在运用它的时候不再明确指出.

我们可以将 36402 展开成为任意自然数 b 的一些降幂排列的倍数 qb^m 之和, 其中 q 和 m 是自然数, 且 $q < b$ (这个事实并不显然, 我们将在下节里解释). 比如, 对于 $b = 7$ 和 $b = 12$, 我们有

$$36402 = 2 \cdot (7^5) + 1 \cdot (7^4) + 1 \cdot (7^3) + 0 \cdot (7^2) + 6 \cdot (7^1) + 2 \cdot (7^0), \tag{11.2}$$

$$36402 = 1 \cdot (12^4) + 9 \cdot (12^3) + 0 \cdot (12^2) + 9 \cdot (12^1) + 6 \cdot (12^0). \tag{11.3}$$

(11.2) 式和 (11.3) 式分别叫做 36402 的**七进制展开式**和**十二进制展开式**(或**表示**). 借助计算器, 很容易证实 (11.2) 式和 (11.3) 式是正确的. 记号 $(211062)_7$ 和 $(19096)_{12}$ 分别用来表示展开式 (11.2) 和 (11.3), 这种记号的基本原理很容易解释. 例如, $(211062)_7$ 的下标 7 说明这是七进制的展开式, 而序列 211062 记录了 (11.2) 式中 7 的幂由左到右的系数.

一般来说, 当 b 为大于 0 的自然数, n 为任意自然数, 那么 b 的降幂排列的倍数和

$$a_n \cdot (b^n) + a_{n-1} \cdot (b^{n-1}) + \cdots + a_1 \cdot (b^1) + a_0 \cdot (b^0), \tag{11.4}$$

其中 $a_n, a_{n-1}, \cdots, a_0$ 是小于 b 的自然数, 叫做 b **进制展开式**或 b **进制表示**, 记做 $(a_n a_{n-1} \cdots a_1 a_0)_b$. 每一个 i 所对应的 a_i 叫做展开式中的第 i 个**系数**[①]. 例如, 当 $b = 12, a_4 = 1, a_3 = 9, a_2 = 0, a_1 = 9, a_0 = 6$, 其他自然数 i 所对应的 $a_i = 0$ 时, 我们得到 $(19096)_{12}$, 那么对于 b 和所有自然数 j 所对应的 a_j 的这些取值, (11.4) 式就变成了 (11.3) 式. 从这种观点来看, 展开式 (11.1) 恰好就是十进制展开式, 通常我们写成 36402. 其实 36402 应该写成 $(36402)_{10}$ 的形式, 但是因为我们从小所学的就是 (阿拉伯) 记数法中最基本的十进制, 所以用 36402 表示已经足够了.

 (a) 从 1 开始 (而不是 0) 写出二进制、五进制、七进制中前 20 个数.

(b) 79 的三进制展开式是什么?

我们再做一些评论来结束上面的讨论. 第一点评论, 根据五进制展开式的定义, 式子

$$3 \cdot (5^4) + 6 \cdot (5^3) + 4 \cdot (5^2) + 2 \cdot (5^0)$$

[①] 我们这里不得不采用下标的记法. 这是因为当 n 是一个任意大的数时, 没有别的办法可以表示 n 个未指定数值的自然数. 请返回阅读第 1.3 节.

不是一个五进制展开式，因为第 2 个系数 6 比 5 大. 类似的情况还有, 式子

$$19 \cdot (10^3) + 7 \cdot (10^2) + 2 \cdot (10^1) + 36 \cdot (10^0)$$

也不是一个自然数的十进制展开式.

第二点评论与记法有关. 例如,

$$\underline{11} \cdot (12^6) + 8 \cdot (12^4) + \underline{10} \cdot (12^1) + 5 \cdot (12^0)$$

是十二进制展开式，并且我们记为 $(1\underline{10}800\underline{10}5)_{12}$，11 和 10 下面的下划线表示十二进制展开式中的系数. 否则，没有下划线的话，$(110800105)_{12}$ 就是

$$1 \cdot (12^8) + 1 \cdot (12^7) + 8 \cdot (12^5) + 1 \cdot (12^2) + 5 \cdot (12^0).$$

> **动动手** (a) 请将下列各数转化成十进制数:
>
> (1) $(6507)_8$;   (2) $(101110101)_2$;   (3) $(\underline{58}\,\underline{20}\underline{48}\underline{16})_{60}$.
>
> (b) 98 的五进制展开式是什么?

必须指出的是，两个特殊的 b 进制: $b = 2$ 和 $b = 60$. $b = 2$ 时，习惯上我们称为**二进制展开式**和**二进制数**. 二进制记数法在计算机科学中有广泛的应用，因为电脑是以字节为单位存储信息的，并且每个字节只有两种可能，要么是 0, 要么是 1. 另一方面，二进制展开式的系数是小于 2 的正整数，也就是 0 或 1. 因此二进制数是非常顺应电子计算机需要的. (注意到，很多电脑上，开关是 0 或 1, 而不是 "关" 或 "开".) 我们将在本章最后一节专门讨论二进制数.

对于 $b = 60$ 的情况，巴比伦人在 4000 多年前就用过. 这种数我们称之为**六十进制展开式**和**六十进制数**. 很容易解释为什么我们不能忽视六十进制数. "$(2\underline{52}\,\underline{15})_{60}$ 秒" 也就是现代社会的 "2 小时 52 分 15 秒", "$(60)_{60}$ 度" 是我们的 "360 度". (请读者自己证明这两件事) 一个六十进制数可以非常得大. 例如，一个 4 位的六十进制数将比十进制数的一千万还大:

$$(\underline{48}\,\underline{17}31)_{60} = 48 \cdot (60^3) + 17 \cdot (60^2) + 3 \cdot (60^1) + 1 \cdot (60^0)$$
$$= 10{,}429{,}381.$$

11.2 展开式法则

我们将在本节中证明**展开式法则**: 如果 b 是自然数且 $b > 1$, 那么每一个自然数有且只有一个 b 进制展开式.

为了简单起见，我们在 $b = 7$，给定自然数为 3644 这种特殊情况下证明上述法则. 很明显，我们所用的方法会非常普通，也将适用于任何进制和任何数. 我们给出两种不同的证明，并且这两种证明都将非常适合于任何数和任何进制，而不仅仅是 3644 和七进制. 两种方法的共同点是它们都用了带余除法 (第 7 章). 因为第二种方法仅供参考，我们将在最后用小号字体来描述它.

第一种证明方法就是用 7 做除数，对 3644 重复地运用带余除法. 我们先来举个简单的例子. 如果一个数是 18，那么 $18 = 2 \cdot 7 + 4$，我们就可以立刻得出 $18 = (24)_7$. 如果一个数是 123，那么运用带余除法可得 $123 = 17 \cdot 7 + 4$. 但是我们不能从此得出 $123 = (\underline{174})_7$，因为 $17 > 7$，所以 $(\underline{174})_7$ 还不是一个七进制数. 但这个困难很容易克服，只要再次对 17 做一次带余除法 $17 = 2 \cdot 7 + 3$. 将 $17 = 2 \cdot 7 + 3$ 代入 $123 = 17 \cdot 7 + 4$，我们可以得到

$$123 = (2 \cdot 7 + 3) \cdot 7 + 4$$
$$= 2 \cdot (7^2) + 3 \cdot (7^1) + 4 \cdot (7^0)$$
$$= (234)_7.$$

现在我们用相同的思想来得到数 3644 的七进制展开式. 我们有

$$3644 = 520 \cdot 7 + 4$$

对 7 的系数重复运用带余除法，可得

$$3644 = 520 \cdot 7 + 4,$$
$$520 = 74 \cdot 7 + 2,$$
$$74 = 10 \cdot 7 + 4,$$
$$10 = \underline{1} \cdot 7 + 3.$$

因为在最后一个等式中有 $1 < 7$，所以这个过程就可以结束了. 可以观察到，以 7 作为除数的带余除法的余数 (例如, 4, 2, 4, 3) 都是比 7 小的自然数. 那么这些数都小于 7，将会保证我们得到的是数 3644 的七进制展开式的系数.

与 123 的例子中所采取的方法相同，我们用第二个等式中的 $74 \cdot 7 + 2$ 来替换第一个等式中的 520，然后我们用第三个等式中的 $10 \cdot 7 + 4$ 来替换 74，最后我们用第四个等式中的 $1 \cdot 7 + 3$ 来替换 10. 将这些替换放在一起，我们就得到

$$3644 = 520 \cdot 7 + 4$$
$$= (74 \cdot 7 + 2) \cdot 7 + 4$$
$$= 74 \cdot 7^2 + 2 \cdot 7 + 4$$

$$= (10 \cdot 7 + 4) \cdot 7^2 + 2 \cdot 7 + 4$$
$$= 10 \cdot 7^3 + 4 \cdot 7^2 + 2 \cdot 7 + 4$$
$$= (1 \cdot 7 + 3) \cdot 7^3 + 4 \cdot 7^2 + 2 \cdot 7 + 4$$
$$= 1 \cdot 7^4 + 3 \cdot 7^3 + 4 \cdot 7^2 + 2 \cdot 7 + 4$$
$$= (13424)_7.$$

注意, 在数 3644 的七进制展开式中的系数 1, 3, 4, 2, 4 中, 3, 4, 2, 4 正是一连串带余除法的余数.

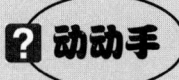 (a) 写出 280 的七进制展开式; (b) 写出 67 的二进制展开式.

我们现在给出第二种方法证明 3644 有一个七进制展开式. 考虑 7 的连续次幂:

$$7 < 7^2 (= 49) < 7^3 (= 343) < 7^4 (= 2401) < 7^5 (= 16807).$$

我们看到 3644 介于 7^4 和 7^5 之间. 因此我们对 3644 做带余除法, 除数是 $7^4 (= 2401)$, 得到

$$3644 = 1 \cdot 7^4 + 1243.$$

现在余数 1243 落在 7^3 和 7^4 之间, 所以用 $7^3(= 343)$ 作为除数, 1243 作为被除数, 由带余除法可得

$$1243 = 3 \cdot 7^3 + 214.$$

对余数 214 重复这个过程:

$$214 = 4 \cdot 7^2 + 18,$$
$$18 = 2 \cdot 7 + 4,$$

最后一个余数很明显小于 7(7 是除数). 现在我们可以用每个表达式替换上一个带余除法式子中的余数, 得到

$$3644 = 1 \cdot 7^4 + 1243$$
$$= 1 \cdot 7^4 + (3 \cdot 7^3 + 214)$$
$$= 1 \cdot 7^4 + 3 \cdot 7^3 + 214$$
$$= 1 \cdot 7^4 + 3 \cdot 7^3 + (4 \cdot 7^2 + 18)$$

$$= 1 \cdot 7^4 + 3 \cdot 7^3 + 4 \cdot 7^2 + 18$$
$$= 1 \cdot 7^4 + 3 \cdot 7^3 + 4 \cdot 7^2 + (2 \cdot 7 + 4)$$
$$= 1 \cdot 7^4 + 3 \cdot 7^3 + 4 \cdot 7^2 + 2 \cdot 7 + 4$$
$$= (13424)_7.$$

这与我们之前得到的结果相同.

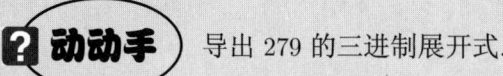 导出 279 的三进制展开式.

接下来我们只需证明, 上述 3644 的七进制展开式是唯一的. 设 a, b, c, d, e 是从 0 到 6 的任意自然数, 设 $(abcde)_7 = (13424)_7 = 3644$. 我们有

$$3644 = a \cdot 7^4 + b \cdot 7^3 + c \cdot 7^2 + d \cdot 7 + e = 1 \cdot 7^4 + 3 \cdot 7^3 + 4 \cdot 7^2 + 2 \cdot 7 + 4,$$

所以

$$3644 = (a \cdot 7^3 + b \cdot 7^2 + c \cdot 7^1 + d) \cdot 7 + e, \tag{11.5}$$

$$3644 = (1 \cdot 7^3 + 3 \cdot 7^2 + 4 \cdot 7^1 + 2) \cdot 7 + 4. \tag{11.6}$$

因为 e 和 4 都小于 7, 所以 (11.5) 和 (11.6) 都是 3644 与 7 做带余除法得到的. 根据第 7.2 节中的定理 7.1, 带余除法的商和余数都是唯一的, 因为 e 和 4 都是余数, 所以由唯一性就可知 $e = 4$. 而且, 商的唯一性还表明

$$a \cdot 7^3 + b \cdot 7^2 + c \cdot 7 + d = 1 \cdot 7^3 + 3 \cdot 7^2 + 4 \cdot 7 + 2. \tag{11.7}$$

现将等式两边都用 k 表示, 我们有

$$k = (a \cdot 7^2 + b \cdot 7 + c) \cdot 7 + d,$$
$$k = (1 \cdot 7^2 + 3 \cdot 7 + 4) \cdot 7 + 2.$$

再一次, 因为 d 和 2 都小于 7, 所以两式都是 k 与 7 做带余除法得到的. 下面重复相同的证明, 得出 $d = 2$ 并且

$$a \cdot 7^2 + b \cdot 7 + c = 1 \cdot 7^2 + 3 \cdot 7 + 4.$$

至于怎样证明 $c = 4$, $b = 3$ 和 $a = 1$, 方法已经很明显了. 因此, 3644 的七进制展开式是唯一的.

11.3 七进制数的计算

这一节的目的是, 通过在任意进制下进行计算, 使得读者能够更加透彻地理解第 3 章 — 第 7 章中的标准运算法则. 为了描述得准确些, 我们主要讲解七进制的情形, 但是推理方法可以推广到任意进制.

给定两个七进制数 $(103)_7$ 和 $(242)_7$, 我们希望在七进制下求出它们的和. 我们可以先将它们转化成十进制数后, 再做加法, 然后再将其转化成七进制数, 得到

$$(103)_7 + (242)_7 = (345)_7.$$

这是一种解决七进制数加法的有效方法, 但不是最简单的方法. 因为我们可以直接在七进制中进行加法, 这就好比在第 4 章中给出的十进制下的加法运算法则:

$$\begin{array}{r} 103 \\ +\ 242 \\ \hline 345 \end{array} \qquad (11.8)$$

理由与第 4 章中相似. 我们利用加法结合律和加法交换律 (确切地说, 是指定理 2.1), 以及在第 2 章中解释过的分配律, 可得

$$\begin{aligned} (103)_7 + (242)_7 &= (1 \cdot 7^2 + 0 \cdot 7 + 3) + (2 \cdot 7^2 + 4 \cdot 7 + 2) \\ &= (1 \cdot 7^2 + 2 \cdot 7^2) + (0 \cdot 7 + 4 \cdot 7) + (3 + 2) \\ &= (1 + 2) \cdot 7^2 + (0 + 4) \cdot 7 + (3 + 2). \end{aligned}$$

对于为什么在 (11.8) 中可以将 $(103)_7$ 和 $(242)_7$ 用竖式进行逐列求和, 上式最后一行很清楚地给出了理由.

在加法运算中出现的进位现象已经不是困难, 但是我们首先得在七进制中构建一个一位数的**加法表**:

+	0	1	2	3	4	5	6
0	0	1	2	3	4	5	6
1	1	2	3	4	5	6	10
2	2	3	4	5	6	10	11
3	3	4	5	6	10	11	12
4	4	5	6	10	11	12	13
5	5	6	10	11	12	13	14
6	6	10	11	12	13	14	15

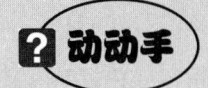

> **? 动动手**　证实上述表格是正确的.

从这个表格可以看出, 在七进制下, 如何用两个一位数字相加得到一个两位数 (见表格右下角), 例如, $(5)_7 + (6)_7 = 5 + 6 = 11 = 1 \cdot 7 + 4 = (14)_7$. 利用这个表格, 我们就可以做加法, 例如, $(64)_7 + (25)_7$:

$$
\begin{array}{r}
6\,4 \\
+\ 2\,5 \\
\underline{1\,1} \\
1\,2\,2
\end{array}
$$

这是因为

$$
\begin{aligned}
(64)_7 + (25)_7 &= (6 \cdot 7 + 4) + (2 \cdot 7 + 5) \\
&= (6 \cdot 7 + 2 \cdot 7) + (4 + 5) \\
&= 8 \cdot 7 + 9 \\
&= (1 \cdot 7 + 1) \cdot 7 + (1 \cdot 7 + 2) \\
&= \mathbf{1 \cdot 7^2 + 1 \cdot 7 + 1 \cdot 7 + 2} \\
&= 1 \cdot 7^2 + 2 \cdot 7 + 2.
\end{aligned}
$$

在上述计算过程的倒数第二行 (粗体字) 中, 我们可以看到进位是如何在前面竖式的中间一列里起到作用的.

> **? 动动手**　计算: (a) $(66)_7 + (1)_7$;　(b) $(2666)_7 + (1)_7$;　(c) $(266660)_7 + (10)_7$.

如果还记得在第 5.1 节中的减法定义 (5.1), 那么减法就可以像加法那样来做了. 例如, $(502)_7 - (213)_7$ 可以计算为:

$$
\begin{array}{r}
{\scriptstyle 4\ \ 6\ 12} \\
\not{5}\,\not{0}\,2 \\
-\ 2\,1\,3 \\
\hline
2\,5\,6
\end{array}
$$

 解释一下上述的减法.

接下来我们讨论在七进制下的乘法. 像在十进制中一样, 首先建立一个七进制下的一位数的**乘法表**:

×	1	2	3	4	5	6
1	1	2	3	4	5	6
2	2	4	6	11	13	15
3	3	6	12	15	21	24
4	4	11	15	22	26	33
5	5	13	21	26	34	42
6	6	15	24	33	42	51

 验证乘法表中的每个计算都是正确的.

就乘法而言, 在十进制下和在七进制下是没有区别的. 我们沿用第 6 章的方法, 首先用一位数去乘以任意数, 例如, $(265)_7 \times (4)_7$. 记住乘法表后, 我们就可以得到:

$$\begin{array}{r} 265 \\ 4 \\ \times_{132} \\ \hline 1456 \end{array} \qquad (11.9)$$

原因是

$$\begin{aligned} (265)_7 \times (4)_7 &= (2 \cdot 7^2 + 6 \cdot 7 + 5) \cdot 4 \\ &= 8 \cdot 7^2 + 24 \cdot 7 + 20 \\ &= (\underline{1} \cdot 7 + 1) \cdot 7^2 + (\underline{3} \cdot 7 + 3) \cdot 7 + (\underline{2} \cdot 7 + 6) \\ &= 1 \cdot 7^3 + (1+3) \cdot 7^2 + (3+2) \cdot 7 + 6. \end{aligned}$$

上述计算过程的倒数第二行 (粗体字) 中, 有下划线的数字对应于 (11.9) 中第三行的数字. 我们又一次看到进位在发挥作用.

> **? 动动手** 计算：(a) $(345)_7 \times (10)_7$; (b) $(345)_7 \times (100)_7$; (c) $(345)_7 \times (10000)_7$.

现在我们开始讨论七进制下乘法运算法则的主要特征，即，当两个多位数相乘时，每行相继向左移动一位. 下面来解释这是什么意思，我们来看 $(265)_7 \times (34)_7$. 运算法则要求 265 单独乘以 34 的两个数字，即 3 和 4：

$$(265)_7 \times (4)_7 = (1456)_7,$$

$$(265)_7 \times (3)_7 = (1161)_7.$$

那么 $(265)_7$ 乘以 $(34)_7$ 是由 $(265)_7 \times (4)_7$ 和 $(265)_7 \times (3)_7$ 相加所得到的结果，但是后者，即第二行要向左移动一列，如下图所示：

$$\begin{array}{r} 265 \\ \times\ \ 34 \\ \hline 1456 \\ +\ 1161\ \ \\ \hline 13366 \end{array}$$

关键是要注意到，此时的运算法则与第 6 章中十进制情形下的运算法则是一样的.

接下来我们来解释一下分配律：

$$(265)_7 \times (34)_7 = (265)_7 \times ((30)_7 + (4)_7)$$
$$= ((265)_7 \times (30)_7) + ((265)_7 \times (4)_7).$$

现在注意到，因为 $(30)_7 = (3)_7 \times (10)_7$，我们有

$$(265)_7 \times (30)_7 = ((265)_7 \times (3)_7) \times (10)_7.$$

因此,

$$(265)_7 \times (34)_7 = ((265)_7 \times (3)_7) \times (10)_7 + ((265)_7 \times (4)_7).$$

这首先表明了我们已经将 $(265)_7$ 乘以 2 位数简化为 $(265)_7$ 乘以 1 位数. 而且，因为 $((265)_7 \times (3)_7) \times (10)_7 = (11610)_7$，与 $(265)_7 \times (3)_7 = (1161)_7$ 进行比较，我们就可以看出在前面竖式中为什么第二行要向左移动一列.

第 11 章 任意进制数

动动手 运用七进制下的乘法运算法则直接计算 $(540)_7 \times (26)_7$. 完成计算后，再将两数分别转换成十进制数进行相乘, 最后把结果转化成七进制数来检验前面的计算结果是否正确.

一旦理解了乘法, 与第 7 章一样, 七进制下的长除法也可以做了. 由于篇幅所限, 这个问题就留给读者完成.

总结 本节的关键点在于标准运算法则具有普适性, 它们在任意进制的位值记数法下都是相同的. 因此, 掌握标准运算法则不仅仅是掌握一种孤立的技巧, 而是一种可以广泛运用的能力.

11.4 二进制数的计算

前面提到, 二进制记数法被专门地应用于计算机科学领域. 为了说明这一点, 本节主要解答一些二进制计算中的例子. 我们故意将这节内容留在最后, 是因为如果没有很好地理解任意进制下的计算, 那么二进制数的计算是非常容易混淆的.

回忆前面, 因为我们只能运用小于 2 的自然数, 所以只有两个符号可以运用: 0 和 1. 根据第 1.1 节中记数的方法, 我们列出了二进制数的前 20 个数字 (为了方便我们省去了符号 "$(\ )_2$"):

0, 1, 10, 11, 100, 101, 110, 111, 1000, 1001, 1010, 1011,

1100, 1101, 1110, 1111, 10000, 10001, 10010, 10011.

 验证上述 20 个数确实是二进制下的前 20 个数.

下列二进制加法表和乘法表很容易被证实:

+	0	1
0	0	1
1	1	10

×	0	1
0	0	0
1	0	1

加法表中的 $(1)_2 + (1)_2 = (10)_2$ 可以推广开来. 我们首先注意到一些特殊的情况:

$$(10)_2 + (10)_2 = (100)_2,$$

因为左边等于 $2 + 2 = 2 \times 2 = 2^2 = (100)_2$. 此外,

$$(100)_2 + (100)_2 = (1000)_2,$$

因为左边等于 $2^2 + 2^2 = 2 \times 2^2 = 2^3 = (1000)_2$. 一般的, 对于任意自然数 m, 我们有

$$(1\underbrace{00\cdots0}_{m})_2 + (1\underbrace{00\cdots0}_{m})_2 = (1\underbrace{00\cdots0}_{m+1})_2,$$

因为根据定义, $(1\underbrace{00\cdots0}_{m})_2 = 2^m$, 所以再由乘法的定义:

$$2^m + 2^m = 2 \times 2^m = 2^{m+1} = (1\underbrace{00\cdots0}_{m+1})_2.$$

对于任意自然数 m 和 n, 我们再进一步将其一般化:

$$\underbrace{(1\overbrace{00\cdots0}^{m})_2 + \cdots + (1\overbrace{00\cdots0}^{m})_2}_{2^n} = (1\overbrace{00\cdots0}^{m+n})_2.$$

其计算过程是完全类似的. 当 $m = 0, n = 2$ 时, 我们有下面的特殊情况:

$$(1)_2 + (1)_2 + (1)_2 + (1)_2 = (100)_2.$$

类似的, 当 $m = 1, n = 2$ 时, 我们有

$$(10)_2 + (10)_2 + (10)_2 + (10)_2 = (1000)_2.$$

因此, 我们还有

$$(11)_2 + (11)_2 + (11)_2 + (11)_2 = \underbrace{\{(10)_2 + (1)_2\} + \cdots + \{(10)_2 + (1)_2\}}_{4}$$
$$= \underbrace{(10)_2 + \cdots + (10)_2}_{4} + \underbrace{(1)_2 + \cdots + (1)_2}_{4}$$
$$= (1000)_2 + (100)_2$$
$$= (1100)_2.$$

 与做一般的加法一样, 请借助加法运算法则, 用竖式计算加法 $(11)_2 +$ $(11)_2 + (11)_2 + (11)_2$. 对于进位现象, 你发现了什么?

 在十进制下有没有类似 $(11)_2 + (11)_2 + (11)_2 + (11)_2 = (1100)_2$ 的等式?

对于任意自然数 m, 另一个有趣的加法事实是

$$(\underbrace{11\cdots1}_{m})_2 + (1)_2 = (1\underbrace{00\cdots0}_{m})_2.$$

即使只运用加法运算法则, 这个事实也是很容易验证的. 我们来证明 $m = 4$ 的情形, 一般情形的证明没有什么大的区别.

$$\begin{array}{r} 1111 \\ 1 \\ +\,1111 \\ \hline 10000 \end{array}$$

此外, 直接证明也具有很大的启发性:

$$\begin{aligned}
(1111)_2 + (1)_2 &= (2^3 + 2^2 + 2 + 1) + 1 \\
&= 2^3 + 2^2 + 2 + 2 = 2^3 + 2^2 + 2 \cdot 2 \\
&= 2^3 + 2^2 + 2^2 = 2^3 + 2 \cdot 2^2 \\
&= 2^3 + 2^3 = 2 \cdot 2^3 \\
&= 2^4 \\
&= (10000)_2.
\end{aligned}$$

请读者与本章末尾的练习 6(c) 相比较, 看看上述推导会得出怎样的结论.

下面的乘法事实也很有趣: 对于任意自然数 m 和 n, 有

$$(1\underbrace{00\cdots0}_{m})_2 \times (1\underbrace{00\cdots0}_{n})_2 = (1\underbrace{00\cdots0}_{m+n})_2.$$

这是因为左边是 $2^m \cdot 2^n$，它又等于 2^{m+n}，即等于右边.（与下面的练习 8(a) 比较.）

最后，我们通过下面的式子说明乘法运算法则：

$$(1111)_2 \times (11)_2 = (101101)_2.$$

$$\begin{array}{r} 1111 \\ \times \quad 11 \\ \hline 1111 \\ 1111 \\ +\,_{1\,1\,1\,1} \\ \hline 101101 \end{array}$$

练习

1. 在第 1.1 节中我们展示了怎样通过记数来建立 (阿拉伯) 十进制记数法，其中利用了十个记号 0, 1, 2, 3, 4, 5, 6, 7, 8, 9，还有位值制的概念. 假设你现在只会运用七个记号 0, 1, 2, 3, 4, 5, 6，并要求你模仿第 1.1 节怎样记数的过程，建立一种记数法. 在这个记数法中，一个数的对应展开式是什么？这个记数法中的第 50 个数是什么？第 98 个数是什么？第 343 个数呢？这与七进制有何联系？

2. 任取一个自然数，例如 8704. 运用展开式法则的证明思想，将 8704 在十进制下展开. 你曾经遇到过类似的问题吗？

在以下的练习 3 – 7 里，要求你分别在给定的进制下完成计算，而不是将其转化成十进制，再进行计算，然后转化成原始的进制.

3. 将 793 分别写成在四进制、五进制、八进制、六十进制、二进制下的数.（可以使用科学计算器.）

4. 将 $(3021)_4$ 分别写成在七进制、八进制、十二进制、六十进制下的数. 对 $(15\,113)_{20}$ 做同样的计算.（可以使用科学计算器.）

5. (a) $(1234)_5 + (4213)_5$;　(b) $(51\,42\,025)_{60} + (43\,936\,59\,40)_{60}$;
   (c) $(2\,45)_{60} \times (56\,223)_{60}$;　(d) $(10011011)_2 \times (1100010)_2$;
   (e) $(11\,810)_{12} \times (76)_{12}$;　(f) $(111111111)_2 + (10)_2$;
   (g) $(111111111)_2 + (101)_2$;　(h) $(4213)_5 - (1234)_5$;
   (i) $(738)_{12} - (5\,11\,10)_{12}$;　(j) $(123456)_7 \times (10000)_7$;
   (k) $(123456)_8 \times (10000)_8$;　(l) $(100000)_7 - (6543)_7$.

6. (a) 解释一下为什么 $1 + 2 + 2^2 + 2^3 + 2^4 + 2^5 = 2^6 - 1$？

(b) 上式与 $(111111)_2 + (1)_2 = (1000000)_2$ 有怎样的关系?

(c) 解释一下为什么对于任意自然数 $n > 0, 1 + 2 + 2^2 + 2^3 + \cdots + 2^n = 2^{n+1} - 1$?

7. 计算 $(111)_2 + (111)_2 + (111)_2 + (111)_2 = ?$

8. 对于任意自然数 $b > 1$, 计算下面各式:

(a) $(1\underbrace{00\cdots 0}_{m})_b \times (1\underbrace{00\cdots 0}_{n})_b$, 其中 m 和 n 是任意自然数;

(b) $(a_1 a_2 \cdots a_n)_b \times (1\underbrace{00\cdots 0}_{m})_b$;

(c) $(k0k)_b \times (11)_b$, 其中 $0 \leqslant k \leqslant (b-1)$;

(d) $((b-1)(b-1)\cdots(b-1))_b + (1)_b$.

9. 在本章后两节里, 隐含地假设了在 $b(b>1)$ 进制中加法和乘法满足结合律、交换律和分配律. 请解释这为什么是正确的?

第二部分

分数

要理解这一部分, 至少应当先掌握第一部分**自然数**中的第 8 章和第 9 章, 特别是数轴的概念. 并且, 为了让读者大致了解写本部分的目的和原因, 强烈推荐在开始学习之前, 先读一下第 24 章.

下面是讲解分数的一种新方法. 从引入新概念的意义上讲, 这个课题不是新知识, 因为分数毕竟不是一个新概念. 然而, 从引入概念的方式上来说, 它是全新的. 各种技巧、概念的引入和推广是为了满足下面的两个要求. 第一, 这种方法在小学课堂上要有用, 特别是对于五年级以上的学生; 第二, 这种方法要达到数学的基本标准: 逻辑性、连贯性以及精确定义性等 (参见【Wu06】). 比方说, 传统的授课方式要让你相信, 分数是一块比萨饼、整体的一部分、比例、除法以及算子. 这种方式不但很难让你对这么多种意思不加怀疑地接受, 而且根本没有指出, 分数首先应该是一个数. 虽然如此, 我们却要求学生把分数当成一个数来计算. 这就指出, 在我们教给学生的和我们对学生的要求之间有一条几乎难以逾越的鸿沟, 这在很大程度上解释了学生学不好分数的原因 (了解更全面的讨论, 参见【Wu10b】). 回忆第一部分, 我们已经把数的概念定义为数轴上的一个点. 所以本章把分数也定义为数轴上的一个点. 在这个概念体系上, 你就能用逻辑推理来解释这个概念的所有其他意思. 此外, 你还可以用与自然数相同的方式对分数做加、减、乘、除运算, 方法是相同的, 只在细节上有所不同. 传统讲法中出现的关于分数的每一个技巧或概念, 都会在适当时候出现在本章的这个有条理的讨论中. 每件事情都会得到解释, 没有哪件事情会被忽略.

有限小数形成了一类特殊的分数. 小数的正确定义是一个分数, 所以必须通过分数才能透彻理解有限小数. 这个事实目前还未得到中小学数学教育界的广泛认识, 但是本书希望对这个认识建立一个有力的榜样. 有限小数及其运算的基本性质将在本部分得到简要的解释. 虽然小数有一些细节需要单独处理, 比如无限小数 (见第五部分), 但是由于有限小数在日常生活中的重要性, 所以在分数的任意讨论中都应该涉及有限小数.

我们强调数轴和逻辑连贯性在讲解分数时的重要作用, 并且要求你在讲授分数时也采用同样的做法. 毫无疑问, 分数这个课题对小学生造成困扰的原因是, 分数的概念与自然数的概念不同, 它是抽象的. 学习自然数可以以数手指头为基础, 而学习分数时就没有可以明显代替手指头的东西了. 一块比萨饼中的几片显然不能和手指头相比. 在学习分数时引入数轴的主要原因正是为了提供手指头的代替物. 我们将看到, 这条数轴使得我们可以用图形来直观了解分数的四则运算. 此外, 因为分数是一个抽象的概念, 所以学习它就需要准确的描述 (以定义的形式出现) 和易懂的推理作为支持. (本部分) 逻辑连贯地讲解分数, 正是为了提供这样的支持.

精确的定义和逻辑推理, 是学数学的必要条件. 但在大多数数学教育文献中却找不到它们的踪影, 特别是有关分数的材料, 包括教科书、师资培训教材和论文 (例如, 见【Wu08, 第 1–4 页, 第 33–42 页】). 呈现给教师和学生们的分数讲解既难以理解又在数学上不连贯, 而我们一向都把这当做一个既成事实来接受. 但是, 现在是时候该向这个现实发起挑战了. 毫无疑问我们可以做得更好一些, 本书在这方面提供了一种做法.

我们将从最开始来讨论分数的整个课题, 并把分数作为自然数的直接延续来对待, 因为事实上它们就是自然数的直接延续. 至少从逻辑的角度考虑, 我们将假定你不知道以前学过的任何关于分数的知识. 由于你们已经习惯了在第一部分中所强调的精确性和逻辑性, 那么我希望你们在从自然数过渡到分数时不会像通常一样感觉到不连贯. 尽管大多数步骤对于你来说已经很熟悉, 比如将两个等价分数等同起来, 或者分数的乘法, 但是很可能你会在它们的解释中发现一些新的东西. 比方说, 我们会一遍又一遍地要求你记住, 分数是数轴上的一个点 (参见第一部分第 8 章), 并且用这个事实作为所有解释的根据. 因为旧的习惯很难除去, 所以分数是数轴上的一个点而不是一块比萨饼的思想, 需要花费一定的时间才能得到充分理解. 然而, 我们相信, 从长远角度来看, 你会发现这是很值得的.

对分数的这种讲法, 只需做一些必要的改动, 就可以直接讲给五、六年级的学生. 然而, 在 2010 年, 仍然有相当多的人反对把分数定义为数轴上的一个点. 这是因为他们认为分数的概念太复杂了, 不应该把学生限制在数轴上, 而是应该从一开始就让他们接触分数的许多"性质"①. 我们从两个方面来回应这个反对意见. 首先, 分数作为数轴上的一个点的定义优于用比萨饼作为出发点. 因为我们将可以直接用数轴进行推理得出关于分数的所有基本事实, 而人们用比萨饼做不到这一点. 例如, 如果不引用一些与比萨饼无关的事实, 就没有办法让学生学会把两块比萨饼相乘得到另一块比萨饼. 事实上, 学生被迫用他们不能理解的方法来学数学, 这是学习分数的主要障碍. 此外, 借助分数作为数轴上的一个点的定义, 我们将利用推理得出分数的所有"性质"②, 不用让学生机械地学习这些性质. 这样, 给出分数的精确定义可以让学生发现一个事实: 在数学中, 推理才是真正的关键, 而不是机械学习.

对于低年级来说, 是否正式把分数定义为数轴上的一个点, 这个问题需要一些澄清. 中小学数学在低年级主要是自然数的学习, 不需要在大范围内引入抽象的概念③ 然而, 到了五年级, 抽象变得很有必要, 不仅因为对分数的系统处理需要抽象, 而且因为正是这个阶段中小学数学开始为学生学习代数做准备 (参考【Wu01】,【NMP08a】,【NMP08b】,【Wu09a】). 人们可以把这种状况解释为, 低年级是学生探索数学的试验阶段, 但是从五年级开始就必须用推理的办法来将探索的结果组织起来, 并澄清它们的因果关系.

因此, 在低年级, 并不需要急切地引入分数的准确定义. 然而, 我们坚信, 看到本书中有关分数的逻辑讨论之后, 教师将能够很好地为低年级学生建立他们在高年级中所需的数学基

---

① 这是研究文献中的专业术语. 译者注: "性质" 一词, 原文是 personalities.
② 换句话说, 像定理一样, 我们证明分数具有所有这些性质.
③ 读者需要把这句话放在上下文中理解: 恰当使用阿拉伯数字 0, 1, 2, 3, ⋯ 表示自然数, 本身就是一个重要的抽象. 但是总的来说, 在低年级出现抽象是有些冒失的.

础. 比方说, 一位熟悉这个讨论的教师会认识到, 为了教分数只切比萨饼是徒劳无用的. 在数轴上进行操作, 从概念上、图形上讲更为简单, 从数学上讲更为确切.

换一种角度, 人们可以解释为何需要低年级教师了解数学上正确处理分数的方法. 想象一个类似的场景, 幼儿在尝试学习英语. 虽然与幼儿交谈所使用的英语的确很基础, 但是与只有有限词汇量并且语法出错的人相比较, 难道不是更希望幼儿与说一口纯正且标准英文的人接触吗? 同样的道理, 虽然人们从来不会在低年级课堂上证明分数 $\frac{a}{b}$ 等于 a 除以 b 这个定理, 但是在低年级也会直观地讨论所谓的"分数的除法解释". 有的教师坚持认为, 为了提高"对分数概念的理解", 必须让小学生机械地学会分数的除法解释. 但是, 如果低年级教师理解了上述定理, 会比不理解的教师更有可能让学生认识到定理的真正数学意义. 出于诸如此类的原因, 只要小学老师需要教数学, 就应当把第二部分作为他们的培训内容. (关于这个问题的另一个不同的观点, 参见【Wu09b】.)

我在本书开始 (见"致读者") 试图解释过, 学习数学需要下更多的功夫, 超越了一般教育文献中的普遍认识. 但是如果你读到的文献中包含了讲解不正确的数学, 那么无论多么努力都不能帮助你学会它. 本部分的目的就是用一种在教学上和数学上都有意义的方法来讲解分数. 我相信, 这样的讲解至少值得你去努力学习.

第 12 章
分数和十进制小数的定义

回顾第 8 章,数即为数轴上的一个点. 在第一部分中, 我们讨论了其中一类特殊的点: 自然数. 在本章, 我们将关注一类范围更大的点, 即分数, 它包含了所有的自然数.

我们反复强调过: 在数学中定义极为重要. 这是因为数学是一门精确的学科, 我们需要精确地知道自己在讨论什么内容. 但是, 在学生学习分数计算和应用题时, 传统的授课方式不是通过教给学生分数是什么并由此进行逻辑推理, 而是用比喻和类比的方法对分数展开讨论 (见【Wu10b】). 例如, 最常见的解释是, 分数是一块"比萨饼". 于是学生不可能把这个解释当真, 因为比如说当她计算 55 英里的 $\frac{2}{3}$ 时, 她不可能把一块奶油比萨想象成一条 55 英里长的线段. 因此她很快认识到, 对于比萨饼的比喻只能半信半疑. 换句话说, 她不能相信自己所听到和所读到的分数的定义. 难道这就是一个学生学习数学的正确心态吗?

一些较好的师资培训方面的教科书确实尝试给出分数的定义, 我们列举以下典型的几条:

分数有三种不同的意思:

(i) 部分、整体关系. 一个分数, 例如 $\frac{2}{3}$, 它的部分–整体解释表示将一个整体平均分成 3 部分, 我们考虑其中的 2 部分.

(ii) 商. 分数 $\frac{2}{3}$ 也可以被看做一个商, $2 \div 3$. 这种解释也来源于平均分配的背景. 设想你有一些饼干要分给 3 个人. 你可以给每人先发一块饼干, 然后重复这个步骤, 直到每个人分配到了相同数量的饼干. 如果一共有 6 块饼干, 你就可以用数学式子 $6 \div 3$ 来表示这个分配过程, 于是每人得到 2 块饼干. 而如果现在一共只有 2 块饼干, 有一种解决这个问题的办法是, 把第一块饼干平均分成 3 份, 每人分得其中的 $\frac{1}{3}$, 第二块饼干也用同样的分法, 这样最后每人将获得 $\frac{1}{3} + \frac{1}{3}$, 即 $\frac{2}{3}$ 块饼干. 所以 $2 \div 3 = \frac{2}{3}$.

(iii) 比例. 分数 $\frac{2}{3}$ 也可以用于表示一种比例情形, 例如, 每 2 个女孩, 对应 3 个男孩.

分数的这些定义也不能令人满意, 理由有以下几点. 一方面, 如果说你试图了解的东西同时是三种完全不相干的东西 (即部分、整体关系, 商, 以及比例), 那么你会宁愿不相信其中的任何一种. 比方说, 假如我告诉你我发现了一种物质, 像钢铁一样坚硬, 像空气一样轻盈, 像玻璃一样透明, 你会相信吗? 另一个反对的理由是, 分数被解释为 "比例", 但 "比例" 是什么, 尚有很多人并不了解①. 此外, 学生学习分数时, 会携有来自学习自然数时的经验. 对于自然数而言, 只有当 a 是 b 的倍数的时候, 除式 $a \div b$ 才有意义 (见第 7 章). 目前为止, 他们还不知道 $2 \div 3$ 是什么意义. 例如, 他们想象不到如何把 2 把椅子平均分成 3 块. 因此, 用概念 "2 除以 3" 来解释 $\frac{2}{3}$ 的意义是不符合数学逻辑的, 同时从教学方法观点来看也是不能接受的. 因此, 分数的 "定义" 在课堂上并不能发挥多大作用. 而且, 我们还期望对分数做加、减、乘、除运算, 但是我们并不清楚怎样对部分、整体关系, 商或者比例做加、减、乘、除运算.

我们需要一个好的开端, 这就是我们着手要做的事情.

本章各节安排如下:

引言

基本定义

十进制小数

单位的重要性

面积模型

分数在数轴上的位置

需要思考的问题

12.1　引言

本节先对我们进行分数研究的出发点做一个非正式的讨论. 假设我们已知分数是什么. 如果我们想把全部分数置于数轴上, 该怎么做呢? 为了具体一些, 我们从分母为 3 的所有分数开始.

像平常一样, 数 1 是单位, 也表示 "整体", 在数轴上, 单位取为从 0 到 1 的单位线段 $[0,1]$. 那么通常认为, 分数 $\frac{1}{3}$ 表示把线段 $[0,1]$ 平均分成 3 个相等的部分后, 它是其中的一

---

① 我们将在第 22 章中对 "比例" 给出明确的定义.

部分. 尽管我们一直都那样认为, 但是如果要使我们的讨论有意义, 那么就需要更加精确地说明 "整体" 和 "相等的部分" 的意思.

为了说明这一问题, 考虑下述情形: 已知 $\triangle ABC$, D 是 BC 边的中点. 在这里用 $\triangle ABC$ 表示 "整体", 即 $\triangle ABC$ 是 1. 此时 $\triangle ADC$ 是整体的一部分, 请问 $\triangle ADC$ 是 $\frac{1}{2}$ 吗?

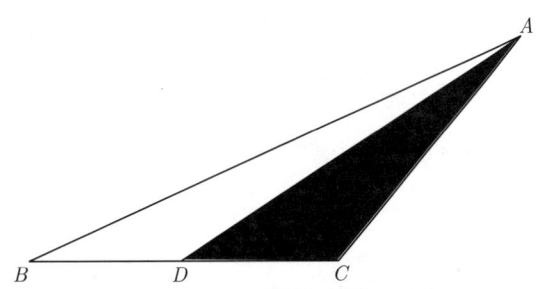

我们注意到 $\triangle ABD$ 和 $\triangle ADC$ 有相等的底边 BD 和 DC (根据已知, D 是 BC 边的中点), 且以此为底的高相同. 因此二者的面积相同. 故自然会认为 $\triangle ADC$ 是 $\frac{1}{2}$. 但如果 1 表示 $\triangle ABC$, 它是一个几何实体, 那么人们可能会认为, $\frac{1}{2}$ 应该表示把 $\triangle ABC$ 分成两个全等的区域 (相等的部分), 取其中的一个区域. 而 $\triangle ABC$ 被分成了两个明显不全等的三角形: $\triangle ABD$ 和 $\triangle ADC$. 类似这样的例子提醒我们认识到, 的确需要精确地说明 "整体" 和 "相等的部分" 这两个概念. 因此, "整体", 也就是数 1, 不是指几何实体 $\triangle ABC$ 本身, 而是指 $\triangle ABC$ 的面积; 而 "相等" 也不表示全等, 而是面积相等. 事实上, 这一个小小的思考也揭示了, 在考虑分数的部分-整体概念时, 我们需要如此精确地表述.

回到 $[0,1]$, 我们来试着将语言重新规范化. **整体**, 即 1, 是单位线段的长度, 而不是线段本身. 当我们说把 $[0,1]$ 线段平均分成一些**相等的部分**, 意思是把 $[0,1]$ 划分成一些长度相等的线段. 因此, 若把三段长度相等的线段在数轴上拼接起来得到一段长度为 1 的线段, 则 $\frac{1}{3}$ 就表示该线段的长度. 因为每两个相邻自然数之间的线段长度均为 1, 我们把 $[0,1], [1,2], [2,3] \cdots$ 中的每条线段都同样的分为 "相等的三部分", 则所得的每条短线段的长度均为 $\frac{1}{3}$. 特别的, 下面加粗线段的长度均为 $\frac{1}{3}$, 于是我们得到 $\frac{1}{3}$ 的合理表示:

现在来观察上图左边的加粗线段. 从 0 到它右端点的距离自然而然是 $\frac{1}{3}$. 由于数轴上的

所有自然数表示的是对应点与 0 的距离,进而我们也可以标记这条线段的右端点为 $\frac{1}{3}$. 我们把这条线段称做 $\frac{1}{3}$ 的**标准表示**,并记这条加粗的线段为 $\left[0, \frac{1}{3}\right]$,因为这个记法清晰地显示了线段左端点为 0,右端点为 $\frac{1}{3}$.

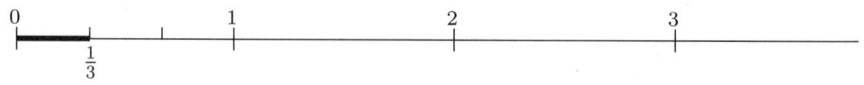

用同样的方法,下面各图中的各个加粗的部分都可以表示长度为 $\frac{5}{3}$,因为把长度为 1 的线段平均分为 3 段长度相等的短线段,下面每个加粗部分都分别由 5 段这样的短线段组成:

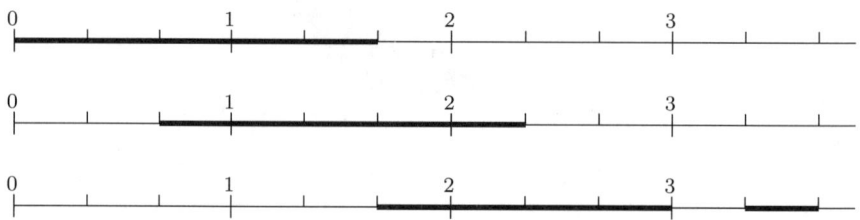

继续观察,以上三幅图中,第一幅的加粗线段的右端点与 0 的距离为 $\frac{5}{3}$,因此我们用 $\frac{5}{3}$ 来标记这条线段的右端点,并称这条线段为 $\frac{5}{3}$ 的**标准表示**,记为 $\left[0, \frac{5}{3}\right]$.

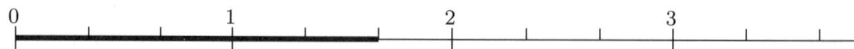

我们再次强调,一个分数 $\left(\text{如}\frac{5}{3}\right)$ 可以代表很多线段的长度,而这些线段都可以合理地称做"当把长度为 1 的线段都平均地分为 3 部分时,取 5 个部分的总长度". 而它的标准表示拥有如下特性:从 0 到它的右端点的距离恰为 $\frac{5}{3}$. 因此我们可以把 $\frac{5}{3}$ 视为它的标准表示的右端点. 这里在数轴上标出以 3 为分母的一部分分数. 按照惯例,我们一致认为可以把 0 写成 $\frac{0}{3}$.

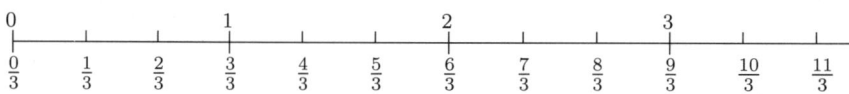

下面做两点评注:第一,这些分数都恰好是 $\frac{1}{3}$ 的倍数,其中倍数在第 7 章已经定义过;第二,$\frac{3}{3}$ 与 1 是同一个点,$\frac{6}{3}$ 与 2 是同一个点,$\frac{9}{3}$ 与 3 是同一个点,等等.

第 12 章 分数和十进制小数的定义 · 151 ·

当然, 对分母为 3 的分数的研究可以推广到所有其他分数. 例如, 在 $\frac{8}{3}$ 中把 3 替换成 5, 我们将得到一个分数 $\frac{8}{5}$. 它可以被标记为下面粗线段的右端点, 因为从 0 到这个点的距离是从 0 到 1 距离的 $\frac{1}{5}$ 的 8 倍.

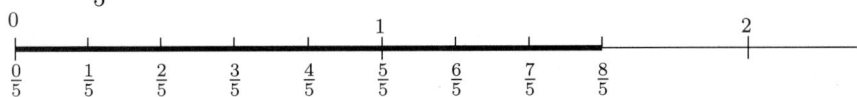

我们来对上述讨论总结如下:

(i) 一旦固定了分母 (比如 3), 则每个分数 $\frac{0}{3}, \frac{1}{3}, \frac{2}{3}, \frac{3}{3}, \frac{4}{3}, \cdots$ 都是一条线段的右端点. 这条线段的左端点总是 0, 并且它的长度分别是整体的 $\frac{1}{3}$ 的 0, 1, 2, 3, 4, $\cdots$ 倍.

(ii) 分数 $\frac{3}{3}, \frac{2 \times 3}{3}, \frac{3 \times 3}{3}, \cdots$ 所对应的点分别即为整数 1, 2, 3, $\cdots$ 所对应的点.

(iii) 线段 $\left[0, \frac{1}{3}\right], \left[0, \frac{2}{3}\right], \left[0, \frac{3}{3}\right], \cdots$ 中的每一条分别可以完全等同于其右端点 $\frac{1}{3}, \frac{2}{3}, \frac{3}{3}, \cdots$. 知道了线段就相当于知道了右端点.

如今的数学希望尽可能简明地描述每一件事情, 尽管有时候为此牺牲了直接性或直观性. 然而从长远考虑, 还是简明占了上风, 否则我们就不得不被一大堆的描述性陈述所拖累. 从目前的情形来看, 上述第 (iii) 条提到, 为了描述整体的一部分, 我们可以忽略线段本身, 而只关注其端点. 这样线段 $\left[0, \frac{1}{3}\right], \left[0, \frac{2}{3}\right], \left[0, \frac{3}{3}\right], \cdots$ 就可由 $\frac{1}{3}, \frac{2}{3}, \frac{3}{3}, \cdots$ 代替. 从而, 后者的意义不是整体的一部分, 而是可以简单地说成是 $\frac{1}{3}$ 的倍数.

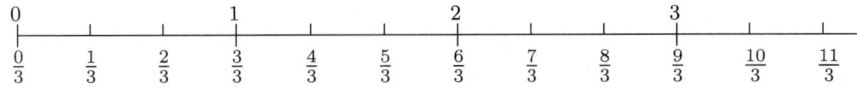

在某种意义下, 把 $\frac{1}{3}$ 看做数轴上一点, 而不是 "某条长度为 $\frac{1}{3}$ 的线段", 这早已不是什么新的知识. 自然数 1, 2, 3, $\cdots$ 的意义就是这样, 它们被等同于数轴上的点, 而不只是长度为 1, 2, 3, $\cdots$ 的线段. 比如 2, 它表示 0 右边的一点, 从 0 到它的距离为 2.

到目前为止, 我们已经考查了固定分母为 3 的分数. 我们可以将 3 替换成任一正整数. 分母为 1 的分数当然就是全部自然数. 我们也可以考虑分母为 2, 3, 4, $\cdots$ 的分数, 因此每个自然数 n 便可以生成可数无穷个等间距的点 (对应于分母为正整数 n 的分数). 当把这些分数置于数轴上时, 它们正好是当 n 取遍 $1, 2, 3, \cdots$ 所得到的无穷多个点的全体.

前面的讨论假设我们已知分数是什么, 需要做的仅仅是把分数置于数轴上即可. 但是我们知道分数是什么吗? 事实上并不知道! 参见本章的简介以及第 24 章小学中分数的教学. 我们并不知道分数是什么, 这便使得我们前面的讨论基于一个很不稳定的基础之上. 我们不能仅仅依靠把数放在数轴上使一个虚构的东西变得真实起来, 正如不能因为有独角兽这个名字就说独角兽是真实的动物. 另一方面, 如果我们承认到目前为止还没有分数的定义这一事实, 那么便可以利用数轴上这无穷多个间距相等的点来定义分数. 这实际上正是我们的出发点. 本书中分数即为数轴上的点, 它们由上述精确的方式构造出来. 构造是容易的, 但涉及数学知识的部分却是很难的, 即如何基于分数的定义, 用一种逻辑清楚并且小学生容易理解的方式来解释所有关于分数的问题. 本章接下来就致力于解决这个问题.

12.2　基本定义

本节通过给出分数的正式定义来开始数学讨论. 我们不会利用上一节的任何结论进行以下数学推理, 但在思想上会受到前面讨论的影响.

我们从一个在其上指定了一些等间距点的数轴开始, 其中一点为 0.0 及其右侧的等间距的点构成所有的自然数 (参见第一部分第 8 章): $\{0, 1, 2, 3, \cdots\}$.

回忆第 8 章, 一个数就是数轴上的一个点. 任意两个数 a, b, 它们之间的线段记做 $[a, b]$, 称 a, b 为 $[a, b]$ 的端点. 称线段 $[0, 1]$ 为单位线段. 此外, 再回顾第一个点的倍数的定义, 即有:

定义　**分数**是数轴上的点, 其定义方法如下: 固定一个自然数 $n > 0$, 将单位线段 $[0, 1]$ 分为 n 个相等的部分, 那么 $\frac{1}{n}$ 表示 0 右边第一个分点. $\frac{1}{n}$ 的所有倍数就构成了一列与 n 有关的等距点. 当 n 取遍 $1, 2, 3, \cdots$ 时, 由上述定义方式得到的所有点列的全体就定义为所有分数.

来看具体例子, 考虑 $n = 3$ 的情形, 我们来描述由 3 生成的所有点. 将单位线段 $[0, 1]$ 分为长度相等的 3 部分. 两个分点中, 靠近 0 的点定义为 $\frac{1}{3}$, 下面来定义 $\frac{1}{3}$ 的所有倍数: 0 是 $\frac{1}{3}$ 的 0 倍, 并且在这个序列中记为 $\frac{0}{3}$, $\frac{1}{3}$ 已经表示为 $\frac{1}{3}$ 的 1 倍, $\frac{2}{3}$ 是 $\frac{1}{3}$ 的 2 倍, $\frac{3}{3}$ 是 $\frac{1}{3}$ 的 3 倍, 一般的, 用 $\frac{m}{3}$ 表示 $\frac{1}{3}$ 的 m 倍, 如下图所示:

第 12 章 分数和十进制小数的定义

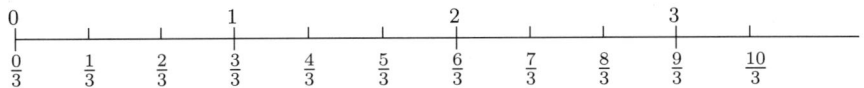

注意, 我们在数轴上引入 $\frac{1}{3}$ 的倍数的方法正是与第 8 章中引入 1 的倍数 (即自然数) 的方法相同. 两种情形都从一个固定点出发 (第 8 章是从 1 出发, 这里是从 $\frac{1}{3}$ 出发), 来寻找它的倍数. 我们可以把这种情况看成是, 用 $\frac{1}{3}$ 代替 1 的位置, $\frac{1}{3}$ 的倍数与自然数的倍数是类似的.

一般说来, 用 $\frac{m}{n}$ (对于任意自然数 m, n, 其中 $n \neq 0$) 表示的分数是这样一个点: 当把单位线段 n 等分时, 它是靠近 0 的第一个分点的 m 倍.

 不要看定义, 分别用语言描述 $\frac{7}{5}, \frac{12}{55}, \frac{33}{17}, \frac{127}{63}$ 是什么?

因此分数是用一种特殊方法在数轴上构造的点. 拥有分数定义的目的在于, 一旦我们接受这个定义之后, 它将成为今后一切分数讨论的出发点. 因此, 一旦在课堂上采用此定义后, 你和你的学生遇到有关分数的任何问题都需要返回来用定义解释. 同样的, 本书也将只用分数的定义来解释有关分数的一切结论.

在此对分数学习中符号的使用做一说明. 在前面引入 $\frac{1}{3}$ 的倍数的过程中, 我们也曾给每个自然数 (数轴上的一个点!) 取了一个新名字: 1 现在也是 $\frac{3}{3}$, 2 是 $\frac{6}{3}$, 3 是 $\frac{9}{3}$, 自然的, 4 是 $\frac{12}{3}$, 5 是 $\frac{15}{3}$, 等等. 如果允许使用符号记法, 上述论断就可以用符号语言简明地归纳为:

一般来讲, 对任意自然数 m, 有 $m = \frac{3m}{3}$.

当然, 这里强调 "对任意非零自然数 m". 因此当 m 相继取值为 $1, 2, 3, 4, \cdots$ 时, 由这一句符号语言就可以得到无穷多个陈述. 而且不必再局限于 3 的情形. 任取自然数 $l > 0$, 则显然有 $\frac{l}{l} = 1, \frac{2l}{l} = 2, \frac{3l}{l} = 3, \frac{4l}{l} = 4,$ 更一般的,

$$\frac{lm}{l} = m, \quad \text{对任意自然数 } l, m, \text{ 其中 } l > 0. \tag{12.1}$$

特别的, 取 $l = 1$, 有
$$\frac{m}{1} = m, \quad 对于任意自然数 \ m > 0.$$
取 $m = 1$, 有
$$\frac{l}{l} = 1, \quad 对于任意自然数 \ l > 0.$$

符号语言能实现精确和简洁的目的, 在讨论分数时将会得到广泛应用. 并且我建议教师至少从五年级就该开始在课堂上也尽量用类似的方法讲解 (参见【Wu01】和【Wu09a】).

在第 12.1 节的讨论中指出一个事实: 自然数一定是分数, 并且每个分数有多种表示方法, 例如: $2 = \frac{4}{2} = \frac{6}{3} = \frac{8}{4}$. 这不是新知识. 例如, 在第一部分第 1 章和第 11 章中已经提到过, 印度–阿拉伯 (十进制) 记数法中的符号 9 在三进制中表示为 100, 在四进制中表示为 21, 在五进制中表示为 14, 在六进制中表示为 13, 等等.

在分数 $\frac{m}{n}$ 中, 数 m 称为**分数** $\frac{m}{n}$ **的分子**, n 称为**分母**, 这已被公认为专业术语. 这个术语有语言使用不当的现象, 我们在此简单讨论一下. 分数不是一个符号, 而是数轴上的一个点, 而且根据 (12.1) 我们发现, 它可以有许多符号表示. 因此严格地讲, "m 是分数 $\frac{m}{n}$ 的分子" 是不正确的. 应当这样表达:

在分数 $\frac{m}{n}$ 中, 数 m 称为**分数符号** $\frac{m}{n}$ **的分子**, 表示分数 $\frac{1}{n}$ 的 m 倍.

分母的情形也类似. 然而, 把问题说清楚是一回事, 习惯用语又是一回事. 没有人[①]会在平常交流数学时用如此生硬的语言来讨论分数. 在数学里经常有语言使用不当的情况出现, 但如果这种"使用不当"是为了达到简洁的目的, 我们也承认这种用法.

当然, 在必需的时候, 我们也保留使用精确语言的权利.

由于印刷的原因, 分数 $\frac{m}{n}$ 有时写做 m/n. 通常, 我们将 $\frac{m}{n}$ 读做"n 分之 m". 例如, $\frac{2}{7}$ 读做"7 分之 2", $\frac{4}{5}$ 读做"5 分之 4". 此外, 为方便起见, 我们采用以下惯例:

在分数 $\frac{m}{n}$ 或 m/n 的记号中, 自动假定 $n > 0$.

通常情况下, 当 $m < n$ 时, 称 $\frac{m}{n}$ 为**真分数**; 当 $m \geqslant n$ 时, 称 $\frac{m}{n}$ 为**假分数**. 但根据我们定义分数的方式, 通常只说它是数轴上的一个点, 并不强调它是真分数还是假分数.

在第 1 章中, 我们定义了线段的长度, 那时线段长度只能是整数. 现在我们可以定义更

[①] 除非他是书呆子.

多的线段长度. 令 $\dfrac{m}{n}$ 为一个分数, 用 $[x,y]$ 表示数轴上的一条从 x 到 y 的线段, 将线段向左滑动使得它的左端点 x 与 0 重合, 若它的右端点 y 落在 $\dfrac{m}{n}$, 则我们称该线段的**长度为** $\dfrac{m}{n}$. 特别的, 当 $n = 1$ 时, $\dfrac{m}{n} = m$, 此时线段长度的定义便与第 1 章中线段长度的定义相吻合. 此外, 从分数 $\dfrac{m}{n}$ 的定义还可以推出:

$\dfrac{m}{n}$ 表示 m 条长度为 $\dfrac{1}{n}$ 的线段联结起来所得线段的长度.

为了简单起见, 也可以将上述推论表示为

$\dfrac{m}{n}$ 表示 m 份 $\dfrac{1}{n}$.

本章接下来都将采用这种表述方法.

再举两个分数的例子. 第一个是 $\dfrac{1}{5}$ 的一些倍数:

下一个是 $\dfrac{1}{8}$ 的一些倍数:

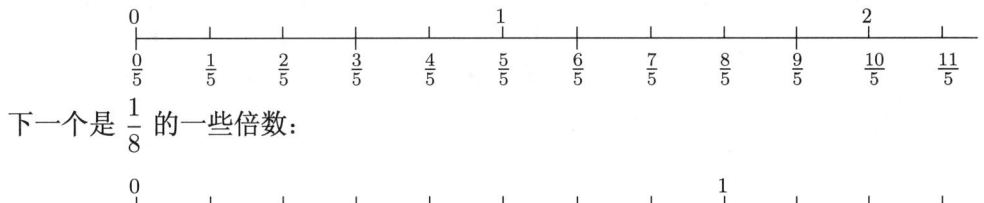

可以看到, 数轴上有许多分数, 但是并非数轴上 0 右侧的每一个数 (即点) 都是分数. 例如, 设 $[0, c]$ 表示与单位正方形对角线长相等的线段, 则在第 36.3 节中将会看到, c 不是一个分数. 事实上, "大多数" 数都不是分数.

可能你还没有完全适应分数的这一定义, 这里提供一个练习帮助理解.

> **? 动动手** 参照前面的例子, 用语言描述以下分数都在数轴上的哪个位置, 并画草图标出其位置:
>
> (a) $\dfrac{7}{9}$; (b) $\dfrac{6}{11}$; (c) $\dfrac{9}{4}$; (d) $\dfrac{17}{5}$; (e) $\dfrac{17}{3}$;
>
> (f) $\dfrac{k}{5}$, 其中 k 是自然数, 且 $11 \leqslant k \leqslant 14$;
>
> (g) $\dfrac{k}{6}$, 其中 k 是自然数, 且 $25 \leqslant k \leqslant 29$.

最后需要指出一点，目前的教育著作中，"分数"一词的使用容易造成混淆. 有的作者把分数定义为 $\dfrac{x}{y}$，其中 x 和 y 可以是任意实数. 因此，根据后面这种说法，$\dfrac{\sqrt{2}}{5}$ 是一个分数，但它在本书中不是分数.

在本书中，分数是指 $\dfrac{1}{n}$ 的倍数，其中 n 是某个非零自然数，所以分数符号中的 m 和 n 总是自然数. 读者必须对这种不恰当使用术语的情况多加小心.

12.3 十进制小数

有一类分数比较特别，应该一开始就单独指出来. 这类分数是分母为 10 的某个正整数次幂的分数，如：

$$\frac{1489}{100}, \quad \frac{24}{100000}, \quad \frac{58900}{10000},$$

被称为"十进制分数".[①] 不过，使用另一种记法和称谓可能更容易理解. 1593 年，德国传教士、天文学家克拉维乌斯 (参见【Gin28】)[②] 指出，如果我们舍弃分数的形式，一个十进制分数可以更容易地以如下方法写出：只写出分子，并用所谓的**小数点**记录分母中有多少个 0 (上述十进制分数中第一个有 2 个 0，第二个有 5 个 0，第三个有 4 个 0)，于是上述分数相应地改写为：

$$14.89, \quad 0.00024, \quad 5.8900.$$

用这种小数点的方式写成的数称为**有限十进制小数**或**有穷十进制小数**. 这种记法的理由很简单：十进制小数的小数位数，也就是小数点右边的数的个数，对应于分数分母中 0 的个数. 例如，14.89 表示对应分数的分母中有 2 个 0；0.00024 表示对应分数的分母中有 5 个 0；5.8900 则表示对应分数分母中有 4 个 0. 特别的，

我们认为 5.8900 有 4 个小数位.

我们用指数形式 (见第 1 章) 重写上述十进制分数如下，并且今后我们都将这样操作：

$$\frac{1489}{10^2}, \quad \frac{24}{10^5}, \quad \frac{58900}{10^4}.$$

下面来阐述小数点法则：

十进制小数中，小数的位数等于对应十进制分数的分母中 10 的指数. 例如，14.89 的小数位数是 2，0.00024 的小数位数是 5，5.8900 的小数位数是 4.

[①] 译者注：通过与作者沟通，我们统一把形如 $\dfrac{a_1 a_2 \cdots a_m}{k^n}$ 的分数称为 k 进制分数，其中，m 和 n 为正整数，$a_1, \cdots, a_m$ 只能取 $0, 1, \cdots, k-1$.

[②] C.Clavius, 1538—1612.

第 12 章　分数和十进制小数的定义

当从上下文中明确可以知道只讨论有限十进制小数时，常常省去"有限"或"有穷"二字，而简单称之为**小数**. 习惯上讲，为了记录 $\frac{24}{10^5}$ 中的幂 5，我们在 24 左边添加 3 个 0，以保证 0.00024 中的小数点右边有五个小数位. 小数点前面的 0 是为了看起来方便，可写可不写.

在看到 5.8900 时你可能会感到惊讶，因为你已经习惯于省去 5.8900 右边末尾的 0，而写成 5.89. 那么，为什么你认为可以那样做呢？对于自然数，比如 100，它末尾的 0 你也会省去吗？因此，这里一定需要证明才行. 我们将在下一节完成证明.

 (a) 把 $\frac{163079}{10^8}$ 和 $\frac{230000}{10^2}$ 写成小数形式;

(b) 把 1000.2001 和 0.000000071008000 写成分数形式.

就学习数学而言，本书中小数的这一定义可能给读者造成第一个严峻的障碍. 我们来重复阐述一下主要内容：一个小数，例如 0.0938，它本身的意义是一个分数，即

$$\frac{938}{10^4}.$$

你可能会将小数的这一特殊"解释"认为是开玩笑，对此不加以太多的注意，然后接下来就全部忘记. 然而，小数这一定义的作用正是在于要求你重新思考已学过的小数的知识，并以此定义作为出发点重新整理所学的知识，从而对已有知识重新做一个整体评价. 这可并非一件容易的事情，因为你已经习惯于认为 5.89 表示 5 个 1, 8 个 $\frac{1}{10}$, 9 个 $\frac{1}{100}$ 之和，并不考虑它是什么意思，也不考虑这样定义会在将来用小数计算时给你带来多大麻烦. 我们也深深理解，要接受一个全新的定义需要下很大的功夫（其难度无异于学习一门新的语言）. 我们也会在后续的章节中尽最大可能帮助你理解. 不过仍然需要你自己努力，因为如果不亲自动手，小数部分的知识对于你来说将永远很难对付.

12.4　单位的重要性

我们希望重点强调一下单位"1"在分数定义中的重要性. 请读者与第 8.2 节中的讨论做比较.

到目前为止，我们一直局限于抽象地认为，单位"1"是数轴上的一个点. 现假设我们把单位 1 解释为一片 3 英磅重的火腿的重量. 于是数字 1 表示 3 英磅，那么数字 4，即 $1+1+1+1$ 被看做是 4 片相同重量火腿的重量 (因此为 12 英磅). 请问此时 $\frac{1}{3}$ 表示什么？根据定义，我们把单位 (3 英磅) 分成重量相等的 3 部分 ① (于是每部分重 1 英磅)，其中每一部分即为 $\frac{1}{3}$. 在这个例子中，$\frac{1}{3}$ 表示 1 英磅. 通俗地说，$\frac{1}{3}$ 表示 "这片火腿的 $\frac{1}{3}$ 的重量". 更一般的，通过相同的推理可知，如果我们采用某物体 X 的重量作为单位，那么比如 $\frac{5}{7}$ 就表示把 X 平均分成重量相等的 7 份，取其中 5 份的重量. 因此，在这里 $\frac{5}{7}$ 表示 "物体 X 的重量的 $\frac{5}{7}$". (对照第 15 章中对这一用语的更一般的处理.) 因此，分数可以有很多不同的解释，取决于单位 "1" 的含义. 例如，$\frac{5}{7}$ 可以表示 "一桶水的体积的 $\frac{5}{7}$"，"一块蛋糕的体积的 $\frac{5}{7}$" ②，"你所有积蓄的 $\frac{5}{7}$"，等等，都取决于单位是什么.

一个可能引起误解的例子是用六形六色积木 ③ 作为 "由形状探究分数" 的工具. 设想现在拼好了六个图形：一个三角形，一个正方形，一个由两个三角形拼成的蓝色大菱形，一个白色小菱形 (记为菱形 B)，一个由六个三角形拼成的六边形以及一个由六边形的一半所构成的梯形. 设单位 "1" 表示三角形的面积，则梯形表示 3，大菱形表示 2，六边形表示 6. 根据六形六色积木的设计规则，正方形大约表示 $\frac{23}{10}$，因为它的面积大约为三角形面积的 $\frac{23}{10}$. 因此，可能与你已有知识完全相反，

> 用六形六色积木作为教具不能讲授 "由形状探究分数"，但是可以 "由面积探究分数".

(参见本章练习 10.) 另一方面，如果这时不把面积看成单位 "1"，而把六形六色积木中的不全等的多边形的总数看成单位 "1"，那么梯形、正方形、三角形、两个菱形以及六边形中的

---

① 注意，我们在这里没有说 "把单位分成相等的 3 部分"，而是说 "把单位分成重量相等的 3 部分". 因为当我们分割一片火腿的时候，直接说 "相等的 3 部分" 可能会引起误会，是体积相等？形状全等？还是重量相等？

② 在教材中，如果对 "单位" 到底是什么表述不精确的话，常常会引起误解，参见本章练习 9 和练习 10. 通常课本中只是表述成 "把蛋糕切成相等的 7 块，取其中的 5 块"，事实上，表述成 "把一个圆切成面积相等的几部分" 可能会更清楚明白一些. 如果从来没有对学生讲清楚 "把整体分成相等的几部分" 是什么意思，那么恐怕学生就会对什么是 "平均分配" 产生误解，甚至无法理解分数的概念.

③ 译者注：六形六色积木 (pattern blocks) 是一种教具，由六种几何形状的木块组成，分别是正六边形 (黄色)、梯形 (红色)、平行四边形 (蓝色)、正方形 (橘黄色)、三角形 (绿色) 以及菱形 (白色). 由于每种形状都有相同的边长，且角度设计时有倍数关系，因此容易排列组合出美丽的图形.

每一个分别表示 $\frac{1}{6}$, 而两个 (不同的) 菱形则用 $\frac{2}{6}$ 来表示.

> **?动动手** 设单位"1"表示 1 美元 (面值). 那么 1 美分硬币, 5 美分硬币, 10 美分硬币, 25 美分硬币分别用什么数表示? 另一方面, 如果单位"1"表示 25 美分硬币 (面值), 那么 1 美分硬币, 5 美分硬币, 10 美分硬币, 1 美元分别用什么数表示? 仍用 25 美分作为单位, 请问 $\frac{13}{5}$ 表示多少美元?

单位"1"固定时, 在不引起混淆的情况下, 我们有时不正式地将分数的定义改述如下:

令 k, l 是自然数, $l > 0$, 当把单位"1"平均分为 l 个相等的部分时, $\frac{1}{l}$ 定义为其中的 1 部分, 而 $\frac{k}{l}$ 则定义为其中的 k 部分.

教学评论 读者应该注意到上一段改述并未给出分数的确切意思, 因为"1 部分"和"平均分为 l 个相等的部分"都没有表述清楚[①]. 如果单位"1"表示某条线段的长度, 那么"相等的部分"意思是"长度相等的线段". 如果单位"1"表示某固定容器的容积, 那么"相等的部分"意思是"容器中容积相等的部分", 等等. 如果所提到的单位"1"表示线段的长度, 那么上段改述在本质上就是给出了分数的原始定义[②]. 在课堂上, 用这种固定单位"1"来引入分数的方法, 可能在一开始就更容易让学生接受, 但是一旦你决定采用这样的讲法, 请不要忘记时刻提醒学生在不同场合下不同单位的重要性.

12.5 面积模型

除了单位区间的长度, 单位正方形的面积也是最有趣而且最常见的单位. 由于它在本书分数理论发展中的重要地位, 我们把它单独拿出来进行更深入的讨论.

回顾第 2 章, **单位正方形** 是指边长为 1 (数轴上某个假设已被取定的单位长度) 的正方形.

[①] 见上一页中的脚注 [②].
[②] 这种改述的不足之处在于没有说清楚分数是数轴上一个确定的点, 于是, 对于"部分"的概念就只能留做想象了.

因为我们将在更复杂的情形下使用**面积**这个概念,所以我们首先来详细讨论面积的一些基本性质. 我们所需要的关于面积的基本事实, 都是一些极其平凡的性质, 归纳如下:

(i) 平面区域的面积总是一个数;

(ii) 单位正方形的面积定义为 1;

(iii) 如果两个区域全等, 那么它们的面积相等;

(iv) 如果两个平面区域至多相交于边界, 那么由这两个平面区域拼起来的新区域的面积恰等于这两个区域的面积之和.

为了精确地定义"两个区域全等", 要么使用直观意义, 即两个区域具有"相同的形状和大小", 要么通过将一个区域平移、旋转、反射, 看是否能与另一个区域完全重合. 于是, 下面的两个区域 A, B 是全等的:

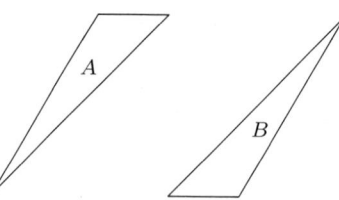

上述 (iv) 的意思是说: 如下图, 由 C, D 拼在一起的新区域的面积是区域 C, D 的面积之和.

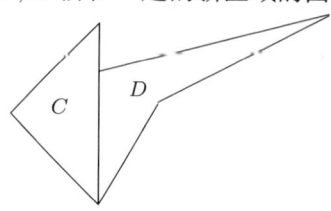

例如, 下面我们来证明, 在单位正方形中, 如下图所示的四个三角形, 每一个三角形的面积都是 $\frac{1}{4}$:

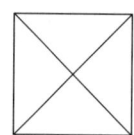

现在给出解释. 由上述 (ii) 知, 单位正方形的面积为 1, 这里 1 是数轴上的单位长度. 首

先可看出，四个三角形全等，这一点不证自明. 由 (iii) 知, 这四个三角形的面积相等. 因此单位 (= 单位正方形的面积) 被分为四个相等的部分(每一部分表示一个三角形的面积). 由固定单位时分数 $\frac{1}{4}$ 的定义，现在每个三角形的区域表示 $\frac{1}{4}$. 或者说得更准确些，由于单位现在表示的是单位正方形的面积，所以 $\frac{1}{4}$ 表示面积 $\frac{1}{4}$.

现在稍作停顿，来解释一下你的疑惑：为什么我们纠结于一些自己认为是显而易见的事情？至少有以下三种原因：

(a) 这些事情对于你来说很显然是因为你之前就曾或多或少地接触过，而对于一个首次接触它的低于三年级的学生来说也显然吗？很可能不是. 因此你必须学会如何解释清楚这些事实.

(b) 在后面的第 17 章中需要用到这些事实以及和它类似的事实，所以在这里应当给出原因.

(c) 我们想说明拥有一个定义有何意义. 换句话说，我们要以定义为根据解释与定义相关的任何结论. 这就是我们对定义所持的态度.

从实际操作的角度来说，你能在课堂上做出大量的解释吗？答案是不能. 对于孩子来说，这些"显然"的事实，解释起来并非那么容易. 你只要在他们的脑海中留下这样的印象：这个事实是有根有据的，然后继续讲课即可. 然而，作为数学老师自身，为了更好的个人成长，你最好学会如何给出这一解释，也许哪天就会用到.

在类似的情形下，用同样的方式可以给出类似的论证. 可以看到，$\frac{1}{4}$ 有很多不同的图形表示. 把单位正方形任意分割为面积相等的 4 部分，$\frac{1}{4}$ 可以表示其中的一部分. 举一些例子来说明. 如下图，每个正方形都是单位正方形，面积均为 1. 此外，对正方形的每一分割都可看成是平均分割，则下面每个图中的阴影区域的面积均为 $\frac{1}{4}$:

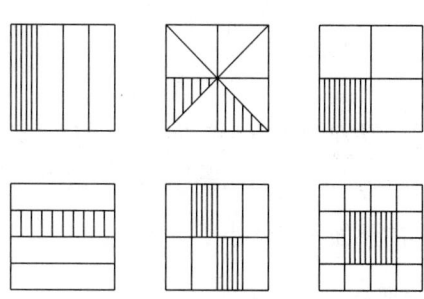

动动手 如下图所示，假定单位"1"表示整个正方形的面积. 用阴影画出代表 $\frac{3}{8}$ 的两种不同图示. 类似地表示 $\frac{7}{16}$. 能否通过图示直观地辨别出, $\frac{3}{8}$ 和 $\frac{7}{16}$ 哪个面积更大一些？

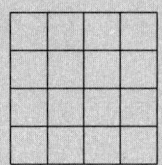

如果把分数想象成某些图形能够对你的理解有所帮助 —— 比如一块比萨的一部分，一个正方形的一部分 (如上所讲)，或者一些圆点，那么采用所有可以用到的方法吧. 学数学时，只要你不丢失精确的定义和技巧，接下来怎么做对你学习有益你就怎么做，包括使用教具，比喻，类比等. 对于分数来说，这意味着你可以使用所需的图形来帮助理解. 但是最终，你应当能够用分数作为数轴上的点这一原始定义来阐述逻辑严密的结论.

使用图示法要注意的一点是：即便在非正式的推理中，我们也要尽量不毁坏学生对基本数学概念的直觉性理解. 因此，如果单位"1"表示正方形或圆的面积，就要特别注意任何情况下都要保持单位的大小不变 (或者在徒手画图时要尽量控制在误差允许的范围之内). 下面我们给出几个反例.

例 1 告诉学生"下面阴影部分的面积是 $\frac{3}{2}$".

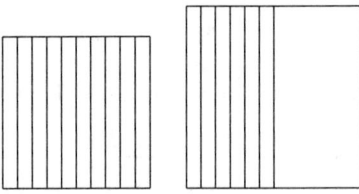

这里的错误在于，如果隐含左边正方形的面积为单位"1"，那么右边正方形 (看起来要大一些) 的面积将大于 1，从而阴影部分的总面积应该大于 $\frac{3}{2}$. 否则假设右边正方形的面积为单位"1"，那么阴影部分的总面积应该小于 $\frac{3}{2}$.

例 2 告诉学生"下面阴影部分的面积是 $\frac{3}{2}$".

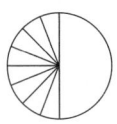

这个例子与上例一样都是在视觉上对分数引起的误导,差别只是用比萨饼代替了正方形而已. 如果左边的比萨饼的面积是单位"1",则右边的比萨饼面积比 1 大,故阴影部分的总面积大于 $\frac{3}{2}$. 由于用比萨饼来表示分数很常见,所以我把这个具有争议的问题放在前面,希望这种引起误导的分数表示方法不要在课堂上出现. 此外,一些老师也成功地避免了这种误导,因为他们只讲真分数,所以通常一块比萨饼就够用了. 然而,这样的实践并不具有教学意义,因为学生必须习惯于见到各种各样的分数,包括真分数和假分数.

例 3 提问"下图阴影部分表示的分数是多少呢?"

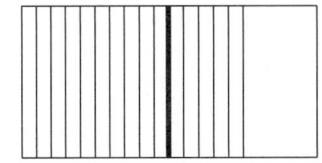

这里的问题在于没有明确地指出单位"1"是什么. 所以假设整个矩形的面积为单位"1"也是合理的,此时阴影部分的面积应该是 $\frac{3}{4}$ 而不是 $\frac{3}{2}$. 最好从一开始就强调单位的重要性,以避免这种歧义.

12.6 分数在数轴上的位置

如何在数轴上找到分数的大致位置? 我们来看一些例子. 观察一下带余除法是如何自然地引入的. 从某种意义上说,本节是对第 10 章中关于估计的结论的自然推广:如何估计一个给定分数的大小.

例如,在下面的这条线上,分数 $\frac{16}{3}$ 位于哪两个自然数之间?

```
0   1   2   3   4   5   6   7   8
```

通过简单的心算就能解决这个问题. 我们知道,$15 = 5 \times 3, 18 = 6 \times 3$. 故根据等式 (12.1),

$\frac{15}{3}=5, \frac{18}{3}=6$. 由于 $\frac{1}{3}$ 的倍数依次向右排列为, $\cdots, \frac{15}{3}, \frac{16}{3}, \frac{17}{3}, \frac{18}{3}, \cdots$, 这样, 分数 $\frac{16}{3}$ 介于 $5\left(=\frac{15}{3}\right)$ 和 $6\left(=\frac{18}{3}\right)$ 之间, 且距离 5 比距离 6 更近些. 如下图所示:

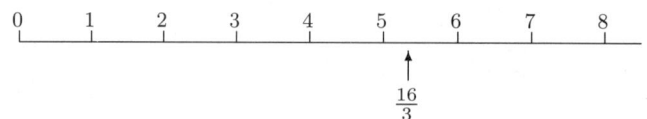

一般说来, 当简单的心算不能解决问题时, 就有必要用到带余除法 (见第 7 章). 为了说明这个问题, 我们考虑把 $\frac{84}{17}$ 放在同一条数轴上. 现在看 17 的倍数, 即 $0, 17, 34, 51, 68, 85, \cdots$, 显然 84 介于 $68 (= 4 \times 17)$ 和 $85 (= 5 \times 17)$ 之间. 并且通过带余除法我们可以找到它的准确位置: $84 = (4 \times 17) + 16$. 因此,

$$\frac{84}{17} = \frac{(4 \times 17) + 16}{17}.$$

所以 $\frac{84}{17}$ 是数轴上距离 4 右边 $\frac{16}{17}$ 的点. 因此, 如果每步走 $\frac{1}{17}$, 那么从 4 出发向右走 16 步就到达 $\frac{84}{17}$. 如果走 17 步, 就到达了 5. 所以 $\frac{84}{17}$ 与 5 很接近, 如下图所示:

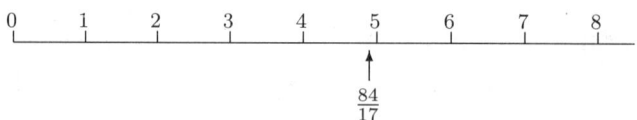

> **动动手** 在数轴上找到下列各数的大致位置:
>
> (a) $\frac{29}{100}$; (b) $\frac{255}{101}$; (c) $\frac{1234}{2467}$; (d) $\frac{49}{5}$; (e) $\frac{73}{12}$.

12.7 需要思考的问题

由上述讨论所引发的某些问题很微妙, 应该详尽地进行研究.

首先, 也是最重要的一点, 我们的目的是尽快给出分数的明确定义, 原因有两个. 第一, 在本书中, 每一条数学结论都由推理得出, 并且每一个推理过程都要建立在明确和精确的信息之上. 因此, 为了给出必要的依据, 必须先给出定义. 第二个理由是, 一块比萨饼不能对分数给出清晰且逻辑严密的解释. 例如, 谁也不知道如何用一块比萨饼除以另一块. 分数作为数轴上某一个点,这一定义已被证明是到目前为止在数学上唯一切实可行的定义,我们就采用了这一定义.

第二个争论的要点是,有一些学生对奇怪的分数符号 $\frac{k}{l}$ 感到不舒服. 他们想知道为何要用两个自然数以及中间的一条横线来表示一个单独的量. 我们相信,只有当分数的概念不清楚的时候这个符号才会显得奇怪,任一用来表示神秘物体的符号都会看起来很奇怪. 但是,我们知道得更多一些:分数是数轴上一些确定的点,并且大多数点落在两个自然数之间. 例如,要定位由符号 $\frac{5}{3}$ 表示的点,问问你的学生,是否能用一个自然数确定这个位于 1 和 2 之间的点的具体位置? 显然不能. 另外,告诉他们 5 与 3 之间的横线只是在严格意义上为了看起来清楚,没有别的作用. 如果我们去掉那条横线,$\frac{5}{3}$ 就写成 $\begin{smallmatrix}5\\3\end{smallmatrix}$,那么过不了多久,这个符号在写字潦草的人手中就变成了 35 或 53. 所以最好还是加上那条横线吧! 作出如此解释之后,符号 $\frac{5}{3}$ 看起来就不那么奇怪了.

第三个问题,你可能会担心如何把单位线段平均分成相等的几段,如 7 段或 11 段. 为了把分母为 11 的分数放在数轴上,我们必须把单位线段 11 等分. 从实际操作的角度来说,这种担心完全合理,因为除了二等分或四等分以外,我们中的大多数人在对物体进行任意等分时都会遇到困难. 然而为了理解分数的定义,没有必要为是否能实际操作而烦躁,只需要理解其理论上的可能性就好了. 当然,理论上讲是没有问题的. 不过在课堂上,你可以用一点儿手段完成这种分割:将 11 段相同长度的短线段在一条直线上拼成一条长线段,把此长线段称为单位线段. 这样把单位线段 11 等分的目的就达到了.

第四个值得讨论的问题是:通常意义下,两个分数相等是什么意思?[①] 例如,我们在等式 (12.1) 中遇到这样的现象,对任意自然数 n, l,其中 $l > 0$,有 $\frac{nl}{l} = n$.

$$\text{“}\frac{nl}{l} = n\text{”是什么意思?}$$

这是对第 2 章讨论两个自然数相等的延续. 对于自然数来说,可以通过计算也可以通过看两个数是否表示数轴上同一个点来判断两个数是否相等. 而对于分数来说,数数是不可能的,但是因为我们有一个精确的分数的定义,所以我们仍然能够清晰地说明两个分数相等是什么意思.

定义 等式 $\frac{a}{b} = \frac{m}{n}$ 的意思是,用 $\frac{a}{b}$ 和 $\frac{m}{n}$ 这两个分数符号表示的两点在数轴上是同

[①] 等于号的意义已经吸引了代数方面教育工作者的注意力. 这里的根本问题在于,是否在数学学习一开始的时候就教会了学生等式是什么意思.

一个点. 两个相等的分数也称为**等价分数**.

更确切地说,"等价分数"应该叫做**等价分数符号**. 但是通常在没有什么影响的情况下我们还是按照传统叫法, 采用"等价分数". 再接下来的章节中, 我们将经常被要求验证两个分数相等的问题.

对分数相等的讨论应该拓展到更一般的**分数比较大小**或**排序**. 在第 1 章中, 对于两个自然数 A, B, 我们是用 A, B 在数轴上的相对位置来定义 $A < B$ 这个概念的. 即, 如果 A 的位置在 B 的左边, 就有 $A < B$. 现在用相同的方法来定义分数的情形. 给定两个分数 A, B, 如果在数轴上 A 的位置在 B 的左边, 我们就称 $A < B$ (A **比** B **小**或 B **比** A **大**).

这等同于说, 线段 $[0, A]$ 比线段 $[0, B]$ 短.

对分数的定义的最后一点注记, 从某种数学观点来看, 我们现在研究分数的方法认为分数无"大小"之分. (所谓分数有大有小, 是指其分母和分子是大是小.) 因为, 在数轴上, 所有点 (数) 都处于平等的地位. 所以在小学数学课堂上让学生练习的时候, 你无需为了简单而偏爱使用以个位数字为分子和分母的分数.①

练习

1. 设单位正方形的面积为 1, 请画出两种不同的图示表示以下分数:

   (a) $\dfrac{5}{6}$;   (b) $\dfrac{7}{4}$;   (c) $\dfrac{9}{4}$.

2. 如图, 已知正方形被分割成面积相等的 4 部分, 设数轴上的单位 1 表示图中阴影部分的面积.

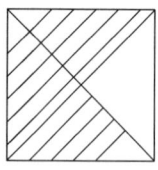

若将单位正方形做如下几种分割, 并取阴影部分, 请写出表示阴影部分的面积的分数, 并简要解释你的答案: (中间的图: 上下边长被 4 等分; 右图: 两个正方形, 其中右边正方形被

---

① 译者注: 本段中的"大小"与上文中"比较大小"中的"大小"含义不同, 这里意指"繁简". 作者的意思是, 例如两个分数 "$\dfrac{16}{24}$" 与 "$\dfrac{2}{3}$" 是处于平等地位的, 无需认为 $\dfrac{16}{24}$ 繁琐而非得将其化简为 $\dfrac{2}{3}$.

2 等分)

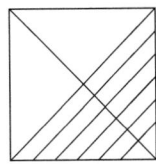 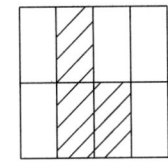 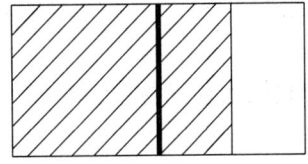

3. 设单位 1 表示如下图中阴影部分的面积, 问题同上题.

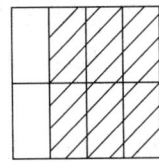

4. 设单位同上述第 2 题, 请用分数表示下图中阴影部分的面积. (假设正方形上下边长均被 3 等分)

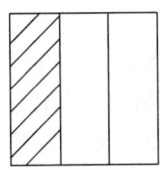

5. 取单位正方形的一组对边, 把每条边分成 48 个相等的部分, 用线段连结对应分点, 得到 48 个细矩形 (我们假定这些都是矩形). 把正方形的另一组对边平均分成 203 个相等的部分, 也用线连结对应分点, 这些线与其他的 47 条线互相垂直. 这 47 条水平线与 202 条竖直线构造出了 48×203 个小矩形, 两两之间互相全等 (我们也这样假定). 请问每一个这样的小矩形的面积是多少? 为什么? (这个问题对于后面的第 17 章很重要.)

6. 在数轴上标出下面分数的准确位置, 并简要说明原因:

(a) $\dfrac{102}{1003}$; (b) $\dfrac{65}{16}$; (c) 2.51; (d) 4.26; (e) $\dfrac{459}{23}$; (f) $\dfrac{1502}{24}$; (g) $\dfrac{9}{28}$; (h) $\dfrac{17}{84}$.

7. 做本题之前先回顾一下第 12.4 节 "单位的重要性" 一节. 此外, 请确保利用分数的定义做本题, 而不要靠直觉, 否则无法给你的学生解释清楚.

(a) 当汽车在公路上行驶了 150 米时, 已经完成了全程的 $\dfrac{2}{3}$, 请问全程一共多少米? 说明原因.

(b) 一本书读过了 200 页, 恰好读完全书的 $\frac{3}{4}$, 请问这本书一共有多少页? 说明原因.

(c) 琳娜从家出发去学校, 已经走过了 0.9 英里, 还剩下全程的 $\frac{3}{4}$, 请问她家离学校有多远?

8. 如图所示, 数轴上有三条 (加粗) 线段:

已知左边的线段长为 $\frac{9}{14}$, 中间线段长为 $\frac{7}{15}$, 右边线段长为 $\frac{15}{17}$, 请问以下 A, B, C 分别表示哪个分数? (注意: 切记要对你的答案做出解释. 另外, 直到第 14 章中我们才讨论"带分数", 在此之前你对这个概念一无所知.)

9. (a) 我的一个朋友每帮她父母遛 3 次狗, 就能赚 2 美元. 这星期她将遛狗 12 次, 请问她能赚多少钱?

(b) 设想你的朋友告诉你, 他在教五年级学生做上面的问题 (a) 时, 利用分数 "建立比例式"

$$\frac{2}{3} = \frac{?}{12}$$

来解题, 但令他困惑的是, 学生并不能理解. 你能帮帮他吗?

10. 一本关于师资培训的教科书指出, 学生对于 "相等的部分" 这个概念理解得很模糊, 并且极容易出错, 例如: 当把一个圆画成如下图:

学生很容易描绘出 $\frac{2}{3}$. 但让同样的学生自己去画出一个圆的 $\frac{2}{3}$ 时, 经常会遇到这样的情况: 他们把圆分成面积不相等的三部分, 如下图:

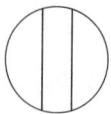

(a) 题目中是什么错误的数学提示语误导了这部分学生? (提示: 注意上述 "不相等的部分", 以及参见第 12.4 节正文中的脚注①和②.)

(b) 如何纠正学生的这些错误?

11. 本题来自一本三年级练习册. 以下各图分别表示一个分数:

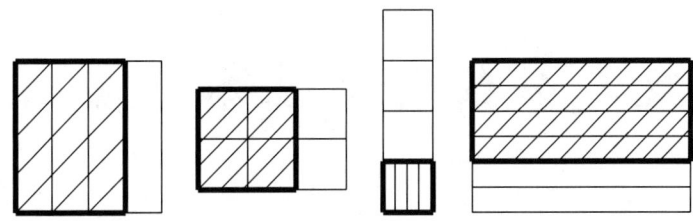

请指出哪两个图的阴影部分的面积表示同一个分数?

如果你是三年级教师, 要给学生讲解这本练习册, 请问你如何改编这道题目以适合课堂教学?

第 13 章
等价分数与分数对的基本事实

我们都很熟悉这个事实, $\frac{1}{2} = \frac{2}{4}$, 因为"把一个物体四等分取其中的两份, 等价于把这个物体二等分取其中的一份". 同理, $\frac{1}{3} = \frac{2}{6}$, 等等. 根据第 12.7 节中的定义, 即知, $\frac{1}{2}$ 与 $\frac{2}{4}$, $\frac{1}{3}$ 与 $\frac{2}{6}$ 是两对等价分数.

本章的主要目的是通过回答下面两个问题来理解并处理等价分数:

(a) 有没有一个一般的理由能够解释 $\frac{1}{2} = \frac{2}{4}$ 和 $\frac{1}{3} = \frac{2}{6}$?

(b) 如何判断两个分数是否相等?

并不是数轴上的所有问题都能像 $\frac{1}{2} = \frac{2}{4}$ 和 $\frac{1}{3} = \frac{2}{6}$ 这两个简单的例子一样通过视觉观察来完成, 例如, 请问 $\frac{161}{91}$ 与 $\frac{253}{143}$ 是否相等呢? 如果相等, 你又如何给你的学生解释清楚呢? 本章结束的时候你就可以回答这个问题了 (见本章练习 1).

本章各节安排如下:

等价分数定理 (约分法则)

等价分数定理在小数中的应用

定理 13.1 的证明

分数对的基本事实

交叉相乘法法则

分数对的基本事实的背景

在最后一节, 我们将解释分数对的基本事实背后的思想.

13.1 等价分数定理 (约分法则)

在刚开始学习分数的时候, 老师只是教给学生一个机械的技巧: 给定一个分数, 比如 $\frac{6}{8}$, 分数的分子和分母同时乘以一个相同的自然数, 所得的分数与原来的分数相等. 于是,

$$\frac{6}{8} = \frac{5 \times 6}{5 \times 8} \left(= \frac{30}{40}\right).$$

这个机械的技巧的另一方面是, 分数的分子和分母同时除以它们的公因数, 所得的分数与原来的分数相等. 故

$$\frac{6}{8} = \frac{6 \div 2}{8 \div 2} \left(= \frac{3}{4}\right).$$

现在, 我们以一个定理的形式在一般情况下给出上述两种情况成立的原因.

定理 13.1 给定两个分数 $\frac{m}{n}$ 和 $\frac{k}{l}$, 若存在非零自然数 c, 使得

$$k = cm \quad 且 \quad l = cn,$$

则

$$\frac{m}{n} = \frac{k}{l}.$$

回忆我们在第 12 章中的约定, n 和 l 分别作为分数 $\frac{m}{n}$ 和 $\frac{k}{l}$ 的分母, 并且自然地假定它们都是非零的. 上述定理也常常简述为以下形式: 对于任意分数 $\frac{m}{n}$ 和任意非零自然数 c, 有

$$\frac{m}{n} = \frac{cm}{cn}. \tag{13.1}$$

在等式 (13.1) 中, 若 $n = 1$, 那么就得到等式 $m = \frac{cm}{c}$, 对于任意自然数 m 和非零自然数 c 都成立. 这刚好是第 12 章中的等式 (12.1). 但是, 如果固定 (13.1) 式中的 m 和 n, 并让 c 取遍 $1, 2, 3, \cdots$, 这样就得到了无穷多个都与 $\frac{m}{n}$ 相等的分数. 比如, 令 $m = 2, n = 3$, 取 $c = 2, 3, \cdots, 9$, 我们得到

$$\frac{2}{3} = \frac{4}{6} = \frac{6}{9} = \frac{8}{12} = \frac{10}{15} = \frac{12}{18} = \frac{14}{21} = \frac{16}{24} = \frac{18}{27}.$$

理解了定理 13.1, 就意味着你能判断出 $\frac{6}{9}$ 与 $\frac{18}{27}$ 是相等的, 并能解释原因.

定理 13.1 通常被称为**等价分数定理**, 因为它给出了两个分数相等的充分条件. 等式 (13.1)

有时又被称做分数的**约分法则** $\left(\text{因为我们把分数 } \dfrac{cm}{cn} \text{ 上下同 "约去" } c \text{ 就得到 } \dfrac{m}{n}\right).$

定理 13.1 可以认为是关于分数的最重要的事实.

我们将在第 13.3 节中再证明定理 13.1. 暂时假定定理已经得证, 我们先集中精力探讨它的一些推论. 而第二部分的其他章节无非都是这个定理的一些直接或间接的应用. 从概念上来说, 这个定理传达的信息很明确: 分数符号 $\dfrac{m}{n}$ 的本质并不在于符号中两个独立的数 m 和 n, 而是在于它们的 "相对大小", 因为 $\dfrac{m}{n} = \dfrac{2m}{2n} = \dfrac{3m}{3n} = \cdots.$

下面这个推论从除法的角度改述了约分法则 (13.1).

推论 13.1.1 给定分数 $\dfrac{k}{l}$, 若自然数 c 整除 k 和 l, 则

$$\frac{k}{l} = \frac{k \div c}{l \div c}. \tag{13.2}$$

在证明本推论之前, 我们应该提一下, 从 $\dfrac{k}{l}$ 过渡到 $\dfrac{k \div c}{l \div c}$ 称为**把分数** $\dfrac{k}{l}$ **化简为** $\dfrac{k \div c}{l \div c}.$

你会注意到, 约分法则对化简一个分数是否有效, 完全依赖于是否能寻找到分子和分母的一个 (不为 1 的) 公因子. 有时去猜这个公因子不太可能. 例如, $\dfrac{171}{285} = \dfrac{3}{5}$ 就不那么显而易见, 因为当我们去寻找能同时整除 171 和 285 的数时, 57 不会一下子就映入眼帘. 诸如此类的例子比比皆是, 如 $\dfrac{253}{161} = \dfrac{11}{7}$, 因为 23 是 253 和 161 的公因子. 再如 $\dfrac{1651}{762} = \dfrac{13}{6}$. 所幸的是, 我们有一个算法可以求出这样的公因子, 这就是欧几里得算法, 见第 35 章.

？动动手 证明 $\dfrac{1651}{762} = \dfrac{13}{6}.$

为证明上述推论, 我们先来看一个例子. 给定 $\dfrac{38}{57}$, 假设我们已知 19 可以同时整除 38 和 57, 则 $38 \div 19 = 2, 57 \div 19 = 3$, 那么上述推论可以断言 $\dfrac{38}{57} = \dfrac{3}{2}$. 这是因为同时有 $38 = 19 \times 2$, $57 = 19 \times 3$, 所以在等式 (13.1) 中取 $c = 19$, 就有

$$\frac{38}{57} = \frac{19 \times 2}{19 \times 3} = \frac{3}{2}.$$

这个推理也适用于一般情形.

推论 13.1.1 的证明　事实上，根据第 7.1 节中除法的定义，若 c 整除 k，则令 $k = cm$，其中 m 是自然数，若 c 整除 l，则令 $l = cn$，其中 n 是自然数. 因此我们有 $m = k \div c, n = l \div c$，于是利用等式 (13.1)，就得到

$$\frac{k}{l} = \frac{cm}{cn} = \frac{m}{n} = \frac{k \div c}{l \div c},$$

这便是我们要证明的等式 (13.2). 于是推论得证.　□

如果不存在自然数 $c > 1$，使得 c 同时整除分数 $\frac{k}{l}$ 的分子 k 和分母 l，则称分数 $\frac{k}{l}$ 为**既约分数**或**最简分数**. 有这样一个事实：每个分数都有且只有一个最简分数与它相等. 例如，$\frac{2}{3}$ 是 $\frac{18}{27}$ 的最简分数，$\frac{13}{6}$ 是 $\frac{1651}{762}$ 的最简分数. 关于分数的最简形式的这一基本事实看起来似乎是合理的，但它的证明 (将在第 36.1 节给出) 却不这么简单，因为证明过程需要用到欧几里得算法. 然而，最好记住这一事实，因为我们偶尔需要将一个给定分数化为最简形式，这一事实便保证了化简的可行性.

教学评论　似乎在中小学数学里有这样的传统，未约分的分数是"不合理"的. 如果学生以未约分的分数作为习题的答案，就会被扣分. 我认为是时候对这件事情提出一些观点了. 一方面，分数就是分数. 在第 12 章分数的定义中没有一点儿迹象表明，某个分数就比别的分数要"好". 因此从数学的观点来看，所有分数的地位都平等. 分数 $\frac{5}{10}$ 与 $\frac{1}{2}$ 一样好，尽管我们常常更偏爱后者. 此外，有时即使在条件最充分的情况下也很难证明我们的偏爱是有道理的. 如果我们坚持每个分数都必须写成最简分数的形式，那么我们是否要接受一个五年级的孩子写了 $\frac{38}{57}$？毕竟，就算是一个成人有时也难以判断它是否最简. 那么如果遇到像 $\frac{1333}{2279}$ 这样极端的例子呢 (事实上它等于 $\frac{31}{53}$)？为什么所有的分数都一定要化成最简分数呢？这样的问题对学生即使不是无法解释，至少也是很难解释清楚的.

另一方面，如果学生养成了从来不化简诸如 $\frac{4}{2}, \frac{3}{9}$ 这类分数的习惯，的确很让人烦恼. 因此教师在处理这种情况的时候需要具备一些常识. 有种方法是指定一个规则，如果分数的分子和分母是个位数，就必须化简. 教师也可以教会学生一些化简分数的特殊技巧，在考试时，明确要求某些答案必须化简. 当然教师还需要以身作则，经常在黑板上化简一些显然可约分的分数，例如 $\frac{15}{20} = \frac{3}{4}$. 此外，教师也要允许出现未化简的分数.

在这里，有必要指出，前面的讨论只是利用了定理 13.1 的陈述，似乎没有涉及推理. 这

是机械的学习吗？绝对不是的．学会如何使用一个工具（定理 13.1 或约分法则 (13.1)）是学习数学的一个重要部分．安排前面的讨论就是为了让你习惯于使用定理 13.1，而无需重复其证明部分．

学会如何有效利用工具，是熟练使用数学的重要部分．当然我们也坚持认为，你应该认识到该工具在数学上为什么行得通．定理 13.1 的证明将在第 13.3 节给出，这是学习的一个必不可少的阶段．

13.2　等价分数定理在小数中的应用

作为定理 13.1 的一个应用，我们来结束第 12.3 节中的讨论：为什么小数 5.8900 与 5.89 是相等的．回忆小数的定义，我们有

$$\frac{58900}{10^4} = 5.8900,$$

所以

$$5.8900 = \frac{58900}{10^4} = \frac{589 \times 10^2}{10^2 \times 10^2} = \frac{589}{10^2} = 5.89,$$

其中倒数第二个等式运用了定理 13.1．我们注意到，用同样的推理可以证明更一般的结论：

在小数的小数点右边末尾处添加或删去 0，小数的大小不变．

为了理解清楚这个结论，我们来证明 $12.70000 = 12.7$：

$$12.7 = \frac{127}{10} = \frac{127 \times 10^4}{10 \times 10^4} = \frac{1270000}{10^5} = 12.70000.$$

下面我们要利用定理 13.1 来讨论小数的另一个问题，即如何把分数转化成有限小数．对这一转化，在课堂上通常讲以下三个步骤：

(i) 在分数分子的末尾添加一些 0，用长除法把所得的数除以分母；

(ii) 在所得的商中正确地放置小数点，得到一个小数；

(iii) 所得小数与已知分数相等．

但教师对学生往往不给出任何解释．为什么所得小数与先前的分数相等，没有任何解释，这甚至导致学生模糊了对等号的理解．

我们将证明以上三个步骤 (i) – (iii) 是正确的，但是其推理过程比人们通常知道的更巧妙．我们将在第 18.4 节和后面的第 42 章中再详细讨论这个问题．在这里，我们将采用最初等的办法，仅借助等价分数定理，来证明为何一些简单的分数等于有限小数．一个极为重要的事实是：一个既约分数等于一个有限小数，当且仅当其分母是一些 2 和一些 5 的乘积 (2

和 5 不一定都出现). 这一事实将在第 36.2 节中证明. 虽然目前不进行证明, 但它能够解释为什么下述讨论中分数都是 2 的幂与 5 的幂的乘积.

最常见的分数化为小数的有:

$$\frac{1}{2} = 0.5, \quad \frac{1}{4} = 0.25, \quad \frac{1}{5} = 0.2.$$

如果你还记得有限小数的定义的话, 以上转化很容易得到解释:

$$\frac{1}{2} = \frac{1 \times 5}{2 \times 5} = \frac{5}{10} = 0.5,$$

$$\frac{1}{4} = \frac{1 \times 25}{4 \times 25} = \frac{25}{100} = 0.25,$$

$$\frac{1}{5} = \frac{1 \times 2}{5 \times 2} = \frac{2}{10} = 0.2.$$

转化的思想就是我们想把分母变成 10 的某个幂, 运用等价分数定理, 我们给分子和分母同时乘以一些 2 和一些 5, 把分母"放大"到 10 的某个幂 (10 只以 2 和 5 为因子). 当分母本身是一些 2 和一些 5 的乘积时, 这种方法总是有效. 有了这一思想, 我们来理解为什么 $\frac{3}{8} = 0.375$, 因为

$$\frac{3}{8} = \frac{3}{2^3} = \frac{3 \times 5^3}{2^3 \times 5^3} = \frac{375}{10^3} = 0.375,$$

其中我们把 $2 \times 2 \times 2$ 写成 2^3, 把 $5 \times 5 \times 5$ 写成 5^3, 等等 (参见第 11.1 节). 同理, $\frac{18}{625} = 0.0288$, 因为

$$\frac{18}{625} = \frac{18}{5^4} = \frac{18 \times 2^4}{5^4 \times 2^4} = \frac{288}{10^4} = 0.0288.$$

从前面的例子中很容易看出, 为什么分母中 2 或 5 的指数 ($8 = 2^3, 625 = 5^4$) 决定对应答案中小数点后面的位数 (0.375 的小数点后面有 3 位, 0.0288 的小数点后面有 4 位).

13.3 定理 13.1 的证明

现在来证明定理 13.1. 首先我们来看看在教科书中通常是如何处理的. 一个典型的解释如下:

描述同一个量的两个不同的分数, 称为等价分数.

我们将提供一种方法构造等价分数. 给一个数乘以一个等于 1 的分数, 将得到这个数的另一种不同的写法. 如

$$\frac{1}{2} \times 1 = \frac{1}{2} \times \frac{2}{2} = \frac{2}{4}, \quad \frac{1}{2} \times 1 = \frac{1}{2} \times \frac{3}{3} = \frac{3}{6},$$

分数 $\frac{1}{2}, \frac{2}{4}, \frac{3}{6}$ 是等价分数.

我们假设学生理解了什么是"描述同一个量". 对于上述解释, 最令人担忧的一点是, 等式 (13.1) 的成立建立在了分数乘法这个概念的基础上. 我们在第 17 章中将会看到, 分数乘法绝不是一个简单的概念, 它需要特别谨慎地定义, 而在教科书中常常缺乏这样的定义. 因此, 如此解释等价分数依赖于另一个更难解释的概念, 而这是不容易被学生接受的 (参见本书的开始部分"致读者"). 下面我们给出等式 (13.1) 的一个正确解释, 这样的解释既简单又直观.

先来证明定理 13.1 的一个特殊情形:
$$\frac{1}{2} = \frac{3}{6} \left(= \frac{3 \times 1}{3 \times 2} \right).$$

事实上, 这个例子太简单了, 对一般情形的证明帮助不大. 但是, 它的确对涉及的基本思想做出了一个很好的介绍, 推理本身很好地说明了精确定义的必要性. 根据分数的定义, $\frac{3}{6}$ 表示 3 份 $\frac{1}{6}$ (回忆第 12 章, $\frac{3}{6}$ 表示把 3 条长度为 $\frac{1}{6}$ 的线段拼接而成的线段的长度), 现在我们要证明它等于 $\frac{1}{2}$. 首先让我们从最初等的切蛋糕的观点来看待这个问题. 当然, 蛋糕是用平面上的一个圆来表示的, 我们要把蛋糕切成两个全等的扇形. 所以, 用 1 表示整个圆, 则 $\frac{1}{2}$ 表示半个圆. 如下图所示:

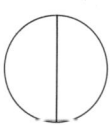

现在我们再把两个半圆都分别切成三个全等的部分, 那么现在蛋糕被分成了六个全等的部分, 每一小部分就是 $\frac{1}{6}$. 如下图所示:

这时, 注意看圆的左半部分, 它是 $\frac{1}{2}$. 但它现在被平均分成三个全等的部分, 每部分是 $\frac{1}{6}$, 所以 $\frac{1}{2}$ 现在表示 3 份 $\frac{1}{6}$, 即 $\frac{1}{2} = \frac{3}{6}$.

以上讨论的直观思想可以用数轴很容易表述为一个正式的论证. 为简单起见, 从此以后, 在数轴的背景下, 我们把具有相等长度的线段写成是**相等的部分**. 现在把 $[0,1]$ 分成两个相等的部分, 分点 $\left(\text{即 } \frac{1}{2}\right)$ 在下图中用竖直的箭头标出:

接下来, 把每个长度为 $\frac{1}{2}$ 的线段平均分成三个相等的部分 $\Big($分成 "三" 份, 是因为我们看到 $\frac{3 \times 1}{3 \times 2}\Big)$. 现在 $[0,1]$ 被分成了六个相等的部分, 每部分的长度为 $\frac{1}{6}$. 从图中可以清楚地看到, $\frac{1}{2}$ 是 3 份 $\frac{1}{6}$. 由于 3 份 $\frac{1}{6}$ 等于 $\frac{3}{6}$, 所以我们看到 $\frac{1}{2} = \frac{3}{6}$.

再来看一个例子:
$$\frac{4}{3} = \frac{20}{15}.$$

从本例的证明可以充分看出一般情况的复杂性. 但是请大家注意观察, 这个证明是如何详细阐述 (而不是完全背离) 前面用数轴证明 $\frac{1}{2} = \frac{3}{6}$ 时的简单思想. 从左边出发: $\frac{4}{3}$ 表示 4 份 $\frac{1}{3}$, 我们想知道为什么它也等于 20 个 $\frac{1}{15}$. 在数轴上, 考虑 $\frac{1}{3}$ 的所有倍数, 任意两个连续的倍数之间的线段长度都是 $\frac{1}{3}$. 这些线段就是数轴下面每两个竖直箭头之间的线段:

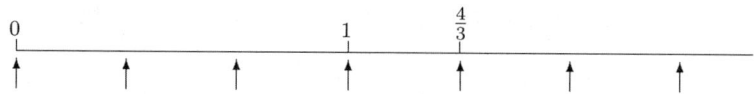

现在将每个长度为 $\frac{1}{3}$ 的线段平均分为 5 个相等的部分 $\Big($分成 "5" 份, 是因为我们看到 $\frac{20}{15} = \frac{4 \times 5}{3 \times 5}\Big)$, 称这些部分为小线段. 所有的小线段具有相同的长度. 下图就是这些小线段:

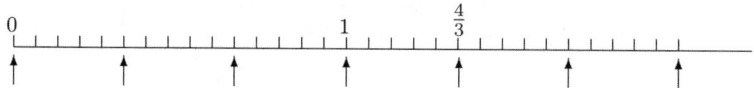

每条小线段的长度是多少呢? 单位线段 $[0,1]$ 是由 3 条长度为 $\frac{1}{3}$ 的线段拼接而成, 而每条长度为 $\frac{1}{3}$ 的线段又是由 5 条小线段拼接而成. 因此 $[0,1]$ 是由 $3 \times 5 = 15$ 条具有相等长度的小线段拼接而成. 因此每条小线段长度为 $\frac{1}{15}$, 并且因为每条长度为 $\frac{1}{3}$ 的线段又是由 5 条小

线段拼接而成, 所以 $\frac{1}{3}$ 表示 5 份 $\frac{1}{15}$. 因为 $\frac{4}{3}$ 表示 4 份 $\frac{1}{3}$, $\frac{1}{3}$ 表示 5 份 $\frac{1}{15}$, 所以 $\frac{4}{3}$ 表示 $5 \times 4 = 20$ 份 $\frac{1}{15}$. 换句话说, $\frac{4}{3}$ 就是 $\frac{20}{15}$.

到目前为止, 定理 13.1 的证明就很直接明了了. 给定分数 $\frac{m}{n}$, 我们要证明, 对于任意非零自然数 c, 有

$$\frac{m}{n} = \frac{cm}{cn}.$$

我们知道, $\frac{m}{n}$ 表示 m 份 $\frac{1}{n}$, 下面证明它也表示 cm 份 $\frac{1}{cn}$. 在数轴上, 考虑 $\frac{1}{n}$ 的所有倍数和 $\frac{1}{cn}$ 的所有倍数, 把 $\frac{1}{cn}$ 的每两个相邻倍数之间的线段称为小线段. 则对于 $\frac{1}{n}$ 的任意两个相邻倍数之间的线段来说, 小线段把它分成 c 个相等的部分.

此时, 观察到, $\frac{1}{n}$ 的任意两个相邻倍数之间的线段长度为 $\frac{1}{n}$, 每个小线段的长度为 $\frac{1}{cn}$. 而前者恰为由 c 个小线段拼接而成, 所以 $\frac{1}{n}$ 表示 c 份 $\frac{1}{cn}$. 由于 $\frac{m}{n}$ 表示 m 份 $\frac{1}{n}$, $\frac{1}{n}$ 表示 c 份 $\frac{1}{cn}$, 所以 $\frac{m}{n}$ 表示 cm 份 $\frac{1}{cn}$, 而 $\frac{cm}{cn}$ 也表示 cm 份 $\frac{1}{cn}$, 这样我们就证明了 $\frac{m}{n} = \frac{cm}{cn}$. 从而定理 13.1 得证.

当数轴上的单位表示单位正方形的面积时, 定理 13.1 还有一个初等的证明, 可能更容易让小学生接受这个定理. 我们在此演示一下. 用一个具体例子来说明这个证明的思想. 我们来证明

$$\frac{5}{2} = \frac{15}{6}.$$

令单位 "1" 表示单位正方形的面积, 则 $\frac{5}{2}$ 表示 5 个 "半正方形" 的面积, 如下图阴影部分:

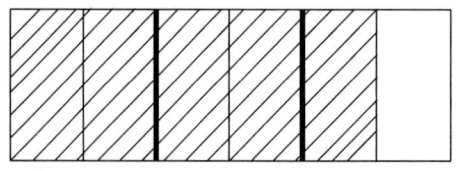

根据 $15 = 3 \times 5, 6 = 3 \times 2$, 我们把每个单位正方形水平地分为面积相等的三部分. 于是每个单位正方形被分成了六个全等的小矩形:

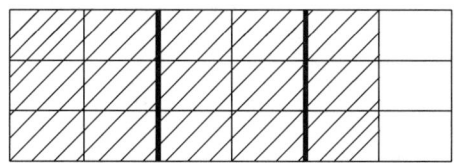

现在我们看到, 这个新的阴影部分由 $3 \times 5 = 15$ 个小矩形组成, 所有小矩形都互相全等. 而 6 个这样的小矩形铺成一个单位正方形, 所以用面积的基本性质 (参见第 12.5 节面积模型 (i) – (iii) 以及随后的讨论) 论证表明, 每个小矩形的面积是 $\frac{1}{6}$. 故阴影部分的面积是 $\frac{15}{6}$. 因此 $\frac{15}{6} = \frac{5}{2}$.

用面积模型来证明定理 13.1 的一般情形, 留做练习.

13.4   分数对的基本事实

从分数概念发展的角度来看, 定理 13.1 的本质内容是: 任意给定两个分数, 可以把它们放在**平等的地位**上, 即它们用等价分数(或者更准确地说, 用等价分数符号) 可以表示成具有同分母的分数. 例如, 考虑两个分数 $\frac{4}{3}$ 和 $\frac{9}{7}$, 我们如何找到分别与这两个等价且具有相同分母的分数？由于给定分数的分母是 3 和 7, 很容易想到用 3×7 作为它们的公分母, 因为根据等式 (13.1), 我们有

$$\frac{4}{3} = \frac{4 \times 7}{3 \times 7} = \frac{28}{21} \quad \text{且} \quad \frac{9}{7} = \frac{9 \times 3}{7 \times 3} = \frac{27}{21}.$$

所以我们可以用具有相同分母的分数 $\frac{28}{21}$ 和 $\frac{27}{21}$ 来分别代替 $\frac{4}{3}$ 和 $\frac{9}{7}$. 在许多情况下, 同一个分数拥有这样不同的表示方法, 有很大的作用. 例如, $\frac{4}{3}$ 表示 $\frac{1}{21}$ 的 28 倍, 在数轴上位于 $\frac{9}{7}$ 的右边, 因为 $\frac{9}{7}$ 表示 $\frac{1}{21}$ 的 27 倍. 因此根据 "<" 的定义, 我们有 $\frac{9}{7} < \frac{4}{3}$, 而这看起来并不显然.

一般的, 我们有下面的**分数对的基本事实**:

任意两个分数都可以表示成具有相同分母的分数符号. 例如, 给定两个分数 $\frac{m}{n}$

和 $\frac{k}{l}$，其中 m, n, k, l 是任意自然数，则它们分别等于

$$\frac{lm}{ln} \quad 和 \quad \frac{kn}{ln}.$$

当然，分数对的基本事实成立的原因是等式 (13.1). 我们知道，$\frac{k}{l} = \frac{kn}{ln}$ 且 $\frac{m}{n} = \frac{lm}{ln}$. 若想对分数对的基本事实中的一般概念的背景进行讨论，请参看第 13.6 节，分数对的基本事实的背景.

❓动动手 把下列三组分数写成同分母的分数：

(a) $\frac{15}{13}$ 和 $\frac{2}{17}$; (b) $\frac{8}{9}$ 和 $\frac{17}{11}$; (c) $\frac{15}{4}$ 和 $\frac{13}{25}$.

分数对的基本事实可以把两个分数 $\frac{k}{l}$ 和 $\frac{m}{n}$ 分别化为

$$\frac{kn}{ln} \quad 和 \quad \frac{lm}{ln},$$

但是，这并不是让二者地位相当的唯一办法. 例如，为了使 $\frac{3}{4}$ 和 $\frac{1}{6}$ 具有平等的地位，可以把它们化为 $\frac{9}{12}$ 和 $\frac{2}{12}$，而不一定非要化成 $\frac{18}{24}$ 和 $\frac{4}{24}$. 因此，分数对的基本事实只是为达到这个目的至少提供了一种保险的方法.

在接下来的几节中将会大量用到这一基本事实.

对于**小数对**也有一个类似的**基本事实**：

任意两个小数可以重新写成两个具有相同小数位数的十进制小数.

例如，设给定小数 0.021 和 6.12295，它们分别具有三个和五个小数位. 但是我们知道 $0.021 = 0.02100$，则此时 0.02100 与 6.12295 都具有五个小数位. 我们进一步补充，小数对的基本事实可以作为分数对的基本事实的推论. 实际上，还用上面这个例子，小数 0.021 和 6.12295 事实上分别就是分数

$$\frac{21}{10^3} \quad 和 \quad \frac{612295}{10^5}.$$

很显然，要使二者地位平等，只需以 10^5 作为二者的公分母：

$$\frac{21 \times 10^2}{10^3 \times 10^2} \quad 和 \quad \frac{612295}{10^5}.$$

根据定义, 这就是小数 0.02100 和 6.12295, 正好与原来的小数相同.

一般的, 如果小数 A 的小数位数比 B 多, 那么只要在 B 的小数点右边末尾添加适当数目的 0, 就可以使得 B 的小数位数与 A 的相同. 在我们做小数加减法时, 小数对基本事实将显得尤其重要.

13.5 交叉相乘法则

给定两个分数 $\frac{m}{n}$ 和 $\frac{k}{l}$, 定理 13.1 告诉我们, 如果对于非零自然数 c, 使得 $k = cm$ 且 $l = cn$, 则 $\frac{m}{n} = \frac{k}{l}$. 现在假定 $\frac{m}{n} = \frac{k}{l}$, 请问定理的逆命题是否成立? 换句话说, 下述命题是否成立:

如果 $\frac{m}{n} = \frac{k}{l}$, 则存在某个非零自然数 c, 使得 $k = cm$ 且 $l = cn$.

答案是否定的. $\frac{6}{9} = \frac{16}{24}$ (二者都等于 $\frac{2}{3}$) 就是这样的例子. 但是, 对于自然数 m, n, k, l, 当 $\frac{m}{n} = \frac{k}{l}$ 时, 有另一个重要事实成立. 实际上, 这一事实也圆满地回答了前面的问题: "如何判断两个分数 (更准确地说, 两个分数符号) 相等?"

定理 13.2(交叉相乘法则)   给定两个分数 $\frac{m}{n}$ 和 $\frac{k}{l}$, 则

$$\frac{m}{n} = \frac{k}{l} \iff ml = nk. \tag{13.3}$$

在此处我们又一次用到了符号 " $\iff$ " 表示 "等价于". 对 "等价于" 的含义的一般讨论, 参见第 2.5 节.

在证明之前, 我们先重新回顾前面的例子: $\frac{6}{9} = \frac{16}{24}$. 定理 13.2 表明, $6 \times 24 = 16 \times 9$, 这很容易直接验证. 但是这个 "交叉相乘" 第一次是如何被发现的呢? 6×24 与 16×9 之所以相等是否有什么先验的原因? 为了回答这些问题, 首先观察等式 $\frac{6}{9} = \frac{16}{24}$, 它表示 6 份 $\frac{1}{9}$ 等于 16 份 $\frac{1}{24}$. 这一点直观上并不显然. 但是由于我们学过了分数对的基本事实, 所以为了改进这种状况, 我们可以把这两个分数重新写成同分母分数, 即有

$$\frac{6}{9} = \frac{6 \times 24}{9 \times 24} \quad \text{且} \quad \frac{16}{24} = \frac{16 \times 9}{24 \times 9}.$$

于是我们自然地发现了乘积 6×24 和 16×9, 以及它们为何相等. 由于在上面的推理中,

$6, 24, 16, 9$ 并不是特殊的数,所以我们已经从本质上证明了定理 13.2 的一半: $\frac{m}{n} = \frac{k}{l} \Rightarrow ml = nk$. 更正式的,我们有:

定理 13.2 的证明　　首先,假设 $\frac{m}{n} = \frac{k}{l}$,根据分数对的基本事实,我们可以把这个等式改写为

$$\frac{ml}{nl} = \frac{nk}{nl},$$

因此 $\frac{1}{nl}$ 的 ml 倍就等于同一个分数 $\frac{1}{nl}$ 的 nk 倍,而这只有在 $ml = nk$ 时才有可能.

反过来,假设 $ml = nk$,则

$$\frac{ml}{nl} = \frac{nk}{nl}.$$

根据定理 13.1,等式左边等于 $\frac{m}{n}$,右边等于 $\frac{k}{l}$,于是我们有 $\frac{m}{n} = \frac{k}{l}$. 定理得证.　□

分数的交叉相乘法则与自然数的标准运算法则同样基础. 然而,与自然数的标准运算法则一样,交叉相乘法则也被作为一门机械的技巧讲授给学生,并没有任何推理. 而且与标准运算法则一样,近来的教科书里也错误地隐瞒了这一法则,或者不再强调. 在此给出一些例子表明这一法则的作用.

例 1　　比较 $\frac{84}{119}$ 和 $\frac{228}{323}$.

因为 $84 \times 323 = 27132 = 119 \times 228$,所以根据定理 13.2 知,这两个分数相等. 事实上,这两个分数都等于 $\frac{12}{17}$. 如果没有交叉相乘法则,这个问题将很难回答.

例 2　　自然数 x 满足性质 $\frac{39}{x} = \frac{63}{105}$,问 x 是多少?

解　　已知 $\frac{39}{x} = \frac{63}{105}$,根据定理 13.2,我们有 $39 \times 105 = 63x$. 因此 $63x = 4095$. 故 $x = 4095 \div 63 = 65$.

例 3　　若对于非零自然数 $a, b, c, d,$ 有 $\frac{a}{b} = \frac{c}{d}$,则 $\frac{a}{c} = \frac{b}{d}$. 这是因为,根据定理 13.2 可得,两个等式都分别等价于 $ad = bc$.

13.6　分数对的基本事实的背景

分数对的基本事实背后的基本想法是:要将任意两个分数化为地位平等的分数. 例如,我们考虑两个分数 $\frac{4}{7}$ 和 $\frac{3}{5}$. 假如我们要对这两个分数比较大小,根据定义很难判断,因为

$\frac{4}{7}$ 表示 4 份 $\frac{1}{7}$,

$\frac{3}{5}$ 表示 3 份 $\frac{1}{5}$.

因为二者的"单位" $\frac{1}{7}$ 与 $\frac{1}{5}$ 不相等,所以大多数人不能对 4 份 $\frac{1}{7}$ 与 3 份 $\frac{1}{5}$ 直接比较大小. 为了搞清楚谁大谁小,想一想,我们已经知道

$\frac{4}{7}$ 表示 20 份 $\frac{1}{35}$,

$\frac{3}{5}$ 表示 21 份 $\frac{1}{35}$.

这样,我们就可以立即得到结论:在数轴上, $\frac{4}{7}$ 位于 $\frac{3}{5}$ 的左边,因为在 $\frac{1}{35}$ 的所有倍数中, $\frac{4}{7}$ 比 $\frac{3}{5}$ 小一份 $\frac{1}{35}$. 这也启发我们,如果把 $\frac{1}{7}$ 和 $\frac{1}{5}$ 进一步用一个共同的"单位"表达出来,问题就解决了. 分数对的基本事实的主要作用恰好就是满足这一需要: 对于 $\frac{1}{7}$ 和 $\frac{1}{5}$ 来说,它表明:

$\frac{1}{7}$ 表示 $\frac{1}{35}$ 的 5 倍,

$\frac{1}{5}$ 表示 $\frac{1}{35}$ 的 7 倍.

于是, $\frac{1}{35}$ 就是我们要找的公共的单位. 从这个角度来看,我们很容易明白为什么 $\frac{4}{7}$ 表示 20 份 $\frac{1}{35}$, $\frac{3}{5}$ 表示 21 份 $\frac{1}{35}$.

为两个不同的量寻找相同的单位,这一思想不足为奇. 例如,我们想知道 3500 码与 3.2 千米哪个更长. 那么显然我们要给码和千米找到一个共同的衡量单位,如我们取米为单位:

1码 = 0.9144米,

1千米 = 1000米,

则 3500码 = 3200.4米, 3.2千米 = 3200米. 因此结论是 3500 码比 3.2 千米稍稍长一点.

这类推理在本质上与分数对的基本事实没有太大的区别.

练习

1. 分数 $\frac{161}{91}$ 与 $\frac{253}{143}$ 是否相等？(这个练习回答了本章开头提出的问题.)

2. 将下列分数约分为最简分数. (提示：可以使用计算器来检验给定的数被哪些自然数整除.)

$$\frac{27}{126}, \quad \frac{72}{48}, \quad \frac{42}{91}, \quad \frac{52}{195}, \quad \frac{204}{85}, \quad \frac{414}{529}, \quad \frac{1197}{1273}.$$

3. 把下列分数表示成有限小数 (可以使用计算器)：

$$\frac{9}{4}, \quad \frac{36}{125}, \quad \frac{15}{8}, \quad \frac{81}{25}, \quad \frac{19}{64}, \quad \frac{218}{625}.$$

(注意：如果你通过长除法计算说明 $\frac{9}{4} = 2.25$，那么请问问自己，这为什么是正确的. 我们将在第 18 章中给出解释. 同时，请用你目前所了解的知识再来做本题.)

4. 不要使用定理 13.1，请通过画数轴的方法来解释下列等式 (比方说，想象你在给一个五年级学生讲解)：

$$\frac{6}{14} = \frac{3}{7}, \quad \frac{28}{24} = \frac{7}{6}, \quad \frac{30}{12} = \frac{5}{2}, \quad \frac{12}{27} = \frac{4}{9}.$$

5. (a) 设 1 是单位正方形的面积，证明：

$$\frac{6}{14} = \frac{3}{7} \quad \text{和} \quad \frac{30}{12} = \frac{5}{2}.$$

(可以参照第 13.3 节中的讨论)

(b) 用面积模型证明定理 13.1.

6. (a) 分数 $\frac{159}{52}$ 是什么意思 (即定义是什么)？

(b) 描绘它在数轴上的大致位置.

(c) 对于自然数 n，请说出分数 $\frac{n^2+1}{n}$ 的意思是什么？大致描绘它在数轴上的位置.

7. 把分数对的基本事实推广如下：给定有限个分数，证明它们一定能被写成具有相同分母的一些分数.

8. (a) 对于分数 $\frac{m}{n}$，若 $\frac{m}{n} = \frac{m+1}{n+1}$ 成立，求 $\frac{m}{n}$.

(b) 对于分数 $\frac{m}{n}$ 以及自然数 b，若 $\frac{m}{n} = \frac{m+b}{n+b}$ 成立，求 $\frac{m}{n}$.

9. 对于任意自然数 a, b, c, d，其中 $b \neq 0, d \neq 0$，证明下述三个命题等价：

(a) $\frac{a}{b} = \frac{c}{d}$;

(b) $\dfrac{a}{a+b} = \dfrac{c}{c+d}$;

(c) $\dfrac{a+b}{b} = \dfrac{c+d}{d}$.

10. 在数轴上描出下面三个分数的位置, 并解释原因:

$$\dfrac{13}{6}, \quad \dfrac{11}{5}, \quad \dfrac{9}{4}.$$

11. (SAT[①]考试试题的一个简化版本) 有人连续地观察池塘里的一群鹅. 中午 $\dfrac{1}{5}$ 的鹅飞走了, 下午 1 点钟的时候, 剩余的鹅的 $\dfrac{1}{8}$ 也飞走了, 此时池塘里还剩下 56 只鹅. 假设在其他时刻没有鹅到来, 也没有鹅飞走或死亡. 请问这群鹅原来有多少只? (提示: 使用数轴.)

12. 设自然数 n 和 N 满足 $\dfrac{n}{N} = \dfrac{91}{39}$.

(a) 若取 $n = 49$, 求对应的 N;

(b) 若取 $N = 33$, 求对应的 n;

(c) 若自然数 n 和 N 满足 $\dfrac{n}{N} = \dfrac{91}{39}$, 自然数 n' 和 N' 满足 $\dfrac{n'}{N'} = \dfrac{91}{39}$, 请问 n, n', N, N' 之间满足什么关系?

[①] 译者注: SAT 是 Scholastic Assessment Test 的缩写, 是美国高等学校招生入学的重要考试.

第 14 章
分数加法与小数加法

现在我们可以来处理分数的加法了. 对于自然数来说, 加法不过是把两组物体拼在一起, 然后数总的个数即可. 然而对于分数就没那么简单了. 我们不可能把一条长为 $\frac{11}{13}$ 的线段和另一条长为 $\frac{4}{7}$ 的线段拼在一起去 "数数", 或把 $\frac{7}{8}$ 桶水与 $\frac{5}{11}$ 桶水放在一起 "数数". 然而, 在第 1 章中, 我们从拼接线段的角度对两个自然数的加法给出了几何定义, 并且这一几何定义对于任意两个分数求和也有意义. 例如, 我们可以先把长为 $\frac{7}{8}$ 和长为 $\frac{5}{11}$ 的两条线段拼接起来得到一条新线段, 再对新线段测量长度. 新线段的长度即为 $\frac{7}{8}$ 与 $\frac{5}{11}$ 之和. 事实上, 这样才是正确定义分数加法的一般方法.

当你学会如何正确地对分数做加法之后, 希望你永远不要再用最小公分母来给学生讲分数加法了.

本章各节安排如下:

分数加法的定义以及一些直接推论

小数加法

带分数

对加法公式的改进

对使用计算器的一点评论

分数加法的一个重要例子

在最后一节, 我们将给出一个例子来讲解处理分数加法的技巧.

14.1 分数加法的定义以及一些直接推论

定义 给定分数 $\frac{k}{l}$ 和 $\frac{m}{n}$, 定义它们的和为:

$$\frac{k}{l} + \frac{m}{n} = 长为 \frac{k}{l} 和长为 \frac{m}{n} 的两条线段拼接而成的新线段的长度. \tag{14.1}$$

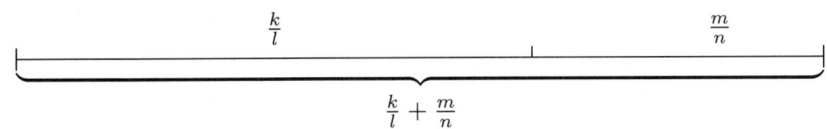

从定义可以直接看出, 如果两个分数的分母都是 l, 则

$$\frac{k}{l} + \frac{m}{l} = \frac{k+m}{l}. \tag{14.2}$$

因为等式两边都表示 $k+m$ 条长度为 $\frac{1}{l}$ 的线段拼接而成的新线段的长度. 这告诉我们如何对两个同分母的分数求和. 如果给定两个分数 $\frac{k}{l}$ 和 $\frac{m}{n}$, 事先并不能保证它们的分母 l 和 n 相等 (尽管它们可能相等), 那么我们可以用第 13 章所讲的分数对的基本事实来把这一情形化为两分母相等的情形. 也就是说, $\frac{k}{l} = \frac{kn}{ln}$, $\frac{m}{n} = \frac{lm}{ln}$, 由 (14.2), 有

$$\frac{k}{l} + \frac{m}{n} = \frac{kn}{ln} + \frac{lm}{ln} = \frac{kn+lm}{ln}.$$

换句话说, 通过把两个分数都表示为同一分数 $\frac{1}{ln}$ 的倍数, 我们就很容易得到加法的一个明确公式. 为了将来使用方便, 我们重新写出一般情形下的**加法公式**:

$$\frac{k}{l} + \frac{m}{n} = \frac{kn+lm}{ln}. \tag{14.3}$$

我们就 (14.3) 做出三点评论. 第一, 关于加法公式的思考, 参见第 13.6 节, 分数对的基本事实的背景. 第二, 一般情形下的公式 (14.3) 包含了先前同分母情形的公式 (14.2) 做为特例. 事实上, 在公式 (14.3) 中, 令 $l = n$, 则 (14.3) 化为

$$\frac{k}{l} + \frac{m}{l} = \frac{kl+lm}{ll} = \frac{l(k+m)}{ll} = \frac{k+m}{l},$$

上述最后一个等式运用了第 13 章中的约分法则, 分子和分母同时消去 l. 于是我们再一次获得了公式 (14.2). 第三, 此处的公式 (14.3) 与在一般教科书里给出的用求 l 和 n 的最小公倍数 [1] 的方法求和的公式不同, 以后我们将说明区别在哪里.

暂且停顿一下, 我们注意到, 分数的加法满足结合律和交换律. 结合律是说: 对于任意分数 A, B, C, 有

$$(A+B) + C = A + (B+C).$$

---

[1] 在此处不需要了解两个自然数的最小公倍数的知识. 正如在本节后面你会发现, 关于最小公倍数的任何讨论都不是我们的主要目的. 出于这个原因, 我们甚至在此都不会定义什么是最小公倍数. 要知道它的定义和详细讨论, 请参看第 36 章.

从下图来看, 这是显然的.

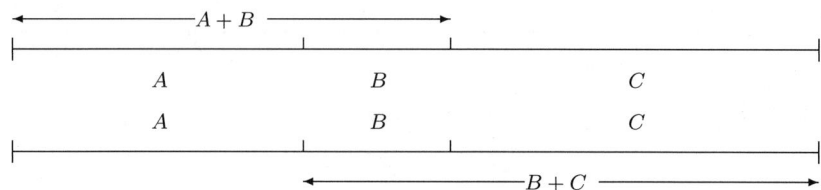

同理, 分数加法的交换律成立, 因为从下图

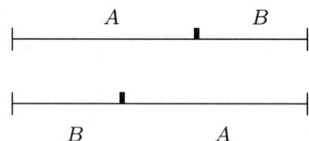

我们可以得到

$$A + B = B + A.$$

这两个定律是第 2 章公式 (2.2) 和 (2.3) 的推广. 于是与定理 2.1 同理, 对于任意分数 $A, B, \cdots, Z$, 我们可以把它们的和写成

$$A + B + \cdots + Z$$

且不用加括号. 我们可以把定理 2.1 的这一推广看成是 "定理 2.1 的分数版本". 如此理解, 我们就有, 对于任意自然数 $k_1, k_2, \cdots, k_n, l \, (l > 0)$,

$$\frac{k_1}{l} + \frac{k_2}{l} + \cdots + \frac{k_n}{l} = \frac{k_1 + k_2 + \ldots + k_n}{l}. \tag{14.4}$$

因为等式两边都表示 $k_1 + k_2 + \ldots + k_n$ 条长度为 $\frac{1}{l}$ 的线段拼接而成的新线段的长度.

特别注意, 公式 (14.3) 是推理而来的, 从概念上出发, 简单而且非常自然. 并且它有助于解释为何分数加法不能用下面的方法来做:

$$\frac{k}{l} + \frac{m}{n} = \frac{k+m}{l+n}.$$

例如, 取 $k = m = 1, l = n = 2$. 根据分数加法的定义, 左边是由两条长度都为 $\frac{1}{2}$ 的线段拼接而成, 因此长度为 1, 而右边等于 $\frac{1+1}{2+2} = \frac{1}{2}$, 与 1 不相等. 这个例子告诉我们, 如果我们给学生明确定义分数的加法, 他们就能自己弄清楚什么是对的, 什么是错的.

14.2 小数加法

分数加法的第一个应用是解释 (有限) 小数的加法. 例如, 考虑

$$4.0451 + 7.28.$$

小数加法的运算法则是:
(i) 将两个小数的小数点对齐;
(ii) 按照自然数加法法则把两个数相加;
(iii) 在得数里对齐横线上的小数点位置, 点上小数点.

下面我们来说明这一运算法则的理由. 首先, 利用小数对的基本事实重写两个小数, 使得二者具有相同的小数位数, 即

$$4.0451 + 7.28 = 4.0451 + 7.2800.$$

这对应于第 (i) 步. 接下来,

$$\begin{aligned} 4.0451 + 7.28 &= \frac{40451 + 72800}{10^4} \quad \text{(对应 (ii))} \\ &= \frac{113251}{10^4} \\ &= 11.3251. \quad \text{(对应 (iii))} \end{aligned}$$

上述推理对于一般情形自然也成立, 适用于任何两个小数相加.

分数加法的第二个应用即为得到 (有限) 小数的所谓完全展开式. 例如, 给定小数 4.1297, 即知它是分数

$$\frac{41297}{10^4}.$$

而 41297 的完全展开式可以写成:

$$41297 = (4 \times 10^4) + (1 \times 10^3) + (2 \times 10^2) + (9 \times 10^1) + (7 \times 10^0).$$

而且我们也知道 $\frac{4 \times 10^4}{10^4} = 4$, $\frac{1 \times 10^3}{10^4} = \frac{1}{10}$, 等等. 因此,

$$4.1297 = 4 + \frac{1}{10} + \frac{2}{10^2} + \frac{9}{10^3} + \frac{7}{10^4}.$$

这种把 (有限) 小数表示为 $\frac{1}{10}, \frac{1}{10^2}, \frac{1}{10^3}, \cdots$ 的一位数倍数的和的形式称为小数 4.1297 的**完全展开式**. 用同样的方法, 小数 $0.d_1d_2\cdots d_n$(其中 d_j 是一位数) 的**完全展开式**如下:

$$0.d_1d_2\cdots d_n = \frac{d_1}{10} + \frac{d_2}{10^2} + \cdots + \frac{d_n}{10^n}.$$

14.3 带分数

下面我们引入中小学课程中比较重要的一个概念,即带分数.

我们回顾,假设给定分数 $\frac{22}{5}$,由于 $22 = (4 \times 5) + 2$,根据上面的等式 (14.2),我们有

$$\frac{22}{5} = \frac{(4 \times 5) + 2}{5} = \frac{4 \times 5}{5} + \frac{2}{5} = 4 + \frac{2}{5}.$$

习惯上讲,当我们对一个自然数和一个真分数求和的时候,加号可以省略,即

$$4 + \frac{2}{5} \stackrel{\text{定义}}{=} 4\frac{2}{5}.$$

一般的,对于自然数 q 和真分数 $\frac{r}{l}$,我们用记号

$$q\frac{r}{l} \text{ 表示 } q + \frac{r}{l},$$

并称之为**带分数**.

请注意,带分数的符号记法容易造成混乱,因为 $q\frac{r}{l}$ 有时也表示 q 与 $\frac{r}{l}$ 的乘积. 我们的建议是,尽量避免使用这个符号.

许多教科书在解释两个分数求和之前就引入了带分数的概念. 这样, 带分数与分数的关系只能机械地记住了. 这两点都导致了学生对带分数的恐惧. 当然, 如果清楚地解释了带分数的记法, 假分数与带分数之间的相互转化就都不成问题了. 例如, 给定 $\frac{25}{7}$, 则根据带余除法, 我们有 $25 = (\underline{3} \times 7) + \underline{4}$. 所以,

$$\frac{25}{7} = \frac{(3 \times 7) + 4}{7} = \frac{3 \times 7}{7} + \frac{4}{7} = 3 + \frac{4}{7},$$

根据定义, 其中最后一项正是 $3\frac{4}{7}$. 反过来, 如果给定 $5\frac{1}{3}$, 根据定义, 我们有

$$5\frac{1}{3} = 5 + \frac{1}{3} = \frac{15}{3} + \frac{1}{3} = \frac{16}{3}.$$

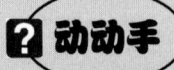 请把下面的带分数转化为假分数,假分数转化为带分数:

$$77\frac{5}{6}, \quad 4\frac{5}{7}, \quad 6\frac{1}{7}, \quad 13\frac{4}{5}, \quad \frac{32}{7}, \quad \frac{148}{9}, \quad \frac{166}{15}.$$

例 分别计算 $2\dfrac{5}{9} + \dfrac{7}{8}$ 和 $15\dfrac{4}{17} + 16\dfrac{12}{13}$.

无需详细解释, 利用分数加法的交换律和结合律做计算, 我们有:

$$2\dfrac{5}{9} + \dfrac{7}{8} = 2 + \left(\dfrac{5}{9} + \dfrac{7}{8}\right) = 2 + \dfrac{103}{72} = 2 + 1 + \dfrac{31}{72} = 3\dfrac{31}{72},$$

$$15\dfrac{4}{17} + 16\dfrac{12}{13} = (15+16) + \left(\dfrac{4}{17} + \dfrac{12}{13}\right) = 31 + \dfrac{256}{221} = 31 + 1 + \dfrac{35}{221} = 32\dfrac{35}{221}.$$

然而, 我们本来也可以用另一种方法计算:

$$2\dfrac{5}{9} + \dfrac{7}{8} = \dfrac{18+5}{9} + \dfrac{7}{8} = \dfrac{23}{9} + \dfrac{7}{8} = \dfrac{(23\times 8)+(7\times 9)}{9\times 8} = \dfrac{247}{72},$$

$$\begin{aligned}15\dfrac{4}{17} + 16\dfrac{12}{13} &= \dfrac{(15\times 17)+4}{17} + \dfrac{(16\times 13)+12}{13}\\ &= \dfrac{259}{17} + \dfrac{220}{13} = \dfrac{(259\times 13)+(220\times 17)}{17\times 13}\\ &= \dfrac{7107}{221}.\end{aligned}$$

在每个例子中得出的两种答案都可以接受, 这一事实在前面已经强调过.

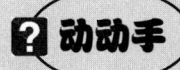 验证上述两种答案确实是相同的.

尽管在中小学数学里习惯上坚持要把假分数转化为带分数, 但是对于这一做法并没有什么数学上的依据. 这跟我们在第 13.1 节中提到的习惯上把分数约分为最简分数看起来大同小异 (参见第 13.1 节中的教学评论).

由于在中小学数学里学生对带分数一般会感觉到困惑, 因此我们强烈建议尽量少用这一概念. 有人认为不能彻底取消带分数, 理由是如果把 $\dfrac{22}{5}$ 写做 $4\dfrac{2}{5}$, 可以清楚地看出它介于 4 和 5 之间. 然而, 实际上, 小数记法[①], 即 $\dfrac{22}{5} = \dfrac{44}{10} = 4.4$, 可以更好地描述上述事实. 小数在生活中的普遍性也说明了我们建议的合理性.

[①] 我们会在第 18 章讲到分数转化为有限小数的方法, 而转化为无限小数的情形留在第五部分.

14.4 对加法公式的改进

现在我们来强调公式 (14.3) 的一些优点. 这个公式最突出的优点就是简单, 不但形式简单, 推导过程也极其简单. 此外, 值得一提的是, 这个公式具有一般性, 它在任何情况下都成立. 它为计算所有情形下的分数加法提供了一个简单可行的方法. 对于许多学生来说, 它是一把无价的"万能钥匙".

然而, 作为运算法则, 一个一般性的公式通常会在解决特殊情况的问题时显得蹩脚, 因为在特殊情况下可能会有一些简单的技巧. 公式 (14.3) 也不例外. 比方说, 当两个分数具有相同的分母时, 我们已经发现公式 (14.2) 比 (14.3) 要简单一些, 尽管 (14.3) 涵盖了 (14.2) 作为特殊情况. 再如, 当一个分数的分母是另一个分数的分母的倍数时, 那么只需要选取较大的分母作为公分母即可, 例如,

$$\frac{2}{9} + \frac{5}{36} = \frac{8}{36} + \frac{5}{36} = \frac{13}{36}.$$

更一般的,

$$\frac{m}{nl} + \frac{k}{l} = \frac{m}{nl} + \frac{nk}{nl} = \frac{m+nk}{nl}.$$

但作为对比, 公式 (14.3) 则得出

$$\frac{m}{nl} + \frac{k}{l} = \frac{ml+nkl}{nl^2}.$$

需要说明的是, 这两个结果都是正确的, 因为由第 13 章的公式 (13.1) 可知,

$$\frac{ml+nkl}{nl^2} = \frac{(m+nk)l}{nll} = \frac{m+nk}{nl}.$$

公式 (14.3) 还有另一个特殊情况也值得我们更详细地讨论一下. 作为引入, 我们先看下面的例子.

例 1 计算 $\frac{3}{4} + \frac{5}{6}$.

$$\frac{3}{4} + \frac{5}{6} = \frac{18+20}{24} = \frac{38}{24} = \frac{19}{12},$$

最后一项也可以写成 $1\frac{7}{12}$. 但是在这个例子中, 注意到, 我们不一定要选 $\frac{1}{24}$ 作为度量分数 $\frac{1}{4}$ 和 $\frac{1}{6}$ 的共同"单位", 因为通过视觉观察, $\frac{1}{4} = \frac{3}{12}$ 且 $\frac{1}{6} = \frac{2}{12}$, 所以 $\frac{1}{12}$ 可以作为 $\frac{1}{4}$ 和 $\frac{1}{6}$ 的共同"单位", 并且比 $\frac{1}{24}$ 更简单. 因此, 我们可以用如下的方法计算:

$$\frac{3}{4} + \frac{5}{6} = \frac{3 \times 3}{12} + \frac{5 \times 2}{12} = \frac{9+10}{12} = \frac{19}{12} = 1\frac{7}{12}.$$

第 14 章　分数加法与小数加法

这个例子引发我们对分数加法的一般公式进行思考. 假设给定分数 $\frac{k}{l}$ 和 $\frac{m}{n}$, 并且已知自然数 $A(\neq ln)$ 也是 n 和 l 的一个公倍数. 例如, 令

$$\frac{k}{l} = \frac{3}{4}, \quad \frac{m}{n} = \frac{5}{6},$$

则

$$l = 4, \quad n = 6, \quad \text{我们可以令} A = 12.$$

于是 $A = nN = lL$, 其中 L 和 N 是自然数, 故

$$\frac{k}{l} = \frac{kL}{lL} = \frac{kL}{A}, \quad \text{且} \quad \frac{m}{n} = \frac{mN}{nN} = \frac{mN}{A}.$$

因此

$$\frac{k}{l} + \frac{m}{n} = \frac{kL + mN}{A}, \quad \text{其中} A = nN = lL. \tag{14.5}$$

正如在前面提到过的[①], 当取 A 为 n 和 l 的最小公倍数时, 这个公式正是大多数教科书中使用的教学生计算分数加法的方法. 因此, 对于上述例子, 只要令 $l = 4, n = 6, A = 12$, 我们即可由 (14.5) 得出前面例子 $\frac{3}{4} + \frac{5}{6}$ 中的计算过程.

用公式 (14.5) 来计算分数加法是非常有效的技巧, 所有学生都应该学会 (参见第 14.6 节). 然而, 我们也要警告各位不要把 (14.5)(利用 n 和 l 的最小公倍数 A) 作为两个分数 $\frac{k}{l}$ 与 $\frac{m}{n}$ 求和的定义, 这在概念上是不合理的, 其原因[②]将在高等数学中给出. 在此处我们仅仅给出下述理由就足以说明如此定义对于教学是灾难性的. 若采用 (14.5) 作为分数加法的定义, 学生就会认为分数加法与已经学习过的自然数加法没有任何相似之处. 于是他们只好得出结论:"分数是另一类完全不同的数." 你可能会注意到, 本书致力于扭转学生这种错误的认识. 此外, 使用 (14.5) 作为分数加法的定义还存在另一个问题. 由于学生普遍对两个自然数的最小公倍数和最大公因数[③] 的一般用法模糊不清, 这立即使得学生很难学会分数加法的技巧.

下面的例子说明, 如果必须用最小公倍数的思想计算分数加法, 学生可能会遇到困难.

例 2　计算 $\frac{2}{323} + \frac{3}{493}$.

[①] 关于最小公倍数的定义和详细讨论, 请见第 36 章.

[②] 用专业术语来讲, 这意味着在一个整环的商域中定义加法时要求这个整环是一个类似于整数环的唯一因式分解环.

[③] 见第 36 章.

解　根据公式 (14.3),
$$\frac{2}{323} + \frac{3}{493} = \frac{(2 \times 493) + (3 \times 323)}{323 \times 493} = \frac{1955}{159239}$$

(在计算自然数乘法时用到了计算器). 现在假定你在教一个六年级学生如何用公式 (14.5) 求 n 和 l 的最小公倍数 A 的方法来求分数加法. 他可能会觉得求 323 与 493 的最小公倍数太难了, 并因此放弃学习这类问题. 但是我们已经看到, 实际上用常规的方法做这个题目的话, 一点困难也没有: 答案是 $\frac{1955}{159239}$ (在四则运算计算器的帮助下).

为结束这个讨论, 我们观察发现, 323 与 493 的最小公倍数是 $17 \times 19 \times 29$, 因为 $323 = 17 \times 19$, 且 $493 = 17 \times 29$, 因此根据 (14.5) 知
$$\frac{2}{323} + \frac{3}{493} = \frac{(2 \times 29) + (3 \times 19)}{17 \times 19 \times 29} = \frac{115}{9367}.$$

当然, $\frac{1955}{159239} = \frac{115}{9367}$. 但从理论的角度和实际操作的角度, 都看不出 $\frac{115}{9367}$ 比 $\frac{1955}{159239}$ 有什么优越的地方.

> **? 动动手**　验证 $\frac{1955}{159239} = \frac{115}{9367}$.

前面的讨论必须在以 (14.1) 为分数加法定义的背景之下进行理解. 我们已经看到, 在定义 (14.1) 的基础上理解公式 (14.3) 就极其简单和自然了. 我们只希望:

　　再也不要在课堂上用公式 (14.5) 作为分数加法的定义了.

14.5　对使用计算器的一点评论

到目前为止, 本书的正文和练习中越来越多地使用较大的数字. 我们是有意要这么做的, 目的是为了使各位摆脱只用个位数作为分数的分子或分母这一习惯. 这样的习惯似乎在课堂上很常见并且严重地影响了分数的教学. 我们将列举一些实际情况来说明, 经常用较大的数如何矫正我们的行为.

　　(i) 在学习分数的各个阶段, 人们都过度依赖于画饼的方法. 学生以为没有必要对分数是什么进行抽象的理解, 因此阻碍了他们实现认识代数的基本愿望. 但是, 如果经常出现像 $\frac{159}{68}$ 和 $\frac{21}{825}$ 这样的分数, 那么他们便会自主地迫切要求掌握分数的概念和与它相关的所有

运算.

(ii) 只依赖公式 (14.5)(用 A 作为两分母的最小公倍数) 的方法来掌握分数加法的概念. 一旦我们使用一些较大的数, 那么用 (14.5) 作为分数加法的定义的弊端就暴露无遗了 (参见例 2).

(iii) 学生无法学会流畅地进行分数运算. 只要学生在课堂上遇到的分数总是一位数的分子和分母, 他们就不需要记住 (事实上是理解) 分数加法、减法、乘法和除法的公式. 对于这些简单的分数来说, 直接用画饼的方法来进行分数计算就可以了. 如果从来不用较大的数, 学生将继续使用画图这种错误的方法进行分数计算. 如果学生认为用画图的方法就能正确描述分数的话, 那么我敢打赌, 他们在学习代数的时候会遇上更多的困难.

因此, 本书强烈提倡在平时教学分数的时候就使用较大的数. 为了避免由计算大数而导致的单调乏味, 我们也建议可以频繁地使用计算器.

此外, 还有一点现实的问题需要强调. 当明确允许使用计算器时, 教师要让学生保证不省略计算的中间步骤, 以防学生在熟记计算方法时发生 "短路". 回忆之前的一个例子：

$$\frac{2}{323} + \frac{3}{493} = \frac{(2 \times 493) + (3 \times 323)}{323 \times 493} = \frac{1955}{159239}.$$

在这个例子中, 只有最后一步使用了计算器, 但是是以一种不可见的方式, 没有办法判断这个算术操作是用手算的还是用计算器算的. 对于 4–6 年级的学生, 有一个简单的窍门是, 如果在学生的作业中看不出来使用过计算器, 那么计算器并不会分散他们的注意力.

14.6 分数加法的一个重要例子

设 n 是一个自然数, 定义 $n!$(读做 n 的 **阶乘**) 为从 1 到 n 之间的所有自然数的乘积. 例如, $5! = 1 \times 2 \times 3 \times 4 \times 5$. 对于任意满足 $1 \leqslant k \leqslant n$ 的自然数 k, 我们定义 **二项式系数** $\binom{n}{k}$ 为

$$\binom{n}{k} = \frac{n!}{(n-k)!\, k!}.$$

例如,

$$\binom{5}{3} = \frac{5!}{2!\, 3!} = \frac{5 \times 4 \times 3 \times 2 \times 1}{(2 \times 1)(3 \times 2 \times 1)} = 10.$$

于是我们可以验证一个非常有用的公式. 先看一个特殊的例子, 比如:

$$\binom{5}{3} = \binom{4}{3} + \binom{4}{2},$$

可以直接验证：
$$10 = \frac{4 \times 3 \times 2 \times 1}{1 \times (3 \times 2 \times 1)} + \frac{4 \times 3 \times 2 \times 1}{(2 \times 1)(2 \times 1)}.$$

一般的，我们来证明如下等式：
$$\binom{n}{k} = \binom{n-1}{k} + \binom{n-1}{k-1}. \tag{14.6}$$

如果你了解帕斯卡三角[①]，那么等式 (14.6) 正确地描述了帕斯卡三角是如何构造的. 在此处我们要用公式 (14.5) 来证明 (14.6). 下面从 (14.6) 右边出发，用分数加法来证明它与左边相等. 于是，

$$\binom{n-1}{k} + \binom{n-1}{k-1} = \frac{(n-1)!}{(n-1-k)!\,k!} + \frac{(n-1)!}{((n-1)-(k-1))!\,(k-1)!}$$
$$= \frac{(n-1)!}{(n-k-1)!\,k!} + \frac{(n-1)!}{(n-k)!\,(k-1)!}.$$

注意到，$(n-k)!\,k!$ 同时是两个分母的倍数，这是因为

$$(n-k)!\,k! = (n-k) \cdot [(n-k-1)!\,k!],$$

$$(n-k)!\,k! = k \cdot [(n-k)!\,(k-1)!].$$

在公式 (14.5) 中，令 $A = (n-k)!\,k!$，我们得到

$$\frac{(n-1)!}{(n-k-1)!\,k!} + \frac{(n-1)!}{(n-k)!\,(k-1)!} = \frac{(n-1)!(n-k) + (n-1)!\,k}{(n-k)!\,k!}.$$

根据分配律可知，分子可以简化为：

$$(n-1)!\,(n-k) + (n-1)!\,k = (n-1)![(n-k)+k] = (n-1)!\,n = n!.$$

综上所述，

$$\frac{(n-1)!}{(n-k-1)!\,k!} + \frac{(n-1)!}{(n-k)!\,(k-1)!} = \frac{n!}{(n-k)!\,k!} = \binom{n}{k}.$$

因此我们便证明了等式 (14.6).

---

① 译者注：在中国我们常称之为杨辉三角.

练习

1. (a) 对一个五年级学生解释 $\dfrac{2}{5} + \dfrac{5}{2} = \dfrac{29}{10}$.

(b) 对一个七年级学生解释 $\dfrac{b}{a} + \dfrac{a}{b} = \dfrac{a^2+b^2}{ab}$, 其中 a,b 是任意非零自然数.

2. 教师通常会给孩子们讲, $4.27 = 4 + 0.27$ 是显然的. 请你对一个四年级学生认真解释这一事实, 要根据我们使用的小数的定义 (即小数的定义是分数) 以及 (14.1) 给出的分数加法的定义.

3. (a) 计算 $5.09 + 7.9287$, 并对一个六年级学生解释这一事实?

(b) 计算 $0.57 + 14.3 + 27.0802$.

4. 计算: (a) $\dfrac{17}{50} + \dfrac{4}{3}$;

(b) $\dfrac{8}{5} + \dfrac{16}{11} + \dfrac{4}{15}$;

(c) $\left(3\dfrac{1}{5} + 2\dfrac{7}{8}\right) + \dfrac{3}{4}$;

(d) $3\dfrac{1}{5} + \left(2\dfrac{7}{8} + \dfrac{3}{4}\right)$;

(e) $\dfrac{4}{9} + 0.37$;

(f) $2.7 + 1\dfrac{1}{4} + 45.08 + \dfrac{25}{16}$.

5. 计算: (a) $81\dfrac{25}{31} + 145\dfrac{11}{12}$;

(b) $78\dfrac{23}{54} + \dfrac{67}{14}$.

(可以使用四则运算计算器协助你进行自然数计算.)

6. (a) 对于自然数 a,b,c,d,e, 其中 $b > 0, c > 0, e > 0$, 设 $\dfrac{a}{bc} = \dfrac{d}{e}$, 请问是否有 $\dfrac{a}{c} = \dfrac{bd}{e}$?

(b) 已知 $\dfrac{4953}{6604} = \dfrac{51}{68}$, 请问是否有 $\dfrac{6604}{4953} = \dfrac{68}{51}$?

7. 设 a,b,c 是非零自然数, 求 $\dfrac{1}{ab} + \dfrac{1}{bc} + \dfrac{1}{ac}$. 尽量简化你的答案.

8. 下面这三个数之和最接近哪个自然数:
$$3\dfrac{5}{6} + \dfrac{9}{5} + 1.9?$$

(注意：请尽量完善你的解释.)

9. 下面这两个数之和最接近哪个自然数:

$$3\frac{12987}{13005} + \frac{104}{51}?$$

如何给一个五年级学生解释这件事情？

10. 已知 $3 \times 2392 = 552 \times 13$, 请在数轴上标出分数 $\frac{2392}{552}$ 的位置.

11. 如下图所示, A, B, C, D, E 是数轴上的点, 加粗的线段 $[A, 1], [B, 1.7], [2, C], [D, 3], \left[3\frac{1}{3}, E\right]$ 具有相同的长度.

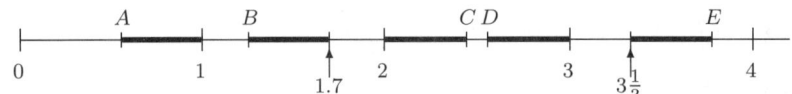

若取 $A = \dfrac{5}{9}$, 求 B, C, D, E.

12. 对数轴上的任意一点 A, 考虑按照以下规则把 A 移动到一个新位置: 把点 A 向右移动 $[0, A]$ 长度的 $\dfrac{1}{3}$.

依照上述规则把点 1 连续移动 4 次. 请问移动后该点的新位置介于哪两个自然数之间？(注意：请只利用分数加法来做本题.)

第 15 章
等价分数的进一步应用

本章我们将继续沿着第 13 章的思路,进一步讨论定理 13.1 和 13.2. 令人惊讶的是,仅仅从这两个定理出发,就可以得到很多有关分数的知识.

把分数解释为除法是分数课题中的一个重要结果. 不幸的是,在平常的课堂上采用这一解释,也伴随着不少严重的教学问题. 如果一开始没有明确给出分数的定义,并且两个自然数"除法"(如 5 ÷ 7) 的概念也模糊不清,那么把一个不明确的概念 (分数) 转化为另一个不明确的概念 (任意两个自然数之间的除法①) 对于学生来说根本没有什么意义. 本章的主要目的就是希望给出"任意两个自然数之间的除法"的精确含义,并说明为什么在这个意义下,分数就是除法.

本章还将通过简单观察分数转化成小数的过程,详细讨论如何比较两个分数的大小. 此外,本章将重点讨论一类常用表达,例如 "$4\frac{1}{2}$ 的 $\frac{2}{3}$",并提供一种常用的数学技巧,在本书后面的部分也会经常见到.

本章各节安排如下:

分数的另一种观点

自然数除法的另一种观点

比较分数的大小

"$\frac{k}{l}$ 的 $\frac{m}{n}$" 的概念

15.1 分数的另一种观点

下面引入关于分数的另一种观点. 我们断言,对于数轴上的任一分数 $\frac{m}{n}$,

$$\frac{m}{n} = 把一条长度为 m 的线段平均分成 n 个相等的部分,其中每一部分的长度. \quad (15.1)$$

---

① 由第 7.1 节知,要使两个自然数的除法 $m \div n$ 有意义,m 必须是 n 的倍数.

(回忆第 13 章, 在数轴上, 我们习惯上用相等的部分表示长度相等的线段.) 换句话说, 把线段 $[0, m]$ 平均分成 n 个相等的部分, 则 0 右边的第一个分点就是 $\frac{m}{n}$.

这是对分数 $\frac{m}{n}$ 的意义的一种完全不同的理解, 也是把分数 $\frac{m}{n}$ 置于数轴上的一种完全不同的方法. 为了理解这到底是什么意思, 我们必须回忆一下分数 $\frac{m}{n}$ 的定义①:

把 $[0, 1]$ 平均分成 n 个相等的部分, 则 0 右边第一个分点的 m 倍就是 $\frac{m}{n}$.

这个定义说明, 要把分数 $\frac{m}{n}$ 置于数轴上, 我们只需考查单位线段 $[0, 1]$ 即可, 完全不用考查 $[0, m]$. 另一方面, 等式 (15.1) 右边的描述从一开始就要考虑整条线段 $[0, m]$, 因为我们得把这条线段 n 等分. 但是没有什么先验的理由说明这两种方法有联系, 更没有理由说明它们在数轴上能构造出同一个点 $\frac{m}{n}$ 来.

首先我们用一个特例来验证一下 (15.1) 是正确的. 为此, 我们将证明:

$\frac{4}{5} =$ 把线段 $[0, 4]$ 平均分成 5 个相等的部分, 其中每一部分的长度.

证明的困难在于, 我们发现线段 $[0, 4]$ 已经被自然地分成了 4 个相等的部分, 即 $[0, 1]$, $[1, 2]$, $[2, 3]$ 和 $[3, 4]$. 所以问题是如何把它分成 5 个相等的部分. 现在, 第 12.2 节中的等式 (12.1) 神奇地出现了. 我们把 4($[0, 4]$ 的长度) 看成是 $4 = \frac{5 \times 4}{5}$, 于是 4 表示 20 份 $\frac{1}{5}$. 现在把 $\frac{1}{5}$ 看成是一个物体, 那么 4 表示 20 个这样的物体. 此时, 把 20 个物体平均分成 5 组就不难了: 把每 4 个物体放在一组即可. 因此, 要把 4 平均分成 5 个相等的部分, 每部分就包含 4 份 $\frac{1}{5}$, 也就是分数 $\frac{4}{5}$. 这样我们就证明了 (15.1) 的一个特例.

我们可以很容易地把之前的推理转化为几何语言. $\frac{1}{5}$ 的倍数把 $[0, 4]$ 平均分成 $20 (= 5 \times 4)$ 个相等的部分. 因此可以把 $[0, 4]$ 平均分成 5 个相等的部分, 每部分中含有 4 份 $\frac{1}{5}$. 于是 $\frac{1}{5}$ 的 4 倍, 8 倍, 12 倍, 16 倍, 在下图中用垂直箭头标出, 这些点构成了把 $[0, 4]$ 平均分成 5 个相等的部分的一种分法,

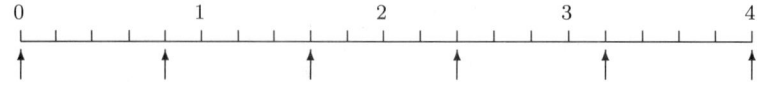

---
① 我们在此重申, 对于基本概念来说, 理解定义是非常重要的.

则 (从左起) 第一条线段的长度很显然是 $\frac{4}{5}$.

需要指出, 前面的代数推理是非常一般的, 根本不依赖于数字 4 和 5. 用 m 代替 4, 用 n 代替 5, 即得等式 (15.1) 的一个证明. 精确地说, 我们来把长度为 m 的线段平均分成 n 个相等的部分. 根据等式 (13.1)(事实上应用 (12.1) 就足够了), 我们有

$$m = \frac{nm}{n},$$

所以区间 $[0, m]$ 可以分成 nm 份 $\frac{1}{n}$. 于是区间 $[0, m]$ 可以分成 n 个相等的部分, 每部分由 m 条长度为 $\frac{1}{n}$ 的"小线段"构成, 即长度为 $\frac{m}{n}$. 这就是我们所要证明的.

把 (15.1) 运用到具体情况, 我们便可以更好地掌握它. 取 15 支铅笔, 并把铅笔的总数 (即 15) 记为单位 "1". 因此 "2" 表示两包这样的铅笔总数 (即 30), "3" 表示三包这样的铅笔总数 (即 45), 以此类推. 请问 "$\frac{4}{5}$" 表示什么? 根据第 12 章中分数的定义, 我们先把单位 (对应于数轴上的 $[0, 1]$) 平均分成 5 个相等的部分 (即相等数目的铅笔), 所以每部分包含 3 支铅笔. 现在我们把 4 部分铅笔放在一起 (对应于把 4 条长度均为 $\frac{1}{5}$ 的线段拼接起来), 因此就得到 12 支铅笔. 到目前为止, 我们只用到了分数 $\frac{4}{5}$ 的定义. 下面我们来看 (15.1) 提到的另一种方法来得到分数 "$\frac{4}{5}$" 的过程. 我们把四包这样的铅笔放在一起 (对应于 $[0, 4]$), 把铅笔的总数 ($60(= 4 \times 15)$ 支铅笔) 平均分成 5 份, 于是每份就有 $12(= 60 \div 5)$ 支, 这就与分数 "$\frac{4}{5}$" 表示的铅笔数相同.

可以看到, 用两种方法得到的结果是相同的, 都是 12 支铅笔. 但是中间步骤看起来完全不同.

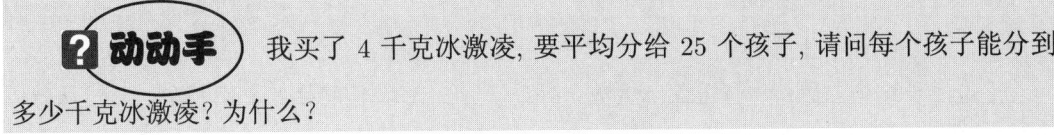 我买了 4 千克冰激凌, 要平均分给 25 个孩子, 请问每个孩子能分到多少千克冰激凌? 为什么?

15.2 自然数除法的另一种观点

我们暂时回到第一部分, 只考虑自然数. 令 m 和 n 是自然数, m 是 n 的倍数, n 是非零

自然数. 回顾前面使用的对 $m \div n$ 的"平均分"解释 (见第 7.1 节):

设有 m 个物品, m 是 n 的倍数, $m \div n$ 表示把 m 个物品平均分成 n 份, 每一份的个数.

现在我们通过 (15.1) 来把 $m \div n$ 与 $\dfrac{m}{n}$ 联系起来.

先来看一个例子. 若 $m=12$, $n=3$, 则 $12 \div 3 = 4$. 而根据等式 (15.1), 分数 $\dfrac{12}{3}$ 表示把 $[0,12]$ 三等分, 其中一份的长度. 因为 $[0,12]$ 是由三条长度相等的线段 $[0,4]$, $[4,8]$, $[8,12]$ 拼接而成, 所以 $\dfrac{12}{3}$ 表示 $[0,4]$ 的长度, 即 4. 于是就得到结论: $12 \div 3 = \dfrac{12}{3}$.

一般说来, 若 m 是 n 的倍数, 则 $m = nk$, 其中 k 是某个自然数. 所以 $m \div n = k$. 另一方面, $[0,m]$ 是由下面 n 个长度为 k 的线段拼接而成:

$$[0,k], \quad [k,2k], \quad \cdots, \quad [(n-2)k,(n-1)k], \quad [(n-1)k,m].$$

这样就清晰地把 $[0,m]$ 平均分成了 n 条长度为 k 的线段. 根据 (15.1), k 就是 $\dfrac{m}{n}$. 于是, 如果 m 是 n 的倍数, $n > 0$, 则

$$\dfrac{m}{n} = m \div n.$$

如果 m 和 n 是任意自然数 (特别的, 有可能 m 不是 n 的倍数), 且只考虑自然数, 那么符号 "$m \div n$" 在这个背景下就没有意义了①. 例如, 人们一般不能把四个保龄球平均分成七组, 也不能把三架飞机平均分成五组. 但如果我们处于分数的背景下, 单位 "1" 可以平均分为几个相等的部分 (在数轴上就是长度相等的线段), 那么就能用下面的方法把**除法**的定义自然地推广到**全部的自然数**:

定义 对于任意自然数 m 和 n, $n > 0$, 把长度为 m 的线段平均分为长度相等的 n 部分, $m \div n$ 定义为每一部分的长度.

有了这个定义, 定理 (15.1) 的重要性可以用下面的符号语言来表示: 对于任意自然数 m 和 n, $n > 0$, 不再要求 m 是 n 的倍数, 就有

$$\dfrac{m}{n} = m \div n.$$

正是由于这个原因, 对于任意自然数 m 和 n, $n > 0$, 我们将用 $\dfrac{m}{n}$ 代替 $m \div n$. 从此以后, 我们就可以在所有形式运算中不再使用 $\div$, 而只使用分数来表示除法.

前面对除法概念的推广, 让除法能够解决更多的问题. 这样, 不管 m 是不是 n 的倍数, $m \div n$ 的意义都明确了. 这类推广在本书中会反复出现.

---

① 这一事实在标准的教科书中通常被忽略了.

下面来总结一下到目前为止所做过的工作: 我们首先从部分、整体角度 (参见第 12 章) 给出分数的明确的定义: 分数是数轴上的一些点. 接下来我们证明了, 在这个定义的基础上, 当 m 是 n 的倍数时, $\dfrac{m}{n}$ 等于 $m \div n$, 当 m 不是 n 的倍数时, 我们也在 (15.1) 时证明, $\dfrac{m}{n}$ 在平均分配的意义下与除法具有相同的性质. 修正了对除法的 "平均分" 解释之后, 不管 m 是不是 n 的倍数, 我们都可以在一般情况下定义 "m 除以 n". 于是我们可以得出结论: 对于任意自然数 m, n, 其中 $n > 0$, 依据 (15.1), 由第 12 章中定义的分数 $\dfrac{m}{n}$ 提供了 $m \div n$ 的一种正确的看法.

还需要注意的是, 把分数看成除法的讨论还不够完善, 但是我们会在分数除法的一般讨论中加以补充, 具体参见第 18.2 节末尾.

15.3 比较分数的大小

在第 13 章中, 我们用交叉相乘法则来判断两个分数是否等价. 下面我们推广一下交叉相乘法则来比较两个分数的大小. 回忆第 12.7 节, 如果在数轴上分数 A 在 B 的左侧, 我们称 A 小于 B. 根据这个定义, 我们可以断定, 对于任意非零分数 A, 有 $0 < A$. 此外, 下面两个对于自然数成立的性质, 对于分数也成立:

传递性　任意三个分数 A, B, C, 如果 $A < B$ 且 $B < C$, 则 $A < C$.

三分律　任意给定两个分数 A, B, 下面三条事实有且仅有一条成立:
$$A = B, \quad A < B \quad \text{或} \quad A > B.$$

与自然数类似, 对于分数 A, B, 弱不等式 $A \leqslant B$ 表示 A 小于 B 或 A 等于 B.

如果两个分数 $\dfrac{k}{l}$ 和 $\dfrac{m}{l}$ 具有相同的分母, 那么比较大小很简单:

$$\dfrac{k}{l} < \dfrac{m}{l} \quad \Longleftrightarrow \quad k < m,$$

$$\dfrac{k}{l} = \dfrac{m}{l} \quad \Longleftrightarrow \quad k = m.$$

这是因为 $\dfrac{k}{l}$ 和 $\dfrac{m}{l}$ 分别表示 $\dfrac{1}{l}$ 的 k 倍和 m 倍. 由于一个数的倍数从左到右排列 (1 倍, 2 倍, 3 倍, 4 倍, $\cdots$), 于是我们发现, 这个数的 k 倍在它的 m 倍的左边当且仅当 $k < m$, 而两个倍数相等当且仅当 $k = m$.

上一段中需要指出的一点是，我们不遗余力地解释了为什么由 $k<m$ 蕴涵着 $\frac{k}{l}<\frac{m}{l}$. 给出的理由是，$\frac{1}{l}$ 的倍数从左到右排列，由 $k<m$ 可知，$\frac{1}{l}$ 的 k 倍 $\left(\text{即}\ \frac{k}{l}\right)$ 位于其 m 倍 $\left(\text{即}\ \frac{m}{l}\right)$ 的左侧. 希望你在课堂上强调这一事实，否则一些学生会模糊地得出结论：不等式 $\frac{k}{l}<\frac{m}{l}$ 是简单地比较分子分母的大小的结果. 换句话说，因为 $9<11$，这些学生就可能会认为 $\frac{2}{9}<\frac{2}{11}$.

在第 13 章中，我们已经详细地处理了相等的情形，所以在此处我们重点关注两个分数不相等的情形. 设分数 $\frac{k}{l}$ 和 $\frac{m}{n}$ 分母不同，根据第 13 章中分数对的基本事实，我们可以把二者写成同分母分数：

$$\frac{k}{l}=\frac{kn}{ln} \quad \text{且} \quad \frac{m}{n}=\frac{lm}{ln}.$$

因此从前面两个同分母分数的例子可以推出下述定理，也称为交叉相乘法则.

定理 15.1(交叉相乘法则) 给定分数 $\frac{k}{l}$ 和 $\frac{m}{n}$，

$$\frac{m}{n}<\frac{k}{l} \iff ml<nk. \tag{15.2}$$

与第 13 章中的定理 13.2 类似，最近几年来这个定理一直被错误地看做是一种机械的技巧，因此被许多教科书删除. 出现这一现象的原因是，教科书以及一些师资培训的材料，通常不会清晰地定义一个分数比另一个分数大是什么意思. 缺乏这个定义，使得支持定理 15.1 的任何推理都不可能成立. 于是定理 13.2 就只能作为一种机械的技巧了. 既然你已经掌握了如何证明这一定理，也知道了它并不是一种机械的技巧，那么就请你在比较两个分数的大小时，时刻把这一点铭记在心.

在一些教育文献中，比较分数 $\frac{k}{l}$ 和 $\frac{m}{n}$ 的大小的方法如下：首先把两个分数转化为同分母分数 $\frac{kn}{ln}$ 和 $\frac{lm}{ln}$，当 $\frac{kn}{ln}<\frac{lm}{ln}$ 时，称 $\frac{k}{l}<\frac{m}{n}$. 因此读者根据定义可以推断，当把两个分数重写成同分母分数后，若其中一个分数的分子大于另一个分数的分子，则称这个分数大于另一个分数. 这种现存的比较分数大小的定义有什么问题呢？第一，它没有解释清楚一个分数大于另一个分数是什么意思，只是告诉你要遵循一个机械的技巧来辨别哪个分数更大一些. 我们已经反复强调过多次，用这种方法教分数在概念上就发生了错误. 第二，这样的定义表明，为了比较两个分数 $121\frac{5}{6}$ 和 $122\frac{1}{897}$ 的大小，我们不得不把这两个分数转化为同分母分

数①. 所以两个带分数就变成了 $\frac{731}{6}$ 和 $\frac{109435}{897}$, 即

$$\frac{731 \times 897}{6 \times 897} \quad \text{和} \quad \frac{6 \times 109435}{6 \times 897},$$

由于 $731 \times 897 < 6 \times 109435$, 我们得知 $121\frac{5}{6} < 122\frac{1}{897}$. 这种做法不仅复杂, 甚至是荒谬的! 相反, 根据前面 $A < B$ 的定义, 我们立即可以断定 $121\frac{5}{6} < 122\frac{1}{897}$, 因为在数轴上 $121\frac{5}{6}$ 位于 122 的左侧, 而 $122\frac{1}{897}$ 位于 122 的右侧.

定理 15.1 的证明 我们必须证明如下两方面 (参见第 2.5 节关于 "等价于" 的讨论):

(i) 若 $\frac{m}{n} < \frac{k}{l}$, 则 $ml < nk$;

(ii) 若 $ml < nk$, 则 $\frac{m}{n} < \frac{k}{l}$.

接下来我们将对上述两条结论给出详细证明.

先证 (i). 若 $\frac{m}{n} < \frac{k}{l}$, 则在数轴上点 $\frac{m}{n}$ 位于 $\frac{k}{l}$ 的左侧. 又因为

$$\frac{m}{n} \left(= \frac{ml}{nl} \right) \text{ 是 } \frac{1}{nl} \text{ 的 } ml \text{ 倍},$$

$$\frac{k}{l} \left(= \frac{nk}{nl} \right) \text{ 是 } \frac{1}{nl} \text{ 的 } nk \text{ 倍},$$

所以 $\frac{1}{nl}$ 的 ml 倍位于 $\frac{1}{nl}$ 的 nk 倍的左侧. 由于一个点的倍数是从左到右增大的, 所以我们看到 $ml < nk$. 这样就证明了第一条结论.

再证 (ii). 反过来, 若 $ml < nk$, 则 $\frac{1}{nl}$ 的 ml 倍位于 $\frac{1}{nl}$ 的 nk 倍的左侧. 根据一个分数小于另一个分数的定义,

$$\frac{ml}{nl} < \frac{nk}{nl}.$$

根据等价分数定理, 我们就证明了 $\frac{m}{n} < \frac{k}{l}$. □

因为小数就是分数, 所以在讲完分数比较大小的时候, 原则上我们不必再讲小数比较大小. 但是, 下述结论很有用:

---

① 请牢记: 一旦给出了定义, 我们就必须遵循它. 许多人有的一个错误认识是, 当定义能使人达到目的时才去用定义. 这种对待定义 (甚至是对待数学) 的草率的态度, 正是我们要努力摒弃的.

根据小数对的基本事实, 小数比较大小立即可以简化为自然数比较大小.
例如, 两个小数 0.093 和 0.10018 哪个较大? 我们可以把它们写成 0.09300 和 0.10018, 于是就变成了比较
$$\frac{9300}{10^5} \text{ 和 } \frac{10018}{10^5}.$$

这其实是 9300 和 10018 之间的比较, 因为我们的问题是 9300 份和 10018 份 $\frac{1}{10^5}$ 哪个更大一些. 显然是 10018, 因此 0.10018 较大.

关于小数科学记数法比较大小的问题, 详见第五部分第 40 章.

> **? 动动手** 比较下面几对分数的大小 (后两对可以使用计算器):
>
> (a) $\frac{5}{6}$ 和 $\frac{4}{5}$; (b) $\frac{6}{7}$ 和 $\frac{8}{9}$; (c) $\frac{9}{51}$ 和 $\frac{51}{289}$; (d) $\frac{49}{448}$ 和 $\frac{56}{512}$.

例 1 比较 $\frac{9}{16}$ 和 $\frac{14}{25}$ 的大小.

因为 $14 \times 16 = 224 < 225 = 9 \times 25$, 所以根据等式 (15.2) 知, $\frac{14}{25} < \frac{9}{16}$.

例 2 哪个更大一些: $\frac{1}{24}$ 还是 $\frac{1}{25}$?

直观上可以看出, 平均分割同一个物体, 分的份数越多, 每份的份量越少. (在课堂上, 教师可以通过动手把一条线段平均分成两段、三段、四段……来给学生直观地解释.) 所以 $\frac{1}{25}$ 比 $\frac{1}{24}$ 要小. 但是对于一个四、五年级的孩子, 你总能让他信服这个事实吗? 退一步说, 你能用这种方法说服自己 $\frac{1}{12345678} < \frac{1}{12345677}$ 吗? 答案是不能吧. 所以最好的方法是用一个有效的理由让你自己信服: 对于任意自然数 a 和 b, 如果 $a > b$, 则 $\frac{1}{a} < \frac{1}{b}$. 此题在本章结尾留做练习, 我们在这里先直接验证 $\frac{1}{25} < \frac{1}{24}$.

第一种方法, 从数轴上的点 $\frac{1}{24}$ 出发, 它的 24 倍是 1, 而 $\frac{1}{25}$ 的 24 倍是 $\frac{24}{25}$, 比 1 小一些. 所以 $\frac{1}{25} < \frac{1}{24}$. 第二种方法, 即交叉相乘法则. 但是在课堂上建议最好不要在刚讲完这种方法之后就运用它, 因为如果学生还没有完全掌握这种方法[①]就用它去解决别的问题, 会使其说服力不够强. 教学上, 直接运用交叉相乘法则背后的思想来论证将是一个好策略. 所以, 根

[①] 对大多数学生来说, 真正掌握这种方法的确需要一定的时间.

据等价分数基本定理, $\frac{1}{25} = \frac{24}{24 \times 25}$, $\frac{1}{24} = \frac{25}{24 \times 25}$. 由于 $24 < 25$, 我们得出结论 $\frac{1}{25} < \frac{1}{24}$.

例 3 比较 $\frac{23}{24}$ 和 $\frac{24}{25}$ 的大小. 可以直接计算验证, 也可以使用不计算的方法说明.

使用交叉相乘法则, 我们可以看出 $\frac{23}{24} < \frac{24}{25}$, 因为 $23 \times 25 = 575 < 576 = 24 \times 24$. 此外, 通过观察我们也可以直接得出这个结论. 注意到这两个分数都是单位线段 $[0,1]$ 内的点:

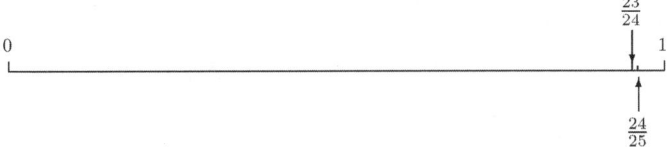

因此, 现在只需要判断哪条线段更长就足够了: 是 $\frac{23}{24}$ 到 1 之间的线段还是 $\frac{24}{25}$ 到 1 之间的线段? 前一条线段长为 $\frac{1}{24}$, 而后一条线段长为 $\frac{1}{25}$. 我们刚才已经看到, 后者要短一些, 所以 $\frac{23}{24} < \frac{24}{25}$.

例 4 对于任意非零分数 $\frac{a}{b}$ 和 $\frac{c}{d}$, 其中 a,b,c,d 都是非零自然数.

$$\text{若} \quad \frac{a}{b} < \frac{c}{d}, \quad \text{则} \quad \frac{b}{a} > \frac{d}{c}.$$

这个例子必须认真地做. 根据等式 (15.2) 知, 由 $\frac{a}{b} < \frac{c}{d}$ 可以推出 $ad < bc$, 即 $da < cb$. 再根据等式 (15.2), 就有 $\frac{d}{c} < \frac{b}{a}$, 这就是我们要证明的 $\frac{b}{a} < \frac{d}{c}$.

注记 给定分数 $\frac{a}{b}$, 其中 a,b 都是非零自然数, 则称 $\frac{b}{a}$ 为它的**倒数**. 从例 4 可以得到结论, 对分数取倒数可以改变不等号的方向. 如果我们看最简单的自然数的情形, 可能更为直观. 从 $3 < 5$ 出发, 根据等式 (12.1) 可知, $3 = \frac{3}{1}$, 所以 3 的倒数是 $\frac{1}{3}$. 同理, 5 的倒数是 $\frac{1}{5}$. 但是显然有 $\frac{1}{3} > \frac{1}{5}$(如果你觉得不显然的话, 可以复习例 2), 在这种情形下就说明了对分数取倒数可以改变不等号的方向. 你也可以注意到 $\frac{1}{7} < \frac{1}{3}$ 等价于 $7 > 3$, 等等.

例 5 要制作一些红色的颜料, 一种方法是把 18 千克红色染料倒入 230 千克水中, 另一种方法是把 12 千克红色染料倒入 160 千克水中. 请问, 哪种方法配出的颜料颜色更红一些?

第一种方法, 每 $230+18 = 248$ 千克液体中有 18 千克红色染料. 第二种方法, 每 $160+12 = 172$ 千克液体中有 12 千克红色染料. 如果常识正确的话, 两种染料比例 $\frac{18}{248}$ 和 $\frac{12}{172}$ 中, 对应于染料比例较大的那种方法, 配制出的颜料颜色将更红一些. 由于

$$12 \times 248 = 2976 < 3096 = 18 \times 172,$$

根据例 4 可知, $\frac{18}{248} > \frac{12}{172}$. 所以第一种方法配出的颜料会更红一些.

我们换一个角度来思考这个问题. 第一种方法, 我们把 18 千克染料倒入 230 千克水中, 根据分数的"包含除"解释, 由第 15.1 节中的等式 (15.1), 那么每千克水得到 $\frac{18}{230}$ 千克染料. 同样的道理, 第二种方法中, 每千克水得到 $\frac{12}{160}$ 千克染料. 比较分数 $\frac{18}{230}$ 和 $\frac{12}{160}$ 的大小, 我们有

$$12 \times 230 = 2760 < 2880 = 18 \times 160.$$

再根据等式 (15.2) 知, $\frac{12}{160} < \frac{18}{230}$. 于是我们得出与前面相同的结论: 第一种方法配制成的颜料颜色更红一些.

在上述例子中, 两种方法都得到相同的结论. 这仅仅是凑巧呢, 还是有更深刻的道理隐含在其中? 两个不等式

$$\frac{12}{172} < \frac{18}{248} \quad \text{和} \quad \frac{12}{160} < \frac{18}{230}$$

之间有什么关系吗? 在这里有两个等式是显然成立的:

$$\frac{12}{172} = \frac{12}{160+12} \quad \text{和} \quad \frac{18}{248} = \frac{18}{230+18}.$$

 请用下述定理证明, 例 5 的两种方法能得出相同的答案并不是凑巧的.

定理 15.2 对于任意自然数 a, b, c, d, 其中 $b \neq 0, d \neq 0$, 下面三个命题等价:

(i) $\dfrac{a}{b} < \dfrac{c}{d}$;

(ii) $\dfrac{a}{a+b} < \dfrac{c}{c+d}$;

(iii) $\dfrac{a+b}{b} < \dfrac{c+d}{d}$.

证明 我们主要对 (i) $\iff$ (ii) 感兴趣, 将只证明这一部分. 证明的剩余部分留做练习.

(i) $\implies$ (ii): 设 (i) 成立, 则由等式 (15.2) 知, $ad < bc$. 在不等式两边同时加上一个 ac, 由第 2.5 节中的不等式 (2.7) 得, $ac + ad < ac + bc$. 根据分配律就有 $a(c+d) < (a+b)c$. 再由等式 (15.2), 即证明了 $\dfrac{a}{a+b} < \dfrac{c}{c+d}$.

(ii) $\implies$ (i): 设 (ii) 成立, 则由等式 (15.2) 知, $a(c+d) < c(a+b)$, 即 $ac+ad < ac+bc$. 再由不等式 (2.7) 知, $ad < bc$. 这就证明了我们要证的 $\dfrac{a}{b} < \dfrac{c}{d}$. $\square$

15.4 " $\dfrac{k}{l}$ 的 $\dfrac{m}{n}$ " 的概念

下面将要谈到等价分数定理的最为重要的应用. 首先, 对于一句常用语 "某物的三分之二", 或更一般的, "某物的 n 分之 m", 我们解释这句话是什么意思. 例如, "我吃了蛋糕的三分之二" 表示什么意思? 在日常生活中, 我们经常问这样的问题, 所以我们能遵循通常的信念, 不担心它的准确性. (我们指出, 在第 12 章的练习 7 和练习 8 中使用了这句话的日常意思. 在那种情况下, 不容易引起混淆.) 理解了这一点, 如果我们忽略蛋糕的厚度, 把它看成平面上的一个圆, 然后把这个圆切成面积相等的三部分, 此时, "我吃了蛋糕的三分之二" 表示我吃了其中的两部分. 再如, "他把一包大米的五分之三给了他的舍友", 这句话最有可能表达的是, 他称了大米的总重量, 然后把大米分成重量相等的五份, 其中的三份分给他的舍友. 又如, "我把火腿的四分之三存放起来", 此时对于这句话有许多可能的解释, 因为没有明确这根火腿是怎么度量的. 如果是用长度度量, 那么就要把火腿切成长度相等的四段; 如果使用重量度量, 那么就要把火腿切成重量相等的四块. 这个例子表明, 就算在日常生活中, 这类常用语也会引起误解, 在不同的情况下要明确度量单位的选择.

仍然考虑在日常生活中, 假设此时度量单位已经明确给出, x 是数轴上的一个点, 选取单位 "1" 为常用的单位. 若某物的度量为 x, 则**该物的** $\dfrac{m}{n}$ 是指, 把线段 $[0, x]$ 平均分成长度相等的 n 部分, 取其中的 m 部分.

下面我们从日常生活进入到数学的领域. 要让所有的人都明白常用表达 "某物的 $\dfrac{m}{n}$" 是什么意思, 就不能允许有任何歧义. 所以我们能做的只能是给出这个常用语的准确定义. 这也就是我们为何要给出定义的缘由.

定义 (一个分数 $\dfrac{k}{l}$ 的 $\dfrac{m}{n}$) 把区间 $\left[0, \dfrac{k}{l}\right]$ 平均分成长度相等的 n 段, 其中 m 段拼接而成的线段长度称为**一个分数** $\dfrac{k}{l}$ 的 $\dfrac{m}{n}$.

尽管对显然的事实一再重复,我们还是要指出:通过把 $\frac{k}{l}$ 放在数轴上,我们已经隐含地固定了一个单位,$\frac{k}{l}$ 就表示这个单位.

你可能会问,如果 $\frac{m}{n}$ 与 $\frac{m'}{n'}$ 是等价分数,是否有 $\frac{k}{l}$ 的 $\frac{m}{n}$ 等于 $\frac{k}{l}$ 的 $\frac{m'}{n'}$?回答是肯定的,我们将在后面做出详细的解释.(参见第 15.4 节中定理 15.3 的推论 15.3.1.)

从这个定义的角度出发,我们在前面第 15.1 节证明的等式 (15.1) 可以重新表述为:

任意分数 $\frac{m}{n}$ 等于 m 的 $\frac{1}{n}$.

你也会发现,那一节的证明与本节的证明有共同之处.

今后,如果我们在数学讨论中用到常用语"一个分数 $\frac{k}{l}$ 的 $\frac{m}{n}$",那么这个常用语就从上述定义的角度去理解.前提是只要 $\frac{k}{l}$ 是数轴上的一个点,并且对于 $\frac{k}{l}$ 来说,单位"1"也明确规定.

我们必须明确区分日常生活与数学背景.因为我们已经给出常用语"一个分数 $\frac{k}{l}$ 的 $\frac{m}{n}$"的定义,在本书以后的部分每次遇到这个常用语时,你就尽量用上述定义来理解它.特别的,至少在看到这个常用语时,你要条件反射地想起定义来.今后我们还会再遇到一些常用语,当它成为数学用语时,就要用数学的准确性来理解它.

动动手 不要看定义,给你的同伴口头解释下面几个常用语:

(a) $21\frac{51}{63}$ 的 $\frac{4}{5}$; (b) $1\frac{1}{2}$ 的 $3\frac{3}{7}$; (c) $\frac{3}{4}$ 的 $\frac{7}{3}$,并在数轴上找到这个点.

下面我们来演示如何计算 $\frac{k}{l}$ 的 $\frac{m}{n}$.先来看一些例子.$\frac{9}{8}$ 的 $\frac{1}{3}$ 是多少?注意到 $\frac{9}{8}$ 是 9 份 $\frac{1}{8}$,所以它的 $\frac{1}{3}$ 就是 3 份 $\frac{1}{8}$,即 $\frac{3}{8}$.

同理,$\frac{21}{5}$ 的 $\frac{1}{3}$ 是 $\frac{7}{5}$,因为 $\frac{21}{5}$ 是 21 份 $\frac{1}{5}$,所以它的 $\frac{1}{3}$ 是 7 份 $\frac{1}{5}$,即 $\frac{7}{5}$.

请问,$\frac{6}{7}$ 的 $\frac{2}{3}$ 是多少?我们只要把线段 $\left[0, \frac{6}{7}\right]$ 平均分成长度相等的三段,取其中的两段拼接起来即可.现在 $\frac{6}{7}$ 表示 6 份 $\frac{1}{7}$,而 6 可以平均分成三组,每组 2 个.因此 $\frac{6}{7}$ 是由三条

线段拼接而成，其中每条本身又是由 2 份 $\frac{1}{7}$ 拼接而成，如下图所示：

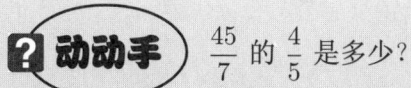

从图上可以直观地看出，$\frac{6}{7}$ 的 $\frac{2}{3}$ 是 $\frac{4}{7}$.

动动手 $\frac{45}{7}$ 的 $\frac{4}{5}$ 是多少？

再问，$\frac{7}{9}$ 的 $\frac{1}{4}$ 是多少？这个问题与前面的例子有所不同，因为我们本该把 7 份 $\frac{1}{9}$ 平均分成四份，取其中的一份. 即把线段 $\left[0, \frac{7}{9}\right]$ 平均分成长度相等的四段，取其中的一段. 但是 7 不能被 4 整除，所以我们必须找到一种方法来克服这个困难. 如果你还记得[①]等价分数的基本定理 (见第 13.1 节)，那么就"强制性地"让分子能够被 4 整除，因为

$$\frac{7}{9} = \frac{4 \times 7}{4 \times 9} = \frac{28}{36},$$

于是我们可以把 $\frac{7}{9}$ 看成是 28 份 $\frac{1}{36}$，现在 28 可以平均分成四组，每组 7 个. 因此，如果把 $\left[0, \frac{7}{9}\right]$ 平均分成四部分，那么每部分是 7 份 $\frac{1}{36}$，即长度为 $\frac{7}{36}$. 所以我们得出结论，$\frac{7}{9}$ 的 $\frac{1}{4}$ 是 $\frac{7}{36}$.

例 斯蒂芬妮要从家去火车站，已知她走了全程的 $\frac{2}{5}$，还有 $\frac{7}{8}$ 千米要走，请问斯蒂芬妮家离火车站一共有多少千米远？

我们可以在数轴上画出斯蒂芬妮家到火车站的距离. 设 0 表示斯蒂芬妮的家，T 表示火车站. 如图所示，线段 $[0, T]$ 被平均分为长度相等的五段，斯蒂芬妮现在的位置在从 0 出发后的第二个分点上：

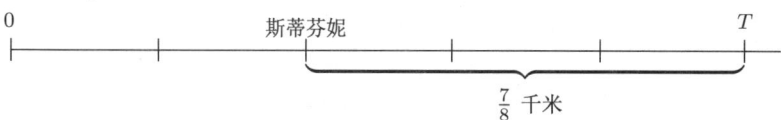

[①] 记忆有时候是很重要的!

五条线段中的任意一条的长度由以下事实决定：从家到火车站 T 的距离是这个长度的 5 倍. 我们已知斯蒂芬妮现在的位置与火车站的距离是 $\frac{7}{8}$ 千米, 这段距离占了其中的三段, 因此, 只要找到 " $\frac{7}{8}$ 千米的 $\frac{1}{3}$ " 问题就解决了. 也就是说, 我们现在只要求出 " $\frac{7}{8}$ 千米的 $\frac{1}{3}$ " 是多长就足够了. 根据先前的讨论, 我们知道:

$$\frac{7}{8} = \frac{3 \times 7}{3 \times 8} = \frac{21}{24},$$

于是 $\frac{7}{8}$ 可以看成是 21 份 $\frac{1}{24}$, 所以

$\frac{7}{8}$ 的 $\frac{1}{3}$ 就是 21 份 $\frac{1}{24}$ 的 $\frac{1}{3}$, 故为 7 份 $\frac{1}{24}$, 这就是每一段的长度.

因此从 0 到 T 的五条线段中的任意一条是 7 份 $\frac{1}{24}$ 千米, 所以从 0 到 T 的总距离是 5×7 份 $\frac{1}{24}$ 千米, 也就是 $\frac{35}{24}$ 千米.

注记 上述例子是一个标准的分数应用题, 在普通教科书中一般会在引入分数乘法之后讲到. 这个题目标准的解法是 " 用 $\left(1 - \frac{2}{5}\right)$ 的倒数乘以 $\frac{7}{8}$ ". 现在我们发现, 不需要利用分数乘法, 也不需要什么机械的技巧, 简单的推理就可以解决问题了.

下面我们来看一般情形. 给定分数 $\frac{k}{l}$, 要求出它的 $\frac{m}{n}$. 注意 $\frac{k}{l}$ 的分子 k 不一定能被 n 整除, 但是根据等式 (13.1), 我们有

$$\frac{k}{l} = \frac{nk}{nl}.$$

此时 $\frac{nk}{nl}$ 的分子 nk 能被 n 整除, 所以分数 $\frac{k}{l}$ 的 $\frac{1}{n}$, 也就是分数 $\frac{nk}{nl}$ 的 $\frac{1}{n}$, 显然等于 $\frac{k}{nl}$, 即 k 份 $\frac{1}{nl}$. 因此分数 $\frac{k}{l}$ 的 $\frac{m}{n}$, 也就是 m 份 $\frac{k}{l}$ 的 $\frac{1}{n}$, 即 mk 份 $\frac{1}{nl}$, 等于 $\frac{mk}{nl}$.

总结一下前面的讨论, 就得到下面的定理:

定理 15.3 给定两个非零分数 $\frac{m}{n}$ 和 $\frac{k}{l}$, 则 $\frac{k}{l}$ 的 $\frac{m}{n}$ 等于 $\frac{mk}{nl}$.

现在, 我们来对本节前面的讨论做一个轻松的收尾.

推论 15.3.1 设 $\frac{m}{n}$ 与 $\frac{M}{N}$ 是等价分数, $\frac{k}{l}$ 与 $\frac{K}{L}$ 也是等价分数, 则 $\frac{k}{l}$ 的 $\frac{m}{n}$ 等于 $\frac{K}{L}$ 的

$\frac{M}{N}$.

证明 根据定理 15.3 可知,
$$\frac{k}{l} \text{ 的 } \frac{m}{n} \text{ 等于 } \frac{mk}{nl}$$

且
$$\frac{K}{L} \text{ 的 } \frac{M}{N} \text{ 等于 } \frac{MK}{NL}.$$

下面证明
$$\frac{mk}{nl} = \frac{MK}{NL}.$$

根据第 13 章定理 13.2, 我们只要证明 $mkNL = nlMK$ 即可. 由已知, 分数 $\frac{m}{n}$ 与 $\frac{M}{N}$ 等价, 所以由交叉相乘法知 $mN = nM$. 同理, $kL = lK$. 上述两个等式相乘, 即得 $mkNL = nlMK$. 这正是我们所要证明的. □

我们由前面一些例子的推理过程导出了定理 15.3 的证明. 类似的推理过程在其余章节中还会多次用到.

练习

1. (a) 要把 2710 块糖果放在 21 个包装袋里, 每个包装袋里的糖果数相同, 请问每个包装袋里最多能放多少块糖果, 还剩多少块糖果?

(b) 假设要把 2710 米的路线平均分成相等长度的 21 段, 请问每段有多少米?

2. 假设你可以把一块蛋糕切成任意数量的大小相等的部分 (在把圆切成全等的扇形的意义下). (a) 如何切蛋糕能把 7 块蛋糕平均分给 11 个孩子?

(b) 如何切蛋糕能把 11 块蛋糕平均分给 7 个孩子? 试用两种切法.

3. (a) 直接证明, 把一条长度为 4 的线段平均分成 7 段, 每一段的长度是 $\frac{4}{7}$ (不要利用公式 (15.1)).

(b) 证明 $\frac{7}{3}$ 的情形也成立.

4. (本题是一个五年级的题目. 不要用比例的方法, 向你的学生解释清楚这个问题.) 商店把圆珠笔 4 个捆成一捆卖. 小明买 20 支笔花了 12 元钱, 请问如果他买 28 支笔要花多少钱?

5. 设数轴上的单位 "1" 表示单位正方形的面积, 请写出此时等式 (15.1) 的证明 (比较第 13 章练习 5).

6. 设数轴上的单位 "1" 表示一打 (12 个) 鸡蛋.

(a) 数轴上的数字 8 表示多少个鸡蛋?

(b) $8 \div 3$ 表示多少个鸡蛋?

(c) 分数 $\frac{8}{3}$ 表示多少个鸡蛋?

(d) 观察 (b) 和 (c) 的答案, 你发现了什么?

7. 不要使用定理 15.3, 给一个六年级学生直接解释为什么 $\frac{5}{16}$ 元的 $\frac{3}{7}$ 等于 $\frac{15}{112}$ 元.

8. (a) 一根 314 米长的电线的长度是两根电线杆之间距离的 $\frac{4}{5}$, 问两根电线杆距离有多少米?

(b) 艾伦小芳从家去学校, 走了 $\frac{8}{9}$ 千米后, 发现她已经走了全程的 $\frac{3}{4}$, 请问艾伦家离学校有多少千米?

(c) 经过 18.5 千米的车程之后, 正好还有全程的 $\frac{3}{5}$ 没有走, 请问到达目的地还要走多远?

9. 詹姆斯给他的朋友出了一个谜题: "我在乡间徒步旅行, 走了 $\frac{7}{12}$ 千米之后, 我还要走全程的 $\frac{3}{5}$ 才能到达目的地, 请问我这次旅程一共要走多远?" 请你帮助他的朋友解决这个问题.

10. (a) 请写出介于两个分数 $\frac{31}{63}$ 和 $\frac{32}{63}$ 之间的一个分数, 再写出介于 $\frac{5}{8}$ 和 $\frac{8}{13}$ 之间的一个分数.

(b) 请写出介于两个小数 1.0356 和 1.0357 之间的一个小数.

(c) 请写出介于两个小数 1.03567 和 1.03667 之间的一个小数.

11. 请给你的学生解释如何做这道题目: 九个学生要平均分 50 千克大米, 每人能得多少千克? (如果你仅仅给学生解释 "用 9 去除 50" 还远远不够, 你必须说清楚为什么这样做, 并解释答案为什么是 $5\frac{5}{9}$ 千克.)

12. (a) 一个分数的 $\frac{3}{7}$ 等于 $\frac{5}{6}$, 求这个分数.

(b) 一个分数的 $\frac{n}{m}$ 等于 $\frac{k}{l}$, 求这个分数.

13. 证明第 15.3 节的定理 15.2 中 (i) 与 (iii) 等价.

14. 一个数的 $\frac{2}{5}$ 加上 $\frac{1}{5}$ 等于它本身, 求这个数.

15. 2009 年 4 月 30 日,《鳕鱼角时报》(*Cape Cod Times*) 报道, 在美国的特鲁罗镇, 政府宣称经过当地选民投票, "勉强通过了四个地区修正案中的一个", 赞成票数达到了法律

要求的 $\frac{2}{3}$. 其中, 赞成票与反对票的准确票数分别为 136 和 70. 政府表示, 因为计算器显示, 136 等于与 0.66×206 最接近的自然数, 所以 136 恰为总票数 206 的 $\frac{2}{3}$. 请只用目前为止学过的知识讨论, 镇政府说 136 等于总票数 206 的 $\frac{2}{3}$ 是否正确.

16. 在棒球运动中, 球员的**平均击球数**等于他击中球的总数除以轮到他击球的次数. 设今天是本赛季的最后一天, 在此之前, 两个球员 A 和 B 均面对 630 次轮到他们击球, 并且两个人都击中 200 次球. 在最后一天, A 有两次击球机会并且击中两次, B 有四次击球机会, 他击中三次. 请问 A 与 B 谁能赢得击球冠军?

第 16 章
分数减法和小数减法

本章有两个目的：一是给出分数减法的准确定义，二是描述分数减法和小数减法的具体计算方法. 其中减法的运算法则与加法的运算法则很类似.

本章各节安排如下：

分数减法和小数减法

不等式

16.1 分数减法和小数减法

关于分数减法，我们来简短地说几句. 由于减法与加法之间具有相似性, 因此对于减法的讨论可以很简洁. 给定分数 $\frac{k}{l}$ 和 $\frac{m}{n}$, 且 $\frac{k}{l} \geqslant \frac{m}{n}$, 仿照第 5.1 节中的 (5.1) 关于自然数减法的定义, 我们可以定义分数 $\frac{k}{l}$ 与 $\frac{m}{n}$ 的**差** $\frac{k}{l} - \frac{m}{n}$ 为满足

$$\left(\frac{k}{l} - \frac{m}{n}\right) + \frac{m}{n} = \frac{k}{l}$$

的分数. 从几何观点来看, 根据分数加法的定义 (14.1), 上述定义的意思是：

$\frac{k}{l} - \frac{m}{n} =$ 从一条长度为 $\frac{k}{l}$ 的线段一端移去长度为 $\frac{m}{n}$ 的线段后剩余线段的长度.

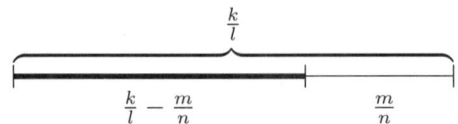

利用分数对的基本事实, 我们有

$$\frac{k}{l} - \frac{m}{n} = \frac{kn}{ln} - \frac{lm}{ln}$$

$$= \text{从一条长度为 } kn \text{ 份 } \frac{1}{ln} \text{ 的线段一端移去长度为 } lm \text{ 份 } \frac{1}{ln}$$

的线段后剩余线段的长度

$$= \text{长度为 } (kn - lm) \text{ 份 } \frac{1}{ln} \text{ 的线段}$$

$$= \frac{kn - lm}{ln},$$

其中最后一个等式是根据分数 $\frac{kn-lm}{ln}$ 的定义. 由此我们得到下面的公式: 若 $\frac{k}{l} \geqslant \frac{m}{n}$, 则

$$\frac{k}{l} - \frac{m}{n} = \frac{kn - lm}{ln}. \tag{16.1}$$

仔细观察会发现, 等式 (16.1) 其实很有意思: 因为对于自然数减法有一个重要的事实, 只有当 $kn \geqslant lm$ 时, 两个自然数 kn 和 lm 的减法才有意义, 那么对于分数减法来说, 如何能知道等式 (16.1) 右边的 $kn - lm$ 是否有意义呢? 这时前面的假设 $\frac{k}{l} \geqslant \frac{m}{n}$ 就要发挥作用了: 根据交叉相乘法 (第 15.3 节定理 15.1), 我们确实有 $kn \geqslant lm$.

分数减法的运算法则 (16.1) 也特别适用于带分数的减法. 此时显示出一个特殊的特点, 虽然不是特别重要 ①, 但也很巧妙, 这就是带分数减法中的**借位**现象.

我们不用符号语言解释借位现象, 而是先用一个例子来解释. 考虑减法 $17\frac{2}{5} - 7\frac{3}{4}$. 显然, 这道题里的数字是多少无关紧要, 我们只要把带分数化为假分数, 就可以直接应用等式 (16.1):

$$17\frac{2}{5} - 7\frac{3}{4} = \frac{85+2}{5} - \frac{28+3}{4} = \frac{87}{5} - \frac{31}{4} = \frac{(87 \times 4) - (31 \times 5)}{5 \times 4} = \frac{193}{20}.$$

(再次强调, 除非题目要求, 否则无须把这个结果再转化成带分数.) 然而, 我们有另一种方法计算:

$$17\frac{2}{5} - 7\frac{3}{4} = \left(17 + \frac{2}{5}\right) - \left(7 + \frac{3}{4}\right).$$

下面我们对于分数的情形使用第 5.3 节中的公式 (5.5). 换句话说, 假设对于分数 A, B, C, L, M, N, 其中 $L \geqslant A, M \geqslant B, N \geqslant C$, 我们有

$$(L + M + N) - (A + B + C) = (L - A) + (M - B) + (N - C)$$

---

① 除非是在标准化的考试中!

成立. (证明与第 5.6 节 "减法的性质" 中的证明一样, 但是在此不做详细证明, 因为我们会在第 27.5 节中证明这个式子的一般情形 (27.8).) 令 $L = 17, M = \frac{2}{5}, N = 0, A = 7, B = \frac{3}{4}, C = 0$, 于是有

$$17\frac{2}{5} - 7\frac{3}{4} = \left(17 + \frac{2}{5}\right) - \left(7 + \frac{3}{4}\right) = 10 + \left(\frac{2}{5} - \frac{3}{4}\right).$$

但是 (16.1) 不适用于 $\frac{2}{5} - \frac{3}{4}$, 因为 $\frac{2}{5} < \frac{3}{4}$ (你能证明这个不等式吗?). 为了纠正这种情况, 我们将仿照第 5 章中自然数减法的计算方法: 一旦个位的自然数减法不能操作, 我们就从十位借 1, 加到个位. 例如, 计算减法 82 − 57, 由于个位上数字 2 − 7 的减法不能进行, 我们就从被减数的十位借 1, 加到个位, 个位上的 2 转化为 10 + 2 = 12. 同样的, 因为分数 $\frac{2}{5}$ 不够大, 不能做减法 $\frac{2}{5} - \frac{3}{4}$, 于是我们将从 17 借 1, 把 $\frac{2}{5}$ 转化为 $\frac{5}{5} + \frac{2}{5} = \frac{7}{5}$. 写得详细一点,

$$17\frac{2}{5} = (16 + 1) + \frac{2}{5} = 16 + \left(1 + \frac{2}{5}\right) = 16 + \left(\frac{5}{5} + \frac{2}{5}\right) = 16 + \frac{7}{5}.$$

于是我们就可以接着做前面的减法了:

$$17\frac{2}{5} - 7\frac{3}{4} = \left(16 + \frac{7}{5}\right) - \left(7 + \frac{3}{4}\right) = (16 - 7) + \left(\frac{7}{5} - \frac{3}{4}\right) = 9 + \frac{13}{20} = 9\frac{13}{20}.$$

顺便提一句, $9\frac{13}{20} = \frac{193}{20}$, 正好与前面算出来的结果相同.

> **❓动动手** (a) 用两种方法计算 $4\frac{1}{10} - 2\frac{3}{4}$.
>
> (b) 对于简单的减法, 例如 $2\frac{1}{6} - 1\frac{1}{3}$, 通过画图的方法计算也不失为一种好办法, 请分别用画图的方法和直接计算的方法做本题.

小数对的基本事实, 本质上已经把小数减法简化为自然数减法. 我们用一个具体的例子来说明. 一般情形的证明与具体的例子没有本质上的区别. 比如要计算 14.02 − 8.4257. 回忆小数减法的运算法则要求:

(i) 将两个小数的小数点对齐;

(ii) 按照自然数减法运算法则把两个数相减;

(iii) 在得数里对齐横线上的小数点位置, 点上小数点.

这样的运算法则的确说明,实际上减法只在自然数之间进行,但问题是,为什么呢?我们现在来给出解释. 根据小数对的基本事实,我们可以把两个小数重写成 14.0200 和 8.4257, 即它们拥有相同的小数数位, 于是,

$$
\begin{aligned}
14.02 - 8.4257 &= 14.0200 - 8.4257 \\
&= \frac{140200}{10^4} - \frac{84257}{10^4} \\
&= \frac{140200 - 84257}{10^4} \quad \text{(对应第 (i) 步)} \\
&= \frac{55943}{10^4} \quad \text{(对应第 (ii) 步)} \\
&= 5.5943. \quad \text{(对应第 (iii) 步)}
\end{aligned}
$$

 计算: (a) $0.402 - 0.0725$; (b) $3.14 - 1\frac{5}{8}$.

16.2 不等式

在本章的结尾, 我们讨论分数的一些不等式. 由于我们已经掌握了分数加法的概念, 所以第 2 章中的一些结论 (第 2.5 节中的不等式 (2.7)) 可以直接推广到分数. 令 A, B, C, D 是分数, 则

(i) $A < B \iff$ 存在某个非零分数 C, 使得 $A + C = B$;

(ii) $A < B \iff$ 对于任意的分数 C, 有 $A + C < B + C$;

(iii) $A < B, C < D \implies A + B < C + D$.

结论 (i) 提供了一种看待比较分数大小的方法. 另外, 值得一提的是, (i) 也可以表示为减法的形式:

(i′) $B > A \implies B - A > 0$.

在自然数的情形下, 这些论断的对应结论成立, 在第 2.5 节中已经证明. 因为从数轴的角度来看, 自然数加法与分数加法并不存在概念上的区别, 所以我们便可以放心地把这些结论的证明留做练习.

练习

1. 比较下列几对分数的大小：

   (a) $\dfrac{70}{105}$ 与 $\dfrac{38}{57}$； (b) $\dfrac{4}{9}$ 与 $\dfrac{3}{7}$； (c) $\dfrac{9}{29}$ 与 0.31； (d) $\dfrac{13}{17}$ 与 0.76； (e) $\dfrac{12}{23}$ 与 $\dfrac{53}{102}$.

2. 用两种方法比较下面两对分数的大小，其中一种要用交叉相乘法则：

   (a) $\dfrac{94}{95}$ 与 $\dfrac{311}{314}$； (b) $\dfrac{85}{119}$ 与 $\dfrac{227}{325}$（与第 15.3 节中的例 2 进行比较）.

3. 比较下面两对分数中，哪个分数较大：

   (a) $\dfrac{112}{234}$ 与 $\dfrac{213}{435}$； (b) $\dfrac{577}{267}$ 与 $\dfrac{863}{403}$. （必要的时候可以使用计算器，但只限于计算自然数.）

4. (a) 如何对一个五年级学生解释清楚这样一个事实：不等式 $\dfrac{4}{9} > \dfrac{3}{7}$ 成立的原因是 $4 \times 7 > 3 \times 9$.

   (b) 不要使用等式 (16.1)，如何给一个五年级学生讲解分数减法 $\dfrac{7}{18} - \dfrac{5}{12}$.

5. 计算：

   (a) $\dfrac{17}{50} - \dfrac{1}{3}$； (b) $\left(5\dfrac{1}{5} - 2\dfrac{7}{8}\right) - 1\dfrac{1}{3}$； (c) $\left(4\dfrac{2}{3} - 2.6\right) - \dfrac{6}{7}$； (d) $4\dfrac{2}{3} - \left(2.6 + \dfrac{6}{7}\right)$； (e) $25.56 - \dfrac{184}{11}$.

6. (a) 若分数 B 满足 $4\dfrac{2}{5} - B = 1\dfrac{3}{4}$，求 B.

   (b) 若分数 A 满足 $\dfrac{4}{7} + A = \dfrac{7}{8}$，求 A.

7. 不用计算出精确答案，估计一下 $\left(\dfrac{91}{624} + \dfrac{8}{9}\right)$ 与 1 哪个更大一些？并说明原因.

8. 证明第 16.2 节中关于分数不等式的论断 (i) – (iii).

9. 设 A, B, C 是分数，

   (a) 证明 $A + B < C \iff A < C - B$；

   (b) 设 $C < A$ 且 $C < B$，证明 $A < B \iff A - C < B - C$ (参见练习 9).

10. 给定三个数 A, B, C，已知 $B = 14\dfrac{2}{5}$，B 比 A 大 $1\dfrac{2}{3}$，C 比 A 大 $2\dfrac{1}{4}$，求：

    (a) $C - B$；

    (b) $A + B + C$.

11. 设 a, b 是非零自然数，且 $a < b$，

    (a) 解释为什么 $\dfrac{1}{a} > \dfrac{1}{b}$；

(b) 是否对于任意自然数 c, 有 $\dfrac{c}{a} > \dfrac{c}{b}$? 说明原因.

12. 一个容积为 6 升的桶装满水, 艾伦先用去了全部水的 $\dfrac{2}{3}$, 詹姆斯又用去剩下的 $\dfrac{1}{4}$, 后来再将 $1\dfrac{2}{5}$ 升水注入桶中, 请问容器中还有多少水?

13. 设 $\dfrac{a}{b}$ 是一个非零分数. 请将下列 (无限多个) 分数按大小排列:

$$\dfrac{a}{b},\ \dfrac{a+1}{b+1},\ \dfrac{a+2}{b+2},\ \dfrac{a+3}{b+3},\ \ldots.$$

(提示: 试一试 $\dfrac{a}{b} = \dfrac{2}{3}, \dfrac{a}{b} = \dfrac{3}{2}$ 的情形.)

14. 请你算一算, 买哪一种更划算:

(a) 59 美分买 3 支铅笔, 还是 19.9 美元买 10 支铅笔?

(b) 17.5 美元买 12 只蜡烛, 还是 45 美分买 3 只蜡烛?

15. 艾伦有两本书, 其中一本比另一本厚 $1\dfrac{3}{4}$ 厘米, 两本书摞在一起厚度为 $9\dfrac{1}{3}$ 厘米. 请问两本书的厚度分别是多少?

16. 艾伦把一桶橙汁倒入 A,B,C 三个玻璃杯. A 与 C 中橙汁的总体积比 B 中的橙汁多 $2\dfrac{5}{12}$ 毫升, B 中的橙汁比 C 中的多 $2\dfrac{1}{4}$ 毫升, C 中的橙汁又比 A 中的多 $\dfrac{7}{12}$ 毫升. 请问桶中最开始有多少橙汁? (提示: 使用数轴.)

17. 一种酒精溶液是由 5 部分水兑 23 部分酒精配制而成. 如果把 3 部分水兑 14 部分酒精倒入溶液中, 问酒精浓度变高还是变低?

18. 设自然数 a, b 满足 $1 < a < b$. 下面哪个分数更大? $\dfrac{a-1}{a}$ 还是 $\dfrac{b-1}{b}$? 能直接看出来吗? $\dfrac{a+1}{a}$ 和 $\dfrac{b+1}{b}$ 呢?

19. (本题来自于 SAT 考试) 有人连续地观察池塘里的一群鹅. 下午 1 点钟的时候, 有 $\dfrac{1}{5}$ 的鹅飞走了; 2 点钟的时候, 剩余鹅的 $\dfrac{1}{8}$ 也飞走了; 3 点钟的时候, 又飞走了 1 点钟飞走的鹅的 3 倍. 此时, 池塘里还剩下 28 只鹅. 假设在其他时刻没有鹅到来, 也没有鹅飞走或死亡, 请问这群鹅原来有多少只?

第17章
分数乘法与小数乘法

众所周知, 分数的除法被认为是中小学数学中一个很难理解的概念. 但是有一个事实: 最有趣的应用问题, 例如百分数和比例等, 都依赖于分数的除法. 然而还有一个鲜为人知的事实: 如果在乘法的学习中打下坚实的基础, 那么许多困难都迎刃而解了. 在本章, 我们就来努力地打下这样坚实的基础.

在讨论如何对两个分数做乘法之前, 我们必须先弄清楚这个乘法运算是什么意思. 对于自然数来说, 乘法的意思是反复做加法 [①](例如, $3 \times 5 = 5 + 5 + 5$). 显然这个定义不适用于分数的乘法, 因为 $\frac{2}{5} \times \frac{1}{4}$ 既不能表示把 $\frac{1}{4}$ 自加 $\frac{2}{5}$ 次, 也不能表示把 $\frac{2}{5}$ 自加 $\frac{1}{4}$ 次. 大部分的教科书和一般性的教育著作都回避给出两个分数相乘的含义. 相反的, 这些作者利用学生很容易受哄骗这一点而不做出任何解释, 也不问任何问题. 下面一段话是许多教科书中对分数乘法的典型的解释 (摘自一本五年级课本):

这节课我们来计算分数乘法. 思考这个乘法问题: 一半的一半是多少? 根据对分数的处理, 我们来看一个半圆. 为了找到一半的一半, 我们只要把半圆再取其半. 于是发现, 我们得到的是四分之一圆. 写出来就是:
$$\frac{1}{2} \times \frac{1}{2} = \frac{1}{4}.$$
计算两个分数的乘法时, 分子与分子相乘得到分子, 分母与分母相乘得到分母.

注意到, 这个讲法对两个分数相乘是什么意思根本没有解释. 相反, 通过说明 "一半的一半" 是 "四分之一", 作者想让 $\frac{1}{2} \times \frac{1}{2} = \frac{1}{4}$ 变得容易接受, 并因此告诉学生, 两个分数的乘法只不过是 "分子与分子相乘得到新的分子, 分母与分母相乘得到新的分母". 作为数学, 整段话根本没有任何意义.

分数乘法的操作 ("分子与分子相乘得到新的分子, 分母与分母相乘得到新的分母") 的简单性, 诱惑许多人在数学教学中采取这个致命的步骤来讲授分数如何相乘而不提及分数

---
① 见第 1.6 节等式 (1.2).

第 17 章 分数乘法与小数乘法 · 223 ·

相乘的定义. 他们的这个选择直接导致了学生对分数的不理解, 特别是对分数除法的不理解. 因此, 我们将抵制这个诱惑.

关于分数乘法, 至少有两个解释你必须知道: 第一是矩形的面积; 第二是在第 15 章中定义的 "某物的 $\frac{m}{n}$". 二者都可以作为分数乘法的定义, 但是一旦采用某一个作为定义, 另一个就成为需要证明的定理. 我们将使用几何的解释作为定义, 因为许多小学老师似乎更喜欢这一定义, 它与十进制积木 [①] 有相似之处. 当然, 两个解释都是同等重要的.

几何上的定义可以简单地描述如下. 在第 2 章中看到, 自然数的乘法可以解释为矩形的面积: $m \times n$ 表示边长为 m 和 n 的矩形的面积, 其中 m, n 是自然数. 因为矩形的长和宽即便为分数时, 矩形的面积这一概念确实仍有意义, 所以我们将用矩形的面积来定义分数的乘法. 注意, 用这种方法定义分数乘法与早先定义分数加法的方法在概念上有相似性: 二者都是从自然数的乘法或加法直接派生出来的.

本章各节安排如下:

分数乘法的定义以及乘积公式

乘积公式的直接应用

分数乘法的第二种解释

不等式

文字问题与数字问题

17.1 分数乘法的定义以及乘积公式

固定一条数轴, 则长度的单位 1, 即单位线段的长度就已经定义好了, 同时单位正方形也有定义 (回忆: 单位正方形即边长为 1 的正方形). 令数轴上的单位 1 也表示单位正方形的面积(参见第 8 章中关于乘法的讨论). 这样我们有了两条数轴: 其中一条的单位 1 是一个固定的单位正方形的边长, 另一条的单位 1 是该单位正方形的面积.

今后, 我们将采用统一规范的语言, 把边长等于 $\frac{m}{n}$ 和 $\frac{k}{l}$ 的矩形称为**边长为 $\frac{m}{n}$ 和 $\frac{k}{l}$ 的矩形**. 按照这一理解, 我们如下定义**分数的乘法**:

$$\frac{m}{n} \times \frac{k}{l} = 边长为 \frac{m}{n} 和 \frac{k}{l} 的矩形的面积.$$

[①] 译者注: base ten blocks 可译为十进制积木, 是一种益智类积木玩具, 由一些大正方形、长矩形、小正方形组成. 一个大正方形的面积等于 100 个小正方形的面积, 一个长矩形的面积等于 10 个小正方形的面积, 常被教师用来教学生做加减乘除计算.

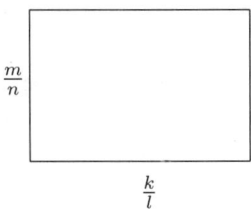

从定义立即可以知道, 若分数 A, B, C, D 满足 $A = B, C = D$, 则 $AC = BD$. 事实上, 边长为 A 和 C 的矩形全等于边长为 B 和 D 的矩形, 从而有相等的面积, 根据定义就有 $AC = BD$. 接下来我们会反复用到这一代数事实.

注意到一个事实: 到目前为止, 我们还不知道一些简单分数的乘积, 例如 $\frac{1}{2} \times \frac{1}{2}$ 等于多少. 条件反射可能告诉你, 它等于 $\frac{1 \times 1}{2 \times 2}$, 从而等于 $\frac{1}{4}$. 但是条件反射在数学中没有意义. 我们必须在上述定义的基础上, 并且只以定义为基础, 通过数学推理解释它为何等于 $\frac{1}{4}$. 因此, 我们要证明的是, 根据 $\frac{1}{2} \times \frac{1}{2}$ 的定义, 以 $\frac{1}{2}$ 为边长的正方形面积为 $\frac{1}{4}$. 幸运的是, 我们在第 12.5 节已经对它进行了一般的推理. 因此, 在下图中, 大正方形是单位正方形, 四个小正方形的边长均为 $\frac{1}{2}$, 单位正方形 (面积即为单位 1) 被平均分为面积相等的四个小正方形. 因此每个小正方形的面积是 $\frac{1}{4}$. 观察左下角阴影部分的小正方形, 我们就有

$$\frac{1}{2} \times \frac{1}{2} = \left(\text{边长为 } \frac{1}{2} \text{ 的阴影小正方形的面积}\right) = \frac{1}{4}.$$

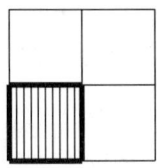

在处理分数乘法的一般情况 $\frac{m}{n} \times \frac{k}{l}$ 之前, 我们先处理一些简单的情况来说明这个定义是站得住脚的.

先看一个最简单的情形:

$$1 \times \frac{k}{l} = \frac{k}{l}.$$

先证 $1 \times \frac{1}{l} = \frac{1}{l}$, 即证边长为 1 和 $\frac{1}{l}$ 的矩形的面积为 $\frac{1}{l}$. 根据第 12.5 节面积的基本性质 (i)–(iii), 单位正方形中任意边长为 1 和 $\frac{1}{l}$ 的矩形的面积都是 $\frac{1}{l}$. 这是因为 l 个全等的矩形构成了单位正方形的一个分割, 也就构造了单位面积的一个分割, 即把单位正方形的面积分成了 l 个面积相等的部分. 对于 $l = 7$, 7 个矩形构成了下面正方形的一个分割, 其中一个矩形的边用加粗线段描出:

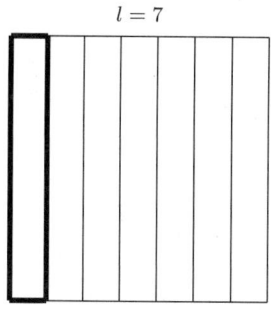

这就证明了 $1 \times \frac{1}{l} = \frac{1}{l}$.

一般的, $1 \times \frac{k}{l}$ 表示边长为 1 和 $\frac{k}{l}$ 的矩形的面积. 若 $k = 3, l = 7$, 如下图所示, 这样的矩形的边用加粗线段描出:

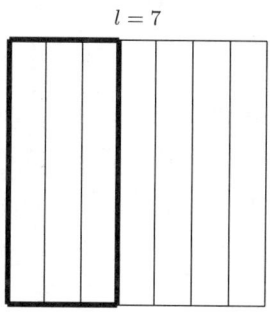

因此, $1 \times \frac{3}{7}$ 表示上图中加粗线段围成的矩形的面积. 同时, 这个矩形的面积又等于 3 个边长为 1 和 $\frac{1}{7}$ 的 "瘦" 矩形的面积之和, 故为 $\frac{1}{7} + \frac{1}{7} + \frac{1}{7} = \frac{3}{7}$. 虽然我们这里的证明用的数字 $k = 3$ 比 $l = 7$ 要小, 但一般的推理过程与 k 和 l 的相对大小无关. 因此对于任意 k, $1 \times \frac{k}{l}$

等于 k 个边长为 1 和 $\frac{1}{l}$ 的"瘦"矩形的面积之和, 故为 $\frac{1}{l} + \cdots + \frac{1}{l}(k \text{ 次}) = \frac{k}{l}$.

再来看两个较为简单的情形: 计算 $\frac{1}{2} \times \frac{1}{3}$ 和 $\frac{1}{3} \times \frac{1}{6}$.

要计算 $\frac{1}{2} \times \frac{1}{3}$, 我们先把单位正方形的竖直边分成相等的两段, 水平边分成相等的三段, 分别竖直地和水平地连结各个对应的分点, 这样就把单位正方形分割成了 6 个全等的小矩形. 因此 6 个小矩形面积相等, 如下图所示:

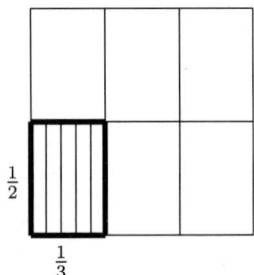

根据前面的构造, 这 $2 \times 3(= 6)$ 个小矩形的边长都为 $\frac{1}{2}$ 和 $\frac{1}{3}$, 由定义, 它的面积等于 $\frac{1}{2} \times \frac{1}{3}$. 但 2×3 个小矩形的总面积是整个单位正方形的面积, 也就是 1, 因此阴影小矩形是将单位正方形 (即单位) 分成 2×3 个等面积的小矩形其中的一个. 于是根据第 12 章中分数的定义可知, 阴影矩形的面积是 $\frac{1}{2 \times 3}$. 所以 $\frac{1}{2} \times \frac{1}{3} = \frac{1}{2 \times 3}$.

再计算 $\frac{1}{3} \times \frac{1}{6}$. 与上一例子的方法相同, 先把单位正方形的竖直边分成相等的三段, 水平边分成相等的六段, 分别竖直地和水平地连结各个对应的分点, 这样就把单位正方形分割成了 $3 \times 6(= 18)$ 个全等的小矩形. 因此 18 个小矩形面积相等, 如下图所示:

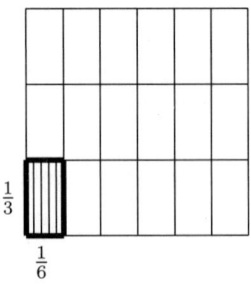

根据构造, 每个小矩形的长和宽都为 $\frac{1}{3}$ 和 $\frac{1}{6}$, 由定义, 它的面积等于 $\frac{1}{3} \times \frac{1}{6}$. 这 3×6 个

小矩形互相全等, 并构成单位正方形的一个分割, 所以由第 12 章中分数的定义可知, 每个小矩形的面积是 $\frac{1}{3 \times 6}$. 从而 $\frac{1}{3} \times \frac{1}{6} = \frac{1}{3 \times 6}$.

? 动动手 计算 $\frac{1}{4} \times \frac{1}{3}$.

现在, 我们能够证明对于任意自然数 $l > 0, n > 0$, 有

$$\frac{1}{n} \times \frac{1}{l} = \frac{1}{nl}. \tag{17.1}$$

证明过程如下. 先把单位正方形的竖直的边和水平的边分别分成相等的 n 份和 l 份, 再竖直地和水平地连结对应的分点, 就把单位正方形分割成了 nl 个全等的小矩形. 如下图所示:

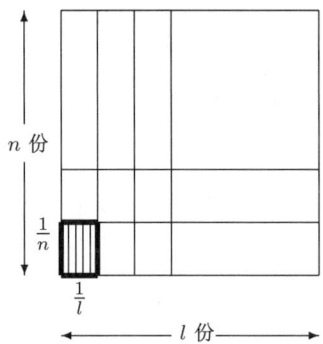

这样分割得到的每个小矩形的边长为 $\frac{1}{n}$ 和 $\frac{1}{l}$, 所以根据定义, 它的面积为 $\frac{1}{n} \times \frac{1}{l}$. 又因为这 nl 个互相全等的小矩形构成单位正方形的一个分割, 所以每个小矩形的面积是 $\frac{1}{nl}$. (这是根据第 12.2 节中分数 $\frac{1}{nl}$ 的定义, 把单位正方形平均分成面积相等的 nl 部分, 则每部分的面积是 $\frac{1}{nl}$.) 所以 $\frac{1}{n} \times \frac{1}{l} = \frac{1}{nl}$. 这就是我们要证明的等式 (17.1).

在考虑最一般的情形 $\frac{m}{n} \times \frac{k}{l}$ 之前, 先来看一个具体的例子: $\frac{2}{7} \times \frac{3}{4}$. 根据定义, 它表示边长为 $\frac{2}{7}$ 和 $\frac{3}{4}$ 的矩形的面积. 现在我们完全改变策略, 不再分割单位正方形, 而是用边长为 $\frac{1}{7}$

和 $\frac{1}{4}$ 的小矩形来拼成边长为 $\frac{2}{7}$ 和 $\frac{3}{4}$ 的矩形. 根据分数 $\frac{2}{7}$ 的定义, 它是由两条长为 $\frac{1}{7}$ 的线段拼接而成的. 类似的, $\frac{3}{4}$ 由三条长为 $\frac{1}{4}$ 的线段拼接而成. 如下图所示, 连结对边各个对应的点, 就产生了原始矩形的一个分割, 即将它分成了 2×3 个边长为 $\frac{1}{7}$ 和 $\frac{1}{4}$ 的全等小矩形.

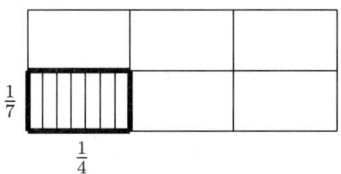

根据等式 (17.1), 每个小矩形的面积是 $\frac{1}{7 \times 4}$. 而上图中整个矩形是由 2×3 个这样全等的矩形拼接而成, 所以其面积等于

$$\underbrace{\frac{1}{7 \times 4} + \frac{1}{7 \times 4} + \cdots + \frac{1}{7 \times 4}}_{2 \times 3} = \frac{2 \times 3}{7 \times 4}.$$

回顾大矩形的面积是 $\frac{2}{7} \times \frac{3}{4}$, 所以至少在这一个情形下, 我们得到了期望的乘法法则:

$$\frac{2}{7} \times \frac{3}{4} = \frac{2 \times 3}{7 \times 4}.$$

 计算 $\frac{3}{5} \times \frac{4}{3}$.

最后, 我们来证明, 对于任意分数 $\frac{m}{n}$ 和 $\frac{k}{l}$, 一般的**乘积公式**成立:

$$\frac{m}{n} \times \frac{k}{l} = \frac{mk}{nl}. \tag{17.2}$$

给定一个矩形, 边长为 $\frac{m}{n}$ 和 $\frac{k}{l}$, 则由定义可知, 它的面积为 $\frac{m}{n} \times \frac{k}{l}$. 我们的任务是, 证明它的面积也等于 $\frac{mk}{nl}$. 由于 $\frac{m}{n}$ 由 m 条长为 $\frac{1}{n}$ 的线段拼接而成, $\frac{k}{l}$ 由 k 条长为 $\frac{1}{l}$ 的线段拼接而成. 如下图所示, 连结对边各个对应点, 就可以把大矩形分割成 mk 个全等的小矩形.

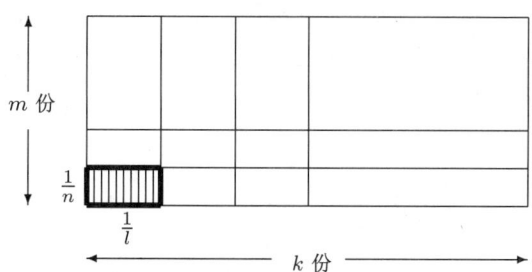

因为每个小矩形的边长为 $\frac{1}{n}$ 和 $\frac{1}{l}$, 所以根据等式 (17.1), 每个小矩形的面积是 $\frac{1}{nl}$. 而上图中大矩形恰好是由 mk 个这样全等的小矩形拼接而成, 所以其面积等于

$$\underbrace{\frac{1}{nl} + \frac{1}{nl} + \cdots + \frac{1}{nl}}_{mk} = \frac{mk}{nl}.$$

这就是我们要证明的乘积公式 (17.2).

观察到, 若在等式 (17.2) 中令 $n = 1$, 我们有

$$m \times \frac{k}{l} = \frac{m}{1} \times \frac{k}{l} = \frac{mk}{l} = \underbrace{\left(\frac{k}{l} + \frac{k}{l} + \cdots + \frac{k}{l}\right)}_{m},$$

其中最后一步是根据第 14 章中的等式 (14.4). 这说明, 对于任意分数 A 和任意的非零自然数 m,

$$m \times A = \underbrace{A + A + \cdots + A}_{m}. \tag{17.3}$$

若 A 为自然数, (17.3) 就恰好是自然数乘法的定义 (参见第 1.6 节等式 (1.2) 中的定义). 因此, 等式 (17.3) 是由自然数与自然数乘法到自然数与分数乘法的推广. 如果我们采用下面的 (17.7) 式作为分数的定义而不用矩形 (正如我们已经做的), 那么这个推广在概念上是非常重要的. 参见第 17.3 节对 (17.7) 的讨论.

注意, 从 (17.3) 我们再次验证了之前提到的结果, 对于任意分数 A, 有 $1 \times A = A$.

此外, 应当注意到:

一个非零的数乘以一个分数可能得到一个比原来更小的数.

例如, 15 乘以 $\frac{1}{15}$ 结果为 1, 乘以 $\frac{1}{750}$ 结果更小, 为 $\frac{1}{50}$. 读者最好能够根据乘法的定义画出矩形来证明, 为何乘以一个分数结果会得到一个比原来更小的数. 需要注意的是, 即使对于自然数来说, 乘以一个非零自然数, 结果也不总是比原来大. 例如, 任意一个数乘以 1, 大小

不变, 任意一个数乘以 0, 结果是 0. 因此, 老师通常抱怨学生有"乘以一个数得到更大的数"这样的误解, 与其说是学生的误解, 不如说更可能是出于老师的一句错误教导. 所以, 作为教师, 必须要注意自己所说的话是否表达得准确.

17.2 乘积公式的直接应用

乘积公式 (17.2) 的一个最重要的应用就是解释小数乘法的运算法则. 这个法则断言, 任意两个小数 x 和 y 相乘,

(i) 不考虑小数点, 就如同自然数一样对它们做乘法.

(ii) 数 x 和 y 一共有多少个小数位, 比如 p, 在 (i) 的得数中点上小数点, 使得它的小数点后有 p 位数.

我们用一个例子来验证这个算法是正确的, 同时注意到一般情形的推理与此相同. 例如, 计算 1.25×0.0067:

$$1.25 \times 0.0067 = \frac{125}{10^2} \times \frac{67}{10^4}$$
$$= \frac{125 \times 67}{10^2 \times 10^4}. \quad \text{(乘积公式)}$$

不考虑 1.25×0.0067, 现在我们对分子做乘法 125×67, 这对应于法则的第 (i) 步. 因此,

$$1.25 \times 0.0067 = \frac{8375}{10^2 \times 10^4}.$$

根据第 1.6 节中的公式 (1.4), $10^2 \times 10^4 = 10^{2+4}$, 所以

$$1.25 \times 0.0067 = \frac{8375}{10^{2+4}}.$$

但根据小数的定义, 等式右边即为 0.008375. 这就对应于法则的第 (ii) 步. 特别的, 两个小数的乘积的小数位的个数等于两个因子的小数位个数之和, 这一事实的基本原因在于第 1.6 节中的等式 (1.4).

评注 在近来的教育文献中, 已经越来越强调数学中的联系. 由分数的乘积公式推导出小数的乘法运算法则这一事实, 当然是一个值得重视的联系.

前面讲过, 分数的加法满足交换律和结合律. 有了乘积公式, 分数乘法的对应定律就是公式 (17.2) 和自然数的相应定理的直接结论. 因此, 分数的乘法也满足交换律和结合律.

既然现在我们已经学习了分数的乘法和加法, 那我们就能来验证**分配律**. 先介绍一下符号 ±: 等式 $a \pm b = c \pm d$ 是下面两个等式的缩写:

$$a+b=c+d \quad 和 \quad a-b=c-d.$$

分数乘法对于加减法的分配律可以表述为: 对于任意非零分数 A, B, C,

$$A \times (B \pm C) = (A \times B) \pm (A \times C). \tag{17.4}$$

有两种方法证明分配律: 代数的方法和几何的方法. 代数的证明可以由第 14 章中的公式 (14.3) 和乘积公式 (17.2) 直接计算得来, 我们把它留做练习.

下面我们用几何的方法来证明 (17.4) 中 "+" 的情形, 至于 "−" 的情形证明类似. 给定一个矩形, 一边长度为 A, 另一边由长度为 B 和 C 的两条线段拼接而成 (从而其长度为 $B+C$). 于是这个矩形被分成两个小矩形, 如下图所示:

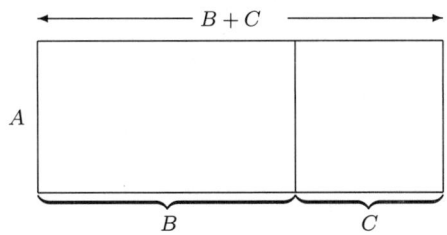

由于大矩形的面积 ((17.4) 的左边) 等于两个小矩形的面积之和 ((17.4) 的右边), 这样我们就证明了分配律 (17.4).

作为分配律的一个应用, 我们考虑 $181\frac{1}{6} \times \frac{3}{7}$:

$$181\frac{1}{6} \times \frac{3}{7} = \left(181 + \frac{1}{6}\right) \times \frac{3}{7} = \frac{543}{7} + \frac{1}{14} = \frac{1086+1}{14} = 77\frac{9}{14}.$$

当然, 不用分配律也能做这个计算:

$$181\frac{1}{6} \times \frac{3}{7} = \frac{1087}{6} \times \frac{3}{7} = \frac{1087}{14} = 77\frac{9}{14}.$$

这里我们正好回顾一下等价分数. 在第 13.3 节, 我们引用了一本教科书中的一段话. 那段话声称利用乘以一个分数 $\frac{k}{k}$ 的方法 "证明" 了等价分数的基本定理. 而事实上, 在那之前, 根本没有定义分数的乘法. 但是, 既然我们现在已经有了乘积公式 (17.2), 那么这个推理就有效了:

$$\frac{cm}{cn} = \frac{c}{c} \times \frac{m}{n} = 1 \times \frac{m}{n} = \frac{m}{n}.$$

这就是说，乘积公式的成立从另一个角度说明，等价分数基本定理是成立的. 如果你喜欢的话，乘积公式可以帮助你更容易地记住这个定理.

如果你仍然坚持用上面的那段话证明等价分数的基本定理, 那么请保证你在引入等价分数的概念之前先讨论分数乘法. (但是, 这将不是好的教学举措, 因为乘积公式要比等价分数定理难证得多.)

作为对乘积公式 (17.2) 的威力的另一个例证, 我们来解释为什么下面的**约分现象**是成立的 (分子和分母中的两个 l 和两个 k 被约去):

$$\frac{l}{k} \times \frac{kn}{lm} = \frac{n}{m}, \tag{17.5}$$

其中 k,l,m,n 是任意自然数, 且 $k,l,m \neq 0$. 这样的约分是乘积公式 (17.2) 和约分法则 (13.1) 的直接结果:

$$\frac{l}{k} \times \frac{kn}{lm} = \frac{lkn}{lkm} = \frac{n}{m}.$$

特别的, 有下面两个熟知的事实:

$$l \times \frac{n}{lm} = \frac{n}{m};$$

如果同时有 $k,l \neq 0$, 则

$$\frac{l}{k} \times \frac{k}{l} = 1.$$

后一个等式是说, 每一个非零分数 $\frac{k}{l}$ 乘以它的倒数等于 1. 这个简单的事实蕴涵了更深刻的内容: 如果我们对等式的左右两边同时乘以一个任意分数 $\frac{m}{n}$, 就得到等式①

$$\frac{m}{n} \times \left(\frac{l}{k} \times \frac{k}{l} \right) = \frac{m}{n}, \quad \text{其中 } \frac{m}{n} \text{ 和 } \frac{k}{l} \text{ 是任意的分数}, \frac{k}{l} \neq 0.$$

根据乘法结合律, 上面的式子可以重写为

$$\left(\frac{m}{n} \times \frac{l}{k} \right) \times \frac{k}{l} = \frac{m}{n}, \quad \text{其中 } \frac{m}{n} \text{ 和 } \frac{k}{l} \text{ 是任意的分数}, \frac{k}{l} \neq 0. \tag{17.6}$$

这个结论很有趣, 因为它对下面的问题做出了回答: 如果给定非零分数 $\frac{k}{l}$ 和 $\frac{m}{n}$, 是否存在一个分数 A, 使得

$$A \times \frac{k}{l} = \frac{m}{n}?$$

---

① 参见第 1.7 节紧接乘法定义之后的评论.

看看等式 (17.6)，我们当然可以立即断定，令 $A = \dfrac{m}{n} \times \dfrac{l}{k}$ 就得到肯定的回答.

我们原本可以就此停下来，继续讨论乘法的其他话题，但是如果沿着这个推理继续做一个观察，我认为对读者会更有启发. 前面提到，根据等式 (17.6)，我们发现上述问题有一个显而易见的答案，即 $A = \dfrac{m}{n} \times \dfrac{l}{k}$. 然而，我们可以说得更深入一点：这是上述问题唯一可能的答案，而没有任何其他可能的答案了. 也就是说，若任意一个分数 B 满足 $B \times \dfrac{k}{l} = \dfrac{m}{n}$，则 B 必定也等于 $\dfrac{m}{n} \times \dfrac{l}{k}$. 为证明这个结论，我们对等式 $B \times \dfrac{k}{l} = \dfrac{m}{n}$ 两端同时乘以 $\dfrac{l}{k}$，则

$$\left(B \times \dfrac{k}{l}\right) \times \dfrac{l}{k} = \dfrac{m}{n} \times \dfrac{l}{k}.$$

根据结合律，式子左边等于 $B \times \left(\dfrac{k}{l} \times \dfrac{l}{k}\right)$，它当然等于 $B \times 1 = B$. 所以我们就证明了，如果分数 B 满足 $B \times \dfrac{k}{l} = \dfrac{m}{n}$，那么必定有

$$B = \dfrac{m}{n} \times \dfrac{l}{k}.$$

因此，我们证明了下面的引理：①

引理 17.1　给定非零分数 $\dfrac{k}{l}$，则对于任意的分数 $\dfrac{m}{n}$，存在唯一的分数 A，即有且仅有一个分数 A，使得

$$A \times \dfrac{k}{l} = \dfrac{m}{n}.$$

事实上，$A = \dfrac{m}{n} \times \dfrac{l}{k}$.

换句话说，A 是由分数 $\dfrac{m}{n}$ 乘以分数 $\dfrac{k}{l}$ 的倒数得来的. 只有当我们讨论分数的除法时，这个引理的全部重要性才会凸现出来.

17.3　分数乘法的第二种解释

本节的主要目的是给出分数乘法的另一种解释，把分数乘法的几何定义与分数的日常用法联系起来. 这种解释同样可以很好地作为分数乘法的定义.

---

① 在数学中，引理也是一个定理. 人们对它的兴趣略逊一筹. 它通常的特点是有一定的技巧性，但可能不是作者要写的最本质的东西. 译者补注：当代著名数学家 Jean-Pierre Serre 曾对引理的含义做出了如下诠释：我应该解释一下引理是什么吗？登山者从一级上到更高的一级需要支撑，引理就是数学家的支撑.

与平常一样, 我们仍然固定一条数轴. 根据前面的讨论, 数轴上的单位 1 不仅可以表示单位长度, 还可以表示单位正方形的面积. 给定分数 $\frac{k}{l}$ 和 $\frac{m}{n}$, 那么乘积 $\frac{m}{n} \times \frac{k}{l}$ (除了表示边长为这两个分数的矩形的面积以外) 也表示某条线段的长度, 因为它是数轴上的一点. 到目前为止, 我们通过一种迂回的途径在数轴上确定这个点的位置: 在给定的数轴上固定分数 $\frac{k}{l}$ 和 $\frac{m}{n}$, 计算以这两个分数为边长的矩形的面积, 得到一个数 P; 另取一条数轴, 它以单位正方形 (以第一条数轴的单位为边长的正方形) 的面积为单位, 在这条数轴上找到点 P 的位置, 然后将单位面积等同于单位长度, 于是就能把点 P 定位在第一条数轴上了, 这个点 P 就是所要求的 $\frac{m}{n} \times \frac{k}{l}$.

下面我们来演示如何在数轴上直接确定 $\frac{m}{n} \times \frac{k}{l}$ 的位置:

$$\frac{m}{n} \times \frac{k}{l} = 分数 \frac{k}{l} 的 \frac{m}{n}. \tag{17.7}$$

分数乘法的这个解释用到了第 15.4 节引入的术语 "$\frac{k}{l}$ 的 $\frac{m}{n}$", 在学新知识之前你可能希望复习一下那一节. 我们先通过展开 "的" 的含义来重述 (17.7):

$$\frac{m}{n} \times \frac{k}{l} = 把线段 \left[0, \frac{k}{l}\right] 平均分成长度相等的 n 段,$$
$$其中 m 段拼接而成的线段长度.$$

在第 15.4 节结尾 (定理 15.3), 我们已经证明了上面式子的右端等于 $\frac{mk}{nl}$, 而乘积公式又说明上式左端也等于 $\frac{mk}{nl}$, 所以等式 (17.7) 正确. 我们可以认为, 大功告成.

但是, 考虑到等式 (17.7) 的重要性, 我们将详细阐述一下先前的证明, 用更直观的语言解释为什么等式 (17.7) 的右端等于 $\frac{mk}{nl}$, 从而也等于 $\frac{m}{n} \times \frac{k}{l}$.

首先, 我们来证明一个特例:
$$\frac{5}{7} 的 \frac{4}{3} = \frac{20}{21}.$$

根据定义, 等式左端表示把线段 $\left[0, \frac{5}{7}\right]$ 平均分成长度相等的 3 部分, 由 4 个这样的部分拼接成的新线段的长度. 由于线段 $\left[0, \frac{5}{7}\right]$ 的长度是 5 份 $\frac{1}{7}$, 因此很难把它分成 3 个相等的部分.

但是，等价分数的基本定理 (第 13.1 节的定理 13.1) 告诉我们：
$$\frac{5}{7} = \frac{3 \times 5}{3 \times 7} = \frac{5}{21} + \frac{5}{21} + \frac{5}{21}.$$

于是，$\left[0, \frac{5}{7}\right]$ 是由 3 条长度均为 $\frac{5}{21}$ 的线段拼接而成. 因此，当把 $\left[0, \frac{5}{7}\right]$ 平均分成三个相等的部分时，每一部分的长度等于 $\frac{5}{21}$. 4 个这样的部分的总长度为 $4 \times \frac{5}{21}$, 即 $\frac{20}{21}$. 又由于根据乘积公式有，$\frac{20}{21} = \frac{4}{3} \times \frac{5}{7}$, 所以我们在这种特殊情况下证明了 (17.7).

(17.7) 在一般情况下的证明与上述证明没什么大的区别. 把线段 $\left[0, \frac{k}{l}\right]$ 平均分成长度相等的 n 段, 由等价分数基本定理, 线段 $\left[0, \frac{k}{l}\right]$ 的长度 $\frac{k}{l}$ 等于
$$\frac{k}{l} = \frac{nk}{nl} = \underbrace{\frac{k}{nl} + \cdots + \frac{k}{nl}}_{n}.$$

这个和式清楚地表明, $\left[0, \frac{k}{l}\right]$ 是由 n 段长度为 $\frac{k}{nl}$ 的线段拼接而成. 因此, 把线段 $\left[0, \frac{k}{l}\right]$ 平均分成长度相等的 n 段, 每段的长度是 $\frac{k}{nl}$. 那么, 如果我们把 m 段这样的线段拼接起来, 那么所得新线段的总长度为
$$\underbrace{\frac{k}{nl} + \cdots + \frac{k}{nl}}_{m} = \frac{mk}{nl} = \frac{m}{n} \times \frac{k}{l},$$

其中最后一步是根据乘积公式得来. 这样我们就完成了 (17.7) 的证明.

接下来, 我们略微改述一下 (17.7) 的证明, 把整个证明拆成几个简单的步骤. 从教学上说, 这可能会更适用于课堂教学.

第 I 步   先证等式 (17.7) 的一个特例, $n = 1$ 时的情形, 即
$$m \times \frac{k}{l} = m \text{ 份 } \frac{k}{l}.$$

要证明这一点, 我们需要用到第 17.2 节中的公式 (17.3), 即 $m \times \frac{k}{l}$ 恰为 m 份 $\frac{k}{l}$.

第 II 步   再证另一个特例, $m = 1$ 时的情形, 即
$$\frac{1}{n} \times \frac{k}{l} = \text{把线段 } \left[0, \frac{k}{l}\right] \text{ 平均分成长度相等的 } n \text{ 段, 每一段的长度.}$$

为证明这一点，我们注意到，$\frac{1}{n} \times \frac{k}{l} = \frac{k}{nl}$(乘积公式). 因此, 我们只需要证明，$\frac{k}{nl}$ 等于把线段 $\left[0, \frac{k}{l}\right]$ 平均分成长度相等的 n 段，每一段的长度. 这等价于说，若把 n 段长度均为 $\frac{k}{nl}$ 的线段拼接成一条新线段，则其长度为 $\frac{k}{l}$. 也就是要证, n 份 $\frac{k}{nl}$ 等于 $\frac{k}{l}$. 根据第 I 步，

$$n \text{ 份 } \frac{k}{nl} = n \times \frac{k}{nl} = \frac{nk}{nl} = \frac{k}{l}.$$

于是我们完成了第 II 步的证明.

第 III 步　现在来证明一般情形. 应用乘积公式和乘法结合律, 我们得到

$$\frac{m}{n} \times \frac{k}{l} = \left(m \times \frac{1}{n}\right) \times \frac{k}{l} = m \times \left(\frac{1}{n} \times \frac{k}{l}\right).$$

根据第 II 步，

$$\frac{1}{n} \times \frac{k}{l} = \text{把线段 } \left[0, \frac{k}{l}\right] \text{ 平均分成长度相等的 } n \text{ 段，每一段的长度}.$$

再根据第 I 步可知，$m \times \left(\frac{1}{n} \times \frac{k}{l}\right)$ 表示把线段 $\left[0, \frac{k}{l}\right]$ 平均分成长度相等的 n 段，由 m 段这样的线段拼接而成的新线段的总长度. 因此，$\frac{m}{n} \times \frac{k}{l}$ 等于 $m \times \left(\frac{1}{n} \times \frac{k}{l}\right)$, 我们有

$$\frac{m}{n} \times \frac{k}{l} = \text{把线段 } \left[0, \frac{k}{l}\right] \text{ 平均分成长度相等的 } n \text{ 段，}$$
$$\text{由 } m \text{ 段这样的线段拼接而成的新线段的总长度}.$$

这样就完全证明了 (17.7). □

用 (17.7) 来解释分数乘法，能够对我们的直觉经验做出合理解释，当你要计算一块重量为 $2\frac{1}{4}$ 磅牛肉的 $\frac{2}{3}$ 有多重时，只要简单地做乘法：$\frac{2}{3} \times 2\frac{1}{4} = \frac{3}{2}$ 磅. 再如，一个瓶子可以容纳 8 升水，那么 $3\frac{1}{4}$ 瓶水的体积就是 $3\frac{1}{4} \times 8$ 升. 因为人们公认，"$3\frac{1}{4}$ 瓶"的意思是：

$$3 \text{ 瓶再加上一瓶的 } \frac{1}{4}.$$

根据 (17.7), $3\frac{1}{4}$ 瓶水的体积就等于

$$(3 \times 8) + \left(\frac{1}{4} \times 8\right) = \left(3 + \frac{1}{4}\right) \times 8 = 3\frac{1}{4} \times 8 \text{升}.$$

第 17 章　分数乘法与小数乘法

这就证明了我们的直觉是合理的.

在前面的讨论中, 我们把 $3\frac{1}{4} \times 8$ 解释为 $3\frac{1}{4}$ 份 8. 今后做应用题的时候, 读者将看到详细叙述这一解释的好处. 在接下来的讨论中, 我们将使用下述非正式的语言:
$$\frac{m}{n} \text{ 份 } \frac{k}{l}.$$

如果 $\frac{m}{n}$ 是真分数, 那么 $\frac{m}{n}$ 份 $\frac{k}{l}$ 恰好就是 (17.7) 所断言的含义; 如果 $\frac{m}{n}$ 是假分数, 那么我们可以把它重新写成带分数 $N\frac{b}{c}$ 的形式, 其中 N 是大于 0 的自然数, $\frac{b}{c}$ 是真分数, 在此种情况下, $\frac{m}{n}$ 份 $\frac{k}{l}$ 就表示 N 份 $\frac{k}{l}$ 再加上 $\frac{b}{c}$ 份 $\frac{k}{l}$. 我们断言,
$$\left(\frac{m}{n} \times \frac{k}{l}\right) \text{ 就是 } \frac{m}{n} \text{ 份 } \frac{k}{l}.$$

当 $\frac{m}{n}$ 是真分数时, 这个断言恰好就是 (17.7); 当 $\frac{m}{n}$ 是假分数时, 则 $\left(\frac{m}{n} = N\frac{b}{c} \text{ 同上}\right)$
$$\frac{m}{n} \times \frac{k}{l} = N\frac{b}{c} \times \frac{k}{l} = \left(N + \frac{b}{c}\right) \times \frac{k}{l} = \left(N \times \frac{k}{l}\right) + \left(\frac{b}{c} \times \frac{k}{l}\right).$$

由于乘以一个自然数相当于重复做加法以及 (17.7), 我们就得到了断言.

为了说明日常用语与分数乘法的这个特殊的相通之处, 我们来举三个例子.

例 1　一个水桶能盛放 4.5 升水, 如果 $5\frac{2}{3}$ 桶水可以装满一个水箱, 请问水箱的容积有多少升?

解　根据已知数据, 水箱的容积等于 $5\frac{2}{3}$ 份 4.5 升, 因此等于
$$5\frac{2}{3} \times 4.5 = \frac{17}{3} \times \frac{45}{10} = \frac{17}{1} \times \frac{15}{10} = 25.5 \text{ 升}.$$

例 2　一个水桶的容积是 $2\frac{1}{2}$ 升, 一个容器的容积是 $6\frac{1}{3}$ 升, 请问多少桶水能注满这个容器?

解　设 $\frac{m}{n}$ 是一个分数, 使得 $\frac{m}{n}$ 桶水可以注满整个容器, 则该容器的容积 $6\frac{1}{3}$ 升等于 $\frac{m}{n} \times 2\frac{1}{2}$ 升. 也就是说,
$$6\frac{1}{3} = \frac{m}{n} \times 2\frac{1}{2} = \frac{m}{n} \times \frac{5}{2},$$

这等价于
$$\frac{19}{3} = \frac{m}{n} \times \frac{5}{2}.$$

很容易就能猜到,答案一定是 $\frac{38}{15}$. 但是只是猜出结果就没有抓住要点. 我们可以讨论得更完善一点.

首先也是最重要的一点,猜是不必要的. 分数 $\frac{m}{n}$ 满足 $\frac{m}{n} \times \frac{5}{2} = \frac{19}{3}$. 根据第 17.2 节引理 17.1 可知,分数 $\frac{m}{n}$ 必定等于

$$\frac{19}{3} \times \frac{2}{5} \left(= \frac{38}{15} \right).$$

这是引理 17.1 的第一次应用,而且以后还会多次应用.

其次,不使用引理 17.1,我们也可以按如下方式直接推断出 $\frac{m}{n}$ 是多少. 因为乘法满足交换律,我们有 $\frac{19}{3} = \frac{5}{2} \times \frac{m}{n}$,所以根据 (17.7) 可知,

$$\frac{19}{3} = \frac{5}{2} \text{ 份 } \frac{m}{n}.$$

根据第 15.4 节的定义 ①,上述等式的意思是:如果我们把线段 $\left[0, \frac{m}{n}\right]$ 平均分成长度相等的两段,那么 5 段这样长的线段拼接成的新线段的总长度为 $\frac{19}{3}$,如下图所示:

```
0        K        m/n                              19/3
|--------|--------|--------|--------|--------|
```

当线段 $\left[0, \frac{m}{n}\right]$ 平均分成相等的两段时,如果我们设每段的长度为 K. 那么,当线段 $\left[0, \frac{19}{3}\right]$ 平均分成相等的 5 段时,每段的长度也等于 K. 因为

$$\frac{19}{3} = \frac{5 \times 19}{5 \times 3},$$

所以,K 显然等于 $\frac{19}{5 \times 3}$. 从图上可以看出,$\frac{m}{n}$ 表示 2 个 K,因此

$$\frac{m}{n} = 2 \times \frac{19}{5 \times 3} = \frac{2}{5} \times \frac{19}{3}.$$

所以,$\frac{m}{n}$ 可由 $\frac{19}{3}$ 乘以 $\frac{5}{2}$ 的倒数得来. 特别的,$\frac{m}{n} = \frac{38}{15}$,与第一种算法得出的结果一样.

---
① 在数学推理中常常需要回到精确的定义.

例 3 若将一条丝带剪成小段,每段 $\frac{7}{8}$ 米,可以剪出 $11\frac{1}{3}$ 段来,请问这条丝带有多长?

解 丝带的长度等于 $11\frac{1}{3}$ 份 $\frac{7}{8}$ 米,因此等于

$$11\frac{1}{3} \times \frac{7}{8} = \frac{34}{3} \times \frac{7}{8} = \frac{119}{12} = 9\frac{11}{12} \text{ 米}.$$

注意到, 分数乘法的矩形面积的定义具有 (17.7) 所述的性质并不显然. 而对 (17.7) 更直观的理解方式是直接观察矩形. 正如我们在 (17.7) 的第二个证明中所看到的, 对于给定分数 A, 我们把 $\frac{m}{n} \times A$ 写成 $m \times \left(\frac{1}{n} \times A\right)$, 所以理解 (17.7) 的关键是理解它的一个特殊情况 $\frac{1}{n} \times A$. 为了画图方便些, 我们令 $n = 4$, 但是显而易见, 数字 4 在下面不起任何作用. 现在, 分数 A 除了表示一个长度以外, 也等于 $1 \times A$, 即是下述矩形的面积:

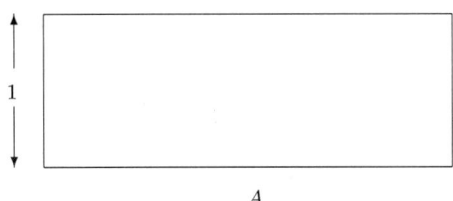

因此, $\frac{1}{4} \times A$ 是面积 A 的 $\frac{1}{4}$, 根据第 15.4 节可知, 它等于把 A 平均分成面积相等的 4 部分, 取其中一部分的面积. 为了达到这个目的, 我们可以把上图中的竖直边平均分成长度相等的 4 段, 并连结对应分点, 如下图所示:

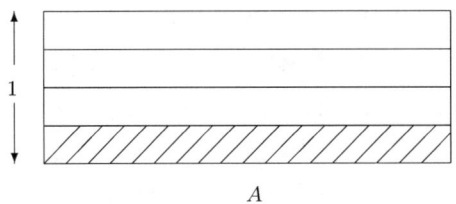

因此, 根据分数乘法的定义, $\frac{1}{4} \times A =$ 阴影矩形的面积, 也就是 A (大矩形面积) 的 $\frac{1}{4}$.

17.4 不等式

我们曾经在第 2.6 节给出了自然数乘法的不等式 (2.7), 下面我们将给出关于分数的类

似结论. 令 A, B, C, D 是分数,

$$若 A > 0, 则 AB < AC \iff B < C.$$

需要证明两点:

(i) 若 $B < C$, 则 $AB < AC$;

(ii) 若 $AB < AC$, 则 $B < C$.

利用分数乘法的矩形面积的定义 (见第 17.1 节), 很容易可以证明, 留做练习.

17.5　文字问题与数字问题

由分数乘法 (17.7) 的第二种解释, 引发了一个值得讨论的教学问题. 回顾我们证明 (17.7) 的方法:

(i) 给出分数乘法的准确定义;

(ii) 给出 "一个量的 $\frac{m}{n}$" 的准确定义;

(iii) 在 (i) 和 (ii) 的基础上给出 (17.7) 的一个严格证明.

毫无疑问, 每一步都非常准确. 用这个方法来理解 (17.7), 我们就能明白为什么 "一根木棒的 $\frac{3}{5}$" 等于 "$\frac{3}{5} \times$ 这根木棒的长度".

但是需要注意的是, 数学教育界并没有普遍接受这种对待口头信息的态度. 一些人认为, 对于中小学数学, 一种更好的教学方式就是颠倒数学语言和日常用语的角色. 从这个角度看, 日常用语成为了语言的主要来源, 而数学语言 —— 特别是分数 —— 只不过是日常用语的符号反映. 虽然当涉及数量信息时, 日常用语经常模糊不清, 但是用日常用语来做数学题经常变成一种猜谜游戏: 我们做数学题做得多好取决于我们能多深地理解日常用语中隐藏的含义. 这个观点在文章【Moy90】中给出了一个很好的例子, 该文作者的描述讨论了六年级学生在课堂上对 "求解以下各个问题" 所做的事情:

(1) 艾伦一家人参加了一个野餐聚会, 他们组成了 15 人中的 $\frac{1}{3}$, 问艾伦一家有多少人?

(2) 詹姆斯吃掉了 16 根火腿肠的 $\frac{1}{8}$, 问他吃了多少根火腿肠?

(3) 如果这 16 根火腿肠中有 $\frac{1}{4}$ 不含佐料, 问不含佐料的火腿肠有多少根?

很明显, 学生们分组讨论这些问题, 并且被老师鼓励去解释哪一种数学运算应该取代介词 "的", "+" 还是 "×"? 根据教师的说法, 知道 "的" 的含义是乘很重要, 因为 "如果要使

分数相乘的算法有意义, 学生需要理解 '的' 就是乘", 而且"这一理解必须放在第一位". 在这个观点下, "理解数学"成为"理解日常用语"的同义语.

在常见的数学教育中, 这是为了改善分数教学 (这里指分数的乘法) 所进行尝试的一个例子. 它单单依靠学生对含义变幻莫测的日常用语 (这里指"的") 的理解. 特别的, 这样一个教学理念不仅假定学生天生就能"理解""的"表示乘法, 而且还假定学生一旦看出了乘法是要使用的正确运算, 他们就必然能看出 $\frac{a}{b} \times \frac{b}{d} = \frac{ac}{bd}$.

在数学教学中, 如果六年级的学生对于分数相乘的数学定义或者分数相乘为什么可以用 (17.7) 来解释没有表现出任何兴趣, 那么情况就令人担忧了. 如果在小学六年级的课堂上用模糊取代精确, 那么这些学生怎能够为两三年以后继续钻研代数和几何做好充分的准备呢? (见【Wu09a】)

练习

1. (a) 利用公式 (14.3) 和 (17.2) 展开等式两边的方法, 直接验证分配律 (17.4).

(b) 证明第 17.4 节中的不等式. (提示: 只要你记得分数乘法的定义, 就会找到一个很简单的证明.)

2. 计算:

(a) $4\frac{2}{9} \times 6\frac{11}{13}$; (b) $\left(15\frac{4}{17} \times 23\frac{9}{25}\right) - \left(16\frac{8}{19} \times 15\frac{4}{17}\right)$; (c) $2\frac{7}{8} \times 14\frac{4}{5} \times 3\frac{1}{6}$.

必要的时候可以用计算器做自然数的计算. (注意: 只能用于自然数的计算.)

3. 计算:

(a) $15 \times \frac{19}{35}$;   (b) 0.00026×4.7;

(c) $\left(0.516 \times \frac{14}{25}\right) - \left(0.016 \times \frac{14}{25}\right)$;   (d) $(3.05 \times 117) - \left(\frac{117}{3} \times 20.85\right)$.

4. (a) 计算 $\frac{3}{10} + \frac{5}{12}$.

(b) 琳达在做一道数学题目, 起初她做了 18 分钟都没有做出来, 后来她重整旗鼓, 又花了 25 分钟, 终于攻克了这道难题. 请问琳达做这道题目一共花了多长时间? 思考本题与 (a) 有什么联系吗?

5. 请给一个六年级学生直接说明 $\frac{3}{7} \times \frac{5}{6} = \frac{18}{35}$, 不要使用乘积公式 (17.2).

6. 请你为乘法 $38\frac{2}{5} \times 2\frac{1}{2}$ 编一道应用题, 不要使用矩形.

7. (a) 一个矩形的一边长为 $\frac{1}{3}$, 面积为 6, 请问另一边长是多少?

(b) 一个矩形的一边长为 5, 面积为 0.375, 请问另一边长是多少?

(c) 一个矩形的一边长为 $1\frac{1}{3}$, 面积为 $\frac{7}{8}$, 请问另一边长是多少?

(d) 一个大矩形内含一个小矩形, 大矩形的边长为 $12\frac{1}{3}$ 和 $6\frac{2}{5}$, 小矩形的边长为 $12\frac{1}{3}$ 和 $2\frac{1}{7}$, 请问两个矩形之间的区域的面积是多少? (可以使用计算器)

8. 不要使用计算器, 计算 $8\frac{2}{50} \times 1250\frac{1}{2}$. (提示: 利用分配律.)

9. (本题是第 15 章的练习 9, 现在请用分数乘法的概念来做本题.) 詹姆斯给他的朋友出了一个谜题: "我在乡间徒步旅行, 走了 $\frac{7}{12}$ 千米之后, 我还要走全程的 $\frac{5}{9}$ 才能到达目的地, 请问我这次旅程一共要走多远?" 请你帮助詹姆斯的朋友解决这个问题.

10. 有两袋面粉: 一袋重为 $10\frac{3}{8}$ 千克的 $\frac{3}{4}$, 另一袋重为 17.5 千克的 $\frac{11}{25}$, 哪一袋更重一些?

11. 设某两个分数的和是 $\frac{28}{15}$, 二者的差是较小的分数的 $\frac{4}{5}$, 求这两个分数. (提示: 利用数轴.)

12. 分别求满足下述条件的分数 $\frac{a}{b}$: (参照第 17.3 节例 2 的推理过程)

(a) $\frac{a}{b} \times \frac{4}{5} = \frac{2}{7}$; (b) $5\frac{1}{7} \times \frac{a}{b} = 2\frac{1}{2}$; (c) $2\frac{4}{5} \times \frac{a}{b} = \frac{1}{2}$.

13. 计算.

(a) $\left(1\frac{1}{4} \times 1\frac{1}{4} \times 1\frac{1}{4} \times 1\frac{1}{4} \times 1\frac{1}{4}\right) \times \left(1\frac{3}{5} \times 1\frac{3}{5} \times 1\frac{3}{5} \times 1\frac{3}{5}\right)$;

(b) $\left(2\frac{2}{3} \times 2\frac{2}{3} \times 2\frac{2}{3}\right) \times \left(4\frac{1}{8} \times 4\frac{1}{8} \times 4\frac{1}{8}\right)$; (不要使用计算器)

(c) $\left(\frac{7}{18} \times 3\frac{2}{3}\right) + \left(2\frac{1}{6} \times \frac{7}{18}\right) + \left(\frac{7}{18} \times 3\frac{1}{6}\right)$.

14. (a) 哪个分数更接近 $\frac{2}{7}$, $\frac{1}{3}$ 还是 $\frac{5}{21}$?

(b) 哪个分数更接近 $\frac{2}{3}$, $\frac{12}{19}$ 还是 $\frac{9}{13}$?

15. 两个分数 A 和 B, 满足 $A < B$. 证明: 一定存在某个分数 C, 使得 $A < C < B$. (注意: 在找到合适的 C 之后, 记得要验证一下 $A < C < B$. 请对照第 15 章的练习 10.)

16. (a) 设一个杯子的容积是 $9\frac{1}{3}$ 毫升, $16\frac{1}{2}$ 杯液体可以装满一个大碗, 请问大碗的容积是多少? 解释你的回答.

(b) 一根长棍可以被切成 $18\frac{5}{8}$ 段短棍, 每段长 $3\frac{1}{4}$ 厘米, 请问长棍原来有多长?

17. 第 7 章的练习 18 曾要求读者证明除法对于加法满足分配律, 也就是说, 若令 k, m, n 是自然数, 且 $n > 0, k$ 和 m 是 n 的倍数, 则

$$(m \div n) + (k \div n) = (m + k) \div n.$$

当不限制 k 和 m 是 n 的倍数时, 请验证这个结论也是正确的. (查阅第 15.1 节)

第 18 章
分数除法

分数除法和小数除法是小学数学教学的难点, 但是如果教师选择合理的教学方式, 那么分数除法与自然数除法没有什么大的区别. (参见第 7.1 节关于定义 7.1 的讨论.) 我们强调分数除法是自然数除法的平行推广, 同时也要注意到二者的不同之处. 换言之, 做自然数除法时, 要求被除数是除数的倍数, 而做分数除法时不要求这一点. 对于任意两个分数 A 和 B, 其中 $B \neq 0$, A 与 B 的除法总有意义.

本章各节安排如下:
分数除法概述
分数除法的定义和运算法则
分数除法的应用
小数除法
不等式
错误的学说

18.1 分数除法概述

在本节, 我们将讨论分数除法的直观意义 (正式的讨论将在下节给出). 我们试图说明, 分数除法的定义与自然数除法的定义在概念上是相同的. 此外, 除法与乘法的关系类似于减法与加法的关系. 在讨论的最初阶段, 本书将暂且不管由各种概念的精确定义所带来的限制.

我们从自然数的减法和除法的概念出发. 令 m 和 n 是自然数.

定义 1 ($m - n$)   使得等式 $m = k + n$ 成立的自然数 k 称为 m **减去 n 的差**, 记为 $m - n$(见第 5 章).

第 18 章 分数除法

定义 2 $\left(\dfrac{m}{n}\right)$ 使得等式 $m = kn$ 成立的自然数 k 称为 m **除以** n **的商**，记为 $\dfrac{m}{n}$ (见第 7 章).

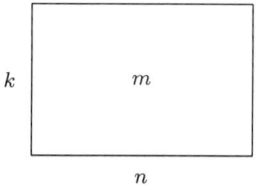

注意到，通过把定义 1 中的加法换成乘法，减法换成除法，差换成商，我们便一字不差地得到了定义 2. 我们用同样的方法来研究分数. 定义 3 是我们已知的分数减法的定义. 事实上，如果自然数与分数没什么区别的话，定义 4 就是我们"应该"得到的分数除法的定义. 因此，设 A 和 B 是分数.

定义 3 $(A - B)$ 使得等式 $A = C + B$ 成立的分数 C 称为 A **减去** B **的差**，记为 $A - B$(见第 16 章).

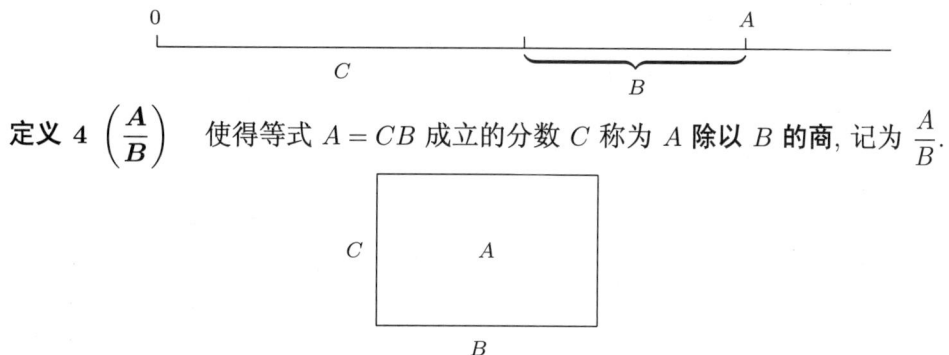

定义 4 $\left(\dfrac{A}{B}\right)$ 使得等式 $A = CB$ 成立的分数 C 称为 A **除以** B **的商**，记为 $\dfrac{A}{B}$.

今后我们将说明定义 4 是分数除法的正确定义. 于是，分数除法的概念是自然数除法概念的直接推广. 同时，观察定义 1,2 和定义 3,4 可知，除法与乘法的关系类似于减法与加法的关系.

下面我们注意一些细节. 首先，在定义 1 中，我们显然要求 $m > n$. 同样的，在定义 3 中我们要求 $A > B$. 定义 2 要求 $n > 0$，类似的，定义 4 要求 $B > 0$. 当然，这些条件都是必要的，但并不是我们理解分数减法和除法的重点. 在定义 2 和定义 4 中丢失了一些更本质的东西. 我们在第 7 章中已经看到，对于自然数来说，除非 m 是 n 的倍数，否则 $\dfrac{m}{n}$ 没有意义. 事实上，$\dfrac{m}{n}$ 的意思是 $m = kn$，这就要求 m 必须是 n 的倍数. 因为在定义 4 中，$\dfrac{A}{B}$ 的意思也是 $A = CB$，那么在定义 A 除以 B 之前我们是否也要要求 A 必须是 B 的倍数? (这里 A 是 B

的倍数是指, 存在某个分数 C 使得等式 $A = CB$ 成立.) 令人惊讶的是, 这样的要求是不需要的: 只要 $B \neq 0$, 对于每个分数 A, 都存在唯一的分数 B 使得 A 可以写成 $A = CB$ 的形式. 显然这需要严格的证明, 而我们在第 17.2 节引理 17.1 中已经证明了这一事实.

我们先来初步地探索一下如何计算 $\frac{A}{B}$. 定义 4 说明, $\frac{A}{B} = C$ 的意思是 $A = CB$. 理解 $A = CB$ 的一种恰当的方式是借助第 17.3 节例 1 之前的讨论: 等式 $A = CB$ 是指 A 等于 C 份 B, 例如 12 等于 3 个 4, 15 等于 $1\frac{1}{2}$ 份 10. 所以从直观上来看, 除法 $\frac{A}{B}$ 的意思是找出由多少份 B 可以构成 A.

我们可用直觉猜出一些简单的例子中满足条件 $A = CB$ 的 C 是多少. 但是在最后我们必须要利用引理 17.1 来给出完整证明.

例 1 计算 $\dfrac{1}{\frac{1}{n}}$.

如果要找到一个分数 C 使得 $1 = C \times \frac{1}{n}$, 那么取 $C = n$ 即可. 这就证实了我们的直觉: n 份 $\frac{1}{n}$ 等于 1.

例 2 计算 $\dfrac{5}{\frac{1}{3}}$.

我们知道, 3 份 $\frac{1}{3}$ 等于 1, 所以 5×3 份 $\frac{1}{3}$ 构成 5. 因此我们猜 $\dfrac{5}{\frac{1}{3}} = 15$. 这当然是对的, 因为 $5 = 15 \times \frac{1}{3}$.

例 3 计算 $\dfrac{\frac{15}{4}}{\frac{3}{4}}$.

如果把 $\frac{1}{4}$ 看做单位 "1", 那么 $\frac{15}{4}$ 就是 "15", $\frac{3}{4}$ 就是 "3", 于是上述除法就转化为 15 除以 3, 结果是 5. 我们来验证一下: 没错, $\frac{15}{4} = 5 \times \frac{3}{4}$.

例 4 计算 $\dfrac{\frac{2}{7}}{\frac{5}{3}}$.

多少份 $\frac{5}{3}$ 可以构成 $\frac{2}{7}$ 呢? 在这个例子中, 用直觉去猜不太容易. 我们不得不利用第 17.3

节中的引理 17.1. 要找到一个分数 C 使得 $\frac{2}{7} = C \times \frac{5}{3}$. 由引理 17.1 可知, $C = \frac{2}{7} \times \frac{3}{5}$. 于是我们见证了除以一个分数等于乘以这个分数的倒数 (见第 17.3 节例 2).

下面我们来正式地讨论分数除法.

18.2 分数除法的定义和运算法则

不管在什么背景下, 除法都是乘法的另一种等价的表达方式. 尽管在第 7 章中对自然数已经讨论了这一观点, 但现在我们还是来简短地回顾一下.

4 是一个自然数, 且满足 $4 \times 9 = 36$, 所以我们会告诉学生 $\frac{36}{9} = 4$. 这就是说, 36 除以 9 所得的自然数就是满足与 9 相乘等于 36 的那个自然数. 这句话用数学符号语言来说: 由定义, $\frac{36}{9}$ 是一个数, 它满足式子 $\frac{36}{9} \times 9 = 36$. 类似的, 72 除以 24 所得的自然数就是满足与 24 相乘等于 72 的那个自然数, 即 $\frac{72}{24}$ 是一个自然数, 满足 $\frac{72}{24} \times 24 = 72$, 同理, $\frac{84}{7}$ 是一个自然数, 满足 $\frac{84}{7} \times 7 = 84$, 等等, 不再赘述. 一般的, 任意给定两个自然数 a 和 $b(\neq 0)$, 我们总是希望 a 与 b 做除法之后得到的 $\frac{a}{b}$ 是一个自然数, 满足 $\left(\frac{a}{b}\right)b = a$. 当 a 不是 b 的倍数时, 上述情况不可能发生, 所以自然数除法概念的准确定义如下:

定义 1 给定自然数 a 和 b, 其中 $b \neq 0$, a 是 b 的倍数, a **除以** b **的商**是满足等式 $a = \left(\frac{a}{b}\right)b$ 的自然数, 记为 $\frac{a}{b}$.

这个定义有一个直接的推论, 若记 $\frac{a}{b}$ 为 c, 则 $a = cb$. 反过来, 若存在自然数 a, b, c, 使得 $a = cb$, 则 c 就是我们定义的 $\frac{a}{b}$. 这两个事实放在一起就是下面关于除法的重要结论:

给定自然数 a, b, c, 且 $b \neq 0$, 等式 $\frac{a}{b} = c$ 成立当且仅当 $a = cb$.

回忆 "当且仅当" 的意思: 这个结论是说, 对于给定的三个自然数 a, b, c, 其中 $b \neq 0$, 若 $\frac{a}{b} = c$, 则 $a = bc$; 若 $a = bc$, 则 $\frac{a}{b} = c$. 在本节稍后我们将再花一些篇幅来讨论 "当且仅当", 见本节的第一个脚注.

在讨论分数除法之前, 我们先来叙述第 17.2 节引理 17.1 的一个等价形式. (在这个意义下, 对第 17.2 节例 2 的讨论是有意义的.)

引理 给定任意两个分数 A 和 B,其中 $B \neq 0$,有且仅有一个分数 C,使得 $A = CB$.

我们已在第 17 章中证明了这个引理,但是,我们现在给出一个新的证明,从这个证明我们马上可以看出 C 是什么. 为了理解分数除法的运算法则,这个新的证明可能更可取.

正式的证明是很短的. 为了确保不丢失这个简单证明的最初的思想,我们先写出两个简单情形的证明. 首先,令 $A = \frac{3}{2}, B = \frac{4}{5}$, 我们要求一个分数 C, 使得

$$\frac{3}{2} = C \times \frac{4}{5}.$$

根据乘法交换律,我们可以将上面的式子重新写成 $\frac{3}{2} = \frac{4}{5} \times C$. 因此我们要找到一个分数 C, 使得它的 $\frac{4}{5}$ 等于 $\frac{3}{2}$.

根据第 17.3 节等式 (17.7), $\frac{4}{5} \times C$ 表示把长度为 C 的线段平均分成长度相等的 5 段, 取其中 4 段拼接而成的新线段的长度. 因为这个乘积等于 $\frac{3}{2}$, 而 $\frac{3}{2}$ 是下图数轴上的一点:

所以, 0 右边第一个分点就是 $\frac{3}{2}$ 的 $\frac{1}{4}$, 即 $\frac{1}{4} \times \frac{3}{2}$. 根据构造, 这个分点也等于 C 的 $\frac{1}{5}$. 因此 C 等于 5 份 $\frac{1}{4} \times \frac{3}{2}$. 根据等式 (17.7),

$$C = 5 \times \left(\frac{1}{4} \times \frac{3}{2}\right) = \frac{5}{4} \times \frac{3}{2}.$$

因此我们已经证明了对于任意分数 C, 若它满足 $\frac{3}{2} = \frac{4}{5} \times C$, 则它等于 $\frac{5}{4} \times \frac{3}{2}$. 这也说明了 C 的唯一性. 这很容易检验, 若 $C = \frac{5}{4} \times \frac{3}{2}$, 则 $\frac{3}{2} = C \times \frac{4}{5}$. 于是我们就证完了这个问题.

上述例子可能会给人留下这样的印象: 因为 $B = \frac{4}{5} < 1$, 所以推理才那么简单. 为了改变这种错误观念, 我们再举一个类似的例子. 令 $A = \frac{7}{3}, B = \frac{5}{4}$, 此时我们再来寻找分数 C, 使得

$$\frac{7}{3} = C \times \frac{5}{4}.$$

像前面一样,我们把问题改述为,求一个分数 C, 使得 $\frac{7}{3} = \frac{5}{4} \times C$. 因此, 如果我们把 C 平

均分为长度相等的 4 段, 那么取 5 段这样的线段拼接而成的新线段的长度就是 $\frac{7}{3}$, 如下图所示:

0 右边第一个分点就是 $\frac{7}{3}$ 的 $\frac{1}{5}$, 即 $\frac{1}{5} \times \frac{7}{3}$ (根据等式 (17.7)). 因为 C 等于 4 份 $\frac{1}{5} \times \frac{7}{3}$, 我们有

$$C = 4 \times \left(\frac{1}{5} \times \frac{7}{3}\right) = \frac{4}{5} \times \frac{7}{3}.$$

因此对于任意分数 C, 若它满足 $\frac{7}{3} = \frac{5}{4} \times C$, 则它等于 $\frac{4}{5} \times \frac{7}{3}$. 再经过简单的验证, 若 $C = \frac{4}{5} \times \frac{7}{3}$, 则 C 满足 $\frac{7}{3} = \frac{5}{4} \times C$. 证完.

引理的证明　令 $A = \frac{m}{n}, B = \frac{k}{l}$, 要找到一个分数 C, 使得

$$\frac{m}{n} = C \times \frac{k}{l}.$$

假设存在这样的分数 C, 我们现在就来求它, 看它长什么样子. 将上面的式子重新写成 $\frac{m}{n} = \frac{k}{l} \times C$. 根据分数乘法的第二种解释 (等式 (17.7)), $\frac{k}{l} \times C$ 表示把长度为 C 的线段平均分成长度相等的 l 段, 取 k 段这样的线段拼接而成的新线段的长度, 因此 $\frac{m}{n}$ 就是 k 段这样的线段拼接而成的新线段的长度, 从而我们有下图:

(这个图隐含 $\frac{k}{l} < 1$, 但是正如上面的例子所示, $\frac{k}{l}$ 与 1 的大小关系不会影响到我们的推理过程.) 把线段 $[0, C]$ 平均分成长度相等的 l 段, 在接下来的论述中, 我们将把其中的一段简称为一个小线段. 观察到, 每一个小线段的长度也恰好是把区间 $\left[0, \frac{m}{n}\right]$ 平均分成长度相等的 k 段, 其每一段的长度 (见上图). 因此根据等式 (17.7), 每个小线段的长度等于 $\frac{1}{k} \times \frac{m}{n}$. 回忆起 $[0, C]$ 是由 l 份这样的小线段拼成, 所以

$$C = l \times \left(\frac{1}{k} \times \frac{m}{n}\right) = \frac{l}{k} \times \frac{m}{n}.$$

这就是说, 对于任意分数 C, 若它满足 $\frac{m}{n} = C \times \frac{k}{l}$, 则 $C = \frac{l}{k} \times \frac{m}{n}$. 从而 C 是唯一的. 这时只需要简单验证这样的 C 的确满足条件, 如果 $C = \frac{l}{k} \times \frac{m}{n}$, 那么 $\frac{m}{n} = \left(\frac{l}{k} \times \frac{m}{n}\right) \times \frac{k}{l}$, 即 $A = \left(\frac{l}{k} \times \frac{m}{n}\right) \times B$. 结论得证. □

引理的这两个证明 (本章的和第 17 章中给出的证明) 都分别给出了使得 $A = CB$ 成立的分数 C 的值. 也就是说, 若 $A = \frac{m}{n}$, $B = \frac{k}{l}$, 则 $C = \frac{l}{k} \times \frac{m}{n}$. 或者根据乘法交换律,

$$C = \frac{m}{n} \times \frac{l}{k}. \tag{18.1}$$

下面我们来推广引理的内容. 若分数 $B \neq 0$, 则任意一个分数 A **是 B 的某个分数倍**, 即存在某个分数 C, 使得 $A = CB$. 取 $A = 1$, 这个引理意味着, 有且仅有一个分数 B^{-1}, 使得 $B^{-1}B = 1$. 在第 17 章中我们已经看到, 若 $B = \frac{k}{l}$, 则 B^{-1} 就是它的倒数, 即 $B^{-1} = \frac{l}{k}$. 我们称 B^{-1} 为 B 的**逆元**(或称**乘法逆元**). 用这个记号, 上述引理中的 C 可以重新写为

$$C = AB^{-1}.$$

例如, 取 $A = \frac{11}{5}$, $B = \frac{23}{8}$. 若 C 满足 $A = CB$, 则

$$C = AB^{-1} = \frac{11}{5} \times \frac{8}{23} = \frac{88}{115}.$$

事实上, 我们很容易就能证明 $\frac{11}{5} = \frac{88}{115} \times \frac{23}{8}$.

下面我们给出分数除法的定义, 它是由自然数除法的定义逐字推广过来的. 唯一的区别是, 上述引理保证了不需要提前要求分数 A 是 B 的某个分数倍.

定义 2 如果 A, B 是分数, 其中 $B \neq 0$, A **除以 B 的商**记为 $\frac{A}{B}$, 它定义为一个分数, 满足 $A = \left(\frac{A}{B}\right) B$.

根据前面的引理, 毫无疑问, A 除以 B 有且仅有唯一的商 $\frac{A}{B}$. 所以, 上述定义是有意义的. 此外, 给定分数 $\frac{k}{l}$ 和 $\frac{m}{n}$, 等式 (18.1) 意味着

$$\frac{\frac{m}{n}}{\frac{k}{l}} = \frac{m}{n} \times \frac{l}{k}. \tag{18.2}$$

第 18 章　分　数　除　法

这就是众所周知的分数除法的运算法则, **除以一个分数等于乘以它的倒数**. 我们发现这个运算法则很自然, 它是除法定义的一个简单推论.

等式 (18.2) 表明, $\dfrac{m}{n}$ 除以 $\dfrac{k}{l}$ 的商的定义与等价分数的选择无关. 也就是说, 如果有两对等价分数 $\dfrac{m}{n} = \dfrac{M}{N}, \dfrac{k}{l} = \dfrac{K}{L}$, 那么我们断言:

$$\dfrac{\dfrac{m}{n}}{\dfrac{k}{l}} = \dfrac{\dfrac{M}{N}}{\dfrac{K}{L}}.$$

这是因为, 根据等式 (18.2), 上式左边等于长和宽分别为 $\dfrac{m}{n}$ 和 $\dfrac{l}{k}$ 的矩形的面积, 右边等于长和宽分别为 $\dfrac{M}{N}$ 和 $\dfrac{L}{K}$ 的矩形的面积. 由 $\dfrac{m}{n} = \dfrac{M}{N}$ 可知, 边 $\dfrac{m}{n}$ 与 $\dfrac{M}{N}$ 有相同的长度 (根据等价分数的定义), 又由于 $\dfrac{k}{l} = \dfrac{K}{L}$, 根据交叉相乘法则得 $\dfrac{l}{k} = \dfrac{L}{K}$, 所以边 $\dfrac{l}{k}$ 与 $\dfrac{L}{K}$ 也有相同的长度. 两个矩形如果长和宽对应相等, 那么二者一定具有相等的面积. 这样就证明了我们的断言.

利用前面的记号, 对于分数 $A, B, C, B \neq 0$, 根据定义,

"$\dfrac{A}{B} = C$" 当且仅当 "$A = CB$".

这句话就准确地解释了在本节开头时我们提到的"除法能等价地表达乘法". 说得更清楚些, 对于分数 A, B, C, 且 $B \neq 0$, 我们同时有如下两条结论成立:

若 $\dfrac{A}{B} = C$, 则 $A = CB$;

若 $A = CB$, 则 $\dfrac{A}{B} = C$.

注意, 为了使这个结论有意义, 我们必须首先给出乘积 CB 和商 $\dfrac{A}{B}$ 的准确含义.[①]

根据第 17.3 节分数乘法的第二种解释 (17.7), 我们可以用如下方式理解 $\dfrac{A}{B} = C$: 因为 $A = CB$, (17.7) 之后的讨论意味着 $\dfrac{A}{B}$ 是这样一个分数 C, 它满足 C 份 B 等于 A.

---

① 在你的课堂上, 请尽量避免使用一些教科书和教育文献上常见的表达"分数除法是乘法的逆运算", 因为要学生理解这句话并不容易, 除非你已经把分数乘法和分数除法讲得很透彻, 并且指出了"若 $\dfrac{A}{B} = C$, 则 $A = CB$; 若 $A = CB$, 则 $\dfrac{A}{B} = C$."

例如, $\dfrac{\frac{11}{5}}{\frac{23}{8}} = \dfrac{88}{115}$ 意味着, $\dfrac{88}{115}$ 份 $\dfrac{23}{8}$ 等于 $\dfrac{11}{5}$.

? 动动手 (a) 把下面各式写成除法的形式, 其中 a, b, c, d 是非零自然数:

$$\dfrac{14}{27} = \dfrac{2}{3} \times \dfrac{7}{9}, \quad 4\dfrac{8}{15} = 5\dfrac{2}{3} \times \dfrac{4}{5}, \quad \dfrac{a}{b} \times \dfrac{c}{d} = \dfrac{ac}{bd}.$$

(b) 把下面各式写成乘法的形式, 其中 x, y, z, w 是非零自然数:

$$\dfrac{\frac{45}{7}}{3} = \dfrac{15}{7}, \quad \dfrac{3\frac{5}{8}}{\frac{6}{5}} = \dfrac{x}{y}, \quad \dfrac{\frac{87}{z}}{w} = \dfrac{3}{22}.$$

(c) 求下面各式中的 A 的值:

$$\dfrac{A}{\frac{6}{7}} = \dfrac{5}{14}, \quad \dfrac{1\frac{7}{8}}{A} = \dfrac{5}{2}, \quad \dfrac{A}{2\frac{4}{5}} = 2\dfrac{7}{9}.$$

此时我们来谈谈分数除法的一个细节. 考虑分数 $\dfrac{7}{5}$, 作为除法它有两层意思: 一方面, 它表示把一条长度为 7 的线段平均分成长度相等的 5 段, 其中每一段的长度 (参见第 15.1 节, 分数的另一种观点); 另一方面, 我们把 $\dfrac{7}{5}$ 看做是分数 7 除以分数 5 的商 (回忆前面提到的, 每个自然数也是分数). 我们提出一个问题: 这两层意思有不一致的地方吗? 回答是没有. 这是因为, 如果我们先承认 $\dfrac{7}{5}$ 的第一层意思, 那么 5 条长度为 $\dfrac{7}{5}$ 的小线段拼接而成的新线段的长度为 7, 因此 [①] $5 \times \dfrac{7}{5} = 7$, 或者

$$\dfrac{7}{1} = \dfrac{7}{5} \times \dfrac{5}{1}.$$

---

① 参见第 17.1 节中等式 (17.3).

这就是说, $\frac{7}{5}$ 是满足

$$\frac{7}{1} = C \times \frac{5}{1}$$

的分数. 根据前面分数乘法的定义, 分数 C 是分数 7 与 5 相除所得的商. 换句话说, C 的第二层意思也是对的.

下面给出分数除法的几何解释. 因为一个矩形的面积等于它的长与宽的乘积 (根据分数乘法的定义), 所以若给定分数 A 和 B, 其中 $B \neq 0$, A 表示该矩形的面积, B 表示该矩形的一边长, 则 A 除以 B 的商等于该矩形的另一边长.

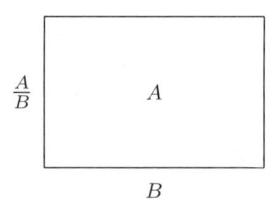

18.3 分数除法的应用

首先, 我们给出第 18.1 节中例 1 的另一种计算方法. 考查等式 (18.2) 的一个特例, 令 $m = n = k = 1$, 则对任意非零自然数 l, 有

$$\frac{1}{\frac{1}{l}} = l.$$

下面是中小学数学和数学教育文献中关于分数除法的一个典型的应用. 请读者注意本书所演示的方法与常见讲法的区别: 我们在此处明确地说明了为何必须要用到除法.

例 1 一根棍子长 $43\frac{3}{8}$ 米, 把这根棍子切成长度相等的小棍, 每根小棍 $\frac{5}{3}$ 米, 请问这根棍子可以切成多少根小棍?

解 设 A 是一个分数, 把这根棍子切成 A 段, 每段长 $\frac{5}{3}$ 米, 则根据第 17.3 节中的讨论 (特别是例 1— 例 3), 可知棍子的长度等于 A 份 $\frac{5}{3}$. 因此,

$$43\frac{3}{8} = A \times \frac{5}{3}.$$

由分数除法的定义, 我们得到

$$A = \frac{43\frac{3}{8}}{\frac{5}{3}} = \frac{\frac{347}{8}}{\frac{5}{3}} = \frac{347}{8} \times \frac{3}{5} = 26\frac{1}{40}.$$

这里再重复一次，回顾第 17.3 节中的讨论，我们认识到，等式 $43\frac{3}{8} = A \times \frac{5}{3}$ 意味着 $A = 26\frac{1}{40}$，即 26 根完整的 $\frac{5}{3}$ 米小棍加上这种小棍的 $\frac{1}{40}$ 就等于 $43\frac{3}{8}$ 米. 因为每根完整的小棍长 $\frac{5}{3}$ 米，所以余下的长度是 $\frac{1}{40} \times \frac{5}{3} = \frac{1}{24}$ 米.

> **? 动动手** 一根棍子长 $15\frac{5}{7}$ 米，把这根棍子切成长度相等的小棍，每根小棍长 $2\frac{1}{8}$ 米，请问这根棍子可以切成多少根这样的小棍？

接下来，我们重新回顾一下第 7.1 节例 1 中首次讨论过的运动问题. 从匀速运动出发，在第 7.1 节中我们定义了速度为 v 千米/小时的匀速运动：若单位时间长度确定 (如一个小时)，则在任意时长为 1 小时的时间段里，物体或人走过的路程是个定值，恒为 v 千米. 但上述定义没有说明，用分数表示的时间段内走过的路程如何描述，比方说 $\frac{1}{n}$ 小时 (n 是任意大于 0 的自然数) 内，物体走过的路程是否为 $\frac{v}{n}$ 千米. 既然我们现在定义了分数，匀速运动的定义就需要加以改进了. 我们需要一个更有效的匀速运动的定义.

确定单位时间长度 (秒、分钟、小时等)，并给定时间段 t. 设物体在时间 t 内运动的总路程为 d(厘米、米、千米等)，则根据定义，物体**在给定时间段内的平均速度**是 $\frac{d}{t}$(厘米/秒、米/分钟或千米/小时等).

下面给出一个例子来强化这个概念. 假设我们在一个小时内持续观察一辆车，所得数据如下表：

时间段	行驶过的路程
0—10 分钟	11 千米
10—20 分钟	5 千米
20—30 分钟	9 千米
30—40 分钟	7 千米
40—50 分钟	6 千米
50—60 分钟	10 千米

这个例子说明，对于整个运动过程来说，讨论 "平均速度" 没什么意义，除非指出是在哪个时间段内测量平均速度. 例如，从 0 时刻起到第 10 分钟末这个时间段内 (恰为 $\frac{1}{6}$ 个小时)

的平均速度为 $\frac{11}{\frac{1}{6}} = 66$ 千米/小时, 而从第 10 分钟起到第 20 分钟末这个时间段内的平均速度为 $\frac{5}{\frac{1}{6}} = 30$ 千米/小时. 我们可以继续讨论, 从 0 时刻起到第 20 分钟末这个时间段内的平均速度为 $\frac{11+5}{\frac{2}{6}} = 48$ 千米/小时, 从第 10 分钟起到第 40 分钟末这个时间段内的平均速度为 $\frac{5+9+7}{\frac{3}{6}} = 42$ 千米/小时, 从第 20 分钟起到第 50 分钟末这个时间段内的平均速度为 $\frac{9+7+6}{\frac{3}{6}} = 44$ 千米/小时. 一个小时内 (从 0 时刻起到第 60 分钟末) 的平均速度为 48 千米/小时, 因为

$$\frac{11+5+9+7+6+10}{1} = 48 千米/小时.$$

如果我们只考虑前三个连续的 20 分钟内的平均速度, 则三个平均速度均为 48 千米/小时, 因为它们分别等于

$$\frac{11+5}{\frac{20}{60}}, \quad \frac{9+7}{\frac{20}{60}}, \quad \frac{6+10}{\frac{20}{60}}.$$

因此, 如果只看到前三个连续的 20 分钟内的平均速度, 我们就会误以为这是一个 "匀速运动".

综上所述, 若一个物体在任意的时间段 t 内的平均速度 $\frac{d}{t}$ 都等于某个固定的 v, 则称这个物体做的是**匀速运动**(设 d, t, v 都是分数, 参见第 21 章的关于小学数学基本假设的讨论), 数 v 则称为这个匀速运动的**速度**.

在这里我们指出匀速运动的定义中 "任意" 一词的重要性. 例如, 上述例子中的运动不是一个匀速运动, 因为虽然从 0 时刻起到第 20 分钟末, 从第 20 分钟起到第 40 分钟末, 从第 40 分钟起到第 60 分钟末, 以及从 0 时刻起到第 60 分钟末这四个时间段内的平均速度均为 48 千米/小时, 但是单看从 0 时刻起到第 10 分钟末这个时间段内的平均速度却为 66 千米/小时. 这足以说明 48 千米/小时不是任意时间段内的平均速度. 另一方面, 如果已知某物体以 48 千米/小时的速度做匀速运动, 时间为 2 小时, 那么我们就能肯定地说, 物体在任意时间段内的平均速度都等于 48 千米/小时, 无论是从第 1 分钟起到第 12 分钟末, 从 0 时刻起到 2 小时末, 从第 63 分钟起到第 68 分钟末, 还是从第 77 分钟起到第 111 分钟末, 平均速度都毫无疑问地等于 48 千米/小时. 于是在将来做应用题时, 我们可以用这种方式应用 "匀速运动" 这个条件.

特别的，若一个物体在做速度为 v 米/秒的匀速运动，则该物体在任意 1 秒内运动的路程均为 v 米. 设在给定的某 1 秒内物体运动了 s 米，则它在这 1 秒内的平均速度为 $\frac{s}{1} = s$ 米/秒. 因为我们已知这个物体做的是速度为 v 米/秒的匀速运动，所以必定有平均速度 $s = v$. 因此在给定的那 1 秒内，物体运动了 v 米.

在此要提醒读者注意，很不巧，术语"平均速度"中有一个日常用语"平均". 人们一看见这个术语通常很容易忘记它的数学定义，而简单地把对它的理解回归到日常的"平均"上来，也就是把两个速度相加再除以 2. 我们恳请读者要花点功夫记住，你面对的"平均速度"是一个准确的数学概念，因此必须用准确的定义来处理. 此外，我们再次强调，单独地说"平均速度"本身没有意义，因为只有在某个固定的时间段内讨论才有意义. 也就是说，完整的概念应该是"在某个给定时间段内的平均速度". 只有当我们讨论的运动是匀速运动时，谈论"平均速度"才可以不需要以某个时间段为前提，因为在匀速运动时，任意时间段内的平均速度都相等.

现在我们来说明，本节给出的"匀速运动"的定义与早先在第 7.1 节中给出的"匀速运动"的定义一致. 为此，我们要证明在本节意义下的匀速运动在第 7.1 节的意义下也是匀速运动. 这很简单，如果某物体在做本节意义下的速度为 v 千米/小时的匀速运动，则上述推理说明，在任意连续的一小时内，物体运动过的路程为 v 千米，正符合第 7.1 节中"匀速运动"的定义.

然而，我们可以更深入地讨论. 若某物体在做本节意义下的匀速运动，设它在给定的时间 T 内运动过的路程是 D，根据匀速运动的定义，我们可以求得速度是 $\frac{D}{T} = v$. 再由除法的定义可知，上式等价于说 $D = vT$，或 $D = Tv$. 这意味着，

若某物体在做匀速运动，速度为 v，则在任意给定时间 T 内运动过的路程必为 Tv.

如果我们把 v 看成是物体在一小时内运动过的路程，那么在 T 小时内，等式 $D = Tv$ 表明物体运动过的总路程为 T 份 v. (参见第 17.3 节中有关分数乘法的讨论.)

根据定义的要求，平均速度等于路程 d 除以经过的时间 t. 因为我们只对同一数轴上的两个数做除法，所以在做除法之前，要把 d 和 t 置于同一数轴上. 正如做乘法一样 (参见第 17 章开头部分)，我们令单位时间等同于单位路程[①]，这样就能把 d 和 t 置于同一数轴上，其中数轴上的单位"1"表示单位时间或单位路程. 类似的等同在第 22 章和第 23 章中会经常见到.

在中小学数学文献中，人们很难找到匀速的精确定义. 于是几乎所有与运动有关的问题都要么是通过机械的方法，通过所谓的通常意义，通过单位变化率，要么是通过所谓的比例推

[①] 译者注：单位路程，指物体在单位时间内走过的路程.

理, 而不是数学推理. 要求学生做运动问题之前没有预先教给他们需要知道些什么条件, 这绝对不是成功的教育. 在本书中, 我们将说明如何使用准确的定义和数学推理来解决所有的运动问题和变化率问题 (参见第 22 章和第 23 章).

例 2 假设我们从公园大门出发开始进行一次全天的徒步旅行, 目的地是海滨, 路程总长为 $12\frac{1}{3}$ 千米. 我们早上出发, 保持活力的步伐, 以 $3\frac{1}{2}$ 千米/小时的速度匀速行进. 请问多久我们能到达海滨?

我们可以用两种方法来解答本题.

首先用最初等的办法. 每行进 $3\frac{1}{2}$ 千米要用一小时, 因此行进 7 千米要用两小时, 行进 $10\frac{1}{2}$ 千米要用三小时, 还有 $1\frac{5}{6}$ 千米没有走 $\left(1\frac{5}{6} = 12\frac{1}{3} - 10\frac{1}{2}\right)$. 而 $1\frac{5}{6}$ 几乎是 $3\frac{1}{2}$ 的一半, 因为

$$2 \times \left(1\frac{5}{6}\right) = 2 \times \frac{11}{6} = \frac{11}{3} = 3\frac{2}{3},$$

几乎等于 $3\frac{1}{2}$. 因此, 如果行进 $3\frac{1}{2}$ 千米要用一小时, 匀速运动的条件告诉我们, 行进 $1\frac{5}{6}$ 千米大约需要半小时. 所以走完从出发点到海滨的路程 $12\frac{1}{3}$ 千米大约需要 $3 + \frac{1}{2} = 3\frac{1}{2}$ 小时. 初等的方法只能做这么多了.

接下来用精确的方法. 充分利用匀速运动的隐含条件, 我们可以得到相同的结果. 假设到达海滨需要用时间 T, 根据 $D = Tv$, 我们有

$$12\frac{1}{3} = T \times 3\frac{1}{2}.$$

根据除法的定义,

$$T = \frac{12\frac{1}{3}}{3\frac{1}{2}}.$$

于是由分数除法的运算法则 (除以一个分数等于乘以它的倒数), 得 $T = 3\frac{11}{21}$, 即到达海滨需要用 $T = 3\frac{11}{21}$ 小时. (顺便提一句, $3\frac{11}{21}$ 与 $3\frac{1}{2}$ 非常接近.)

这个推理具有一般性[①], 所以, 第二种方法解释了下述结论: 若某物体在做速度为 v 的匀速运动, 走过的路程为 d(千米、米、厘米等), 则它所用的时间为 $\frac{d}{v}$(小时、分钟、秒等).

[①] 虽然假设所有的数都是分数, 但仍需借助第 21 章中的中小学数学基本假设.

这个结论给出了如何计算匀速运动过程中走过给定路程内所需要的时间.

? 动动手 一列火车匀速行驶, 经过 $2\frac{1}{3}$ 小时后, 火车驶过了 125 千米. 请问火车要驶过 180 千米需要多少小时?

18.4 小数除法

我们将先证明, 所有的小数除法都能转化为自然数除法. 这是比较容易证明的一部分, 而困难的部分是演示如何由自然数的除法得出一个小数. 根据第 15 章以及第 18.2 节末尾的讨论, 自然数除法的结果恰为分数, 因此我们还必须考虑如何把分数转化为小数.

第一部分最好用例子来说明. 我们先来证明为何两个小数的除法

$$\frac{2.0498}{14.3}$$

等同于两个自然数的除法. 根据小数对的基本事实 (参见第 13.4 节), 我们可以把上式重新写做 $\frac{2.0498}{14.3000}$. 简单运用分数除法的运算法则和约分法则 (17.5), 就可以把它化为自然数除法:

$$\frac{2.0498}{14.3000} = \frac{\frac{20498}{10000}}{\frac{143000}{10000}} = \frac{20498}{10000} \times \frac{10000}{143000} = \frac{20498}{143000}.$$

这一推理具有一般性, 与选取的数字无关. 因此, 两个小数相除总是等于一个分数.

下面我们来演示, 如何将给定的分数化为小数 (尽管这个过程不尽完善). 为此, 我们考虑真分数的情形即可. 因为根据带余除法, 假分数总能化成一个自然数与一个真分数的和. 例如,

$$\frac{51}{8} = \frac{(6 \times 8) + 3}{8} = 6 + \frac{3}{8}.$$

所以如果我们把一个真分数 $\frac{3}{8}$ 转化为小数 (这一点在第 13.2 节中已经学过, 等于 0.375), 那么就能把假分数 $\frac{51}{8}$ 也转化为小数, 即

$$\frac{51}{8} = 6 + 0.375 = 6.000 + 0.375 = 6.375.$$

任意一个假分数都能用同样的方法处理.

从现在起, 我们只考虑真分数. 本节的剩余部分就来解决这件事情. 我们先解释, 为何传统的将分数转化为小数的方法是正确的. 回忆第 13 章中对这个方法的三个步骤的描述:

(i) 在分数分子的末尾添加一些 0, 利用长除法把所得的数除以分母;

(ii) 在所得商的正确位置上放置小数点, 得到一个小数;

(iii) 所得小数与已知分数相等.

因为我们只研究了有限小数的情形, 所以接下来的解释是不完整的. 对于无限小数的情形将留到第五部分第 41 章中再做解释. 在一般情形的证明中, 我们希望讨论"小数位数尽可能多的"小数.

正如第 13 章中提到的, 我们先只考虑那些分母为一些 2 和一些 5 的乘积的分数[①]. 给定一个这样的分数 $\frac{m}{n}$, 我们将演示, 如何由长除法将给定分数化为一个有限小数. 首先回忆第 12 章有限小数的定义[②]: 它是一个分母等于 10 的某个幂的分数. 对于给定分数 $\frac{m}{n}$, 为了把它的分母变成 10 的某个幂, 我们采用直接的办法: 第 17.2 节中的等式 (17.5) 的约分法则告诉我们, 对于任意自然数 k,

$$\frac{m}{n} = \left(\frac{m \cdot 10^k}{n}\right) \frac{1}{10^k}.$$

于是, 我们只需证明下述结论:

(1) 对于充分大的 k, 分数 $\frac{m \cdot 10^k}{n}$ 等于一个自然数 q.

因为这个事实一旦成立, 我们就有

$$\frac{m}{n} = \left(\frac{m \cdot 10^k}{n}\right) \frac{1}{10^k} = q \times \frac{1}{10^k} = \frac{q}{10^k},$$

而根据定义, $\frac{q}{10^k}$ 是一个有限小数.

我们先用一个简单的分数 $\frac{3}{8}$ 来演示这个转化的方法, 稍后再来证明结论 (1). 设 $m = 3$, $n = 8$, 我们知道, $8 = 2^3$, 其中幂指数为 3, 意味着我们可以令 $k = 3$(或者更大). 使用长除法可得,

---

[①] 注意, 2 和 5 不需要同时出现. 参见定理 36.2.

[②] 注意, 理解定义是很重要的.

$$\frac{3\times 10^3}{8} = \frac{3000}{8} = 375 \qquad \begin{array}{r} 375 \\ 8{\overline{\smash{\big)}\,3000}} \\ \underline{24} \\ 60 \\ \underline{56} \\ 40 \\ \underline{40} \\ 0 \end{array}$$

因此,
$$\frac{3}{8} = \left(\frac{3\times 10^3}{8}\right) \times \frac{1}{10^3} = 375 \times \frac{1}{10^3} = \frac{375}{10^3},$$

根据有限小数的定义, 它等于 0.375. 可能有些人会觉得 $\frac{3}{8} = 0.375$ 的这个证明比第 13.2 节中我们给出的证明看起来更舒服一些.

> **? 动动手** (a) 为什么不能把这个证明放在第 13 章?
>
> (b) 在前面 $\frac{3}{8} = 0.375$ 的证明中, 如果我们选取 10 的幂指数 k 为 2, 4 或 5 的话, 会发生什么情况?

再举一个例子, $\frac{m}{n} = \frac{15}{32}$. 那么我们可以看到, $32 = 2^5$, 幂指数为 5, 表示我们可以选取 $k = 5$(或者更大). 使用长除法可得,

$$\frac{15 \times 10^5}{32} = \frac{1500000}{32} = 46875 \qquad \begin{array}{r} 46875 \\ 32{\overline{\smash{\big)}\,1500000}} \\ \underline{128} \\ 220 \\ \underline{192} \\ 280 \\ \underline{256} \\ 240 \\ \underline{224} \\ 160 \\ \underline{160} \\ 0 \end{array}$$

因此,
$$\frac{15}{32} = \left(\frac{15 \times 10^5}{32}\right) \times \frac{1}{10^5} = 46875 \times \frac{1}{10^5} = \frac{46875}{10^5} = 0.46875.$$

下面我们来证明结论 (1). 也就是, 设 n 是一个自然数, 且可以写成一些 2 和一些 5 的乘积, m 是任意自然数, 则对于充分大的自然数 k, $\frac{m \cdot 10^k}{n}$ 是一个自然数. 事实上, 自然数 m 是多少无关紧要, 我们将证明一个更强的结论:

设 n 是一个自然数, 且可以写成一些 2 和一些 5 的乘积, 则对于充分大的自然数 k, $\frac{10^k}{n}$ 是一个自然数.

通过前两个例子, 我们可以获得证明这个结论的一条线索. 我们来直接观察为什么

$$\frac{10^3}{8} \quad \text{和} \quad \frac{10^5}{32}$$

是自然数. 由于 $10 = 2 \cdot 5$, 所以对于任意自然数 k, 有

$$10^k = 2^k \cdot 5^k.$$

因此, 根据约分法则 (见第 17 章), 可知

$$\frac{10^3}{8} = \frac{2^3 \cdot 5^3}{2^3} = 5^3 \quad \text{和} \quad \frac{10^5}{32} = \frac{2^5 \cdot 5^5}{2^5} = 5^5.$$

当然, 5^3 和 5^5 都是自然数. 我们看到, 在第一个例子中我们应选择 $k = 3$(或者更大), 因为 8 等于 2 的三次方; 在第二个例子中我们应选择 $k = 5$(或者更大), 因为 32 等于 2 的五次方.

现在证明结论 (1) 的一般情形的思路就清晰了: 令 $n = 2^a \cdot 5^b$, 其中 a 和 b 是自然数. 如果 $a \leqslant b$, 我们选择 $k = b$, 于是

$$\frac{10^b}{n} = \frac{2^b \cdot 5^b}{2^a \cdot 5^b} = \frac{2^b}{2^a}.$$

因为 $a \leqslant b$, 所以分子中 2 的个数至少要等于或大于分母中 2 的个数. 经过约分, $\frac{10^b}{n}$ 要么等于 1, 要么等于一些 2 的乘积, 所以是自然数. 另一方面, 如果 $a > b$, 我们就选择 $k = a$, 于是

$$\frac{10^a}{n} = \frac{2^a \cdot 5^a}{2^a \cdot 5^b} = \frac{5^a}{5^b}.$$

又因为 $a > b$, 所以分子中 5 的个数至少要等于或大于分母中 5 的个数, 因而 $\frac{10^a}{n}$ 等于一些 ($(a-b)$ 个)5 的乘积, 是自然数. 于是在两种情况下我们都证明了前面的结论, 从而也就证明了下面的定理.

定理 18.1 设分数 $\frac{m}{n}$, 分母 n 是一些 2 和一些 5 的乘积, 则对于充分大的自然数 k, $m \cdot 10^k$ 除以 n 的商是一个自然数 q, 且 $\frac{m}{n}$ 等于有限小数 $\frac{q}{10^k}$.

正如前面推理中看到的, 定理 18.1 中数 k 的取值要大于等于分母 n 中因子 2 的个数, 也要大于等于因子 5 的个数.

最后有必要指出, 当我们进一步假定分数 $\frac{m}{n}$ 是既约分数时, 条件 "n 可以写成一些 2 和一些 5 的乘积", 不仅是 "$\frac{m}{n}$ 等于某个有限小数" 的充分条件, 而且是必要条件. 这一点的证明参见第 36.2 节中的定理 36.2.

接下来, 我们来讨论当分数 $\frac{m}{n}$ 的分母 n 有一个不等于 2 和 5 的素因子[①]时的情形. 由于等价分数的基本定理 (第 13.1 节定理 13.1), 我们立即认识到, 对于一个没有化为既约分数的一般分数, "分数 $\frac{m}{n}$ 的分母 n 有一个不等于 2 和 5 的素因子" 这句话没有什么意义. 从一个简单的例子可以看出来, 例如, 分数 $\frac{3}{30}$ 的分母包含不等于 2 和 5 的素因子 3. 但是由于 $\frac{3}{30} = \frac{1}{10}$, 我们仍可以把这个分数的分母看做是一些 2 和一些 5 的乘积, 事实上, 我们已经知道 $\frac{3}{30} = \frac{1}{10} = 0.1$. 出于这个原因, 我们应当要求, 在本节的剩余部分, 所有的分数是既约分数 (最简分数).

上一段隐含的意思是: 如果一个既约分数 $\frac{m}{n}$ 的分母 n 有一个不等于 2 和 5 的素因子, 那么 $\frac{m}{n}$ 就不能转化成一个有限小数, 但它等于一个无限小数. 这个证明见第 41 章. 人们通常觉得分数的十进制展开理所当然, 但我们在这里还是要演示如何得到分数 $\frac{2}{7}$ 的十进制展开的前 7 位小数. 读者将看到, 这个例子涵盖了一般分数的十进制展开时会遇到的各种情况, 无论我们要得到前多少位小数.

正如前面讲过的, 我们有

$$\frac{2}{7} = \left(\frac{2 \times 10^7}{7}\right) \times \frac{1}{10^7} = \frac{20000000}{7} \times \frac{1}{10^7}.$$

下面我们用长除法演示 20000000 除以 7, 得到商和余数:

[①] 由于讨论的需要, 我们假设大家对素数的概念有所了解, 但是我们不会用到它的重要性质. 要了解关于素数的详细内容, 参见第 33 章.

第 18 章 分数除法

$$20000000 = (2857142 \times 7) + 6$$

```
          2857142
       ┌──────────
     7)│ 20000000
          14
          ──
           60
           56
           ──
            40
            35
            ──
             50
             49
             ──
              10
               7
              ──
               30
               28
               ──
                20
                14
                ──
                 6
```

因此,

$$\frac{2}{7} = \left(\frac{(2857142 \times 7) + 6}{7}\right) \times \frac{1}{10^7}$$
$$= \left(2857142 + \frac{6}{7}\right) \times \frac{1}{10^7}$$
$$= \frac{2857142}{10^7} + \left(\frac{6}{7} \times \frac{1}{10^7}\right). \qquad \text{(分配律)}$$

使用小数的记号, 我们就得到:

$$\frac{2}{7} = 0.2857142 + \left(\frac{6}{7} \times \frac{1}{10^7}\right).$$

在本例中, 有限小数 0.2857142 称为 $\frac{2}{7}$ **的十进制展开的前 7 位小数.**

有三点相关的观察值得一提. 第一, 我们选取 10^7 来做 2×10^7 除以 7 的带余除法, 是因为我们事先决定要计算分数 $\frac{2}{7}$ 的十进制展开的前 7 位小数. 但是, 如果我们对前 13 位小数感兴趣, 那么就应该选择 10^{13} 来做 2×10^{13} 除以 7 的带余除法. 第二, 如果我们继续做长除法, 六位数 285714 将无限循环下去, 因为在上面右边的长除式中, 左上角和右下角的两个粗体的 2 是相同的 (参见第 42 节中更完整的讨论), 于是所得商中这六位数的循环重复是不可避免的. 最后一点, 小数 0.2857142 非常好地逼近分数 $\frac{2}{7}$, 因为二者之差可以很容易地估计出来:

$$\frac{2}{7} - 0.2857142 = \frac{6}{7} \times \frac{1}{10^7} < 1 \times \frac{1}{10^7},$$

于是,

$$0 < \frac{2}{7} - 0.2857142 < 1 \times \frac{1}{10^7}. \tag{18.3}$$

这意味着, 如果我们用小数 0.2857142 表示分数 $\frac{2}{7}$, 那么误差最多不超过 $\frac{1}{10^7}$. 如果我们算出分数 $\frac{2}{7}$ 的十进制展开的前 13 位小数, 用同样的方法, 我们可以证明, 这个小数与 $\frac{2}{7}$ 之间的差异不超过 $\frac{1}{10^{13}}$. 无论如何, 分数 $\frac{2}{7}$ 的十进制展开所得的小数位数越多, 这个小数与 $\frac{2}{7}$ 之间的差异就越小. 在课堂上, 讲清楚这个知识点, 比对什么是无限小数做任何肤浅的解释都重要得多.

注意到我们刚刚给出了分数 $\frac{2}{7}$ 的小数估计, 也就是 0.2857142, 并在不等式 (18.3) 中给出了它的误差估计 (参见第 10 章).

18.5 不等式

我们在前面已经看到, 如果 l 和 n 是非零自然数, 且 $l < n$, 那么 $\frac{1}{l} > \frac{1}{n}$ (见第 15.3 节中的例 4); 而当 l 和 n 是分数时, 这一事实也成立. 确切地说,

如果 A 和 B 是非零分数, 且 $A < B$, 那么 $\frac{1}{A} > \frac{1}{B}$.

证明非常简单. 令 $A = \frac{k}{l}$, $B = \frac{m}{n}$, 根据交叉相乘法则, $A < B$ 当且仅当 $kn < lm$. 另一方面, $\frac{1}{A} = \frac{l}{k}$, $\frac{1}{B} = \frac{n}{m}$. 因此, 再用一次交叉相乘法则可得

$$A < B \implies kn < lm \implies \frac{n}{m} < \frac{l}{k} \implies \frac{1}{B} < \frac{1}{A}.$$

于是就证明了上述事实.

18.6 错误的学说

多年来, 在小学数学的众多课题的教学过程中, 分数除法比起其他数学课题来有更多的缺陷. 作为教师, 你不仅要认识到什么是对的, 更重要的是要认识到什么是错的, 这样才能给学生以正确的指导. 把这一点牢记在心, 我们接下来将讨论处理分数时最常见的三个不恰当手段.

第一个不恰当的手段是错误地理解分数除法的概念, 即把分数除法理解为反复做减法. 这种理解的思路可能源于教师混淆了分数除法与自然数带余除法 (参见第 7 章). 下面的题目是一个典型的例子, 很多教师在讲这类题目时把分数除法解释为反复做减法.

一条丝带共 5 米长, 要把它截成小段做蝴蝶结, 每小段 $\frac{3}{4}$ 米, 请问: 一共可以做多少个蝴蝶结?

解法是用 5 反复地减去 $\frac{3}{4}$, 直到减六次以后, 剩余

$$5 - \underbrace{\frac{3}{4} - \cdots - \frac{3}{4}}_{6} = \frac{1}{2}.$$

由于 $\frac{1}{2} < \frac{3}{4}$, 所以不能接着做减法. 结论是可以做六个蝴蝶结, 还剩余 $\frac{1}{2}$ 米丝带. 注意到, $\frac{1}{2}$ 是 $\frac{3}{4}$ 的 $\frac{2}{3}$, (这一点可以通过猜想和验证得到.) 所以剩余的部分只能做 $\frac{2}{3}$ 个蝴蝶结.

对于分数除法的这种解释方法, 有两点需要批评. 第一, 它忽视了一点: 除法作为一种运算, 必须找到另外一个数与已知两个数相对应. (例如, 它可以找到 4 与 36, 9 相对应.) 但是上述用 5 除以 $\frac{3}{4}$ 的方法却找到了另外两个数与 5 和 $\frac{3}{4}$ 相对应. 即商 6 和余数 $\frac{1}{2}$, 因为

$$5 = \left(6 \times \frac{3}{4}\right) + \frac{1}{2}.$$

所以从概念上讲, 这不是正确的做除法的方法. 第二点要批评的地方是, 这种解释方法没有提到除法可以代替表达乘法. 而除法可以等价代替乘法的思想在数学中是有重要意义的. 反复做减法, 只能用于解释自然数之间的带余除法.[①]

上述切割丝带的简单例子中, 把除法解释为反复做减法存在着弊端. 这种弊端可能隐藏在一般的情形中. 例如, 考虑下面的问题:

$2543\frac{3}{8}$ 里有多少个 $\frac{5}{3}$?

---

① 或者是在欧几里得整环中, 除法必须解释为带余除法的一般形式.

即使你只是为了计算出精确的答案而使用反复做减法的方法, 做减法的次数之多对于小学生来说也是不恰当的. 更糟糕的是, 在做诸如下述问题的时候, 反复做减法的方法就溃不成军了:

$\frac{1}{8}$ 里有多少个 $\frac{5}{3}$?

不需要多说, 这两个问题使用分数除法的运算法则 (除以一个分数等于乘以它的倒数) 就迎刃而解了. 并且我们已经看到, 在分数除法的正确定义下如何直接得到分数除法的运算法则. 要了解更全面的讨论, 参见【Wu05】.

第二个不恰当的手段是用下述方法讨论分数除法. 我们想知道 $\frac{m}{n} / \frac{k}{l}$ 可以表示什么意思. 根据等价分数的基本定理 (第 13.1 节中定理 13.1), 我们有

$$\frac{\frac{m}{n}}{\frac{k}{l}} = \frac{\frac{m}{n} \times ln}{\frac{k}{l} \times ln} = \frac{ml}{nk},$$

因此 (上述论证行得通) 得到一个有用的数学事实:

$$\frac{\frac{m}{n}}{\frac{k}{l}} = \frac{ml}{nk}.$$

这就是分数除法的运算法则.

这个结论表面上看起来与 (18.2) 是一致的, 二者都证明了分数除法的运算法则. 但事实上, 这种手段的缺陷非常狡猾. 首先, 它没有解释除法是什么, 只是给出了一个答案, 即 $\frac{ml}{nk}$. 这是机械教学的一个典型的例子. 其次, 如果我们仔细观察等式的第一步,

$$\frac{\frac{m}{n}}{\frac{k}{l}} = \frac{\frac{m}{n} \times ln}{\frac{k}{l} \times ln}, \tag{18.4}$$

我们就会意识到这一步根本没什么意义, 因为我们还不知道两个分数相除是什么意思, 从而等式 (18.4) 的左右两端的含义都不清楚. 在我们不知道两件事情的意思的前提下就说这两件事情相等, 这纯粹是幻想, 不是数学. 正如"我们看见了两只独角兽, 一只比另一只高一些, 但当给它们称体重的时候发现二者重量相等"一样, 请问周围根本没有独角兽的前提下你如何给两只独角兽量体重? 同样的道理, 在我们根本不知道如何对分数做除法之前, 怎么可能判断一对分数相除的结果是否等于另一对分数相除的结果?

另外还有一点经常被忽略掉: 等式 (18.4) 成立的理由常常是"等价分数的基本定理",

但是关于等价分数 (第 13.1 节中的定理 13.1) 我们只知道 $\frac{K}{L} = \frac{KM}{LM}$,其中 K, L, M 是自然数,不是分数. 因此这个等式的第一步的依据是一个并不知道是否成立的结论. 这样演示分数除法显然会在许多方面误导学生.

前面的讨论启发我们, 在一些合理的分数假定之下, "除以一个分数等于乘以它的倒数" 是分数除法的唯一合理的结果. 事实上为了完善, 还需要指出, 我们能够证明所谓 "等价分数" 在 (18.4) 中的应用是有效的 (参见第 19.1 节中的法则 (b)). 然而, 要证明 (b) 就要求分数除法及其运算法则首先有个正确的定义, 但 (18.4) 的目的却是为了证明分数除法的运算法则!

第三个不恰当的手段是第二个的一个变形, 具体如下: 我们仍然想知道 $\frac{m}{n} / \frac{k}{l}$ 表示什么意思, 所以根据等价分数的基本定理:

$$\frac{\frac{m}{n}}{\frac{k}{l}} = \frac{\frac{m}{n} \times 1}{\frac{k}{l} \times 1} = \frac{\frac{m}{n} \times \frac{l}{l}}{\frac{k}{l} \times \frac{n}{n}} = \frac{\frac{ml}{nl}}{\frac{nk}{nl}} = \frac{ml \times \frac{1}{ln}}{nk \times \frac{1}{ln}},$$

除法 $\frac{m}{n} / \frac{k}{l}$ 变成了用 ml 个新单位 $\frac{1}{ln}$ 除以 nk 个这样的新单位, 自然地得到结果 $\frac{ml}{nk}$, 因此

$$\frac{\frac{m}{n}}{\frac{k}{l}} = \frac{ml}{nk}.$$

用这种手段解释分数除法的逻辑错误与第二个手段完全类似, 不再赘述.

练习

1. 回忆前面讲过的, 自然数也是分数. 现在, 对于非零自然数 a, b, c, 请把下面的式子化成普通的分数形式:

   (a) $a / \frac{b}{c}$; (b) $\frac{a}{b} / c$; (c) $12 / \frac{4}{5}$; (d) $\frac{4}{5} / 8$; (e) $5 / \frac{1}{7}$; (f) $\frac{1}{7} / 5$.

2. 分析第 18.6 节, **错误的学说**中的第三个不恰当手段, 请描述问题出在哪里, 并提出建议.

3. (a) $83\frac{2}{7}$ 里有多少个 $\frac{5}{13}$?

   (b) $7\frac{1}{2}$ 小时里有多少个 11 分钟? 先用小时为单位计算, 再用分钟为单位计算. 比较两种方法.

4. 艾伦在 $7\frac{1}{2}$ 小时内走了 $15\frac{2}{3}$ 千米, 请问她的平均速度是多少? 假设她是匀速前进, 请问她每小时走多少千米?

5. (a) 一家蛋糕店用"全民学分数"来进行蛋糕促销.[①] 平时用 $\frac{m}{n} \times 8$ 元可以买到一块蛋糕的 $\frac{m}{n}$, 这次促销中, 用平日一块蛋糕价钱的 $\frac{1}{6}$ 可以买到一块蛋糕的 $\frac{1}{5}$, 请问买 $2\frac{2}{3}$ 块蛋糕需要多少元?

(b) 如果 $\frac{4}{7}$ 袋大米的重量是 5 本书重量的 $4\frac{2}{3}$ 倍, 每本书重 $1\frac{1}{2}$ 磅, 请问一袋大米的重量是多少磅?

6. (日本六年级考试题) 两辆火车运动方向相同, 且轨道平行. 慢车长 132 米, 速度为每小时 87 千米. 快车长 118 米, 速度为每小时 93 千米. 快车在后, 慢车在前. 请问从快车的车头到达慢车的车尾起 (快车刚刚追上慢车) 到快车的车尾到达慢车的车头 (快车完全超过慢车), 一共需要多少时间?

7. (a) 求分数 q, 使得它满足式子 $28\frac{1}{2} = q \times 5\frac{3}{4}$.

(b) 求分数 q, 使得它满足式子 $218\frac{1}{7} = q \times 20\frac{1}{2}$.

(c) 请为 (a) 和 (b) 编写两道应用题目.

8. 要除去 120 升水中的氯, 需要加 2 大勺化学试剂. 已知 3 茶匙的容积等于 1 大勺的容积, 请问要除去 43 升水中的氯, 需要加多少茶匙的化学试剂? (如果除去 w 升水中的氯, 需要加 n 大勺化学试剂, 那么假设不论 w 和 n 是多少, $\frac{w}{n}$ 都是一个恒定不变的值.)

9. 艾伦原来开车去上班要用 $\frac{2}{3}$ 小时, 现在公司迁至离他家更远的地方, 用同样的速度开车去上班要用 $\frac{5}{6}$ 小时. 如果艾伦现在每天比原来多行驶 12 千米, 请问他家离公司有多远?

10. 琳达以 60 千米/小时的速度, 从 A 地去往 B 地. 返程的时候速度为 70 千米/小时. 如果两地之间距离 73 千米, 请问整个往返途中的平均速度是多少?

11. 把下面分数转化为小数:

(a) $\frac{7}{16}$; (b) $\frac{42}{125}$; (c) $\frac{9}{64}$; (c) $\frac{17}{625}$.

12. (a) 求出分数 $\frac{3}{11}$ 的前七位小数展开. 用它来估计 $\frac{3}{11}$, 误差是多少?

[①] 这个主意来自于作者的朋友 David Collins. 我们相信, 如果所有的蛋糕店都采用这种促销方法, 那么国民的分数水平将大幅度提高!

(b) 求出分数 $\frac{2}{13}$ 的前六位小数展开. 用它来估计 $\frac{2}{13}$, 误差是多少?

13. 矩形**周长**的定义是其四个边的边长之和.

(a) 请画出一个矩形, 使得它的周长为 20 厘米, 面积小于 $\frac{1}{10^3}$ 平方厘米.

(b) 是否存在这样的矩形, 周长为 20 厘米, 面积大于 25 平方厘米? 为什么?

(c) 给定两个数 A 和 L, 证明存在一个矩形, 使得它的面积等于 A 平方厘米, 周长大于 L 厘米.

14. (a) 证明存在这样的矩形, 周长等于 100 厘米, 面积小于 1 平方厘米.

(b) 给定两个数 A 和 L, 证明存在一个矩形, 使得它的周长等于 L 厘米, 面积小于 A 平方厘米.

15. 设 a, d 是自然数, 对 a 和 d 做带余除法, 商是 q, 余数是 r. 设 Q 是满足 $a = Qd$ 的分数. 请问 Q, q, r 满足什么关系?

16. (a) 计算 $\dfrac{1}{\frac{1}{2}\left(\frac{1}{3}+\frac{1}{4}\right)}$, $\dfrac{1}{\frac{1}{2}\left(\frac{1}{2/3}+\frac{1}{5/4}\right)}$.

(b) 设 x 和 y 是非零分数, 化简 $\dfrac{1}{\frac{1}{2}\left(\frac{1}{x}+\frac{1}{y}\right)}$. ($x$ 和 y 的这个表达式通常称为二者的**调和平均数**)

(c) 如果 x, y, u, v 是非零分数, 且 $x < u, y < v$, 证明:
$$\frac{xy}{x+y} < \frac{uv}{u+v}.$$

17. 如果一个数 N 的 $\frac{8}{11}$ 比它的一半大 70, 那么 N 等于多少?

(a) 请用数轴的方法解本题.

(b) 你还有其他的方法吗?

第 19 章

繁 分 数

现在我们进入分数的核心话题: **繁分数**①的代数运算. 繁分数定义为分数的商 $\frac{a}{c}\Big/\frac{b}{d}$, 其中 $\frac{a}{b}$ 和 $\frac{c}{d}$ 都是分数, 且 $\frac{c}{d} \neq 0$. 因为从上一章中我们已经可以看出, $\frac{a}{c}\Big/\frac{b}{d}$ 不是别的东西, 它就是分数 $\frac{ad}{bc}$, 所以给人的第一感觉是, 除了我们已经证明的有关分数的知识以外, 对于繁分数没什么可讲的东西了. 事实上, 在大多数中小学数学教科书以及师资培训的材料上, 关于分数的部分一般都不提繁分数这个话题. 但是另一方面, 利用繁分数 $\frac{A}{B}$ (A 和 B 都表示分数) 的计算在代数初步知识 (pre-algebra) 中却经常见到, 而且在整个代数学习中也非常重要, 甚至要求计算繁分数 $\frac{A}{B}$ 时要像计算一般分数 $\frac{A}{B}$ (A 和 B 都表示自然数) 一样流利自如. 由于没有完善的法则就不能进行计算, 所以本章的目的就是提醒大家注意一些运算法则, 并且顺理成章地对这些法则进行证明. 这些法则在计算任何应用题时都很有用, 读者也可看出, 第 19.1 节中的法则 (a)–(f) 在第二部分的剩余内容中也是不可或缺的.

本章各节安排如下:

繁分数计算的基本技巧

繁分数为什么重要?

19.1 繁分数计算的基本技巧

设 $A = \frac{a}{b}$, $C = \frac{c}{d}$, 我们就可以把繁分数 $\frac{a}{c}\Big/\frac{b}{d}$ 缩写成 $\frac{A}{C}$. 如果 A 和 C 是自然数, 则 $\frac{A}{C}$ 是分数, 我们就可以把所学过的分数运算的法则运用到 $\frac{A}{C}$. 自然的, 我们希望知道, 有多少关于 $\frac{A}{C}$ 的知识可以从 A 和 C 是自然数的情形平行地照搬到 A 和 C 都是分数的情形. 答

---

①繁分数英文 complex fractions, 是中小学数学的专用术语, 与复数 complex numbers 没有关系.

案是：几乎全部. 因此, 读者会看到, 符号的力量将发挥极大的作用. 我们通过把两组平行的法则用同一组公式表示, 为学习提供了很大的便利, 也节省了很多精力.

由于我们期望繁分数 $\dfrac{A}{C}$ 与一般分数的运算类似, 所以仍把 A 称做 $\dfrac{A}{C}$ 的分子, 把 C 称做 $\dfrac{A}{C}$ 的分母.

下面我们来列举计算繁分数的基本技巧. 设 $A, B, \cdots, F$ 是分数 (假设它们出现在分母时是非零的). 除非特殊要求, 我们将省去字母之间的 "×", 即 $A \times B$ 将简写为 AB. 理解了这一点, 下述法则都是成立的:

(a) $A \times \dfrac{B}{C} = \dfrac{AB}{C}$.

例: $\dfrac{22}{27} \times \dfrac{\frac{3}{5}}{\frac{13}{8}} = \dfrac{\frac{22}{27} \times \frac{3}{5}}{\frac{13}{8}}$.

(b) 约分: 如果 $C \neq 0$, 那么 $\dfrac{AC}{BC} = \dfrac{A}{B}$.

例: $\dfrac{\frac{16}{5} \times \frac{7}{17}}{\frac{2}{3} \times \frac{7}{17}} = \dfrac{\frac{16}{5}}{\frac{2}{3}}$.

(c) $\dfrac{A}{B} = \dfrac{C}{D} \iff AD = BC$; $\dfrac{A}{B} < \dfrac{C}{D} \iff AD < BC$.

例: $\dfrac{\frac{4}{5}}{\frac{2}{3}} < \dfrac{\frac{13}{2}}{\frac{16}{3}}$, 因为 $\dfrac{4}{5} \times \dfrac{16}{3} < \dfrac{2}{3} \times \dfrac{13}{2}$. 相反方向的不等式也成立.

(d) $\dfrac{A}{B} \pm \dfrac{C}{D} = \dfrac{(AD) \pm (BC)}{BD}$.

例: $\dfrac{0.3}{2.5} + \dfrac{5}{1.7} = \dfrac{(0.3 \times 1.7) + (2.5 \times 5)}{2.5 \times 1.7}$.

(e) $\dfrac{A}{B} \times \dfrac{C}{D} = \dfrac{AC}{BD}$.

例: $\dfrac{12.5}{\frac{7}{8}} \times \dfrac{\frac{4}{5}}{6.2} = \dfrac{12.5 \times \frac{4}{5}}{\frac{7}{8} \times 6.2}$.

(f) 分配律: $\dfrac{A}{B} \times \left(\dfrac{C}{D} \pm \dfrac{E}{F} \right) = \left(\dfrac{A}{B} \times \dfrac{C}{D} \right) \pm \left(\dfrac{A}{B} \times \dfrac{E}{F} \right)$.

例：$\dfrac{0.5}{1.7} \times \left(\dfrac{\frac{2}{3}}{\frac{4}{5}} + \dfrac{\frac{6}{7}}{\frac{8}{9}} \right) = \left(\dfrac{0.5}{1.7} \times \dfrac{\frac{2}{3}}{\frac{4}{5}} \right) + \left(\dfrac{0.5}{1.7} \times \dfrac{\frac{6}{7}}{\frac{8}{9}} \right).$

每一条法则都对应于一般分数的类似的法则：

$\quad$ (a) $\leftrightarrow$ (17.4), $\quad$ (b) $\leftrightarrow$ (13.1), $\quad$ (c) $\leftrightarrow$ (13.3) 和 (15.2),

$\quad$ (d) $\leftrightarrow$ (14.3) 和 (16.1), $\quad$ (e) $\leftrightarrow$ (17.2), $\quad$ (f) $\leftrightarrow$ (17.4).

从这些法则我们立即可以得到两个有趣的结果. 第一，设 $A, B, \cdots, E$ 是分数，我们对于**繁分数也有约分现象**：

$$\dfrac{A}{BC} \times \dfrac{CD}{E} = \dfrac{AD}{BE}.$$

当 $A, B, \cdots, E$ 是自然数时，我们已经在第 17 章的 (17.5) 中得以证明. 当它们都是分数时，根据 (e) 可知，上式左边等于 $\dfrac{ACD}{BCE}$，再根据 (b) 得，$\dfrac{ACD}{BCE}$ 等于右边.

如果令 $B = D = E = 1$，上式就简写为 $\dfrac{A}{C} \times C = A$. 这恰为第 18.2 节中所讨论的分数除法的定义.

第二个结果是从另一个角度来看分数除法的定义. 到目前为止，我们所知道的分数除法的定义是，对于分数 A, B, C，$\dfrac{A}{C} = B$ 意味着 $A = BC$. 上述 (a) 和 (b) 保证了，当 A, B, C 是繁分数时，我们也能通过计算从 $\dfrac{A}{C} = B$ "过渡到" $A = BC$. 换句话说，给等式 $\dfrac{A}{C} = B$ 两端同时乘以 C，就得到

$$\dfrac{A}{C} \times C = BC.$$

而根据前面刚刚提到的事实可知，$\dfrac{A}{C} \times C = A$，于是我们就得到了 $A = BC$，这至少使得人们更容易将 $\dfrac{A}{C} = B$ 与 $A = BC$ 联系起来. 但是，这不是 $\dfrac{A}{C} = B \Longrightarrow A = BC$ 的一个证明. 你知道为什么不是吗? (请到本节末尾寻找答案.)

(a) – (f) 的代数证明建立在 (13.1), (14.3), (15.2), (16.1), (17.2) 和 (17.4) 之上 (以下使用时将不再注明)，证明过程在某种程度上都很机械并且很单调. 由于这个原因，我们在这里只证明 (a), (d), (f)，其余各项的证明留做练习.

在六年级的教室里，应该演示一两个这样的证明，但是再多的就不用了. 然而，毫无疑问的是，作为教师应当明确指出，一般分数计算常用的公式 (13.1), (14.3), (15.2), (16.1), (17.2) 和 (17.4) 可以拓展到繁分数.

第 19 章 繁 分 数

(a) 的证明　令 $A = \dfrac{k}{l}, B = \dfrac{m}{n}, C = \dfrac{p}{q}$，则 $\dfrac{B}{C} = \dfrac{mq}{np}$，从而

$$A \times \dfrac{B}{C} = \dfrac{kmq}{lnp},$$

而

$$\dfrac{AB}{C} = \dfrac{\dfrac{km}{ln}}{\dfrac{p}{q}} = \dfrac{kmq}{lnp} = A \times \dfrac{B}{C}.$$

这样就证明了 (a).

(d) 的证明　A, B, C 同上，令 $D = \dfrac{r}{s}$，于是我们有

$$\dfrac{A}{B} \pm \dfrac{C}{D} = \dfrac{\dfrac{k}{l}}{\dfrac{m}{n}} \pm \dfrac{\dfrac{p}{q}}{\dfrac{r}{s}} = \dfrac{kn}{lm} \pm \dfrac{ps}{qr} = \dfrac{knqr \pm lmps}{lmqr},$$

又由于

$$\dfrac{(AD) \pm (BC)}{BD} = \dfrac{\dfrac{kr}{ls} \pm \dfrac{mp}{nq}}{\dfrac{mr}{ns}} = \dfrac{\dfrac{krnq \pm lsmp}{lsnq}}{\dfrac{mr}{ns}}$$
$$= \dfrac{ns(krnq \pm lsmp)}{mr(lsnq)}$$
$$= \dfrac{krnq \pm lsmp}{mrlq} = \dfrac{A}{B} \pm \dfrac{C}{D}.$$

于是 (d) 得证.

(f) 的证明　因为 $\dfrac{A}{B}, \dfrac{C}{D}$ 和 $\dfrac{E}{F}$ 等都是分数，所以根据分配律 (17.4)，(f) 已经证明. 但是由于在 (17.4) 中只证明了 "+" 的情形，我们现在来证明一下 "−" 的情形. 在下图中，令 $\mathcal{R}$ 表示大的矩形，一边为 $\dfrac{A}{B}$，另一边为 $\dfrac{C}{D}$，其中边 $\dfrac{C}{D}$ 分为两段，一段为 $\dfrac{C}{D} - \dfrac{E}{F}$，另一段为 $\dfrac{E}{F}$. 于是相应地我们把大矩形分割为两个小矩形 $\mathcal{R}_1$ 和 $\mathcal{R}_2$，如下图所示：

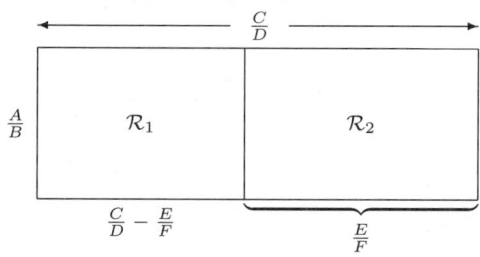

从图中可以看出，
$$\frac{A}{B} \times \left(\frac{C}{D} - \frac{E}{F}\right) = \mathcal{R}_1 \text{ 的面积} = \mathcal{R} \text{ 的面积} - \mathcal{R}_2 \text{ 的面积}$$
$$= \left(\frac{A}{B} \times \frac{C}{D}\right) - \left(\frac{A}{B} \times \frac{E}{F}\right).$$ □

因此 (f) 得证.

下面给出两个有用的例子.

例 1 设 A, B, C 是分数, 且 $B \neq 0$, 那么
$$\frac{A}{B} + \frac{C}{B} = \frac{A+C}{B}.$$

(比较第 14.1 节中的等式 (14.2).)

通过令 $A = \frac{k}{l}, B = \frac{m}{n}, C = \frac{p}{q}$, 我们可以直接计算来证明这个式子. 下面两个证明更有启发性：

$$\frac{A}{B} + \frac{C}{B} \stackrel{(a)}{=} \left(\frac{1}{B} \times A\right) + \left(\frac{1}{B} \times C\right)$$
$$\stackrel{(f)}{=} \frac{1}{B} \times (A+C) \stackrel{(a)}{=} \frac{A+C}{B}.$$

或者我们可以利用 (d) 和 (b)：

$$\frac{A}{B} + \frac{C}{B} \stackrel{(d)}{=} \frac{AB+CB}{BB} = \frac{(A+C)B}{BB} \stackrel{(b)}{=} \frac{A+C}{B}.$$

例 2 设 A, B 是分数, 且 $B \neq 0$, 那么
$$\underbrace{\frac{A}{B} + \cdots + \frac{A}{B}}_{k} = \frac{kA}{B}.$$

这个例子当然可以直接证明，但是我们选择另一种方法. 多次使用例 1 的结论：

$$\underbrace{\frac{A}{B} + \cdots + \frac{A}{B}}_{k} = \frac{2A}{B} + \underbrace{\frac{A}{B} + \cdots + \frac{A}{B}}_{k-2}$$
$$= \frac{3A}{B} + \underbrace{\frac{A}{B} + \cdots + \frac{A}{B}}_{k-3} = \cdots = \frac{kA}{B}.$$

第 19 章 繁 分 数

例 3 在数轴上找出下面两个数的准确位置:
$$\frac{119\frac{2}{5}}{57}, \quad \frac{54}{26\frac{1}{2}}.$$

应用法则 (c), 我们可以比较下面两个数的大小:
$$119\frac{2}{5} \times 26\frac{1}{2} \text{ 与 } 57 \times 54.$$

观察到,
$$119\frac{2}{5} > 119, \quad 26\frac{1}{2} > 26,$$

而 $26 \times 119 = 3094 > 3078 = 54 \times 57$, 因此, 根据法则 (c), 我们有
$$\frac{119\frac{2}{5}}{57} > \frac{119}{57} > \frac{54}{26} > \frac{54}{26\frac{1}{2}}.$$

为了在数轴上找出这些数的准确位置, 注意到
$$\frac{54}{26\frac{1}{2}} \stackrel{(b)}{=} \frac{54 \times 2}{26\frac{1}{2} \times 2} = \frac{108}{53} = 2\frac{2}{53} > 2,$$

因此 $54/26\frac{1}{2}$ 位于 2 的右边, 但是不超过 2 太多, 因为 $\frac{2}{53} = \frac{4}{106}$ 约等于 $\frac{4}{100}$. 另一方面,
$$\frac{119\frac{2}{5}}{57} \stackrel{(b)}{<} \frac{120}{57} = 2\frac{6}{57} < 2\frac{6}{54} = 2\frac{1}{9},$$

因此 $119\frac{2}{5}/57$ 位于 $2\frac{1}{9}$ 的左边. 下图较为准确地描述了两点的位置:

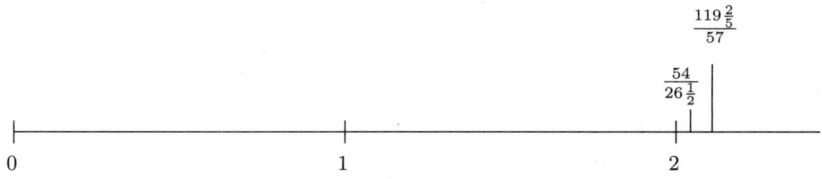

现在我们来解释前面对于结论 "如果 $\frac{A}{C} = B$, 那么 $A = BC$" 的讨论为什么不是它的一个证明. 这个讨论依赖于法则 (a) 和 (b), 其成立的前提是分数除法的运算法则 (除以一个分数等于乘以它的倒数), 这反过来又依赖于第 18 章分数除法的定义. 换句话说, 要使这个讨论有意义, 我们在一开始就隐含地假设了 $\frac{A}{C} = B$ 当且仅当 $A = BC$. 因此我们不能说用开始就假定成立的事实再来证明这个事实.

19.2 繁分数为什么重要？

在中小学数学课堂上，教师并没有适当地强调繁分数的代数运算的重要性. 非常坦率地讲，它们的重要性将在接下来的几章中体现出来，如果没有繁分数运算的技巧 (a) – (f)，大多数涉及比例、比率和百分数的讨论将无法进行. 举个例子，对百分数[①]的错误认识现在仍长期存在于数学教科书中，如 4.125% 是一个分子为 4.125，分母为 100 的分数. 而事实上，4.125% 的分母不是 100，因为根据定义（第 12.2 节），分数的分子应该是自然数，但 4.125 不是自然数，而是分数. 对这个性质的忽略也体现了人们在中小学数学里对定义的不重视.

繁分数在数学以及日常生活中处处可见，人们需要学会轻松地运用它做计算. 考虑下面这个常见的小数计算题：

$$\frac{0.06}{1.3} + \frac{0.5}{3.4}.$$

第 14.1 节中的加法公式 (14.3) 不能直接使用，因为它只对一般分数的加法有效. 而按照定义，上式中两个加数 $\frac{0.06}{1.3}$ 和 $\frac{0.5}{3.4}$ 都不是分数，理由是 $0.06, 0.5$ 等都不是自然数. 然而，通常情况下，教师会教学生直接用加法公式 (14.3) 计算这道题，把 $0.06, 1.3, 0.5$ 和 3.4 都按自然数对待：

$$\frac{0.06}{1.3} + \frac{0.5}{3.4} = \frac{3.4 \times 0.06 + 1.3 \times 0.5}{1.3 \times 3.4} = \frac{0.854}{4.42} = \frac{854}{4420}.$$

幸运的是，第 19.1 节中的等式 (d) 保证了上述计算的正确性.

再举一个例子. 在下一章对百分数的讨论中，我们会看到一句常见的用语："美联储近日宣称，基本利息率将从 7.2% 上调至 7.7%."这是因为美联储希望我们把注意力放在 7.2% 的"分子"7.2 上，并发现 7.2% 小于 7.7%. 然而，7.2 不是某个分数的分子，而是繁分数 7.2% 的分子. 此外，证明 7.2% 小于 7.7% 的最快捷的方式可利用第 19.1 节中的法则 (c).

顺便提一句，前面的表述"……基本利息率将从 7.2% 上调至 7.7%"默认为百分数是一个数. 下一章将详细分析这一点.

最后，如果我们展望中学数学课程，就会发现分数是代数基础的重要组成部分，于是繁分数的重要性就更加突出了. 比如，考虑一个数 x 的有理表达式的最简单的运算：

$$\frac{1}{1-x} + \frac{1}{1+x} = \frac{1 \cdot (1+x) + 1 \cdot (1-x)}{(1+x)(1-x)} = \frac{2}{1-x^2}.$$

[①]现在我们很期待下一章对百分数的讨论. 不过在本章接下来的讨论中，除了认识符号 % 以外，你不需要百分数的其他任何知识.

这个式子对于任何不等于 ± 1 的数 x 都恒成立. 特别的, 对于 $x = \dfrac{2}{3}$, 上式也成立:

$$\dfrac{1}{1-\dfrac{2}{3}} + \dfrac{1}{1+\dfrac{2}{3}} = \dfrac{1 \cdot \left(1+\dfrac{2}{3}\right) + 1 \cdot \left(1-\dfrac{2}{3}\right)}{\left(1+\dfrac{2}{3}\right)\left(1-\dfrac{2}{3}\right)} = \dfrac{2}{1-\left(\dfrac{2}{3}\right)^2}.$$

换句话说, 如果令 $B = 1 - \dfrac{2}{3}, D = 1 + \dfrac{2}{3}$, 则我们断言

$$\dfrac{1}{B} + \dfrac{1}{D} = \dfrac{1 \cdot D + 1 \cdot B}{BD}.$$

根据 19.1 节中的法则 (d), 这个式子的计算是有效的, 从而等式 $\dfrac{1}{1-x} + \dfrac{1}{1+x} = \dfrac{2}{1-x^2}$ 在一般情况下都成立. 于是自然的, 在计算其他有理表达式时, 第 19.1 节中的法则 (a) – (f) 都会发挥重要的作用.

读者可能会问, 当 x 不是一个分数时, 如何验证一个关于 x 的恒等式? 例如 $x = \sqrt{2}$ 或 $x = \pi$. 我们将在第 21 章中回答这个问题.

练习

1. 请给出第 19.1 节中法则 (b), (c), (e) 的代数证明.
2. 计算并化简:

    (a)$12.53 \times \dfrac{3}{7}$;　(b)$\dfrac{2.8}{51} \bigg/ \dfrac{7}{1.7}$;　(c)$\dfrac{11}{2.1} + \dfrac{1}{7}$.

3. 设 $A = \dfrac{11}{5}, B = \dfrac{2}{7}, C = \dfrac{22}{21}, D = 2\dfrac{4}{5}, E = \dfrac{11}{7}, F = \dfrac{5}{2}$, 直接验证第 19.1 节中的法则 (a) – (e).

4. 设 A, B, C, D, E 是分数, 证明: $\dfrac{A}{BC} + \dfrac{E}{BD} = \dfrac{AD + CE}{BCD}$. (这是第 15.3 节等式 (15.2) 的平行结论.)

5. 思考下面一个学生说的话: "我能找到 $\dfrac{2}{7}$ 和 $\dfrac{3}{7}$ 之间的一个分数: $\dfrac{2.5}{7}$."

    (a) 如果你刚给学生讲完第 12 – 13 章, 学生就说了这样的话, 请问这句话是否正确? 请解释.

    (b) 另一方面, 如果一个学生了解第 12 – 19 章的全部内容, 那么他说这句话是正确的吗? 请解释.

    (c) 你能否在 $\dfrac{1}{103}$ 与 $\dfrac{2}{103}$ 之间找出 5 个分数?

6. 请找出下面四个繁分数在数轴上的准确位置:

$$\frac{3\frac{89}{90}}{10\frac{1}{2}},\quad \frac{\frac{12}{59}}{\frac{23}{47}},\quad \frac{40\frac{1}{3}}{100},\quad \frac{118}{297}.$$

7. 请把 88 分成两部分 A 和 B, 使得 $\frac{A}{B} = \frac{2}{3} \Big/ \frac{4}{5}$. (这个问题来自 1875 年加州教师考试, 见【Shu86】.)

8. (a) 请把 88 分成两部分 A 和 B, 使得 $\frac{A}{B} = \frac{2}{3} \Big/ \frac{3}{4}$.

(b) 请把 $\frac{2}{7}$ 分成两部分 A 和 B, 使得 $\frac{A}{B} = \frac{4}{5}$.

9. (a) 对于任意非零分数 A, 证明: $\frac{8\frac{1}{3}}{A} < \frac{8\frac{1}{2}}{A}$; 对于任意非零分数 B, 证明: $\frac{B}{5\frac{1}{2}} < \frac{B}{5\frac{1}{6}}$.

(b) 设 A, B, C 是非零分数, 证明: 如果 $A < B$, 那么 $\frac{A}{C} < \frac{B}{C}$; 如果 $B > C$, 那么 $\frac{A}{B} < \frac{A}{C}$.

第 20 章

百 分 数

本章将介绍"百分数". 重点在于, 百分数是一个数. 接下来, 我们将完善地研究相对误差的概念, 这个概念曾在前面第 10 章中讨论估计的时候出现过.

本章各节安排如下:

百分数

相对误差

20.1 百分数

根据定义, **百分数**是分母为 100 的繁分数. 当 N 是一个分数时, 繁分数 $\frac{N}{100}$ 通常读做**百分之** N. 注意, $\frac{N}{100}$ 有时写做 $N\%$. 于是, "百分之二"表示分数 $\frac{2}{100}$, "百分之七又二分之一"表示繁分数 $\frac{7\frac{1}{2}}{100}$.

一般的, 我们强调, 百分数是分母为 100 的繁分数, 而不是分数,

因为我们从不在没有定义的数学概念的基础之上进行数学推理, 所以**百分数**的准确定义必须在数学讨论开始之前给出. 而且, 在百分数的这种情况下, 对于先给出准确的定义有着更加强烈的要求. 这是因为, 有许多与百分数有联系的知识难以学会, 都直接归咎于缺乏对定义的理解. 在标准的教科书中, 百分数是这样引入的: "一百分之几". 叙述如此模糊, 怎么能让学生做精确的应用题呢? 下面是一位老师给九年级学生补课后的感受, 引自【BGJ94, 第 106-107 页】. 从这段话可以清楚地看出学生接受这种讲课方法后的弊端:

> 我觉得百分数的三类应用题很难教: 20 的 15% 是多少? 20 的百分之多少是 3? 3 是多少的 15%?
>
> 最开始当老师的时候, 通常是我用什么方法学会知识就用什么方法去教学生解决问题. 对于第一类题目, 我教学生通过将小数点的位置向左移两位, 把百分数重新写做一个小数, 然后将这个小数与原来的数相乘. 第二类和第三类题目, 我教学

生用除法做 …… 这些年我决定通过比例教百分数 …… 20 的百分之多少是 3？我又让学生用坐标方格图帮他们处理比例 …… 我教学生用交叉相乘法来解决比例问题：$\frac{x}{100} = \frac{3}{20}$，其中 x 表示 3 在 20 中占了百分之多少 ……

这段话有两个地方需要注意. 首先，百分数的定义还没有明确给出，这使得那位教师 (以及他的学生们) 在遇到三类应用题时只能去猜百分数的意思. 解决每类问题要采用相应方法的原因也没有给出. 坦白地说，我们正在机械地教书. 通过比较可以看到，一旦把握了定义，解决百分数问题的方法无非是用定义和已经证明了的分数的有关事实进行逻辑推理的结果. 其次，教师明确地说，在他做教师的初期，他用什么方法学会知识就用什么方法去教学生. 也就是说，他的老师就是用机械的方法教他，所以他也只能用机械的方法教学生. 这样，你应该明白了为什么在你当老师的时候应当用对的方法去教学生了吧.

现在我们让定义来派上用场. 学生还不知道，"某物的 $N\%$" 可以解释为将某物平均分成 100 个相同的部分，取其中的 N 部分. 我们现在来证明这个所谓的解释事实上是定义的逻辑推理的结果. 为了便于准确地说明，考虑以下断言：

"512 元的 $7\frac{1}{2}\%$" 表示把 512 元平均分成 100 份，取其中的 $7\frac{1}{2}$ 份.

现在我们来精确地推理一下这个断言. 因为 $7\frac{1}{2}\%$ 是一个分数 (繁分数也是分数)，所以根据第 17.3 节分数乘法的第二种解释 (17.7) 可知，

$$512 \text{ 的 } 7\frac{1}{2}\% = 7\frac{1}{2}\% \times 512.$$

于是，

$$7\frac{1}{2}\% \times 512 = \frac{7\frac{1}{2}}{100} \times 512 = 7\frac{1}{2} \times \left(\frac{1}{100} \times 512\right).$$

根据 (17.7)，$\frac{1}{100} \times 512$ 表示将 512 平均分成 100 份，取其中的 1 份. 因此根据 (17.7) 之后的讨论，我们可以把乘积 $7\frac{1}{2} \times \left(\frac{1}{100} \times 512\right)$ 解释如下：

$$7\frac{1}{2}\% \times 512 = 7\frac{1}{2} \text{ 份} \left(\frac{1}{100} \times 512\right)$$
$$= \text{把 } 512 \text{ 平均分成 } 100 \text{ 份，取其中的 } 7\frac{1}{2} \text{ 份}.$$

于是我们证明了上述断言成立.

我们想给出百分数概念的一个非常简单的来源. 设想你现在去超市买牛肉，并且希望脂肪越少越好. 第一包牛肉上写着 "这包牛肉的 $\frac{3}{28}$ 是脂肪"，第二包牛肉上写着 "脂肪含

量：$\frac{2}{15}$". 当然在现实生活中, 这么古怪的标签不会出现. 所以我们继续考虑. 你关心的是两包牛肉中, 哪一包单位重量所含的脂肪较少. 换句话说, 如果我们从第一包中取 1 千克牛肉, 则其中所含的脂肪为 $\frac{3}{28} \times 1 = \frac{3}{28}$ 千克 (注意我们运用了"的"的数学意义, 见第 15 章). 同样的, 如果从第二包中取 1 千克牛肉, 则其中所含的脂肪为 $\frac{2}{15}$ 千克. 哪个更大一些? $\frac{3}{28}$ 还是 $\frac{2}{15}$? 到现在为止, 利用你所学过的分数知识, 通过交叉相乘法计算: $3 \times 15 = 45 < 56 = 2 \times 28$, 因此 $\frac{3}{28} < \frac{2}{15}$, 你会选择买第一包牛肉.

当然, 诸如上述的标签不太容易让人接受, 因为重要的信息应该让人一眼就看见, 而不是还需要通过复杂的计算. 解决这个困难的一个好方法是, 让第一包牛肉的包装公司也把牛肉平均分成 15 份, 而不是 28 份. 这样做了之后, 这包牛肉分成 15 部分后有 $1\frac{17}{28}$ 部分是脂肪, 因此, 第一包牛肉的标签上就可以写成 "脂肪含量: $\frac{1\frac{17}{28}}{15}$" (注意繁分数如何自然地出现). 于是, 事实上一眼就能看出来第二包牛肉的脂肪含量较高, 因为 $2 > 1\frac{17}{28}$. 这就引发人们思考, 如果所有的包装公司在脂肪含量的标签上使用相同的分母, 那么顾客看一眼就能做出比较. 事实上, 所有需要定量比较的情况都可以做类似的处理: 为何不采取一致的分母呢?!

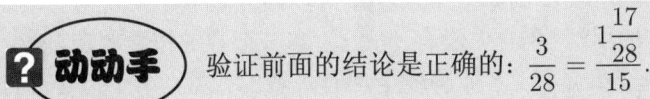 验证前面的结论是正确的: $\frac{3}{28} = \frac{1\frac{17}{28}}{15}$.

令人惊讶的是, 过去的人们已经在某种程度上对此达成了一定的共识, 并且似乎大家很乐意用 100 作为标准的分母. 在这个过程中, 他们甚至还发明了一个新符号 (%) 以及一个新名词 (百分数) (拉丁语: per centum, 意思是 "一百分之多少"). 因此, 我们将把分数 $\frac{3}{28}$ 表示成 $C\%$ 的形式, 其中 C 是某个分数. 也就是说, 要使 $\frac{3}{28} = C\%$, 或者利用第 19.1 节中的法则 (a), 有

$$\frac{3}{28} = C \times \frac{1}{100}.$$

根据第 18.2 节中的引理可知, 一定存在某个 C 满足这样的条件. 但是不需要记住引理证明中 C 的公式, 事实上, 如果我们给上式左右两边同时乘以 100, 就得到

$$C = 100 \times \frac{3}{28} = 10\frac{5}{7}.$$

于是，第一包牛肉上应当贴着标签："这包牛肉的脂肪含量为 $10\frac{5}{7}\%$"。同样的，第二包牛肉上的标签应当写成："脂肪含量：$13\frac{1}{3}\%$"，因为如果令 $\frac{2}{15} = \frac{y}{100}$，同前面一样我们可得

$$y = 100 \times \frac{2}{15} = 13\frac{1}{3}.$$

现在所有的顾客无需迟疑就可以知道第二包牛肉中单位重量所含的脂肪大于第一包，因为 $13\frac{1}{3} > 13 > 11 > 10\frac{5}{7}$.

现在指出，牛肉的故事中有一点不现实之处：在商业背景下，一般的百分数标签上的数通常四舍五入为最接近的整数 (见第 10 章)，例如，$13\frac{1}{3}\%$ 和 $10\frac{5}{7}\%$ 将相应地写成 13% 和 11%. 因此，请把牛肉的故事就当成故事好了，我们仅仅是想用它来阐明一个观点. 但是，上面讲的计算百分数的方法是非常重要的知识，在这个过程中同时强调第 19 章中法则 (a)–(f) 的重要性. 正因为这样，总的说来，牛肉的故事并不是一个太糟糕的故事，它发挥了一定的作用.

到目前为止，我们把符号 % 解释为一个繁分数或一个分数的分母，例如，13% 表示 $\frac{13}{100}$，但是用通俗的语言来讲，"百分数"常被用做形容词，比如"我在银行储蓄时获得了百分之五的利息". 一些教育者和数学家喜欢称 5% 不是一个数而是一个"作用"或"算子"，因此百分数应当与普通分数、繁分数区别开来处理. 让我们来正确地看待这句话. 每一个自然数或分数，都通常是一个"作用"或"算子"，例如"三个苹果"，"四分之一千克牛肉". 把一个百分数看成一个数，就与它通常的用法"算子"没有冲突了. 本书把数的概念放在首位，因为我们坚信，如果学生牢牢地把握了数是什么，能解释全部有关数的代数运算，能用它们进行流利的计算，那么我们究竟该把百分数看成是名词还是形容词就不是太要紧了. 特别的，没有必要指出"百分数"与繁分数有什么区别.(比照第 19.2 节末尾处的讨论)

现在我们用七个例子来说明如何应用百分数. 注意到所有的计算都严格地以百分数的定义为基础，并且在下面所有计算的过程中，凡需使用到法则 (a)–(f) 的地方都直接使用，不加注记.

例 1 把百分数 $33\frac{1}{3}\%$ 表示成分数.

注意到 $33\frac{1}{3} = \frac{3 \times 33 + 1}{3} = \frac{100}{3}$，所以根据分数除法运算法则，

$$33\frac{1}{3}\% = \frac{100}{3} \times \frac{1}{100} = \frac{1}{3}.$$

例 2 把分数 $\frac{5}{16}$ 表示成百分数.

第 20 章 百 分 数

设 $\frac{5}{16} = C\%$，则 $\frac{5}{16} = C \times \frac{1}{100}$. 等式两边同时乘以 100，则

$$C = 100 \times \frac{5}{16} = 31\frac{1}{4}.$$

所以 $\frac{5}{16} = 31\frac{1}{4}\%$.

例 3 70 的 45% 是多少？

通过第 17.3 节 (17.7) 对"的"的数学解释，可知答案是 $45\% \times 70 = 31.5$.

例 4 70 等于多少的 45%？

令这个数是 N，则我们可知 $70 = 45\% \times N = N \times 45\%$，因此根据第 18 章除法的定义，

$$N = \frac{70}{45\%} = 70 \times \frac{100}{45} = \frac{7000}{45} = 155\frac{5}{9}.$$

例 5 70 的百分之多少等于 45？

设 45 等于 70 的 $N\%$，则 $45 = N\% \times 70$，于是 $45 = \frac{N \times 7}{10}$. 因此 $N \times 7 = 450$，从而 $N = \frac{450}{7} = 64\frac{2}{7}$. 所以答案是 $64\frac{2}{7}\%$.

例 6 7 等于多少的 26%？不用笔和纸，如何能估计出一个答案？

设这个数是 L，则 $7 = 26\% \times L$. (注意我们又一次用到了第 17.3 节对"的"的数学解释.) 所以我们可以把 7 重新写成 $7 = L \times \frac{26}{100}$，于是

$$L = \frac{7}{\frac{26}{100}} = 7 \times \frac{100}{26} = 26\frac{12}{13}.$$

如果不允许用笔和纸写，我们可以把 26% 粗略地认为是 25%，即 $\frac{1}{4}$. 所以 7 大约是 L 的 $\frac{1}{4}$，因此 L 约等于 28.

? 动动手

(a) 把分数 $\frac{1}{85}$ 表示成百分数.

(b) 45 的 28% 是多少？

(c) 17 等于多少的 35%？

(c) 35 的百分之多少等于 48？

作为下一个例子的准备工作，请读者先自己动手做一个题目.

> **? 动动手** 一张床原来售价 200 元. 由于需求量空前之大, 价格在一夜之间飙升了原来的 15%. 但是涨价之后销售情况开始不景气, 所以商家不得不把价格下调了现价的 15%, 请问价格是否调回到了 200 元?

诸如此类的应用题目在教学时有潜在的困难, 我们有必要在此刻进行说明. 教科书上理所当然地认为学生理解 "价格上调了原来的 15%" "价格打了 20% 的折扣" "股票跌了 4%" "$8\frac{1}{2}\%$ 的销售税" 等用语是什么意思. 可能学生对这些用语有一个模糊的概念, 但是光有模糊的概念是不能做数学的, 因为他们需要知道自己所要做的题目的确切意思. 作为一名教师, 你有责任告诉他们这些用语的准确的定义. 例如, "价格上调了原来的 15%" 的意思如下: 设原来的价格是 P 元, 那么现在的价格是 $P + (P \times 15\%)$ 元. 同样的, "价格下调了原来的 15%", 意思是现在的价格是 $P - (P \times 15\%)$ 元. 与它相似的是 "价格打了 20% 的折扣", 意思是现在的价格是 $P - (P \times 20\%)$ 元. 请永远记住, 你在讲课的时候需要对每一个这样的用语都加以定义!

例 7 某天, 一家布料公司的股票价格涨了原价的 12%, 第二天又回落了现价的 12%, 请问回落后股票价格是否等于原价?

题目中没有告诉我们股票的原价是多少, 所以我们需要用某个符号来表示. 设股票的原价是 D 元, 涨了 12% 后的价格为

$$D + (12\% \times D) = (1 \times D) + (12\% \times D) = (1 + 12\%) \times D = 112\% \times D.$$

第二天, 回落了现价的 12% 之后, 价格为

$$(112\% \times D) - 12\% \times (112\% \times D) = 1 \times \underbrace{(112\% \times D)} - 12\% \times \underbrace{(112\% \times D)}.$$

根据分配律,

$$1 \times \underbrace{(112\% \times D)} - 12\% \times \underbrace{(112\% \times D)} = (1 - 12\%) \times \underbrace{(112\% \times D)}.$$

因此,

$$(112\% \times D) - 12\% \times (112\% \times D) = (1 - 12\%) \times \underbrace{(112\% \times D)}$$
$$= 88\% \times 112\% \times D$$
$$= \frac{9856}{10000} \times D.$$

我们可以进一步计算，在例 7 中，第二天股票价格回落百分之多少能恰好跌回原价. 假设第二天，股票价格回落 $x\%$，其中 x 是某个数，则回落后的价格可用上面的方法计算，只需把 12 替换成 x 即可：

$$(112\% \times D) - x\% \times (112\% \times D) = 1 \times \underbrace{(112\% \times D)} - x\% \times \underbrace{(112\% \times D)}$$
$$= (1 - x\%) \times \underbrace{(112\% \times D)}$$
$$= (100 - x)\% \times 112\% \times D$$
$$= \frac{(100 - x) \times 112}{10000} \times D.$$

因此回落后的价格等于 D 当且仅当 $\frac{(100-x) \times 112}{10000} = 1$，即

$$(100 - x) \times 112 = 10000.$$

由于 x 是一个数，所以我们可以用通常的方法计算它. 根据分配律可得，

$$11200 - 112x = 10000.$$

在等式两边同时加上 $112x - 10000$，得

$$112x = 1200.$$

因此，

$$x = \frac{1200}{112} = \frac{150}{14} = 10\frac{5}{7}.$$

换句话说，第二天股票价格要想回落原价必须下调 $10\frac{5}{7}\%$.

20.2 相对误差

百分数有一个很好的应用是求估计的相对误差 (这个概念在第 10.2 节首次提出).

在日常生活中我们经常要做估计，并且估计要有相应的背景. 例如，"所有人的七分之三"这句话严格上讲没有意义，除非总人数恰好能被 7 整除. 比方说一共有 72 个人，那么"所有人的七分之三"字面意思是 $30\frac{6}{7}$ 个人，这显然是荒唐的. 在这种情况下，你可能会在自己的头脑中将 72 四舍五入为 70，于是 70 个人的七分之三就等于 $\frac{3}{7} \times 70 = 30$ 个人. 这样的估

计大多数人可以接受. 我们要强调, "可以接受" 是什么意思, 即如何衡量一个估计是合理的.

为了说得更明白些, 设想你告诉一个朋友 "15 分钟之后我去见你". 在说这句话的时候, 可能你已经知道, 你从现在所在的地方出发到见面的场所需要走的时间并不是精确的 15 分钟. 在这种情况下, 假设你迟到了 5 分钟, 于是你到达目的地用了 20 分钟. 因此, 你实际花的时间是 20 分钟而你的估计是 15 分钟. 此时你所做的 "15 分钟" 的估计 (或近似) 的误差为 $20 - 15 = 5$ 分钟. 当真实值比近似值大时, 近似的**绝对误差**等于

$$\text{真实值} - \text{近似值或估计值};$$

反之, 当真实值小于近似值时, 绝对误差等于

$$\text{近似值或估计值} - \text{真实值}.$$

等你的那位朋友可能不会因为你的迟到而生气, 但是他可能会注意到你估计的绝对误差, 也就是说, 他不得不大度地忍受 5 分钟的等待.

但是, 刚才这种情况下, 5 分钟的绝对误差本身并不能说明你估计的错误有多严重. 为了解释这一点, 现在请想象你需要从旧金山去洛杉矶拜访一位朋友, 并告诉他你会在下午 6 点的时候到, 而事实上你 6 : 05 才到. 此时你估计的绝对误差也等于 5 分钟, 但是这个绝对误差会被你的朋友完全忽略掉, 他还会夸你很守时. 这个 "5 分钟" 与前一个 "5 分钟" 在感觉上的差别是因为问题的背景不同. 在第一种情况下, 相对误差:

$$\frac{\text{绝对误差}}{\text{真实值}}$$

等于 $\frac{5}{20}$, 即 25%. 在第二种情况下, 我们简单地假设你早上 11 点从旧金山出发, 因为你估计车在路上大于要走 7 个小时 ($= 420$ 分钟), 但是实际开车的时间是 7 个小时零 5 分钟 ($= 425$ 分钟), 因此相对误差等于 $\frac{5}{425}$, 即 $\frac{1}{85} = 1\frac{3}{17}\%$, 小于 2% (见第 19.1 节法则 (c)). 所以人们会在第一种情况下更看重那 5 分钟的误差.

当一个估计或近似的

$$\frac{\text{绝对误差}}{\text{真实值}}$$

的商表示成百分数时, 称为这个估计的**相对误差**. 这个数 (而不是绝对误差) 能够表达估计是好是坏. 把相对误差表示成百分数, 关键的好处在于能对不同的估计做一个简单的比较, 看一看哪个估计更好. 上面关于 "5 分钟" 的简单例子就很好地说明了这种比较.

假设我们用 $\frac{2}{3}$ 来估计 $67\frac{1}{2}\%$, 下面来计算一下这个估计的相对误差. 估计的绝对误差等于

$$67\frac{1}{2}\% - \frac{2}{3} = 67\frac{1}{2}\% - 66\frac{2}{3}\% = \frac{5}{6}\%.$$

因此相对误差等于

$$\frac{\frac{5}{6}\%}{67\frac{1}{2}\%} = 1\frac{19}{81}\%.$$

因为 $1\frac{19}{81} < 2$, 所以相对误差小于 2%.

 验证前面的计算结果 $1\frac{19}{81}\%$ 是正确的.

回顾最初的问题, 如何衡量一个近似够不够好? 由于对于好不好没有一个绝对的标准, 所以我们可以公平地说, 如果近似的相对误差小于 5%, 那么对于日常大多数情况来说就已经足够好了. 如果相对误差大于或等于 20%, 近似或估计就不是太好. 即使这些判断标准起作用, 仍有一大块介于 5% 到 20% 之间的灰色区域我们不知如何判断, 所以在具体情况下用主观的判断才能最终下定论.

练习

1. (a) 84 的百分之多少等于 18?

   (b) 125 的百分之多少等于 36?

   (c) 24 等于 33 的百分之多少?

   (d) 75 的 15% 等于多少?

   (e) 24 等于多少的 16%?

   (f) 25 等于多少的 15%?

2. 把下面两组数分别表示成百分数:

   (a) $\frac{1}{4}, \frac{5}{7}, \frac{3}{16}, \frac{17}{32}, \frac{34}{25}, \frac{24}{125}, \frac{18}{125}$;

   (b) $\frac{5}{12}, \frac{24}{7}, \frac{8}{15}, \frac{7}{3}, \frac{5}{6}, \frac{7}{48}.$

   有没有注意到两组答案有何区别? 猜猜为什么?

3. 商店计划一次促销. 第一种建议, 所有的顾客享受税后 20% 的折扣 (意思是说, 如果一件物品税后售价 y 元, 那么顾客只需支付 $y - (20\% \times y)$ 元). 第二种建议, 所有顾客享受税前 15% 的折扣. 如果销售税是 5%, 那么哪种建议对顾客更有利?

4. 一辆自行车售价 469.80 元, 其中包含 8% 的销售税. 这辆自行车税前应售多少元? 销售税是多少元?

5. 一只股票跌了它的原价的 55% 后, 价格为现在的 N 元, 于是股票经纪人告诉他的委托人, 如果股票价格上升现在的 55%, 那么价格将恢复为原价. 他说的话正确吗? 如果正确, 为什么? 如果不正确, 股票价格需要上升现在的百分之多少才能恰好恢复原价?

6. 一只股票涨了原价的 40%, 现价为 M 元. 请问要想恢复原价, 股票价格需要下降现在的百分之多少?

7. 一列火车匀速行驶在两座城市之间, 如果要使行驶时间缩短 25%, 请问需要将原来的速度提升百分之多少?

8. 艾伦在他的银行账户里存了 100 美元, 银行每年年末的时候会向他支付 5% 的利息, 请问两年末他的账户里会有多少钱? 三年末呢? (请勿使用计算器)

9. 如果我们用 37% 估计 $\frac{3}{8}$, 相对误差是多少? 用 $\frac{3}{7}$ 估计 $\frac{30}{72}$ 呢?

10. 某商店老板为了提高销售量, 决定让顾客用同样的钱买到更多的大米. 5 千克大米原来售价 4.5 元, 现在他让顾客用 4.5 元能买到的大米比原来增加了 15%, 这样每买 1 千克大米可以省一些钱. 为了方便起见, 他决定改变策略, 让顾客用更少的钱买到同样的大米, 也能达到原来的目的. 请问 5 千克大米售价多少元, 可以使顾客每千克省去同样的钱?

11. 学校里 $\frac{3}{7}$ 的男生参加了足球比赛. 这些男生中 $\frac{5}{6}$ 的男生乘坐公交车去参赛. 请问学校里百分之多少的男生乘坐公交车去参赛?

12. 给定一个正数 c(如 $c = 65$), 我们就可以用下面的方法给出 c 的平方根 $\sqrt{c}$ 的一个近似. ($\sqrt{c}$ 是满足 $(\sqrt{c})^2 = c$ 的正数.) 令 s 是使得 s^2 最接近 c 的自然数 (如 $c = 65, s = 8$), 则 $\frac{1}{2}\left(s + \frac{c}{s}\right)$ 是 $\sqrt{c}$ 的一个近似. 用这个事实分别给出 $c = 65$ 和 $c = 83$ 时 $\sqrt{c}$ 的一个近似, 然后用计算器计算近似的相对误差. (这是迭代法的第一步, 利用迭代法, 你想算出平方根的前多少个小数位就能算出多少位. 有证据表明, 大约在四千多年前, 古巴比伦人已经掌握了迭代法. 从计算的观点来看, 这是求近似的一般方法——牛顿迭代法的一个特例.)

第21章
中小学数学基本假设

到目前为止,我们所做的工作都仅限于研究分数,包括对百分数的讨论也是如此. 但是在下一章,我们需要解决一些与比率相关的问题,并且不得不引入一类不是分数的数,即所谓的**无理数**. 因为对无理数的讨论要求较熟练的数学水平,比较适合在大学数学课程中涉及,所以中小学数学主要讲解分数或更一般的有理数,即正分数和负分数 (见第三部分). 中小学数学有意避开讨论无理数,但却试图伪装处理了包括有理数和无理数在内的所有的数,这一事实直到 2001 年的文献中似乎还没有明确说清楚 (参见【Wu02,第 101 页】). 本章的目的就是想指出中小学数学中与这个事实相关的一些现象.

下面的讨论偶尔会引用到本书还没有提到过的一些概念和结论. 总的说来,我们将保持在直觉的层次上进行讨论,使得你即便遇到一两个不太熟悉的词,也能忽略它继续读下去.

在现实生活中,只有分数是重要的 (事实上还有分数中特殊的一类数——小数,见第 38 章). 例如,虽然我们知道单位正方形的对角线的长度 $\sqrt{2}$ 是无理数,但是在日常生活中我们通常把这个数取做真实值

$$\sqrt{2} = 1.4142135623730950488\cdots$$

的一个小数逼近,如 1.414. 因此,分数在所有数中占据了一个突出的重要位置. 但是我们必须承认,许多**实数**(即数轴上的点,见第 8 章) 是无理数,中小学数学必须讨论无理数. 毕竟,如果要计算圆的面积或周长,我们怎么能避免 π 这个无理数[①]呢?因此,学生迟早都会需要用无理数进行计算. 既然如此,中小学数学课程又如何处理这一情形呢?

从普通的教科书中可以推断出,它们隐含地要求学生掌握下面的假设,我们建议称做**中小学数学基本假设**:

分数的所有代数运算的结论都可以推广到全体实数.

这是一个见解很深刻的假设,它允许学生像处理整数一样处理无理数,即使学生不知道

[①] π 为无理数绝不是一个显然的事实.

什么是无理数. 因此, 有的学生可以不经思考就写出下面一类典型的式子:

$$\frac{\pi}{7} + \frac{\sqrt{2}}{3\sqrt{5}} = \frac{3\pi\sqrt{5} + 7\sqrt{2}}{21\sqrt{5}},$$

或

$$\sqrt{2}(\sqrt{3} + \pi) = \sqrt{2}\sqrt{3} + \sqrt{2}\pi,$$

或

$$37 \times \pi = \pi \times 37.$$

尽管我们都只在分数的情形下对各种定律或法则进行了证明, 但学生仍会用第 19.1 节的法则 (d) 来证明上述第一个式子正确, 用分配律证明第二个, 用交换律证明第三个. 换句话说, 中小学数学基本假设潜在地发挥着作用.

我们顺便注意一下, 第一个等式揭示了为什么在第 14.1 节给出两个分数加法的一般公式 (14.3) 很重要, 以及为什么通常用求两个分数分母的最小公倍数的方法来定义分数的加法就严重地歪曲了加法的含义.

我们在此要立即指出, 中小学数学基本假设实际上是对的, 但是解释它需要用比中小学数学课程更高等的知识.

作为中小学数学基本假设的一个结论, 我们现在可以把第 18.2 节中分数除法的定义推广到任意两个实数除法的定义. 说得更精确些, 对于第 18.2 节中的引理, 由中小学数学基本假设可以导出它关于实数的一个版本: 对任意给定的实数 (有理数或无理数) A 和 B(其中 $B \neq 0$), A 除以 B 可以定义为一个实数, 记做 $\frac{A}{B}$, 它满足 $\left(\frac{A}{B}\right)B = A$. 对中小学数学很重要的一个事实是, 形式上讲, 中小学数学基本假设与第 19.1 节的法则 (a) – (f) 共同保证我们立即可以像对待两个分数的除法一样对待两个实数的除法. 因此, 实数除法从计算的角度来看就再简单不过了. 理解了这一点, 我们就可以在下一章引入比例和比率的概念了.

第 22 章
比例与比率

"比例"和"比率"的概念不仅在中小学数学中经常见到,而且在日常生活中用处也很广泛. 有的教科书把比例定义成"商". "商"这个概念看起来似乎与我们要讲的比例完全一致,但事实上人们会注意到,在这些书中根本找不到"商"的影子. 下面是说明"比例是什么"的其他几种尝试:

比例是一个相对的概念,它常常用来描述两个量之间的相互联系.

比例是对两个量做比较,它所表达的思想不能用一个单独的数字来表示.

比例是对两个量做比较并说明如何衡量这两个量. 比例可以用商、分数、小数、百分数来表示,或者以 $a:b$ 的形式给出.

比例是一种描述两个数之间的关系的方法. 如果教室里有 13 个男孩和 15 个女孩,那么男孩与女孩的比例是 13 比 15.

与此类似,对于"比率",同样也有很多更冗长的解释. 但是,这些概念涉及的未知的知识太多了,对学生基本没什么意义 (见参考文献【CRE96】). 在本节,出于以下两个原因,我们重新开始介绍"比例"这个术语:

(i) 只要这个术语还在使用,不管是对是错,你都必须习惯它;

(ii) 我们将讨论在一般的教育文献中归类为比例或比率的应用题,因此这个术语不可避免. 事实上,这个术语本身完全不重要,唯一重要的是求解问题的推理过程和方法.

本章的目的正是通过精确的定义来强调比例和比率这两个数学概念,并在数学推理的基础上得出结论.

本章各节安排如下:

比例

为何要讨论比例?

比率

单位

分工合作问题

22.1 比例

给定两个非零分数 M, N, 假定我们想用乘法而不是加法的观点来比较它们, 即考虑 $\dfrac{M}{N}$ 而不是 $M - N$[①]. M 和 N 可以表示两块火腿的重量, 单位是磅, 也可以表示两瓶橙汁的体积, 单位是升, 还可以表示两条曲线的长度, 单位是厘米, 等等. 一般我们把这些情况下的 M 和 N 称为**量**. 在每种情况下, 我们都默认选定了某个单位, 使得 M 和 N 以它为共同的单位. (因此如果两块火腿, 一块用磅[②] 做单位, 一块用千克做单位, 我们就不愿意做比较了.) 换句话说, M 和 N 是同一个数轴上的点. 设 a 和 b 是非零分数, 如果

$$\frac{M}{N} = \frac{a}{b},$$

则称 M 与 N 的**比例**是 $a : b$. 因此比例不是别的, 它只是一个简单的除法.

注意到, 如此定义的比例是一个繁分数. 另外, 根据中小学数学基本假设, 我们也可以对于任意的两个 (正) 实数定义它们的比例. 例如, π 是一个圆的周长与其直径的比例, 此时就要用到不是分数的数.

这个奇怪的记号 $a : b$ 是由戈特弗里德·莱布尼茨 (Gottfried Leibniz, 1646 – 1716)[③] 首次使用的. 因此, 如果采用这个记号, 第 13 章中的等价分数就有如下形式: 对于任意自然数 a, b, c, 其中 $c \neq 0$, 有 $a : b = ca : cb$. 比例这个概念使很多人感到困惑, 原因之一极有可能是这个符号太奇怪了. 你当然可以让这个符号一闪而过, 只需要记住 $a : b$ 就是除法 $\dfrac{a}{b}$ 即可. 当使用符号 $a : b$ 时, a 和 b 通常是 (但不总是) 自然数.

用除法来定义比例能使你更清楚更准确地理解它, 比用本章开场白中提到的任何一种方法都更好一些. 我们的首要任务就是通过这样做来增强你的自信心.

思考下面这句话: "礼堂里男孩与女孩的比例是 $4 : 5$". 在分析这句话之前, 我们指出, 这里有一些常见的 (但是大家认可的) 滥用语言的现象: "男孩与女孩的比例是 $4 : 5$" 的意思是

男孩人数与女孩人数的比例是 $4 : 5$.

因此分别设男孩人数为 B, 女孩人数为 G, 则我们有 $\dfrac{B}{G} = \dfrac{4}{5}$. 注意 B 和 G 都只能是自然数, 应用交叉相乘法则可知, 上述等式等价于

$$\frac{B}{4} = \frac{G}{5}.$$

[①] 参见第 22.2 节的讨论, 用乘法观点比较与用加法观点比较的区别.
[②] 译者注: 磅 (pound) 是英制质量单位. 1 磅 =0.45359237 千克.
[③] 戈特弗里德·莱布尼茨与牛顿同为微积分理论的创建者. 另外, 莱布尼茨在符号逻辑学和计算机科学上都很有远见, 而且还是一位重要的哲学家.

设 $\frac{B}{4}$ 和 $\frac{G}{5}$ 的共同的值等于一个分数, 记做 U, 则

$$B = 4U \quad \text{且} \quad G = 5U.$$

现在把 B 和 G 置于同一数轴上, 其中数轴的单位 "1" 是 "一个人", 于是就有下图:

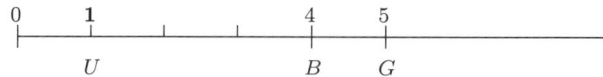

但是这意味着, 如果令 U 为数轴的新单位, 则 $B = 4, G = 5$, 如下图所示:

通常当给定的 B 和 G 都是具体的自然数 (例如, 36 个男孩, 45 个女孩) 时, B 总是 4 的倍数, G 总是 5 的倍数, 因此 U 实际上是一个自然数. 一般的, $\frac{4}{5}$ 是既约分数这一事实也蕴涵着 U 是一个自然数.① 因此, 我们得出结论:

(1) 设男孩人数 B 与女孩人数 G 的比例是 $4:5$, 则存在一个自然数 U, 使得

$$B = 4U \quad \text{且} \quad G = 5U.$$

因此男孩可以被平均分成 4 组, 每组 U 个男孩; 女孩可以被平均分成 5 组, 每组 U 个女孩.

我们可以讨论得更深一些. 上述分析利用了自然数除法的 "平均分" 解释 (见第 7 章) 来描述 $\frac{B}{4}$ 和 $\frac{G}{5}$. 我们也可以利用 "包含除" 解释来分析. 再令 $\frac{B}{G} = \frac{4}{5} = U$, 则

$$B = U \cdot 4 \quad \text{且} \quad G = U \cdot 5.$$

这意味着如果我们把男孩按照每 4 人一组来划分, 那么有 U 个这样的组. 同样的, 如果把女孩按照每 5 人一组来划分, 那么也有 U 个这样的组. 于是, 我们得出另一个结论:

(2) 设男孩人数 B 与女孩人数 G 的比例是 $4:5$, 如果我们把男孩按照每 4 人一组来划分, 把女孩按照每 5 人一组来划分, 那么所得的男孩组的个数与女孩组的个数相等.

前面例子中的两个量 (男孩人数和女孩人数) 都为自然数的一个特例, 因为比例 $A:B$ 中的 A 和 B 都是自然数, U 恰巧也是自然数 (事实上它就是自然数). 如果 $U = \frac{B}{4}$ 不是自然数, 那么结论 (2) 没什么意义. 但是结论 (1) 的推理过程非常具有一般性, 我们把这种一般

---

①证明这一事实需要掌握欧几里得算法的知识, 我们将在第 35.2 节再证. 特别的, 参见第 35 章练习 1.

情况表述成一个定理. 请回忆, 根据中小学数学基本假设, 我们可以把任意一个数默认为是分数.

定理 22.1 设两个量 M 与 N 的比例等于一个给定的单位 $a:b$, 其中 a,b 都是非零自然数. 则存在一个分数 u, 使得

$$M = au \quad 且 \quad N = bu.$$

特别的, 如果将 M 平均分成 a 个相等的部分, N 平均分成 b 个相等的部分, 那么两种情况下, 每部分的大小相等, 都是 u.

这个定理要求比例 $a:b$ 中的 a 和 b 是自然数, 而不是分数. 这一点其实几乎没有什么限制性, 因为如果 a 和 b 是分数, 那么存在自然数 m 和 n, 使得 $ab^{-1} = \frac{m}{n}$, 则

$$a:b = \frac{a}{b} = ab^{-1} = \frac{m}{n} = m:n.$$

因此, 我们可以把 $a:b$ 替换成 $m:n$, 此时 m 和 n 就是自然数了.

证明 由假设可知, $\frac{M}{N} = \frac{a}{b}$. 由于交叉相乘法对繁分数的情形也成立 (参见第 19.1 节中的法则 (c)), 所以我们有 $\frac{M}{a} = \frac{N}{b}$. 定义分数 $u = \frac{M}{a} = \frac{N}{b}$, 于是立即有 $M = au$ 且 $N = bu$. 定理的后一个结论是自然数乘法定义的直接结果: $au = u + u + \cdots + u(a\ 次)$, $bu = u + u + \cdots + u(b\ 次)$.(参见第 17.2 节中的 (17.3).) 证毕. □

如果在比例 $a:b$ 中, a 和 b 不是自然数, 而是分数, 那么比定理 22.1 较弱的一个结论依然成立. 在这种情况下, 回忆第 17.3 节中讲过的, $\frac{m}{n} \times \frac{k}{l}$ 表示 $\frac{m}{n}$ 份 $\frac{k}{l}$. (特别的, 参见从等式 (17.7) 到例 1 之间的讨论.)

定理 22.2 设两个量 M 与 N 的比例等于一个给定的单位 $a:b$, 其中 a,b 都是非零分数, 则存在一个分数 u, 使得

$$M = au \quad 且 \quad N = bu.$$

特别的, M 等于 a 份 u, N 等于 b 份 u.

证明 本定理的证明在本质上与定理 22.1 的证明相同. 根据假设, $\frac{M}{N} = \frac{a}{b}$. 由于交叉相乘法对繁分数的情形也成立, 所以我们有 $\frac{M}{a} = \frac{N}{b}$. 定义分数 $u = \frac{M}{a} = \frac{N}{b}$, 于是立即有 $M = au$ 且 $N = bu$. 定理的后一个结论是第 17.3 节分数乘法第二种解释 (17.7) 的直接结果. 证毕. □

在中小学数学中讨论比例 $a:b$ 时, a 与 b 是自然数的情形无疑是最重要的, 并且要数上面男孩女孩的例子最为典型. 如果学生对这个例子至少有一个最基本的理解, 那么他们就是

好样的. 可以推测, 如果"男孩与女孩的比例是 4 : 5"这句话在教科书中定义成本节中结论 (1) 或 (2) 的形式, 那么学生可能就不会为比例的意思而感到困惑了, 但是至今还没有教科书这样做过. 此外, 我们现在来看看把比例定义成除法有什么好处:

(i) 这个定义不仅简单而且一点儿也不模糊, 因为比例是一个数 (不是什么难以形容的东西), 而且除法也已经详细地定义过.

(ii) 这个定义使得结论 (1) 和 (2) 给出的比例的意思成为必然的逻辑结果.

(iii) 这个定义不需要其他任何新的概念, 只需要已知的除法.

(iv) 作为除法, 比例可以直接用来进行符号运算.

我们来强调一下最后一点, 把除法作为比例的定义有利于直接用做计算. 解决问题时需要计算, 随着计算的深入, 知道 4 : 5 是分数 $\frac{4}{5}$ 远比知道它是"每有四个男孩都对应五个女孩"要强. 而用"每有四个男孩都对应五个女孩"能做什么呢? 事实上, 这又是什么意思呢?

下面给出一些关于比例的有启发性的例子. 对于这些例子的解答, 需要强调的一点是, 尽管熟记定理 22.1 和 22.2 并应用自如是一件好事, 但是读者也应该能直接从比例的定义得到解答.

问题 1 一个教室里有 27 个学生, 男生与女生的比例是 4 : 5. 请问男生和女生各有多少人?

我们用四种不同的方法来解答本题. 每一种方法都值得学会. 设男生与女生的个数分别为 B 和 G. 我们已知 $\frac{B}{G} = \frac{4}{5}$, 而且 $B + G = 27$.

解法一 在等式 $\frac{B}{G} = \frac{4}{5}$ 两边同时乘以 G, 得到 $B = \frac{4}{5}G$. 把 B 的这个值代入到式子 $B + G = 27$ 中, 我们就有 $\frac{4}{5}G + G = 27$. 因此根据分配律, $\left(\frac{4}{5} + 1\right)G = 27$. 于是 $\frac{9}{5}G = 27$. 所以

$$G = \frac{27}{\frac{9}{5}} = 27 \times \frac{5}{9} = 15.$$

从而 $B = 27 - G = 12$.

读者应该习惯做检验: $\frac{12}{15} = \frac{3 \times 4}{3 \times 5} = \frac{4}{5}$, 这就与男女比例是 4 : 5 相吻合.

解法二 这种解法依赖于一种技巧, 可能对于有的人来说是没有接触过的: 我们来演示如何使 $B + G$ 这个量出现在给定的等式 $\frac{B}{G} = \frac{4}{5}$ 中 (我们希望 $B + G$ 出现的原因当然是我

们知道 $B+G=27$). 在等式 $\frac{B}{G}=\frac{4}{5}$ 两边同时加上 1,

$$1+\frac{B}{G}=1+\frac{4}{5}.$$

利用第 14.1 节中的公式 (14.4) 计算上式左边: $1+\frac{B}{G}=\frac{G}{G}+\frac{B}{G}=\frac{G+B}{G}$. 该式右边显然等于 $1+\frac{4}{5}=\frac{9}{5}$, 因此我们有

$$\frac{G+B}{G}=\frac{9}{5}.$$

现在, 我们注意到 $B+G$ 出现在了等式的左边, 并且我们知道它等于 27. 因此,

$$\frac{27}{G}=\frac{9}{5}.$$

为了求出 G, 我们使用交叉相乘法则, $27\times 5=G\times 9$, 或者 $9G=135$. 在等式两边同时乘以 $\frac{1}{9}$, 得到 $\frac{1}{9}\times 9G=\frac{1}{9}\times 135$, 于是 $G=15$. 同第一种解法一样, 既然我们知道了女生有 15 个, 男生就有 $12(=27-15)$ 个.

解法三 根据定理 22.1, 我们知道存在某个数 u, 使得 $B=4u$ 且 $G=5u$. 因为 $B+G=27$, 所以 $4u+5u=27$, 则 $9u=27$. 于是 $u=3$, 且 $B=12, G=15$.

解法四 这种方法利用了数轴, 对于初学者来说可能是四种方法中最吸引人的. 但是在描述这种方法之前, 必须要有一个正确的认识: 掌握图形解法是一件好事, 但同时请记住, 上面三种解法中对符号的操作过程都非常基础, 请你无论如何都要学会. 所以不仅要掌握图解法, 也要掌握另外三种方法.

我们再一次从等式 $\frac{B}{G}=\frac{4}{5}$ 开始, 在等式两边同时乘以 G, 得到 $B=\frac{4}{5}\times G$. 接下来是重要的一步: 我们要用第 17.3 节中的等式 (17.7) 关于分数乘法的第二种解释来描述这个等式. 因此, 把所有女生平均分成 5 部分, 取其中 4 部分所得的人数就是 B. 下面是图解: 如果数轴的单位表示一个学生, 那么 G 是数轴上的一个自然数, 并且我们可以把线段 $[0,G]$ 平均分成 5 部分.

因为线段 $[0,B]$ 由 4 部分上述线段拼接而成, 而 $G+B$ 是两条线段 $[0,G]$ 和 $[0,B]$ 拼接而成的线段的长度, 从而是由 $5+4$ 个这样的部分拼接而成, 如下图所示:

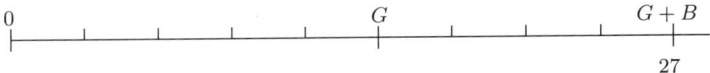

现在 $G+B=27$, 因此线段 $[0,27]$ 平均分成 9 个长度相等的部分, 从而每部分的长度等于 3, 因此 $G = 5 \times 3 = 15, B = 4 \times 3 = 12$. 我们得到了与前面一样的结论.

因为上面的解法会使你隐约想起曾经遇到过的比例问题的解法, 所以存在着这样的危险, 你可能会以为上述解法与以前的解法没什么区别而觉得理所当然. 因此, 我们指出, 前面推理的每一步都基于准确的定义或已证明的定理. 比如, 我们用到了比例的除法定义以及已经证明过的分数乘法的解释 (17.7). 我们从来不建议你事先对比例有所理解, 也不建议你模糊地理解分数乘法中 "的①" 的含义. 这与通常教学比例问题的过程有着天壤之别.

在此处我们需要引入一个相关的概念. 如果 A, B, C 三个量满足

$$A : B = l : m \quad 且 \quad B : C = m : n,$$

其中 l, m, n 是任意分数, 那么我们用 **$A : B : C = l : m : n$** 来代替上面两对比例. 也称 **A, B, C 三者的比例是 $l : m : n$**. 理解了这个定义, 我们断言

$$A : B : C = l : m : n \implies \frac{A}{l} = \frac{B}{m} = \frac{C}{n}. \tag{22.1}$$

为证明这一点, 我们可以使用问题 1 的解中用到过的一种方法. 重复使用交叉相乘法, $\frac{A}{B} = \frac{l}{m}$ 等价于 $Am = Bl$, 于是反过来又等价于 $\frac{A}{l} = \frac{B}{m}$. 对于等式 $\frac{B}{m} = \frac{C}{n}$ 的证明是完全类似的. 于是我们证明了 (22.1).

> **? 动动手**　如果 A, B, C 三者的比例是 $3 : 8 : 5$, 且 $B = 20$, 求 A 和 C.

不难看出, (22.1) 的逆也是真的 (参见第 22 章的练习 1). 事实上, (22.1) 告诉我们如何把比例的定义推广到三个以上的量的比例.

问题 2　艾伦、卡尔和莫莉要凑钱买一台高保真音响设备, 价钱为 440 美元. 三人 (按照艾伦、卡尔和莫莉的顺序) 出钱的比例是 $2 : 5 : 4$. 请问每人出了多少钱?

设艾伦、卡尔和莫莉分别出了 B, C, D 美元, 于是根据已知, $B + C + D = 440$. 由于

---

①译者注: 即 "一个数的几分之几" 中的 "的".

(22.1), $\frac{B}{2} = \frac{C}{5} = \frac{D}{4}$. 设 k 为它们三者共同的取值,因此

$$\frac{B}{2} = k, \quad \frac{C}{5} = k, \quad 且 \quad \frac{D}{4} = k.$$

所以
$$B = 2k, \quad C = 5k, \quad D = 4k.$$

故 $B+C+D = 2k+5k+4k = 11k$. 但是由于 $B+C+D = 440$, 所以 $11k = 440$, 这意味着 $k = 40$. 结论是, B 贡献了 $2k = 80$ 元, C 贡献了 $5k = 200$ 元, D 贡献了 $4k = 160$ 元.

检验答案: $80 + 200 + 160 = 440$, 且 $\frac{B}{C} = \frac{80}{200} = \frac{2}{5}$, $\frac{C}{D} = \frac{200}{160} = \frac{5}{4}$.

? 动动手 仿照问题 1 的四种解法来解决问题 2.

在开始讨论下一个问题之前,先做做下面的热身练习是明智的.

? 动动手 学校里教师与学生的比例是 $1:30$. 如果学生的数目是 450 人, 要把师生比例提高到 $1:25$, 请问需要多聘请多少名教师?

问题 3 学校里教师与学生的比例是 $1:24$, 如果学生的数量是 S, 要把师生比例至少提高到 $1:20$, 请问需要多聘请多少名教师?

做完了前面的热身练习,你已经知道了如何处理学生人数为已知 (如 450) 的这种情况. 虽然现在学生人数未知,但推理在本质上没有什么变化. 因此我们继续同样的讨论, 令 T 表示原来的教师人数. 由已知

$$\frac{T}{S} = \frac{1}{24}.$$

现设学校又多聘请了 N 位新教师, 于是教师人数变成 $N+T$, 新的师生比例为 $\frac{N+T}{S}$, 它至少等于 $\frac{1}{20}$. 换句话说, 我们希望取某个 N, 使得

$$\frac{N+T}{S} \geqslant \frac{1}{20}.$$

我们可以直接对这个不等式进行操作, 但是如果你还不习惯于不等式, 我们也可以仅对 T 的等式进行变换, 并且记住, 最后的答案至少要与这个等式的解一样大. 因此, 我们试着解出 N,

使得 $\frac{N+T}{S} = \frac{1}{20}$. 等式左边可以化简:

$$\frac{N+T}{S} = \frac{N}{S} + \frac{T}{S} = \frac{N}{S} + \frac{1}{24},$$

因此, 求解方程 $\frac{N+T}{S} = \frac{1}{20}$ 等价于求解

$$\frac{N}{S} + \frac{1}{24} = \frac{1}{20},$$

而这个式子又等价于

$$\frac{N}{S} = \frac{1}{20} - \frac{1}{24} = \frac{1}{120}.$$

这样, 如果 $\frac{N}{S} = \frac{1}{120}$, 那么新的师生比例将等于 $\frac{1}{20}$.

当然等式 $\frac{N}{S} = \frac{1}{120}$ 等价于 $N = \frac{S}{120}$. 这意味着如果新教师的人数 N 等于 $\frac{S}{120}$, 那么新的师生比例将等于 $\frac{1}{20}$. 因此, 为了让师生比例至少为 $\frac{1}{20}$, 学校就必须至少要聘请 $\frac{S}{120}$ 名新教师. 而对于绝大多数 S 来说, $\frac{S}{120}$ 不是自然数 (例如 $S = 250$), 所以要聘请的新教师人数是一个大于或等于 $\frac{S}{120}$ 的自然数.

22.2 为何要讨论比例?

我们指出, A 与 B 的比例是 A 和 B 这两个量在乘法的背景下做比较. 例如, 若 A 表示教室里所有椅子的腿的数目, B 表示所有这些椅子的数目, 则 $A = 4B$, 所以 $\frac{A}{B} = 4$ 或 $A : B = 4$. 比例明确地传递着这样的信息: 每把椅子有四条腿.

很容易想到的一个问题是: 如果可以利用减法 $A - B$ 在加法的背景下做比较, 为什么还要在乘法的背景下做比较? 至少在椅子与椅子腿的这个例子中, 读者可以看出为什么加法比较不如乘法比较更可取. 事实上, $A - B$ 是什么意思? 回答是, $A - B$ 的意思完全取决于 B 代表着什么. 如果这里有 10 把椅子 (即 $B = 10$), 那么 $A - B = 30$, 但是如果有 17 把椅子 ($B = 17$), 那么 $A - B = 51$. 一般的, $A - B = 4B - B = 3B$. 所以, 差 $A - B$ 没有简洁地表示出每把椅子四条腿这样的重要信息.

用比例做乘法比较优于加法比较还有另一个众所周知的例子, 即对一个圆的周长 C 和直径 D 做比较. 因为 $C - D = (\pi - 1)D$, 但是 $\frac{C}{D} = \pi$, 于是显然要优先选择比例.

要想对比例有更深的了解, 读者需要学习代数中的线性函数. 同时, 希望你们相信, 比例值得你付出努力去理解它.

22.3 比率

定义了比例之后, 我们来讨论"比率"的话题. 给定两个量 M 和 N, 使得它们是**不同类型的**, 也就是说, 它们是不同数轴上的两个点 (例如, M 表示给定时间段内行驶的总路程, 则 M 是单位为 1 米 (或 1 千米, 等等) 的数轴上的一个点, 而 N 表示时间段的长度, 则 N 是单位为 1 分钟 (或 1 小时, 等等) 的数轴上的一个点). 那么除非把 M 和 N 置于同一数轴上, 否则除法 $\frac{M}{N}$ 没什么意义. 通过让两个数轴的单位等同, 我们可以做到这一点. 这样操作之后, 除法 $\frac{M}{N}$ 称为**比率**. 注意到我们曾经做过这样的等同, 比如分数乘法的定义 (参见第 17 章中的介绍) 和第 18.3 节中给定时间段内平均速度的定义.

"比率"是一种除法, 除了这个事实以外, 没有什么其他需要讲的. 比方说, 如果我要你们回到第 18 章去查找第 18.3 应用一节中有关匀速运动的讨论, 出于后见之明, 你会发现我们对匀速运动做出的每一个论断都是关于比率的, 并且我们还根本没有讨论过什么是"比率". 这就给了你足够的信心, 让你可以忽略除了"比率"是一种除法以外的所有不必要的冗余.

"比率"问题的一些典型例子正是与匀速运动有关. 回忆起一个运动为匀速运动是指, 如果存在常数 v, 使得在任意时间长度 T 内, 物体运动过的路程 D 满足

$$\frac{D}{T} = 常数\ v.$$

因为在第 18 章中我们已经花了很长的篇幅讨论速度问题, 所以下面将讨论一些其他的问题.

与匀速运动相关, 最常见的一个比率问题是水以某个固定的速率流动. 由于这总是数学中的例子, 所以我们在开始解决问题之前必须对一些常用的术语赋予意义. 水以某个固定的速率流动, 这个概念与匀速运动太相似了, 我们将省去一切初等的讨论, 直奔重点. 设想在时间 t 分钟内共有 w 加仑的水流出水龙头. 我们称**在时间 t 内水流的平均速率**为①

$$\frac{w\ 加仑}{t\ 分钟}.$$

水流速率的单位是加仑每分钟, 或缩写为**加仑/分钟**. 根据定义, 并沿用前面使用过的记号, 如果存在一个固定的数 r, 使得对于任意时间段 t, 商 $\frac{w}{t}$ 总是等于数 r, 则称**水流的速率是常数**. 在这种情况下, **水流的速率**的意思就不模糊了: r 加仑/分钟. 进一步说, 1 分钟内从水龙头里流出的水恰为 r 加仑. 因为如果在任意给定的 1 分钟内从水龙头里流出的水量为 s 加

---

①我们将不再重复前面已经讲过的知识. 也就是说, 要讨论水流的速率, 我们必须等同两条数轴, 其中一条的单位 "1" 是体积的单位, 另一条的单位 "1" 是时间的单位.

仓，那么在这 1 分钟内水流的平均速率 $\frac{s}{1}$ 等于 r. 所以 $r = \frac{s}{1} = s$.

在此强调，对解决比率问题的兴趣不仅在问题本身，而且在解题过程中的精确推理中. 我们想说明，如果比率是常数的概念得以清楚地说明和理解，那么在解题的过程中不会有任何怀疑和难以理解的地方.

因此，以下讨论的主要目的是希望引起大家注意，在解决具体问题之前，比率 (运动、水流或工作的速率等) 是常数这一概念在中小学数学课堂上需要解释清楚. 事实上，这一需要非常迫切.

问题 4 一个水龙头完全打开 (水流的速率是常数) 后，经过 25 秒可以充满一个容积为 $3\frac{1}{2}$ 立方英尺的容器. 若以同样的速率，要充满另一个容积为 $11\frac{1}{2}$ 立方英尺的水箱要用多长时间？

可能大多数人知道怎么做这个问题，而且可能大多数人会用"建立比例关系"的方法来做.[①] 在此讨论问题 4 的原因正是要分析这一机械的方法并演示如何通过数学推理解决这种问题.

设经过 t 秒可以充满水箱，并设水流的速率 (常数) 为 r 立方英尺/秒，则可知

$$\frac{11\frac{1}{2}}{t} = r.$$

根据已知

$$\frac{3\frac{1}{2}}{25} = r.$$

比较这两个等式，我们得出

$$\frac{11\frac{1}{2}}{t} = \frac{3\frac{1}{2}}{25}. \tag{22.2}$$

由交叉相乘法则可得 $25 \times 11\frac{1}{2} = 3\frac{1}{2}t$，即 $\frac{7}{2}t = \frac{575}{2}$. 等式两边同时乘以 2 以简化问题，得到 $7t = 575$，因此 $t = 82\frac{1}{7}$ 秒. 因此要充满水箱需要花 $82\frac{1}{7}$ 秒.

如今，解这类问题的标准方法强调要像 (22.2) 一样"建立比例关系"，但是建立这个等式的原因却几乎没有给出. 一届又一届的学生都觉得这种建立比例关系的方法很神秘. 但是我们清楚地看到，这种方法没什么神秘的. 如果我们假设水流的速率为常数，那么等式 (22.2) 是这个假设的一个非常自然的结果. 所以作为一名教师，你不仅必须向学生解释水流的速率

[①] 也就是使用"单位变化率"的概念.

为常数是什么意思, 而且还要说明当解决比率问题时, 这个已知条件怎么去用. 特别的, 请再也不要不经任何解释就让学生建立比例关系, 不要再浪费时间做这种无用功了!

 艾伦匀速骑一辆自行车, 行驶 $3\frac{1}{2}$ 英里需要用 25 分钟. 用同样的速度, 要行驶 $11\frac{1}{2}$ 英里需要用多少分钟?

问题 5 用一个水龙头给木桶注水, 水流的速率为常数, 注满木桶需要用 15 分钟. 如果水流的速率减小了原来的 15%, 请问这时注满木桶需要用多少分钟?

为了解决这个问题, 我们需要更清楚地解释一下已知是什么, 以及如何用符号语言重新表述需要的结论. 首先, 如果我们用 V 表示 15 分钟内水龙头流出的水的总量 (单位是加仑), 那么 V 恰好是木桶的容积. 在这个 15 分钟内水流的平均速率是 $\frac{V}{15}$ 加仑/分钟. 而已知从这个水龙头流出水的速率为常数, 因此, 如果用 r 加仑/分钟表示这个速率, 那么 $r = \frac{V}{15}$. 现在假设水流的速率为 $(85\%)r$ 加仑/分钟, 并且从水龙头里流出 V 加仑水 (即流满木桶) 需要 t 分钟, 那么我们也有

$$\frac{V}{t} = (85\%)r,$$

于是立即得到

$$r = \frac{100}{85} \times \frac{V}{t}.$$

但是我们有 $r = \frac{V}{15}$, 所以

$$\frac{V}{15} = \frac{100}{85} \times \frac{V}{t},$$

等式两边同时乘以 $\frac{1}{V}$, 可得

$$\frac{100}{85t} = \frac{1}{15}.$$

根据交叉相乘法可知 $85t = 1500$, 于是我们得到

$$t = \frac{1500}{85} = 17\frac{11}{17}.$$

因此, 水流速率减小之后, 要流满木桶需要 $17\frac{11}{17}$ 分钟.

显然, 由类似的论证也能得出, 假设水流的速率是常数, 流满一个木桶需要 31 分钟, 如果把水流的速率减小原来的 25%, 那么要用 $\frac{3100}{75}$ 分钟才能流满木桶. 用同样的方法, 我们得

到解决所有这类问题的一个一般算法,具体方法如下. 我们总假设水流的速率是常数,流满一个木桶需要 k 分钟,如果把水流的速率减小为原来的 $N\%$,那么流满同一个木桶需要

$$\frac{k \times 100}{100 - N} 分钟.$$

在小学课堂上讲的正是这种算法,但是附带了各种各样的启发式的讨论来解释它为什么正确. 然而,我们的推理过程清楚地说明了,如果理解了水流的速率是常数的意思,那么这一算法就是它的直接推论,而且没有必要死记这个算法. 这就是我们想反复强调的事实.

> **❓ 动动手** 苏尼尔以 r 平方英尺/分钟的恒定速率割草 (意思是说,如果他在某个时间段 t 分钟内割草 A 平方英尺,那么对于任意 t,商 $\dfrac{A}{t}$ 恒等于 r),他在 15 分钟内割完了某一块草坪. 如果他的割草速度降低为 $85\%r$ 平方英尺/分钟,请问割同一块草坪他需要花多少分钟?

22.4 单位

许多教师关心的是让学生在所谓的比率问题中使用正确的单位. 出于这种关心,数学界兴起了所谓的"量纲分析",可以帮助学生学会单位之间的相互转换. 量纲分析作为可以快速检查是否使用了正确单位的方法,在自然科学和机械工程等方面有着广泛的应用,因为人们可以想象,如在物理学中,所有的单位必须使用恰当. 在实验室里研究一个只有 3 秒的运动,人们可以用英里/小时作为单位,然而可能用英尺/秒或米/秒更合适一些. 但是即使在物理学中,量纲分析也不能替代具体的知识: 比如为什么加速度的单位是 m/s^2 或动量的单位是 kg·m/s,还需要你对涉及的物理过程有一个基本的理解. 为什么有这样的必要? 因为在中小学数学中,量纲分析是作为机械的技巧讲授的. 尽管有可能解释量纲分析中所使用的方法,但是完全不值得这样做,因为在中小学数学中涉及的单位太简单了,忘记机械的技巧而直接按需要来做要容易得多. 再强调一遍,这里问题的关键是充分清楚地说明了平均变化率的概念和变化率是常数. 如果学生了解定义,并且忠实于定义,那么他们将发现改变单位并不是什么神秘的事情. 在这短短的一节中,我们将用两个例子来阐述这个观点.

设想水以 5 加仑/分钟的速率匀速流出水龙头. 我们将演示如何用夸脱和秒来表示这个速率. 换句话说,每秒钟有多少夸脱水流出水龙头? 回忆匀速的意思是,在任意时间段内的平均速率是相同的,因此我们来看看在 1 分钟内水流的平均速率. 研究 1 分钟的原因是,已知在这样长的时间内,5 加仑的水流出水龙头. 现在 1 分钟等于 60 秒,1 加仑等于 4 夸脱,那么

5 加仑等于 $5 \times 4 = 20$ 夸脱，因此根据已知，每 60 秒有 20 夸脱水流出水龙头. 由定义，60 秒钟内水流的平均速率是商

$$\frac{20(夸脱)}{60(秒)} = \frac{20}{60} 夸脱/秒 = \frac{1}{3} 夸脱/秒.$$

因为我们假设水流的速率是常数，而现在也看到平均速率事实上也是常数，即 $\frac{1}{3}$ 夸脱/秒.

一旦我们更加习惯了这个推理过程，我们应当不绕弯子直接转换如下：

$$\frac{5\ 加仑}{1\ 分钟} = \frac{5 \times 4\ 夸脱}{60\ 秒} = \frac{20}{60} 夸脱/秒 = \frac{1}{3} 夸脱/秒.$$

考虑另一个例子，设想某物体以 $85\frac{1}{15}$ 英尺/秒的速度匀速运动. 若以英里/小时 (m/h) 为单位，物体运动的速度是多少？我们知道 1 英里 $=$ 5280 英尺，所以 $85\frac{1}{15}$ 英尺 $= 85\frac{1}{15} \times \frac{1}{5280}$ 英里 $= \frac{29}{1800}$ 英里. 另一方面，1 小时等于 3600 秒，所以 1 秒等于 $\frac{1}{3600}$ 小时，因此物体在 $\frac{1}{3600}$ 小时内行驶了 $\frac{29}{1800}$ 英里. 根据平均速率的定义，$\frac{1}{3600}$ 小时内物体运动的平均速率等于商

$$\frac{\frac{29}{1800}}{\frac{1}{3600}} 英里/小时 = 58\ 英里/小时.$$

同样，在熟悉了这个过程之后，我们可以更简单地来计算：

$$85\frac{1}{15} 英尺/秒 = \frac{85\frac{1}{15} \times \frac{1}{5280}}{1 \times \frac{1}{3600}} 英里/小时 = 58\ 英里/小时.$$

22.5 分工合作问题

另一类常见的比率问题与多人分工合作有关，即两个或更多的人一起工作，如割草、粉刷房子等，每个人工作的速率是恒定的值. 学生通常会对如何解决这类问题而感到困惑. 教科书会提供解决这类问题的模板，但是模板通常比问题本身更让人感到困惑. 因此，作为教师，重要的任务不仅仅是教给学生正确的解答，还要用一种在数学上有意义的方式分析这个解答背后的思想. 当然，我们即将看到，所要做的事情只需让学生理解工作的速率是恒定的值.

与前面一样，从头到尾我们都假设工作的速率是恒定的值. 此外，在所有分工合作的问题中，当两个或更多的人一起工作时，通常假设他们完成的是工作的不同部分，互相不介入

第 22 章 比例与比率

他人的工作. 因此在下面的问题中, 我们心照不宣地假设埃里克和雷吉娜两个人从头到尾都独立地在草坪的不同位置上割草, 互相不影响对方的工作.

问题 6 割完一整块草坪 (一块非常大的草坪), 雷吉娜需要用 10 小时, 埃里克需要用 12 小时. 如果他们共同割这一块草坪, 需要多久能割完?

我们用下面的方法来解决本题. 为了能用到匀速割草的定义, 我们需要把诸如雷吉娜割完一整块草坪需用 10 小时这样的事实用数学语言表示出来. 为了准确地表达已知的数据, 由于不知道草坪的面积是多少, 我们可以设为 A 平方英尺. 如果用 R(平方英尺/小时) 表示雷吉娜割草的 (恒定) 速率, 那么根据已知就有

$$R = \frac{A}{10}.$$

类似的, 如果用 E(平方英尺/小时) 表示埃里克割草的速率, 那么

$$E = \frac{A}{12}.$$

因为雷吉娜以一个恒定的速率割草, 所以如果她在 t 小时内割草 $B(t)$ 平方英尺, 那么 $\frac{B(t)}{t} = R$, 因此 $B(t) = Rt$ 平方英尺. 也就是说, 在 t 小时内, 雷吉娜能割草 Rt 平方英尺. 同样的道理, 在 t 小时内, 埃里克能割草 Et 平方英尺. 因此, 在 t 小时内, 他们二人一共能割草

$$(R+E)t \text{ 平方英尺}.$$

现在假设他们二人共同割完草坪需要 T 小时, 那么

$$(R+E)T = A.$$

已知 $R = \dfrac{A}{10}$, $E = \dfrac{A}{12}$, 所以

$$\left(\frac{A}{10} + \frac{A}{12}\right)T = A,$$

从而

$$\begin{aligned}
T &= \frac{A}{\dfrac{A}{10} + \dfrac{A}{12}} \\
&= \frac{1}{\dfrac{1}{10} + \dfrac{1}{12}} \quad \text{(根据第 19.1 节法则 (b))} \\
&= \frac{1}{\dfrac{11}{60}}.
\end{aligned}$$

所以二人共同割完草坪需要用 $5\frac{5}{11}$ 小时.

注意到在前面的推理中, 没有任何花招, 也没有什么巧妙的转折. 所有的过程都是埃里克和雷吉娜共同割草时总的工作速率是定值的直接推论.

解本题的传统方法有些不同, 它通常这样做: 如果雷吉娜割完一整块草坪需要用 10 小时, 那么 1 小时内她完成了全部工作的 $\frac{1}{10}$. 同理, 1 小时内, 埃里克完成了全部工作的 $\frac{1}{12}$. 因此, 1 小时内他们共同完成了全部工作的 $\frac{1}{10}+\frac{1}{12}=\frac{11}{60}$, 所以, 完成全部工作需要他们所花的时间是 $\frac{1}{\frac{11}{60}}=5\frac{5}{11}$ 小时.

暂且抛开上述推理中的缺陷不说 (接下来我们会解决), 一个初学者对上述解法最深刻的印象可能是, 它所用的方法与其他比率问题如运动问题或流水问题中使用的方法看起来完全不同. 这个解没有提到雷吉娜和埃里克是以恒定速率工作的. 此外, "如果他们一小时内能完成全部工作的 $\frac{11}{60}$, 那么他们将在 $\frac{1}{\frac{11}{60}}$ 小时内完成全部工作", 这一推理看起来似乎是对的, 但也难以理解. 初学者会觉得这样的推理过程很难掌握. 我们来指出细微的差别在哪里. 设想在 1 小时内两人共割了草坪的 $\frac{1}{6}\left(代替 \frac{11}{60}\right)$, 那么显然经过 6 个小时他们可以割完整个草坪, 且 $6=\frac{1}{\frac{1}{6}}$. 但是现在他们在一小时内割了草坪的 $\frac{k}{l}$, 而 $\frac{k}{l}$ 不像 $\frac{1}{6}$ 那么简单 $\Big($ 如问题 6, $\frac{k}{l}=\frac{11}{60}\Big)$, 于是除法
$$\frac{1}{\frac{k}{l}}$$
可以准确地算出他们共同割草的时间就变得不那么显然了. 在这种情况下, 只有用严格的推理解释这种方法才能让人满意, 但事实上传统的方法并没有给出这样的严格推理.

我们现在通过理解这种方法来清醒一下头脑. 到底什么地方隐含地用到了工作速率是恒定的值? 回答是, "如果雷吉娜割完一整块草坪需要用 10 小时, 那么 1 小时内她完成了全部工作的 $\frac{1}{10}$", 这句话依赖于工作速率是定值的假设. 依赖的方式如下: 设草坪的总面积为 A 平方英尺, 她割草的恒定速度为 R 平方英尺/小时, 则根据前面我们可以知道, $R=\frac{A}{10}$ 平方英尺/小时. 换句话说, 1 小时内她割了 $\frac{1}{10}\times A$ 平方英尺. 当然, $\frac{1}{10}\times A$ 表示整个草坪的 $\frac{1}{10}$ (参见第 17 章中分数乘法的第二种解释 (17.7)), 这样就解释了引号中的话. 类似的,

埃里克 1 小时内完成全部工作的 $\frac{1}{12}$. 如果他们一起工作, 那么正如我们已经看到的, 他们将以

$$\frac{A}{10} + \frac{A}{12} = \frac{11}{60} \times A \text{ 平方英尺/小时}$$

的恒定速度割草, 即每小时割整个草坪的 $\frac{11}{60}$. 现在我们进入最后一步. 如果他们两人共同割草 (A 平方英尺) 需要 T 小时, 那么根据定义, 在 T 小时内工作的平均速率等于 $\frac{A}{T}$ 平方英尺/小时. 但是工作的速率是恒定的值, 它也等于 $\frac{11}{60} \times A$ 平方英尺/小时. 于是,

$$\frac{A}{T} = \frac{11}{60} \times A.$$

因此,

$$T = \frac{A}{\frac{11}{60} \times A} = \frac{1}{\frac{11}{60}}.$$

这样就证明了断言. 所以传统的解法是正确的, 虽然其正确性很难直接看出.

当学生已经完全熟悉了正确的解法时, 他们会注意到, 草坪的总面积数 A 在最后的答案中没有起到任何作用. 正是由于这一点, 学生可以尝试把他们的解用传统的方式表示出来, 这种方式提到了 "工作", 但是没有提到 A: 如果雷吉娜割完一整块草坪需要用 10 小时, 那么 1 小时内她完成了全部工作的 $\frac{1}{10}$. 同理, 1 小时内, 埃里克完成了全部工作的 $\frac{1}{12}$. 但是如果不对这种简略的解法做任何解释的话, 它本身是没有意义的.

沿着上一段话的思路, 如果把问题 6 的数据稍做修改, 我们可以对这个问题展示一个图形解法. (对于初学者, 图形解法会很有帮助, 但是所有的学生最终都要学会如何利用工作速率是常数来解题.) 设埃里克 15 小时 (替换原来的 12) 可以割完一块草坪, 那么雷吉娜每小时可以割草坪的 $\frac{1}{10}$, 埃里克每小时可以割草坪的 $\frac{1}{15}$. 如果一起工作, 一小时他们可以割草坪的 $\frac{1}{10} + \frac{1}{15} = \frac{1}{6}$. 下面用图片来表示这种情况. 如果我们把草坪想象成正方形, 那么他们两人在一小时内割草的面积在下图中用阴影标出:

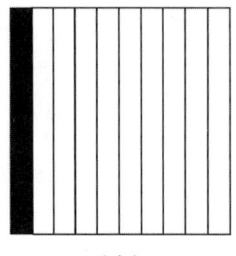
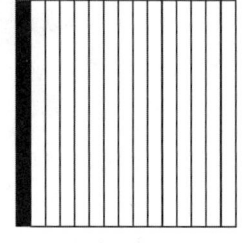

雷吉娜　　　　　埃里克

因此, 二者共同工作一小时割草的总面积由两块阴影部分合并而得, 合并后在下图中仍为阴影部分, 它表示两人共同工作一小时后割草的总面积. 从下图中可以看到, 6 块这样的阴影部分构成整个正方形. 因此, 两人要割完这块草坪共需要 6 小时.

雷吉娜和埃里克

读者应当把下面两个**动动手**与二人共同割草问题相比较. 参见本章结尾的练习 2. 强烈推荐教师在课堂上讨论这两个题目.

> **? 动动手**　用两个水管向水箱注水. 单独用第一个水管注水, 注满水箱需要 10 小时, 单独用第二个水管需要 12 小时. 如果同时用两个水管注水, 注满水箱需用多少小时?(注意, 总是假定水流的速率是常数.)

> **? 动动手**　两列火车匀速穿梭于城市 A,B 之间. 第一列火车走完全程需要 10 小时, 而第二列火车走完全程需要 12 小时. 现假设第一列火车位于 A 城, 第二列火车位于 B 城, 两列火车同时出发, 行驶在平行的轨道上, 请问经过多长时间可以相遇?

我们用一个三人合作的例子来结束本章.

问题 7　乔治、琳达和艾伦一起粉刷一间房子, 他们粉刷的速度分别是恒定的. 若乔治、琳达和艾伦单独粉刷, 据估计, 他们分别需要 18, 15 和 12 个小时. 现在让三人共同粉刷, 问粉刷这间房子需要多少小时?

设乔治、琳达和艾伦三人粉刷房子的速率分别为 J, L, M 平方英尺/小时. 令 H 表示房子的总面积. 因为他们都分别以匀速粉刷, 从匀速的定义 (和已知的数据) 可知,
$$J = \frac{H}{18}, \quad L = \frac{H}{15}, \quad M = \frac{H}{12} \quad (\text{单位都是平方英尺/小时}).$$
现在三人共同粉刷, 于是完全按照前面问题 6 的讨论方法, 我们可以得出: 对于任意 $t \geq 0$, 在 t 小时内三人能粉刷 $(J+L+M)t$ 平方英尺. 利用前面得出的 J, L 和 M 的值, 可以计算出, 在 t 小时内, 三人共同粉刷
$$\left(\frac{1}{18} + \frac{1}{15} + \frac{1}{12}\right)Ht \text{ 平方英尺}.$$
如果他们在 t 小时内粉刷完这间房子 (H 平方英尺), 那么
$$\left(\frac{1}{18} + \frac{1}{15} + \frac{1}{12}\right)Ht = H.$$
因为 $\frac{1}{18} + \frac{1}{15} + \frac{1}{12} = \frac{37}{180}$, 所以
$$t = \frac{1}{\frac{37}{180}} = 4\frac{32}{37} \text{小时}.$$
于是答案是 $4\frac{32}{37}$ 小时, 大约是 4 小时 52 分钟.

练习

1. (a) 我们已经定义了 $A:B:C = l:m:n$ 的意思是 $\frac{A}{B} = \frac{l}{m}$ 且 $\frac{B}{C} = \frac{m}{n}$, 并证明了如果 $A:B:C = l:m:n$, 那么等式 (22.1) 成立. 下面请证明这个命题的逆也是正确的, 即如果等式 (22.1) 成立, 那么 $A:B:C = l:m:n$.

(b) 设 A, B 为任意分数, 证明存在自然数 c, d 使得比例 $A:B$ 等于 $c:d$.

2. 两列火车匀速穿梭于城市 A, B 之间. 第一列火车走完全程需要 3 小时, 而第二列火车走完全程需要 5 小时. 现假设第一列火车位于 A 城, 第二列火车位于 B 城, 两列火车同时出发, 行驶在平行的轨道上, 请问经过多长时间可以相遇?

3. 开车在 A 城和 B 城之间往返, 从 A 驶向 B 时速度恒为 50 英里/小时, 从 B 返回 A 时速度恒为 60 英里/小时, 往返一共用了 $14\frac{2}{3}$ 小时. 请问两城之间距离多远?

4. 徒步走 12 英里并返回, 整个旅程中的平均速度是 $3\frac{1}{2}$ 英里/小时, 去的路上以 3 英里/小时的速度匀速行进, 回的路上仍以匀速行进, 请问在回的路上速度是多少?

5. 一个礼堂里, 女生与男生的比例是 9 : 7, 如果礼堂里一共有 336 名学生, 请问男生与女生各有多少名?

6. 一种混合液体中, 酒与水果饮料的体积之比为 3 : 7, 其中, 酒里的酒精和非酒精液体的体积之比为 43 : 57. 如果一共有 200 盎司饮料, 请问酒精的体积是多少盎司?

7. A 与 B 两人均以匀速相向而行, A 走路的速度是 B 的 $1\frac{1}{2}$ 倍, 如果两人相距 2000 英尺, 并在 $2\frac{1}{2}$ 分钟后相遇, 请问两个人的速度分别是多少?

8. 彼得、格里和琼斯要分 165 美元, 彼得所得钱数与其他两人所得钱数之和的比例是 3 : 2, 格里比琼斯多得 14 美元, 请问三个人各得多少美元?

9. 我们要制作一种不含酒精的果汁混合饮料, 使得其中葡萄汁、柠檬汁和橙汁的比例是 3 : 1 : 2, 如果我们一共需要 25 杯这样的饮料, 请问需要葡萄汁、柠檬汁和橙汁各多少杯?

10. 由于干旱, 每个水龙头上安了一个节水装置, 水流的速率降低了原来的 40%, 流满一个水箱需要 20 分钟. 现在干旱消失, 节水装置卸去了, 假设水流的速率仍为常数, 请问现在流满一个水箱需要多少分钟?

11. 在一个小城里, 男人的 $\frac{2}{3}$ 与女人的 $\frac{5}{7}$ 结婚了.

(a) 请问小城里男人的数目多还是女人的数目多? 用两种方法回答这个问题.

(b) 男女比例是多少?

(c) 如果小城里有 k 对夫妇, 请问用 k 如何表示男女人数之差?

12. 回忆第 9 章练习 7, 把 88 分成 A 和 B 两部分, 使得 $\frac{A}{B} = \frac{2}{3} \Big/ \frac{4}{5}$. 仿照问题 1 的解法四再做一次本题.

13. 已知买 0.69 磅椰枣糖要花 6.20 美元, 请问 16 美元可以买多少椰枣糖?

14. 两辆自行车相距 40 英里, 早上 8 点同时出发相向而行, 11 点相遇. 其中一辆自行车以 7.5 英里/小时的速度匀速行驶, 请问另一辆自行车的平均速度是多少?

15. 用两个水龙头向一个木桶放水. 若单独用第一个水龙头放水, 18 分钟可以流满木桶; 若单独用第二个水龙头放水, 需要 22 分钟才能流满木桶. 仍假设水流的速率是恒定的值. 设先只打开第一个水龙头, 4 分钟后再打开第二个水龙头, 又经过 t 分钟, 水流满了木桶. 请问

t 是多少?

16. 昨天, 伊凡娜驾车以 42 千米/小时的速度匀速从 A 城驶向 B 城, 一共用了 2 小时 24 分钟. 回来的路上她走同样的路线, 并仍以匀速行驶, 但是时间缩短了去程的 12.5%. 请问她回来的路上速度是多少?

17. A, B 和 C 三人一起割一块草坪, 他们割草的速度分别是恒定的. 若 A 和 B 一起割草, 2 小时可以割完这块草坪; 若 B 和 C 一起割完这块草坪, 需要用 3 小时; 若 A 和 C 一起割草, 需 4 小时才能割完这块草坪. 现在让三人共同割草, 割完这块草坪需要多少小时?

18. 汤姆和玛丽从 A 城去 B 城. 玛丽比汤姆早 30 分钟出发, 她的速度恒为 45 英里/小时. 如果汤姆以 50 英里/小时的恒定速度行驶, 玛丽出发后多久汤姆能追上她? (你可以认为 B 城距离 A 城非常远.)

19. 玛丽和汤姆都以匀速从 A 城去 B 城, 玛丽花了 $2\frac{1}{4}$ 小时. 汤姆的速度是 48 英里/小时, 他比玛丽晚半个小时出发, 但是只比她晚 $\frac{1}{3}$ 小时到达. 从 A 城到 B 城的距离是 100 英里, 求玛丽的速度.

第23章
一些有趣的应用题

在本章,为了说明分数的广泛应用,我们将讨论四个应用题。把这四个题目拿来讨论是因为它们当中的每一个都有惊人之处. 注意,除了第三个以外,其余每个题目都隐含地应用了中小学数学基本假设.

问题 1 保罗以 15 英里/小时的速度匀速骑摩托车去乡下,回来的路上他加快速度(仍然是匀速)到 18 英里/小时. 请问整个往返途中的平均速度是多少?

回忆第 18.3 节中引入的平均速度的概念. 根据定义,我们需要抵制一种诱惑,不是把"平均速度"计算成两个速度的平均值 $\frac{15+18}{2}$,而是计算整个往返途中的总路程除以往返所需的总时间. 我们强调,要使学生习惯于使用准确的数学定义, 这与学生所谓的对概念的理解没有关系.

因为保罗从家到乡下的距离未知,所以往返途中的总路程也不知道. 看起来我们好像被难住了. 遇到这种情况的时候,比较明智的办法是先解决一个较简单的问题. 我们假设保罗去和回各行驶了 40 英里,看看我们能否先解决这个简单的情况. 于是往返的总路程是 $40+40=80$ 英里. 我们还需计算出总时间. 在去乡下的路上,保罗每小时行驶 15 英里,因此,行驶 40 英里所需的小时数等于 $\frac{40}{15}$(参见第 18.3 节对运动的讨论). 在回来的路上,保罗的速度为 18 英里/小时,所以同理可得行驶的时间为 $\frac{40}{18}$ 小时. 因此,往返途中一共需要 $\frac{40}{15}+\frac{40}{18}$ 小时. 所以,

$$\text{平均速度} = \frac{80}{\frac{40}{15}+\frac{40}{18}}. \tag{23.1}$$

经过计算可得平均速度为 $16\frac{4}{11}$ 英里/小时.

 验证上述结果正确.

第 23 章 一些有趣的应用题

在数学里有时会发生这样的事情：尽管做某事很有用，但是不做可能会更好. 在这个例子中，假设你并不关心得出一个确切的数字作为答案，而只是观察等式 (23.1)，你可能会发现，等式右边分母里的两个 40 迫切需要使用分配律：

$$\frac{40}{15} + \frac{40}{18} = \left(\frac{1}{15} + \frac{1}{18}\right) \times 40.$$

做完这个转换之后，数字 40 同时出现在等式 (23.1) 右端的分子 (因为 $80 = 2 \times 40$) 和分母里，从而根据第 19.1 节中的约分法则 (b)，它们都可以消去，于是我们得到

$$\text{平均速度} = \frac{2}{\frac{1}{15} + \frac{1}{18}}.$$

如果我们把它重新写做

$$\text{平均速度} = \frac{1}{\frac{1}{2}\left(\frac{1}{15} + \frac{1}{18}\right)},$$

那么在这个例子中我们可以看出，平均速度是去程与回程的两个速度 15 和 18 的调和平均数[①]. 从保罗家到乡下的距离甚至没有出现！这是偶然吗？我们再来试一道题目：

> **？动动手** 给问题 1 加一个条件：从保罗家到乡下的距离是 65 英里，并求解.

假设你已经做完了这个动动手，现在我们来把这个问题完全一般化. 设从保罗家到乡下的距离是 D 英里，在去的路上所花的时间为 $\frac{D}{15}$ 小时，回的路上所花的时间为 $\frac{D}{18}$ 小时. 因为往返的总路程为 $2D$ 英里，所以平均速度是

$$\frac{2D}{\frac{D}{15} + \frac{D}{18}} \text{ 英里/小时}.$$

对分母应用分配律我们得到

$$\frac{D}{15} + \frac{D}{18} = \left(\frac{1}{15} + \frac{1}{18}\right)D.$$

因此平均速度等于 (再由第 19.1 节中的约分法则 (b))

$$\frac{2D}{\left(\frac{1}{15} + \frac{1}{18}\right)D} = \frac{2}{\frac{1}{15} + \frac{1}{18}} = \frac{1}{\frac{1}{2}\left(\frac{1}{15} + \frac{1}{18}\right)}.$$

[①]调和平均数这个词的定义见第 18 章的练习 16.

这说明，平均速度等于去程和回程的两个速度的调和平均数．正如前面提到过的，如果我们加以计算，结果是 $16\frac{4}{11}$．但是每一种情况下的答案都以调和平均数出现，这一事实揭示了本题中巧妙的设计．

问题 2　一列火车以某个恒定的速度行驶在两城之间，如果火车的速度提高了原来的 $\frac{1}{3}$，那么行驶的时间可以缩短原来的百分之多少？

要养成良好的习惯，在解决问题的开始先明确目标．为了做到这一点，我们必须在准确定义的帮助下，从给定的数据系统地开始分析．题目中有两个行驶时间：一个是原来的行驶时间 (t_1)，另一个是提速后的行驶时间 (t_2)．提速导致时间缩短的量可以表示成 $t_1 - t_2$，因此，我们的目的是用百分数表示商

$$\frac{t_1 - t_2}{t_1}.$$

由于这个问题与改变速度有关，所以我们用速度分别来计算 t_1 和 t_2．我们不知道两城之间的距离，所以为了讨论方便，设它等于 D．出于同样的原因，设原来的速度等于 v_1，那么

$$t_1 = \frac{D}{v_1}.$$

与问题 1 类似，我们采取以下策略：为了对这个问题有一个初步的感觉，我们先做一个简单点儿的问题．设两城之间的距离 D 等于 120 英里，原来的速度等于 60 英里/小时．于是原来的行驶时间 $t_1 = \frac{120}{60} = 2$ 小时．如果速度提高了原来的 $\frac{1}{3}$，那么现在的速度为 $60 + \left(\frac{1}{3} \times 60\right) = 80$ 英里/小时，所以提速后的行驶时间 t_2 将等于 $\frac{120}{80} = 1\frac{1}{2}$ 小时．时间缩短了

$$t_1 - t_2 = 2 - 1\frac{1}{2} = \frac{1}{2} \text{小时,}$$

(根据观察) 它等于原来行驶时间 2 小时的 25%．

接下来我们试试 $D = 200$ 英里，$v_1 = 30$ 英里/小时的情况．此时原来的和提速后的行驶时间分别是 $6\frac{2}{3}$ 小时和 $\frac{200}{40} = 5$ 小时，节省了 $6\frac{2}{3} - 5 = 1\frac{2}{3}$ 小时．因为

$$\frac{1\frac{2}{3}}{6\frac{2}{3}} = \frac{\frac{5}{3}}{\frac{20}{3}} = \frac{1}{4},$$

又一次得到节省的时间是原来行驶时间的 25%．读者应该做许多这样的特例，直到最后会发现它们都符合某个特定的模式．在这个例子中，无论做多少特例，答案都还是 25%．只需在一般情况下验证答案．

我们现在有信心来面对一般情况了. 因为 v_1 表示原来的速度, 所以原来的行驶时间 t_1 等于 $\frac{D}{v_1}$. 提速后, 速度 v_2 比 v_1 高 $\frac{1}{3}$, 因此,

$$v_2 = v_1 + \frac{1}{3}v_1 = \left(1 + \frac{1}{3}\right)v_1 = \frac{4}{3}v_1.$$

缩短后的行驶时间为

$$t_2 = \frac{D}{\frac{4}{3}v_1} = \frac{3D}{4v_1} = \frac{3}{4}t_1.$$

由此可得,

$$t_1 - t_2 = t_1 - \frac{3}{4}t_1 = \left(1 - \frac{3}{4}\right)t_1 = \frac{1}{4}t_1,$$

其中, 使用了分配律. 因此, 根据第 19.1 节中的法则 (b), 我们有

$$\frac{t_1 - t_2}{t_1} = \frac{\frac{1}{4}t_1}{t_1} = \frac{1}{4}.$$

用百分数表示, 很容易看出它等于 25%, 所以行驶时间缩短了原来的 25%.

前面有一个地方用到了分配律: $t_1 - \frac{3}{4}t_1 = \left(1 - \frac{3}{4}\right)t_1$, 此处我们来指出它的一个特点. 我们虽然不知道 t_1 是什么数, 但是还是很有信心地保证分配律可以使用, 因为无论 a, b, c 是什么, 分配律 $ac - bc = (a - b)c$ 都成立. 这正是体现一般性的威力的一个例子.

下面两个问题来自俄国.

问题 3 新鲜的黄瓜中, 全部重量的 99% 都是水分. 现将 300 磅黄瓜置于储藏室里, 但是等拿到市场卖的时候, 人们发现水分的重量只剩下了 98%, 请问水分挥发之后的这些黄瓜重量是多少?

因为 300 磅的 99% 都是水, 所以只有 $\frac{99}{100} \times 300 = 297$ 磅水, 进而只有 $300 - 297 = 3$ 磅固体. 等到黄瓜拿到市场的时候, 一部分水分已经蒸发掉, 但是 3 磅固体没有变化. 因为此时 98% 是水, 所以固体占现在总重量的 2%. 因此, 如果黄瓜拿到市场的时候重量是 w 磅, 那么可以看到 $3 = \frac{2}{100} \times w$. 利用第 19.1 节中的法则 (b) 和 (c), 我们有

$$w = \frac{100 \times 3}{2} = 150磅.$$

我们也可以用图片来演示一种解法. 如果黄瓜的 (重量的) 99% 是水, 1% 是固体. 象征性地, 我们用正方形来表示黄瓜的总重量. 把正方形平均分成大小相等的 (即重量相等的) 100 个小正方形, 我们把其中的一个小正方形描黑, 用它表示固体:

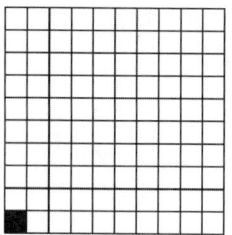

注意到, 因为总重量为 300 磅, 所以每个小正方形代表 3 磅. 接下来我们来看水分挥发后的黄瓜. 固体部分 (的重量) 保持不变, 所以描黑的小正方形保持原来的大小. 但是因为已知现在 98% 的重量是水, 所以固体是现在总重量的 2%. 由于 2% 等于 $\frac{1}{50}$, 所以这个描黑的小正方形是 50 个小正方形中的一个. 图片变成:

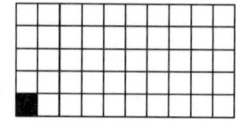

因为每个小正方形表示 3 磅, 而总重量等于 50 个小正方形, 从而等于 150 磅.

讨论 下面是 "建立正确比例关系" 法的一个拙劣的应用. 设 w 表示黄瓜拿到市场时的重量, 那么

$$\frac{99/100}{300} = \frac{98/100}{w},$$

当然由此得出 $w = \frac{98}{99} \times 300 = 296.97\cdots$. 这可能是讲授 "建立比例关系" 非常危险的原因之一吧.

问题 4 有一瓶红酒和一壶茶水, 先从茶水中盛一勺倒入红酒中, 均匀搅拌后再盛一勺倒回茶水中, 请问此时瓶中含有的茶水和壶中含有的红酒, 哪个更多? 如果没有均匀搅拌, 情况又会怎样?

我们先来做均匀搅拌过的情况. 设原来瓶子中红酒的体积、茶壶中茶水的体积和一勺的容积分别为 b, k, s 立方厘米. 我们可以用 b, k, s 计算红酒瓶中茶水的体积和茶壶中红酒的体积. 为了让你用这些符号时感觉舒服一点, 开始时我们先给 b, k, s 赋一些特殊的值.

我们令 $b = 1000$ 立方厘米, $k = 2500$ 立方厘米, $s = 5$ 立方厘米, 当把一满勺茶水加入到红酒瓶中后, 瓶中液体的总体积等于 $1000 + 5 = 1005$ 立方厘米, 因此混合物中茶水占 $\frac{5}{1005}$, 红酒占 $\frac{1000}{1005}$. 均匀搅拌后, 一满勺混合物中包含

$$\frac{5}{1005} \times 5 = \frac{25}{1005} \text{立方厘米茶水} \quad \text{和} \quad \frac{1000}{1005} \times 5 \text{ 立方厘米红酒}.$$

(参见第 17.3 节中的等式 (17.7).) 把这一满勺混合物倒入茶壶中, 茶壶中将有

$$\frac{1000}{1005} \times 5 = \frac{5000}{1005} 立方厘米红酒.$$

另一方面, 红酒瓶中的混合物中原来有 5 立方厘米茶水, 但是由于拿走了 $\frac{25}{1005}$ 立方厘米, 所以红酒瓶中剩余的茶水有

$$5 - \frac{25}{1005} = \frac{5000}{1005} 立方厘米,$$

与茶壶中所含红酒的体积相等.

读者可以重新给 b, k, s 赋值并重复上面的计算.

顺便提一句, 你可能注意到, 2500 这个数在上述讨论中从来没有出现过.

现在我们来讨论一般的情况. 当一满勺茶水加入到红酒瓶中, 红酒瓶中液体的体积为 $(b+s)$ 立方厘米. 混合物中茶水占 $\frac{s}{b+s}$, 红酒占 $\frac{b}{b+s}$, 均匀搅拌后一满勺混合物中包含

$$\left(\frac{s}{b+s}\right)s 立方厘米茶水 \quad 和 \quad \left(\frac{b}{b+s}\right)s = \frac{bs}{b+s} 立方厘米红酒.$$

(又由第 17.3 节中的等式 (17.7).) 当把这一满勺混合物倒入茶壶中, 茶壶中将有

$$\frac{bs}{b+s} 立方厘米红酒.$$

另一方面, 红酒瓶中的混合物中原来有 5 立方厘米 (一满勺) 茶水, 但是因为拿走了 $\left(\frac{s}{b+s}\right)s$ 立方厘米, 所以红酒瓶中剩余的茶水有

$$s - \left(\frac{s}{b+s}\right)s = s - \frac{s^2}{b+s} = \frac{s(b+s)}{b+s} - \frac{s^2}{b+s} = \frac{sb + s^2 - s^2}{b+s} = \frac{sb}{b+s} 立方厘米,$$

与茶壶中所含红酒的体积相等.

我们又一次注意到, 在整个问题的讨论过程中都没有出现 k.

现在来看 "没有搅拌均匀" 的情形. 设想从红酒瓶子里倒回茶水壶的一满勺混合物中含有 T 立方厘米茶水和 W 立方厘米红酒. 其中 T 和 W 都是正数, 且 $T + W = s$(回忆前面的记法, s 表示一勺的容积). 因此当把一满勺混合物倒回茶水中时, 茶水中含有红酒 W 立方厘米. 另一方面, 红酒瓶子里的混合物中原来含有 s 立方厘米茶水, 但是用勺子取走了 T 立方厘米, 所以红酒瓶子里剩下了 $s - T$ 立方厘米茶水. 因为 $s - T = W$, 所以红酒瓶子里含有的茶水等于茶壶里的红酒, 与前面的结论一致.

第二个解法令人惊奇的一方面在于，这个解法并不依赖于混合物是否搅拌均匀的前提，所以第二个解法可以取代第一个解法．因此前面第一种解法中的精密计算是完全没有必要的！然而，第一个解法对于思考分数问题是很有价值的练习，不应该被认为是浪费时间．①

练习

1. 保罗以 15 英里/小时的平均速度骑摩托车去乡下，回来的路上他决定骑得更快一点儿，平均速度达到了 18 英里/小时．请问整个往返途中的平均速度是多少？

2. 保罗以 x 英里/小时的速度骑摩托车去乡下，回来的路上他的平均速度是 y 英里/小时．请问整个往返途中的平均速度是多少？

3. 一家法律公司的男女比例是 5:1，公司想把这个比例减小到 4:1．请问增加女员工的百分之多少可以达到减小比例的这个目的？

4. 由于干旱，每个水龙头上安上了一个节水装置，水流的速率降低了原来的 35%，流满一个木桶需要 10 分钟．请问干旱之前流满一个木桶需要多少分钟？

5. 对于酒精饮料来说，"200 酒精度"意味着液体里 100% 的体积都是酒精，所以"120 酒精度"的意思是 60% 的体积是酒精．假设由于失误，150 瓶 120 度的伏特加酒没有盖盖子直接就放在地窖里，等到发现的时候，90% 的酒精已经挥发掉了．为了简单起见，假设除了酒精其他液体不会挥发，请问现在伏特加的度数是多少？还有多少瓶的价值？

6. 给定两瓶酒 (不同大小)，一瓶 50 度，另一瓶 140 度 (度的意思见上题)．假设两瓶里非酒精液体的含量相同，如 2 杯，请问两瓶中分别含有多少酒精 (用"杯"计量)？

7. 一包大米重 12 磅，则 $\frac{2}{5}$ 包大米重 $\frac{2}{5} \times 12$ 磅．请给一个六年级学生直接解释这一事实．假定他知道第 17.1 节中的乘法公式 (17.2)，但是你应该先提醒他"12 的 $\frac{2}{5}$"的定义．

8. 若一个水箱里有 271 加仑水，这占了它容积的 $\frac{19}{23}$，请问水箱的容积是多少？

9. 丹尼斯先生组织他的学生去看话剧，令他感到难堪的是，只有 $\frac{2}{5}$ 的学生参加．如果有 52 个学生参加了看话剧，请问丹尼斯先生一共有多少名学生？

10. 一个政府的智囊团里过去常常有 $\frac{2}{3}$ 的工作人员是女性，又增加了三名女性之后，女性与全部工作人员的比例变成了 11:16．请问原来有多少名女性？

---

①译者注：此外，因为在混合前后，茶壶和红酒瓶中液体的体积都没有发生变化，只是茶壶中混进了红酒，红酒中混进了茶水．所以，茶壶中混进多少红酒，红酒中就混进多少茶水．从本质上讲是这个道理，但是要想严密地说清楚，还是需要用上述计算的方法来证明．

11. 一瓶浓度为 70% 的外用酒精 (即, 酒精占液体总量的 70%) 开盖放置, 三天之后经过挥发变成了 50% 的酒精. 如果不计水的挥发, 请问有百分之多少的酒精挥发掉了?

12. 保罗和卡尔看到一台 CD 机并且想买下来, 但是两个人都没有足够的钱. 卡尔只能付起总价钱的 70%, 如果保罗愿意贡献他所有钱的 $\frac{2}{3}$, 那么他们就能带 CD 机回家了, 而保罗将只剩下 9 美元. 请问这台 CD 机多少钱? 保罗和卡尔分别有多少钱?

13. 有两份做香蕉饼的食谱: 一份要求加 $\frac{5}{8}$ 杯糖 4 杯面粉, 另一份要求加 $\frac{9}{10}$ 杯糖 6 杯面粉, 其他配料完全相同. 请问哪份食谱做出来的香蕉饼更甜?

如果你曾经写过这样的食谱, 那么你不适合做烹饪!! 要学会用简单的分数, 如 $\frac{3}{4}$ 或 $\frac{2}{3}$, 但是不要用 $\frac{9}{10}$ 这样的分数. 另一方面, 如果因为这些数不"现实"导致你决定不做这个问题, 那么你不是非常了解分数, 并且除非你想学习更多关于分数的知识, 否则在选择小学老师作为职业之前你一定要三思. 顺便说一句, 有两种方法可以思考哪种香蕉饼更甜: 一是看哪种香蕉饼中每杯糖面混合物中糖的含量更多, 二是看哪种糖与面比例更大. 当然, 这两种方法是等价的, 参见第 15.3 节中的定理 15.2.

第24章
小学数学中分数的教学

以下是 1999 年 10 月写给美国国家科学教育和人力资源部 (NSF-EHR) 的一项提案，只做了细微修订．提案中希望申请 50000 美金作为经费，用来指导教师们用第二部分的方法来讲授数学．遗憾的是，提案并未被通过．

目前已经得到公认，在一至八年级数学教学中，至少存在两个主要的瓶颈：一是分数的教学，二是代数的引入．二者都需要一场大的改革．我希望通过设计一种新的教学方法来提高教师自身对分数的理解，并对前一问题的解决做出点儿贡献．

教师需要加强对分数的认识，这一点用数学家 Herb Clemens(【Cle95】) 的一则趣闻来说明再恰当不过了．

去年八月，我在一间办公室里对一些小学数学教师们将授为期一周的分数课．我用一张图纸来解释为什么 $\frac{2}{7} \div \frac{1}{9} = 2\frac{4}{7}$．这些成年教师的反应令我大吃一惊，他们当中的一些人好像被吓坏了，似乎我的这种讲法他们从来没有见过，并且无论我怎样安慰"不要紧、不要紧"都不起作用．

这一状况亟待改善．多年来，数学教育界几乎不再尝试改进分数的教学 (略举一二，可参见【Lam99】【BC89】【LB98】)，而事实上分数教学的成功案例却少之又少．通过分析当前这些教学尝试和现存的有关分数的教科书，包括中小学教学和师资培训，我发现在理论和练习方面持续存在一些问题，可以简要归纳为以下几点：

(1) 大多数与分数相关的概念从未明确定义过．分数、带分数、十进制小数、百分数、比例等等．每一个都常常用比喻的方法来说明．例如，$\frac{1}{3}$ 就像把一块蛋糕切成相等的 3 块，取其中的一块．但数学应该是准确的，不能只用比喻来说明．如果我们用比喻去讲授数学，就不能要求学生去做准确的计算，更不能要求他们去做准确的推理．①

(2) 讲授分数用法时，语言从头到尾都很复杂．这便损失了概念本身潜在的简单性．

(3) 四则运算法则的意义几乎从未清楚地给出．这样的话，运算法则就建立在一个不稳固的基础上，与学生熟悉的整数四则运算法则毫无联系．

---

①见【Wu10b】.

(4) 有关分数的各方面的数学解释都很欠缺.

这四个问题相互关联, 而且都是数学中最为重要的问题. 比方说, 如果从未给出分数的一个清晰的定义, 还要求学生尽可能多地讲出日常生活中分数的例子. 一个极佳的例子是, 把日常用语"十五个人的三分之一"延伸成为分数教学的主题 (【Moy96】). 再如, 讲授代数的时候, 不告诉学生四则运算的意义, 也不告诉他们为什么是正确的 (实际上如果最初给出明确定义的话会很容易解释), 而是只讲解"代数与实际生活经验的联系、具体模型和图标、口头语言、数学符号"等 (【Hui98, 第 181 页】, 也见【LB98】和【Sha98】). 如果给出一个准确的数学解释, 学生会更容易理解并能够把握重点. 在教学中人们似乎从一开始就做出了让步: "我们什么都讲, 就是不讲本质."

下面我们走进教室来看看分数是怎么讲的. 学生被告知, 一个分数 $\dfrac{c}{d}$ (其中 c 和 d 是自然数) 有至少以下五种意义 (参见【Lam99】和【RSLS98】):

(a) 一个整数的一部分: 当一个物体被分成大小相等的 d 部分, $\dfrac{c}{d}$ 表示其中的 c 个部分.

(b) 一个大小为 c 的物体被分成 d 个大小相同的小物体时, 每一个小物体的大小.

(c) 整数 c 被 d 除所得的商.

(d) c 与 d 的比例.

(e) 一个运算: 执行某一过程的一个指令, 例如"某某的 $\dfrac{2}{3}$".

很显然, 如果一个概念如此"神秘", 有这么多解释, 即使孩子们满怀信心要学好数学, 也会望而却步的. 为何出现在分数中的这种"自信危机"一直未受到重视呢? 更重要的是, 这种引入新课题的方式与目前的标准所认可的呈现数学的方式相违背. 然而, 即便是著名数学家, 后来投身于数学教育的弗兰登塔尔,[①] 在他总结关于分数的心得【Fre83】时也没有提到这个核心问题, 即学生对分数的这种讲法缺乏信心.

不管怎样, 这种"自信危机"毫无疑问是存在的. 1999 年 1 月, 美国罗德艾兰州大学数学系给教师们写了一封长达 5 页的简讯, 题为《比例和有理数》, 成为那个月的热点问题 (【CRE96】). 编者写道:

以下来自一名新上任教师的反馈, 他希望不要公布他的名字.

"第一天上课的时候, 我给我的八年级学生定义有理数为一个可以表示成两个整数的比例的数. 一个学生问我: 那比例的定义是什么呢? 比例与分数的区别是什么呢? 我回答了他, 但我的回答连我自己都不满意. 因此我请教了许多其他老师, 也查阅了许多教科书, 但结果依然很迷茫 ..."

[①] 译者注: 弗兰登塔尔 (Hans.Freudenthal,1905–1990), 荷兰人, 20 世纪最有影响力的数学教育家之一. 他有两本关于数学教育的著作被译成中文. 一本是《作为教育任务的数学》, 陈昌平、唐瑞芬等编译, 上海教育出版社, 1995 年; 另一本是《数学教育再探索 —— 在中国的讲学》, 刘意竹、杨刚等译, 上海教育出版社, 1999 年.

紧接着是教师们和编者对这一话题所写的长达三页的有价值的材料，他们每个人都查阅了现存的教材和辞典，结果都发现对此根本没有定论！[①]

　　Lamon 也表达了同样的想法："从自然数过渡到分数的时候，对各种符号赋予意义开始变得越来越纷繁复杂，对有理数的理解要结合着有差异但相互有内在关联的思想与解释. 写起来都像是分数，但却有许多不同的意思"（【Lam99，第 30–31 页】）. 一直以来，学生们学到的思想或解释中，没有一个能独立并充分清楚地说明分数的"意义". 这是教育的悲剧. 为了说明这种情况发生的原因，我来打个比方. 设想你正在驱车去一座小镇，要确定正确的方向，你会怎么做呢？是去搜集 50 条手写的建议，告诉你应该注意哪些路标，在每个岔路口应该怎么走，以及每个公路警示牌是什么意思？还是直接去找一张画得很清楚的公路图？

　　只要教师在讲解分数时不给出清晰的定义，学生们就会在做分数习题时永远不知道自己在做什么（【LB98】,【Lam99】）. 毕竟，如果他们一直接收的是歪曲、错误的数学知识，那还能指望他们做什么呢？

　　下面的问题提得更中肯：

> 我们没有用学生能学会的方式教分数，这显然是我们自身的错误，那学生学不会的时候我们为何还要批评他们呢？

比方说，如果告诉学生，分数是一块"蛋糕"（根据上述 (a)），再教他们分数的乘法，显然他们会很难接受. 你怎么能把两块蛋糕相乘呢？[②]

　　有时如果一个数学概念的运算法则有了明确的解释，那么可以"跳过"其精确定义. 这也正是 16–17 世纪欧洲人处理负数的方法. 然而对于分数的情形并非如此，即使我们应用了解释 (b). 在多数书中，分数相加、相乘、相除，都没有明确给出运算的意义，并且很少把这些运算法则与自然数的相关法则加以融会贯通. 即使有人尝试过这样做，也被数学定理给扼杀掉了，例如把分数除法解释为多次做减法（参见【PSS00，第 219 页】）.

　　分数引发了数学界的恐慌和学生的数学恐惧症，这早已不是新闻（参看【Ash02】）. 对教师们的非正式调查也一直在暴露一个问题：他们的很多学生学完分数加法之后就彻底放弃了分数的学习. 不仅仅是因为被最大公因数和最小公倍数搞糊涂了，更有可能是厌倦了要学习一种新的加法，并且这种加法与他们所熟知的自然数的加法看起来毫无关系. 这一问题把我们带回到本章开头考虑的问题 (3). 例如，我们看到 Bezuk 和 Cramer（【BC89，第 156 页】）也愿意承认：

> 学生必须接受分数运算的新法则，但这种法则与在他们脑子里根深蒂固的自然数的运算法则常常矛盾.

[①] 请允许我做一个老生常谈的观察：在与科学和数学相关的技术问题上，以辞典作为真理的最终仲裁者将是一个致命的错误.

[②] 我从 Kathleen Hart 的一篇漂亮文章中借用了这一问题，见【Har90】.

新法则？数学的最终目标是简洁明快. 特别是在学习的时候, 学生强烈需要 (甚至是命令) 教师把最简单的信息传递给他们. 但是, 如果我们给学生讲加法这样一个简单概念时, 却告诉他们分数的加法与自然数的加法是不同的, 那么我们显然是在传授错误的数学. 即使学生愿意不再怀疑, 并踏上这个古怪的旅程, 他们也将付出巨大的代价. 事实上, 最近有报道说, 在美国加利福尼亚大学伯克利分校和斯坦福大学的学生作业和考试卷中, 出现了令人哭笑不得的作答:

$$\frac{a}{b}+\frac{a}{c}=\frac{a}{b+c} \quad \text{和} \quad \frac{a}{b}+\frac{c}{d}=\frac{a+b}{c+d}.$$

总之, 当数学家接触中小学的分数课程时会发现, 这样的课程缺乏数学的典型特征: 数学应以精确的定义为出发点, 从一个课题到另一个课题的发展过程应当逻辑严密. 最重要的是, 每一个步骤都应伴随着解释. 但这并不意味着, 小学分数的教学要从一开始就严格地正规化. 分数的思想在二年级之前就该逐渐地进行渗透 (因为就算是二年级的小孩子也会遇到要喝掉 "半杯" 饮料的问题!), 并且直到四年级之前让孩子们用直觉的方式掌握分数都没什么坏处. 一个类比有助于解释这一点: 当科学家做研究时, 他们会先收集很多相关的数据和信息, 但对这些数据的性质并不是很了解, 他们先将这些数据全盘接受, 然后再去考虑 "为什么和怎么做". 只有当科学家将这些数据进行组织和整理, 并系统理论化之后, 才能最终推动科学的发展. 小学生最初探索分数的过程类似于科学家的 "数据收集阶段", 而当他们到了五 (【CAF99】)、六年级 (【PSS00】) 时就需要对分数进行理论化的解释了. 除非教师把分数的五种不同的性质 (a)–(e) 解释得很清楚, 并对类似于 $\frac{a}{b} \div \frac{c}{d} = \frac{ad}{bc}$ 的法则证明其正确性, 否则学生的数学水平不可能进步. 我正是希望在对学生进行数学教育的这一关键时刻做出一点贡献.

分数教学的工作做了这么多, 功劳基本来自于教育界. 可能因为最近更加强调情境学习, 教育研究报告中, 关于分数教学的讨论总是停留在源头, 即将重点放在用实际生活来解释分数. 这样强调情境教学, 却忽略了一个事实: 初学者看到分数有各种各样随之而来的解释, 会感到难以理解. 由于并未教给学生这些解释的数学内涵, 学生便只停留在 "收集数据阶段", 而不能上升到理解分数的 "建立理论阶段"(【Wu08】). 他们被剥夺了学习数学研究的一个至关重要的部分的机会, 即遇到复杂情况时, 尽量抽象成数学语言以达到理解的目的. 即使对于小孩子, 也应该让他们尽早接触正确的数学思维方法, 并以尽可能简单的方式讲给他们听. 学生五、六年级时首次正式遇到分数计算, 在此时开始强调数学的抽象成分并让抽象观念成为课堂教学的一部分最恰当不过了 (【Wu08】). 通过这样做, 教师还可以为学生学习代数提供一个良好的开端. 代数学习中极其重要的抽象思维能力的培养应当从分数教学阶段就提早开始, 并要注意循序渐进. 完成好抽象思维的这一阶段的发展, 学生就能很轻松地进入代数的学习 (参见【Wu01】, 【NMP08a】, 【NMP08b】, 【Wu09a】).

不难发现，在一至八年级数学教学中，一方面数学教科书开始涉及分数，另一方面也要求教师们对这门课程滚瓜烂熟，并有足够的知识来引导学生．我建议从解决教科书的问题出发来提高教师们对分数的认识．

本书的首要目标是给五至八年级的数学教师正确清楚地解释分数和十进制小数．所谓正确清楚地解释，是指所有问题都给出其原因，并且在表述上足够初等，使小学教师容易理解．回顾前面所讲过的，打个比喻来说明本书所希望达到的目的．假设我们正在摆放伦勃朗① 的一些油画作为展览品，对于如何设置灯光以及如何选择相框使得油画看起来效果最好等问题，我们各抒己见，展开了热烈的讨论．甚至还有人提议，印刷精彩的目录用来宣传本次展览，以吸引更多的观众．这时有人忽然仔细地看了看油画，发现我们前面所有的建议都徒劳无功了，原因是居然有一些油画是赝品！最终人们认识到，在决定让展览品公之于众以前，关注的焦点应该放在展览最主要的部分，即油画上．与这个例子类似，本书更注重分数的数学知识，而将实际教学中的教育策略和课堂活动等置于其次．想看到更多这方面的讨论，请看【Wu08】．

回顾前面的内容，本书以及与此同系列的初中册和高中册，正努力使分数和有理数成为数学教学的主流．并且这只是个开始，为了让数学的完整性重回课本，为了加强职前师资培训，搞好教育教法研究，活跃中小学数学课堂气氛，我们还有许许多多的事情要做．这些都需要数学家和教育工作者的长期合作．关于合作体制话题的详细内容，见【Wu06】．

---

① 译者注：伦勃朗 (Rembrandt, 1609–1669)，荷兰画家．

第三部分

有理数

第25章
有理数

到目前为止，我们仅仅考查了数轴上指定的 0 点的右侧，现在我们继续关注数轴，并且将充分利用好数轴的左右两侧. 我们已经知道了 0 右侧的分数，现在来看看将这些分数关于 0 对称到左边得到的数的集合 (即数轴上的点). 因为分数及其对称点的集合在加减乘除四则运算下封闭，从而在这个意义下构成一个数系，这个数系称做**有理数**(数系)，它是本章讨论的主题.

回想一下，我们将数定义为数轴上的一个点 (第 8 章 8.1 节). 现在我们将所有的数看成一个整体. 取定数轴上的任意一点 p(p 可以在 0 的任意一侧，也可以不是分数)，我们按以下方式来定义它的**镜面对称点** p^*：如果 $p = 0$，则定义 0^* 为 0；如果 $p \neq 0$，则 p^* 是数轴上一点，使得 p^* 与 p 关于 0 点异侧，而且 p^* 到 0 的距离等于 p 到 0 的距离. 因此

$$0^* = 0, \quad \text{且} \quad p^{**} = p \text{ 对任意点 } p \text{ 成立}. \tag{25.1}$$

第一个式子是定义，而第二个式子简洁地表达了这样一个事实：将一个点关于 0 连续反射两次后回到自身. 下面是将点 p 和 q 按照上述方式得到对称点的两个例子：

$$\begin{array}{c|c|c|c|c}\hline q & & p^* \quad 0 \quad p & & q^* \\ \hline \end{array}$$

因为分数都在 0 的右边，所以 $1^*, 2^*, \left(\dfrac{9}{5}\right)^*, \cdots$ 都在 0 的左边. 下面是分数的对称点的几个例子 (记住，所有的自然数都是分数)：

$$\begin{array}{c|c|c|c|c|c|c|c|c}\hline (2\tfrac{1}{2})^* & 2^* & 1^* & (\tfrac{2}{3})^* & 0 & \tfrac{2}{3} & 1 & 2 & 2\tfrac{1}{2} \\ \hline \end{array}$$

所有分数及其关于 0 的镜面对称点的集合，也就是所有的 $\dfrac{m}{n}$ 和 $\left(\dfrac{m}{n}\right)^*$，这里 $m, n(n \neq 0)$ 取遍所有自然数，称做**有理数**. 我们注意到，自然数都是分数. 自然数及其对称点的集合，

$$\cdots, 3^*, 2^*, 1^*, 0, 1, 2, 3, \cdots$$

称做**整数集**. 我们用记号 "⊂" 表示 "包含于", 因此有

$$\text{自然数集} \subset \text{整数集} \subset \text{有理数集}.$$

下面我们将**序**的概念由分数推广到所有的 (实) 数: 对数轴上任意的 x, y, $x < y$ 的意思是 x 在 y 的左侧. 一个与之等价的记号是 $y > x$.

特别的, 当 x, y 是分数时, 记号 $x < y$ 与以前的意义相同.

在 0 右侧的数 (即满足 $x > 0$ 的数 x) 称做**正数**, 在 0 左侧的数 (即满足 $x < 0$ 的数 x) 称做**负数**. 因此, 2^* 和 $\left(\frac{1}{3}\right)^*$ 是负数, 而所有的非零分数是正数. 根据定义, 0 既不是正数也不是负数.

毫无疑问, 你已经习惯将 2^* 写成 -2, $\left(\frac{1}{3}\right)^*$ 写成 $-\frac{1}{3}$. 你也知道 -2 中的符号 "$-$" 称做**负号**, 并且 -2 是 2 的**相反数**. 所以, 就这一点而言, 你可能会疑惑为什么我们采用记号 $*$ 而避免提及负号, 以及为什么我们说镜面对称点而不说相反数. 这是因为, 负号与减法运算有关, 只有在学习有理数的减法时它才会自然出现在我们的讨论中. "负号" 这个术语会造成某种心理上的负担, 从而会影响我们以一种正确的方式学习有理数的基本事实. 例如, 如果 $a = -3$, 那么 $-a$ 等于 3, 对它根本谈不上任何的 "负性". 因此, 最好是等到负号在第 27 章中减法的背景下自然出现时再引入它. 基于同样的考虑, 当我们定义了有理数的加法并了解了性质 $x + x^* = 0$ (见第 27.3 节) 之后, 再引入相反数的概念更为合适.

第 26 章
有理数的另外一种观点

我们在自然数中添加了更多的数得到了分数, 现在又在分数中添加更多的数得到了有理数. 在继续学习之前, 我们有必要思考这样一个问题: 为什么要学习有理数? 为了回答这个问题, 我们从解方程谈起.

如果我们问, 是否存在一个自然数 x, 它乘以 7 等于 5? 答案很明显, 不存在. 如果我们允许 x 为分数而不限制为自然数, 那么情况彻底改变: 此时这个问题的答案是存在的, 且 $x = \frac{5}{7}$. 我们将这个事实描述为: $x = \frac{5}{7}$ 是**方程** $7x = 5$ **的解**. 同理, $x = \frac{14}{3}$ 是方程 $3x = 14$ 的解. 一般的, 对于任意的自然数 $m, n (m \neq 0)$, 方程 $mx = n$ 有解 $x = \frac{n}{m}$. 注意到, 为了让 $x = \frac{n}{m}$ 成为一个有意义的解, 首先必须将乘法的概念由自然数推广到分数.

在这里可以提一下, 在高等数学里, 分数 $\frac{n}{m}$ (其中 m, n 为自然数, $m \neq 0$) 有时被定义为方程 $mx = n$ 的解. 然而, 对于中小学数学来说, 这根本不是一个好的分数定义. 从逻辑发展角度而言, 上述定义涉及的数学复杂度对于中小学生来说是不合适的. 事实上, 这种抽象思维的能力也是大学数学专业学生面临的一个主要困难. 因此, 除非绝对需要, 教师的师资培训应该避开这种带有诱惑性的定义.

无论如何, 一旦引入了分数, 我们就能求解更广泛的一类方程, 即所有形如 $Mx = N$ 的方程, 其中 M, N 为分数而不必限制为自然数. 例如, 在第 18.2 节中我们看到, $\frac{2}{7}x = \frac{3}{5}$ 有解 $x = \frac{7}{2} \times \frac{3}{5}$, 即 $x = \frac{21}{10}$. 同样的, 方程 $\frac{11}{3}x = \frac{2}{5}$ 有解 $x = \frac{3}{11} \times \frac{2}{5}$, 即 $x = \frac{6}{55}$. 更一般的, 对任意的两个分数 A, B, 其中 $A \neq 0$, 方程 $Ax = B$ 有分数解 $x = A^{-1}B$.

如果我们对 7 和 5 考虑同样的问题, 但是将乘法换成加法, 即问, 是否存在一个自然数 x 加上 7 等于 5? 答案是, 这样的自然数不存在, 因此, 方程 $7 + x = 5$ 在自然数中没有解. 遗憾的是, 这个方程在分数中也没有解.

现在如果我们向分数中添加负分数 (分数的镜面对称点) 以得到有理数, 并且将分数中加法的概念恰当地推广到有理数中, 那么对任意的分数 a 和 b, 方程 $a + x = b$ 都有解. 例如,可以看出，$x=2^*$ 是 $7+x=5$ 的解，$y=\left(\frac{1}{4}\right)^*$ 是 $\frac{1}{2}+y=\frac{1}{4}$ 的解. 因此，和前面一样，一旦以这种方式引进了有理数，所有形如 $A+x=B$ 的方程都有解，这里 A 和 B 是有理数(而不必限制为分数).

将有理数形式地定义为方程 $a+x=b$(其中 a 和 b 为任意的分数) 的解完全合理. 这在高等数学中是相当标准的步骤，但是有理数的这种定义方式对于教师的师资培训来说绝非上策.

但是，我们现在说这种话也许言之过早. 在讨论解方程 $a+x=b$(其中 a 和 b 为任意的分数) 之前，我们必须首先解决有理数如何相加 (和相乘) 的问题，这是接下来三章的任务. 我们将会看到，一旦牢固地定义了有理数的四则运算，对任意的有理数 (不仅仅是分数) A,B,C,D，每一个线性方程 $Ax+B=Cx+D$ 在有理数中都有解，只要 $A-C\neq 0$. 见第 30 章练习 5.

基于第二部分学习分数的经验，我们可以期望，只要充分理解了有理数的加法和乘法，那么理解有理数的减法和除法将是直截了当的，因为减法和除法只不过是加法和乘法的另外一种表达形式. 事实上，在第 30 章末尾可以看到，减法和除法在形式上可以分别用加法和乘法来代替.

第三部分的其余章节将主要讨论有理数的四则基本运算.

第27章
有理数的加减法

在解决有理数的加减法之前,我们最好先回忆一下从自然数得到分数的过程. 在第二部分的开始,我们首先在数轴上向自然数中添加了更多的点. 接下来我们所做的是,确保这些新数的加减法有意义,并且上述加减法与自然数中的加减法相容. 换句话说,我们所要定义的加减法满足如下条件:当分数恰巧为自然数时,新定义的加减法与自然数中早先定义的加减法一致. 我们发现,可以借助于拼接线段的概念来解决这个问题.

现在的情况是,我们可以在分数——也就是 0 右侧的有理数中做加减法,而不知道如何将这个加减法推广到所有的有理数. 我们打算将拼接线段的概念稍加推广,使之至少对加减法而言,适用于 0 左侧的有理数. 做到这一点的方法是,使每一个有理数成为一个"向量",然后定义向量的加法,并且使得当有理数是正数的时候,这样定义的加法结果与以前定义的分数的加法是一致的. 出人意料的是,有理数的减法最终可以用有理数的加法来定义.

这一章可以叫做有理数加法的一个"脚踏实地"的方法. 然而,即便是在中小学数学的水平上完全理解有理数,也需要高水准的抽象能力. 就学生的学习轨迹而言,从分数到有理数的智力跳跃程度与从自然数到分数的智力跳跃程度大体相当. 下一章我们将用更抽象的方法重新表述有理数的加减法. 这个重新表述绝不是纯粹地为了抽象而抽象,而是为了顺利过渡到第 29 章所讨论的有理数的乘法.

本章各节安排如下:

向量的定义
特殊向量的加法
有理数的加法
具体计算
以加为减

27.1 向量的定义

分数的加法仅仅涉及拼接线段的概念,然而有理数的加法需要比线段稍微复杂的东西.

具体来说, 它需要向量的概念. 简单的说, 向量就是有方向的线段. 说得更详细些, **向量**是数轴上一条指定了两个端点的次序 (其中一个是**起点**而另一个是**终点**) 的线段. 我们把线段的长度称做**向量的长度**. 如果终点在起点的左边, 则称向量是**方向向左**的; 如果终点在起点的右边, 则称向量是**方向向右**的. 向量的**方向**是指它是**向左**还是**向右**. 我们用上方加箭头的字母表示向量, 例如, $\vec{A}$, $\vec{x}$ 等, (这里为了方便通常令字母上方的箭头向右, 事实上, 向量的方向可以向左也可以向右), 在图中向量终点处的箭头表示向量的方向. 例如, 下面以 1* 为起点 2* 为终点的向量 $\vec{K}$ 是向左的并且长度为 1, 而以 0 为起点 2 为终点的向量 $\vec{L}$ 是向右的并且长度为 2.

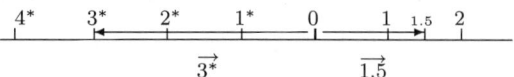

为了学习有理数, 没有必要考虑任意的向量, 只需考虑与数 (也就是数轴上的一点) 具有内在联系的特殊的向量就可以了. 令 x 为一个数 (不必是有理数), 则把向量 $\vec{x}$ 定义为以 0 为起点, 以 x 为终点的向量. 根据定义可知, 如果 x 为非零分数, 则向量 $\vec{x}$ 所代表的线段恰好是 $[0, x]$. 这里是两个例子: $\vec{1.5}$ 和 $\vec{3^*}$.

以 0 为起点的向量称为**特殊向量**. 因此, 如果 x 是一个数, 则 $\vec{x}$ 是一个特殊向量. 反之, 如果一个特殊向量以 y 为终点, 则它就等于向量 $\vec{y}$.

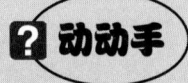 证上述断言: 如果一个特殊向量以 y 为终点, 则它就等于向量 $\vec{y}$.

处理特殊向量的好处是其起点总是 0. 知道了它的长度和方向就足以确定特殊向量的终点. 因此,

特殊向量由它的长度和方向完全确定.

例如, 如果向量 $\vec{x}$ 的长度是 3.7 并且方向向左, 则有理数 $x = (3.7)^*$. 如果向量 $\vec{y}$ 的长度是 $\frac{23}{7}$ 并且方向向右, 则有理数 $y = \frac{23}{7}$.

27.2 特殊向量的加法

为定义有理数的加法做准备，我们先来描述特殊向量如何做加法. 令 x 和 y 为有理数，则 $\vec{x} + \vec{y}$ 的和是一个特殊向量，其终点按下述方式得到：将 $\vec{y}$ 沿着数轴滑动使得它原来的起点 (0 点) 变为点 x，把此时 $\vec{y}$ 的新终点定义为 $\vec{x} + \vec{y}$ 的终点.

直观上讲，$\vec{x} + \vec{y}$ 是一个特殊向量，其终点可以通过"将 x 沿着向量 $\vec{y}$ 移动得到". 例如，下面是 $\vec{3} + \vec{1^*}$ 的图示，结果是特殊向量 $\vec{2}$，因为其终点为竖直箭头所指示的点：

另外一个例子，$\vec{3^*} + \vec{1.2}$ 的和是特殊向量 $\overrightarrow{(1.8)^*}$，因为其终点是向下箭头所指示的点：

因为 $\vec{x}$ 和 $\vec{x^*}$ 长度相等且方向相反，所以我们有

$$\vec{x} + \vec{x^*} = \vec{0}.$$

动动手 验证上述结论.

下面的观察对讨论向量的加法非常重要：

重要观察 令 x 和 y 为有理数，则

(i) 和向量 $\vec{x} + \vec{y}$ 的方向与长度较长的向量的方向相同；

(ii) 如果 $\vec{x}$ 和 $\vec{y}$ 方向相同，那么 $\vec{x} + \vec{y}$ 的长度是两个向量长度的和；如果 $\vec{x}$ 和 $\vec{y}$ 方向相反，那么 $\vec{x} + \vec{y}$ 的长度是两个向量长度的差.[①]

证明 (i) 当 $\vec{x}$ 和 $\vec{y}$ 方向相同时，直接根据特殊向量的加法定义可知结论成立. 当 $\vec{x}$ 和 $\vec{y}$ 方向相反时，以下图示考虑了所有的情况.

首先，假定 $\vec{x}$ 向左并且长度比 $\vec{y}$ 长，则 $\vec{x} + \vec{y}$ 方向向左，竖直箭头所指的点为终点：

[①] 这里"差"的意思是较长的长度减去较短的长度，因此它总是正的.

其次，假定 $\vec{x}$ 向左并且长度比 $\vec{y}$ 短，则 $\vec{x}+\vec{y}$ 方向向右，竖直箭头所指的点为终点：

接下来，假定 $\vec{x}$ 向右并且长度比 $\vec{y}$ 长，则 $\vec{x}+\vec{y}$ 方向向右，竖直箭头所指的点为终点：

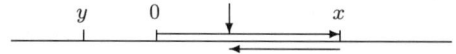

最后，假定 $\vec{x}$ 向右并且长度比 $\vec{y}$ 短，则 $\vec{x}+\vec{y}$ 方向向左，竖直箭头所指的点为终点：

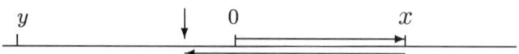

(ii) 当 $\vec{x}$ 和 $\vec{y}$ 方向相同时，直接根据特殊向量的加法定义可知结论成立. 当 $\vec{x}$ 和 $\vec{y}$ 方向相反时，(ii) 的正确性可由上述图示可得，其原因是，$\vec{x}+\vec{y}$ 终点与 0 的距离是较长的向量和较短的向量的长度差，证明完毕. □

上述重要观察有一些简单的推论. 最明显的是下面的一个.

(iii) 如果有理数 x 和 y 是都正数 (负数)，则 $\vec{x}+\vec{y}$ 的方向向右 (方向向左)，并且 $\vec{x}+\vec{y}$ 的长度是 $\vec{x}$ 与 $\vec{y}$ 的长度之和.

而且，既然任意两个特殊向量 $\vec{x}$ 与 $\vec{y}$ 的和 $\vec{x}+\vec{y}$ 由 $\vec{x}$ 与 $\vec{y}$ 的方向和长度决定，并且 $\vec{x}+\vec{y}$ 的方向与长度与 $\vec{y}+\vec{x}$ 的方向和长度都相同 (由重要观察 (i), (ii) 得知)，我们得到下面的结论：

特殊向量的加法满足交换律，即对任意的有理数 x 和 y，有

$$\vec{x}+\vec{y}=\vec{y}+\vec{x}.$$

由上述重要观察还可以推出：

(iv) 如果 x, y, z 是有理数，$(\vec{x}+\vec{y})+\vec{z}$ 的长度是 $\mathcal{L}$ 与 $\mathcal{R}$ 的差，这里的 $\mathcal{L}$ 是 $\vec{x}, \vec{y}, \vec{z}$ 中方向向左的向量长度之和，$\mathcal{R}$ 是 $\vec{x}, \vec{y}, \vec{z}$ 中方向向右的向量长度之和.

(v) 如果 x, y, z 是有理数，若 $\mathcal{L} > \mathcal{R}$，则 $\vec{x}+\vec{y}+\vec{z}$ 方向向左；若 $\mathcal{L} < \mathcal{R}$，则 $\vec{x}+\vec{y}+\vec{z}$ 方向向右.

(iv) 与 (v) 的证明可根据图示分情况讨论得证. 下面是 $\mathcal{L} > \mathcal{R}$ 的两个例子. 在第一个图中，$\vec{x}$ 方向向左，$\vec{y}$ 与 $\vec{z}$ 方向向右，$\vec{x}$ 的长度大于 $\vec{y}$ 与 $\vec{z}$ 的长度之和，$\mathcal{L}$ 是 $\vec{x}$ 的长度

而 $\mathcal{R}$ 是 $\vec{y}$ 与 $\vec{z}$ 的长度之和. 由图示可知, 特殊向量 $(\vec{x}+\vec{y})+\vec{z}$ 的终点是图中竖直箭头所指的点.

在下一个图中, $\vec{x}$ 和 $\vec{y}$ 方向向右, $\vec{z}$ 方向向左, $\vec{z}$ 的长度大于 $\vec{x}$ 与 $\vec{y}$ 的长度之和, $\mathcal{L}$ 是 $\vec{z}$ 的长度而 $\mathcal{R}$ 是 $\vec{x}$ 与 $\vec{y}$ 的长度之和. 同样的, 由图示可知, 特殊向量 $(\vec{x}+\vec{y})+\vec{z}$ 的终点是图中竖直箭头所指的点.

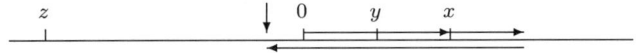

做为练习, 请将 (iv) 与 (v) 的证明补充完整.

为了验证加法的结合律, 我们必须证明 $(\vec{x}+\vec{y})+\vec{z}=\vec{x}+(\vec{y}+\vec{z})$. 由加法的交换律, 这等价于要证明 $(\vec{x}+\vec{y})+\vec{z}=(\vec{y}+\vec{z})+\vec{x}$. 观察 (iv) 与 (v), 这表明后一等式的两边是具有相同长度和方向的向量. 因此,

  特殊向量的加法满足结合律. (见第 2 章的练习 2)

注意, 到目前为止我们还没有讨论下述问题: 如果 x 与 y 是有理数, 则特殊向量 $\vec{x}+\vec{y}=\vec{z}$ 所对应的数 z 是否也为有理数? 注意到, 如果 x 与 y 是有理数, 则 $\vec{x}+\vec{y}=\vec{z}$ 的长度是正有理数 w, 使得 $\vec{w}$ 或者 $\vec{w^*}$ 与 $\vec{z}$ 有相同的长度和方向, 因此 $\vec{z}=\vec{w}$ 或 $\vec{z}=\vec{w^*}$, 即 $z=w$ 或 $z=w^*$. 由于 w 与 w^* 是有理数, 我们证明了:

  如果 x 与 y 是有理数, 则存在有理数 z 使得 $\vec{z}=\vec{x}+\vec{y}$.

27.3 有理数的加法

通过令 x 和 y 为分数并且考虑向量 $\vec{x}+\vec{y}$, 我们可以看出向量加法与有理数加法之间的关系. 由上一节中的**重要观察**的推论 (iii) 可知, 对于分数 x 与 y, $\vec{x}+\vec{y}$ 的终点实际上是 $x+y$. 这提示我们, 可以利用向量的加法来定义有理数的加法. 这同时也提示我们, 如果 x 与 y 不只是分数而是任意的有理数, 那么有理数 $x+y$ "应该是" $\vec{x}+\vec{y}$ 的终点. 现在我们将遵循这一提示继续前进.

对任意的有理数 x y, $x+y$ 的**和**形式地定义为向量 $\vec{x}+\vec{y}$ 的终点. 简而言之,

$$x+y \stackrel{\text{定义}}{=\!=} \vec{x}+\vec{y} \text{ 的终点.}$$

换句话说，$x+y$ 被定义为数轴上的一个点，使得特殊向量 $\overrightarrow{(x+y)}$ 满足

$$\overrightarrow{(x+y)} = \overrightarrow{x} + \overrightarrow{y}.$$

根据特殊向量加法的定义和上一节的最后一个结论立即可以得到：

(vi) 如果 x 与 y 是有理数，则 $x+y$ 也是有理数，且它到 x 的距离等于 y 的长度，如果 y 是负数则它在 x 的左边，如果 y 是正数则它在 x 的右边.

由重要观察 (ii) 可知，如果 x 与 y 是有理数，则 $x+y$ 也是有理数. (比较第 27 章的练习 1.) 加法的定义也表明了，对任意的有理数 x，有

$$0 + x = x + 0 = x$$

以及

$$x + x^* = 0.$$

第二个性质是上一节的 $\overrightarrow{x} + \overrightarrow{x^*} = \overrightarrow{0}$ 的推论. 一般的，如果对有理数 x，存在 y 使得 $x+y=0$，则称 y 为 x 的**相反数**. 于是，第二个性质表明，对于任意的有理数 x，x 的镜面对称点 x^* 是 x 的相反数. 在本章练习 5(b) 中我们将证明，x^* 是 x 的唯一的相反数. 因此，x 的相反数与 x 的镜面对称点表达的是同一个概念. 在强调几何直观时，我们用术语镜面对称点; 在强调代数性质 (特别是与减法相关的一些性质) 时，我们用更为简洁的相反数的说法. 从某种意义上说，对任意的有理数 x，存在 x^* 使得 $x + x^* = 0$，这样一个事实促使我们认为有理数应该具有某些好的性质. 事实上，如果 A 和 B 只是分数而不是有理数，而且它们不同时为 0，就不会有 $A + B = 0$.

在上一节我们证明了特殊向量的加法满足结合律和交换律. 因此,

(vii) 有理数的加法满足结合律和交换律.

由上节中的 (iii) 和上面的 (vii) 我们可以得到

(viii) 如果 x 与 y 都是正数，则 $x+y$ 就是分数的通常加法; 如果 x 与 y 是负数，则 $x+y$ 是负的并且是 $x^* + y^*$ 的镜面对称点.

正如本章开头所提到的，我们想要的关于有理数加法的定义要保证当有理数是正数时，这个定义与分数的加法一致. 断言 (viii) 说明我们确实做到了这一点.

27.4 具体计算

我们现在能够具体地计算任意两个有理数的和. 我们知道, 对任意的有理数 x 有 $0+x = x$, 所以只需要考虑两个非零有理数的和. 我们考虑任意两个正有理数 s 和 t, 因此 s^* 和 t^* 是负数. 于是, 下面的四个和

$$s+t, \quad s^*+t^*, \quad s+t^*, \quad s^*+t,$$

包含了两个非零有理数之和的所有可能情况. 因为加法满足交换律, 所以当我们考虑了第三个和 $s+t^*$, 就不需要再考虑第四个和 s^*+t(记住: s 和 t 代表任意的正有理数). 此外, 由上节的 (viii) 我们知道, $s+t$ 就是通常分数的加法. 因此, 我们将注意力主要集中在中间的两个和:

$$s^*+t^* \quad \text{与} \quad s+t^*.$$

s^*+t^* 的计算可以利用 (viii) 得到解决, 根据 (viii), 对任意的分数 s 和 t, 有

$$s^*+t^* = (s+t)^*.$$

这可以通过具体的向量图示验证结论, 例如,

$$\left(\frac{4}{3}\right)^* + \left(\frac{2}{5}\right)^* = \left(\frac{4}{3}+\frac{2}{5}\right)^*$$

以及

$$2^*+5 = (2+5^*)^*.$$

然而, 为了以后需要的方便, 我们将明确地表述出更一般的结论. 我们断言, 对任意的有理数 x 和 y(x 和 y 不必是正数), 有

$$x^*+y^* = (x+y)^*. \tag{27.1}$$

这也可以从 (viii) 得到. 事实上, 由于 "*" 不改变长度, 由重要观察 (ii) 知道 $\vec{x^*}+\vec{y^*}$ 和 $\vec{x}+\vec{y}$ 长度相等. 但是由于 $\vec{x^*}$ 与 $\vec{y^*}$ 与 $\vec{x}$ 与 $\vec{y}$ 方向明显相反, 所以特殊向量 $\vec{x^*}+\vec{y^*}$ 与 $\vec{x}+\vec{y}$ 长度相同且方向相反. 如果设 $\vec{x}+\vec{y} = \vec{z}$, 则 $\vec{x^*}+\vec{y^*} = \vec{z^*}$. 因此, 根据有理数和的定义, $x+y = z$, 则 $x^*+y^* = z^*$. 这就是 (27.1).

现在只需要考虑第三个和:

$$s+t^*.$$

分两种情况考虑: $s \geqslant t$ 和 $s \leqslant t$, 例如, $7+3^*$ 和 $2+5^*$. 在每一种情况下, 我们分别有:

$$7+3^* = 4 = 7-3 \quad \text{和} \quad 2+5^* = 3^* = (5-2)^*,$$

如下图所示:

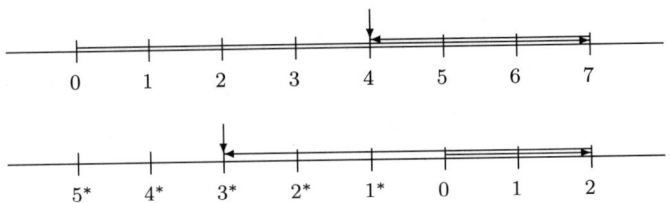

同理, 可以画图并应用第 27.2 节的 (iv) 和 (v), 得到

$$\frac{15}{4} + \left(\frac{5}{3}\right)^* = \frac{15}{4} - \frac{5}{3}$$

和

$$\frac{7}{6} + 2^* = \left(2 - \frac{7}{6}\right)^*,$$

原因如下:

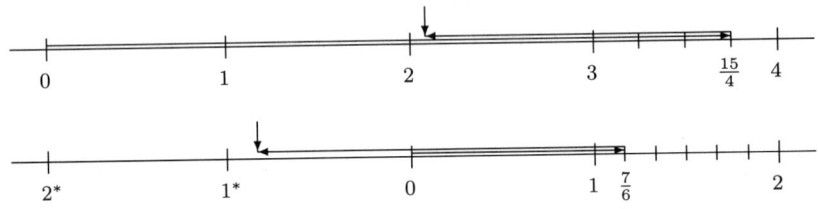

同样重要的是, 要能够通过应用精确的定义而不是借助于图示来完成上面的计算. 下面我们通过一个具体的例子来验证一下, 例如,

$$2 + 5^* = (5 - 2)^*.$$

按定义, $2 + 5^*$ 是向量 $\vec{2}$ 与 $\vec{5^*}$ 的和的终点. 由第 27.2 节的重要观察可知, 和向量 $\vec{2} + \vec{5^*}$ 的长度是 5 和 2 的长度差 (也就是 $5 - 2$), 又因为 $\vec{(5^*)}$ 比 $\vec{2}$ 长, 故其方向向左. 而方向向左长度为 $5 - 2$ 的向量的终点就是 $(5 - 2)^*$, 断言得证.

动动手 利用两种方法计算 $3 + \left(4\frac{5}{6}\right)^*$:

(i) 画向量图;
(ii) 利用重要观察直接计算.

第 27 章 有理数的加减法

上述例子使人相信下面的论断：

$$\text{如果 } s \geqslant t, \quad \text{则 } s + t^* = s - t; \tag{27.2}$$

$$\text{如果 } s < t, \quad \text{则 } s + t^* = (t - s)^*. \tag{27.3}$$

这两个断言都是重要观察 (i),(ii) 的直接推论. 考虑等式 (27.2). 由有理数加法的定义 (第 27.3 节), 只需要证明 $\vec{s} + \vec{t^*} = \overrightarrow{s-t}$. 由于 $\vec{t^*}$ 的长度是 t, 而且根据假设 $s \geqslant t$, 由重要观察 (i) 可知 $\vec{s} + \vec{t^*}$ 方向向右或者为 0. 由重要观察 (ii) 可得 $\vec{s} + \vec{t^*}$ 的长度是 $s - t$. 因此, $\vec{s} + \vec{t^*}$ 和 $\overrightarrow{s-t}$ 有相同的长度和方向, 故二者相等.

对于 (27.3), 同样的, 只需要证明 $\vec{s} + \vec{t^*} = \overrightarrow{(t-s)^*}$. 因为 $\vec{t^*}$ 的长度 t 比 $\vec{s}$ 的长度 s 长, 由重要观察 (i) 可知 $\vec{s} + \vec{t^*}$ 方向向左. 此外, 因为 $s < t$, 由重要观察 (ii) 可得 $\vec{s^*} + \vec{t}$ 的长度是 $t - s$. 而 $\overrightarrow{(t-s)^*}$ 是方向向左 (根据假定 $t - s > 0$) 且长度为 $t - s$ 的特殊向量, 由此得到 $s + t^* = (t-s)^*$. 根据 (27.2), 我们有 $5.1 + 2.8^* = (5.1 - 2.8) = 2.3$.

根据 (27.3), 我们有 $\left(\dfrac{8}{7}\right)^* + \dfrac{1}{3} = \left(\dfrac{8}{7} - \dfrac{1}{3}\right)^* = \left(\dfrac{17}{21}\right)^*$.

? 动动手 计算: (a) $\dfrac{7}{8} + \left(\dfrac{1}{3}\right)^*$; (b) $\left(7\dfrac{2}{3}\right)^* + 9\dfrac{1}{4}$; (c) $401 + (193.7)^*$.

? 动动手 计算: (a) $12\dfrac{1}{3} + 57^*$; (b) $\dfrac{11}{12} + \left(2\dfrac{1}{2}\right)^*$; (c) $\left(71\dfrac{1}{3}\right)^* + 68\dfrac{1}{5}$.

现在我们能够计算任意两个有理数之和.

27.5 以加为减

有理数加法的具体计算引出了下述见解: 在下述意义下, 分数的减法可以表达为有理数的加法. 考虑上一节中的一个等式,

$$\dfrac{15}{4} + \left(\dfrac{5}{3}\right)^* = \dfrac{15}{4} - \dfrac{5}{3}.$$

这里 $\frac{15}{4} - \frac{5}{3}$ 就是分数的通常减法 (因为 $\frac{15}{4} > \frac{5}{3}$). 如果我们将等式从右往左看, 则有

$$\frac{15}{4} - \frac{5}{3} = \frac{15}{4} + \left(\frac{5}{3}\right)^*,$$

所以减法 $\frac{15}{4} - \frac{5}{3}$ 就成为有理数 $\frac{15}{4}$ 和 $\left(\frac{5}{3}\right)^*$ 的加法. 正如我们在上一节所看到的, 这种现象在一个更一般的背景下都保持. 令 s, t 是任意的分数, 使得 $s \geqslant t$. 由 (27.2) 可得

$$s - t = s + t^*, \quad \text{当 } s \geqslant t \text{ 时}.$$

这个等式的一个重要特性是, 等式左边仅在 $s \geqslant t$ 时有意义, 而等式右边对任意的有理数 s 和 t 都有意义. 这就提示了任意有理数的**减法**的一种定义方法: 一般的, 对任意的有理数 x 和 y, 我们定义

$$x - y \stackrel{\text{定义}}{=} x + y^*.$$

如果 x, y 是分数且 $x > y$ 时, $x - y$ 的意义与第二部分中分数减法的意义一致. 我们并没有突发奇想地创造减法的新意义, 而是采取一个恰当的观点, 使得过去关于减法的知识在更广泛的背景下也成立.

作为 $x - y$ 的定义的一个结论, 我们有

$$0 - y = y^*.$$

这是因为, 根据定义, $0 - y = 0 + y^*$, 又根据第 27.3 节的结论有 $0 + y^* = y^*$, 从而 $0 - y = y^*$. 遵循常识, 我们将 $0 - y$ 简写为 $-y$. 因此有

$$-y = y^*.$$

当然, 现在我们采用通常的术语, 称 $-y$ 为 y 的**相反数**, 读做 "负 y", 称 "$-$" 为**负号**. 但是要记住, 如果 $y = 5^*$ 则 $-y = 5$ 是正数. 一个更好的称谓是, 将 $-y$ 读做 "减 y", 称 "$-$" 为**减号**(见【Lan88, 第 8 页】).

? 动动手 用有理数加法的定义计算:

(a) $2.1 - 7$; (b) $7^* - 3$; (c) $7.5^* - 12.6$; (d) $5^* - 2^*$; (e) $\left(\frac{2}{5}\right)^* - \left(\frac{8}{7}\right)^*$.

从现在开始, 我们放弃 y^* 的符号而采用 $-y$. 前面的许多等式将以更为熟悉的面貌出现. 例如, (25.1) 式成为

$$-0 = 0 \quad \text{且} \quad -(-x) = x, \quad \text{对所有有理数 } x \text{ 成立.}$$

从上面 $-y$ 的定义和 (25.1), 我们有

$$-y = y^*, \quad -y^* = y. \tag{27.4}$$

类似的, 减法的定义可以重新表述为

$$x - y \stackrel{\text{定义}}{=} x + (-y). \tag{27.5}$$

这就是你在数学中通常遇到的标准记法. 但是, 从概念上来说, (27.5) 不如 $x - y = x + y^*$ 含义清楚, 因为后者揭示了如下事实, 减去 y 就是加上其镜面对称点 y^*.

等式 (27.1) 现在成为众所周知的 "去括号" 法则:

$$-(x + y) = -x - y, \quad \text{对所有的有理数 } x \text{ 和 } y \text{ 都成立}. \tag{27.6}$$

对任意的有理数 x 和 y^*, 应用 (27.6) 得到 $-(x + y^*) = -x - y^*$. 根据减法的定义, 等式左边是 $-(x - y)$, 而应用 (25.1), 等式右边是 $-x + (y^*)^* = -x + y$, 因此有,

$$-(x - y) = -x + y, \quad \text{对所有的有理数 } x \text{ 和 } y \text{ 都成立}. \tag{27.7}$$

现在主旨非常明确: 为了理解关于减法的一切知识, 只需要更好地理解有理数的加法.

注记 学生推导 (27.6) 和 (27.7) 的通常方法是 "乘以 -1 并应用分配律", 也就是, 他们认为 (27.6) 之所以正确的理由在于:

$$-(x + y) = (-1)(x + y) = (-1)x + (-1)y = -x + (-y) = -x - y.$$

同样的, (27.7) 之所以正确的理由在于:

$$-(x - y) = (-1)(x - y) = (-1)x - (-1)y = -x - (-y) = -x + y.$$

这两个计算都正确, 但是对于 (27.6) 和 (27.7) 的证明来说显得有些繁琐. 上述计算应用了下面的事实, 即对于所有的有理数 x 有 $(-1)x = -x$, 我们将在第 29.3 节中的定理 29.2 证明这个结论. 然而, 对 (27.6) 和 (27.7) 的一个概念上的理解需要认识到, 正如我们所看到的, 它们

仅仅与有理数的加法和减法有关, 而与乘法无关. 因此, (27.6) 和 (27.7) 的上述简单证明是很有价值的.

> **? 动动手** 采用直接计算和应用 (27.6) 和 (27.7) 两种方法计算:
>
> (a) $5 - \left(\dfrac{1}{2} - 8\right)$; (b) $1 - \left(-\dfrac{1}{3} + \dfrac{5}{4}\right)$; (c) $\dfrac{2}{3} - \left(5 - \dfrac{4}{7}\right)$.

作为 (27.6) 的另一个应用, 我们回顾一下第 5.3 节中的恒等式 (5.5), 它断言, 对自然数 l, m, n, a, b, c 有

$$(l + m + n) - (a + b + c) = (l - a) + (m - b) - (n - c).$$

我们现在证明一个更一般的结论: 对于任意有理数 x, y, z, a, b, c 有

$$(x + y + z) - (a + b + c) = (x - a) + (y - b) + (z - c). \tag{27.8}$$

由下面给出的证明可以看出, 上述恒等式中括号里的有理数的个数从 3 变化到任意正整数 n 时等式依然成立.

在证明 (27.8) 之前, 我们注意到第 2.2 节定理 2.1 的陈述中把自然数换成有理数后结论依然成立. 这是因为, 其证明过程的推理纯粹是应用结合律和交换律, 而与字母 x, y, z 等是否为自然数无关. 既然有理数的加法也满足结合律和交换律, 那么定理 2.1 推广到有理数时依然成立.

理解了这一点之后, (27.8) 可证明如下.

由减法的定义有

$$(x + y + z) - (a + b + c) = (x + y + z) + (a + b + c)^*,$$

连续两次应用 (27.1), 我们有

$$(a + b + c)^* = (a + b)^* + c^* = a^* + b^* + c^*,$$

此处我们应用了第 2.2 节定理 2.1 的一个有理数版本去括号. 于是,

$$\begin{aligned}
(x + y + z) - (a + b + c) &= x + y + z + (a + b + c)^* \\
&= x + y + z + a^* + b^* + c^* \\
&= x + a^* + y + b^* + z + c^*
\end{aligned}$$

$$= (x + a^*) + (y + b^*) + (z + c^*)$$
$$= (x - a) + (y - b) + (z - c),$$

其中第一行与最后一行是减法的定义. 这就证明了 (27.8). 从证明中可以清楚地看到, (27.8) 之所以正确是因为, 根据定义, 有理数的减法可以用加法来表达 (以加为减).

有理数减法的上述定义使得我们不仅可以讨论任意两个有理数的减法 (例如, 第 5 章的练习 17), 并且揭示了下述事实: 在讨论有理数时, 减法可以表达为加法. 在第 29 章中将分配律推广到有理数的加法和减法时, 这一事实将会再次显现出来.

练习

1. 详细地解释下面的问题, 令 x 和 y 为有理数:
(a) 为什么 $x + y$ 是有理数;
(b) 为什么对任意有理数 x 成立 $x + x^* = 0$.

2. 对特殊向量 $\vec{x}, \vec{y}, \vec{z}$:
(a) 当 $\vec{x}$ 的长度大于 $\vec{y}$ 和 $\vec{z}$ 的长度之和, 且 x 是负数, y, z 是正数时;
(b) 当 $\vec{x}$ 的长度小于 $\vec{y}$ 和 $\vec{z}$ 的长度之和, 但是大于 $\vec{y}$ 或 $\vec{z}$ 的长度之一, 且 x 是负数, y, z 是正数时.

证明: 结合律 $(\vec{x} + \vec{y}) + \vec{z} = \vec{x} + (\vec{y} + \vec{z})$.

3. 用向量直接计算:

(a) $\dfrac{1}{2} + \left(1\dfrac{1}{4}\right)^*$; (b) $\dfrac{2}{3} + \dfrac{5}{6}$; (c) $2\dfrac{1}{3} + 4.1$; (d) $99.5 + 101^*$;

(e) $\left(\dfrac{2}{7}\right)^* + \left(\dfrac{6}{57}\right)^*$; (f) $(13.4)^* + 2\dfrac{3}{4}$; (g) $\left(\dfrac{12}{5}\right)^* + \dfrac{2}{3}$; (h) $\left(\dfrac{11}{5}\right)^* + 4\dfrac{2}{3}$.

4. 计算:

(a) $-3\dfrac{1}{2} + \dfrac{7}{8}$; (b) $1\dfrac{2}{3} - 6.18$; (c) $-4.7 + 2\dfrac{1}{3}$; (d) $-11\dfrac{2}{5} - 2.6$.

5. 设 x 和 y 是有理数, 证明:
(a) 如果 $x + y = x$, 则 $y = 0$;
(b) 如果 $x + y = 0$, 则 $x = y^*$ 和 $y = x^*$.

6. 当你试图向一个初一年级的学生解释第 27.5 节中 (27.7) 的正确性时, 他申辩自己不需要知道. 他说, 如果你想证明 $-(4 - 6) = -4 + 6$, 他可以计算等式两边的结果都是 2. 同样, $-(5 - (-1)) = -5 + (-1)$ 的正确性可以通过计算等式两边来验证, 两边结果都是 -6, 等等. 在他看来, 他总可以像这样用计算去验证一个等式是否正确, 因此他很疑惑为什么要为 (27.7) 的证明如此费心. 你对他怎么解释? 此外, 使他确信应该知道后, 你能向他解释 (27.7) 为什么是正确的吗?

7. 第 26 章的开头讨论了有理数对解方程的应用.

(a) 沿着这个方向, 证明: 如果 x 是 $7+x=5$ 的一个解, 则 $x=2$*.

(b) 令 A 和 B 为有理数, 证明: 方程 $A+x=B$ 存在有理数解 x.

第 28 章
再谈有理数的加减法

利用向量进行有理数加减运算的方法的确相当不错，但其缺点是，没有相应的方法得到有理数的乘法和除法. 有理数的乘除法需要更抽象的观点. 作为准备知识，我们现在来解释如何从同样抽象的观点来看待有理数的加减法. 这样做的好处是，因为你已经在第 27 章中对有理数的加减法有了全面的了解和认识，所以从一个稍微抽象一点的观点来讨论一个熟悉的问题不会让你感觉太突然. 这将为你不可避免地面对乘法的抽象讨论做好铺垫.

本章及下一章的抽象处理与第一、二部分的最主要区别在于，后者在证明两个数 A 和 B 相等的方法时通常是从 A 出发计算到 B 结束. 例如，关于分子为 1 的两个分数之和的结论 $\frac{1}{m} + \frac{1}{n} = \frac{m+n}{mn}$，证明如下：

$$\frac{1}{m} + \frac{1}{n} = \frac{n}{mn} + \frac{m}{mn} = \frac{m+n}{mn}.$$

另一方面，用抽象方法证明两个数相等，通常需要将两个数的概念重新定位，使得从新的角度来看，这两个数具有共同的特性，从而证明了两数相等. 接下来的几节中有许多这种推理论证的例子，在本章中作为举例我们只需关注基本事实 1, 2, 3 以及等式 (28.1) 与 (28.2) 的证明. 为了习惯这种新的思维方式，我们需要重新定位在第一、二部分形成的思维模式. 在课堂上，这是一类教学难点，教师务必对此特别关注.

令人惊奇的是，事实上，这个更为抽象的方法与这个主题的历史发展却更加接近. 我们所做的是，理所当然地认为有理数具有与分数完全一样的性质，也就是说，有理数的运算遵循结合律、交换律和分配律，并且 0 和 ∗ 具有"应该"有的性质：对于所有的有理数 x，有 $x + 0 = x$ 和 $x + x^* = 0$. 基于这个事实，我们利用数学推理推导出有理数所有的一般性质. 西方①第一个对负数展开讨论的人是亚历山大的丢番图，大约生活在公元 250 年. 他得出了负数应该遵循的一系列法则. 后人从他的著作中推断，他得出这些法则大概是因为他期望这些新数具有"与分数完全一样的性质，即新数遵循结合律、交换律和分配律". 直到 19 世纪，人们才全面地理解负数.

---
①中国古代的资料《九章算术》(【KCL99】) 对负数也做了系统的处理，这本书囊括了中国从公元前 10 世纪到公元 1 世纪之间积累的数学知识.

请大家谨记，至少就逻辑推导而言，我们必须就像从来没有接触过第 27 章的内容一样来学习本章的内容. 假定我们只了解第 25 章和 26 章的知识，现在重新开始吧.

本章各节安排如下：

关于加法的假设

基本事实

具体计算

基本假设和基本事实的复习

28.1 关于加法的假设

对有理数加法和乘法的核心思想的认识是，不论加法和乘法如何定义，我们都期望它们满足结合律、交换律和分配律，因此不妨一开始就假定所有这些性质都成立. 将结合律、交换律和分配律视为理所当然的另一个实际原因是：我们的思维已经习惯了它们的存在，如果它们不成立，那么我们就不得不对通常的运算规则进行深刻的反思. 历史上，18 世纪以前的人们在不得不面对"新"数，例如负数和复数时，确实也遭遇了这样的情况. 他们的工作格言差不多是说，"不论它们是什么数，我们像处理其他的数一样来处理它们." 那些人是幸运的，因为结果证明，这一观点是正确的. "幸运"指的是，现在我们知道，并不是每一个"数系"都遵循这些定律，但幸好实数和复数有这样的性质. 特别的，有理数遵循这些定律，这正是我们目前的出发点.

于是，对于有理数的加法，我们做出以下**基本假设**：

(A1) 给定任意两个有理数 x 和 y，存在加法运算将两个数相加后得到唯一的有理数 $x+y$，使得如果 x 和 y 是分数，$x+y$ 是通常分数的和. 除此之外，上述有理数加法满足结合律和交换律.

还有下面两条比较自然的假设：

(A2) 对于任意有理数 x，有 $x+x^*=0$.

(A3) 对于任意有理数 x，有 $x+0=x$.

其中，(A2) 正式说明了 $2+2^*=0$ 成立. 它将分数的镜面对称点定位得非常准确（即定位为其相反数）. 因此，2^* 是方程 $2+x=0$ 的一个解. 在下一节中我们将证明它是唯一的解. 至于 (A3)，它并不像表面上看起来得那么平凡：如果 x 是一个负有理数，则 $x+0$ 现在是一个不确定的量. 因此，它明确地告诉我们，对任意有理数 x，有 $x+0=x$.

因为我们现在假定有理数的加法是可交换的，所以由 (A2) 和 (A3) 可以推出

(A2$'$) 对于任意有理数 x，有 $x^*+x=0$.

(A3$'$) 对于任意有理数 x，有 $0+x=x$.

28.2 基本事实

我们还需要了解有理数加法的一些基本性质. 本节的前三个基本事实是非常显然的. 但是, 可能正是因为内容很抽象, 显然的事实有时反而会推导出意料之外的结论, 在下面几节中遇到基本事实的应用时你将会理解这一点.

基本事实 1 对任意的有理数 x 和 y, 如果 $x + y = x$, 那么 $y = 0$.

> **? 动动手** 在处理一般情况之前先试着证明以下特殊情况: 若 $67 + y = 67$, 则 $y = 0$. 切记, 现在只能使用基本假设 (A1)–(A3).

首先, 这个性质值得了解, 否则, 这个 y 还能是其做的什么数呢? 其次, 这个性质也非常有用, 比如, 如果我们想证明有理数 y 等于 0, 只需要找一个有理数 x 使得 $x + y = x$, 再由基本事实 1 就可以知道 $y = 0$. 你或许会认为, 我们从来就不需要证明某个数等于 0, 但是当你学习了第 29 章中关于乘法的内容 (例如, 见第 29.1 节中的 (M3) 证明) 之后可能就不会这么认为了.

下面给出基本事实 1 的证明. 给定 $x + y = x$, 等式两边同时加上 x^*, 根据 (A1) 中两数之和的唯一性可知, 等式仍然成立, 故 $x^* + (x + y) = x^* + x$. 由结合律, 上式等价于 $(x^* + x) + y = x^* + x$. 根据 (A2′), $x^* + x = 0$, 因此 $0 + y = 0$, 由 (A3′) 可知 $y = 0$.

基本事实 2 对于任意有理数 x 和 y, 如果 $x + y = 0$, 那么 $y = x^*$ 且 $x = y^*$.

这个断言与基本事实 1 有一定的联系, 并且在应用中非常有效. 比如说, 有时我们需要证明, 对于给定的有理数 x, 另一个有理数 y 等于 x^*. (如果大家有任何疑问, 请看下面的基本事实 3, 但是在下一章中会遇到许多类似的情况, 例如, 第 29 节的定理 29.2.) 那么由基本事实 2 可知, 只需证明 $x + y = 0$. 在第三部分的剩余章节中将会多次应用这种推理思路.

我们只需要证明 $y = x^*$, 至于 $x = y^*$ 的证明, 只需要利用 (25.1) 在等式 $y = x^*$ 两边同时取 ∗ 即可. 由 $x + y = 0$ 可以推出 $x^* + (x + y) = x^* + 0$ (只需两边加上 x^*). 利用结合律可得 $(x^* + x) + y = x^* + 0$, 由 (A2′) 和 (A3) 可知 $0 + y = x^*$. 于是, 在等式左边再利用 (A3′), 即可得到 $y = x^*$.

基本事实 3 对于任意有理数 x 和 y, $(x + y)^* = x^* + y^*$.

这是我们在第 27 章中遇到的 "去括号" 法则. 用分情况讨论的方法可以给出一个初等的证明, 但是我们下面利用基本事实 2 给出的证明更具有启发意义. 基本事实 3 断言, $x^* + y^*$

是 $(x+y)$ 的镜面对称点. 由基本事实 2, 只需证明

$$(x+y)+(x^*+y^*)=0.$$

反复利用结合律和交换律, 我们有

$$(x+y)+(x^*+y^*)=(x+x^*)+(y+y^*)=0+0=0,$$

其中我们用到了 (A2) 和 (A3). 证毕.

> **动动手** 计算: (a) $\left(2\dfrac{6}{7}\right)^* + \left(3\dfrac{2}{5}\right)^*$; (b) $\left(\dfrac{24}{11}\right)^* + \left(156\dfrac{1}{2}\right)^*$.

28.3 具体计算

证明上述基本事实 1-3 成立之后, 我们现在可以精确计算两个有理数的和.① 在上一章中我们用向量来计算两个数的和, 但是不同方法之间的差别会非常明显. 因为根据 (A3′) 和 (A3), 我们已经知道如何计算 0 与任意数的和, 所以我们只需要解决非零有理数的和即可. 令 s 和 t 为任意的正有理数, 即非零分数. 在第二部分分数的加法中已经确定 $s+t$ 的和, 故只需考虑另外三种可能情况:

$$s^*+t^*, \quad s+t^*, \quad s^*+t.$$

由基本事实 3, 我们有

$$s^*+t^* = (s+t)^*,$$

这就解决了第一种可能情况. 例如, $\left(\dfrac{2}{3}\right)^* + \left(\dfrac{4}{5}\right)^* = \left(\dfrac{2}{3}+\dfrac{4}{5}\right)^* = \left(\dfrac{22}{15}\right)^*.$

由交换律知, $s^*+t = t+s^*$, 这可将第三种可能情况转化为第二种可能情况. (这样讲或许有点含糊, 我们明确地解释一下: 如果对于任意正有理数 s 和 t, 知道了如何计算 $s+t^*$, 就意味着对于任意正有理数 s 和 t, 知道了如何计算 s^*+t.) 因此只需要考虑第二种可能情况, $s+t^*$. 对此, 我们分成两种情形讨论: $s \geqslant t$ 和 $s < t$. 首先考虑第一种情形. 我们断言:

$$\text{若 } s \geqslant t, \text{ 则 } s+t^* = s-t. \tag{28.1}$$

---

①再次强调: 假定我们只知道 (A1) — (A3), 而不知道第 27 章的知识.

为了获得理解 (28.1) 的感觉, 我们先从(A1) − (A3)的观点来看一下为什么 $9+5^* = 4(= 9−5)$. 既然不知道如何直接计算, 那么我们能做的最好的事情就是从等式右边的 4 下手. 我们知道 $4 + 5 = 9$, 等式两边同时加上 5^* 得到 $(4 + 5) + 5^* = 9 + 5^*$, 又根据结合律得

$$(4 + 5) + 5^* = 4 + (5 + 5^*) = 4 + 0 = 4,$$

故由 $(4 + 5) + 5^* = 9 + 5^*$, 我们得到 $9 + 5^* = 4$, 证毕.

一般情况的证明与这个例子在本质上是相同的. 这是因为, 若 $s \geqslant t$, 则 $s - t$ 作为分数的减法有意义, 且 $(s - t) + t = s$. 等式两边同时加上 t^*, 得

$$((s - t) + t) + t^* = s + t^*.$$

由结合律, 上式左边等于

$$(s - t) + (t + t^*) = (s - t) + 0 = s - t.$$

因此, $s - t = s + t^*$, 这正是我们要证明的.

接下来处理第二种情形: $s < t$. 我们需要证明:

$$若 s < t, \quad 则 \ s + t^* = (t - s)^*. \tag{28.2}$$

同样, 我们先来验证一个具体的例子: $3 + 8^* = 5^*(= (8 - 3)^*)$. 如果我们按照 (28.1) 的推导过程, 应当从等式右边出发. 但是等式右边是负数, 而到目前为止我们对负数能做的事不是很多, 因此我们需要换一种不同的思路. 通过观察, 我们发现可以利用第 25 章中的 (25.1) 和基本事实 3 对等式左边进行变换:

$$3 + 8^* = (3 + 8^*)^{**} = (3^* + 8^{**})^* = (3^* + 8)^* = (8 + 3^*)^*.$$

对 $8 + 3^*$ 应用 (28.1) 得 $8 + 3^* = 8 - 3 = 5$. 因此 $3 + 8^* = (8 + 3^*)^* = 5^*$. 证毕.

对于一般情况, 我们用同样的方法考虑. 根据基本事实 3 和 (25.1), 对等式 (28.2) 的左边进行变换:

$$(s + t^*) = (s + t^*)^{**} = (s^* + t^{**})^* = (s^* + t)^*.$$

因此, 我们需要证明

$$(s^* + t)^* = (t - s)^*.$$

只需证明 $s^* + t = t - s$, 或者

$$t + s^* = t - s.$$

由于 $t > s$, 上式就是对 (28.1) 交换 s 和 t 的位置即可. (28.2) 的证明结束.

总之, 我们完全根据假设 (A1)–(A3) 说明了如何计算任意两个有理数的和.

28.4 基本假设和基本事实的复习

如同在第 27 章一样, 一般的, 对任意两个有理数 x 和 y, 我们定义

$$x - y \stackrel{\text{定义}}{=} x + y^*.$$

并且, 原因如前, 我们写

$$-y = y^*,$$

并用符号 $-y$ 代替 y^*.

在这个新记号下, (A2) 和基本事实 2 分别表述为:

对于任意有理数 x, $x + (-x) = -x + x = 0$;

对于任意有理数 x 和 y, 若 $x + y = 0$, 则 $y = -x$ 且 $x = -y$.

在基本事实 3 中换用新符号, 我们再次得到"去括号"法则: 对任意的有理数 x, y, 有

$$-(x + y) = -x - y,$$

$$-(x - y) = -x + y.$$

其中第一式是根据基本事实 3 得到, 第二式可以根据第一式得出, 推导过程为:

$$\begin{aligned}
-(x - y) &= -(x + y^*) && \text{(减法的定义)} \\
&= -x - y^* && \text{(去括号法则)} \\
&= -x + (y^*)^* && \text{(减法的定义)} \\
&= -x + y. && \text{(根据 (25.1))}
\end{aligned}$$

现在结论非常明确: 为了理解有理数的减法, 只需要更好地理解有理数的加法.

注记 殊途同归, 现在我们得到了与第 27 章结尾处相同的结论. 于是, 这两章中关于有理数加法的所有结论都有了两种不同的证明方法. 从现在起, 我们可以随便利用这两章中的任何结论来处理有理数加减法的问题.

练习

1. 利用 (A1)–(A3) 计算:

(a) $-3.6 - \left(4\dfrac{7}{8}\right)$; (b) $-3.6 + \left(4\dfrac{3}{8}\right)$; (c) $2\dfrac{2}{5} - 7\dfrac{3}{4}$;

(d) $2\dfrac{1}{7} - 6.5$; (e) $12 - ((-6.7) + (-4.4))$; (f) $7 - \left(2.5 - 3\dfrac{2}{3}\right)$;

(g) $1 - \left(\left(-\dfrac{2}{3}\right) + \dfrac{5}{6}\right)$; (h) $(401.5 - 247.6) - \left(\dfrac{14}{5} - 8.2\right)$;

(i) $(-7003.2 + 5277.4) - \left(\dfrac{1}{5} - 3\dfrac{2}{3}\right)$.

2. 利用 (A1)–(A3) 重新计算第 27 章的练习 7, 即

(a) 证明: 如果 x 是 $7 + x = 5$ 的一个解, 那么 $x = 2^*$;

(b) 令 A 和 B 为有理数, 证明: 方程 $A + x = B$ 存在有理数解 x.

3. (本题为第 5.4 节关于减法运算法则的讨论画上了句号) 详细阐述在计算 $756 - 389$ 时所采用的下述方法之所以正确的原因.

从任何方向做竖式相减, 可以从左向右, 或者从右向左, 只要你喜欢也可以从中间:

$$\begin{array}{r} 756 \\ -389 \\ \hline 4[\![-3]\!][\![-3]\!] \end{array}$$

其中 $[\![-3]\!]$ 代表相应列纵向相减的结果. 为了得到最后答案, 方法是这样的: 把 $4[\![-3]\!][\![-3]\!]$ 看做是以 4, $[\![-3]\!]$ 和 $[\![-3]\!]$ 分别为百位、十位和个位的自然数, 并写出它的展开式. 因此,

$$4[\![-3]\!][\![-3]\!] = 4 \times 10^2 + (-3) \times 10^1 + (-3) \times 10^0.$$

第29章 有理数的乘法

在中小学数学中, 负负得正的问题可以说是学生问得最多的问题. 这表明中小学的有理数乘法的教学欠妥. 这一课题的教学内容似乎主要是让学生无需理解地记住一些规则. 多年来, 关于负负得正产生了多种多样的类比的解释, 但是, 这些类比在最后的分析中却毫无意义. 很多人显然没有意识到, 真正数学上的解释要比上述种类纷繁的类比简单得多.

我们将按照处理其他数学课题的方式来讲授有理数的乘法. 在这样一个讨论中, 对假设与结论的陈述都非常清晰, 并且将采用尽可能简单的数学推理从假设推导出结论. 正如我们在第 28.1 节中提到的, 我们的主要假定是, 有理数与自然数和分数的运算完全一样: 即任意两个有理数满足加法和乘法的结合律和交换律以及乘法关于加法的分配律. 因为这个假定与我们关于 "数系" 的常识一致, 因而是合情合理的. 我们在前面曾经指出过, 这或多或少就是 18 世纪之前的人们处理负数的方式.

毫无疑问, 在中小学课堂上关于有理数乘法的讨论, 其高潮仍然是负负得正. 鉴于其重要性, 我们分两个步骤来证明, 先证明正整数的情况 (第 29.2 节), 然后是一般情况 (第 29.3 节). 我们希望, 这个论证的详细阐述会有助于学生从整体上接受这个看似难以理解的事实.

本章各节安排如下:

关于乘法的假设

正整数情况下的负负得正

具体计算

一些观察

29.1 关于乘法的假设

我们处理有理数乘法的方法与上一章中处理加法所采用的方法是一样的, 即首先给出类似的**基本假设**:[①]

[①] 见第 28.1 节的基本假设 (A1) — (A3).

第 29 章　有理数的乘法

(M1) 任意给定两个有理数 x 和 y, 存在乘法运算满足两个数相乘后得到唯一的有理数 xy, 并且若 x 和 y 是分数, 则 xy 是通常的分数乘积. 此外, 上述有理数乘法满足结合律、交换律和分配律.

我们还假定下述显然的事实:

(M2) 如果 x 是任意的有理数, 那么 $1 \cdot x = x$.

我们再次强调有必要明确给出这样的假设, 因为它包含了 $1 \cdot \left(-\dfrac{2}{3}\right) = -\dfrac{2}{3}$ 这样的事实, 而在此之前我们并不知道 $1 \cdot \left(-\dfrac{2}{3}\right)$ 等于多少.

与第 28.1 节的基本假设 (A3) 平行的结论是:

(M3) 对任意有理数 x, 有 $0 \cdot x = x \cdot 0 = 0$.

然而 (M3) 不是一个新的假设, 它是可以证明的. 证明的思想是利用 0 在加法表述中的数学性质, 也就是, 对任意给定的有理数 x, 0 是使得 $x + y = x$ 成立的唯一有理数 y. (这是第 27.3 节的 (vi) 或者第 28.2 节的基本事实 1 的结果.) 所以我们只需证明 $x + 0 \cdot x = x$. 证明如下:

$$\begin{aligned}
x + 0 \cdot x &= 1 \cdot x + 0 \cdot x && \text{(根据 (M2))} \\
&= (1 + 0) \cdot x && \text{(分配律 (M1))} \\
&= 1 \cdot x \\
&= x. && \text{(根据 (M2))}
\end{aligned}$$

因此, 我们有 $x + 0 \cdot x = x$. 正如我们所说的, 第 28.2 节的基本事实 1 或者第 27.3 节的 (vi) 表明, $0 \cdot x = 0$. 根据乘法交换律 (M1) 有 $x \cdot 0 = 0$, 因此 (M3) 得证.

我们希望将包含在上述证明中的一个富有成果的想法说清楚. 上述证明所做的实际上是利用我们所知道的加法的结果 (即若 $x + y = x$, 则 $y = 0$) 来证明乘法的性质 (即 $0 \cdot x = 0$). 为确保这样的证明可行, 我们首先必须把加法的信息转换成乘法的信息. 就我们目前的数学水平来说, 我们所能应用的唯一的转换工具就是分配律, 它表达了加法与乘法之间的一般关系——事实上, 也是它们之间的唯一的关系. 在本章的剩余部分, 我们将多次应用分配律, 其目的是把第 27 章和第 28 章有理数加法的已知信息转换成有理数乘法的信息.

29.2　正整数情况下的负负得正

现在我们开始介绍有理数的乘法, 第一个任务是找出乘法运算与其他已知的运算, 特别是乘法与镜面对称运算 $*$ 之间的关系. 加法与乘法之间的关系就是分配律, 这是假设 (M1) 的一部分. 至于运算 $*$, 我们自然要问, 乘法与 $*$ 是否可交换. 换句话说, 给定有理数 x 和 y, 首先取镜面对称点再相乘得到的结果 ($x^* y^*$) 和先相乘再取镜面对称点得到的结果 ($(xy)^*$)

有怎样的关系? 如果把乘法换成加法, 则其顺序是可交换的: $x^* + y^* = (x+y)^*$ (见第 27.4 节中的等式 (27.1)). 但是, 对于乘法运算来说, 次序是很要紧的, 因为 $x^*y^* \neq (xy)^*$, 或者, 用负号表示, 就是 $(-x)(-y) \neq -(xy)$. 众所周知, 正确的回答是, 对任意有理数 x 和 y, 有

$$(-x)(-y) = xy.$$

这个令许多中小学生非常头疼的事实, 也就是所谓的"负负得正", 其实有一个非常简短的证明. 我们在下一节的最后将给出这个证明. 但是, 在中小学课堂上一开始就讲这个证明对学生来说太复杂了. 因此, 在中小学课堂上, 最好不要讲这样的证明, 除非是对某些极有天赋的学生. 这里我们也不打算一上来就讲这个证明, 而代之以考虑一个更为熟悉的情况, 即负负得正为什么对所有的正整数成立. 对此, 我们将给出一个更为轻松的证明. 单独考虑正整数的情形是有原因的. 对于这个情况, 不仅学生更容易学 (这是毫无疑问的!), 而且老师也更容易教, 这一点我们立即就可以看到. 如果你能让所有的中小学生明白为什么 $(-1234)(-5678) = 1234 \times 5678$, 那么你就确实做得非常好了.

我们从这个断言的一个最简单的特殊情况开始: $x = y = 1$. 以后将会看到, 这也是证明一般结论的关键所在.

定理 29.1 $(-1)(-1) = 1$.

证明 令 $z = (-1)(-1)$. 我们的目标是证明 $z = 1$. 首先想想: 对于有理数 z, 如何证明它是否等于 1? 可以尝试的一种方法是, 验证 z 是否满足 $(-1) + z = 0$. 如果是, 则 $\vec{z}$ 是方向向右长度为 1 的向量, 如下图所示是从以 -1 为起点 0 为终点, 因此有 $z = 1$.①

通过计算有

$$\begin{aligned}(-1) + z &= 1 \cdot (-1) + (-1) \cdot (-1) \quad &\text{(根据 (M2) 以及 } z \text{ 的定义)} \\ &= (1 + (-1)) \cdot (-1) \quad &\text{(分配律)} \\ &= 0 \cdot (-1) \\ &= 0, \quad &\text{(根据 (M3))}\end{aligned}$$

所以可得 $z = 1$, 也就是 $(-1)(-1) = 1$. 证毕. □

我们可以将上述证明写得更加代数化, 而且这个新的表述恰好能够证明"负负得正"的一般结论: 对于任意有理数 x 和 y, 有 $(-x)(-y) = xy$. 为不至于操之过急, 我们先将上述证明改写如下:

---

① 这与化学中处理问题的方式完全相似: 要验证一种溶液是否呈酸性, 只需要用 pH 试纸验证是否变红.

根据第 28.1 节中的 (A2) 有, $(-1)+1=0$. 等式两边同乘以 -1, 由 (M1) 的唯一性, 有 $(-1)((-1)+1)=(-1)\cdot 0$. 利用分配律, 可得到

$$(-1)(-1)+1\cdot(-1)=(-1)\cdot 0.$$

根据 (M2), 上式左边等于 $(-1)(-1)+(-1)$, 由 (M3), 上式右边等于 0, 因此,

$$(-1)(-1)+(-1)=0.$$

等式两边同时加上 1 并应用加法的结合律有

$$(-1)(-1)+((-1)+1)=0+1.$$

现在左边是 $(-1)\cdot(-1)$, 而右边等于 1. 我们再次证明了定理 29.1.

> **? 动动手** 把你的同桌当成是初一学生, 请用两种不同的方法解释为什么 $(-1)(-1)=1$. (定理 29.1 对于理解有理数的乘法是如此的基本, 以至于这个练习值得强力推荐.)

我们现在可以对任意的正整数 m 和 n, 证明

$$(-m)(-n)=mn.$$

首先, 我们来考虑一个特殊情况: 为什么 $(-2)\cdot(-3)=6$? 根据第 27.5 节中等式 (27.6) 的去括号法则, 有

$$-2=-(1+1)=(-1)+(-1),\quad -3=(-1)+(-1)+(-1).$$

因此,
$$\begin{aligned}(-2)\cdot(-3)&=((-1)+(-1))\cdot((-1)+(-1)+(-1))\\&=\underbrace{(-1)(-1)+\cdots+(-1)(-1)}_{6}\quad\text{(根据分配律)}\\&=\underbrace{1+\cdots+1}_{6}\quad\text{(根据定理 29.1)}\\&=6.\end{aligned}$$

用同样的方式, 我们甚至可以向小学五年级学生解释为什么 $(-3)(-4)=12$, $(-5)(-2)=10$, 等等. 通过这些具体的计算, 教师或许可以让学生相信负数乘以负数等于正数这一事实.

本质上, $(-m)(-n) = mn$ 在一般情况的证明与前面的特殊情况是一样的.

令 m, n 是正整数. 我们首先证明, 对任意的正整数 n, 有

$$(-1) \cdot (-n) = n. \qquad (*)$$

根据第 28.2 节中的基本事实 3,

$$-n = -(\underbrace{1 + \cdots + 1}_{n}) = \underbrace{(-1) + \cdots + (-1)}_{n},$$

因此,

$$\begin{aligned}
(-1)(-n) &= (-1)\Big(\underbrace{(-1) + \cdots + (-1)}_{n}\Big) \\
&= \underbrace{(-1)(-1) + \cdots + (-1)(-1)}_{n} \quad \text{(根据分配律)} \\
&= \underbrace{1 + \cdots + 1}_{n} \quad \text{(根据定理 29.1)} \\
&= n,
\end{aligned}$$

这就是我们要证明的. 因此,

$$\begin{aligned}
(-m)(-n) &= \Big(\underbrace{(-1) + \cdots (-1)}_{m}\Big)(-n) \quad \text{(根据(27.6))} \\
&= \underbrace{(-1)(-n) + \cdots + (-1)(-n)}_{m} \quad \text{(根据分配律)} \\
&= \underbrace{n + \cdots + n}_{m} \quad \text{(根据 }(*)\text{)} \\
&= mn.
\end{aligned}$$

29.3　具体计算

现在我们转向一般的有理数乘法的具体计算. 令 x, y 是有理数, xy 是什么? 如果 $x = 0$ 或者 $y = 0$, 那么根据 (M3) 可以得到 $xy = 0$. 因此, 不妨假定 x 和 y 都是非零的. 于是, 只需对一般的正有理数 s 和 t 求以下四种乘积: st, $(-s)t$, $s(-t)$, $(-s)(-t)$. 事实上, 问题可以立即简化. 我们已经知道了分数 s 和 t 的乘积 (第 29.1 节中的 (M1)), 所以不需要考虑 st. 此外, 有理数的乘法被假定满足交换律, 所以, 对任意的正分数 s 和 t, 知道 $(-s)t$ 与知道 $s(-t)$ 是等价的. 因此, 只需证明对任意的正有理数 s 和 t, 有

$$(-s)t = -(st), \qquad (29.1)$$

$$(-s)(-t) = st. \qquad (29.2)$$

第 29 章 有理数的乘法

下面证明这两个断言. 它们的证明基础都是定理 29.1 的下述推广.

定理 29.2 对任意有理数 x, $(-1)x$ 是 x 的相反数. 用符号可以表述为

$$(-1)x = -x.$$

证明 下图是我们要证明结论的图示:

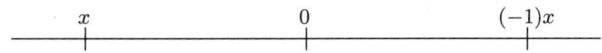

先回忆一下第 28.2 节基本事实 2 之后的注记, 它为证明一个数是另一个数的相反数提供了一种方法. 这正是我们现在所要做的, 即要证明 $(-1)x$ 是 x 的相反数. 根据基本事实 2, 只需证明

$$x + (-1)x = 0.$$

事实上, 我们有

$$\begin{aligned}
x + (-1)x &= 1 \cdot x + (-1)x & &\text{(根据 (M2))} \\
&= (1 + (-1))x & &\text{(根据分配律)} \\
&= 0 \cdot x \\
&= 0. & &\text{(根据 (M3))}
\end{aligned}$$

证毕. □

若在定理 29.2 中令 $x = -1$, 则得到推论: $(-1)(-1) = 1$, 这就是定理 29.1. 因此, 定理 29.1 是定理 29.2 的推论.

现在我们来证明 (29.1) 和 (29.2). 设 s 和 t 为正有理数, 则

$$\begin{aligned}
(-s)t &= ((-1)s)t & &\text{(根据定理 29.2)} \\
&= (-1)st & &\text{(根据结合律)} \\
&= -(st). & &\text{(根据定理 29.2)}
\end{aligned}$$

这就证明了 (29.1).

(29.2) 的证明是类似的. 设 s 和 t 为正有理数, 则

$$\begin{aligned}
(-s)(-t) &= ((-1)s)((-1)t) & &\text{(根据定理 29.2)} \\
&= (-1)(-1)st & &\text{(根据结合律)} \\
&= 1(st) & &\text{(根据定理 29.1)} \\
&= st. & &\text{(根据 (M2))}
\end{aligned}$$

(29.2) 得证.

注记　现在，我们可以反思一下，为什么当 x 和 y 是正整数时 (29.2) 的证明比较容易（见上一节）. 证明 (29.2) 的关键是定理 29.2, $(-1)x = -x$, 当 x 是分数时需要借助基本事实 2 来证明定理 29.2. 然而，当 x 是正整数时可以直接证明定理 29.2, 例如，当 $x = 3$ 时，

$$\begin{aligned}(-1)(3) &= (-1)(1 + 1 + 1) \\ &= (-1) \cdot 1 + (-1) \cdot 1 + (-1) \cdot 1 \\ &= (-1) + (-1) + (-1) \\ &= -3.\end{aligned}$$

对任意的正整数 n, $(-1)n = -n$ 的证明是类似的.

现在，我们至少在原则上知道了任意两个有理数如何相乘. 但是我们还应该知道 (29.1) 和 (29.2) 的局限性. 因为 (29.1) 和 (29.2) 要求 s 和 t 都是正数，在利用它们计算之前要确保这一点. 事实上，当 s 和 t 是任意有理数时, (29.1) 和 (29.2) 仍然成立，下面就证明这一点.

基本事实 4[①]　对任意有理数 x 和 y, 有 $(-x)y = -(xy)$.

基本事实 5　对任意有理数 x 和 y, 有 $(-x)(-y) = xy$.

注记　由于基本事实 4 成立，所以我们以后可以将 $-(xy)$ 简单记为 $-xy$, 这不会引起任何混淆. 原因是，即使你把 $-xy$ 看成 $(-x)y$, 根据基本事实 4, 所得的结果仍然等于 $-(xy)$.

对这两个事实我们将给出两个证明. 第一个证明非常简单，回顾一下 (29.1) 和 (29.2) 的证明步骤. 事实上，当 s 和 t 是任意有理数时，这个证明仍然成立（留做练习）. 第二个证明比较复杂，常见于抽象代数的教材中，也就是我们在第 29.2 节曾经提到过的简短证明. 我们之所以给出这个证明，是为了让大家感受下一抽象的威力. 用第 28.2 节中的基本事实 2 和分配律就可以证明基本事实 4 和基本事实 5, 而不需要利用定理 29.1 和等式 (29.1).

为证明基本事实 4, 而令 x 和 y 为有理数，我们需要证明 $(-x)y$ 是 xy 的相反数. 由基本事实 2, 只需证明 $(-x)y + xy = 0$. 事实上，

$$\begin{aligned}(-x)y + xy &= ((-x) + x)y \quad \text{（分配律）} \\ &= 0 \cdot y \\ &= 0. \quad\quad\quad\quad\quad \text{（根据 (M3)）}\end{aligned}$$

这就证明了基本事实 4. 而为了证明基本事实 5, 我们需要证明 $(-x)(-y)$ 是 $-(xy)$ 的相反

[①]我们将继续沿用第 28.2 节中基本事实的编号.

数. 由基本事实 2, 只需证明 $(-x)(-y) + (-xy) = 0$. 我们计算：

$$\begin{aligned}
(-x)(-y) + \big(-(xy)\big) &= (-x)(-y) + (-x)y \quad &\text{(基本事实 4)} \\
&= (-x)\big((-y) + y\big) \quad &\text{(分配律)} \\
&= (-x) \cdot 0 \\
&= 0. \quad &\text{(根据 (M3))}
\end{aligned}$$

这就证明了基本事实 5.

基本事实 5 的这一证明对负负得正 (即负数乘以负数等于正数) 给出了一个最简洁的证明.

29.4 一些观察

回忆第 27 章中的等式 (27.6)：对任意有理数 x 和 y, 有 $-(x+y) = -x - y$. 定理 29.2 为我们提供了对这个等式的另外一种证明思路, 下面是这个新的证明：

$$\begin{aligned}
-(x+y) &= (-1)(x+y) \quad &\text{(定理 29.2)} \\
&= (-1)x + (-1)y \quad &\text{(分配律)} \\
&= -x - y. \quad &\text{(定理 29.2)}
\end{aligned}$$

正如前面所言, 从概念上来说, 这不是一个好的证明, 因为恒等式 $-(x+y) = -x - y$ 与乘法无关, 所以在证明中为了达到目的而应用分配律是不恰当的. 然而, 与第 27.5 节中的证明相比, 大多数学生更喜欢上述证明, 因为它的计算成分更多一些.

我们通过证明**乘法对减法的分配律**来轻松地结束本章, 通常我们视之为理所当然的：

$$x(y-z) = xy - xz, \quad \text{对所有的有理数 } x, y, z \text{ 都成立}.$$

事实上, 利用通常的分配律, 有

$$x(y-z) = x(y+z^*) = xy + xz^* = xy + x(-z) = xy + (-xz),$$

其中最后一步应用了基本事实 4. 由减法的定义,

$$xy + (-xz) = xy - xz.$$

证毕.

应用乘法对减法的分配律可以得到一个有趣的结果，即用另外一种方式证明第 27 章中等式 (27.7) 的"去括号"法则：$-(x-y) = -x+y$. 证明如下：

$$\begin{aligned}
-(x-y) &= (-1)(x-y) & \text{(定理 29.2)} \\
&= (-1)x - (-1)y & \text{(乘法对减法的分配律)} \\
&= -x - (-y) & \text{(定理 29.2)} \\
&= -x + y.
\end{aligned}$$

对多数学生来说，在学习了有理数的乘法对加法的分配律之后，乘法对减法的分配律是自然而然的，$-(x-y) = -x+y$ 的上述证明可能是他们能记住的关于这一事实的唯一一个证明.

练习

1. 向一个小学六年级的学生直接解释为什么 $(-3)(-4) = 12$，假定他们既不知道 (29.2)，也不知道基本事实 5.

2. 计算：

(a) $\left(-\dfrac{3}{2}\right)\left(0.64 - \dfrac{4}{3}\right)$;

(b) $(-4)\left(-1\dfrac{1}{2} + \dfrac{1}{4}\right)$;

(c) $(-a)(-b+c) - a(b-c)$ 和 $(a-b)(a+b) - a(-b)$；其中 a, b, c 为任意有理数.

(d) $165 - 560\left(\dfrac{3}{4} - \dfrac{8}{7}\right)$.

3. 设 m 和 n 是正整数，请尽可能简单地证明 (29.1) 的一个特殊情况：$(-m)n = -mn$.

4. 利用 (29.1) 和 (29.2) 的证明方法，详细地证明基本事实 4 和基本事实 5.

5. 考虑下面两个断言：

(a) 对所有的有理数 x，有 $\dfrac{1}{2}x < x$;

(b) 对所有的有理数 x，有 $(-5)x > x$.

如果它总是成立或总是不成立，请给出证明. 如果它有时成立而有时不成立，请给出例子并解释原因.

6. 以下是某本教材中关于 $(-2) \times (-3) = 6$ 的一个"标准"的论证：

考虑乘积序列：

$$\cdots\cdots, \quad 4\times(-3)=-12, \quad 3\times(-3)=-9, \quad 2\times(-3)=-6$$
$$1\times(-3)=-3, \quad 0\times(-3)=0, \quad (-1)(-3)=a, \quad (-2)(-3)=b,$$
$$(-3)(-3)=c, \quad (-4)(-3)=d, \quad \cdots\cdots$$

观察到有这样一个模式，当 m 在正整数中变化的时候，每当 m 减少 1，乘积 $m\times(-3)$ 就增加 3．因为 $0\times(-3)=0$，所以 $(-1)\times(-3)=0+3=3$，$(-2)(-3)=3+3=6$，$(-3)(-3)=6+3=9$，$(-4)(-3)=9+3=12,\cdots$，于是 $a=3, b=6, c=9, d=12$，等等．

这样的论证合理吗？论证隐含的假设是什么？写出你的意见．(提示：如果把上述模式写清楚，就是 $(n-1)(-3)=n(-3)+3$，这里 n 是任意的正整数.)

7. 计算：

(a) 若有理数 x 满足 $5-(3-2x)=\left(1-\dfrac{8}{3}x\right)$，则 x 等于多少？

(b) 若有理数 x 满足 $(1-2x)-(x+1)=\dfrac{2}{3}x+\dfrac{1}{2}$，则 x 等于多少？

第 30 章
有理数的除法

本章我们来讨论有理数的除法. 对于有理数乘法的概念, 我们已经认识得很清楚了, 而除法只不过是乘法的另一种表达方式 (参见第 7.1 节中的定义 (7.1) 和第 18.2 节中的定义), 我们将会看到, 有理数除法的定义与分数除法的定义没有什么区别.

本章各节安排如下:

除法的定义和结论

有理商

30.1 除法的定义和结论

首先我们证明与第 18.2 节中的引理相类似的一个结论:

定理 令 y 是一个给定的不为零的有理数, 则对任意的有理数 x, 存在唯一的 (有且仅有一个) 有理数 z, 使得 $x = zy$.

当 $y > 0$ 时, 这个定理约化为第 18.2 节中的引理. 因为是第二次遇到, 所以我们对这个定理将给出一个稍微抽象一点的证明.

我们首先证明一个特殊情况. 是否存在有理数 z 满足 $\frac{1}{3} = (-5)z$, 如果存在, 是否唯一? 我们将按如下方式解决这个问题: 首先不去考虑 z 的存在性, 相反地, 我们假定存在这样的 z, 那么 z 可能是什么? 如果我们最终发现, 这样的有理数 z 必定只能是某一个特定的数, 那么我们就证明了定理的唯一性部分.

现在假定某个数 z 满足 $\frac{1}{3} = (-5)z$. 根据第 29.3 节中的基本事实 5, 我们发现 $\left(-\frac{1}{5}\right)(-5) = 1$. 为了 "去掉等式右边 $(-5)z$ 中的系数 -5", 将等式两边同乘以 $-\frac{1}{5}$, 得

$$\left(-\frac{1}{5}\right) \times \frac{1}{3} = \left(-\frac{1}{5}\right) \times (-5)z.$$

根据基本事实 4, 等式左边等于 $-\frac{1}{15}$, 从而得到 $z = -\frac{1}{15}$. 换句话说, 任何满足 $\frac{1}{3} = (-5)z$

的 z 必定等于 $-\frac{1}{15}$. 于是我们就证明了, 满足这样性质的 z 是唯一的. 知道了这一点, 我们验证, $\frac{1}{3} = (-5)\left(-\frac{1}{15}\right)$ 确实成立, 因此我们证明了 $z = -\frac{1}{15}$ 满足 $\frac{1}{3} = (-5)z$.

也许你会注意到, 证明的关键在于, 将 $-\frac{1}{5}$ 乘以 -5 可以得到 1. 当然, 我们或多或少是通过猜测得出这一点的. 一般的, 对于给定的有理数 y, $y \neq 0$, 使得 $yy^{-1} = 1$ 的 y^{-1} 称为 y 的**乘法逆元**. 可以证明, 非零有理数的乘法逆元总是唯一的, 我们现在就来证明这个结论.

定理的证明　第 1 部分　首先我们证明, 对于给定的非零有理数 y, 存在唯一的乘法逆元.

如果 $y > 0$, y 的乘法逆元的存在性已经在第 18.2 节的引理中证明过, 我们主要解决 $y < 0$ 的情况. 由 $y < 0$ 可知 $(-y) > 0$, 因此存在 y' 使得 $(-y)y' = 1$. 由基本事实 4 得 $(-y)y' = y(-y')$, (且二者都等于 $-yy'$). 因此, 我们得到 $y(-y') = 1$, 故 y 也有乘法逆元 $-y'$.

对任意给定的非零有理数 y, 现在我们证明其乘法逆元的唯一性. 设有理数 a 和 b 都是 y 的乘法逆元, 即 $ay = by = 1$. 在等式 $1 = ay$ 两边同时乘以 b 得

$$b = 1 \cdot b = (ay)b = a(yb) = a(by) = a \cdot 1 = a.$$

因此 $a = b$, 也就是说, y 的乘法逆元是唯一的, 我们把它简单地记为 y^{-1}.

第 2 部分　下面我们证明定理的唯一性部分. 一般的, 给定有理数 x 和 y, 其中 $y \neq 0$, 若 z 是使得 $x = zy$ 的任意有理数, 则

$$xy^{-1} = (zy)y^{-1} = z(yy^{-1}) = z \cdot 1 = z.$$

因此, 所有这样的 z 一定等于 xy^{-1}, 于是唯一性得证.

第 3 部分　为了证明定理的存在性部分, 我们直接验证 $z = (xy^{-1})$ 满足 $x = zy$. 这是由于结合律 (见 (M1)):

$$zy = (xy^{-1})y = x(yy^{-1}) = x \cdot 1 = x.$$

定理证毕.　　　　　　　　　　　　　　　　　　　　　　　　　　　　　　　　□

我们可以用一种更富有提示性的语言来重新表述这个定理. 如果 y 是有理数, 那么乘积 zy 称为 y 的**倍数**, 或者如果有可能产生混淆的话, 称为 y 的**有理数倍数**, 以区别于当 z 为自然数的情形. 从而, 上述定理就是说, 如果给定非零有理数 y, 那么任意的有理数 x 可以唯一地表示为 y 的一个倍数.

注记 利用 z 的唯一性可以证明一个非常有用的事实，且通常被认为是理所当然的：对于有理数 x 和 y,

$$xy = 0 \text{ 且 } y \neq 0, \quad \text{推出} \quad x = 0.$$

事实上，由 $0 \cdot y = 0$ 和给定的事实 $xy = 0$, 我们用两种方式把 0 表示为 y 的倍数，而定理的唯一性部分表明 $0 = x$. 但是，考虑到上述事实的普遍性，在此有必要给出一个直截了当的证明：用记号"$\implies$"表示"推出"，我们有

$$y \neq 0, xy = 0 \implies (xy)y^{-1} = 0 \cdot y^{-1}$$
$$\implies x(yy^{-1}) = 0$$
$$\implies x \cdot 1 = 0$$
$$\implies x = 0.$$

现在我们正式地给出有理数除法的定义：令 x, y 为有理数，其中 $y \neq 0$, 则满足 $x = zy$ 的有理数 z 定义为 x 与 y 的**商**，记为 $\dfrac{x}{y}$, 读做 "x **除以** y". 由上述定理可知，对于给定的有理数 x, y, 其中 $y \neq 0$, x 与 y 的商有且仅有一个，也就是 xy^{-1}. 因此，商的记号 $\dfrac{x}{y}$ 没有什么令人疑惑的地方. 此外，我们还可以清楚地看出，x 与 y 的商是 x 与 y 的乘法逆元的乘积. 从这个确切的意义上说，除法只是乘法的另一种不同表述方式而已.

利用除法的定义，我们希望扫除学生在学习有理数时一个常见的困惑. 在中小学课堂教学中，教师经常使用诸如

$$\frac{3}{-7} = \frac{-3}{7} = -\frac{3}{7}$$

这样的等式，但是对此并不做出任何的评论或解释. 事实上，这些记号本身就是引起混淆的根源所在. 我们知道 $\dfrac{3}{7}$ 的意义，也知道其相反数 $-\dfrac{3}{7}$ 的意义，但是 $\dfrac{3}{-7}$ 和 $\dfrac{-3}{7}$ 是什么意思呢？

让我们对此做出必要的澄清和解释. 因为 $-3, 7$ 等是有理数，所以

$$\frac{-3}{7}, \quad \frac{3}{-7}, \quad \frac{-3}{-7}, \quad \cdots$$

作为有理数的除法是有意义的. 从上述定理的证明 ($z = xy^{-1}$) 可以得到

$$\frac{3}{-7} = 3 \times (-7)^{-1} = 3 \times \left(-\frac{1}{7}\right) = -\frac{3}{7},$$

其中最后一步我们利用了基本事实 4. 同理, 我们可以得到 $\frac{-3}{7} = -\frac{3}{7}$. 更一般的, 采用同样的推理方式可以得到, 对于自然数 $k, l(l \neq 0)$, 有

$$\frac{-k}{l} = \frac{k}{-l} = -\frac{k}{l},$$

以及

$$\frac{-k}{-l} = \frac{k}{l}.$$

将上面两个公式总结为下面的断言:

$$\frac{-a}{b} = \frac{a}{-b} = -\frac{a}{b}, \quad 对任意的整数 a, b(b \neq 0) 都成立.$$

这个公式可以看做所谓的有理商的基本事实的一个特殊情况, 有理商的概念我们将在下一节中介绍. 我们之所以把这个公式挑出来单独讨论, 是因为它在有理数的日常计算中会频繁地出现. 特别的, 它表明:

  任意一个有理数可以写成两个整数的商.

例如, $-\frac{17}{4} = \frac{-17}{4}$. 我们还可以进一步强化这个事实为:

  任意一个有理数可以写成两个整数的商, 使得其分母是一个自然数.

这是因为, 如果 $\frac{a}{b}$ 中的 b 是负数, 那么我们可以把它写成 $\frac{-a}{-b}$.

30.2 有理商

在第 19 章中关于繁分数的所有结论对有理数的商也都成立. 因为找不出一个更合适的名字, 所以我们决定称后者为**有理商**. 我们现在列出与第 19 章中繁分数基本性质 (a)–(f) 中的大部分相类似的性质. 令 $X, Y, Z, \cdots$ 为有理数, 并且在下面的讨论中, 如果它们作为分母出现, 就进一步假定它们都不等于零, 于是 $\frac{X}{Y}$ 是有理商的一个例子, 称 X 为**分子**, Y 为**分母**:

(a) (广义的等价分数) $\frac{X}{Y} = \frac{ZX}{ZY}$ 对任意的非零有理数 Z 都成立;

(b) $\frac{X}{Y} \pm \frac{Z}{W} = \frac{XW \pm ZY}{YW}$;

(c) $\frac{X}{Y} \times \frac{Z}{W} = \frac{XZ}{YW}$;

(d) (分配律) $\frac{U}{V}\left(\frac{X}{Y} \pm \frac{Z}{W}\right) = \left(\frac{U}{V} \times \frac{X}{Y}\right) \pm \left(\frac{U}{V} \times \frac{Z}{W}\right)$.

与繁分数的对应结论相比较, 注意到关于 "<" 的交叉相乘法则不再成立了. 事实上, 负数的出现增加了有理数比较大小的复杂性, 这个课题将在下一章中解决 (见第 31.1 节).

关于上述结论的证明, 我们可以将每一个 $X, Y, \cdots$ 写成 $\pm \frac{k}{l}$ 的形式, 其中 k, l 是自然数, 将它们作为繁分数的命题逐一论证. 这显然是没有问题的, 只是过程非常繁冗. 因为我们已经习惯了抽象的观点, 现在我们将给出一个简洁而且具有启发意义的新证明, 不过需要更熟练的技巧. 我们将会重复利用上节定理的唯一性部分.

为证明 (a), 不妨设 $A = \frac{X}{Y}, B = \frac{ZX}{ZY}$. 下面我们证明 $A = B$. 由有理数除法的定义可知, $X = AY$ 且 $ZX = B(ZY)$. 又由 $X = AY$ 可得 $ZX = Z(AY)$, 故 $ZX = A(ZY)$. 将这个等式与 $ZX = B(ZY)$ 比较, 根据第 30.1 节中定理的唯一性部分 (取 $x = ZX, y = ZY$ 即可), 便可以推出 $A = B$. (a) 得证.

有人或许会认为, 此处我们的推导

$$A = \frac{X}{Y} \implies X = AY,$$

以及

$$B = \frac{ZX}{ZY} \implies ZX = B(ZY)$$

是采取适当的约分得到的, 我们将明确地指出, 这种解释是不正确的. 例如, 他们认为, 只要在等式 $A = \frac{X}{Y}$ 两边同时乘以 Y, 就得到 $AY = \frac{X}{Y} \times Y$, 化简右边即可得到 $AY = X$. 但是请注意, 除非我们证明了 (a) 和 (c), 否则得不到 $\frac{X}{Y} \times Y = X$. 而目前我们要证明的就是 (a), 因此不能做任何约分. 事实上, 等式 $X = AY$ 是由 X 与 Y 的除法定义得到的. 同理, 从 $B = \frac{ZX}{ZY}$ 推出 $ZX = B(ZY)$, 也是由 ZX 与 ZY 的除法定义得到的.

这里我们再次强调, (a) 的上述证明中, 不存在任何的 "约分". 但是一旦我们证明了 (a)–(d), 就可以随意做约分了.

为证明 (c), 不妨设 $A = \frac{X}{Y}, B = \frac{Z}{W}, C = \frac{XZ}{YW}$. 我们希望证明 $AB = C$. 利用有理数除法的定义可得

$$AY = X,$$
$$BW = Z,$$
$$C(YW) = XZ.$$

将前两个等式相乘, 可得
$$AB(YW) = XZ.$$

与第三个等式 $C(YW) = XZ$ 相比较, 利用第 30.1 节中定理的唯一性部分, 可知 $AB = C$. (在定理中, 令 $x = XZ, y = YW$.)

关于 (b), (d) 的证明可以类似得到, 我们留做习题.

这些公式看起来或许是不必要的抽象, 但是它们有一些有趣而实用的结论. 例如, 设 $X, Y, \cdots$ 是有理数, 则
$$\left(\frac{X}{Y}\right)^{-1} = \frac{Y}{X}. \tag{30.1}$$

这是因为, 根据 (a) 和 (c) 有
$$\frac{Y}{X} \times \frac{X}{Y} = 1.$$

再由第 30.1 节中定理的唯一性, 即得等式 (30.1) 成立. 同样的, 我们可以得到下述**分数除法的基本法则** (除以一个数等于乘以它的倒数) 的最一般形式: 对于任意有理商 $\frac{X}{Y}$ 和 $\frac{Z}{W}$,
$$\frac{\frac{X}{Y}}{\frac{Z}{W}} = \frac{X}{Y} \times \frac{W}{Z}. \tag{30.2}$$

这是因为根据除法的定义, (30.2) 的左端即为 $\frac{X}{Y}(\frac{Z}{W})^{-1}$, 又根据 (30.1) 有
$$\left(\frac{Z}{W}\right)^{-1} = \frac{W}{Z}.$$

从而就完成了 (30.2) 的证明.

例如, 等式 (30.2) 完全保证了下式成立:
$$\frac{\frac{-3}{5}}{\frac{2.4}{-7}} = \frac{(-3)(-7)}{5 \times 2.4}.$$

我们要强调, 与一般的教科书不同, 这个计算中的每一步都做了小心的解释, 而且没有任何含糊的地方.

练习

1. 证明有理商的性质 (b) 和 (d).

2. 计算并化简:

   (a) $\dfrac{4}{-15} + \dfrac{-5}{6}$;   (b) $\dfrac{-2}{5} - \dfrac{-4}{-3}$;   (c) $(-15) \times \dfrac{4}{-35}$;

   (d) $\dfrac{27}{-16} \times \dfrac{-28}{45}$;   (e) $\left(\dfrac{-39}{8} \times \dfrac{9}{11}\right) + \left(\dfrac{39}{-8} \times \dfrac{-5}{33}\right)$.

3. 计算并化简:

   (a) $\dfrac{3.6}{5} \times \dfrac{-2.5}{0.9}$;   (b) $\dfrac{7}{1.2} + \dfrac{5}{1.8}$;   (c) $\dfrac{7}{24} - \dfrac{-1}{3.6}$.

4. 请解释为什么

$$\dfrac{-4}{\frac{1}{-3}} = 12$$

以及

$$\dfrac{\frac{1}{4}}{-5} = -\dfrac{5}{4}.$$

假设你只知道有理数乘法的知识, 请用初一学生能够理解的方式解释除法的意思.

5. (a) 求有理数 x, 使得 $\dfrac{7}{4} - 3x = \dfrac{1}{2}x + 1\dfrac{3}{4}$.

   (b) 为了完善第 26 章的讨论, 请证明: 如果 A, B, C, D 是有理数, 且 $A - C \neq 0$, 那么形如 $Ax + B = Cx + D$ 的线性方程总有解.

6. (a) 有两个数满足: 和为 10, 差为 21(大数减去小数), 请问这两个数是多少?

   (b) 有两个数满足: 和为 $3\dfrac{1}{2}$, 差为 $21\dfrac{1}{4}$(大数减去小数), 请问这两个数是多少?

7. 给定两个数, 如果较小的数的两倍比较大的数小 3, 但较小的数的 $3\dfrac{1}{3}$ 倍比较大的数大 29, 请问这两个数是多少?

第31章
有理数的排序

本章将为第 1, 2, 16 章中所讨论的数的排序问题划上一个句号. 我们将认真探讨有理数的比较大小, 并证明中小学数学中一些有用的基本不等式.

本章各节安排如下:

基本不等式

有理数的幂

绝对值

31.1 基本不等式

回忆第 25 章中, 我们曾有下面的定义: 对于两个有理数 x 和 y, $x < y$ 的意思是, 在数轴上 x 位于 y 的左边.

$$\begin{array}{c}xy\\ \rule{8cm}{0.4pt}\end{array}$$

今后, 我们依然用 "$\Longrightarrow$" 表示 "推出", "$\Longleftrightarrow$" 表示 "等价于".

(A) 对于任意有理数 x 和 y, $x < y \Longleftrightarrow -x > -y$.

一个最简单的例子是 $1 < 2 \Longleftrightarrow -1 > -2$, 从数轴上看, 这是显然的.

一般的, 若 $x < 0 < y$, 则有 $-x > 0$ 且 $-y < 0$, 从而上述命题 (A) 不证自明. 因此, 我们只需要证明当 x, y 同号的情形, 即同时为正数或都为负数. 如果 $0 < x < y$, 那么我们有下图:

$$\begin{array}{c}-y-x0xy\\ \rule{8cm}{0.4pt}\end{array}$$

另一方面, 如果 $x < y < 0$, 那么我们有下图:

在这两种情形下, $-x > -y$ 都是显然的.

(B) 对于任意有理数 $x, y, z, x < y \Longrightarrow x + z < y + z$.

通过代入具体的数字, 很容易验证 (B) 的正确性. 例如:

$$2 < 4 \Longrightarrow (2 + 25) < (4 + 25) \quad (\text{因为 } 27 < 29),$$

$$(2 + (-55)) < (4 + (-55)) \quad (\text{因为} - 53 < -51).$$

对于一般的情形, 证明需要一些技巧. 假定 $x < y$. 由于加法满足交换律, 因此只要证明 $z + x < z + y$ 即可, 或者等价的, 向量 $\vec{z} + \vec{x}$ 的终点在向量 $\vec{z} + \vec{y}$ 终点的左边. 由第 27.2 节中向量加法的定义, 通过分别把向量 $\vec{x}$ 和 $\vec{y}$ 的起点与向量 $\vec{z}$ 的终点重合, 得到 $\vec{x}$ 和 $\vec{y}$ 的新终点, 就是 $z + x, z + y$. 以 $\vec{z}$ 的起点为起点, 新终点为终点的向量, 就是 $\vec{z} + \vec{x}$ 和 $\vec{z} + \vec{y}$. 根据假设, 向量 $\vec{x}$ 的终点在 $\vec{y}$ 的终点的左侧, 因此结论立即得证.

下图显示了当 $x > 0, y > 0, z < 0$ 的情况:

(C) 对于任意的有理数 $x, y, x < y \Longleftrightarrow y - x > 0$.

首先, 证明 $x < y \Longrightarrow y - x > 0$. 由 (B), $x < y$ 可得到 $x + (-y) < y + (-y)$, 这等价于 $x - y < 0$. 由 (A) 可知 $-(x - y) > 0$, 也就是说 $y - x > 0$ (由第 27.5 节中的 (27.7) 式).

反过来, 为证 $y - x > 0 \Longrightarrow x < y$, 再次利用 (B): 由 $y - x > 0$, 可得 $(y - x) + x > 0 + x$, 这等价于 $y > x$. 证毕.

应该指出, (C) 有时可以作为 $x < y$ 的定义.

(D) 对于任意有理数 x, y, z, 若 $z > 0$, 则 $x < y \Longrightarrow xz < yz$.

从直观上说, $z > 0$ 就意味着, 任意的数乘以 z 不改变其符号 (正或负). 因此, 若 $z = 5$, 则由 $287 > 0$ 可得 $(5 \times 287) > 0$, 由 $-23 < 0$ 可得 $(5 \times (-23)) < 0$. 从而可知, 任一正数乘以 5 意味着将该正数向 0 点的右端放大 5 倍, 任一负数乘以 5 意味着将该负数向 0 点的左端放大 5 倍. 于是, 如果 $0 < x < y$, 那么 $5x$ 仍然在 $5y$ 的左边, 如果 $x < y < 0$, 那么 $5x$ 还是在 $5y$ 的左边. 当然, 如果 $x < 0 < y$, $5x$ 是负的而 $5y$ 是正的, 显然 $5x < 5y$.

下面我们将给出 (D) 的两个严格证明. 第一个证明, 我们利用 (C). 如果 $z > 0, x < y$, 我们要证明 $xz < yz$, 由 (C) 可知, 这等价于证 $(yz - xz) > 0$. 现有 $(yz - xz) = (y - x)z$, 又由 (C) 和已知 $x < y$ 可得 $y - x > 0$. 因为 $z > 0$, 所以 $(y - x)z > 0$, 故 $(yz - xz) > 0$, 从而得证.

第二个证明用到分数乘法的定义，给定 $z>0, x<y$，如果 $x<0<y$，那么 $xz<0$，且 $yz>0$. 此时结论显然成立. 因此只需要考虑 x 与 y 同号的情况. 如果 $x>0, y>0$，那么 x, y, z 是分数，且 xz 与 yz 分别可看成是以 x 和 z 与 y 和 z 为边长的矩形的面积. 由于 $x<y$，很明显后一个矩形的面积大于前一个矩形的面积，因此 $xz<yz$. 假定 $x<0, y<0$，则有 $(-x)>0, (-y)>0$. 此外，根据 (A)，由 $x<y$ 可以推出 $-x>-y$，从前面的讨论可知 $(-y)z<(-x)z$，也就是 $-yz<-xz$(由第 29.3 节中的基本事实 4)，于是再由 (A)，可得 $xz<yz$.

(E) 对于任意有理数 x, y, z，若 $z<0$，则 $x<y \Longrightarrow xz>yz$.

对于学生而言，这是众多不等式中最有意思的一个，因为不等式两边乘以一个负数后将改变不等式的方向. 为了从直观上理解这个不等式，首先考虑 (E) 在 $z=-5$ 时的一些具体例子：

$$\text{虽然 } 2<3, \quad \text{但是 } -10>-15;$$

$$\text{虽然 } -5<1, \quad \text{但是 } 25>-5;$$

$$\text{虽然 } \frac{1}{3}<\frac{1}{2}, \quad \text{但是 } -\frac{5}{3}>-\frac{5}{2}.$$

我们可以通过将这些数放在数轴上，观察它们的位置，从而找出上述结论成立的原因. 下面我们证明 (E) 的一个特例: $z=-2$ 且 $0<x<y$，这一特例能反映出问题的本质. 因此，我们需要弄清楚为什么从 $x<y$ 可以推出 $(-2)x>(-2)y$. 不等式 $x<y$ 意味着 x 在 y 的左边：

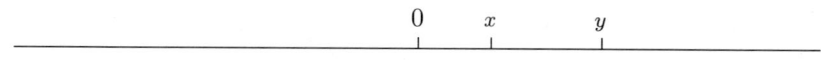

首先考虑 $2x$ 和 $2y$，它们是 x 和 y 分别向 0 右侧放大两倍距离得到的结果：

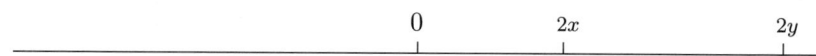

我们做出它们关于 0 的镜面对称点，如下图所示：

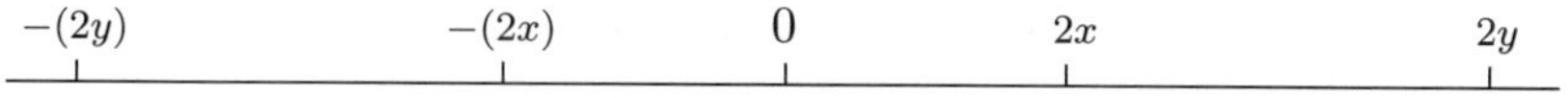

$$\underline{\qquad -(2y) \qquad\qquad -(2x) \qquad\qquad 0 \qquad\qquad 2x \qquad\qquad 2y \qquad}$$

我们观察到相对位置发生了变化，$2y$ 仍在 $2x$ 的右边，而 $-(2y)$ 现在变到了 $-(2x)$ 的左边. 根据基本事实 4，$-(2x)=(-2)x$，同理 $-(2y)=(-2)y$. 因此，$(-2)y<(-2)x$. 这就是 (E) 的本质.

(E) 在一般情形的证明与前面具体例子的证明一样简单. 令 $z=-w$，其中 $w>0$. 由于 $x<y$，根据 (D) 可得 $wx<wy$. 又由 (A)，$-wx>-wy$. 而基本事实 4 表明，$-wx=(-w)x=zx$, $-wy=(-w)y=zy$，因此 $zx>zy$. 证毕.

我们利用 (C) 给出 (E) 的第二个证明. 给定 $z<0, x<y$, 我们需要证明 $xz>yz$, 这等价于 $xz-yz>0$(根据 (C)), 也就是 $(x-y)z>0$, 由已知 $x<y$ 以及 (C) 可知 $y-x>0$, 故根据 (A) 可知, $-(y-x)<0$, 从而 $x-y<0$(由第 27.5 节中的 (27.7)). 又由于 z 也是负的, 因此两个负数 z 与 $x-y$ 相乘为正数 (负负得正), 即 $(x-y)z>0$. 证毕.

(F) 对于任意有理数 $x, x>0 \iff \dfrac{1}{x}>0.$

这是因为 $x\left(\dfrac{1}{x}\right)=1$, 故 $x\left(\dfrac{1}{x}\right)>0$. 这就表明 x 与 $\left(\dfrac{1}{x}\right)$ 或者同为正, 或者同为负.

(G) 对于任意有理数 x,y,z, 令 $x<y$, 若 $z>0$, 则 $\dfrac{x}{z}<\dfrac{y}{z}$; 若 $z<0$, 则 $\dfrac{x}{z}>\dfrac{y}{z}$.

这是 (D) – (F) 的直接推论.

最后, 我们为有理数比较大小的交叉相乘法则的讨论画上圆满的句号. 对于有理数而言, 这一法则从字面上理解是不正确的, 例如: $\dfrac{1}{-2}<\dfrac{-1}{4}\left(\text{因为 } -\dfrac{1}{2}<-\dfrac{1}{4}\right)$, 但是 $1\times 4>(-2)\times(-1)$. 我们只要稍微加个限制条件, 交叉相乘法则仍然成立. 回忆前面我们有, 对任意有理数 x,y, 成立 $\dfrac{x}{y}=\dfrac{-x}{-y}$ (见第 30.2 节中广义的等价分数公式 (a)). 因此可以假定任意有理商的分母是正数. 于是我们有：

(H) (有理数交叉相乘法则) 令 x,y,z,w 为任意有理数, 而且 $y,w>0$, 则
$$\frac{x}{y}<\frac{z}{w}\iff xw<yz.$$

由 $y,w>0$ 以及 $\dfrac{x}{y}<\dfrac{z}{w}$ 可得 $\left(\dfrac{x}{y}\right)yw<\left(\dfrac{z}{w}\right)yw$(根据 (E)), 这等价于 $xw<yz$(由第 30.2 节中有理数除法的公式 (a) 和 (c)). 相反的, 假定 $xw<yz$, 由 $y,w>0$ 可推出 $\dfrac{1}{y},\dfrac{1}{w}>0$(根据 (F)), 因此, $\dfrac{1}{yw}>0$. 根据 (E), 由 $xw<yz$ 可以推出 $xw\left(\dfrac{1}{yw}\right)<yz\left(\dfrac{1}{yw}\right)$, 这等价于 $\dfrac{x}{y}<\dfrac{z}{w}$.

31.2　有理数的幂

在本节中, 我们将讨论有理数不等式两边含有有理数的平方、立方或者是任意整数次幂的情形. 对任意的正整数 n, 我们定义有理数 x 的 n **次方**为
$$x^n \stackrel{\text{定义}}{=} \underbrace{xx\cdots xx}_{n\text{个}}.$$

如果 $x\ne 0$, 进一步定义 $x^0=1$, 且对于负整数 $-n$,
$$x^{-n} \stackrel{\text{定义}}{=} \frac{1}{x^n}.$$

对于非零有理数 x 以及任意的整数 $n(n>0$ 或 $n<0)$, x^n 称为 x 的 n **次方**(或 x 的 n **次幂**), n 称为 x^n 的**指数**. 当 $n=2$ 或 $n=3$ 时, 就是通常所称的 x 的**平方**或 x 的**立方**. 注意到:

$$x^m x^n = x^{m+n}, \quad 对于任意的整数 m 和 n. \tag{31.1}$$

我们只需证明当 m 和 n 都是正整数时, (31.1) 成立. 在这种特殊情况下, (31.1) 本身就很简单. 对于 $x=10$ 的特殊情况, 当 m 和 n 都是正整数时, 我们已经验证了 (31.1), 参见第 1.6 节中的 (1.4) 式. 对于一般的 x, 证明过程完全相同. 当 m 和 n 都是整数时, 证明方法与正整数情况基本相同. 例如, 我们来证明 $x^3 x^{-5} = x^{-2}$. 首先根据第 30.2 节中有理商的公式 (a) 和 (c), 可知:

$$x^3 x^{-5} = xxx \frac{1}{xxxxx} = \frac{xxx}{xxxxx} = \frac{1}{xx} = x^{-2}.$$

更多细节可以参考第 39 章中等式 (39.1) 之后对于 $x=10$ 这一情况的讨论.

在本章剩余部分, 假定 x 和 y 都是非零有理数.

要将一个数变大, 我们通常会想到对这个数求平方. 例如, 对 3 和 5 分别平方可得: $3^2 = 9 > 3$, $5^2 = 25 > 5$. 但同时我们也要注意到: $\left(\frac{1}{2}\right)^2 = \frac{1}{4} < \frac{1}{2}$, 同样的, $\left(\frac{2}{7}\right)^2 = \frac{4}{49} < \frac{2}{7}$. 产生这一差别的主要原因是: $3>1, 5>1$, 而 $\frac{1}{2}<1, \frac{2}{7}<1$. 我们现在对这个现象在一般的情形下做一个阐述.

(I) (i) 若 $x>1$, 则 $x^2>x$, 更一般的, $x^m>x^n$, 其中 $m>n$ 是任意的自然数;

(ii) 若 $0<x<1$, 则 $x^2<x$, 更一般的, $x^m<x^n$, 其中 $m>n$ 是任意的自然数.

事实上, 因为 $x>0$ 且 $x>1$, 由 (D) 可知: $x \cdot x > 1 \cdot x$, 即 $x^2>x$. 一般的, 如果 $m>n$, 则我们可以证明 $x^m>x^n$. 这是由于, 从 $x^2>x$ 以及 $x>1$, 我们可知 $x^2>1$, 在上述不等式两边同时乘以 x 则 $x^3>x^2$, 又 $x^2>1$, 所以 $x^3>1$. 不断重复上述过程可以得到, $x^4>1, x^5>1, \cdots, x^{m-n}>1$. 在 $x^{m-n}>1$ 两边同时乘以 x^n, 由于 $x^n>0$, 因此由 (D) 可得: $x^n x^{m-n} > x^n \cdot 1$. 根据 (31.1), $x^n x^{m-n} = x^m$, 因此 $x^m > x^n$. 结论 (i) 得证.

另一方面, 如果 $0<x<1$, 则可以得到 $x>0$ 且 $1>x$, 再次由 (D) 可知: $x \cdot 1 > x \cdot x$, 也就是 $x>x^2$. 对于任意自然数 m 和 n, 若 $m>n$, $x^m<x^n$ 的一般情形可以用与前面完全类似的方法来证明. 因此, 我们首先证明 $1>x^2$(因为 $x>x^2$, 且 $1>x$), 然后证明 $1>x^3, 1>x^4, \cdots, 1>x^{m-n}$. 在不等式 $1>x^{m-n}$ 两边同时乘以 x^n, 根据 (D) 和 (31.1), 可知 $x^n > x^n x^{m-n} = x^m$. 结论 (ii) 得证.

注记 若 $x<1$ 且 $x \leqslant 0$, 则 $x^2<x$ 一般不成立. 例如 $-4<1$, 但是 $(-4)^2 = 16 > (-4)$.

(J) 若 $0<x<y$, 则 $x^n<y^n$, 其中 n 是任意的正整数.

因为 $x > 0, x < y$, 由 (D) 可知: $x^2 < xy$. 又因为 $y > 0$, 且 $x < y$, 由 (D) 可知: $xy < y^2$. 综上所述, 我们有 $x^2 < xy < y^2$, 因此 $x^2 < y^2$. 现将上式两端同时乘以 x, 利用 (A), 可得 $x^3 < xy^2$. 同时, 在不等式 $x < y$ 两边乘以 y^2, 那么得到 $xy^2 < y^3$. 因此由 $x^3 < xy^2$ 及 $xy^2 < y^3$ 可知: $x^3 < y^3$. 重复上述过程 n 次即可得结论 $x^n < y^n$.

31.3 绝对值

绝对值是与不等式具有内在联系的一个概念. 已知一个数 x, 它到 0 的**距离**称为 x 的**绝对值**, 记为 $|x|$. (这里所说的距离就是区间 $[0,x]$ 或 $[x,0]$ 的长度, 取决于 x 是正还是负.) 不论 x 取何值, 我们都有 $|x| \geqslant 0$. 设 b 是一个正数, 那么所有满足 $|x| \leqslant b$ 的点 x 到 0 的距离都小于或等于 b 到 0 的距离, 如下图用加粗线段标出:

于是, x 的不等式

$$|x| \leqslant b$$

等价于两个不等式: $-b \leqslant x \leqslant 0$ 或 $0 \leqslant x \leqslant b$, 它们可合并为一个**双向不等式**

$$-b \leqslant x \leqslant b.$$

因此我们有,

$$|x| \leqslant b \iff x \text{ 在线段 } [-b,b] \text{ 中.} \tag{31.2}$$

绝对值有一个很好的性质: 对于任意数 x 和 y,

$$|x||y| = |xy|.$$

关于该性质的证明可以通过四种情况讨论得到, 其中 x,y 分别为正数或负数. 这个推理是常规的, 我们留做习题.

引入绝对值的概念之后, 我们将面对一个大多数教师 (学生就更不计其数了) 都会问到, 但很难回答的问题: 这一概念为什么重要? 有一位教师曾指出, 在课堂里讲授绝对值时, 往往与总课程中的其他知识点没有联系, 仅仅是点到即止, 它只是作为一个死记硬背的内容 (正数的绝对值是它本身, 负数的绝对值是它的相反数) 介绍给学生, 学生对绝对值的认识也仅限于这一点. 教师们在讲授这种看不出与其他知识有何关联的知识时也感觉束手束脚.

在一本初等的课本中要想对上述问题给出一个完全令人满意的回答是不太可能的. 因为, 绝对值的重要性主要体现在数学中更加高深的部分, 例如在极限定义中, 以及与极限有内在联系的不等式中. 不过我们可以指出, 实际上, 绝对值的思想在自然科学和日常生活中的应用是很普遍的. 例如, 在做测量的时候会出现误差, 为了将测量中有可能出现的最大误差体现出来, 测量的结果往往会被表示成"测量值 ± 最大误差"的形式. 在第 10.3 节, 我们介绍的真空中测量光速的实验, 或许是这一类型中的最好例子. 1975 年左右, 测得的光速为 $299,792,458 \pm 1.2$ 米/秒. 如果记光的真实速度为 c [1], 则

$$299,792,458 - 1.2 \leqslant c \leqslant 299,792,458 + 1.2.$$

根据上面的 (B), 这可以重新写为

$$-1.2 \leqslant c - 299,792,458 \leqslant 1.2.$$

由上面的观察 (31.2), 这个双向不等式等价于绝对值不等式:

$$|c - 299,792,458| \leqslant 1.2.$$

换句话说, 出现在科学文献中的诸如 $299,792,458 \pm 1.2$ 这样的记法, 实际上是数学陈述中某个涉及绝对值的另一种表达方式. 因此, 我们至少看到了绝对值概念的必要性. 我们还可以指出, 估计的绝对误差的概念 (见第 10 章), 也隐含地使用了绝对值的概念, 这里就不再详细展开了.

物理学家和大多数的科学家都用 $299,792,458 \pm 1.2$ 这样的记法, 而不是 $|c - 299,792,458| \leqslant 1.2$. 但是在高等数学中, 使用绝对值的记号具有本质上的重要性, 这是因为绝对值不仅仅是一种数学语言, 而且在许多基本的计算中是不可替代的工具. 在许多情形下, 仅仅采用 $299,792,458 \pm 1.2$ 这样的记号进行大量计算是不合适的, 而且常常也是不可能的. 我们从所谓的三角不等式

$$|x + y| \leqslant |x| + |y|, \quad x, y \text{ 是任意的实数},$$

以及柯西-施瓦茨不等式[2]

$$|ac + bd| \leqslant \sqrt{a^2 + b^2} \sqrt{c^2 + d^2}, \quad a, b, c, d \text{ 是任意的实数},$$

可以看出, 绝对值在数学中起着至关重要的作用.

---

[1] 这是光速的通用符号, "c" 代表 "constant" (即常数).
[2] 柯西 (Cauchy), 全名 Augustin-Louis Cauchy (1789–1857), 法国数学家; 施瓦茨 (Schwarz), 全名 Hermann Amandus Schwarz (1843–1921), 德国数学家.

练习

1. 设 x, y, z 都是整数，请给出 (G) 的直接证明.

2. 证明：若 a 是一个有理数，则有

(a) $a > 1$ 可推出 $\dfrac{1}{a} < 1$；

(b) $0 < a < 1$ 可推出 $\dfrac{1}{a} > 1$ (参见第 15.3 节中的例 4). (注意，这里 a 是正数很重要，因为若 $a = -3$ 则 $-3 < 1$ 但 $\dfrac{1}{-3} = -\dfrac{1}{3} < 1$.)

3. 比较大小：

(a) $(1.4)(-3)$ 与 $-5 + \dfrac{3}{4}$； (b) $\dfrac{-4}{5}$ 与 $(-5)\dfrac{5.1}{7.5}$； (c) $\dfrac{-2}{3} \Big/ \dfrac{4}{7}$ 与 $\left(\dfrac{14}{-3}\right)\left(\dfrac{2}{7.5}\right)$.

4. 证明：如果 $x > 1$，那么对于任意的正整数 n，有 $x^n > 1$；如果 $-1 < x < 1$，那么对于任意的正整数 n，有 $-1 < x^n < 1$.

5. 证明：如果 $x < y < 0$，那么 $x^2 > y^2$，$x^3 < y^3$. 对于任意的正整数 n，试猜测 x^n 与 y^n 的大小关系，并给出证明.

6. 当 x, y 是任意有理数时 (特别的，它们可以是负数)，总有 $x^2 - 2xy + y^2 \geqslant 0$，你能解释为什么吗？

7. 如果 x 是有理数，那么由 $x < 1$ 是否可以推出 $\dfrac{1}{x} > 1$？如果可以，说明理由；如果不可以，给出正确的表述，并证明之.

8. 证明：对于任意有理数 x, y，有 $|x| \cdot |y| = |xy|$.

第四部分

初等数论

到目前为止, 我们扩充知识领域的路径是从自然数到分数, 再到有理数. 在扩充的每一个阶段, 我们都必须面临一次概念上由已知到复杂系统的跳跃, 也就是在已知数系中增加很多新数. 现在我们回到自然数, 并且仅仅在少有的某些场合提到整数. 这一次我们不会遇到任何新的数, 也不必试图扩展这些运算, 但是请你不要误以为事情会变得更加简单容易. 我们将要考查自然数的加法和乘法之间的关系, 这是数论的一部分, 如果告诉你这绝不是一个简单的东西, 你或许会非常惊讶. 事实上, 数学的一个主要目标正是理解这一关系.

化分数为既约分数的算法和对分数中等于有限小数的那些分数的刻画 (第 36 章的定理 36.1 和定理 36.2) 是本章最精彩的部分. 这些定理的证明需要我们掌握一点简单的初等数论的知识. 更确切地说, 我们将深入地学习带余除法这一初等概念. 为了达到这一目的, 你将要从一个完全不同的观点来考查自然数: 它们不再只是计算的工具, 而是一个具有内在意义的对象. 你将学到一种思维模式: 自然数由加法和乘法联系在一起的复杂模式. 本书中我们讨论了许多具体实例 (必要的话可以使用计算器验证), 其目的并不是为了数值上的精确性, 而是为了帮助你通过这些实例来观察它们是如何揭示出这一模式的. 例如, 虽然通常应用带余除法只是为了得到商而不对余数做任何考虑, 现在你将发现, 余数在帮助我们求得两个自然数的最大公因子的过程中起着重要的作用. 事实上, 本书的第四部分或许可以视为"对带余除法中余数的重要性的一个反思". 如果你对重点的转移做好了心理准备, 你将发现任务轻松了很多.

第32章
整除性规律

我们将要探讨关于 11 以下的自然数的整除性质. 毫无疑问, 很久以前你就知道如何判断一个自然数是否被 3 整除, 例如, 你知道 3 整除 759 是因为 3 整除 $7+5+9=21$, 你知道 3 不整除 277 是因为 3 不整除 $2+7+7=16$. 本章的目的就是要解释一些诸如此类的整除性判定规律是如何得来的.

本章各节安排如下:

带余除法的复习

整除的一般结论

整除性规律

32.1 带余除法的复习

一个贯穿本章内容的事实是**带余除法定理**, 即第 7.2 节的定理 7.1. 我们首先来回顾一下, 带余除法定理是说, 给定两个自然数 a 和 d, 其中 $d > 0$, 则存在唯一的自然数 q 使得

$$qd \leqslant a < (q+1)d. \tag{32.1}$$

这个唯一的 q 可以如此刻画: qd 是 d 的所有的倍数中不超过 a 的最大的那个. 这个 q 称为 a **除以** d **的商**. 如果恰好有 qd 等于 a, 那么 $a = qd$, 从而 q 在第 7 章的意义下确实是 a 除以 d 的商.

记 $a - qd$ 为 r. 我们称 r 为 a 除以 d 的**余数**. 我们有 $qd + r = qd + (a-qd) = a$. 因此, 等式 (32.1) 可以重新陈述如下: 给定两个自然数 a 和 d, 其中 $d > 0$, 则存在唯一的自然数 q

和 r 使得

$$a = qd + r, \qquad 其中 r 满足 0 \leqslant r < d. \tag{32.2}$$

自然数 r 就是前面的图中加粗了的线段的长度.

回忆起这样的事实, 一方面我们可以通过耐心地数出除数 d 的倍数而得到商 q 和余数 r, 另一方面, 长除法是一个求出商和余数的有效方法.

余数在带余除法中起着非常重要的作用, 读者将会在本章目睹这方面的第一手证据.

32.2 整除的一般结论

如果我们将倍数和整除的概念从自然数 (回忆起在第 7 章我们已经对自然数定义了倍数和整除的概念) 推广到整数, 那么下面的讨论将会更简单. 我们称整数 x 是整数 y (这里 $y \neq 0$) 的**倍数**, 如果存在整数 z 使得 $x = zy$. 我们把 "x 是整数 y (这里 $y \neq 0$) 的倍数", 记为 $y|x$, 并读做 y **整除** x. 整除记号 $y|x$ 在中小学的教科书中并不常用, 但是这一记号在数学中已经被普遍接受. 此处我们引入这一记号的原因在于, 当我们开始严肃地来讨论整除性质的时候, 反复地书写 "这个整除那个" 或 "这个不整除那个" 会变得非常繁冗乏味. 其他一些经常使用的表述是: y 是 x 的**因子**, 或者说 y 是 x 的**约数**. 如果 y 不整除 x, 我们也用记号 $y \nmid x$ 表示. 如果 x 和 y 是自然数, 且 $y \neq 0$, 则 $y|x \iff x$ 除以 y 的余数为 0. 回想起符号 $\iff$ 表示 "当且仅当" 或 "等价于".

注意: 0 是每一个不等于零的整数的倍数, 换言之, 每一个不等于零的整数是 0 的因子.

上面我们对两个整数引进了整除的概念, 但仍要注意到我们的重点是自然数. 将整除的概念从自然数推广到整数只是为了使我们的阐述更加顺畅而特意做的一个技术上的设计. 我们举一些例子来帮助读者理解这一点. 我们知道 $4|28$, 那么是否有 -4 整除 28 呢? 当然有, 因为 $28 = (-7) \times (-4)$. 是否有 -4 整除 -28? 仍然有, 因为 $-28 = 7 \times (-4)$. 最后, 4 是否整除 -28 呢? 确实也有, 因为 $-28 = (-7) \times 4$. 于是我们看到, 两个整数之间是否有整除关系本质上归结为两个自然数之间是否有整除关系, 唯一的区别在于它们对应的商可能相差一个正负号.

整除的直观概念已经深深扎根于我们的头脑中, 以至于有些人可能认为并不需要认真地对待前面的定义. 在此之前, 我们还没有机会以任何重要的方式应用这一概念, 所以在直观理解与严格定义之间不会造成多大差别. 但是在本章中, 整除性本身就是主题, 所以培养成下述条件反射将非常有助于掌握知识: 当你一听到 "d 整除 a" 时要能立即反应出, 其含义就是说存在自然数 (或整数) q 使得 $a = qd$. 这将会为你理解下面的一些定理及其证明免去许多痛苦.

以下两个引理将在本章中经常使用, 而且通常是隐含地使用.

第 32 章 整除性规律

引理 32.1 设 A, B, C 是整数并满足 $A = B + C$, 假设一个不等于零的整数 x 整除 A, B, C 其中的任意两个数, 那么 x 必定同时整除第三个数.

我们首先来看一些例子. 取 $A = 72$ 和 $C = 24$, 而且假定对于某个整数 B 有 $72 = B + 24$. 我们看到, 72 和 24 都是 6 的倍数, 因此猜测 B 也是 6 的倍数是合理的. 事实上很容易看到 B 等于 $72 - 24 = 48$, 我们足以确信 48 是 6 的倍数, 因为 $48 = 8 \times 6$. 不求助于具体的计算而得到同样的结论是富有启发意义的. 为此, 根据整除的假定, 我们知道 (条件反射) $72 = a \times 6$ 以及 $24 = c \times 6$, 这里 a 和 c 是两个自然数. (当然我们可确定出 $a = 12$ 和 $c = 4$, 但是这一事实在这里并不起作用, 正如我们即将看到的.) 因此, 根据分配律,

$$B = 72 - 24 = a \times 6 - c \times 6 = (a - c) \times 6.$$

因为 $a - c$ 是一个整数, 根据整除的定义, 即有 $6|B$, 这正是所要证明的. 另一个例子是, 令 $B = -187, C = 119$, 并假定 $A = -187 + 119$. 在此情形下, 是否存在一个整数同时整除 119 和 -187 这一问题就不再那么明显了. 事实上, 确实有: 17 同时整除 119 和 -187. 于是从这个引理可以推出 $17|A$. 同样的, 我们可以具体算出 $A = -68$, 而且可以从 $-68 = (-4) \times 17$ 看出确实有 $17|A$. 当然, 我们也可以不用具体计算而得到同一结论. 因为 17 整除 -189 和 119, 所以 (条件反射) 存在整数 b 和 c 使得 $-187 = b \times 17$ 和 $119 = c \times 17$. 于是, 由分配律有

$$A = -187 + 119 = b \times 17 + c \times 17 = (b + c) \times 17.$$

因为 $b + c$ 是整数, 所以根据整除的定义得到, $17|A$.

引理 32.1 通常以下述形式被应用:

> 设 A, B, C 是整数并满足 $A = B + C$. 假设一个不等于零的整数 x 整除 A, B, C 其中之一, 比方说 B, 那么 x 整除 $A \iff x$ 整除 C.

事实上, 设 $x|B$, 则 $x|A$ 蕴涵 x 同时整除 A 和 B, 根据引理 32.1, $x|C$. 反之, (仍假定 $x|B$), 假定 $x|C$, 则 x 同时整除 B 和 C, 根据引理 32.1, $x|A$.

现在, 我们可以在一般情况下证明引理 32.1 了. 这个证明是应用整除概念的一个练习.

引理 32.1 的证明 首先, 设 $A = B + C$ 且假定 x 同时整除 B 和 C, 我们将证明 $x|A$. 根据假设条件, 存在整数 b 使得 $B = bx$, 存在整数 c 使得 $C = cx$. 因此,

$$A = B + C = bx + cx = (b + c)x,$$

这里最后一个等号用到分配律. 因为 $b + c$ 是整数, 所以 x 整除 A.

其次, 假定 x 整除 A 和 C, 我们将证明 x 整除 B. 根据假定, 存在整数 a 使得 $A = ax$, 存在整数 c 使得 $C = cx$, 因此,

$$B = A - C = ax - cx = (a - c)x,$$

这里最后一个等号用到减法的分配律. 因为 $a-c$ 是整数, 所以 x 整除 B.

剩下的一种情况的证明是类似的. □

引理 32.2 (i) 设 A, B, C 是三个整数, 若 A 整除 B 且 B 整除 C, 则 A 整除 C;

(ii) 设 A, C 是整数, 如果 A 不整除 C, 那么 A 的任何一个倍数都不整除 C.

在给出证明之前我们先给出一些评论和例子. 对于 (i) 部分, 如果用倍数的等价语言来陈述将会更加直观: 若 C 是 B 的倍数且 B 是 A 的倍数, 则 C 是 A 的倍数. 例如, 72 是 12 的倍数, 12 是 4 的倍数, 于是 72 就理所当然是 4 的倍数. 我们用符号来说明: 若 $72 = a \times 12$ 对于某个整数 a (请不要介意此处我们假装不知道 $a = 6$) 成立, 且 $12 = b \times 4$ 对于某个整数 b (请不要介意此处我们再次假装不知道 $b = 3$) 成立, 于是直接可以得到 $72 = a \times 12 = a \times (b \times 4) = (ab) \times 4$, 这就明显告诉我们 72 是 4 的倍数 (因为 ab 是整数). 既然用倍数的术语更为直观, 为什么我们不用倍数来陈述 (i) 部分呢? 原因在于, 在课本中使用整除的术语更为自然. 而对于 (ii) 部分, 用倍数的术语来陈述也更直观: 如果 C 不是 A 的倍数, 那么它也不是下面之一的任何数的倍数: $\pm 2A, \pm 3A, \pm 4A, \pm 5A, \cdots$. 例如, 37 不是 3 的倍数, 由此可以推理出 37 不是 15 或 -15 的倍数 (它们分别等于 5×3 和 $(-5) \times 3$).

引理 32.2 的证明   我们首先证明 (i) 部分. 根据假定条件 A 整除 B, 我们有 $B = mA$ 对某个整数 m 成立, 同样的, 从 B 整除 C 得到 $C = nB$ 对某个整数 n 成立. 因此, 我们可以将第一个等式得到的关于 B 的表达式代入到第二个等式中, 得到

$$C = nB = n(mA) = (nm)A.$$

因为 nm 是整数, 所以根据定义, A 整除 C.

接下来我们证明 (ii) 部分. 假定 A 不整除 C. 设 B 是 A 的一个倍数, 我们来证明 B 不整除 C. 现在, 在 B 和 C 之间只有两种可能: 或者 B 整除 C, 或者 B 不整除 C. 如果我们可以排除掉第一种可能, 那么将只剩下第二种可能, 即 B 不整除 C. 于是, 我们假定第一种情况成立, 即 B 整除 C. 根据 (i) 部分的结果, 就有 A 整除 C. 但是我们已知 A 不整除 C, 所以 B 整除 C 的假定导致了一个与已知条件矛盾的结论. 因此, 这一假定不成立, 从而 B 不整除 C. 即得所证. □

现在到了停下来讲授在证明 (ii) 部分时我们用到的一个一般方法 —— 反证法的时候了. 首先我们阐述一个事实, 它作为一条准则贯穿于整个数学:

> 对于一个数学断言, 或者它本身正确, 或者它的反面 (逻辑否定) 正确, 不存在其他可能.

这是一个强有力的陈述, 因为这意味着为了证明某件事成立, 只需要证明其反面不成立. 如果类似的教条被贯彻到实际生活中的每一个情形, 我们所有人在大部分时间都要陷入麻烦. 但是, 在数学中, 这是标准的做法. 例如, 我们在上面说过, 或者 B 整除 C, 或者 B 不整

除 C, 而且不存在其他可能. 或许你需要用一段时间才能习惯和掌握反证法, 但是为这一目标而努力是值得的, 因为数论中的许多证明都是求助于这一方法.

32.3 整除性规律

我们现在可以讨论关于介于 1 和 12 之间的一个较小的数的整除性规律了. 关于这些整除性规律的一个首要事实如下. 我们称一个形如 10^k 的整数为 10 **的一个方幂**. 那么:

> 所有的整除性规律都是 10 的方幂被这些较小的数除的结果的推论.

首先, 我们来考虑关于 2 的整除性. 如果一个整数被 2 整除, 我们称之为**偶数**, 不然 (即如果它不被 2 整除) 则称之为**奇数**. 对于这两个定义, 我们需要略作评论. 我们对什么数是奇数以及什么数是偶数已经有了比较深刻的直觉, 因此下面的讨论将很容易与这些直觉相联系. 有时, 学习数学就是要在某些场合下放弃自己惯有的认识, 展开逻辑思维. 上述关于偶数和奇数的定义的一个优点是, 我们由此立即可知, 每一个自然数或者是偶数或者是奇数, 因为一个自然数或者被 2 整除或者不被 2 整除. 然而我们已经习惯了这样的说法, "21374 是偶数因为它的末位数字是偶数 4, 而 6241 是奇数因为它的末位数字是奇数 1". 面对偶数和奇数的定义, 我们如何知道可以用观察一个数的末位数字的办法来检验其奇偶性呢? 我们用**下述关于 2 的整除性规律**来回答这一问题:

> 一个自然数是偶数 $\iff$ 它的个位数字是 $0, 2, 4, 6, 8$ 之一;
>
> 一个自然数是奇数 $\iff$ 它的个位数字是 $1, 3, 5, 7, 9$ 之一.

证明 我们这里只证明关于偶数的断言, 奇数的那一部分留做练习. 首先, 假定自然数 n 为偶数, 设它的个位数字为 k. 观察 n 的展开形式, 我们有 $n = 10b + k$, 其中 b 为自然数. (例如, 如果自然数 n 是 867, 那么它的个位数字为 7, 其展开形式为 $867 = (10 \times 86) + 7$.) 在等式 $n = 10b + k$ 中, 2 整除 n (根据假设, n 为偶数), 而且 2 整除 $10b$ (因为 $10b = (5b) \times 2$). 根据引理 32.1, 2 整除 k. 因为 k 是 个位数, 所以 $k = 0, 2, 4, 6, 8$ 之一. 反之, 假设整数 n 的个位数字 k 等于 $0, 2, 4, 6, 8$ 其中之一, 那么像前面一样, 我们有 $n = 10b + k$ 成立, 其中 b 是整数. 现在 2 整除 k 且 2 整除 $10b$ (因为 $10b = (5b) \times 2$). 根据引理 32.1, 2 整除 n, 即 n 为偶数. 证毕. □

什么样的整数被 3 整除呢? **关于 3 的整除性规律**如下:

> 一个整数被 3 整除 $\iff$ 它的各个数位上的数字之和被 3 整除.

例如, 为判断 84 是否被 3 整除, 我们只需要求出它的各个数位上的数字之和, 即 $8 + 4$, 上述规律告诉我们, 84 是否被 3 整除完全取决于这个和是否被 3 整除. 现在 $8 + 4 = 12$ 被 3 整除, 所以 84 也被 3 整除. 事实上, 我们有 $84 = 28 \times 3$. 又如, 为判断 674 被 3 整除, 我们求出它的各个数位上的数字之和, 即 $6 + 7 + 4 = 17$, 它不被 3 整除, 所以根据上述规律, 674

也不被 3 整除. 事实上, 我们有 $674 = (224 \times 3) + 2$.

这个整除性规律之所以成立的原因在哪里呢? 其实, 这只不过是带余除法在起作用: 当 10 的一个方幂除以 3 时, 得到的余数总是 1. 比如,

$$10 = (3 \times 3) + 1,$$
$$100 = (33 \times 3) + 1,$$
$$1000 = (333 \times 3) + 1,$$
$$\cdots\cdots,$$

一般的, 我们有

$$10^n = 1\underbrace{00\cdots0}_{n} = \underbrace{99\cdots9}_{n}+1 = \left(\underbrace{33\cdots3}_{n}\times 3\right) + 1.$$

我们用这一简单的事实来解释为什么 $3|84$ 等价于 $3|(8+4)$. 注意到 $84 = (8 \times 10) + 4$, 我们有

$$84 = (8 \times 10) + 4$$
$$= 8 \times ((3 \times 3) + 1) + 4$$
$$= (8 \times (3 \times 3)) + (8 + 4). \quad \text{(根据分配律和结合律)}$$

因为 3 整除 $8 \times (3 \times 3)$, 所以根据引理 32.1, 如果 3 整除 $8+4$, 那么它也整除 84, 反之亦然. 所以 $3|84$ 这一事实等价于 $3|(8+4)$ 这一事实.

类似的, 我们可以解释为什么 $3 \nmid (6+7+4)$ 等价于 $3 \nmid 674$. 首先, 观察到

$$674 = (6 \times 100) + (7 \times 10) + 4$$
$$= 6 \times ((33 \times 3) + 1) + 7 \times ((3 \times 3) + 1) + 4$$
$$= \left(((6 \times 33) + (7 \times 3)) \times 3\right) + (6 + 7 + 4).$$

因为 3 整除 $((6 \times 33) + (7 \times 3)) \times 3$, 所以根据引理 32.1 可以推出, $3 \nmid 674$ 等价于 $3 \nmid (6+7+4)$, 那么 $3 \nmid (6+7+4)$, 也就等价于 $3 \nmid 674$.

这个规律在一般情形的证明完全类似.

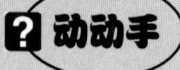 你能快速地说出为什么 3 整除 $123,456,789$ 和 $67,814,235$ 吗?

接下来, 我们给出**关于 4 的整除性规律**:

一个整数被 4 整除 $\iff$ 它的最后两位数被 4 整除.

在解释这个规律成立的理由之前, 让我们先用它来检验一个数是否被 4 整除. 例如, 我们来考虑 572 是否被 4 整除. 因为 572 的最后两位数是 72, 它被 4 整除, 所以根据上述规律我们可以得到结论 4|572. 事实上, 很容易验证 $572 = 143 \times 4$. 再来检验 93386 是否被 4 整除. 它的最后两位数是 86, 不被 4 整除, 所以根据上述规律, 93386 不被 4 整除, 事实上 $93386 = (23346 \times 4) + 2$.

这个规律成立的原因在于: 100 的每一个倍数都被 4 整除 (这又是因为 $100 = 25 \times 4$ 被 4 整除). 例如,

$$572 = 500 + 72.$$

于是 4 整除 500, 根据引理 31.2, 4|572 等价于 4|72. 同理,

$$93386 = 93300 + 86.$$

因为 4 整除 $93300 = 933 \times 100$, 所以根据引理 32.1, 4 | 86 等价于 4 | 93386. 既然我们知道 4 不整除 86, 所以 4 也不整除 93386; 反之亦然. 如果用一个一般的整数 n 来代替此处的 572 或 93386, 这个规律的证明是完全一样的.

关于 5 的整除性规律甚至更为简单:

一个整数被 5 整除 $\iff$ 它的末位数字 (个位数字) 是 0 或 5.

证明留做练习.

关于 9 的整除性规律与关于 3 的整除性规律类似:

一个整数被 9 整除 $\iff$ 它的各个数位的数字之和被 9 整除.

原因在于, 10 的任意次方幂除以 9 得到的余数总是 1. 例如,

$$100000 = 99999 + 1 = (11111) \times 9 + 1,$$

而且, 一般的, 我们有

$$10^n = 1\underbrace{00\cdots 0}_{n} = \underbrace{99\cdots 9}_{n} + 1 = \left(\underbrace{11\cdots 1}_{n} \times 9\right) + 1.$$

这个规律的证明与关于 3 的整除性规律的证明相似, 留做练习.

关于 7 也有一个整除性规律, 但是它太复杂了以至于不值得去了解. 我们来介绍关于 11 的整除性规律. 为给出其陈述, 我们定义**一个自然数的各位数字的交错和**为它的奇数数位 (如个位, 百位等) 的数字之和减去它的偶数数位 (如十位, 千位等) 的数字之和. 例如, 517634 的各位数字的交错和为 $(1 + 6 + 4) - (5 + 7 + 3) = -4$.

关于 11 的整除性规律为:

一个整数被 11 整除 ⟺ 它的各位数字的交错和被 11 整除.

让我们应用这个规律于 517. 517 的各位数字的交错和为 $(5+7)-1 = 11$. 上述规律将保证 517 被 11 整除, 这当然是对的, 因为 $517 = 47 \times 11$. 如果我们考虑 517634 关于 11 的整除性, 正如我们已经看到的, 其各位数字的交错和为 -4. 因为 $11 \nmid (-4)$, 根据上述规律, $11 \nmid 517634$. 当然, 这也是可以验证的, 事实上, $517634 = (47057 \times 11) + 7$.

与通常情况一样, 这个规律是由 10^n 除以 11 所得的余数的性质得到的: 对于 n 是奇数的情况, 例如,

$$10^1 = (1 \times 11) + (-1),$$
$$10^3 = (91 \times 11) + (-1),$$
$$10^5 = (9091 \times 11) + (-1),$$
$$10^7 = (909091 \times 11) + (-1).$$

对于一般情况, 如果我们 (见下面的练习 1(a)) 把每一个大于等于 3 的奇数 n 写为 $n = 2k+1$, 这里 $k \geqslant 1$, 那么有

$$10^n = \left(\underbrace{9090\cdots 90}_{2(k-1)} 91 \times 11 \right) + (-1).$$

对于偶数 n, 有一个类似的结论:

$$10^2 = (9 \times 11) + 1,$$
$$10^4 = (909 \times 11) + 1,$$
$$10^6 = (90909 \times 11) + 1,$$
$$10^8 = (9090909 \times 11) + 1.$$

对于一般情况, 如果我们把每一个大于等于 4 的偶数 n 写为 $n = 2k$, 这里 $k \geqslant 2$, 那么有

$$10^n = \left(\underbrace{9090\cdots 90}_{2(k-1)} 9 \times 11 \right) + 1.$$

这两个事实加上一个整数的 (十进制) 展开形式就可以推出上述整除性规律. 例如, 考虑 517:

$$517 = (5 \times 10^2) + (1 \times 10) + 7$$
$$= 5 \times ((9 \times 11) + 1) + 1 \times ((1 \times 11) + (-1)) + 7$$
$$= \big(((5 \times 9) + (1 \times 1)) \times 11\big) + 5 - 1 + 7$$
$$= (46 \times 11) + ((5 + 7) - 1).$$

第 32 章 整除性规律

因为 11 整除 46×11, 由引理 32.1 表明 $11|517 \iff 11|((5+7)-1)$.

一般情形的证明细节留做练习.

练习

1.(a) 证明: 每一个奇数可以写成 $2k+1$, 这里 k 是一个整数. (注意: 我们要证明的是一个 从定义出发的逻辑推导.)

(b) 证明: 两个奇数的乘积为奇数, 两个偶数的乘积为偶数, 一个奇数与一个偶数的乘积为偶数. (注意: 我们要推导的是一个一般的证明, 而不是具体例子.)

(c) 证明: 任意的偶数不整除奇数.

(d) 一个奇数是否可以整除某一个偶数?

2. 对奇数的情况证明关于 2 的整除性规律.

3. 对某个五位数, 例如 59143, 证明关于 3 的整除性规律.

4. 证明关于 5 的整除性规律.

5. 证明关于 9 的整除性规律.

6. 证明关于 11 的整除性规律. 为避免记号复杂, 只要求对七位数的情况给出证明.

7. 你是否能给出一个关于 6 的整除性规律并证明它?

8. 你是否能给出一个关于 8 的整除性规律并证明它?(想一想关于 4 的整除性规律.)

9. 不用计算器, 逐一回答下述问题, 并说明你的方法是什么:

(a) 164253 是 6 的倍数吗?

(b) 57201 是 27 的倍数吗?

(c) 111146 是 8 的倍数吗?

(d) 1 到 10 之间的哪些数整除 255780?

10. 12 是否整除 $5,106,963,042$? 15 是否整除 $72,402,935$?

11. 我们将 $4 \cdot 3 \cdot 2 \cdot 1$ 简记为 $4!$, 一般的, 对于任何一个正整数 n, 我们将 $n \cdot (n-1) \cdot (n-2) \cdots 3 \cdot 2 \cdot 1$ 简记为 $n!$. 因此 $4!$ 小时恰好是一天, 而 $5!$ 分钟恰好是两个小时. 问: $10!$ 秒恰好是几周呢?[①]

12. 证明: 如果整数 k, l, m, n 满足 $k|l$ 且 $m|n$, 那么 $km|ln$.

13. 对一个小学六年级学生清楚地解释下述事实成立的理由: 如果 m, n 和 a 是不等于零的整数, 那么从 $am = an$ 可以推出 $m = n$. 你可以给出两种解释吗?

14. 解释为什么一个自然数的平方的个位数字必定是 0, 1, 4, 5, 6, 9 之一.

[①]来自于 Tony Gardiner 的问题.

第33章
素数和因子

数论的一个最具魔力的性质是, 它的一些很深刻的问题、甚至是几百年以来都没有得到解答的问题, 我们小学五年级的学生都可以听得懂. 本章将引入素数和因子的概念, 在本章的末尾我们将讨论关于素数的几个尚未解决的问题.

本章各节安排如下:
素数和因子的定义
埃拉脱色尼筛法
关于素数的一些定理和猜想

33.1 素数和因子的定义

每个自然数 a 至少有两个因子, 即 1 和 a 自身, 但是这些因子是平凡的. 如果 $b|a$ 且 $b \neq 1$ 或 a, 那么我们称 b 是 a 的一个**真因子**, 或者称 a 是 b 的一个**真倍数**. 因此, 12 是 3 的一个真倍数, 而我们也可以说 3 是 12 的一个真因子. 但是, 7 就没有真因子, 101 也没有真因子, 虽然验证后一个事实要付出更多的努力. 换言之, 如果 b 是 a 的因子且 $2 \leqslant b \leqslant (a-1)$, 那么自然数 b 是 a 的真因子, 如果 a 是 b 的倍数且 $a > b$, 那么 a 是 b 的真倍数. 我们有一个简单而有用的**观察**:

如果自然数 b 是自然数 n 的一个真因子, 那么商 $c = \dfrac{n}{b}$ 也是 n 的真因子.

c 是 n 的因子是显而易见的: $n = bc$. c 是 n 的真因子的原因是, 如果 $c = 1$, 那么 $b = n$, 这与 b 是 n 真因子矛盾; 类似的, 如果 $c = n$, 那么 $b = 1$, 同理这与 b 的假定矛盾. 因此, c 是 n 的一个真因子.

如果 $n = bc$, 其中 b 是 n 的一个真因子 (则 c 也是), 我们称 bc 是 n 的一个**因子分解**.

我们已经注意到, 某些自然数没有真因子, 例如, $2, 3, 5, 7, 11, \cdots$. 一个大于 1 的自然数如果没有真因子就称为**素数**. 注意, 2 是唯一的偶素数. 一个大于 1 的自然数如果不是素数, 就称为**合数**.

按照上述定义, 1 既不是素数, 也不是合数.

第 33 章 素数和因子

有很多原因促使人们对素数保持着长久的兴趣，一些较为简单的原因我们会在本章解释，但是一个根本的原因在于，素数是构成正整数大厦的基石，我们将在下一章阐明这句话的全部涵义。

检验一个自然数 n 是否为素数 (素性检验) 是一项非常艰巨的任务：你必须检验 2 到 $n-1$ 的每一个数，看它们是否整除 n. 对于比较大的整数 n, 这实在令人望而生畏。但是，至少当 $n<1000$ 时，我们有一些简化的技巧可以减轻素性检验带来的痛苦。例如，为检验 97 是否为素数，看起来好像需要逐一验证是否有 $2|97, 3|97, \cdots, 96|97$? 但稍微想一下立即就会知道，其中有一半的数是不必要检验的：$2, 3, \cdots, 96$ 中大于 $\frac{97}{2}$ 的数不整除 97. 为看出这一点，假定 $b > \frac{97}{2}$ 且 b 是 97 的一个真因子，我们将看到这个假定将导出一个矛盾. 设 $97 = bc$, 这里 c 也是 97 的真因子 (由上面的观察)，因而 $c \geqslant 2$. 于是 $97 = bc \geqslant b \times 2 > \frac{97}{2} \times 2 = 97$, 我们得到 $97 > 97$, 矛盾. 这说明假定不成立，换言之，$2, 3, \cdots, 96$ 中大于 $\frac{97}{2}$ 的数不会整除 97.

我们来考虑一个一般的自然数 n. 我们断言下述结论成立：$2, 3, \cdots, n-1$ 中大于 $\frac{n}{2}$ 的数不整除 n. 证明是类似的. 假定 n 有一个因子分解 $n = kc$, 其中 $k > \frac{n}{2}$ 是 n 的一个真因子，那么 c 是 n 的真因子，所以 $c \geqslant 2$. 由此，我们得到 $n = kc \geqslant k \times 2 > \frac{n}{2} \times 2 = n$, 即 $n > n$, 矛盾. 因此假定不成立，断言得证.

因而，我们可以得到这样的结论：对于一个自然数 n, 如果它在 2 到 $\frac{n}{2}$ 之间没有因子，那么它就没有真因子，从而它必定是一个素数. 事实上，我们有更进一步的结论，但是为给出更一般的陈述，我们需要引入一个概念，即正数的平方根的概念. 设 x 是一个正数, 如果正数 s 满足 $s^2 = x$, 那么我们称 s 为 x 的**正平方根**. 例如, 由于 $2^2 = 4$, 所以 2 是 4 的正平方根. 一个熟知的事实是，每一个正数 x 具有唯一的正平方根, 记为 $\sqrt{x}$, 因此我们可以明确称 $\sqrt{x}$ 是 x 的正平方根. 因为正数的平方根对我们的主要目的来说只是偶然碰到的, 我们将不再停留在这些细微的概念上.

定理 33.1 如果自然数 n 不存在一个因子 k 满足 $2 \leqslant k \leqslant \sqrt{n}$, 那么 n 是素数.

作为上述定理的应用, 我们以 193 为例来检验它是否为素数. 注意到 $\sqrt{193} \approx 13.9$[①], 我们只需要检验 $2, 3, 4, \cdots, 11, 12, 13$ 中是否有 193 的因子[②]. 不仅如此, 而且还可以做进一步的简化. 事实上, 我们只需要对 $2, 3, 4, \cdots, 11, 12, 13$ 中的奇数 $3, 5, 7, 9, 11, 13$ 逐一检验就可以了, 因为 193 是奇数, 不可能有偶数因子 (见第 32 章的练习 1(c)). 由于 193 的各位数字之和为 $1 + 9 + 3 = 13$, 而 $3 \nmid 13$, 所以 $3 \nmid 193$, 因此 9 也不是 193 的因子 (第 32 章引理 32.2(b), 或者从关于 9 的整除性规律以及 $9 \nmid 13$ 得出这一结论). 显然, 5 不是 193 的因子 (见

[①] 利用计算器可以得到这个估计.
[②] 作为比较, 前面的方法要求我们检验 2 到 96 的所有整数. 因为 97 是大于 193/2 的最小整数.

32.3 节对于 5 的整除特性规律)，那么就只需要检验 $7,11,13$ 中是否有 193 的因子. 这是毫无困难的，答案是没有. 于是 193 在 2 到 $\sqrt{193}$ 中没有因子. 根据定理 33.1, 193 是素数.

然而，我们也可以直接证明，如果 193 没有小于等于 $\sqrt{193} \approx 13.9 < 14$ 的真因子，那么 193 是素数. 下面的证明将是很有启发性的. 假定 193 不是素数，那么就有一个因子分解 $193 = bc$，这里 b, c 都是 193 的真因子，所以 b 和 c 都大于等于 14，这样它们的乘积 $bc \geqslant 14 \times 14 = 196$. 但是 $bc = 193$，我们得到矛盾 $193 > 196$. 这说明我们所做的假定 193 不是素数不成立，换言之，193 一定是素数.

上面的论证看起来似乎依赖于我们已经明确知道 b 和 c 都大于等于 14. 略微反思前面的论证过程就会发现，事实上这样明确的信息是不必要的. 我们所需要知道的唯一一事实是：b 和 c 都是 193 的真因子，而 193 的真因子都大于 $\sqrt{193}$. 于是它们的乘积大于 $\sqrt{193} \times \sqrt{193}$，根据平方根的定义，这就是 193. 因此，$bc > 193$. 但是 $193 = bc$，我们就得到了结论 $193 > 193$，而这是不可能的. 这就足以表明我们一开头所做的假定 193 不是素数不成立，也就是说 193 必定是素数. 现在我们认识到，上述推理事实上完全适用于一般情形，并且本质上得到了定理 33.1 的一个证明. 在给出这个定理的证明之前，我们先做一点准备工作.

我们将明确地给出一个在上述论证过程中用到的一个不等式. 设 s, t, u, v 是正数，我们断言

$$\text{若 } s < t \text{ 且 } u < v, \quad \text{则 } su < tv. \tag{33.1}$$

证明如下：回忆起我们在第 17 章证明了一个一般结论，如果 A, B, C 是分数，那么

$$A > 0 \text{ 且 } B < C \Longrightarrow AB < AC. \tag{33.2}$$

由中小学数学的基本假设 (第 21 章), (33.2) 对所有的数 A, B, C 都成立 (不论它们是否为分数). 根据这一点，我们可以给出 (33.1) 的证明如下：连续两次利用 (33.2)，我们有

$$u > 0 \text{ 且 } s < t \Longrightarrow su < tu,$$
$$t > 0 \text{ 且 } u < v \Longrightarrow tu < tv.$$

由 < 的传递性 (见第 16 章)，从上面两个不等式可以推出 $su < tv$，这就是 (33.1).

现在我们可以在一般情况下证明定理 33.1 了，这不过是意味着我们将在前面的论证中将 193 替换为任意的自然数 n.

定理 33.1 的证明 假定不存在整数 k 同时满足 $k | n$ 且 $2 \leqslant k \leqslant \sqrt{n}$，我们将证明 n 是素数. 利用反证法，我们将证明，如果假定 n 不是素数将会推出矛盾. 推理如下：假定 $n = bc$ 是 n 的一个因子分解. 这意味着 b 和 c 都是 n 的真因子，因此根据假定 b 和 c 满足 $\sqrt{n} < b, \sqrt{n} < c$. 根据不等式 (33.1)，我们有

$$n = \sqrt{n} \cdot \sqrt{n} < bc = n,$$

从而 $n < n$, 矛盾. 由此定理得证. □

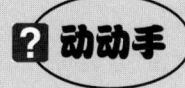 97 是否为素数,337 是否为素数, 373 呢?

33.2 埃拉脱色尼筛法

作为上一节定理 33.1 的一个应用, 我们将给出一个系统而简单的办法, 以此来求出某个固定范围内的所有素数. 为了阐述这个方法, 我们将写出所有小于等于 144 的素数. (这里我们之所以选择 144 作为上限是因为 $\sqrt{144} = 12$.) 为此目的 (以及其他目的), 我们想通过证明下述引理来使我们的推理站得住脚.

引理 设 s 和 t 是正数, 则 $s < t \iff \sqrt{s} < \sqrt{t}$.

证明 这个引理的证明与第 2.5 节的 (2.7) 中的第二个断言的证明非常类似. 我们首先证明

$$\sqrt{s} < \sqrt{t} \Rightarrow s < t.$$

事实上, 因为 $\sqrt{s} < \sqrt{t}$, 我们利用 (33.1) 得到 $\sqrt{s} \cdot \sqrt{s} < \sqrt{t} \cdot \sqrt{t}$. 因为 $\sqrt{s} \cdot \sqrt{s} = s, \sqrt{t} \cdot \sqrt{t} = t$, 所以我们有 $s < t$.

相反方向的论证将更有趣. 我们需要证明

$$s < t \Rightarrow \sqrt{s} < \sqrt{t}.$$

既然对于数 $\sqrt{s}$ 和 $\sqrt{t}$ 的大小只有三种可能: $\sqrt{s} < \sqrt{t}, \sqrt{s} = \sqrt{t}$, 和 $\sqrt{s} > \sqrt{t}$ (实数的三分律, 见第 15.3 节以及第 21 章). 我们要想证明只有第一种可能出现, 就只需要证明后两种可能与假定条件 $s < t$ 矛盾. 第二种可能明显是不成立的, 因为 $\sqrt{s} = \sqrt{t}$ 立即给出 $\sqrt{s} \cdot \sqrt{s} = \sqrt{t} \cdot \sqrt{t}$, 从而 $s = t$. 这与假定 $s < t$ 矛盾. 现在我们来考虑第三种可能, 我们将这种可能重新表述为 $\sqrt{t} < \sqrt{s}$. 根据前面我们 (在另一个方向上) 所证明的结果, 这就推出 $t < s$, 这与已知假定 $s < t$ 矛盾. 因此只有第一种可能成立, 即 $\sqrt{s} < \sqrt{t}$, 即得所证. □

现在我们可以开始找出不超过 144 的所有素数了. 我们断言:

> 对于 2 到 144 的一个自然数 k, 如果 $2, 3, \cdots, 11, 12$ 中任何一个数都不整除 k, 那么 k 是素数.

(注意到 12 是 144 的平方根, 这是关键所在.) 首先让我们确信这个断言是正确的. 假定整数 k 满足 $2 \leqslant k \leqslant 144$. 根据定理 33.1, 为检验 k 是否为素数, 就只需要检验满足

$$2 \leqslant l \leqslant \sqrt{k}$$

的任意一个自然数 l 是否为 k 的因子. 然而 $\sqrt{k}$ 到底多大呢? 根据上述引理, 从 $k \leqslant 144$ 可以推出 $\sqrt{k} \leqslant \sqrt{144}$. 换言之, $\sqrt{k} \leqslant 12$. 由此可知, 为检验一个不超过 144 的整数 k 是否为素数, 就只需要检验 $2, 3, \cdots, 11, 12$ 中是否有 k 的因子. 这就证明了上述断言.

这个断言可以导出一个一般的简便方法, 使得我们不必对小于等于144的每个数逐一检验其素性就能够得到小于等于144的所有素数, 具体方案如下. 一个被$2, 3, \cdots, 11, 12$之一整除的数一定是这些数之一的倍数, 比方说被k整除的数一定是k的倍数. 因此, 如果我们简单地

在从 2 到 144 的所有整数中, 若依次去掉 2 的每一个真倍数、3 的每一个真倍数、$\cdots\cdots$ 12 的每一个真倍数, 那么剩下的数就不可能以 $2, 3, \cdots, 11, 12$ 为真因子, 从而必定为素数.

这个得到素数的方法被称为**埃拉托色尼**(Eratosthenes)**筛法**. 埃拉托色尼 (公元前 276- 194 年) 生活在欧几里得之后, 是与阿基米德 (Archimedes) 同时代的人. 他既是数学家, 又是天文学家. 他最有名的成就是, 在大约 2300 年前, 他对地球半径做出了一个非常精准的测量, 误差在 11% 以内. 考虑到当时科学测量所处的原始状态, 这样的精度是引人注目的.

现在让我们应用埃拉托色尼筛法来找出 $2, 3, \cdots, 143, 144$ 中的所有素数, 细节如下. 为此, 我们首先去掉 2 的所有真倍数, 即所有大于 2 的偶数. 在这一过程中, 我们事实上也同时去掉了 $4, 6, 8, 10, 12$ 的真倍数. 因此, 我们的任务化简为在 3 到 143 的所有奇数中依次去掉 $3, 5, 7, 9, 11$ 的真倍数. 这是跳跃计数的一个好练习. 例如, 在去掉 3 的所有真倍数以后, 我们得到

2	3	5	7	11	13	17	19	23	25	29	31
35	37	41	43	47	49	53	55	59	61	65	67
71	73	77	79	83	85	89	91	95	97	101	103
107	109	113	115	119	121	125	127	131	133	137	139	143

因为 9 的倍数自动就是 3 的倍数, 所以我们只需要去掉 $5, 7, 11$ 的真倍数就可以得到所有小于等于 144 的素数了. 5 的所有真倍数很容易被识别 (我们用方框把它们标记出来):

2	3	5	7	11	13	17	19	23	☐25	29	31
☐35	37	41	43	47	49	53	☐55	59	61	☐65	67
71	73	77	79	83	☐85	89	91	☐95	97	101	103
107	109	113	☐115	119	121	☐125	127	131	133	137	139	143

同样的, 我们再去掉 7 和 11 的真倍数. 最后, 我们将得到小于等于 144 的所有素数, 共有 34 个, 列于下表中:

2	3	5	7	11	13	17	19	23	29	31	37
41	43	47	53	59	61	67	71	73	79	83	89
97	101	103	107	109	113	127	131	137	139

33.3 关于素数的一些定理和猜想

我们以介绍关于素数的一些一般信息来结束本章. 虽然将要给出的这些定理的陈述很容易理解, 但是它们的证明通常需要用到非常高深的数学.

人们开始十分严肃理解素数的尝试已经有将近 400 多年了, 而且在过去的 200 年里, 这已成为数学家关注的一个主要焦点, 并且没有迹象表明这个兴趣会在短时间内淡化. 我们将在第 36.4 节证明素数一共有无限多个, 这个事实早在 2300 年前就为欧几里得所知道. 狄利克雷(P. G. L. Dirichlet, 1805–1850)的一个定理证明了更多的结果, 我们现在就来叙述它. 两个自然数 a 和 b 称为**互素的**, 如果它们仅有的**公因子**—— 同时整除 a 和 b 的自然数是 1. 请注意, 当我们说两个数互素时, 并没有对每一个数的素性做出任何论断. 例如, 12 和 25 是互素的, 但是 12 和 25 都不是素数. 当然, 如果 p 是一个素数, 且 n 不是 p 的倍数, 那么 p 和 n 是互素的. 为给出狄利克雷定理的陈述, 我们还需要引进一个概念, **由 a 和 b 决定的算术数列**, 它定义为所有这种形式的数: $a+b, 2a+b, 3a+b, 4a+b, \cdots, na+b, \cdots$. 现在我们可以介绍狄利克雷定理了, 该定理断言: 如果自然数 a 和 b 互素, 那么由 a 和 b 决定的算术数列中存在无限多个素数. 如果 $a=b=1$, 则 a 和 b 显然是互素的. 一个简单的观察告诉我们, 由 $a=1$ 和 $b=1$ 决定的算术数列恰好就是所有大于 1 的自然数. 在这个意义下, 狄利克雷定理包含了欧几里得关于存在无限多个素数的简单论断. 如果 a 和 b 为不同的素数, 那么按定义, 它们是互素的. 取 $a=3$ 和 $b=7$, 并写出算术数列 $3+7, 6+7, 9+7, 12+7, \cdots, 3n+7, \cdots$ 的前 30 项, 以使你确信这其中确实有很多素数. 你甚至可以尝试利用其他互素的自然数来验证, 例如 6 和 25.

其次, 你可以从直到 144 的素数表中看到许多**孪生素数对**, 即一对素数, 它们是连续的奇数. 例如, 3 和 5, 5 和 7, 29 和 31, 71 和 73, 137 和 139, 等等. 观察所有已知的素数表似乎表明, 存在任意大的孪生素数对, 例如, 1091 和 1093, 2591 和 2593, 9281 和 9283, 等等. 直到 2014 年, 已发现的最大的孪生素数对有 200700 个数位, 例如, 可见下述网页: http://mathworld.wolfram.com/TwinPrimes.html.

是否存在无限多个孪生素数对成为一个公开问题至少已经有 200 年了[①]. 另一个看似

[①]译者注: 2013 年, 华人数学家张益唐在这个方向上做出了突破性进展, 他证明了, 存在无限多组素数对, 每一组的差都不超过 70,000,000. 如果将 70,000,000 改进到 2, 就是孪生素数对猜想的结论了. 关于这个问题的最新进展, 可关注 http://en.wikipedia.org/wiki/Prime_gap.

乏味的问题是，是否每一个大于 2 的偶数都是两个素数的和. 例如，$4 = 2 + 2, 6 = 3 + 3, 8 = 3 + 5, 10 = 3 + 7, 90 = 11 + 79 = 43 + 47, 184 = 47 + 137, 250 = 113 + 137$，等等. 迄今为止，人们还没有找到一个偶数不能写成两个素数的和. 这一问题首先为业余数学家哥德巴赫 (C. Goldbach) 于 1742 年提出，因此被称为**哥德巴赫猜想**. 虽然现在已经证明了一些与该猜想非常相近的定理[①]，但这一猜想至今仍未解决.

与孪生素数对相联系，你或许会问是否存在三个连续的奇数皆为素数. 显然，3, 5, 7 就是一个例子. 但是我们可以证明，这同时也是唯一的可能. 我们将证明，对于三个连续的奇数，$k, k+2, k+4$，当 $k > 3$ 时，其中至少有一个是合数.[②] 我们可以用什么方法来证明这一点呢？回答是：带余除法. 用 3 去除 k，我们得到 $k = 3n + r$，这里余数 $r = 0, 1$ 或 2. 我们分情况讨论. 第一种情况，如果 $r = 0$，那么 $k = 3n$，因为 $k > 3$，这意味着 3 是 k 的真因子，k 是合数. 第二种情况，如果 $r = 1$，那么 $k = 3n + 1$ 将给出 $k + 2 = (3n + 1) + 2 = 3(n + 1)$，这意味着 $k + 2$ 是合数. 第三种情况，如果 $r = 2$，那么 $k = 3n + 2$ 将给出 $k + 4 = (3n + 2) + 4 = 3(n + 2)$，这意味着 $k + 4$ 是合数. 这样，我们就证明了当 $k > 3$ 时，对于三个连续的奇数 $k, k+2, k+4$ 中至少有一个是合数. 这样 3, 5, 7 就是唯一的一组三个连续奇数，每一个都是素数. 如果我们再返回去思考孪生素数对的问题，就会发现它确实更有趣.

与孪生素数对的问题相关，长期以来人们猜测，存在着任意 (有限) 长的由素数构成的等间距算术数列. 换言之，这个猜想说，给定任意一个自然数 k，存在着 k 个等间距 (作为数轴上的相继的点之间的距离) 的素数. 例如，对于 $k = 5$，存在着以下 5 个满足条件的素数：

$$5, \quad 11, \quad 17, \quad 23, \quad 29,$$

这里相邻两个素数之间的距离都是 6. 与孪生素数对对照，这里的细微之处在于，**不要求这些素数是紧挨着的**，例如，在 5 和 11 之间存在素数 7，在 11 和 17 之间存在素数 13. 另外一个比较简单的，由 6 个素数构成的等间距数列是

$$7, \quad 37, \quad 67, \quad 97, \quad 127, \quad 157,$$

这里相邻素数之间的距离都是 30. 因此，上述猜想对 $k = 5$ 和 $k = 6$ 成立. 对于比较大的 k，这个猜想绝不是显然的. 事实上，存在由以下 10 个相对较小的素数构成的等间距数列：

$$199, \quad 409, \quad 619, \quad 829, \quad 1039, \quad 1249, \quad 1459, \quad 1669, \quad 1879, \quad 2089,$$

[①] 20 世纪的数学家利用极其困难的方法证明的两个定理可以给你一个大概的了解：维格纳朵夫 (I.M.Vinogradov) 的一个定理断言，任何一个充分大 (大于某一个非常大的数) 的奇数可以写成至多三个素数的和. 陈景润的一个定理断言，每一个大于等于 2 的偶数是一个素数和另一个至多为两个素数之积 (即它或者是素数，或者是两个素数之积)的数的和.

[②] 译者注：稍加观察这样的三元数组 (例如 5, 7, 9; 7, 9, 11; 9, 11, 13; 11, 13, 15 等)，你就会发现，其中至少有一个被 3 整除.

第 33 章 素数和因子

这里相邻素数之间的距离为 210. 所以, 上述猜想对 $k=10$ 也成立. 虽然如此, 但是在 2004 年之前, 人们甚至不知道这个猜想是否对 $k=23$ 成立. 2004 年, 本·格林 (Ben Green) 和陶哲轩 (Terence Tao) 对所有的 k 证明了这一猜想, 因此震惊了全世界. 他们的证明并没有对每一个自然数 k 明确地给出一个长度为 k 的等间距素数列, 仅仅保证了其存在性. (例如, 你可以肯定这句话是对的: "每个图书馆都收藏有一本书". 虽然这里并没有对每一个图书馆都给出它所收藏的某一本书.) 在所有找到的等间距素数列中长度 k 最大的是 $k=26$, 这是在 2010 年 4 月发现的. 你可以在下述网页中找到详细的论述: http://primerecords.dk/aprecords.htm.

另一方面, 很容易找到任意长的一串连续自然数列, 其中每一个自然数都是合数. 首先, 我们回忆起第 14.6 节符号 $n!$ (读做 n 的阶乘) 表示 1 到 n 的所有整数的乘积. 因此, $4!=1\times 2\times 3\times 4=24$, $6!=1\times 2\times 3\times 4\times 5\times 6=720$, 等等. 现在我们断言, 当 $n\geqslant 2$ 时, 存在一串长度为 $n-1$ 的数列, 其中每一个自然数都是合数. 事实上, 这串数可以如下给出:

$$n!+2,\quad n!+3,\quad n!+4,\quad \cdots,\quad n!+n.$$

事实上, 2 整除 $n!+2$, 3 整除 $n!+3$, 4 整除 $n!+4$, ……, n 整除 $n!+n$. 因为这串数共有 $n-1$ 个数, 所以当 n 任意大时, 我们得到任意长的合数串.

阶乘 $n!$ 随着 n 的增大而急剧增大. 10! 或许看似很小, 但事实上它等于 3628800. 50! 大于任何在日常生活中可能出现的数, 包括国家的财政预算和财政赤字.①它大约是 3×10^{64}. 从下面的比较将会对这个数字究竟多大有一个大致的了解, 地球的年龄是 2×10^{10} 年, 大约为 5×10^{16} 秒. 而 100! 更是大得不可想象: 大约 9×10^{157}. 所以, 如果我们想找出一串长度为 10 的连续的合数, 我们用的数字大概有 157 个数位. 如果我们只是想要找出一串长度为 6 的连续合数, 那么由 $7!=5040$ 可知, 下述一串数满足条件:

$$5042,\quad 5043,\quad 5044,\quad 5045,\quad 5046,\quad 5047.$$

事实上, 我们还可以更进一步往两边延长上述合数列. 注意到, 5039 和 5051 为素数, 而 5040, 5041, 5048, 5049, 5050 都是合数 (对于 5041 来说, 这个事实不是显然的, 见下面的练习 7), 于是事实上我们得到一串长度为 11 而不是长度为 6 的连续合数, 它们从 5040 一直到 5050. 一个更令人惊奇的事实是, 为了得到一串长度为 11 的连续合数, 我们根本没有必要跑到 5000 以外去找. 事实上, 我们面前一直闪耀着一串长度为 13 的连续合数: 114, 115, $\cdots$, 125, 126. (你可以利用上节中得到的小于等于 144 的素数表来检验这一点.) 所以, 利用 $n!$ 去构造长度为 $n-1$ 的连续合数仅仅是一个正确的一般断言, 但是对于特定情况下的具体构造来说, 它绝对算不上一个最经济、最有效的办法.

---

①它甚至比阿基米德所估计的用细沙填满整个地球所需要的数目——约为 10^{63} 还要大.

使用便利的计算器操作适当大的数，你可以毫不费力地检验上面的一些断言，甚至还将提出一些更好的猜想. 请你试一试吧.

练习

1. 证明：如果整数 n 不被任意一个满足 $2 \leqslant p \leqslant \sqrt{n}$ 的素数 p 整除，那么 n 是素数.
2. 检验下面四个数是否为素数：

$$247, \quad 293, \quad 461, \quad 873.$$

3. (a) 找出一个自然数 n 使得 $6n+1$ 和 $6n-1$ 都是合数.

   (b) 证明：存在无限多个自然数 n 使得 $6n+1$ 和 $6n-1$ 都是合数. (为证明 (b)，你需要知道一些标准的代数等式.)

4. 设整数 $n \leqslant 20736$，且最靠前的 34 个素数都不整除 n. 证明：n 是素数. (请查阅书中的素数表.)

5. 在算术数列 $3n+2$ (此处 n 是整数) 的前 40 项中哪些是素数？对于算术数列 $4n+1$ 又如何呢？

6. 将下面的每一个数写成两个素数的和：

$$88, \quad 96, \quad 162, \quad 246, \quad 254, \quad 278.$$

7. 证明 5041 和 5029 为合数，有必要的话可以利用计算器. (第一个数的证明将会略微考验你的耐心.)

8. 写出两串长度都为 5 的连续合数，要求不同于书中给出的例子.

9. (a) 证明：如果 p 和 q 都是素数，且 $p|q$，那么 $p=q$.

   (b) 证明：如果 m 和 n 都是整数，满足 $m|n$ 且 $n|m$，那么 $m = \pm n$.

10. 利用埃拉托色尼筛法决定所有小于等于 289 的素数.

第34章
算术基本定理

我们过去常常把一个较小的自然数分解为一些素数的乘积，例如 $12 = 2 \times 2 \times 3$，$18 = 2 \times 3 \times 3$ 等。我们也知道，将一个素数，例如 193 分解为素数的乘积是平凡的，即 $193 = 193 \times 1$。(这里我们采取下述约定：写出一个素数也算"分解为素数的乘积"。) 此前的这种经验或许让你理所当然地产生了下述想法：每一个 (大于等于 2 的) 自然数都可以分解为素数的乘积。但是，当自然数变得比较大的时候，事情就不那么显然了。以 $2,147,483,647$ 为例，我们如何将它分解为素数的乘积呢？

首先让我们约定一个术语：一个自然数的**素因子分解**指的是将它表示为素数的乘积的形式。例如，$12 = 2 \times 2 \times 3$ 是 12 的一个素因子分解。

在当今的科技时代，为给出 $2,147,483,647$ 的素因子分解，依据我们对自身要求的不同，可以有两种不同的途径。首先，如果只允许我们利用随身携带的计算器而不允许使用计算机。为得到 2147483647 的素因子分解，我们将在 2 到 $\sqrt{2,147,483,647} \approx 46340.95$ 之间检验是否有它的因子。正如我们已经看出的，去掉所有的偶数后，我们只需要检验 $2, 3, \cdots, 46340$ 中的一半的数。进一步，去掉 3 的倍数大概也去掉了剩下的数 (约 20000) 的三分之一，让我们做一个非常乐观的估计，假定最后只需要在 5000 个数中检验是否有 $2,147,483,647$ 的因子[①]。你是否有这个耐心呢？如果没有，你又怎么能知道可以把 $2,147,483,647$ 分解为素数的乘积呢？[②]

我们可以谦虚一点，仅问一个小一点的数，例如，14933 是否有素因子分解？即便是这样一个简单的问题也是对你耐心的考验。请你试一试。答案是 $14933 = 109 \times 137$，而 109 和 137 都是我们已知的素数。现在你或许对下述事实有了更好的理解：每个 (大于等于 2 的) 自然数 (不论它多么大) 都可以写成素数的乘积这一点绝不是显然的。

现在我们寻求第二种途径。或许你会说前面只允许利用计算器展开的讨论其实非常愚蠢，因为在功能强大的计算机的帮助下，这样的检验变得轻而易举。此言不假，但也不完全如

[①] 在数学上有深刻的理由表明这个数字可以作为最后需要检验的因子个数，这与所谓的素数定理有关。
[②] 事实上，$2,147,483,647$ 是一个素数。

此. 对于 2010 年的计算机来说, 求出一个十位数 (例如, 2,147,483,647) 的素因子分解几乎瞬间就可以完成. 这是正确的一面. 但是, 计算机也有它的局限性. 要知道我们所处理的还仅仅是很 "小" 的数呢! 因此, 即便是一个 20 位的数对计算机也不会造成什么威胁. 但是, 如果我们在分解一个 400 位的数时去求助计算机, 那么在我们可以预见的将来, 即便是世界上的所有计算机联合起来工作一百年也不能完成.

有趣的是, 计算机的这一缺陷 (如果我们可以这么说的话) 在技术上已经转化为一笔巨大的财富. 利用计算机的这一固有的局限性, 计算机科学家成功地创造出所谓的**公钥密码体系**, 它可以为我们在网上进行金融和秘密交易提供保护. 简单地说, 这意味着机密的信息可以编码在数字当中, 虽然从语句到数字的转换过程是公开的秘密, 但是数码信息在一百年以内都不可能被计算机解密, 而这正是因为解码需要将一些非常大的数分解为素数. 这也就是大素数在编码过程中的用处所在. 因此, 机密信息的安全性的关键恰恰在于计算机对分解大数无能为力. (目前来说, 400 位的数字对计算机的能力来讲已经足够大了.) 所以, 即便允许你用强大的计算机, 基本的问题仍然没有解决: 你如何确信每一个自然数, 比方说一个 500 位的数, 具有一个素因子分解?

现在或许你会产生一个想法: 通过蛮力的途径来理解素数大概是不可取的. 我们需要数学上的推理, 即数学证明, 来帮助我们判断一些东西是否正确.

这里我们要提请读者注意, 联想到每一个自然数都有素因子分解的事实, 我们还隐含地承认了每一个自然数都有**唯一**的素因子分解. 换言之, 我们不仅知道 $12 = 2 \times 2 \times 3$ 是 12 的一个素因子分解, 而且理所当然地认为上述分解是 12 的本质上唯一的素因子分解. 这里 "本质上唯一" 是指这些素因子 2,2,3 会出现在 12 的每一个素因子分解中, 而且所有的素因子分解之间的差别仅仅在于素因子 2,2,3 的排列次序不同, 在这个意义下, 12 的下述三种素因子分解就被视为同一个: $12 = 2 \times 2 \times 3$, $12 = 2 \times 3 \times 2$, 或 $12 = 3 \times 2 \times 2$. 现在我们就在这个意义下理解素因子分解的唯一性:

素因子分解的唯一性指相差到素因子的排列次序的唯一性.

现在我们可以非常容易地检验 12 的素因子分解的唯一性. 但是, 对于一个 500 位的数来说, 即使是它的素因子分解我们也无法写出, 又如何能断定其素因子分解具有唯一性呢?

这些讨论的目的就是为你理解下述定理的证明的本质部分做好准备. 这个定理断言, 事实上, 每一个自然数具有一个素因子分解, 而且具有唯一的素因子分解. 显然, 正如我们已经认识到的, 我们不可能在每一个情形下给出素因子分解, 但是我们可以利用逻辑推理证明必定存在一个、而且本质上唯一的一个素因子分解. 最终可以表明, 这个证明非常重要, 因为它引入了一个有用而优美的事实, 即著名的欧几里得算法.

定理 34.1(算术基本定理) 每一个大于等于 2 的自然数都有一个素因子分解, 而且分解是唯一的.

我们可以在最肤浅的水平上理解这个定理. 注意到 3×8 和 4×6 都是 24 的两种因子分解 (但不是素因子分解), 但是这两个因子分解没有公共的因子. 因此, 如果每一个自然数的素因子分解具有唯一性的话, 那么这个唯一性一定是由素数的某个特殊性质引起的. 所以, 唯一性部分的证明应该要用到关于素数的一个基本性质, 而任何一个一般的数可能不具有这一性质. 可以看到, 我们所猜测的这一性质事实上非常巧妙 (见本章后面的定理 34.2), 并且其证明非常令人惊异 (见第 35 章).

现在让我们回到先前做出的一个注记, 回忆起我们曾经说过的, 素数是构建正整数大厦的基石. 算术基本定理告诉我们, 如果给你所有的素数, 那么你仅仅使用乘法就可以得到所有大于等于 2 的自然数. 定理的唯一性部分说得更多: 如果我们忽略素数的排列次序, 那么不同的素数乘积必定得到不同的自然数, 因此, 构造因子为素数的所有可能的乘积, 我们恰好得到所有大于等于 2 的自然数, 并且每个自然数只出现一次.

通过比较加法的对应结果可以帮助你更好地理解上述关于乘法的断言. 你只需要从数 1 开始, 不断的加 1 就可以得到所有的正整数. 因此, 素数的出现意味着, 对自然数而言, 乘法的概念比加法的概念更为复杂. 如果你回想起本部分前言中最初提到的, 本部分的主题是研究自然数中乘法运算和加法运算之间的相互作用, 那么现在可以看到, 这个微妙的相互作用正是素数的存在造成的.

我们从证明定理的比较容易的一部分即素因子分解的存在性部分开始. 首先我们来做一个观察:

如果 n 是合数, 那么它有一个素因子.

事实上, 如果 n 是合数, 那么它至少有一个真因子 d. 令 d_0 是 n 的所有真因子中最小的一个. 我们断言, d_0 是素数. 用反证法. 假设 d_0 不是素数, 那么它是合数 (注意到 $d_0 \leqslant 2$), 从而 d_0 有一个真因子 a, 这里 $1 < a < d_0$. 现在 $a|d_0$ 且 $d_0|n$, 由引理 31.2, 我们有 $a|n$. 这就意味着 a 是 n 的真因子, 而且比 d_0 小, 这与 d_0 为 n 的最小真因子矛盾! 于是假设不成立, 从而我们证明了 d_0 是素数. 这样, n 有素因子 d_0.

在给出素因子分解的存在性证明之前我们将考查一些具体的数.

我们从 193 开始, 可以看到 193 本身就是一个素因子分解, 因为 193 是素数. 接下来看看 391, 试探表明 17 是 391 的一个素因子, 而且

$$\frac{391}{17} = 23,$$

所以 $391 = 17 \times 23$. 我们知道 23 是素数, 于是我们得到了 391 的素因子分解.

再来考查 1729. 我们可以试出 7 是一个素因子, 而且

$$\frac{1729}{7} = 247,$$

所以 $1729 = 7 \times 247$. 如果 247 是素数, 我们的任务就完成了, 但是 13 是 247 的素因子, 而且

$$\frac{247}{13} = 19.$$

幸运的是, 19 是素数. 所以我们有 $1729 = 7 \times 247 = 7 \times (13 \times 19) = 7 \times 13 \times 19$, 即 $1729 = 7 \times 13 \times 19$, 这就是 1729 的素因子分解.

我们来考查最后一个例子, 16269. 因为 3 整除 $1+6+2+6+9 = 24$, 所以 3 是 16269 的素因子, 而且可以计算出

$$16269 = 3 \times 5423.$$

又因为 11 整除 $((3+4) - (5+2))$, 所以 11 整除 5423 (见第 32.3 节中的关于 11 的整除性规律), 可以计算出

$$5423 = 11 \times 493.$$

因此,

$$16269 = 3 \times 5423 = 3 \times (11 \times 493) = 3 \times 11 \times 493.$$

如果 493 是素数我们的任务就完成了, 但是 17|493, 而且

$$493 = 17 \times 29.$$

因此,

$$16269 = 3 \times 11 \times 493 = 3 \times 11 \times (17 \times 29) = 3 \times 11 \times 17 \times 29,$$

即

$$16269 = 3 \times 11 \times 17 \times 29.$$

这就是 16269 的素因子分解, 因为每一个因子都是素数.

一般来说, 设 $n \geqslant 2$ 是一个给定的自然数. 如果 n 是素数, 那么 n 本身就是它的素因子分解. 如果 n 不是素数, 那么根据上述观察, 它有一个素因子 p. 令 $n = pA$, 这里 A 是某个自然数. 如果 A 是素数, 那么分解已经完成了, 因为 pA 已经是 n 的一个素因子分解. 如果 A 不是素数, 那么继续应用上述观察, A 有一个素因子 q, 所以 $A = qB$, 这里 B 是一个自然数. 此时, 我们有

$$n = pqB.$$

如果 B 是一个素数, 则 pqB 就是 n 的一个素因子分解. 如果 B 不是素数, 那么同理, 它有一个素因子 r, 且 $B = rC$, 这里 C 是一个自然数. 此时, 我们有

$$n = pqrC.$$

如此等等. 注意到, 因为 $A = qB$ 且 $q \geqslant 2$, 所以我们有 $A \geqslant 2B$. 同理, $B \geqslant 2C$, 等等. 因此, 我们得到一串正整数 $A, B, C, \cdots$, 其中 B 至多为 A 的二分之一, C 至多为 B 的二分之一从而至多为 A 的四分之一, D 至多为 C 的二分之一从而至多为 A 的八分之一, 等等. 因此, 这一串数 $A, B, C, \cdots$ 必定在有限步以后终止, 也就是说到某一步的时候一定为素数. 例如, 不妨设① $n < 2^7$, 如果 n 在五步分解以后得到素因子 p, q, r, s, t 和自然数 E:

$$n = pA = pqB = pqrC$$
$$= pqrsD = pqrstE,$$

我们断言 E 为素数. 用反证法. 不然, E 可以继续分解为 $E = uF$, 这里 u 是素数, F 是一个大于等于 2 的自然数. 于是我们有

$$n = pqrstE = pqrstuF \geqslant 2 \cdot 2 \cdot 2 \cdot 2 \cdot 2 \cdot 2 \cdot 2 = 2^7,$$

即 $n \geqslant 2^7$, 这与前面所做的假定 $n < 2^7$ 矛盾! 所以 E 为素数, 而且 $n = pqrstE$ 是 n 的一个素因子分解. 这就证明了自然数 n 具有一个素因子分解.

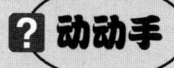 求出 252 和 1119 的素因子分解.

现在只需要证明素因子分解的唯一性. 首先让我们来考查为什么一个数的素因子分解是唯一的. 以 91 为例, 我们知道 $91 = 7 \times 13$ 是一个素因子分解, 进而, 我们更想知道的是, 为什么这是 91 唯一可能的素因子分解. 如果 91 可以写成两个或更多个素数的乘积, 那么其中至少有一个小于 13, 否则它们的乘积大于等于 $13 \times 13 = 169 > 91$, 就不可能是 91 的素因子分解. 所以我们只需要在小于 13 的素数中探查 91 的因子. 在 $2, 3, 5, 7, 11$ 中, 仅有 7 是 91 的因子, 所以 91 的仅有的可能的素因子分解为 7×13.

 证明 841 的素因子分解的唯一性 $(841 = 29 \times 29)$.

我们在前面对 91 的素因子分解 $(91 = 7 \times 13)$ 的唯一性的证明中依赖于这样一个事实: 如果素数 $p | (7 \times 13)$, 那么 $p = 7$ 或 $p = 13$. 我们来分析一下, 这一事实的证明是如何从前

---
①译者注: 注意 2 的方幂可以任意大, 所以对给定的自然数 n, 一定存在一个自然数 k 使得 $n < 2^k$.

面的论证中得出的. 我们是通过列出 2 到 $\frac{91}{2}$ 的所有素数, 然后逐一排除而证明这个事实的. 对于一般的 n, 我们需要用这一事实的一个适当变形, 因为我们不是总能得到从 2 到 $\frac{n}{2}$ 的所有素数. 例如, 当 n 是一个 500 位数的时候, 正如我们前面已经提到的, 在我们的有生之年没有一台计算机可以运行完这个任务. 我们尚不清楚的是, 这一事实究竟需要用什么来替代. 一个非常微妙的事情是, 一个自然数可以整除两个自然数的乘积, 但它不等于其中任何一个因子, 例如, $6|(4\times 9)$ 但 $6\neq 4$ 且 $6\neq 9$, 再如 $25|(10\times 10)$, 但是 $25\neq 10$. 当然, 你或许已经注意到这两个例子中没有一个数是素数. 所以, 看起来我们需要的好像是类似于这样的一个结果: 如果 $p|rs$, 且 p,r,s 是素数, 那么 $p=r$ 或 $p=s$. 即便事实确实如此, 我们也无法解释, 这些数是素数的条件是如何影响结果的. 但是, 我们的前辈欧几里得, 很可能还有他的许多前辈, 早在 2300 年前就已经理解这一现象了. 这就是包含在欧几里得的著作中的结果:

定理 34.2 设 p 是素数, a 和 b 是自然数, 且 $p|ab$, 那么 $p|a$ 或 $p|b$.

当然, 作为推论, 如果 a 和 b 是素数, 那么 $p|a$ 意味着 $p=a$, $p|b$ 意味着 $p=b$, 我们得到上面所要的结论.

在这个情况下如何应用 p 是素数的条件不是显而易见的. 正如欧几里得所表明的, 证明的关键思想来源于另一个完全不同的方向: 如何求出两个自然数的最大公因子并将这个最大公因子用原来的两个自然数表达. 这就是著名的欧几里得算法, 它是我们下一章的主题.

练习

1. 利用第 33 章练习 1 给出书中的观察 (任何一个大于等于 2 的自然数的最小真因子为素数) 的另一个证明.

2. 利用计算器求出以下各个数的素因子分解:

$$1595, \quad 1911, \quad 7316, \quad 15041, \quad 30349.$$

3. 假定定理 34.2 成立.

(a) 解释下述结论为什么成立: 如果 $p, q_1, q_2, \cdots, q_k$ 是素数, 而且 $p|q_1 q_2 \cdots q_k$, 那么 p 至少整除 $q_1, q_2, \cdots, q_k$ 之一.

(b) 证明: 如果 p 和 q 是素数, 而且 $p|q^n$, 这里 n 是正整数, 那么 $p=q$. 当 p 和 q 不是素数时这还成立吗?

4. 令 m 是前 k 个素数的乘积, 这里 k 是一个正整数 (例如, 如果 $k=7$, 那么 $m = 2\times 3\times 5\times 7\times 11\times 13\times 17$). 令 $n = m+1$, 证明: n 或者是一个比前 k 个素数都大的素数, 或者有一个素因子比前 k 个素数都大.

5. 是否存在一个素数同时整除 n 和 $n+1$ (这里 n 是某个自然数)?

第35章
欧几里得算法

本章各节安排如下：
公因子和最大公因子
作为整系数线性组合的最大公因子

35.1 公因子和最大公因子

给定两个不全为零的自然数 a 和 b，我们把同时整除 a 和 b 的自然数称为 a 和 b 的**公因子**，a 和 b 的所有公因子中最大的一个数 c 称为 a 和 b 的**最大公因子**[①]。a 和 b 的最大公因子 c 通常记为 $\gcd(a,b)$[②]。换句话说，如果我们把 a 和 b 的所有因子分别列出，然后挑出它们公共的因子 (例如自然数 1)，就得到 a 和 b 的公因子，如果进一步从中挑出最大的那一个，就得到它们的最大公因子 $\gcd(a,b)$. 例如，考虑 24 和 54 的最大公因子. 24 的因子是

$$1, 2, 3, 4, 6, 8, 12, 24,$$

54 的因子是

$$1, 2, 3, 6, 9, 18, 27, 54,$$

因此，24 和 54 的公因子为

$$1, 2, 3, 6,$$

于是 $\gcd(24,54) = 6$.

再来看一个例子，考虑 693 和 210 的最大公因子. 它们的因子分别为

$$1, \ 3, \ 7, \ 9, \ 11, \ 21, \ 33, \ 63, \ 77, \ 99, \ 231, \ 693$$

[①] 如果 a 和 b 都为零，那么每个不等于零的自然数都是它们的公因子，所以最大公因子将无法定义.

[②] 译者注：gcd 是最大公因子的英文 greatest common divisor 的首字母缩写. 类似地，下一章出现的最小公倍数记号用 lcm，是它的英文 least common multiple 的首字母缩写.

和
$$1, \quad 2, \quad 3, \quad 5, \quad 7, \quad 10, \quad 14, \quad 15, \quad 21, \quad 30, \quad 42, \quad 70, \quad 105, \quad 210,$$
因此, 它们的公因子为
$$1, \quad 3, \quad 7, \quad 21,$$
从而 $\gcd(693, 210) = 21$.

很明显, $\gcd(5, 12) = \gcd(4, 9) = 1$. 更一般的, 两个自然数 a 和 b 互素恰恰意味着 $\gcd(a, b) = 1$.

注意到: 对于任意一个不等于零的自然数 a, $\gcd(a, 0) = a$; 对任何一个自然数 b, $\gcd(b, 1) = 1$.

本章的目的是给出一个可以计算出任意两个自然数的最大公因子的简单算法.[①] 或许听起来有点奇怪, 虽然我们已经看到求出一个大数的素数分解是不现实的, 但是我们现在却宣称可以比较容易地求出两个数的最大公因子. 基本的原因在于, 利用一次带余除法, 例如 693 除以 210(这是很直接的),
$$693 = (3 \times 210) + 63,$$
我们可以将求两个较大的数 (这里就是 693 和 210) 的最大公因子的问题简化为求两个较小的数 (这里就是 210 和 63) 的最大公因子的问题. 这是因为, 根据引理 32.1, 693 和 210 的公因子整除上述带余除法等式中的两个数, 即 693 和 3×210, 因此它必定整除第三个数 63, 所以 693 和 210 的公因子同时也是 210 和 63 的公因子. 反之, 同样可以证明, 210 和 63 的公因子也是 693 和 210 的公因子. 因此, $\gcd(693, 210) = \gcd(210, 63)$. 基于这个简单的观察, 我们可以得到一个系统的办法求两个自然数的最大公因子, 这就是欧几里得算法.

 利用一次带余除法计算 $\gcd(665, 7353)$.

理解欧几里得算法的最好方式是通过实例来演示. 我们用这个算法来求出 3008 和 1344 的最大公因子. 带余除法给出
$$3008 = \left(2 \times \boxed{1344}\right) + \boxed{320}, \tag{35.1}$$
这里我们用方框将除数 1344 和余数 320 标记出来, 其原因将会在后续的讨论中揭示. 需要强调的是, 虽然带余除法中的余数在中小学数学中是一个最没有意思的东西, 但是在此处它

[①] 前面讲过, 算法指的是一个包含有限步的机械程序.

起着核心作用. 因此, 对这个看似简单的等式 (35.1), 你将要看到的东西比你眼前看到的要多得多.

我们要求的是 3008 和 1344 的最大公因子, 同时我们也看出了这个最大公因子是余数 320 的一个因子. 基于这个观察, 我们可以暗自庆幸了, 因为 320 是一个足够小的数, 所以我们可以采取一个偷懒取巧的办法: 我们可以非常容易地求出它的所有因子. 因为 gcd(3008, 1344) 是这些因子中的某一个, 所以我们只需要逐一检验这些因子哪些是整除 1344 的, 并从中挑出最大的一个, 按定义, 这个最大的因子正是 gcd(1344, 320), 注意到 gcd(3008, 1344) = gcd(1344, 320), 这样我们就求出了 gcd(3008, 1344). 这当然是对的, 但是并不是最优的数学方法, 因为我们还可以做得更好.

这里一个关键的观察是, 3008 和 1344 的最大公因子 gcd(3008, 1344) 等于 1344 和 320 的最大公因子 gcd(1344, 320). 这是因为 3008 和 1344 的公因子同时是 1344 和 320 的公因子, 反过来, 1344 和 320 的公因子也同时是 3008 和 1344 的公因子. 为证明这一点, 设 c 是 3008 和 1344 的一个公因子, 要证明 c 是 1344 和 320 的公因子, 我们只要证明 c 整除 320. 等式 (35.1) 和引理 32.1 可以保证这一点. 同理可证, 如果 c 是 1344 和 320 的公因子, 那么它也是 3008 和 1344 的公因子. 这样我们得到

$$\gcd(3008, 1344) = \gcd(1344, 320).$$

这个观察的关键在于, 利用带余除法可以将两个较大的数 (3008 和 1344) 的最大公因子的计算转化为两个较小的数 (1344 和 320) 的最大公因子的计算, 重复这一步骤, 我们都可以计算出任意两个给定的数的最大公因子, 不论这两个数起初多么大, 它们的最大公因子的计算最终都将简化为两个较小的数的最大公因子的计算, 甚至我们可以直接读出它们的最大公因子. 现在让我们付诸实践: 我们已经看到 gcd(3008, 1344) = gcd(1334, 320), 现在对 1344 和 320 再用一次带余除法:

$$1344 = \left(4 \times \boxed{320}\right) + \boxed{64}. \tag{35.2}$$

通过与前面类似的推理, 我们得到 gcd(1344, 320) = gcd(320, 64), 因此,

$$\gcd(3008, 1344) = \gcd(320, 64).$$

再一次对 320 和 64 用带余除法, 我们得到

$$320 = \left(5 \times \boxed{64}\right) + \boxed{0}.$$

因此,

$$\gcd(3008, 1344) = \gcd(320, 64) = \gcd(64, 0) = 64.$$

我们就算出了所要的最大公因子.

小结一下，欧几里得算法成功的原因在于，在每一步我们将两个数的最大公因子的计算转化为两个(对应的) 相对小的数的最大公因子的计算：

$$\gcd(3008, 1344) = \gcd(1344, 320),$$
$$\gcd(1344, 320) = \gcd(320, 64),$$
$$\gcd(320, 64) = \gcd(64, 0) = 64.$$

这样，我们最终可以容易地得出最大公因子.

35.2 作为整系数线性组合的最大公因子

我们在第 34 章结尾时提到，我们的目标不仅仅是得到 3008 和 1344 的最大公因子，而且还要将这个最大公因子用 3008 和 1344 表达出来. 现在我们将演示达到这一目标的方法，本质上我们只需要重新书写等式 (35.1) 和 (35.2)，并将它们的先后次序颠倒就可以了.

有必要在此指出，为了将两个数的最大公因子用这两个数本身表达出来，我们必须借助于负数.

我们首先将等式 (35.2) 重新写为

$$64 = 1344 - (4 \times 320). \tag{35.3}$$

同样，等式 (35.1) 可以重新写为

$$320 = 3008 - (2 \times 1344). \tag{35.4}$$

将 (35.4) 式代入 (35.3) 式，我们得到

$$64 = 1344 - \bigl(4 \times (3008 - (2 \times 1344))\bigr).$$

一旦看到上述等式右边的所有算术操作，你可能产生的条件反射就是立即把右边的复杂算式计算出来. 这个反应是不对的，原因有两点：第一，如果我们计算右边，最终得到的结果肯定等于左边的 64，这是没有意义的；第二，同时也是更重要的原因，我们的目标是把 64 用 3008 和 1344 表达出来，所以我们应该是在保持 3008 和 1344 不变的情况下化简右边. 想着这一点，我们现在利用第 27.5 节中的等式 (27.7) 就有

$$64 = 1344 - (4 \times 3008) + (8 \times 1344)$$
$$= (9 \times 1344) - (4 \times 3008).$$

第 35 章 欧几里得算法

或者
$$64 = (9 \times 1344) + ((-4) \times 3008). \tag{35.5}$$

注意到, 我们这里用到第 29.3 节中的基本事实 4.

等式 (35.5) 将 1344 和 3008 的最大公因子表达为它们的整数倍的和, 在 9×1344 是 1344 的 9 倍以及 $(-4) \times 3008$ 是 3008 的 (-4) 倍的意义下, 或者用更正式的术语来说, 等式 (35.5) 将 1344 和 3008 的最大公因子表达为它们的一个**整系数线性组合**. 我们已经给出了一个例子来说明如何重复地利用带余除法将两个自然数的最大公因子表达为它们的整系数线性组合. 这一方法来自于欧几里得的著作《原本》(大约公元前 3 世纪), 因此被称为**欧几里得算法**. 注意到, 最大公因子的概念仅仅与乘法有关, 可是事实却表明, 两个自然数的最大公因子 可以用这两个数的某些倍数的和来表达, 不得不说这其中包含着奇妙的元素.

我们用另一个例子来解释将两个自然数的最大公因子表达为它们的整系数线性组合这一方法. 我们来考虑 $\gcd(884, 374)$. 像通常情况下一样, 我们有带余除法等式:

$$884 = 2 \times \boxed{374} + \boxed{136}. \tag{35.6}$$

由此我们知道
$$\gcd(884, 374) = \gcd(374, 136).$$

接下来, 对 374 和 136 应用带余除法有:
$$374 = 2 \times \boxed{136} + \boxed{102}. \tag{35.7}$$

因此,
$$\gcd(374, 136) = \gcd(136, 102).$$

继续对 136 和 102 用带余除法, 得到
$$136 = 1 \times \boxed{102} + \boxed{34}. \tag{35.8}$$

从而,
$$\gcd(136, 102) = \gcd(102, 34).$$

但是,
$$102 = 3 \times \boxed{34} + \boxed{0}.$$

由于 $\gcd(34, 0) = 34$, 所以 $\gcd(102, 34) = 34$, 从而 $\gcd(136, 102) = 34$, 继而 $\gcd(374, 136) = 34$, 最后得到 $\gcd(884, 374) = 34$. 现在只需要把 34 表达为 884 和 374 的整系数线性组合. 跟

先前一样，我们只需要重新整理方程 (35.8), (35.7), (35.6), 在每一步中对方框中的数做替换. 因此,

$$\begin{aligned}
34 &= 136 - (1 \times 102) & \text{(根据 (35.8))} \\
&= 136 - [1 \times (374 - 2 \times 136)] & \text{(根据 (35.7))} \\
&= 136 - (1 \times 374) + (2 \times 136) \\
&= (3 \times 136) - (1 \times 374) \\
&= 3 \times [884 - (2 \times 374)] - (1 \times 374) & \text{(根据 (35.6))} \\
&= (3 \times 884) - (6 \times 374) - (1 \times 374) \\
&= (3 \times 884) - (7 \times 374).
\end{aligned}$$

我们得到

$$\gcd(884, 374) = 34 = (3 \times 884) + ((-7) \times 374).$$

如果你知道存在两个整数 m 和 n 使得 $34 = m \times 884 + n \times 374$, 你能猜出 m 和 n 的值吗? 动手试一试你就知道这不是一个简单的问题. 因此, 即便你知道了两个整数的最大公因子, 也不意味着你就可以很容易地把这个最大公因子表达为这两个数的整系数线性组合. 为了求出这一整系数线性组合, 你还必须应用欧几里得算法. 例如, 很容易看出 16 和 23 的最大公因子是 1, 这是因为 23 是素数, 而 16 显然不被 23 整除 ($16 < 23$). 把 1 写成 16 和 23 的整系数线性组合远远不是显而易见的. 因此, 让我们应用欧几里得算法来快速完成它 (同样的, 注意到方框中的数):

$$\begin{aligned}
23 &= 1 \times \boxed{16} + \boxed{7}, \\
16 &= 2 \times \boxed{7} + \boxed{2}, \\
7 &= 3 \times \boxed{2} + \boxed{1}, \\
2 &= 2 \times \boxed{1} + \boxed{0}.
\end{aligned}$$

我们依次得到,

$$\gcd(23, 16) = \gcd(16, 7) = \gcd(7, 2) = \gcd(2, 1) = \gcd(1, 0) = 1.$$

于是,

$$\begin{aligned}
1 &= 7 - (3 \times 2) \\
&= 7 - [3 \times (16 - 2 \times 7)] \\
&= 7 - (3 \times 16) + (6 \times 7)
\end{aligned}$$

$$= (7 \times 7) - (3 \times 16)$$
$$= \left[7 \times (23 - 1 \times 16)\right] - (3 \times 16)$$
$$= (7 \times 23) - (7 \times 16) - (3 \times 16)$$
$$= (7 \times 23) - (10 \times 16).$$

因此,
$$1 = (7 \times 23) + ((-10) \times 16).$$

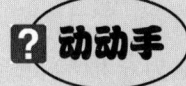 将 14 和 82 的最大公因子表达为 14 和 82 的整系数线性组合.

做了这些具体计算以后, 也就明白了一般情况下的欧几里得算法也是类似的. 给定两个自然数 a 和 b, 我们想把它们的最大公因子表达为 a 和 b 的整系数线性组合. 设 $a > b$. 利用带余除法我们得到
$$a = q\boxed{b} + \boxed{r},$$
这里 q, r 是自然数, 且 $0 \leqslant r < b$. 我们注意到 a 和 b 所有公因子恰好是 b 和 r 的所有公因子. 事实上, 如果 c 同时整除 a 和 b, 那么 c 也同时整除 a 和 qb, 利用引理 31.2(注意, 我们有上述带余除法等式) 得到 c 整除 r. 因此, c 是 b 和 r 的公因子. 反之, 如果 c 是 b 和 r 的公因子, 那么 c 整除等式 $a = qb + r$ 的右边, 因此也整除左边的 a. 因此, c 是 a 和 b 的公因子. 这就证明了上述观察. 于是我们有进一步的推论, a 和 b 的最大公因子等于 b 和 r 的最大公因子, 即
$$\gcd(a, b) = \gcd(b, r).$$
这个等式的关键在于第二对数 (b, r) 严格比第一对数 (a, b) 小, 即 $b < a$ 且 $r < b$. 现在继续对 b 和 r 应用带余除法, 有
$$b = q_1 \boxed{r} + \boxed{r_1},$$
得到自然数 q_1 和 r_1, 其中 $0 \leqslant r_1 < r$, 而且有
$$\gcd(a, b) = \gcd(b, r) = \gcd(r, r_1).$$
我们继续对 r 和 r_1 做带余除法, 有
$$r = q_2 \boxed{r_1} + \boxed{r_2},$$
这里 q_1 和 r_1 是自然数, 其中 $0 \leqslant r_1 < r$, 而且有

$$\gcd(a,b) = \gcd(b,r) = \gcd(r,r_1) = \gcd(r_1,r_2).$$

在从 $\gcd(a,b)$ 变化到 $\gcd(b,r)$, 再变化到 $\gcd(r,r_1)$, 最终变化到 $\gcd(r_1,r_2)$ 的过程中, 我们注意到每一对数的第二个数总是自然数, 而且在每一次变化中都严格地减小: $r < b$, $r_1 < r$, $r_2 < r_1$. 所以, 如果继续重复这一过程, 在有限步 (事实上, 至多不超过 b 步) 以后这个数必定变为零. 为了省去记号上的麻烦, 我们假定在下一步有

$$r_1 = q_3 \boxed{r_2} + \boxed{0},$$

于是 $\gcd(r_1,r_2) = \gcd(r_2,0) = r_2$. 于是

$$\gcd(a,b) = \gcd(b,r) = \gcd(r,r_1) = \gcd(r_1,r_2) = \gcd(r_2,0) = r_2.$$

我们现在只需要将上述各个带余除法算式倒过来写一遍就可以把 r_2 表达为 a 和 b 的整系数线性组合了:

$$\begin{aligned}\gcd(a,b) = r_2 &= r - q_2 r_1 \\ &= r - q_2(b - q_1 r) \\ &= (1 + q_1 q_2)r - q_2 b \\ &= (1 + q_1 q_2)(a - qb) - q_2 b \\ &= (1 + q_1 q_2)a + (-q - q_2 - q q_1 q_2)b,\end{aligned}$$

其中 q_1, q_2, q 是自然数. 于是我们证明了

定理 35.1(欧几里得算法) 设 a 和 b 是两个不全为零的自然数, 那么它们的最大公因子 $\gcd(a,b)$ 可以表达为 a 和 b 的一个整系数线性组合. 而且, 最大公因子 $\gcd(a,b)$ 可以从 a 和 b 反复应用带余除法得到.

现在, 我们可以给出定理 34.2 的证明了 (见第 34 章). 回忆起那个断言说的是:

如果 p 是素数且 $p|ab$, 其中 a 和 b 是自然数, 那么 $p|a$ 或者 $p|b$.

定理 34.2 的证明 给定素数 p 且 $p|ab$, 其中 a 和 b 是自然数, 我们要证明 $p|a$ 或 $p|b$. 如果 $p|a$, 那么证明已经完成了. 所以假定 $p \nmid a$, 我们要证明必定有 $p|b$. 因为 p 是素数, 所以 p 仅有的因子为 1 和 p, 现在 $p \nmid a$ 说明 p 不是 a 的因子, 从而 p 和 a 的最大公因子为 1, 即 $\gcd(p,a) = 1$. 根据欧几里得算法, 存在整数 m 和 n 使得下面的等式成立:

$$1 = mp + na.$$

在上式两边同乘以 b, 我们得到

$$b = mbp + nab.$$

现在，$p|(mbp)$，而且 $p|(nab)$（因为 $p|(ab)$），因此 p 整除等式的右边，所以它必然整除等式的左边，即 $p|b$，这就是所要证明的. □

欧几里得算法（和引理 32.1）的一个推论是：

> 如果自然数 k 是自然数 a 和 b 的公因子，那么 k 整除 $\gcd(a,b)$.

这并不在我们的意料中，因为 $\gcd(a,b)$ 的定义仅仅告诉我们 $k \leqslant \gcd(a,b)$，但并没有告诉我们 k 是 $\gcd(a,b)$ 的因子.

我们可以从上面的证明中收获更多的东西. 事实上，在定理 34.2 的证明中，我们仅在一处地方用到了 p 是素数的条件，即为了得到 $\gcd(p,a) = 1$ 这一结论. 再一次检查这个证明，你将看到，只要条件 $\gcd(p,a) = 1$ 成立，我们就可以从 $p|ab$ 推出 $p|b$，而不必假定 p 是素数. 因此，我们实际上证明了下述更一般的定理，这个定理将会很有用.

定理 35.2 设 k, a, b 是自然数，使得 $k|ab$ 且 $\gcd(k,a) = 1$，那么 $k|b$.

让我们从定理 35.2 的角度来重新检查先前的例子 $6|(4 \times 9)$ 和 $25|(10 \times 10)$. 这两个例子都是说明，一个数可以整除两个数的乘积，但是不必整除其中的任意一个因子. 根据定理 35.2，这一现象可以用下述事实解释：$\gcd(6,4) = 2 \neq 1$ 且 $\gcd(6,9) = 3 \neq 1$，以及 $\gcd(25,10) = 5 \neq 1$.

我们现在可以给出**算术基本定理的唯一性部分**的证明了. 让我们仅考虑这样一个情形，自然数 n 具有一个由三个素数构成的素因子分解 $n = pqs$.（当然这三个素数 p, q, s 允许相等，例如 $125 = 5 \times 5 \times 5, 845 = 5 \times 13 \times 13$.）一般情况的证明不需要引入新的思想，正因如此，我们只考虑这个简单的情况以避开一般情况的讨论所带来的记号上的复杂性.

我们要证明，n 不存在其他的素因子分解. 先来证明，如果素数 p' 整除 n，那么 $p' = p$ 或 $p' = q$ 或 $p' = s$.（因此，p, q, s 是 n 的任何一个素因子分解中可能出现的仅有的素数.）事实上，因为 $n = pqs$，且 p' 是 n 的因子意味着 $p'|pqr$. 如果 $p' = p$，证明就完成了. 否则，$p' \neq p$，从而 $\gcd(p',p) = 1$. 但是 $p'|p(qs)$，所以由定理 35.2 有，$p'|qs$. 如果 $p' = q$，证明也结束了. 否则，因为 p' 和 q 是不同的素数，从而 $\gcd(p',q) = 1$，由定理 35.2 有，$p'|s$. 因为 p' 和 s 都是素数，这就说明 $p' = s$. 因此，我们就证明了 n 的任何一个素因子分解中出现的每一个素因子只能是 p, q, s 之一. 我们注意到这里并没有保证 p, q, s 中的每一个都会在 n 的素因子分解中出现.

现在我们来看为什么在 p, q, s 的所有可能的乘积中，只有 pqs 才等于 n.

我们首先考虑 p, q, s 中有相等的情况. 假定 $p = q$. 第一种情况，如果 $p = q = s$，那么 $n = p^3$，而且前面的讨论表明，仅有 p 出现在 n 的素因子分解中. 我们来证明 $p, p^2, p^4, \cdots$ 都不可能等于 n. 以 p^2 为例. 如果 $p^2 = n = p^3$，那么在等式 $p^2 = p^3$ 两边乘以 $1/p^2$ 就得到 $1 = p$，这与 p 为素数矛盾. 第二种情况，如果 $s \neq p$，那么 $n = p^2 s$. 我们先证明 n 的素因子分解中 p 的个数恰为 2，s 的个数恰为 1. 用反证法来证明. 比方说，如果 n 有素因子分解

$n = ps$, 那么 $p^2s = ps$ 两边乘以 $1/(ps)$ 就得到 $p = 1$, 这与 p 为素数的条件矛盾. 再如, 如果 n 有素因子分解 $n = p^3$, 那么在 $p^2s = p^3$ 两边同乘以 $1/p^2$ 得到 $s = p$, 这与假定矛盾. 所以, 在 n 的任意一个素因子分解中恰有 2 个 p. 类似的, 可以证明, 在 n 的任意一个素因子分解中恰有 1 个 s. 同理可以证明 $p = s$ 或 $q = s$ 的情况.

现在我们只需要考虑 p, q, s 两两不相等的情况. 此时 $n = pqs$. 同样的, 为证明这是 n 的仅有的素因子分解, 我们只需要证明, 在 n 的任意一个素因子分解中, p, q, s 都恰好出现一次. 我们用反证法来证明. 比方说, 假定 n 有因子分解 $n = q^2s^2$, 我们在等式 $pqs = q^2s^2$ 两边同乘以 $1/(qs)$, 我们得到 $p = qs$, 这与 p 是素数矛盾, 所以假定不成立. 例如, 如果 $n = pq^2s$, 那么在 $pqs = pq^2s$ 两边同乘以 $1/pqs$ 我们得到 $1 = q$, 这与 q 为素数 矛盾! 这样, 我们就证明了 $n = pqs$ 是唯一的素因子分解. 证明完毕.

练习

1. (这一问题将对第 22 章关于比例的讨论收一个尾, 见第 22.1 节中的第 4 个脚注.) 设 M, N, m, n 为自然数且满足
$$\frac{M}{N} = \frac{m}{n},$$
并假定 m/n 是一个既约分数. 证明: M/m 和 N/n 都是自然数.

2. 分别列出 12 和 42 的因子并挑出它们的公因子, 从而确定它们的最大公因子. 对 34 和 85, 24 和 69, 102 和 289, 以及 195 和 442 完成这一练习.

3. 利用欧几里得算法求出下列各组数的最大公因子, 并将它表示成各组数的整系数线性组合:

　　314 和 159,　 343 和 280,　 924 和 105,　 345 和 253,　 578 和 442.

4. 写出定理 35.2 的一个详细的证明.

5. 给定两个自然数 a 和 b, 假定存在整数 x 和 y 使得 $xa + yb = 1$. 证明: a 和 b 互素.

6. 不利用算术基本定理, 直接证明 $231 = 3 \times 7 \times 11$ 的素因子分解是唯一的.

7. 对 n 是两个素数之积的情况给出算术基本定理的唯一性部分的一个详细的证明.

第36章

应 用

在本章我们将给出迄今为止所学的各种概念和技巧的一些应用.

本章各节安排如下:

最大公因子和最小公倍数

分数和小数

无理数

素数的无限性

36.1 最大公因子和最小公倍数

让我们换一个角度来考查自然数的因子的概念. 例如, 考虑 360. 在第 32 章和第 33 章我们已经给出了一个系统的办法求出它的所有因子. 但是, 利用第 34 章的算术基本定理, 我们可以尝试一个不同的办法. 首先, 我们利用指数的记号 (参见第 11 章) 将 360 的素因子分解写成以下形式:

$$360 = 2^3 \times 3^2 \times 5.$$

容易看到, 从下列素数

$$2, \quad 2, \quad 2, \quad 3, \quad 3, \quad 5$$

中挑出若干个相乘所得到的数是 360 的一个因子, 例如 $24(= 2^3 \times 3)$. 事实上, 360 的每一个因子都可以这样得到, 而这一点通常被认为是不证自明的. 这一事实的简单证明其实要用到算术基本定理的唯一性部分, 证明如下. 假定 b 是 360 的一个真因子, 于是 $360 = bc$, 这里 c 是某个自然数. 我们来考查 360 以及 b 和 c 的素因子分解. 由算术基本定理, 360 的素因子分解中的素因子恰好等于 b 和 c 的素因子分解中出现的所有素因子. 特别的, b 的素因子分解中的素因子一定取自于 $2,2,2,3,3,5$, 这就是所要证明的.

同样的推理可以证明下述引理:

引理 设 b 和 n 是大于等于 2 的自然数,则 b 整除 n 当且仅当 b 是 n 的素因子分解中的一些素数的乘积.

基于这个引理,我们可以对两个自然数 m 和 n 的最大公因子给出一个新的理解:$\gcd(m,n)$ 等于 m 和 n 的所有公共素因子的乘积. 因此,知道

$$6104371 = 7^3 \times 13 \times 37^2,$$
$$9596209 = 7^2 \times 37 \times 67 \times 79.$$

以后,我们就可以直接读出

$$\gcd(6104371, 9596209) = 7^2 \times 37 = 1813.$$

与最大公因子相对的一个概念是最小公倍数. 我们定义两个自然数 a 和 b 的**公倍数**是一个满足以下条件的自然数 m,它同时是 a 和 b 的倍数. 注意,这样的 m 是存在的,例如 ab. a 和 b 的**最小公倍数**定义为 a 和 b 的所有公倍数中最小的那一个,我们将 a 和 b 的最小公倍数记为 $\mathrm{lcm}(a,b)$. 或许你会想起最小公倍数的概念对于讲授分数是有益的,因为,两个分数的加法有时候可以通过取它们的分母的最小公倍数作为公分母而通分[①](见第 14.4 节).

作为例子,我们来考虑 24 和 108. 容易求得它们的最大公因子 $\gcd(24, 108) = 12$,我们来求它们的最小公倍数. 一个非常实用的办法是列出它们各自的倍数:

$$24, 48, 72, 96, 120, 144, 168, 192, 216, 240, \cdots,$$

以及

$$108, 216, 324, 432, \cdots,$$

再看哪些是它们公共的. 容易看到,216 为它们的最小公倍数.

利用算术基本定理,我们可以用一个不同的方法得到最小公倍数. 首先,我们给出 24 和 108 的素因子分解:

$$24 = 2^3 \times 3,$$
$$108 = 2^2 \times 3^3.$$

容易看到,如果我们将 24 和 108 的所有素因子乘起来就得到一个公倍数,即

$$2^3 \times 3 \times 2^2 \times 3^3 (= 24 \times 108).$$

---

① 这仅在分母的最小公倍数显而易见的时候才会是一个简化.

但是, 如果我们要求的是最小的公倍数, 我们就应该在上述乘积中除去一些多余的素数. 确切地说, 需要除去它们公共的素因子, 这样得到的乘积恰好是 24 和 108 的最小公倍数. 因此, 两个 2(24 和 108 中的素因子分解中都含有 2^2) 和一个 3(24 和 108 中的素因子分解中都含有 3)可以删掉, 这样我们就得到

$$\mathrm{lcm}(24, 108) = 2^3 \times 3^3 = 216.$$

注意到, 我们前面的讨论表明我们删掉的恰好是 24 和 108 的最大公因子: $12 = 2^2 \times 3$. 将这些除去的素数乘以最小公倍数将会得到 24×108. 因此,

$$24 \times 108 = \gcd(24, 108) \times \mathrm{lcm}(24, 108).$$

我们再来看一个例子: 693 和 210. 我们知道, $\gcd(693, 210) = 21$(见第 35.1 节). 693 的倍数是:

693, 1386, 2079, 2772, 3465, 4158, 4851, 5544, 6237, **6930**, 7623, $\cdots$,

210 的倍数是:

210, 420, 630, 840, 1050, 1260, 1470, 1680, 1890, 2100,
2310, 2520, 2730, 2940, 3150, 3360, 3570, 3780, 3990, 4200,
4410, 4620, 4830, 5040, 5250, 5460, 5670, 5880, 6090, 6300,
6510, 6720, **6930**, 7140, $\cdots$.

由此我们看到, 210 和 693 的最小公倍数为 6930. 这个例子说明, 在一般情况下用观察两个数的倍数的办法来求它们的最小公倍数是非常麻烦的. 当然, 我们可以通过以下方式节约出一点时间. 我们观察第一串 (相对较少的) 数 (即较大的数 693 的各个倍数), 并检验这其中哪一个是被 210 整除的最小的数. (在实践中, 我们甚至不需要对 6930 以前的数逐一检验, 因为一个数可以被 210 整除的话, 它的末位数字一定是 0.)

那么 210 和 693 的素因子分解又如何呢?

$$210 = 2 \times 3 \times 5 \times 7,$$
$$693 = 3^2 \times 7 \times 11.$$

如果我们将所有这些素数乘起来, 就有

$$2 \times 3 \times 5 \times 7 \times 3^2 \times 7 \times 11 (= 210 \times 693),$$

其中 3 和 7 是 210 和 693 共有的因子, (除去它们) 我们得到

$$\mathrm{lcm}(210, 693) = 2 \times 5 \times 3^2 \times 7 \times 11 = 6930.$$

当然, 3×7 就是 210 和 693 的最大公因子. 于是, 我们得到

$$210 \times 693 = \gcd(210, 693) \times \mathrm{lcm}(210, 693).$$

前面我们利用素因子分解来讨论两个数的最大公因子和最小公倍数的方法实际上非常普遍, 我们将给出一个系统的论述. 首先, 我们有下述命题:

命题 1 设 $d = \gcd(a, b)$, 则 $\gcd\left(\dfrac{a}{d}, \dfrac{b}{d}\right) = 1$.

对这个命题我们将给出两个不同的证明.

第一个证明 本质上利用了素因子分解. 如果要写出一般情况下的证明, 我们的记号将会非常复杂. 这里我们仅考虑一个特殊情况, 一般情况下的证明与此没有本质区别. 于是, 我们假定 a 和 b 分别有素因子分解

$$a = p^2 q s^3 t^4,$$
$$b = p s^5 t^2 u^3,$$

这里 p, q, s, t, u 是不同的素数. 由此容易看出 a 和 b 的最大公因子为

$$d = p s^3 t^2.$$

因为 d 的素因子恰恰是 a 和 b 共有的素因子, 因此, 如果在 a 和 b 的素因子分解中除去最大公因子后得到的数 a/d 和 b/d 就只有平凡的公因子 1, 从而互素. 我们也可以用一个直接的计算来验证这一事实:

$$\frac{a}{d} = pqt^2 \quad \text{且} \quad \frac{b}{d} = s^2 u^3.$$

pqt^2 和 $s^2 u^3$ 的公因子只有 1, 这意味着 a/d 和 b/d 互素.

命题 1 的**第二个证明**要用到欧几里得算法, 而且第一眼看去或许缺乏直观性. 但是在你读懂这个证明以后, 你将会发现其实它非常自然. 而且, 这个技巧在初等数论中非常重要, 绝对值得学习. 设 $d = \gcd(a, b)$, 于是按定义有, $a = da'$, $b = db'$, 其中 a' 和 b' 是自然数. 于是 $\dfrac{a}{d} = a'$, $\dfrac{b}{d} = b'$, 我们要证 $\gcd(a', b') = 1$. 利用欧几里得算法, 我们知道 $d = ma + nb$, m, n 为整数. 因此 $d = mda' + ndb'$. 两边除以 d, 我们得到 $1 = ma' + nb'$, 由此可以推出 a' 和 b' 互素. 证明如下: 设 c 是 a' 和 b' 的公因子, 那么 c 同时整除 ma' 和 nb', 从而整除 $ma' + nb' = 1$, 所以 $c = 1$. □

我们现在给出任意两个数的最大公因子和最小公倍数的关系.

命题 2　设 a 和 b 是自然数, 则
$$ab = \gcd(a,b) \cdot \operatorname{lcm}(a,b).$$

在给出这个命题的证明之前, 先做一个热身练习是有好处的.

 假定我们知道下述素因子分解:
$$26460 = 2^2 \times 3^3 \times 5 \times 7^2,$$
$$15225 = 3 \times 5^2 \times 7 \times 29.$$
求出这两个数的最大公因子和最小公倍数.

对于命题 2, 我们同样给出两个证明. 正如命题 1 的第一个证明一样, 命题 2 的**第一个证明**也是利用素因子分解. 如前一样, 设
$$a = p^2 q s^3 t^4,$$
$$b = p s^5 t^2 u^3,$$

这里 p, q, s, t, u 是不同的素数. 由此容易看出 a 和 b 的最大公因子和最小公倍数分别为
$$\gcd(a,b) = p s^3 t^2,$$
$$\operatorname{lcm}(a,b) = p^2 q s^5 t^4 u^3.$$

因此,
$$\gcd(a,b) \cdot \operatorname{lcm}(a,b) = p s^3 t^2 \cdot p^2 q s^5 t^4 u^3 = p^2 q s^3 t^4 \cdot p s^5 t^2 u^3 = ab.$$

这就是要证明的.

第二个证明将用到命题 1 和定理 35.2. 我们现在先证明一个熟悉的情形, 考虑 24 和 108. 我们已经知道 $\gcd(24, 108) = 12$, 因此 $24 = 12 \times 2$ 且 $108 = 12 \times 9$, 于是
$$\frac{24 \times 108}{12} = 12 \times (2 \times 9).$$

证明这一情形下的命题 2 就只需要证明, 等式右边的因子 $12 \times (2 \times 9)$ 是 12 和 108 的最小公倍数. 毫无疑问, $12 \times (2 \times 9)$ 是 12 和 108 的公倍数. 为证明它是最小的公倍数, 我们要证

明, 如果 n 是 12 和 108 的公倍数, 那么 $(12 \times (2 \times 9))|n$. 为此, 设 $n = 24A = 108B$, 其中 A 和 B 是自然数. 如果我们将 $(12 \times (2 \times 9))$ 视为 24×9, 那么它几乎就要整除 $n = 24A$ 了, 只要 $9|A$ 成立. 我们将证明确实有 $9|A$. 注意到, $24A = 108B$ 给出

$$(12 \times 2)A = (12 \times 9)B,$$

化简就是

$$2A = 9B.$$

因为 9 整除右边, 所以 9 整除左边, 即 $9|2A$. 由于 9 与 2 互素, 所以根据定理 35.2, 我们有 $9|A$. 这就证明了我们的断言.

我们现在可以很容易地将上述证明推广到一般情况. 设 $d = \gcd(a,b)$, 于是 $a = da'$, $b = db'$, 其中 a' 和 b' 是自然数. 很容易看到,

$$m = \frac{ab}{\gcd(a,b)} = da'b' \quad \text{(它同时也等于 } ab' = a'b)$$

是 a 和 b 的公倍数. 为证明 m 是最小的公倍数, 我们要证明, 如果 n 是 a 和 b 的公倍数, 那么 $m|n$. 这样就可以证明 $m \leq n$, 从而 m 是最小的公倍数. 于是设 $n = aA = bB$, 其中 A, B 为整数. 现在 $a = da'$, $b = db'$, 所以 $aA = bB$ 可以替换为 $da'A = db'B$, 化简即为

$$a'A = b'B.$$

因为 b' 显然整除等式右边 $b'B$, 所以它也整除左边, 即 $b'|a'A$. 由命题 1, 我们知道 $\gcd(a',b') = 1$, 所以根据定理 35.2, 我们有 $b'|A$. 所以, $ab'|aA$, 这就是 $m|n$. 至此, 命题 2 证明完毕. □

命题 2 的第二个证明 (而不是命题 2 的陈述) 包含了一个值得注意的事实: 如果 n 是 a 和 b 的公倍数, 那么 $m = da'b'$ 整除 n. 因此, 我们有:

命题 3 a 和 b 的最小公倍数 $\mathrm{lcm}(a,b)$ 整除 a 和 b 的任意公倍数.

如果我们仅仅考查最小公倍数的定义的话, 命题 3 并不显然, 因为定义仅仅指出, 最小公倍数是所有公倍数中最小的, 但它并没有对整除性做任何论断. 但是, 我们对 24 和 108, 以及 210 和 693 的最小公倍数的讨论清晰地表明, a 和 b 的最小公倍数一定是允许作为 a 和 b 的公倍数中素因子个数最少的, 因此, 从这一点来看, 命题 3 并不奇怪. (换言之, 我们可以从素因子分解的角度来理解命题 3.)

36.2 分数和小数

本节的目的是证明关于分数的两个基本事实. 第一个事实 (下面的定理 36.1) 说, 每一个

第 36 章 应 用

分数等于唯一的既约分数. 这通常被认为是不证自明的. 回忆起一个分数 $\frac{a}{b}$ 被称为**既约**的, 如果 $\gcd(a,b)=1$. 例如, 分数 $\frac{81}{54}$ 可以化简为 $\frac{27}{18}$ (约去分子和分母的公因子 3), 继续约去分子和分母的公因子 3 可以进一步化简为 $\frac{9}{6}$, 再约去分子和分母的公因子 3 就最终可以化简为 $\frac{3}{2}$. 我们所做的就是约去分子和分母所有可能的公因子, 也就是约去它们的最大公因子. 概括地说, 约去分子和分母的最大公因子就得到既约分数了. 这就是下述定理的本质内容.

定理 36.1 每一个分数 $\frac{m}{n}$ 可以通过约去分子和分母的最大公因子得到既约分数, 而且其既约分数在下述意义下是唯一的, 如果 $\frac{a}{b}=\frac{A}{B}$, 其中 $\frac{a}{b}$ 和 $\frac{A}{B}$ 都是既约分数, 那么 $a=A$ 且 $b=B$.

证明 设 $\gcd(m,n)=d$, 并令 $m=da$ 且 $n=db$, a,b 为自然数. 那么利用第 13 章的约分法则可以得到

$$\frac{m}{n}=\frac{da}{db}=\frac{a}{b}.$$

进一步, 命题 1 表明 a 和 b 的最大公因子是 1, 所以 $\frac{a}{b}$ 是既约分数.

现在假定 $\frac{A}{B}$ 是另一个等于 $\frac{a}{b}$ 的既约分数, 我们要证明 $A=a$ 且 $B=b$. 这一证明不过是借助条件 $\gcd(a,b)=1$ 与 $\gcd(A,B)=1$, 并反复应用定理 35.2. 首先, 从 $\frac{a}{b}=\frac{A}{B}$ 利用交叉相乘法 (第 13 章) 我们得到

$$aB=Ab.$$

现在 $a|aB$, 所以 $a|Ab$, 注意到 $\gcd(a,b)=1$, 由定理 35.2, 我们得到 $a|A$. 类似的, 从 $A|Ab=aB$ 且 $\gcd(A,B)=1$, 再次利用定理 35.2 可以得到 $A|a$. 我们现在同时有 $a|A$ 且 $A|a$, 这就推出 $a\leqslant A$ 且 $A\leqslant a$, 从而 $a=A$. 回忆起 $aB=Ab$, 所以进一步得到 $b=B$, 这就是所要证明的. □

第二个关于分数的事实是对那些等于有限小数的分数的刻画.

定理 36.2 一个既约分数 $\frac{a}{b}$ 等于一个有限小数的充分必要条件是分母 b 具有形式 $b=2^s5^t$, 这里 s 和 t 是自然数.

需注意, 定理 36.2 中的 $\frac{a}{b}$ 为既约分数, 这个条件非常关键. 例如, $\frac{3}{6}=0.5$, 但是它的分母 $6=2\times 3$ 包含素因子 3. 我们前面把有限小数定义为一个以 10 的方幂为分母的分数, 定理 36.2 对这一事实给出了一个令人信服的解释. 我们要证明的是, 对于一个既约分数 $\frac{a}{b}$,

$$\frac{a}{b}=\frac{m}{10^n}, \quad m \text{ 和 } n \text{ 为某一自然数} \quad \Longleftrightarrow \quad b \text{ 的素因子只含有 2 或 5}.$$

在这个形式的陈述下，我们很明显要用到交叉相乘法 (第 13.5 节)，而且注意到下述观察 $10^n = 2^n \times 5^n$，它肯定了结论的合理性，而且围绕着这个定理的谜团也因此解开.

定理 36.2 的证明 给定既约分数 $\frac{a}{b}$，我们要证明两件事：

(i) 如果 $\frac{a}{b}$ 是有限小数，那么 b 可以写成 $b = 2^s 5^t$，其中 s 和 t 是自然数；

(ii) 如果 b 可以写成 $b = 2^s 5^t$，其中 s 和 t 是自然数，那么 $\frac{a}{b}$ 是有限小数.

先证明 (i). 与定理 36.1 的情况一样，我们不准备给出一般情况下的证明，因为假定 $\frac{a}{b}$ 等于某个具体的有限小数，例如 0.5726，我们可以更好地理解证明过程. 在证明结束时可以看到，当 0.5726 换成另一个任意的有限小数时，证明本质上不需要改动.

根据有限小数的定义，我们有
$$\frac{a}{b} = \frac{5726}{10000}.$$

利用交叉相乘法 (第 13.5 节)，我们有 $10000a = 5726b$. 于是 $b|(10000a)$. 由 $\frac{a}{b}$ 为既约分数的条件，我们有 $\gcd(a,b) = 1$. 因此，由定理 35.2 我们知道，$b|10000$. 因此，b 是 $10^4 = 2^4 \times 5^4$ 的因子，由前一节的引理，b 的素因子只能是 2 或 5，不妨设其中 2 出现 s 次，5 出现 t 次，于是 $b = 2^s 5^t$.

接下来我们证明 (ii). 令 $b = 2^s 5^t$，其中 s 和 t 是自然数，我们要证明，对任意的自然数 a，分数 $\frac{a}{b}$ 可以写成有限小数. 为更好地理解我们的证明过程，假设 $b = 2^3 5^7$. 关键在于 b 不是 10 的方幂，因为 2 和 5 在 $b = 2^3 5^7$ 中的次数不一样. 但是，如果我们给 b 乘以 2^4，那么得到的数 $2^4 b = 2^4(2^3 5^7) = 2^7 5^7 = (2 \times 5)^7 = 10^7$ 就是 10 的方幂了，因此，
$$\frac{a}{b} = \frac{2^4 a}{2^4 b} = \frac{2^4 a}{10^7}.$$

按定义，最后一个分数 $\frac{2^4 a}{10^7}$ 就是有限小数. 因此，我们将 $\frac{a}{b}$ 表示成了一个有限小数. 一般情形的证明也是如此. 设 $b = 2^s 5^t$，其中 s 和 t 是自然数，不妨假定 $s \leqslant t$. 则 $2^{t-s}b = 2^{t-s}(2^s 5^t) = 2^t 5^t = 10^t$，且
$$\frac{a}{b} = \frac{2^{t-s}a}{2^{t-s}b} = \frac{2^{t-s}a}{10^t}.$$

因为 $2^{t-s}a$ 是自然数，那么 $\frac{2^{t-s}a}{10^t}$ (即 $\frac{a}{b}$) 就是一个具有至多 t 个小数位的有限小数. □

36.3 无理数

我们将证明某些数是无理数. 首先我们需要一个引理. 如果 n 是某个自然数的平方，那么称 n 是**完全平方数**. 例如，25 是完全平方数，因为 $25 = 5^2$，类似的，1936 和 11025 也是平

方数, 因为 $1936 = 44^2$, $11025 = 105^2$. 注意到, 这些数的素因子分解

$$25 = 5 \times 5,$$
$$1936 = 2 \times 2 \times 2 \times 2 \times 11 \times 11,$$
$$11025 = 3 \times 3 \times 5 \times 5 \times 7 \times 7,$$

有一个共同的特性: 在素因子分解中, 每个素因子出现偶数次. 这个特性正是完全平方数的特性.

引理 36.3 一个大于等于 2 的自然数为完全平方数 $\iff$ 它的素因子分解中每个素因子出现偶数次.

证明 设 $n \geqslant 2$ 是一个完全平方数, 令 $n = m^2$, 这里 m 是自然数. 容易看出, $m \geqslant 2$. 设 m 的素因子分解为 $m = p_1 p_2 \cdots p_k$. 因为所有的 p_i 都是素数, 所以 $n = m^2 = (p_1 p_2 \cdots p_k)(p_1 p_2 \cdots p_k) = p_1^2 p_2^2 \cdots p_k^2$, 这就是 n 的素因子分解(由算术基本定理的唯一性部分). 因此, 我们证明了 n 的素因子分解中每个素因子出现偶数次. 现在只需要证明, 如果 n 的素因子分解中每个素因子出现偶数次, 那么 n 是完全平方数. 假定 n 的素因子分解为 $n = p_1 p_1 p_2 p_2 \cdots p_k p_k$, 这里每个 p_i 都是素数. 令 m 等于 $p_1 p_2 \cdots p_k$, 那么 $n = m^2$, 从而 n 是完全平方数. 这就证明了引理. $\square$

如果 n 是完全平方数, 比方说 $n = m^2$, 其中 m 是自然数, 则很明显 $\sqrt{n}$ 是分数, 事实上 $\sqrt{n} = m$ 是自然数. 我们将证明, 这是使得 $\sqrt{n}$ 为分数的唯一情况 (下面的定理 36.5). 我们先证明一个简单一点的结论.

定理 36.4 如果 p 是素数, 那么 $\sqrt{p}$ 不是分数, 即 $\sqrt{p}$ 为无理数.

在给出证明之前, 我们先来看最小的两个素数 (2 和 3) 的特殊情况, 我们想知道为什么它们的平方根是无理数. 我们用反证法来论证. 假定 $\sqrt{2}$ 是分数, 比方说 $\sqrt{2} = \dfrac{a}{b}$, 这里 a 和 b 是自然数. 我们将只用到一些不涉及算术基本定理的初等事实来导出一个矛盾. 多次利用消去律可以消去 $\dfrac{a}{b}$ 分子和分母中的公因子 2, 所以不妨设 a 和 b 中有一个是奇数. 因为 $\dfrac{a}{b} = \sqrt{2}$, 两边平方得到 $\dfrac{a^2}{b^2} = 2$, 也就是 $a^2 = 2b^2$. 这就看出 a^2 是偶数, 所以 a 是偶数 (见第 32 章练习 1(a)), 因此 b 一定是奇数. 但是如果 a 是偶数, 那么 $a = 2c$, 这里 c 是自然数, 从而 $a^2 = 2b^2$ 就推出 $4c^2 = 2b^2$, 两边约去 2 就得到 $b^2 = 2c^2$, 这样 b^2 是偶数, 所以 b 也是偶数. 这就与 b 是奇数矛盾! 所以, $\sqrt{2}$ 是无理数.

上述对 $\sqrt{2}$ 是无理数的证明已经设计得尽可能地初等了, 证明仅仅用到等值分数的概念, 每一个自然数或者为奇数或者为偶数的事实, 以及关于奇偶性的一些简单事实 (包含在第 32

章练习 1 中). 对于 $\sqrt{3}$ 是无理数的证明, 我们必须求助于算术基本定理. 我们仍然用反证法. 假定 $\sqrt{3} = \frac{a}{b}$, 其中 a 和 b 是自然数. 两边平方, 我们得到 $3 = \frac{a}{b}\frac{a}{b} = \frac{a^2}{b^2}$, 于是 $3b^2 = a^2$. 设 $b^2 = p_1 p_2 \cdots p_k$ 是 b^2 的素因子分解, 这里每一个 p_i 都是素数. 因为 3 是素数, 所以

$$3b^2 = 3p_1 p_2 \cdots p_k \tag{36.1}$$

是 $3b^2 = a^2$ 的素因子分解. 我们断言, 等式 (36.1) 的右边包含 3 的个数为奇数. 事实上, $p_1, p_2, \cdots, p_k$ 中 3 的个数为偶数, 因为 $p_1 p_2, \cdots, p_k$ 是平方数 b^2 的素因子分解, 引理 36.3 保证了这一点. 因此, $a^2 = 3b^2 = 3p_1 p_2, \cdots, p_k$ 中包含的 3 的个数为奇数. 但是由引理 36.3, a^2 的素因子分解中 3 出现的次数为偶数, 矛盾! 这说明 $\sqrt{3}$ 为无理数.

我们现在给出一般情况下**定理 36.4 的证明**. 这个证明本质上跟 $p = 3$ 的情况一样. 我们将证明, 如果 $\sqrt{p}$ 是分数, 将导出矛盾. 于是反证法的原理告诉我们, $\sqrt{p}$ 是无理数. 假定 $\sqrt{p} = \frac{a}{b}$, 这里 a 和 b 是自然数. 于是 (两边平方) $p = \frac{a}{b} \cdot \frac{a}{b} = \frac{a^2}{b^2}$, 从而 (两边乘以 p) $pb^2 = a^2$. 设 $b^2 = p_1 p_2 \cdots p_k$ 是 b^2 的素因子分解, 这里每一个 p_i 都是素数. 因为 p 是素数, 所以

$$pb^2 = pp_1 p_2 \cdots p_k \tag{36.2}$$

是 $pb^2 = a^2$ 的素因子分解. 我们断言, 等式 (36.2) 的右边包含 p 的个数为奇数. 事实上, $p_1, p_2, \cdots, p_k$ 中 p 的个数为偶数, 因为 $p_1 p_2 \cdots p_k$ 是平方数 b^2 的素因子分解, 引理 36.3 保证了这一点. 因此, $a^2 = pb^2 = pp_1 p_2 \cdots p_k$ 中包含 p 的个数为奇数. 但是由引理 36.3, a^2 的素因子分解中 p 出现的次数为偶数, 矛盾! 这说明假定不成立, 即有 $\sqrt{p}$ 为无理数. □

现在我们可以推广定理 36.4 到下述一般结果:

定理 36.5 若自然数 n 不是完全平方数, 则 $\sqrt{n}$ 是无理数.

证明 为避免记号过于复杂, 我们将证明 $\sqrt{175}$ 是无理数. 而一般情况的证明不需要新的想法. 像定理 36.4 的证明一样, 我们用反证法. 假定 $\sqrt{175} = \frac{a}{b}$, 这里 a 和 b 是自然数, 那么两边平方可得

$$175 = \frac{a^2}{b^2},$$

从而

$$a^2 = 175 b^2.$$

现在 $175 = 5^2 \times 7$, 而且素因子 7 之所以在 175 的素因子分解中出现奇数次 (这里是一次) 并非偶然, 因为 175 不是完全平方数 (见引理 36.3). 因此我们有

$$a^2 = 7(5b)^2.$$

现在我们同时考虑 a^2 和 $(5b)^2$ 的素因子分解, 它们是所有素因子都出现偶数次. 将它们的素因子分解代入到等式 $a^2 = 7(5b)^2$ 的两边, 这个等式的两边必然完全一样, 这是由算术基本定理所保证的. 但是, 7 在右边的素因子分解中出现奇数次, 而它在左边的素因子分解中出现偶数次, 矛盾! 证明完成. □

36.4 素数的无限性

我们以数学史上一个最著名的证明来结束这些应用, 这个证明是欧几里得在 2300 年前给出的素数有无限多个的证明.

定理 36.6 存在无限多个素数.

证明 这个证明基于反证法. 假定只存在有限多个素数, 比方说 $p_1, p_2, \ldots, p_k$ 是所有的素数. 我们将证明, 这一假定将导出矛盾. 考虑自然数 $N = (p_1 p_2 \cdots p_k) + 1$. N 只有两种可能: 第一种可能是 N 本身为素数; 第二种可能是 N 为合数, 从而含有一个素因子. 第一种可能是不成立的, 因为 N 大于 $p_1, p_2, \ldots, p_k$ 中的任何一个, 所以它不是素数 (因为在假定下, 每一个素数必等于某个 p_i). 我们容易看出, 每一个素数 p_i 都不整除 N, 这说明 N 没有素因子, 第二种可能也不成立. 因此, 假定不成立. 从而素数有无限多个. □

当然, 每个人都更喜欢一个直接的证明, 为什么你不展示出无限多个素数呢? 不幸的是, 人们已经尝试过了, 但是至今为止, 没有人能制造出这样一串无限长的素数, 这就是我们目前的处境.

练习

1. 求出第 35 章练习 2 中各组数的最小公倍数.
2. (a) 设 a 和 b 分别具有素因子分解:

$$a = 3^5 \times 11^2 \times 17^4,$$
$$b = 3 \times 7^2 \times 17^8 \times 23^4.$$

求 $\gcd(a, b)$ 和 $\operatorname{lcm}(a, b)$.

(b) 设自然数 a 和 b 分别具有素因子分解:

$$a = 17^3 \times 19 \times 67^4 \times 157^2,$$
$$b = 17 \times 19^5 \times 67^2 \times 97 \times 157.$$

求 $\gcd(a, b)$ 和 $\operatorname{lcm}(a, b)$.

3. 设 a 和 b 分别具有素因子分解:
$$a = p^2 q^7 r^3,$$
$$b = p^6 q s^4,$$

这里 p, q, r, s 是不同的素数. 用 p, q, r, s 表示出 $\gcd(a,b)$ 和 $\mathrm{lcm}(a,b)$.

4. 利用算术基本定理 (不要利用命题 2) 给出命题 3 的一个直接证明.

5. 求出下列各个分数的既约分数:

$$\frac{132}{72}, \quad \frac{160}{256}, \quad \frac{273}{156}, \quad \frac{221}{323}, \quad \frac{144}{336}.$$

6. 直接证明 (不要应用定理 36.5) $\sqrt{720}$ 是无理数.

7. 证明 $\sqrt[3]{2}$ 是无理数, 这里 $\sqrt[3]{2}$ (所谓的 **2 的立方根**) 指的是这样一个正数, 它的立方等于 2. 假定每个正数总是存在一个立方根, 对立方根陈述一个与定理 36.5 类似的结果并证明它.

第37章
毕达哥拉斯三元组

我们在中小学数学中讨论数论时,如果不提一下毕达哥拉斯三元组的话将是说不过去的. 按定义,如果三个不等于零的自然数 a,b,c 满足 $a^2+b^2=c^2$,那么 a,b,c 称为一个**毕达哥拉斯三元组**. 例如, $3,4,5$ 是一个毕达哥拉斯三元组,因为 $3^2+4^2=5^2$. 这里要求 a,b,c 是自然数是因为,满足 $a^2+b^2=c^2$ 的实数 a,b,c 太多了. 例如,我们可以令 a 和 b 为任意的实数,比方说,令 $a=21$ 且 $b=124$,那么 $c=\sqrt{a^2+b^2}=\sqrt{21^2+124^2}=\sqrt{15817}$ 将满足 $a^2+b^2=c^2$. 不需要涉及毕达哥拉斯定理①的几何背景,我们也可以从毕达哥拉斯三元组本身的形式中欣赏到美. 例如,在看惯了 $3^2+4^2=5^2$ 和 $5^2+12^2=13^2$ 多年以后,突然有朝一日发现事实上竟然还有 $7809^2+7760^2=11009^2$,又有谁不为此感到震惊呢?(如果你想理解这个等式是何等的引人注目,请你不用计算器徒手验算一下,正如公元前 1700 左右的古巴比伦人所做的那样. 你能通过猜测和检验得到这个三元组吗? 未必吧.)

我们将写出一个生成所有毕达哥拉斯三元组的精确公式. 但是,首先我们想说清楚这里"所有"的意思. 我们不会在字面意义上给出所有的毕达哥拉斯三元组,而且也没有必要. 因为,例如 $3,4,5$ 是一个毕达哥拉斯三元组,所以,对任意的自然数 n, $3n,4n,5n$ 也是一个毕达哥拉斯三元组. 我们称后一组三元组是 $3,4,5$ 这个三元组的**倍数**. 很明显的,如果你已经找到了 $3,4,5$,就没有必要再告诉我们如何得到它的所有倍数了. 为了消去这些冗余,我们称一个毕达哥拉斯三元组 a,b,c 是**本原**的,如果 $\gcd(a,b,c)=1$. (我们已经定义了两个数的最大公因子,三个数或者多个数的最大公因子也可类似地定义: k 个自然数的最大公因子是同时整除所有这 k 个数的最大的自然数.) 我们的公式将只考虑本原的毕达哥拉斯三元组.

定理 37.1 每一个本原的毕达哥拉斯三元组 a,b,c 可以如下给出:
$$\begin{cases} a=m^2-n^2, \\ b=2mn, \\ c=m^2+n^2, \end{cases}$$

---
①译者注:毕达哥拉斯定理在中国常称为勾股定理,毕达哥拉斯三元组称为勾股数.

其中 m 和 n 是自然数, $m > n$, $\gcd(m,n) = 1$ 且 m 和 n 中一个是奇数一个是偶数.

例如, 前面给出的例子 $7809, 7760, 11009$ 对应着 $m = 97$ 和 $n = 40$. 注意到, 对 $m = 2$ 和 $n = 1$, 上述公式给出我们最熟悉的毕达哥拉斯三元组 $3, 4, 5$. 对 $m = 3$ 和 $n = 2$, 上述公式给出 $5, 12, 13$; 对 $m = 4$ 和 $n = 3$, 上述公式给出 $7, 24, 25$; 如此等等. 利用手中的计算器, 你可以得到许多你从来不曾见过的毕达哥拉斯三元组 (这将给你的学生留下深刻的印象). 这个定理可以用初等的方式证明, 只需用到数论中的标准论证, 见【Dud78, 第 16 节】.

> **动动手** (a) 验证 $9, 12, 15$ 是一个毕达哥拉斯三元组.
>
> (b) 证明: 不存在自然数 m 和 n, 使得
> $$\begin{cases} 9 = m^2 - n^2, \\ 12 = 2mn, \\ 15 = m^2 + n^2. \end{cases}$$
>
> (c) (a) 与 (b) 中关于 $9, 12, 15$ 的结论是否与定理 37.1 矛盾? 对三元组 $15, 36, 39$ 重复 (a), (b), (c) 的问题.

更有趣的是, 人们是如何发现这个公式的, 又是如何得到毕达哥拉斯三元组可以表示为 $\{m^2 - n^2, 2mn, m^2 + n^2\}$ 的呢? 当然, 没有任何一个人能确切地回答这个问题, 但是, 作为事后诸葛, 你可以说至少有三种方式发现这个公式. 描述这三个不同方式将会花费很大篇幅, 我们将向您引荐以下三个来源. 第一种方式是利用诸如本书中所采用的数论中的标准论证, 这可以在几乎所有的数论课本中找到. 一个特别值得推荐的途径是我们上面所引用的书, 【Dud78】. 第二个途径是利用归功于丢番图 (Diophantus, 公元 250 年出生) 的方法, 将平面上的单位圆用一种不寻常的方式表达出来, 这可以在【Lan88, 第 8 章第 4 节】或【Rot98, 第 56–71 页】中找到. 第三个途径是追寻公元前 1700 年古巴比伦人的脚步, 通过求解两个变量的线性方程组得到这些公式, 见【Wu10a, 第 103–108 页】.

练习

1. 对一个毕达哥拉斯三元组 a, b, c, 证明以下四个断言等价:

   (a) 它是本原的;

   (b) $\gcd(a, b) = 1$;

(c) $\gcd(b,c) = 1$;

(d) $\gcd(a,c) = 1$. (这意味着, 如果(a)—(d)中有一条成立则它们全部成立.)

进一步证明: 如果 a,b,c 是一个本原的毕达哥拉斯三元组, 且 c 是其中最大的, 则 c 是奇数, 且 a 与 b 中一个是奇数一个是偶数.

2. (a) $14, 48, 50$ 是否为一个毕达哥拉斯三元组? 若是, 它是不是本原的? 它能否用定理 37.1 中的公式表达?

(b) 对 $25, 60, 65$ 回答同样的问题.

3. 给出一个本原的毕达哥拉斯三元组, 使得这三个数中的每一个都至少具有 5 个数位.

第五部分

小数

到目前为止, 我们仅仅考虑了有限小数, 因此将 "有限小数" 简称为 "小数" 不会引起任何混淆. 现在, 是时候来严谨地考查小数的概念了. 因此, 我们将在有限小数和小数之间作出一个清晰的区分. 我们将在下面的第 41 章给出小数的定义, 它将是一个大于等于 0 的数.

在第四部分第 36 章, 我们描述了那些等于有限小数的分数 (见第 36.2 节). 然而, 作为分数学习的一部分, 我们将有限小数放在了第二部分, 而且这也是合理的. 我们要记住, 有限小数是分数. 但是, 由于下面的第 38 章将要阐述的理由, 有限小数在科学和日常生活中相当重要, 所以有必要对有限小数给出一个前后一致的论述, 而无需转移到分数的其他方面的讨论. 我们将在第 39 章给出这样一个小结.

第五部分的主要目标有两个: 一是给出有限小数在科学中应用的一个特殊形式, 即所谓的科学记数法; 二是给出无限小数的一个一般的介绍, 重点在于分数与有限小数和无限小数之间的关系 (见第 42 章).

第38章
有限小数为什么重要?

我们回忆起以下两点:一个有限小数 (这里理解为一个大于等于零的小数) 是一个分母为 10 的方幂 (即分母等于 10^n, 其中 n 是自然数) 的分数; 小数点记号的引入只不过是为了缩写 (见第 12.3 节). 例如, 我们将

$$\frac{287}{10^2} \text{ 和 } \frac{65}{10^5}$$

分别记做 2.87 和 0.00065. 有限小数在所有分数中之所以与众不同, 至少有以下三个原因[①].

第一个原因是, 只要是在一个十进制的数系中, 任何一个与 10 的方幂有关的东西都会自动突显出来. 例如, 自然数的十进制展开, 见第 1 章.

第二个原因是在第 20 章讨论百分数时就介绍过的: 有限小数为比较数的大小提供了一个显而易见的标准.

我们用一个虚拟的例子来解释. 假定所有的饼干都是按每包装一千克出售. 如果甲种饼干包装上面写着 "脂肪含量 $\frac{2}{9}$", 乙种饼干包装上面写着 "脂肪含量 $\frac{3}{11}$", 顾客可能被这种信息弄得头晕脑胀. 哪种饼干的脂肪含量更高呢?然而, 如果同样的信息用有限小数来表达的话, 那么甲、乙两种饼干的包装上面将分别写着 "脂肪含量 0.22","脂肪含量 0.27". 现在每个人都清楚乙种饼干的脂肪含量更高, 因为容易看出 0.27 > 0.22. 小数点记号的一个好处就是, 用它来表达便于比较数的大小.

我们可以对前面的例子进行深入的分析. 众所周知, 我们将分数 $\frac{2}{9}$ 和 $\frac{3}{11}$ 分别重新写做有限小数 0.22 和 0.27 只是一种近似. 因为我们从学校学到, 利用长除法可以算得

$$\frac{2}{9} = 0.222222\cdots$$

和

$$\frac{3}{11} = 0.272727\cdots,$$

[①] 这一简短的讨论并非自给自足的, 但是其他章节的内容与之独立.

这是一个神奇的过程. 为使你确信这一点, 我们将在后面的第 42 章给出一个解释. 暂时假定这一点, 我们前面所做的就是, 用有限小数 0.22 和 0.27 作为无限循环小数① $0.222222\cdots$ 和 $0.272727\cdots$ 的近似, 而且这里采取的近似方法很容易描述: 截断到第二个小数位 (见第 10.1 节). 这也表明了我们可以轻而易举地比较两个小数 (不论有限与无限) 的大小, 同时也可以精确到任意一个指定的小数位.

比起分数来说, 有限小数的这个优越性正是科学记数法背后的原理所在, 见第 40 章.

有限小数之所以重要的第三个原因更为深刻. 众所周知, 某些数比如圆周率 π 和 $\sqrt{7}$ 不能表达为分数 (对于 $\sqrt{7}$ 的情况, 见第 36.4 节中的定理 36.5). 它们是"无限小数"的例子 ($\sqrt{7} = 2.64575\cdots$, $\pi = 3.1415926\cdots$). 无限小数是下面的第 41 章的主题. 事实上, 绝大部分的正实数都不是分数, 而且分数中仅有极少的一部分是有限小数②. 然而, 我们有下述令人惊讶的事实③: 每一个实数可以用有限小数任意逼近. 因此, 我们实际上只需要一小部分数 —— 有限小数来描述数的大小, 不论这个数多大与多小.

---

① 无限循环小数的准确定义将在第 41 章给出.
② 若利用高等数学中的一些概念来说明, "绝大部分"的含义会非常明确.
③ 这一事实与第 21 章提到的下述事实紧密相关: 每个正数可以用分数任意逼近. 对这一话题以及相关话题的一个初等讨论, 可见【Wu, 第 17 章】.

第39章
有限小数的复习

我们小结一下在第二部分所学的关于有限小数的知识. 我们用记号 7.20 和 0.0050 分别表示分数

$$\frac{720}{10^2} \text{ 和 } \frac{50}{10^4}.$$

一般的, 我们有以下记号约定:

如果所给分数的分母为 10^n, 那么小数点在分子的 (从最后一位开始数) 前 n 位, 分子如果不足 n 位, 就在前面添加 0.

我们先给出两个注记. 第一个注记是, 在小数之后添加 0 不改变小数, 例如, 2.005000 与 2.005 代表的是同一个分数, 因为根据定义

$$2.005000 = \frac{20050000}{10^7}.$$

又根据等价分数定理,

$$\frac{20050000}{10^7} = \frac{2005 \times 10^4}{10^3 \times 10^4} = \frac{2005}{10^3} = 2.005.$$

第二个注记是关于有限小数的相等. 因为有限小数是分数, 所以两个有限小数 A 与 B **相等**是指, 如果 A 和 B (作为分数) 在数轴上的点一样, 记为 $A = B$. 请与第 12.7 节的分数相等的定义相比较.

教学评论 按定义, 一个有限小数是一个以 10^n 为分母的分数. 这一事实不论如何强调都不会过分. 事实上, 中小学教材中最常见的一个败笔就是对有限小数缺乏一个清晰的定义.

对于一个有限小数, 我们称它的小数点左边的自然数为其**整数部分**. 例如, 41.15 的整数部分为 41, 657.0008 的整数部分为 657, 0.265 的整数部分为 0.

我们应该指出有限小数的整数部分的两个特性. 第一个特性是, 每一个有限小数, 如果它的小数部分不等于 0, 那么它可以写成一个带分数, 这个带分数的整数部分恰好等于这个

有限小数的整数部分，例如，

$$41.15 = 41\frac{15}{10^2}, \qquad 6.028 = 6\frac{28}{10^3}.$$

为看出这一点，我们只需要利用所涉及概念的定义：

$$41.15 = \frac{4115}{10^2} = \frac{4100+15}{10^2} = 41 + \frac{15}{10^2} = 41\frac{15}{10^2},$$

$$6.028 = \frac{6028}{10^3} = \frac{6000+28}{10^3} = 6 + \frac{28}{10^3} = 6\frac{28}{10^3}.$$

请注意，有限小数和带分数之间的这个转换是利用相关的定义经严格的数学推理得到的，而这在传统的教学中是以死记硬背的程序灌输给学生的。

有限小数的整数部分的第二个特性是，每一个有限小数可以唯一地写成一个整数与一个整数部分为 0 的有限小数的和. 例如，

$$41.15 = \frac{4115}{10^2} = \frac{4100+15}{10^2} = 41 + \frac{15}{10^2} = 41 + 0.15,$$

$$6.028 = \frac{6028}{10^3} = \frac{6000+28}{10^3} = 6 + \frac{28}{10^3} = 6 + 0.028,$$

$$11.4608 = \frac{114608}{10^4} = \frac{110000+4608}{10^4} = 11 + \frac{4608}{10^4} = 11 + 0.4608,$$

$$0.0752 = 0 + 0.0752.$$

请再次注意，上面的等式不是毫无意义的符号操作，每一步都做了清晰的解释. 请确保你的学生理解这一点. 你或许要问为什么我们要执着于解释这些概念性的东西. 这是因为许多教科书倾向于给人这样一种印象，像 $4.15 = 4 + 0.15$ 只不过是"分离符号"，"把符号 4.15 分解成两部分，4 和 0.15"，这样的看法是具有诱惑力的. 但是，数学符号应该是用来表达一个数学想法，而不能像乐高玩具一样随心所欲地放在一起或拆开的. 如果学生们有了这样的想法，认为数学符号可以随机地拆开或放在一起，他们便认为 $\frac{4}{5} + \frac{1}{5} = \frac{4+1}{5+5} = \frac{5}{10}$ 是理所当然了.

为什么我们说每一个有限小数写成一个整数与一个整数部分为 0 的有限小数之和的方式是唯一的呢？用图示会更清楚. 以 41.15 为例，因为 $41.15 = 41+0.15$，所以它大于 41，因此在数轴上，41.15 在 41 的右边. 另一方面，因为 $0.15 = \frac{15}{100} < 1$，所以 $41.15 = 41+0.15 < 41+1 = 42$，因此在数轴上，41.15 在 42 的左边. 于是，41.15 在 41 与 42 之间，如下图所示：

```
        41    41.15                                  42
    ────┼──────┼───────────────────────────────────────┼────
```

第 39 章 有限小数的复习

现在很明显了, 如果我们想将 41.15 写成 $n+d$, 其中 n 是一个整数而 d 是一个整数部分为 0 的小数, 那么我们要做的是, 将线段 $[0, 41.15]$ 分割成为两条线段的拼接, 一条线段是从 0 到 n, 其中 n 是一个整数, 并且另一条线段的长度 d 小于 1. 上图告诉我们, $n = 41$ 且 $d = 0.15$.

有限小数具有非常令人满意的性质：本质上它们可以如同自然数一样相加、相减和相乘, 而且在很大程度上它们也可以像自然数那样相除. 在展开这些细节之前, 我们需要回忆起另一个记号 (第 31.2 节). 从现在开始, 我们将

$$\frac{1}{10}, \quad \frac{1}{10^2}, \quad \frac{1}{10^3}, \quad \cdots, \quad \frac{1}{10^n}, \quad \cdots,$$

分别写做

$$10^{-1}, \quad 10^{-2}, \quad 10^{-3}, \quad \cdots, \quad 10^{-n}, \quad \cdots.$$

利用这个记号, 我们可以重新写

$$41.15 = \frac{4115}{10^2} = 4115 \times \frac{1}{10^2} = 4115 \times 10^{-2},$$
$$6.028 = \frac{6028}{10^3} = 6028 \times \frac{1}{10^3} = 6028 \times 10^{-3},$$
$$11.4608 = \frac{114608}{10^4} = 114608 \times \frac{1}{10^4} = 114608 \times 10^{-4},$$
$$0.0752 = \frac{752}{10^4} = 752 \times \frac{1}{10^4} = 752 \times 10^{-4}, \quad \cdots.$$

而且, 一般的, 对任意的自然数 a 和不等于零的自然数 n, 我们有

$$\frac{a}{10^n} = a \times 10^{-n}.$$

这个符号的好处在于, 所谓的**指数定律** (即第 1.6 节中的等式 (1.4)), 现在可以推广到任意的整数指数. 即, 对任意的整数 m 和 n, 我们有

$$10^m \times 10^n = 10^{m+n}. \tag{39.1}$$

在第 1.6 节中证明等式 (1.4) 时我们相当于证明了 (39.1) 对正整数 m 和 n 成立, 所以我们只需考虑以下三种情况: (a) $m > 0$ 且 $n < 0$, (b) $m < 0$ 且 $n > 0$, (c) $m < 0$ 且 $n < 0$. 这三种情况的论证是相似的, 这里我们只验证情形 (b). 先看两个例子. 如果 $m = -8$ 且 $n = 3$, 那么由定义

$$10^{-8} \times 10^3 = \frac{10^3}{10^8} = \frac{10^3}{10^5 \times 10^3} = \frac{1}{10^5} = 10^{-5} = 10^{-8+3}.$$

如果 $m = -5$ 且 $n = 9$, 那么

$$10^{-5} \times 10^9 = \frac{10^9}{10^5} = \frac{10^5 \times 10^4}{10^5} = 10^4 = 10^{-5+9}.$$

一般的, 如果记 $m = -k$, 这里 k 是一个自然数, 那么或者有 $k > n$ 或者有 $k \leqslant n$. 我们分情况来讨论:

如果 $k > n$, 我们有 $k = n + p$, 这里 p 是一个不等于 0 的自然数, 于是

$$\begin{aligned}
10^m \times 10^n &= 10^{-k} \times 10^n = \frac{1}{10^k} \times 10^n = \frac{1}{10^{n+p}} \times 10^n \\
&= \frac{10^n}{10^n \times 10^p} \quad \text{(根据第 1.6 节 (1.4))} \\
&= \frac{1}{10^p} = 10^{-p} \\
&= 10^{n-k} = 10^{n+m} = 10^{m+n}.
\end{aligned}$$

如果 $k \leqslant n$, 我们有 $n = k + q$, 这里 q 是一个自然数, 于是

$$\begin{aligned}
10^m \times 10^n &= 10^{-k} \times 10^{k+q} \\
&= \frac{10^k \times 10^q}{10^k} \quad \text{(根据第 1.6 节 (1.4))} \\
&= 10^q \\
&= 10^{n-k} = 10^{n+m} = 10^{m+n}.
\end{aligned}$$

所以, 在这两种情况下指数定律 (39.1) 都成立.

现在我们回到有限分数的加减乘除四则运算. 我们首先考虑加法, 两个有限小数如何相加. 例如, 怎么计算 $0.135 + 0.0486$ 和 $6.0053 + 20.411$ 呢? 许多中小学教材给出的计算规则如下:

将有限小数按小数点对齐, 让它们像自然数一样相加, 在所得结果的相应位置标上小数点.

为解释这一点, 我们来计算 $0.135 + 0.0486 = 0.1836$, 因为根据上面的计算法则, 有

$$\begin{array}{r}
0.\ 1\ 3\ 5\ \\
+\ 0.\ 0\ 4\ 8\ 6 \\
\hline
0.\ 1\ 8\ 3\ 6
\end{array} \tag{39.2}$$

(正如自然数中的算法一样, 这里右上角的空白处总是理解为 0.)

只要我们知道了有限小数的定义和分数的分配律, 我们就可以对这个简单的规则解释如下:

第 39 章 有限小数的复习

$$0.135 + 0.0486 = 0.1350 + 0.0486$$
$$= 1350 \times 10^{-4} + 486 \times 10^{-4}$$
$$= (1350 + 486) \times 10^{-4} \qquad (*)$$
$$= 1836 \times 10^{-4} = 0.1836.$$

因此, 我们看到 $(*)$ 对应着 (39.2) 中的计算规则: 将小数点对齐并如同自然数一样做加法. 这个推理是完全一般化的, 因此适用于任意的有限小数的加法.

有限小数的减法具有类似的计算规则:

> 将小数按照小数点对齐, 然后如同自然数一样做减法, 最后在所得结果中加上小数点.

例如, $3.145 - 2.8675$ 可以计算如下 (注意 $3.145 = 3.1450$):

$$
\begin{array}{r}
3.\ 1\ 4\ 5\ \\
-\ 2.\ 8\ 6\ 7\ 5 \\
\hline
0.\ 2\ 7\ 7\ 5
\end{array}
\qquad (39.3)
$$

(像加法的情形一样, 这里右上角的空白处总是理解为 0.)

这个计算的解释也类似:

$$3.145 - 2.8675 = 3.1450 - 2.8675$$
$$= 31450 \times 10^{-4} - 28675 \times 10^{-4}$$
$$= (31450 - 28675) \times 10^{-4} \qquad (\dagger)$$
$$= 2775 \times 10^{-4} = 0.2775.$$

而且 $(\dagger)$ 对应于 (39.3).

对有限小数而言, 乘法可能是加减乘除四则运算中最简单的. 这里, 基本的事实在于, 每个有限小数可以写成一个自然数和 10 的一个负的幂次的乘积. 例如, 11.4608 可以写成

$$11.4608 = 114608 \times 10^{-4}.$$

利用这一事实, 我们可以将有限小数的乘法归结为自然数的乘法. 例如,

$$11.4608 \times 0.397 = (114608 \times 10^{-4}) \times (397 \times 10^{-3})$$
$$= (114608 \times 397) \times 10^{-(4+3)} = (114608 \times 397) \times 10^{-7}.$$

现在可以利用自然数的乘法计算出 $114608 \times 397 = 45499376$, 所以

$$11.4608 \times 0.397 = 45499376 \times 10^{-7} = 4.5499376.$$

这是下述一般规则的一个典型例子.

一个 m 个小数位的小数和一个 n 个小数位的小数相乘, 只需要将这两个小数看成自然数相乘, 并在得到的结果中把小数点放在第 $m+n$ 位上 (从右往左数).

两个有限小数相除不是总能够得到一个有限小数. 我们把这个断言分成两部分来陈述. 第一部分可以陈述如下:

两个有限小数相除总是等于两个自然数相除.

这是显而易见的, 例如,

$$\frac{0.0045}{0.14} = \frac{45 \times 10^{-4}}{1400 \times 10^{-4}} = \frac{45}{1400}.$$

第二部分说:

两个自然数相除并不总是得到一个有限小数.

这是根据定理 36.2 得到的. 例如, 前面的商 $\frac{45}{1400}$ 就不是一个有限小数, 因为

$$\frac{45}{1400} = \frac{3^2 \times 5}{2^3 \times 5^2 \times 7} = \frac{3^2}{2^3 \times 5 \times 7}.$$

现在最后一个分数 $\frac{3^2}{2^3 \times 5 \times 7}$ 已经是既约的, 但其分母中含有素因子 7, 由定理 36.2 可知, $\frac{45}{1400}$ 不是有限小数.

对于有限小数的除法的讨论将在第 42 章完成, 因为我们需要无限小数的背景.

练习

1. 对书中的两个等式:

$$41.15 = \frac{4115}{10^2} = \frac{4100+15}{10^2} = 41 + \frac{15}{10^2} = 41 + 0.15,$$
$$6.028 = \frac{6028}{10^3} = \frac{6000+28}{10^3} = 6 + \frac{28}{10^3} = 6 + 0.028,$$

分别给出每一步推导的理由.

2. 计算 (对于 (f)–(i) 可以利用计算器):

(a) 0.842+0.7+6.00093=?

第 39 章 有限小数的复习

(b) 4.1+2.0806+1234=?

(c) 5−3.7482=?

(d) 76.0021−4.8 =?

(e) 3.52×127−1.52×127=?

(f) 0.32×16+64×0.075=?

(g) 12.3×5.6−0.015×8=?

(h) 0.32×15+64×0.075=?

(i) 4.21×(56.7−29.004)=?

3. 设想你在为学生做上一题目中的 (f)–(i), 你如何解释你计算中的每一步?

4. 计算:

(a) 52.2 ÷ 0.006 =?

(b) 2.08 ÷ 0.64 =?

(c) 40.5 ÷ 27 =?

5. 验证指数定律 (39.1) 在情形 (a) 和 (c) 也成立.

第 40 章
科学记数法

在自然科学中, 一个数量的大小通常是非常重要的. 本章介绍的所谓的科学记数法是一种展示正数大小的特殊方式, 并且使得比较任意两个正数的大小变得容易多了.

本章各节安排如下:

有限小数的比较

科学记数法

40.1 有限小数的比较

我们的讨论将从比较两个有限小数的大小开始. 为了达到这个目的, 我们回忆一下第 10 章介绍的小数位的概念: 一个有限小数的第 n 个小数位是指小数点以后的第 n 个数位. 例如, 5.48706 的第 3 个小数位上的数字为 7, 第 5 个小数位上的数字为 6. 给定两个有限小数 A 和 B, 我们 (有必要的话) 通过给其中之一后边添 0(注意这个操作只是形式上的, 在小数之后添加 0 并不改变小数的大小), 总可以使得它们具有同样多的小数位. 例如, 为比较 0.4 和 0.38972 的大小, 我们只需要比较 0.40000 和 0.38972 的大小, 这样, 现在这两个小数都具有 5 个小数位.

从现在开始, 我们一律假定要比较大小的两个小数总是具有相同个数的小数位. (见第 13.4 节分数对的基本事实在小数上的应用.)

如果给定了两个有限小数 (设它们都具有 k 个小数位) A 和 B, 那么对自然数 k, $A \times 10^k$ 和 $B \times 10^k$ 都是自然数. 比较两个有限小数大小的基本规则如下:

设给定了有限小数 A 和 B. 如果自然数 $A \times 10^k$ 和 $B \times 10^k$ 满足

$$A \times 10^k < B \times 10^k,$$

那么有限小数 A 和 B 满足

$$A < B.$$

证明的实质在于比较具有相同分母的分数的大小的规则:

$$A = \frac{A \times 10^k}{10^k} < \frac{B \times 10^k}{10^k} = B.$$

在某些特殊的情形, 这一基本规则更为简单. 例如, 如果两个有限分数具有不同的整数部分, 那么整数部分较大的分数比整数部分较小的分数大.

我们不准备给出这个断言在一般情况下的证明, 因为对人们的交流来说, 抽象的符号在这里不仅没有帮助反而成为障碍 (正如在第 6 章我们对整数乘法的讨论中出现的情况那样). 我们将考查一两个具体的例子, 最后你将看到其中的推理在一般情况下也适用. 让我们一步一步考查, 为什么我们可以从 $120 < 121$ 得到 $120.89 < 121.4$. 我们有 $120.89 + 0.11 = 121$, 所以 $120.89 < 121$. 因此, 120.89 比自然数 121 来得小. 但是, $121 < 121.4$, 这是因为 $121 + 0.4 = 121.4$. 合并这些不等式, 我们得到

$$120.89 < 121 < 121.4.$$

接下来, 我们来看看为什么我们可以从 $77 < 79$ 得到 $76.9 < 79.0001$. 因为 $76.9 + 0.1 = 77$, 所以我们有 $76.9 < 77$. 既然 $77 < 79$, 所以 $76.9 < 79$. 最后, 因为 $79 + 0.0001 = 79.0001$, 所以 $79 < 79.0001$. 把这些不等式放在一起, 我们有

$$76.9 < 77 < 79 < 79.0001.$$

下面我们将考虑两个具有相同整数部分的有限小数的比较. 我们应该立即明白最重要的情形是比较两个以 0 为整数部分的有限小数, 例如, 0.2341927 和 0.2342. 在此情形下, 比较的规则是:

假定所要比较的两个有限小数 A 和 B 具有相同的整数部分. 我们从左往右逐一比较这两个小数的小数位, 如果相同则比较下一位, 第一次出现不同时, 比如说 B 的某个小数位上的数大于 A 的对应小数位上的数, 那么 $A < B$.

例如, 我们来比较 0.2341927 和 0.2342 的大小. 这两个数的前 3 个小数位都是对应相同的. 但是 0.2341927 的第 4 个小数位是 1, 而 0.2342 的第 4 个小数位是 2, 所以, 上述规则告诉我们, $0.234192 < 0.2342$. 理由如下:

$$0.2341927 = \frac{2341927}{10^7} < \frac{2342000}{10^7} = 0.2342,$$

中间的不等式是根据关于比较自然数的一个已知事实 (第 1.5 节中的 (ii)).

一般的, 设 A 和 B (假定都具有 k 个小数位), 比方说在前 3 个小数位相同, 但是 B 的第 4 个小数位大于 A 的第 4 个小数位, 那么自然数 $A \times 10^k$ 和 $B \times 10^k$ 的前 3 位相同, 但是

$B \times 10^k$ 的第 4 位大于 $A \times 10^k$ 的第 4 位. 根据第 1.6 节中的 (ii), $A \times 10^k < B \times 10^k$, 因此

$$A = \frac{A \times 10^k}{10^k} < \frac{B \times 10^k}{10^k} = B.$$

现在我们来解释为什么两个具有相同整数部分的有限小数的比较大小可以化归为两个整数部分为零的有限小数的比较大小.

设 A 与 B 具有相同的整数部分 N, 则 $A = N + a, B = N + b$, 其中 a 和 b 是整数部分为零的有限小数. 利用前面的讨论我们可以比较出 a 和 b 的大小, 比方说, $a < b$, 于是有

$$A = N + a < N + b = B.$$

因此, 正如前面所说, $a < b$ 决定了 $A < B$.

40.2 科学记数法

现在我们将关于比较有限小数的信息翻译为科学记数法的语言. 称一个小数表示成**科学记数法**, 如果它被写成 $a \times 10^k$ 的形式, 其中 a 是一个有限小数并且满足 $1 \leqslant a < 10$, k 是一个整数. 这里条件 $1 \leqslant a < 10$ 的含义是, a 的整数部分是 $1, 2, \cdots, 9$ 中的一个整数. 下面是一些用科学记数法表示数的例子:[①]

$$751.2 = 7.512 \times 10^2,$$
$$5.7 = 5.7 (= 5.7 \times 10^0),$$
$$0.0000287 = 2.87 \times 10^{-5}.$$

科学记数法的优点在于 10 的指数清晰地显示了一个数的粗略大小. 比方说, 如果 $a \times 10^k$ 中的 k 是一个正整数, 那么这个数是一个 $(k+1)$ 位数 (因为 10^k 是最小的 $(k+1)$ 位数). 例如, 5.149×10^7 大约是 50000000. 另一方面, 如果 k 是一个负整数, 那么 $a \times 10^k$ 的第一个非零小数位是 (从小数点开始往右数) 第 $(-k)$ 位. 例如, 给定 7.624×10^{-4}, 那么它就等于 0.0007624, 因此这个数的第一个非零小数位是第 4 位 (当然这个数字是 7).

现在我们更进一步. 我们想一眼看出两个用科学记数法表示出来的数的大小. 如果两个有限小数都用科学记数法表示, 比方说, 分别表示为 $a \times 10^k$ 和 $b \times 10^l$, 那么我们有下面的比较规则:

若 $k = l$, 则 $a < b \Rightarrow a \times 10^k < b \times 10^k$; 若 $k < l$, 则 $a \times 10^k < b \times 10^l$.

[①] 在自然科学中, 一些数常用科学记数法表示. 例如, 光速为 3×10^8 米/秒.

与假设条件 $k < l$ 相联系, 我们回忆起整数是以如下方式排序的:

$$\cdots < -6 < -5 < -4 < -3 < -2 < -1 < 0 < 1 < \cdots.$$

首先, 我们考虑 $k = l$ 的情况. 这个规则说, 例如, 因为 $3.9 < 4.002$, 所以必定有 $3.9 \times 10^{12} < 4.002 \times 10^{12}$ 和 $3.9 \times 10^{-8} < 4.002 \times 10^{-8}$. 事实上, 我们在不等式 $3.9 < 4.002$ 两边同时乘以 10^{12} 就得到 $3.9 \times 10^{12} < 4.002 \times 10^{12}$; 在不等式 $3.9 < 4.002$ 两边同时乘以 10^{-8} 就得到 $3.9 \times 10^{-8} < 4.002 \times 10^{-8}$ (见第 31.1 节不等式 (D)). 这个推理表明, 一般的, 如果两个有限小数用科学记数法表示为 $a \times 10^k$ 和 $b \times 10^k$, 则 $a < b$ 蕴涵 $a \times 10^k < b \times 10^k$. 这就证明了 (40.1) 的第一部分.

现在考虑 $k < l$ 的情况. 它说的是, 从 $34 < 35$ 可以推出 $8.5 \times 10^{34} < 2.3 \times 10^{35}$. 我们来看看这是为什么. 虽然 $8.5 > 2.3$, 但是我们知道 $10^{35} = 10 \times 10^{34}$, 所以 $2.3 \times 10^{35} = 2.3 \times 10 \times 10^{34} = 23 \times 10^{34}$. 因此,

$$8.5 \times 10^{34} < 23 \times 10^{34} = 2.3 \times 10^{35}.$$

另一个类似的例子是: $9.2 \times 10^{-8} < 1.1 \times 10^{-7}$. 类似的, 原因在于 $1.1 \times 10^{-7} = 1.1 \times 10 \times 10^{-8} = 11 \times 10^{-8}$, 所以

$$9.2 \times 10^{-8} < 11 \times 10^{-8} = 1.1 \times 10^{-7}.$$

一般情形下的推理几乎是同样的简单. 设两个有限小数用科学记数法表示为 $a \times 10^k$ 和 $b \times 10^l$, 其中 $k < l$. 我们要证明 $a \times 10^k < b \times 10^l$. 首先注意到 $a < b \times 10$, 因为 $1 \leqslant b$ 蕴涵 $10 \leqslant b \times 10$, 再结合 $a < 10$ 就得到 $a < b \times 10$. 在 $a < b \times 10$ 两边同时乘以 10^k 我们得到 $a \times 10^k < b \times 10^{k+1}$ (见第 31.1 节不等式 (D)). 现在 $k < l$ 意味着 $k+1 \leqslant l$, 所以 $10^{k+1} \leqslant 10^l$. 因此,

$$a \times 10^k < b \times 10^{k+1} \leqslant b \times 10^l,$$

即 $a \times 10^k < b \times 10^l$. 这就证明了 (40.1) 的第二部分.

动动手 比较下面各组数的大小:

(a) 1.92×10^{-7} 和 2.004×10^{-7};

(b) 1.92×10^{-6} 和 2.004×10^{-7};

(c) 1.92×10^6 和 2.004×10^7.

练习

1. 比较 24.8799 和 25.000001 的大小，并对每一步推理给出解释.

2. 将以下 4 个数按从小到大的顺序排列：

$$\frac{8}{7}, \quad 0.9998, \quad \frac{6}{5}, \quad 1.13.$$

3. 任意给定一个有限小数 A，说明为什么总是存在一个自然数 n，使得 $10^{-n} < A$.

4. 将下面的各个数用科学记数法表示出来：

(a) 23456;

(b) 0.000054;

(c) 386.2×10^{-7};

(d) $46 + \dfrac{2}{1000} + \dfrac{7}{100000}$.

5. 比较下面各组数的大小：

(a) 2.8×10^{-6} 和 3.1×10^{-6};

(b) 2.8×10^{-6} 和 8.2×10^{-8};

(c) 5.221×10^{4} 和 4.6×10^{5};

(d) 1.0002×10^{-3} 和 1.08×10^{-2}.

第41章

小 数

有限小数具有一个完全展开形式, 而小数的一般概念是这个完全展开形式的一个自然推广. 在所有的小数中, 循环小数是非常特别的, 因为它们是分数. 在本章, 我们将证明每一个循环小数都是分数. 其逆命题构成下一章的主题.

本章各节安排如下:

带余除法的复习

小数和无限小数

循环小数

41.1 带余除法的复习

我们首先回忆一下, 如何把一个有限小数写成"完全展开形式". 例如, 给你一个小数 35.2647, 我们利用自然数的展开形式 (第 1.2 节和第 1.6 节) 得到

$$
\begin{aligned}
35.2647 &= \frac{352647}{10^4} \\
&= \frac{(3 \times 10^5) + (5 \times 10^4) + (2 \times 10^3) + (6 \times 10^2) + (4 \times 10^1) + (7 \times 10^0)}{10^4} \\
&= 3 \times 10^1 + 5 \times 10^0 + \frac{2}{10} + \frac{6}{10^2} + \frac{4}{10^3} + \frac{7}{10^4}.
\end{aligned}
$$

这个简单的推理对任意的有限小数适用, 因此我们看到, 每个有限小数可以写成形如 $a_k \times 10^k$ 的项的和, 其中 a_k 是个位数, k 是一个整数. 例如,

$$
\begin{aligned}
0.00004975 &= \frac{4975}{10^8} \\
&= \frac{0}{10} + \cdots + \frac{0}{10^4} + \frac{4}{10^5} + \frac{9}{10^6} + \frac{7}{10^7} + \frac{5}{10^8}.
\end{aligned}
$$

对有限小数的这样一个展开称为它的**完全展开形式**(第 14.2 节), 它推广了第 1 章引入的对一个自然数的展开形式这一概念. 完全展开形式是对自然数的数位概念的一个自然推广. 注

意到, 有限小数的整数部分的每一个数位联系着一个方幂 10^k, 其中 k 是自然数, 而其小数部分的每一个数位联系着 10^m, 其中 m 是一个负整数. 在每一种情形, 10 的指数就是对应数位的**广义位值**. 有了这个广义数位的概念, 有限小数的四则运算现在可以通过自然数的对应运算来理解. 例如, 在有限小数的加法和减法中将小数点对齐只不过是将同一数位的数字相加减.

我们提请读者注意弄清楚前一段中各个概念的逻辑次序. 为了谈论一个有限小数的广义位值, 我们首先定义了这个小数的完全展开. 因为小数的完全展开是一些分数的和, 所以, 为确保一个小数的完全展开有意义, 我们需要分数加法的概念. 这就回到了第二部分反复出现的一个主题, 即为了使小数具有数学意义, 必须从学习分数开始. 在这一背景下, 我们来反思 "有限小数的广义位值" 的通常处理, 这种处理没有首先定义小数的完全展开, 有时候甚至没有定义什么是分数. 我们认识到, 这种处理有限小数的方式毫无意义, 而且应该不计一切代价避免. 当然, 这一评论所涉及的是分数和小数的逻辑发展, 这些内容我们应当教给五年级以上的学生. 我们应该对低年级的学生在货币 (美元、美角、美分) 的背景下非正式地讨论 "有限小数的广义位值" 吗? 当然可以, 只要我们能够让他们知道, 对这个问题的讨论将会在后续的学习中, 从数学上得到完整的描述.

有限小数的完全展开形式为我们从第 1 章开始的关于十进制数系的某个方面的讨论画上了句号. 我们在那里提到, 利用位值我们可以很容易地写出任意大的数. 现在我们看到, 利用这个形式也可以写出任意小的数, 比方说, 在 n 变得任意大时, 10^{-n} 变得任意小. 对于这一断言的验证, 见第 40 章的练习 3.

41.2 小数和无限小数

引入有限小数的完全展开形式这一概念具有一个深刻的原因: 它将引导我们得到小数的一般概念. 现在我们从一个不同的观点来考查有限小数. 如果我们有一个自然数 w 和有限多个不全为零的个位数

$$a_1, a_2, \cdots, a_n$$

(每一个 a_i 等于 $0, 1, 2, \cdots, 9$ 之一), 则我们得到一个记为

$$w.a_1 a_2 \cdots a_n$$

的有限小数, 它的定义如下:

$$w + \frac{a_1}{10} + \frac{a_2}{10^2} + \cdots + \frac{a_n}{10^n}.$$

例如, 如果 $w = 35, n = 4$ 且 $a_1 = 2, a_2 = 6, a_3 = 4, a_4 = 7$, 则我们上面得到的有限小数 $w.a_1 a_2 a_3 a_4$ 就是 35.2647.

现在, 假定我们有一个自然数 w 和无限多个不全为零的个位数

$$a_1, a_2, \cdots, a_n, a_{n+1}, \cdots.$$

可能对某个自然数 m, 所有的 $a_{m+1}, a_{m+2}, \cdots$ 都等于 0. 在这个情形, 我们仍然可以构造一个有限小数

$$w + \frac{a_1}{10} + \frac{a_2}{10^2} + \cdots + \frac{a_m}{10^m}.$$

然而, 在一般情况下, $a_1, a_2, \cdots$ 中可能有无限个不等于 0, 所以如果一直写下去

$$w + \frac{a_1}{10} + \frac{a_2}{10^2} + \cdots + \frac{a_n}{10^n} + \frac{a_{n+1}}{10^{n+1}} + \cdots,$$

可能没有意义, 因为没有诸如 "无限多个数求和" 的说法. 求和仅仅对于有限多个数有意义. 虽然如此, 我们可以构造一个有限小数的无穷序列 $s_1, s_2, s_3, \cdots$, 如下:

$$\begin{cases} s_1 = w.a_1, \\ s_2 = w.a_1a_2, \\ s_3 = w.a_1a_2a_3, \\ \quad \vdots \\ s_n = w.a_1a_2a_3\cdots a_n, \\ \quad \vdots \end{cases} \tag{41.1}$$

对于无穷序列 $s_1, s_2, s_3, \cdots$ 的标准记号是 $\{s_n\}$. 令人惊讶的是, 在这一情形我们仍然可以得到一个数, 因为我们有下面的定理 41.1, 这是高等数学中的一个一般定理. 为了陈述这个定理, 令 $\{s_n\}$ 是任意一个无穷序列 (不必要是由等式 (41.1) 定义的有限小数构成的序列). 我们称数 s 是 $\{s_n\}$ 的 **极限**, 如果当 $n \to \infty$ 时, s_n 与 s 的 (在数轴上的) 距离越来越小. 在这个情况下, 我们也称序列 $\{s_n\}$ **收敛到** s.

在这里, 我们涉及高等数学了, 所以不能达到所要求的那样精确了, 例如, 我们对 "如果当 $n \to \infty$ 时, s_n 与 s 的 (在数轴上的) 距离越来越小" 只是给出了一个直观的概念而并没有给出其精确定义. 除此之外, 我们还要求你不加证明地接受下面的定理 41.1、定理 41.2 和定理 41.3. 之所以省略这些概念和论证的原因在于, 一方面它们是完全可信的, 另一方面对它们的完全的解释需要技术复杂度, 这对于中小学生是不合适的. 理解了这一点, 我们就有

定理 41.1　设 w 是自然数, 令 $a_1, a_2, a_3, \cdots$ 是一个由个位数组成的无穷序列. 令 s_n 是由 (41.1) 定义的有限小数的无穷序列, 则总存在唯一的正数 s 作为 $\{s_n\}$ 的极限.

设 w 和 $a_1, a_2, a_3, \cdots$ 如定理 41.1 所述, 我们定义 **小数**

$$w.a_1a_2a_3\cdots$$

为由 (41.1) 定义的有限小数的无穷序列 $\{s_n\}$ 的极限 s. 如果 $a_1, a_2, a_3, \cdots$ 中不等于零的个位数有无限多个, 那么我们有时候称 $w.a_1a_2a_3\cdots$ 为**无限小数**以示强调. 我们称由 (41.1) 定义的有限小数的无穷序列 $\{s_n\}$ 为**相伴于小数** $w.a_1a_2a_3\cdots$ **的有限小数序列**.

我们看到记号 $w.a_1a_2a_3\cdots$ 表示的是一个无穷序列 (即序列 (41.1)) 的极限, 而不是 "一个具有无限多个小数位的小数".

但是, 沿袭有限小数的称谓, 我们仍旧称 a_n 为小数 $w.a_1a_2a_3\cdots$ 的**第 n 个小数位**.

作为例子, 考虑我们熟悉的 π 的小数展开:

$$\pi = 3.14159\,26535\,89793\,23846\,26433\,83279\,50288\cdots. \tag{41.2}$$

我们现在知道它的含义了, 即如果我们引入有限小数的一个无穷序列 $\{t_n\}$, 使得

$$\begin{cases} t_1 = 3.1, \\ t_2 = 3.14, \\ t_3 = 3.141, \\ t_4 = 3.1415, \\ t_5 = 3.14159, \\ t_6 = 3.141592, \\ \quad\vdots \\ t_{27} = 3.14159\,26535\,89793\,23846\,26433\,83, \\ \quad\vdots \end{cases}$$

一般的, 对任意的正整数 n,

$$t_n = \text{(41.2) 中的前 } n \text{ 位小数构成的有限小数}, \tag{41.3}$$

则 π 是序列 $\{t_n\}$ 的极限.

在初一年级的教材中出现的小数, 比方说相伴于小数 π 的无穷序列 $\{t_n\}$, 通常不告诉你它的含义, 而只是说 "你只需要加越来越多的项". 通常情况下, 如果对诸如 $3.14159\cdots$ 这样一个诱惑人的记号不给出足够的信息的话, 那么自然就会引起一些毫无意义的激烈争论, 例如, 为什么 $0.99999999\cdots = 1$? 这些争论毫无意义的原因在于, 如果我们对事物缺乏清晰的定义就无法讨论数学. 如果我们想说两个数 $0.99999999\cdots$ 和 1 相等, 那么我们首先需要有

一个关于数的定义; 其次, 0.99999999⋯ 作为一个数的定义; 最后, 两个数相等的定义. 因为一般的中小学教材中并不讨论其中任何一个定义, 所以这些争论便越争越不明.

在这一点上, 我们确实具有所有相关的定义. 我们来看看, 为什么看起来如此不同的两个数, 0.99999999⋯ 和 1, 可以是同一个数. 这是因为我们是把 0.99999999⋯ 视为与之相伴的一个有限小数的无穷序列的极限, 而不是将它本身视为一个符号 0.99999999⋯. 容易看到, 序列 0.9, 0.99, 0.999, 0.9999, ⋯ 的极限正是 1 (请做这个练习), 所以 0.99999999⋯ = 1. 在本章结尾, 我们对这个等式还要做进一步的评述.

既然我们已经确定了一个小数是一个数(数轴上的一个点), 我们就要考虑小数的加减乘除四则运算了. 这就是说, 如果我们采取小数只是一个具有无穷多个小数位的数的形式的观点, 我们能像计算自然数和有限小数那样来计算小数吗? 通常情况下, 回答是否定的, 因为无限小数的算术很复杂以至于根本没有简单的规则. 理解这一困难的最简单的例子是考虑 π 和某个个位数的乘法. 例如, 我们来求 2π 的前 5 位小数. 我们知道 π = 3.14159265358979323⋯, 如果我们取 π 的前 5 位小数即 3.14159 计算, 则我们得到 2 × 3.14159 = 6.28318, 事实上 2π = 6.2831853071⋯, 我们得到了正确的答案. 然而, 这个算法在一般情况下仍然正确吗? 我们来看看. 例如, 我们来求 9π 的前 5 位小数, 9 × 3.14159 = 28.27431, 而事实上 9π = 28.274333882⋯, 这一次我们在第 5 个小数位发现了误差. 我们用 π 的前 6 位小数来计算看是否能更好些: 9 × 3.141592 = 28.274328, 在第 5 位仍然有误差. 结果表明, 为了得到 9π 的前 5 个小数位的准确值, 我们必须用 π 的前 7 个小数位来计算.①

一个更能说明问题的例子是计算 $π^2$. 因为标准的乘法是从右边开始, 我们遇到的第一个障碍是, π 有无限多个小数位, 所以根本没有"最后一个"数位. 我们通过计算有限小数序列的平方做近似值来绕过这一障碍:

$$3.1^2 = 9.61,$$
$$3.14^2 = 9.8596,$$
$$3.141^2 = 9.865881,$$
$$3.1415^2 = 9.86902225,$$
$$3.14159^2 = 9.8695877281,$$
$$3.141592^2 = 9.869600294464,$$
$$3.1415926^2 = 9.86960406437476,$$
$$\cdots\cdots$$

---

①译者注: 计算 9 × 3.1415926 = 28.2743334, 它的前 5 个小数位恰好与 9π 的前 5 位一致.

假定我们接受 π^2 的下述准确值为

$$\pi^2 = 9.869604401089358\cdots.$$

与上述准确值比较, 我们发现, 如果要得到 π^2 的前 4 位 (9.869), 我们只需要计算 3.1415^2; 但是如果我们要得到 π^2 的前 7 位 (9.869604), 我们需要计算 3.1415926^2.

现在设想我们要计算 $A^3\left(B+\dfrac{C}{D}\right)$, 其中 A,B,C,D 都是无限小数. 如何保证得到一个准确到前 100 个小数位, 这将是一个噩梦. 现在你可以看到, 不存在像计算自然数那样简单而有效的算法来计算无限小数.

在描述了对无限小数做算术的困难以后, 我们希望读者现在能够认可我们对小数所做的任何事情. 例如, 或许你不认为下面的结果十分有趣, 但是你将重新体验一下它为什么是对的:

$$w.a_1 a_2 a_3 \cdots = w + 0.a_1 a_2 a_3 \cdots.$$

首先我们确认这个等式有意义: 定理 41.1 保证了 $w.a_1 a_2 a_3 \cdots$ 和 $0.a_1 a_2 a_3 \cdots$ 都是数, 所以上述等式是关于两个数相等的断言. 当然, 如果存在某个自然数 m 使得 $a_{m+1} = a_{m+2} = \cdots = 0$, 这个等式的验证是平凡的, 因为这个情况就是有限小数的一个断言.

下面的事实给出了对小数的一个普遍成立的操作. 其证明不适合中小学课堂, 我们略去.

定理 41.2 如果我们对小数 $w.a_1 a_2 a_3 \cdots$ 乘以 10 的方幂, 比方说 10^k, 其中 k 是整数, 那么我们得到的小数是将小数 $w.a_1 a_2 a_3 \cdots$ 的小数点向右或向左移 k 位, 取决于 k 的符号是正还是负.

我们有必要对定理 41.2 的断言做一些解释. 首先, 我们用一个例子来解释其含义. 假定我们有一个无限小数 $x = 0.1246\cdots$, 则根据定理 41.2, $10^3 x = 124.6\cdots$, 而 $10^{-4}x = 0.00001246\cdots$, 等等. 看起来就好像通常的分配律将 10^k "分配"给"无限和"中的每一项了. 比如, 如果 x 是有限小数, 例如 $x = 0.1246$, 则

$$\begin{aligned}10^3 x &= 10^3 \times ((1\times 10^{-1}) + (2\times 10^{-2}) + (4\times 10^{-3}) + (6\times 10^{-4})) \\ &= (1\times 10^2) + (2\times 10^1) + (4\times 10^0) + (6\times 10^{-1}) \\ &= 124.6.\end{aligned}$$

因而 $10^3 x$ 只是将 x 的小数点向右移了 3 位. 同样的, 对 $x = 0.1246$, 我们有 $10^{-4}x = 0.00001246$, 这就是将 0.1246 的小数点向左移了 4 位. 你或许会相信, 通过类比, 上述计算对"无限和"也成立. 但是, 要知道这些论证对有限小数 0.1246 成立只是因为我们处理的是一个有限和, 而定理 41.2 是对一个无穷序列的极限而言的. 因此, 定理 41.2 的要点在于, 一个

小数乘以 10 的方幂的行为就跟将这个小数视为有限小数一样，虽然我们目前的知识还不足以证明这一点.

我们或许会提出这样的问题：既然无限小数如此麻烦，那为什么我们非要跟它纠缠不清呢？其根本的原因在于，我们无法避免，正如下面的定理所表明的：

定理 41.3　每个正实数等于定理 41.1 意义下的一个小数.[①]

作为定理 41.3 的一个说明，我们回忆起 $\sqrt{2}$ 是一个数（见第 33 章的讨论），因此，定理 41.3 保证它一定等于一个小数. 很可能你已经熟悉这个小数了，即 $\sqrt{2}$ 的小数展开：

$$\sqrt{2} = 1.41421\,35623\,73095\,04880\,16887\,24209\cdots.$$

在这一情况下，我们可以清楚明了地看到 $\sqrt{2}$ 的小数展开是如何得到的：你只需要一个小数位一个小数位地逼近 $\sqrt{2}$ 即可，这就是说下述不等式成立：

$$1.4 < \sqrt{2} < 1.5,$$
$$1.41 < \sqrt{2} < 1.42,$$
$$1.414 < \sqrt{2} < 1.415,$$
$$1.4142 < \sqrt{2} < 1.4143,$$
$$1.41421 < \sqrt{2} < 1.41422,$$
$$\cdots\cdots$$

上面的每一个不等式都可以用引理 33.2 来验证. 基于这些不等式以及定理 41.1 可以证明上面给出的 $\sqrt{2}$ 的小数展开是准确的，这一点我们留做练习.

顺便提一下，作为定理 41.2 的一个例子说明，我们有

$$10^5 \times \sqrt{2} = 141421.35623\,73095\,04880\,16887\,24209\cdots.$$

41.3　循环小数

有可能出现这样的情况，一个给定的小数，其小数位在某个位置以后无限地重复一个固定的数字段，例如，

$$16.419\,76\,76\,76\,76\,76\,76\cdots.$$

我们有一个标准的记号来表示这些重复的数字段，而且这个记号可以通过下述一些典型的例

[①] 定理 41.3 的一个与本书具有同一精神的证明可见【Wu，第 17 章】.

子来说明：

$$0.888888\cdots \equiv 0.\overline{8},$$
$$0.15\,15\,15\,15\cdots \equiv 0.\overline{15},$$
$$16.419\,76\,76\,76\,76\cdots \equiv 16.419\overline{76},$$
$$4.00876\,523\,523\,523\,523\cdots \equiv 4.00876\overline{523},$$
$$0.285714\,285714\,285714\cdots \equiv 0.\overline{285714}.$$

这里符号 $\equiv$ 提示我们定义了一种新的记号，而上面的横线 (例如, $\overline{523}$) 表示横线下的数字是重复的. 我们将遵循下面的约定：横线下的数字至少有一个不等于 0. 这样的无限小数被称为**无限循环小数**. 注意到, $0.\overline{15}$, $0.1\overline{51}$ 和 $0.15\overline{15}$ 表示同一个无限循环小数. 我们将无限循环小数的一个连续重复的部分称为一个**循环节**, 并将一个循环节中所包含的数字的个数称为该循环节的**长度**. 很容易看到, 对一个给定的无限循环小数, 存在一个具有最小长度的循环节, 我们称这个最小长度为该无限循环小数的**周期**. 例如, 对于无限循环小数 $0.\overline{15}$, $0.\overline{15}$ 和 $0.1\overline{51}$ 它们的循环节都具有长度 2, 而且 2 就是 $0.\overline{15}$ 的周期.

本章的一个主要目的是证明

定理 41.4 每个无限循环小数等于一个分数.

为此目的, 我们将表明前面的每一个无限循环小数如何等于一个分数. 一旦完成了这些具体的计算, 我们就清楚一般情况下应该如何进展了. 需要注意的主要关键在于：计算的每一步几乎都利用了定理 41.2.[①]

我们从 $0.\overline{8}$ 开始. 在此处的计算中和以下的例子中我们需要用到的一个一般观点是, 根据定理 41.1, $0.\overline{8}$ (以及其他的无限循环小数) 是一个数, 所以根据小学数学基本假定 (第 21 章), 我们可以对 $0.\overline{8}$ 应用分配律. 理解了这一点, 我们利用定理 41.2 得到

$$10 \times 0.\overline{8} = 8.8888\cdots = 8 + 0.8888\cdots = 8 + 0.\overline{8} = 8 + (1 \times 0.\overline{8}).$$

从而, $10 \times 0.\overline{8} - 1 \times 0.\overline{8} = 8$, 利用分配律 (见第 17.2 节中的 (17.4) 和中小学数学的基本假定), 我们有 $(10 - 1) \times 0.\overline{8} = 8$, 即 $9 \times 0.\overline{8} = 8$, 因此,

$$0.\overline{8} = \frac{8}{9}.$$

类似的,

$$100 \times 0.\overline{15} = 15.151515\cdots = 15 + 0.151515\cdots = 15 + 0.\overline{15} = 15 + 1 \times 0.\overline{15},$$

[①]在传统的中小学数学教材中正是忽视了这一事实：如果没有非平凡的定理 41.2 的支撑, 这样一个计算是不可能的.

从而,
$$(100-1) \times 0.\overline{15} = 15,$$
即
$$99 \times 0.\overline{15} = 15,$$
所以,
$$0.\overline{15} = \frac{15}{99} = \frac{5}{33}.$$

为了避免让你误以为每个无限循环小数等于一个以循环节为分子、以 9 或 99 或 999 等为分母的分数, 我们来看 $16.419\overline{76}$.

因为,
$$16.419\overline{76} = 16.419 + 0.000\overline{76},$$
我们只需要找到等于 $0.000\overline{76}$ 的分数. 我们有 (根据定理 41.2)
$$0.000\overline{76} = 0.\overline{76} \times 10^{-3}.$$
因此, 只需要找到等于 $0.\overline{76}$ 的分数. 我们像从前一样处理:
$$100 \times 0.\overline{76} = 76.\overline{76} = 76 + 0.\overline{76} = 76 + 1 \times 0.\overline{76},$$
从而,
$$(100-1) \times 0.\overline{76} = 76,$$
即
$$99 \times 0.\overline{76} = 76,$$
所以,
$$0.\overline{76} = \frac{76}{99}.$$
因此 (再一次注意到, 我们如何应用定理 41.2 以及将 $0.\overline{76}$ 视为一个数),
$$\begin{aligned}
16.419\overline{76} &= 16 + 0.419 + 0.000\overline{76} \\
&= 16 + (419 + 0.\overline{76}) \times 10^{-3} \\
&= 16 + \left(419 + \frac{76}{99}\right) \times 10^{-3} \\
&= 16 + \left(\frac{41557}{99} \times 10^{-3}\right) \\
&= 16 + \frac{41557}{99000} \\
&= 16\frac{41557}{99000} = \frac{1625557}{99000}.
\end{aligned}$$

同样的,

$$4.00876\overline{523} = 4.00876 + 0.00000\overline{523}$$
$$= 4 + 0.00876 + 0.00000\overline{523}$$
$$= 4 + (876 \times 10^{-5}) + (0.\overline{523} \times 10^{-5})$$
$$= 4 + \left(876 + 0.\overline{523}\right) \times 10^{-5},$$

同上面一样, 我们可以找到等于 $0.\overline{523}$ 的分数:

$$10^3 \times 0.\overline{523} = 523.\overline{523} = 523 + 0.\overline{523} = 523 + 1 \times 0.\overline{523},$$

从而,

$$(10^3 - 1) \times 0.\overline{523} = 523,$$

即

$$999 \times 0.\overline{523} = 523,$$

所以

$$0.\overline{523} = \frac{523}{999}.$$

因此,

$$4.00876\overline{523} = 4 + \left(876 + \frac{523}{999}\right) \times 10^{-5}$$
$$= 4 + \frac{875647}{99900000} = 4\frac{875647}{99900000}.$$

最后, $0.\overline{285714}$ 将是一个特别有趣的例子:

$$10^6 \times 0.\overline{285714} = 285714.\overline{285714} = 285714 + 0.\overline{285714},$$

因此,

$$(10^6 - 1) \times 0.\overline{285714} = 285714,$$

即

$$999999 \times 0.\overline{285714} = 285714,$$

所以,

$$0.\overline{285714} = \frac{285714}{999999}.$$

我们很容易验证 142857 同时整除最后一个分数的分子和分母. 因此, 约分以后我们得到一个令人惊讶的结果:
$$0.\overline{285714} = \frac{2}{7}.$$

> **动动手** (a) 我们刚才遇到自然数 142857, 你能猜出哪一个分数等于 $0.\overline{142857}$ 吗?
> (b) 对 142857 相继乘以 $2, 3, 4, 5, 6$ 并仔细观察你得到的这些数. 你注意到什么?
> (c) (b) 中的数与分数 $\frac{2}{7}, \ldots, \frac{6}{7}$ 有什么关系? (进一步的信息见【Ros10】)

最后, 我们要指出为什么在一个无限循环小数中我们从来看不到 $\overline{9}$. 这是因为
$$0.\overline{9} = 1. \tag{41.4}$$

在练习中要求你利用定理 41.1 来解释 (41.4). 这里我们遵循前面将一个无限循环小数化为分数的步骤来给出一个计算的证明. 事实上,
$$10 \times 0.\overline{9} = 9.\overline{9} = 9 + 0.\overline{9},$$
$$(10-1) \times 0.\overline{9} = 9,$$
$$9 \times 0.\overline{9} = 9,$$
$$0.\overline{9} = 1.$$

例如, 从 (41.4) 我们可以推出
$$2.045\overline{9} = 2.045 + (0.\overline{9} \times 10^{-3}) = 2.045 + 10^{-3} = 2.046.$$

这个例子对下述一般事实给出了解释: 如果一个小数以 $4\overline{9}$ 结尾, 则事实上它以 5 结尾; 如果一个小数以 $7\overline{9}$ 结尾, 则事实上它以 8 结尾; 等等. 例如, $8.745\overline{9} = 8.746$. 有鉴于这一事实, 我们往后写出的小数绝不以 $\overline{9}$ 结尾.

练习

1. 写出下列各个有限小数的完全展开形式:
   (a) 425.00410;   (b) 0.00008;   (c) 400.00001.

2. 不用计算只利用定理 41.4 对初一年级的学生解释为何 $0.\overline{9} = 1$.

3. 将下面每一个无限循环小数写成分数：

(a) $0.\overline{3}$;　(b) $0.\overline{6}$;　(c) $2.11\overline{4}$;　(d) $0.4\overline{25}$;　(e) $5.00\overline{123}$.

4. 对五年级学生解释为何 $\frac{1}{3}$ 等于无限循环小数 $0.\overline{3}$, 为何无限循环小数 $0.\overline{5}$ 等于 $\frac{5}{9}$, 以及为何 $0.2\overline{1}$ 等于 $\frac{19}{90}$. (请注意，你必须掌握说话的艺术，要说清楚，但不能说得太多. 当然，明显有错误的话坚决不能说，即使你想通过略去或跳过而蒙混过关也是不合适的.)

5. 将下面各个无限循环小数写成既约分数：

(a) $1.\overline{6}$;　(b) $0.58\overline{3}$;　(c) $1.1\overline{6}$;　(d) $1.\overline{285714}$;　(e) $0.\overline{142857}$;　(f) $0.\overline{846153}$.

6. 通过计算直接证明 $0.5412\overline{9} = 0.5413$.

7. 分别写出等于 $0.\overline{124}$ 和 $0.12\overline{412}$ 的分数. 比较你的答案并解释你的观察.

8. 假定定理 41.1 成立，写出事实 $\sqrt{2} = 1.41421\,36523\cdots$ 的一个完整的、自给自足的证明.

第 42 章
分数的小数展开

本章的目标是证明定理: 每个分数等于一个有限小数或一个无限循环小数. 有限小数情形的证明是简单的, 但是可以预见, 无限循环小数情形的证明要困难得多. 正如在前一章第 41.2 节一样, 无限循环小数的某些方面 (所有与极限相关的概念) 只能在一个直观的水平上处理.

本章各节安排如下:
主要定理
有限小数情形的证明
无限循环小数情形的证明

42.1 主要定理

我们已经看到每个有限小数或无限循环小数等于一个分数 (定理 41.4). 自然地, 我们可以问, 其逆命题是否也成立? 下面的定理对这个问题做出了肯定的回答.

定理 42.1 每个分数等于一个有限小数或一个无限循环小数. 而且, 如果分数为 $\frac{m}{n}$, 则与它相等的小数的各个小数位恰好是 $m \times 10^k$ 除以 n 的商, 这里 k 是任意一个大于等于 n 的自然数.

定理中的有限小数或无限循环小数称为给定分数 $\frac{m}{n}$ 的**小数展开**. 定理中所说的 "与它相等的小数的各个小数位恰好是 $m \times 10^k$ 除以 n 的商"有些含糊, 我们略做解释. 这就是说, 如果这个小数是一个有限小数, 那么不计小数点, 它等于 $m \times 10^k$ 除以 n 的商, 其中 k 是某个可以确定的正整数 (见下面的证明). 如果与 $\frac{m}{n}$ 相等的小数 D 是一个无限循环小数, 则 D 截止到它的循环节第一次出现并包含这个循环节之前的所有数字构成的自然数 (例如, 对 $0.\overline{26}$ 而言这个自然数就是 26, 对 $0.246\overline{187}$ 而言这个自然数就是 246187), 将是 $m \times 10^k$ 除以 n 的商, 其中 k 是任意一个大于等于 n 的自然数. 所有这些从下面的证明中很容易看出来①

---
①参看本章的练习 2.

细心观察定理的证明,你会发现下述事实,在与 $\frac{m}{n}$ 相等的小数为无限循环小数的情形,它的前 n 位一定出现循环节,而且该循环小数的周期小于等于 $(n-1)$ (见本章练习 2). 因此,你可以提前知道,例如 $\frac{2}{17}$ 的周期小于等于 16 (完成本章练习 7 你就可以确定这个周期).

定理的证明依赖于长除法,事实上也可以检验你是否掌握了长除法.

 利用定理 41.2 和定理 42.1 证明存在无理数. (这个论证补充了第 36.3 节的定理 36.5)

现在,定理 42.1 提出了一个更进一步的问题,如何判断一个分数是有限小数还是无限循环小数呢? 答案已经在第 36.2 节定理 36.2 中给出了. 我们回顾一下那个定理:

定理 36.2 一个既约分数 $\frac{m}{n}$ 等于一个有限小数的充分必要条件是分母 n 具有形式 $n=2^k 5^l$,这里 k 和 l 是自然数.

在给出定理 42.1 的证明之前,我们先做一些非正式的讨论. 首先,在第 18 章我们对这一定理的一部分做了一个类似的讨论. 但是为了保证此处的阐述尽可能地自给自足,我们将不直接引用那里的讨论.

一旦给出定理 42.1 的一个完整的讨论,就同时解释了中小学数学中所讲授的用分子除以分母来将分数转化为小数的通常算法. 我们提醒各位教师在课堂上对这一算法需要做出某些解释,因为这个新奇的算法算出的小数事实上等于原来的分数,学生不应该对这一事实为何成立而留有疑问.

例如,我们考虑 2 除以 11 的长除法[①](学生被告知,为了得到更多的小数位,需要在 2 的右边添加尽可能多的 0):

```
        1818
    ———————
11) 20000
      11
      ——
       90
       88
       ——
        20
        11
        ——
```

[①] 本章的其余部分将用大量笔墨来理解长除法与带余除法概念之间的关系. 如果需要的话,读者可以复习第 7.2 节和 7.3 节.

$$\frac{90}{88}$$
$$\overline{2}$$

这个算术可得会引导你猜测 $\frac{2}{11} = 0.\overline{18}$. 除了小数点的位置看起来令人捉摸不透以外, 这里最关键的问题是, 在什么意义下, 分数 $\frac{2}{11}$ 与无限循环小数 $0.\overline{18}$ 事实上相等呢? 学生们为什么要相信 $0.\overline{18}$ 与 $\frac{2}{11}$ 有关系? 为给出这一问题的部分回答, 我们可以提供下述具有启发性的讨论, 这是紧随证明之后的一个过于简化了的版本.

根据乘积公式 (第 17.1 节中 (17.2) 式), 我们有

$$\frac{2}{11} = \frac{2 \times 10000}{11} \times \frac{1}{10000} = \frac{20000}{11} \times \frac{1}{10000}.$$

又根据以上长除法, 我们有 $20000 = (1818 \times 11) + 2$. 因此,

$$\frac{2}{11} = \frac{(1818 \times 11) + 2}{11} \times \frac{1}{10000} = (1818 + \frac{2}{11}) \times \frac{1}{10000}.$$

由分配律,

$$\frac{2}{11} = \frac{1818}{10000} + \left(\frac{2}{11} \times \frac{1}{10000}\right),$$

从而,

$$\frac{2}{11} - \frac{1818}{10000} = \left(\frac{2}{11} \times \frac{1}{10000}\right).$$

根据有限小数的定义, $\frac{1818}{10000} = 0.1818$. 而且, $\frac{2}{11} < 1$, 从而, $\frac{2}{11} \times \frac{1}{10000} < \frac{1}{10000} = 0.0001$. 因此,

$$\frac{2}{11} - 0.1818 < 0.0001.$$

所以分数 $\frac{2}{11}$ 与小数 0.1818 的差非常小. 如果我们考虑的是 2×10^8 除以 11 的除法, 那么我们将得到 $2 \times 10^8 = (18181818 \times 11) + 2$, 而且进一步得到 $\frac{2}{11} - 0.18181818 < 0.00000001$. 所以, $\frac{2}{11}$ 与 0.18181818 的差更小了, 无限重复的现象也更加明显了. 因此, $\frac{2}{11} = 0.\overline{18}$ 非常可信.

42.2 有限小数情形的证明

我们现在给出主要定理的证明. 这个证明的一个主要特点是, 它明确地建立了分数和小数之间的等式, 而且解释了定理中对小数的小数点位置的描述.

设 $\frac{m}{n}$ 是一个给定的分数. 我们显然可以做两点简化.

首先, 我们不妨假定 n 不是 10 的倍数. 事实上, 设 $n = n' \times 10^k$, 其中 n' 不是 10 的倍数, k 是自然数, 那么,

$$\frac{m}{n} = \frac{m}{n' \times 10^k} = \frac{m}{n'} \times \frac{1}{10^k} = \frac{m}{n'} \times 10^{-k}.$$

如果我们知道 $\frac{m}{n'}$ 等于某个有限小数或无限循环小数, 那么由定理 41.2, $\frac{m}{n}$ 等于将小数 $\frac{m}{n'}$ 的小数点向左移 k 位得到的小数.

其次, 我们可以假定 $\frac{m}{n}$ 是一个既约真分数, 即 $m < n$ 且 m, n 仅有的公因子为 1. 事实上, 如果 $m \geqslant n$, 我们可以利用带余除法得到 $m = qn + r$, 从而 $\frac{m}{n} = q + \frac{r}{n}$, 这里 q 是一个自然数, $\frac{r}{n}$ 是一个真分数. 因此, 我们只需要知道如何将一个真分数 $\frac{r}{n}$ 写成小数. 如果 $\frac{r}{n}$ 不是既约分数, 我们可以用定理 36.1 将它化成一个既约分数. 所以我们一开头就可以假定 $\frac{r}{n}$ 是既约的.

从现在起, 我们将假定 $\frac{m}{n}$ 是既约分数, $m < n$ 且 n 不是 10 的倍数.

定理 42.1 的证明 (有限情形) 我们首先考虑这样一个情形: $n = 2^k 5^l$, 其中 k, l 是自然数. 在这一情形下, 我们想证明 $\frac{m}{n}$ 是一个有限小数, 即

$$\frac{m}{n} = \frac{q}{10^p},$$

其中 p, q 是自然数. 因为 n 不是 10 的倍数, 而且 $2 \times 5 = 10$, 所以 k, l 之中必定有一个等于 0. 不妨设 $k > 0$ 且 $l = 0$, 因此只需要证明:

一个形如 $\frac{m}{2^k}$ 的分数等于 $\frac{q}{10^k}$, 这里 q 是 $m \times 10^k$ 除以 2^k 的商.

我们首先来验证 $m \times 10^k$ 是 2^k 的倍数. 这是因为 $m \times 10^k = m \times 2^k \times 5^k$. 因此, 上面的 q 可以写成

$$q = \frac{m \times 10^k}{2^k}.$$

现在, 我们根据乘积公式 (见第 17.1 节中的 (17.2)) 得到

$$\frac{m}{2^k} = \left(\frac{m \times 10^k}{2^k} \right) \times \frac{1}{10^k} = q \times \frac{1}{10^k} = \frac{q}{10^k}.$$

我们的断言得证. □

注记 (i) 在上述计算中, 我们如果选择一个比 10^k 更高次的方幂, 比方说 10^{k+4}, 对结论是否有影响呢? 回答是, 完全没有影响. 原因在于, 在这一情况下我们将得到

$$\frac{m}{2^k} = \frac{m \times 10^{k+4}}{2^k} \times \frac{1}{10^{k+4}} = \frac{m \times 10^k}{2^k} \times \frac{10^4}{10^{k+4}} = \frac{q}{10^k}.$$

(ii) 请再次注意到乘积公式在证明中所起的关键作用.

(iii) 注意到 $\frac{m}{2^k}$ 是一个具有 k 个小数位的小数, 因为它等于 $\frac{q}{10^k}$, 而根据定义, $\frac{q}{10^k}$ 是一个具有 k 个小数位的小数.

例 我们来求 $\frac{21}{8}$ 的小数展开.

因为 $21 = (2 \times 8) + 5$, 我们看到 $\frac{21}{8} = 2 + \frac{5}{8}$. 又 $8 = 2^3$, 我们有

$$\frac{5}{8} = \left(\frac{5 \times 10^3}{8}\right) \times \frac{1}{10^3} = \frac{625}{10^3} = 0.625$$

```
      625
   8)5000
      48
      20
      16
       40
       40
        0
```

因此, 我们得到所要的小数展开:

$$\frac{21}{8} = 2 + \frac{5}{8} = 2 + 0.625 = 2.625.$$

42.3 无限循环小数情形的证明

我们将继续假定 $\frac{m}{n}$ 是既约分数, $m < n$ 且 n 不是 10 的倍数.

接下来我们考虑一个分母含有 2 和 5 以外的素因子的既约真分数的小数展开. 根据定理 36.2, 我们将得到一个无限小数. 在这一情形下抽象的符号论证远不如具体例子的解释清楚 (参见第一部分关于自然数的标准运算法则的解释). 因此我们将通过两个具体的分数来说明如何求出其小数展开.

定理 42.1 的证明 (无限部分) 首先, 我们考虑 $\frac{3}{7}$. 我们将引进一个小数

$$s = 0.a_1 a_2 a_3 \cdots,$$

使得它在定理 41.1 的意义下等于 $\frac{3}{7}$. 为定义 s, 只需要对每一个正整数 n 定义有限小数 $s_n = 0.a_1 a_2 \cdots a_n$, 使得

$$s_n = \frac{q_n}{10^n}, \tag{42.1}$$

其中 q_n 是 3×10^n 除以 7 的商. (关于记号的说明: 3 和 7 分别是分数 $\frac{3}{7}$ 的分子和分母, q_n 的下标 n 表示 q_n 是 3×10^n 除以 7 的带余除法得到的商.) 那么, s 定义为无穷序列 $\{s_n\}$ 的极限.

注记 如此定义的 s_n 自然就是一个具有 n 个小数位的小数, 而且 s_n 的整数部分为 0, 即 $s_n < 1$. 我们来证明这一点. 按照 s_n 的定义, 这就等价于证明 $q_n < 10^n$. q_n 的定义为

$$3 \times 10^n = (q_n \times 7) + r_n, \quad \text{其中 } 0 \leqslant r_n < 7.$$

因此 $7q_n = (3 \times 10^n) - r_n \leqslant (3 \times 10^n)$, 于是 $q_n \leqslant \frac{3}{7} \times 10^n < 1 \times 10^n = 10^n$. 这就是所要证明的.

我们首先来看一下 $n = 4$ 和 $n = 5$ 的情形. 正如下面的计算所表明的, 此时我们分别有 $q_4 = 4258$ 和 $q_5 = 42587$.

```
       4285                    42857
    7)30000                 7)300000
      28                      28
      ──                      ──
       20                      20
       14                      14
       ──                      ──
        60                      60
        56                      56
        ──                      ──
         40                      40
         35                      35
         ──                      ──
          5                       50
                                  49
                                  ──
                                   1
```

注意到, 5 位数 $q_5 = 42857$ 恰好是在 $q_4 = 4285$ 右边添加了一个数字 (准确地说, 是 7); 这正好是长除法的基本性质 (见上面所做的两个长除法) 所决定的. 同理, $(n + 1)$ 位数 q_{n+1} 恰好是在 n 位数 q_n 的右边添加了一个数字, 因此 s_n 与 s_{n+1} 的前 n 个小数位 (从左往右数) 一致. 没有这一性质, 对于小数 s 的上述定义将没有意义.

我们断言, $s = \frac{3}{7}$.

第 42 章 分数的小数展开

为证明这一断言, 我们注意到 s 是 $\{s_n\}$ 的极限. 如果我们证明 $\frac{3}{7}$ 也是 $\{s_n\}$ 的极限, 也就是说, 当 $n \to \infty$ 时, s_n 与 $\frac{3}{7}$ 在数轴上的距离趋近于 0, 那么根据定理 41.1 的唯一性部分, 我们有 $s = \frac{3}{7}$.

我们现在证明 $\{s_n\}$ 的极限是 $\frac{3}{7}$. 根据乘积公式, 我们有

$$\frac{3}{7} = \frac{3 \times 10^n}{7} \times \frac{1}{10^n}.$$

如果我们考虑 3×10^n 除以 7 的长除法, 则得到

$$3 \times 10^n = (q_n \times 7) + r_n, \quad \text{其中 } 0 \leqslant r_n < 7,$$

因此,

$$\begin{aligned}
\frac{3}{7} &= \frac{(q_n \times 7) + r_n}{7} \times \frac{1}{10^n} \\
&= \left(q_n + \frac{r_n}{7}\right) \times \frac{1}{10^n} \\
&= \frac{q_n}{10^n} + \left(\frac{r_n}{7} \times \frac{1}{10^n}\right) \\
&= s_n + \left(\frac{r_n}{7} \times \frac{1}{10^n}\right). \quad \text{(根据 (42.1) 式中 } s_n \text{ 的定义)}
\end{aligned}$$

我们有

$$\frac{3}{7} - s_n = \left(\frac{r_n}{7} \times \frac{1}{10^n}\right).$$

但是 $r_n \geqslant 0$, 因此,

$$\frac{r_n}{7} \times \frac{1}{10^n} \geqslant 0,$$

从而,

$$\frac{3}{7} - s_n \geqslant 0.$$

所以 $\frac{3}{7} \geqslant s_n$. 在数轴上, s_n 位于 $\frac{3}{7}$ 的左边, 如下图所示:

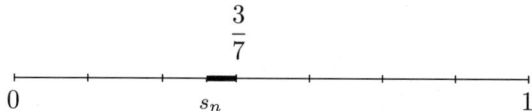

我们想要证明, 当 $n \to \infty$ 时, 加粗的线段的长度 $\left(\text{即} \dfrac{3}{7} \text{与} s_n \text{之间的距离}\right)$ 缩小为 0. 为此, 我们将利用 $r_n < 7$ 这一事实. 由此可以得到

$$\frac{r_n}{7} \times \frac{1}{10^n} < 1 \times \frac{1}{10^n} = \frac{1}{10^n},$$

从而,

$$\frac{3}{7} < s_n + \frac{1}{10^n},$$

于是,

$$\frac{3}{7} - s_n < \frac{1}{10^n}.$$

另一方面, $s_n \leqslant \dfrac{3}{7}$, 我们看到

$$0 \leqslant \frac{3}{7} - s_n < \frac{1}{10^n}.$$

这就意味着加粗的线段的长度小于 $\dfrac{1}{10^n}$. 从直观上看, 当 $n \to \infty$ 时, $\dfrac{1}{10^n}$ 趋于 0, 所以当 $n \to \infty$ 时, $\dfrac{3}{7}$ 与 s_n 之间的距离趋于 0. 所以有限小数序列 $\{s_n\}$ 的极限是 $\dfrac{3}{7}$. 因此, 定理 41.1 的唯一性部分断言 $s = \dfrac{3}{7}$, 这就是要证明的.

接下来只需要证明 s 是一个无限循环小数. 更确切地说, 我们将证明

$$s = 0.\overline{428571}.$$

我们考虑 3×10^{10} 除以 7 的长除法:

```
            4 2 8 5 7 1 4 2 8 5
        7 ) 3 0 0 0 0 0 0 0 0 0 0
            2 8
            ───
              2 0
              1 4
              ───
                6 0
                5 6
                ───
                  4 0
                  3 5
                  ───
                    5 0
                    4 9
```

第 42 章 分数的小数展开

```
        1 0
         7
        ───
        3 0
        2 8
        ───
         2 0
         1 4
         ───
          6 0
          5 6
          ───
           4 0
           3 5
           ───
             5
```

或许你会注意到其中有两个 2×2 的斜体小方块, 第一行是 $3,0$, 第二行是 $2,8$. 我们将在后面返回来考虑这两个小方块. 总之, 我们有

$$3 \times 10^{10} = (4285714285 \times 7) + 5.$$

因为 q_{10} 是 3×10^{10} 除以 7 的带余除法的商, 所以 $q_{10} = 4285714285$.

这个商清晰地表明了数字 428571 的无限循环. 我们想解释, 为什么这一重复是必然的. 为便于读者看清楚, 我们将上述 3×10^{10} 除以 7 的长除法的竖式演算分解为以下十个步骤 (例如, 请参考第 7.6 节中的 (7.12)):

$$\begin{cases} 3 \times 10 = \boxed{4} \times 7 + \boxed{2}, \\ 2 \times 10 = \boxed{2} \times 7 + \boxed{6}, \\ 6 \times 10 = \boxed{8} \times 7 + \boxed{4}, \\ 4 \times 10 = \boxed{5} \times 7 + \boxed{5}, \\ 5 \times 10 = \boxed{7} \times 7 + \boxed{1}, \\ 1 \times 10 = \boxed{1} \times 7 + \boxed{3}, \\ 3 \times 10 = \boxed{4} \times 7 + \boxed{2}, \\ 2 \times 10 = \boxed{2} \times 7 + \boxed{6}, \\ 6 \times 10 = \boxed{8} \times 7 + \boxed{4}, \\ 4 \times 10 = \boxed{5} \times 7 + \boxed{5}. \end{cases} \qquad (42.2)$$

注意到, 同往常一样, 商 4285714285 (竖直) 出现在等号右边的第一列, 而且, 这个商的 10 位数字对应着 (42.2) 中对于同一个除数 7 的 10 次带余除法得到的各个商. 现在将注意

力集中在前 8 次带余除法得到的各个余数, 它们是最后一列中的前 8 个数. 因为所有的带余除法的除数都是 7, 所以每个余数只可能是 0, 1, 2, 3, 4, 5, 6 这七个数之一. 因此前 8 次带余除法得到的 8 个余数中至少有两个是相同的. 事实上, 第 1 次带余除法得到的余数与第 7 次得到的余数都是 2. 因为长除法上一次带余除法得到的余数 r 的 10 倍 (即 $10r$) 作为下一次带余除法的被除数 (见第 7 章), 所以第二次带余除法得到的余数与第八次得到的余数必定也相同. 事实上, 我们观察到确实如此, 出现在 (42.2) 中第二行与第八行的是同一个等式:

$$2 \times 10 = \boxed{2} \times 7 + \boxed{6}.$$

这就意味着, 第七次以后的所有带余除法完全重复第一次以后的各个带余除法, 因此, 只要 $k \geqslant 8$, 3×10^k 除以 7 的长除法必定以重复出现的数字 285714 为商. 回忆起无限循环小数 s 的各个小数位恰是如此定义的 (见 (42.2)), 因此我们看到, $\frac{3}{7}$ 的小数展开以 285714 为循环节. (此处为避免我们的论证失去重心, 我们将在以后对循环节做出更多的说明.)

我们之所以选择对 3×10^{10} (而不是 3×10^5) 做长除法的原因现在一目了然了, 因为指数 10 保证我们可以在长除法 (42.2) 中得到 8 个以上的余数, 所以我们可以见证 0, 1, 2, 3, 4, 5, 6 之一在前 8 个余数中的重复. 同样显然地是, 这一重复现象并不依赖于 $\frac{3}{7}$ 这一特殊分数的选取. 如果给定的分数不是 $\frac{3}{7}$ 而是 $\frac{3}{107}$, 那么我们只需要考虑 3×10^{108} (或者 3×10^k, 其中 k 是任意一个大于 107 的自然数) 的长除法, 以得到至少 108 个余数. 这样的话, 因为每一个余数只可能是 $0, 1, 2, \cdots, 106$ 这 107 个数之一, 从而必定某两次得到的余数相同, 从而再次出现重复的现象.

最后, 我们对 3×10^k 除以 7 的带余除法中的循环节做一个轻松的收尾. 正如我们先前已经注意到的, (42.2) 中第一个等式与第 7 个重复, 它们都是

$$3 \times 10 = \boxed{4} \times 7 + \boxed{2},$$

但这是偶然的.[①] 这也反映在 (42.2) 上面的 3×10^{10} 除以 7 的长除法图示中的 2×2 黑体小方块上. 因此, 对这一情形, 在带余除法中, 商中重复的循环节事实上是 428571, 所以 s 可以简单地写成 $0.\overline{428571}$ 而不必写做 $0.4\overline{285714}$.

这就完成了对 $\frac{3}{7}$ 的证明.

[①] 为了验证这是偶然情况, 请参看下面的例子.

第 42 章 分数的小数展开

接下来我们考虑 $\frac{1}{28}$ 的小数展开. 这一次我们如下定义小数:

$$s = 0.a_1 a_2 a_3 \cdots.$$

我们要求对每一个自然数 n, 有限小数 $s_n = 0.a_1 a_2 \cdots a_n$ 由下式给出:

$$s_n = \frac{q_n}{10^n}, \tag{42.3}$$

其中 q_n 是 1×10^n (此处 1 是分数 $\frac{1}{28}$ 的分子) 除以 28 的商. 换言之,

$$1 \times 10^n = (q_n \times 28) + r_n, \quad \text{其中 } 0 \leqslant r_n < 28. \tag{42.4}$$

在展开证明之前, 我们需要弄清楚 $\{s_n\}$. 首先我们必须验证, 如此定义出的有限小数 s_n, 其整数部分等于零(因此我们可以写 $s_n = 0.a_1 a_2 \cdots a_n$). 这等价于证明 $s_n < 1$, 或者根据 (42.3) 等价于证明 $q_n < 10^n$. 根据 (42.4), $28 q_n = 10^n - r_n \leqslant 10^n$, 于是 (应用第 31.1 节中的不等式 (D)),

$$q_n \leqslant \frac{1}{28} \times 10^n < 1 \times 10^n = 10^n,$$

这就是所要证明的. 其次, 正如我们前面注意到的, 因为 q_n 是 10^n 除以 28 的商, 由长除法的基本性质, $(n+1)$ 位数 q_{n+1} 的前 n 位数字恰好是 q_n. 由此可知, s_{n+1} 的前 n 位小数恰好是 s_n. 因此, 无限小数 s 的定义得到了保证.

现在回到定理 42.1 在分数 $\frac{1}{28}$ 这一情形的证明, 我们断言:

$$s = 0.03\overline{571428}. \tag{42.5}$$

为证明 (42.5), 我们计算 s_3 和 s_9 以获得对 (42.5) 的一种感觉.

```
      035
28) 1000
      0
      ---
      100
       84
      ---
      160
      140
      ---
       20
```

$1 \times 10^3 = (35 \times 28) + 20,$
$q_3 = 35,$
$s_3 = \dfrac{35}{10^3}$
$\quad = 0.035.$

```
       035714285
28)1000000000
      0
     ───
     100
      84
     ───
     160
     140
     ───
     200
     196
     ───
      40
      28
     ───
     120
     112
     ───
      80
      56
     ───
     240
     224
     ───
     160
     140
     ───
      20
```

$1 \times 10^9 = (35714285 \times 28) + 20,$

$q_9 = 35714258,$

$s_9 = \dfrac{35714285}{10^9},$

$= 0.035174285.$

(注意到,将 s_9 截断到前 3 位小数即得 s_3.)

前面的长除法的所有步骤总结在下述一系列带余除法中:

$$\begin{cases} 1 \times 10 = \boxed{0} \times 28 + \boxed{10}, \\ 10 \times 10 = \boxed{3} \times 28 + \boxed{16}, \\ 16 \times 10 = \boxed{5} \times 28 + \boxed{20}, \\ 20 \times 10 = \boxed{7} \times 28 + \boxed{4}, \\ 4 \times 10 = \boxed{1} \times 28 + \boxed{12}, \\ 12 \times 10 = \boxed{4} \times 28 + \boxed{8}, \\ 8 \times 10 = \boxed{2} \times 28 + \boxed{24}, \\ 24 \times 10 = \boxed{8} \times 28 + \boxed{16}, \\ 16 \times 10 = \boxed{5} \times 28 + \boxed{20}. \end{cases} \tag{42.6}$$

以 $\dfrac{3}{7}$ 的小数展开为模板,我们所要做的就是运算 1×10^{29} 除以 28 的长除法,并将它表达成 29 个带余除法,使得它包含上述 (42.6). 注意到,这 29 次带余除法的除数都是 28. 每一次带余除法的余数只可能是 0, 1, ⋯ , 26, 27 这 28 个数之一, 因此, 必定有两次带余除法的余数相同. 因此, 在商中必定出现一个循环节. 然而, 在这一情形下, 我们只需要对 1×10^9 做长除法而不需要对 1×10^{29} 进行, 因为在 (42.6) 中, 第 2 次带余除法

$$10 \times 10 = \boxed{3} \times 28 + \boxed{16}$$

中的余数 16 已经出现在第 8 次带余除法中, 即

$$24 \times 10 = \boxed{8} \times 28 + \boxed{16}.$$

于是长除法保证第 3 次带余除法和第 9 次带余除法一致, 确实也是这样:

$$16 \times 10 = \boxed{5} \times 28 + \boxed{20}.$$

由此可以推出, 商当中的对应数字 571428 是小数 s 的一个循环节, 这正是 (42.5) 中的断言.

值得指出的是, 在这一情形下, 虽然第 2 次带余除法和第 8 次带余除法的余数相同, 但是这两个除法本身并不相同, 见上面的两个式子. 因此, 与 $\frac{3}{7}$ 的情况不同, (42.6) 中的第 2 个带余除法得到的商 3 并不在循环节中.

最后, 我们证明

$$\frac{1}{28} = 0.03\overline{571428}. \tag{42.7}$$

我们用通常的方式来展开证明:

$$\begin{aligned}
\frac{1}{28} &= \frac{1 \times 10^n}{28} \times \frac{1}{10^n} \\
&= \frac{(q_n \times 28) + r_n}{28} \times \frac{1}{10^n} \quad \text{(见 (42.4))} \\
&= \left(q_n + \frac{r_n}{28}\right) \times \frac{1}{10^n} \\
&= \frac{q_n}{10^n} + \left(\frac{r_n}{28} \times \frac{1}{10^n}\right) \\
&= s_n + \left(\frac{r_n}{28} \times \frac{1}{10^n}\right). \quad \text{(见 (42.1))}
\end{aligned}$$

记

$$R_n = \frac{r_n}{28} \times \frac{1}{10^n},$$

因此, 我们有

$$\frac{1}{28} = s_n + R_n.$$

从 $0 \leqslant r_n < 28$ 可以推出 $0 \leqslant R_n < (1/10^n)$, 所以我们有

$$0 \leqslant \frac{1}{28} - s_n < \frac{1}{10^n}.$$

因此, 在数轴上 s_n 与 $\frac{1}{28}$ 的距离至多是 $1/10^n$. 当 $n \to \infty$ 时, 这一距离直观上显然越来越接近于 0. 所以, $\frac{1}{28}$ 是序列 $\{s_n\}$ 的极限. 因为 $0.03\overline{571428}$ 也是序列 $\{s_n\}$ 的极限 (根据 (42.5)), 定理 41.1 的唯一性部分断言 $0.03\overline{571428} = \frac{1}{28}$, 这就是要证明的.

定理 42.1 的证明到此结束. □

我们用关于无限循环小数的周期 (即循环节的最小长度, 见第 41.3 节) 的一些简单评论来结束本章的讨论. 我们熟知的一个结论是, 一个分数 $\frac{m}{p}$ (这里 p 是素数) 的小数展开的周期总是 $p-1$ 的因子 (但不一定是 $p-1$). 我们已经注意到 $\frac{3}{7}$ 的小数展开的周期为 6, 因为 $\frac{3}{7} = 0.\overline{428571}$. 事实上, $\frac{1}{7}, \frac{2}{7}, \cdots, \frac{6}{7}$ 中的每一个分数的小数展开的周期都是 6. 然而, 这种具有极大周期的现象并不是经常发生. 例如, 考虑素数 13. 容易验证 $\frac{1}{13} = 0.\overline{076923}$, 因此它的周期为 6, 而 6 是 12 的因子.

正如在整除性规律的情形一样, 这些关于 $\frac{m}{p}$ 的小数展开的周期的事实与 10 的方幂被素数 p 除的性质有关 (见第 32.3 节). 更多的信息可以参见【Kal96】.

练习

1. 求出 $\frac{22}{35}$ 的小数展开的前 8 个小数位. 需注意, 在这个情形下, 循环节出现在前 8 位小数而不是前 36 位.

2. 仔细检查定理 42.1 的证明, 一个既约真分数 $\frac{m}{n}$ 的 (假定是无限的) 小数展开的循环节必定出现在前 n 位 (而不是前 $n+1$ 位), 并且 $\frac{m}{n}$ 的循环节的周期总是小于等于 $n-1$ (而不是 n). $\frac{m}{n}$ 的循环节的周期可以等于 $n-1$ 吗?

3. 设 a,b 为正整数, 令 q 和 r 分别为带余除法中 a 除以 b 的商和余数, 即

$$a = qb + r, \quad \text{其中 } 0 \leqslant r < b.$$

假定 q' 和 r' 分别为带余除法中 $a \times 10$ 除以 b 的商和余数, 即

$$a \times 10 = q'b + r', \quad \text{其中 } 0 \leqslant r' < b.$$

证明: 存在某个一位数 k, 使得
$$q' = (q \times 10) + k.$$
(提示: 利用定理 7.1 的唯一性部分.)

4. 对六年级的学生解释为什么 $\dfrac{5}{187}$ 的小数展开必定是无限循环的.

5. 问下面的分数中哪些是有限小数:
$$\dfrac{142}{60}, \quad \dfrac{37}{60}, \quad \dfrac{81}{625}, \quad \dfrac{91}{224}, \quad \dfrac{684}{1125}.$$

6. 求出以下各个分数的小数展开:

(a) $\dfrac{5}{2}$; (b) $\dfrac{2}{3}$; (c) $\dfrac{13}{5}$; (d) $\dfrac{2}{9}$; (e) $\dfrac{5}{16}$; (f) $\dfrac{2}{13}$; (g) $\dfrac{5}{7}$;

(h) $\dfrac{19}{7}$; (i) $\dfrac{7}{12}$; (j) $\dfrac{13}{15}$; (k) $\dfrac{5}{11}$; (l) $\dfrac{3}{1250}$; (m) $\dfrac{1}{1280}$.

对于 (a) 和 (e) 的答案, 或者 (b) 和 (d) 的答案, 或者 (c) 和 (j) 的答案, 你观察到什么?

7. 如果你有耐心, 请求出 $\dfrac{2}{17}$ 的小数展开的循环节. 事实上, 这里的分子 2 可以用 $1, 2, \cdots, 16$ 中的任意一个自然数代替.

8. 不利用定理 36.2, 对一个六年级的学生直接解释为什么 $\dfrac{1}{35}$ 不可能具有有限的小数展开.

9. 计算出等于以下各数的小数:

(a) $\dfrac{2.2}{0.009}$; (b) $\dfrac{1.3}{6}$; (c) $\dfrac{2.0002}{0.4}$; (d) $\dfrac{2.4}{75}$.

参 考 文 献

[Ash02]   Mark H. Ashcraft, Math anxiety: Personal, educational, and cognitive consequences, *Current Directions in Psychological Science*, 11 (2002), 181–185.

[BC89]   Nadine Bezuk, & Kathleen Cramer, Teaching about fractions: what, when and how? In *New Directions for Elementary School Mathematics*, (Paul R. Trafton, & Albert P. Schulte, eds.), National Council of Teachers of Mathematics, Reston, VA, 1989.

[BGJ94]   Carne Barnett-Clark, Donna Goldenstein, & Barbette Jackson (eds.), *Mathematics Teaching Cases: Fractions, Decimals, Ratios, & Percents; Hard to Miss and Hard to Learn?*, Heinemann, Portsmouth, NH, 1994.

[Bru02]   John T. Bruer, Avoiding the pediatrician's error: How neuroscientists can help educators (and themselves), *Nature Neurosicence Supplement*, 5, 2002, 1031–1033.

[Bur07]   David M. Burton, *The History of Mathematics*, 6th edition, McGraw Hill, New York, NY, 2007.

[Bus59]   Douglas Bush, Literature, In *The Case for Basic Education*, (James D. Koerner, ed.), Little Brown, Boston, MA 1959, 106–120.

[CAF99]   *Mathematics Framework for California Public Schools*, California Department of Education, Sacramento, CA, 1999.

[Cle95]   Herb Clemens, Can university math people contribute significantly to precollege mathematics education (beyond giving future teachers a few preservice math courses)? In *Changing the Culture: Mathematics Education in the Research Community*, (Naomi D. Fisher, Harvey B. Keynes, & Philip D. Wagreich, eds.), AMS and CBMS, Providence, RI, 1995, 55–59.

[CRE96]   *Creative Math Teaching in Grades 7–12*. Newsletter of the Mathematics Department, University of Rhode Island. 2 (1996), Number 1, 1–5.

[Dudl78] Underwood Dudley, *Elementary Number Theory* (2nd ed.), W.H. Freeman, San Francisco, CA, 1978.

[Euc56]   Euclid, *The Thirteen Books of the Elements*, Volumes I–III, (Thomas L. Heath, translator and editor), Dover Publications, New York, NY, 1956.

[Fre83]   Hans Freudenthal, *Didactic Phenomenology of Mathematical Structures*, D. Reidel, Boston, MA, 1983.

[Gea06]   David C. Geary, Development of mathematical understanding. In *Handbook of Child Psychology* (William Damon, Deanna Kuhn, and Robert S. Siegler, eds.), Vol 2, (6th Ed.), New York: John Wiley & Sons, New York, NY, 2006, 777–810.

[Gin28]   Jukuthiel Ginsburg, On the early history of the decimal point, *American Mathematical Monthly*, 35 (1928), 347–349.

[GW00]   Rochel Gelman and Earl M. Willliams, Enabling constraints for cognitive development and learning: Domain-specificity and epigenesis. In *Handbook of Child Psychology* (William Damon, Deanna Kuhn, and Robert S. Siegler, eds.), Vol 2, (5th Ed.), New York: John Wiley & Sons, New York,

参考文献

NY, 2000, 575–630.

[GW08] Julie Greenberg and Kate Walsh, *No Common Denominator: The Preparation of Elementary Teachers in Mathematics in American's Education Schools*, National Council on Teacher Quality, Washington DC, 2008. http://www.nctq.org/p/publications/docs/nctq_ttmath_fullreport_20080626115953.pdf

[Har00] Katherine Hart, Mathematics content and learning issues in the middle grades. In *Mathematics Education in the Middle Grades*, National Academy Press, Washington DC, 2000, 50–57.

[Hui98] De Ann Huinker, Letting fraction algorithms emerge through problem solving. In 1998 *Year Book: The Teaching and Learning of Algorithms in School Mathematics*, (Lorna J. Morow, & Margaret J. Kenny, eds.) National Council of Teachers of Mathematics, Reston, VA, 1998, 170–182.

[Kal96] D. Kalman, Fractions with cycling digital patterns, *The College Mathematics Journal*, 27 (1996), 109–115.

[KCL99] Shen Kangshen, John N. Crossley, and Anthony W.-C. Lun (eds), *The Nine Chapters on the Mathematical Art: Comparison & Commentary*, Oxford University Press, Oxford, 1999.

[LA92] Lay Yong Lam and T.S. Ang, *Fleeting Footsteps: Tracing the Conception of Arithmetic and Algebra in Ancient China*, World Scientific, Singapore, 1992.

[Lam99] Susan J. Lamon, *Teaching Fractions and Ratios for Understanding*. Lawrence Erlbaum Associates, Mahwah, NJ, 1999.

[Lan88] Serge Lang, *Basic Mathematics*, 1st edition, Springer, NewYork, Heidelberg, Berlin, 1998.

[LB98] Glenda Lappan, & Mary K. Bouck, Developing algorithms for adding and subtracting fractions. In *The Teaching and Learning of Algorithms in School Mathematics*, (Lorna J. Morow, & Margaret J. Kenny, eds.) National Council of Teachers of Mathematics, Reston, VA, 1998, 183–197.

[Mat82] Helena Matheopoulos, *Maestro, Encounters with Conductors of Today*, Harper & Row, New York, NY, 1982.

[Moy96] Joanne Moynahan, Of-ing fractions. In *What is happening in Math Class?* (Deborah Schifter, ed.), Teachers College Press, New York, NY, 1996, 24–36.

[NMP08a] *Foundations for Success: Final Report*. The National Mathematics Advisory Panel. The U.S. Department of Education, 2008. Available at
http://www.ed.gov/about/bdscomm/list/mathpanel/report/final-report.pdf

[NMP08b] Chapter 3: Report of the Task Group on Conceptual Knowledge and Skills. In *Foundations for Success: Reports of the Task Groups and Subcommittees*, The National Mathematics Advisory Panel. The U.S. Department of Education, 2008. Available at
http://www.ed.gov/about/bdscomm/list/mathpanel/report/conceptual-knowledge.pdf

[NMP08c] Chapter 4: Report of the Task Group on Learning Processes. In *Foundations for Success: Report of the Task Groups and Sub-Committees*, The National Mathematics Advisory Panel. The U.S. Department of Education, 2008. Available at
http://www.ed.gov/about/bdscomm/list/mathpanel/report/learning-processes.pdf

[PSS00] *Principles and Standards for School Mathematics*, Reston, VA: National Council of Teachers of Mathematics, Reston, VA, 2000. Available at
http://www.ed.gov/about/bdscomm/list/mathpanel/report/conceptual-knowledge.pdf

[Ros10] Kenneth A. Ross, Repeating decimals: A period piece, *Mathematics Magazine*, 83 (2010), 33-45.

[Rotman] Joseph Rotman, *Journey into Mathematics*, Prentice Hall, 1998.

[RSLS98] Robert E. Reys, Marilyn N. Suydam, Mary M. Lindquist, and Nancy L. Smith, *Helping Children Learn Mathematics*, 5th edition, Allyn and Bacon, Boston, MA, 1998.

[Sha98] Janet Sharp, A constructed algorithm for the division of fractions. In *The Teaching and Learning of Algorithms in School Mathematics*, (Lorna J. Morow, & Margaret J. Kenny, eds.), National Council of Teachers of Mathematics, Reston, VA, 1998.

[Shu86] Lee Shulman, Those who understand: Knowledge growth in teaching, *Educational Researcher* 15 (1986), 4–14.

[Wil02] Daniel T. Willingham, Inflexible knowledge: The first step to expertise, *American Educator*, Winter 2002, 31–33, 48–49.

[Wu] Hung-Hsi Wu, *Mathematics of the Secondary School Curriculum*, Vol. III, to appear.

[Wu98] _____, Teaching fractions in elementary school: A manual for teachers, available at https://math.berkeley.edu/~wu/fractions1998.pdf, April 1998.

[Wu99a] _____, Basic skills versus conceptual understanding: A bogus dichotomy in mathematics education, *American Educator*, Fall 1999, Vol. 23, No. 3, 14–19, 50–52.
http://www.aft.org/sites/default/files/periodicals/wu.pdf

[Wu99b] _____, Preservice professional development of mathematics teachers. Available at https://math.berkeley.edu/~wu/pspd2.pdf, March 1999.

[Wu01] _____, How to prepare students for algebra, *American Educator*, Summer issue, 25 (2001), No. 2, 10–17, available at
http://www.aft.org/sites/default/files/periodicals/algebra.pdf

[Wu02] _____, Chapter 2: Fractions, (Draft), available at
http://math.berkeley.edu/~wu/EMI2a.pdf, September 2002.

[Wu05] _____, Must Content Dictate Pedagogy in Mathematics Education? Available at
http://math.berkeley.edu/~wu/Northridge2004a2.pdf, May 2005.

[Wu06] _____, How mathematicians can contribute to K-12 mathematicis education. In *Proceedings of International Congress of Mathematians (Madrid)*, Volume III, European Mathematical Society, Zürich, 2006, 1676–1688. Available at
hhttp://icm2006.mathunion.org/proceedings/Vol_III/contents/ICM_Vol_3_81.pdf

[Wu08] _____, Fractions, decimals, and rational numbers, available at
http://math.berkeley.edu/~wu/NMPfractions4.pdf, February 2008.

[Wu09a] _____, From arithmetic to algebra, available at
http://math.berkeley.edu/~wu/C57Eugene_3.pdf, February 2009.

[Wu09b] _____, What's sophisticated about elementary mathematics? *American Educator*, Fall 2009, Vol. 33, No. 3, pp. 4-14. Available at
http://www.aft.org/sites/default/files/periodicals/wu_0.pdf

[Wu10a] _____, Introduction to School Algebra, available at
https://math.berkeley.edu/~wu/Algebrasummary.pdf, July 2010.

[Wu10b] _____, Teaching fractions: is it poetry or mathematics? Available at
https://math.berkeley.edu/~wu/NCTM2010.pdf, April 2010.

[Wu11] _____, The Mis-Education of Mathematics Teachers, *Notices of the American Mathematical Society*, 58 (2011), 372-384. Available at
https://math.berkeley.edu/~wu/NoticesAMS2011.pdf

译 后 记

2011 年, 受首都师范大学数学科学学院院长李庆忠教授的邀请, 美国加州大学伯克利分校的伍鸿熙教授携夫人回国访问. 伍鸿熙教授为首师大数学院教育学方向的研究生做了关于小学数学教育系列讲座, 内容主要取材于他的一本著作 Understanding Numbers in Elementary School Mathematics (美国数学会 2011 年出版). 伍鸿熙教授在该书中对小学数学知识做了全面系统的梳理与独具匠心的解读, 澄清了教师和学生可能会遇到的诸多疑难.

伍鸿熙教授的讲座不仅从教师授课的角度提出新颖观点, 而且善于把握小学生心理特点, 以小学生的理解水平传达数学概念. 每次讲座结束, 伍鸿熙教授与听众 (也包括其他方向的研究生、慕名而来的一线中小学数学教师、还有一些关心教育的大学教师) 之间都有热烈的讨论.

从这些积极的反馈中, 李庆忠教授意识到本书在小学数学教育方面的重要性, 预见到国内的教育人士特别是中小学数学教师将从中受益, 筹划引进该书出版中译本. 李庆忠教授的想法获得伍鸿熙教授的首肯与支持. 对美国中小学教育倾注了大量心血的伍鸿熙教授, 也期冀为祖国的初等教育尽一己之力. 达成共识后, 李庆忠教授旋即着手推进这项工作. 一方面, 李庆忠教授亲自联系北京大学出版社, 解决版权、出版事宜; 一方面向数学院申请课题, 组织译者研读、翻译此书.

我当时是李庆忠教授指导的三年级硕士研究生, 承蒙李老师的信任和鼓励, 有幸参与这项课题. 我的合作者林开亮出于对该书的第四部分 (初等数论) 的浓厚兴趣而加入翻译工作中. 为保证译稿的质量, 李老师专门安排我们与伍鸿熙教授面对面讨论, 解决研读翻译过程中遇到的具体问题. 最后伍鸿熙教授还亲自审阅了译稿, 并提出了修改意见.

本书由赵洁和林开亮合作翻译完成. 赵洁承担第一、二部分的翻译, 林开亮承担第三、四、五部分的翻译 (其中第三部分的初稿由丁洁完成). 王盼盼 (广东省中山市实验中学)、丁洁 (北京市顺义区杨镇第一中学)、刘亚君 (山西省大同市第四中学)、姚少魁 (首都师范大学数学学院) 对译稿进行了认真校对, 并提出了许多有益的修改建议. 潘丽云 (北京教育学院) 对译稿的语言进行润色, 使内容读来更加顺畅. 再此表示感谢.

感谢李庆忠教授为我们打开一扇窗, 接触国际前沿的数学教育理念, 提供给我们与数学教育大师直接交流的难得机会,感谢首都师范大学数学院的支持.

感谢伍鸿熙教授就我们在翻译中出现的许多问题耐心地答疑,并指出了原书中的一些印刷错误.

感谢北京大学出版社的责任编辑潘丽娜,在协商版权、审核语言、设计书稿等方面都做了大量的工作.本书的面世与她的辛劳勤恳密不可分.

由于译者的专业背景是数学而非英语,所以在语言组织和选择用词方面难免存在疏漏,恳请广大读者提出宝贵的意见和建议.

赵 洁

2015 年 10 月 17 日